Colección | VITRAL

Nuestra guerra sin nombre

Transformaciones del conflicto en Colombia

Instituto de Estudios
Políticos y Relaciones
Internacionales (IEPRI)

Nuestra guerra sin nombre
Transformaciones del conflicto en Colombia

FRANCISCO GUTIÉRREZ,
Coordinador académico
MARÍA EMMA WILLS Y
GONZALO SÁNCHEZ GÓMEZ,
coordinadores editoriales

Grupo Editorial Norma
www.norma.com
Bogotá Barcelona Buenos Aires Caracas Guatemala
Lima México Panamá Quito San José San Juan
San Salvador Santiago de Chile Santo Domingo

Universidad Nacional de Colombia (Bogotá). Instituto de Estudios
Políticos y Relaciones Internacionales
Nuestra guerra sin nombre / Instituto de Estudios Políticos y Relaciones Internacionales. -- Bogotá : Grupo Editorial Norma, 2005.
610 p. ; 23 cm. -- (Colección vitral)
IBSN 958-04-9057-0
1. Violencia - Colombia - Ensayos, conferencias, etc. 2. Conflicto armado - Colombia - Ensayos, conferencias, etc. 3.Violencia política - Colombia - Ensayos, conferencias, etc. 4. Crimen - Colombia - Ensayos, conferencias, etc. 5. Insurgencia - Colombia - Ensayos, conferencias, etc. 6. Narcotráfico - Colombia - Ensayos, conferencias, etc. I. Tít. II. Serie.
303.6 cd 20 ed.
AJF3435

CEP-Banco de la República-Biblioteca Luis Ángel Arango

Apartado Aéreo 53550, Bogotá-Colombia

Primera edición: enero de 2006

Impresión: febrero de 2006

Impreso por Cargraphics S.A. — Red de Impresión Digital
Impreso en Colombia - *Printed in Colombia*

Diseño: Camilo Umaña
Fotografía de cubierta: Ramón Giovanni
Elaboración de índices: Gustavo Patiño Díaz
Corrección de textos: Gustavo Patiño Díaz
Armada: Luz Jazmine Güechá Sabogal

CC. 22345
ISBN 958-04-9057-0

Este libro se compuso en caracteres Bembo

Contenido

PRÓLOGO
Nuestra guerra sin nombre 11
FRANCISCO GUTIÉRREZ SANÍN
GONZALO SÁNCHEZ G.

AGRADECIMIENTOS 33

PRIMERA PARTE
LA INTERNACIONALIZACIÓN DE LA GUERRA

I *Estados Unidos y la guerra en Colombia* 37
DIANA MARCELA ROJAS

II *Actores europeos ante el conflicto colombiano* 71
SOCORRO RAMÍREZ

III *La ambigua regionalización del conflicto colombiano* 121
SOCORRO RAMÍREZ

SEGUNDA PARTE
ACTORES ARMADOS, DINÁMICAS Y ESTRATEGIAS

IV *Las FARC-EP: ¿repliegue estratégico, debilitamiento o punto de inflexión?* 171
EDUARDO PIZARRO LEONGÓMEZ

V *ELN: entre las armas y la política* 209
MARIO AGUILERA PEÑA

VI *Estado, control territorial paramilitar y orden político en Colombia* 267
FRANCISCO GUTIÉRREZ
MAURICIO BARÓN

Tercera Parte

Estado, régimen político y guerra

VII *Los arduos dilemas de la democracia en Colombia* 313
LUIS ALBERTO RESTREPO

VIII *Conflicto, Estado y descentralización: del progreso social a la disputa armada por el control local, 1974-2002* 347
FABIO SÁNCHEZ
MARIO CHACÓN

IX *Narcotráfico, ilegalidad y conflicto en Colombia* 405
ANDRÉS LÓPEZ RESTREPO

X *Abundancia de recursos minerales y conflicto político violento: una evaluación crítica del modelo del Estado rentista* 441
JONATHAN DI JOHN

Cuarta Parte

Ciclos de la guerra colombiana

XI *Tendencias del homicidio político en Colombia 1975-2004: una discusión preliminar* 475
FRANCISCO GUTIÉRREZ SANÍN

XII *El conflicto en Colombia: ¿quién hizo qué a quién? Un enfoque cuantitativo (1988-2003)* 505
JORGE ALBERTO RESTREPO
MICHAEL SPAGAT
JUAN FERNANDO VARGAS

Quinta Parte

Resistencia y autonomía

XIII *Resistencia civil y tradiciones de resistencia en el suroccidente colombiano* 543
RICARDO PEÑARANDA

Prólogo
Nuestra guerra sin nombre

Francisco Gutiérrez Sanín
Gonzalo Sánchez Gómez

Este libro trata de una guerra innombrable, en dos acepciones. En primer lugar, la colombiana, como todas las guerras, ha producido atrocidades sin nombre. Pero, segundo, al contrario de muchas otras, ha resultado inasible hasta para la barroca obsesión tipológica de los analistas sociales. Primera pregunta: ¿guerra o no guerra? Fuera del calor de las luchas políticas, ésta no tiene un gran interés, puesto que tanto a la luz de las cifras como de las dinámicas sociales, la respuesta afirmativa parece obvia. Pero las siguientes sí que la tienen: ¿es una "nueva guerra" kaldoriana, en la que tendencias localistas se enfrentan a los criterios universalistas de la comunidad global (Kaldor, 2001)? ¿Es una guerra civil? ¿Criminal? ¿Cada vez más ideológica y apolítica? ¿Simplemente trivial? ¿Todas las anteriores? ¿Ninguna? O ¿según el cajón del cuestionario que seguramente por el momento sea más sabio y prudente llenar: "no sabe-no responde"?

Nuestro esfuerzo aquí se concentra en el análisis de la evolución del conflicto colombiano en relación con la de nuestra sociedad, para contribuir a la acumulación de materiales que permitan salir de la casilla "no sabe-no responde". La razón de este doble objetivo es simple. Por un lado, en términos de periodización y análisis no estaba claro aún cómo los cambios en el Estado y la sociedad habían interactuado con los cambios de los actores armados. Por otro lado, algunas viejas tesis de interpretación del conflicto, en particular aquella que atribuía su origen al cierre del sistema político, están sin dirimir y sin evaluar empíricamente. Esta tesis fue un punto central del informe *Colombia, violencia y democracia,* de 1987. Sin embargo, el sistema político se transformó con la Constitución de 1991, y el conflicto continuó. Este hecho pone demandas fuertes sobre los esquemas explicativos tradicionales, los cuales se han ido deteriorando frente al impacto de las evidencias y desarrollos posconstitución, de embates críticos, y de perspectivas nuevas presentadas por autores que simplemente se decidieron a emprender rutas diferentes o mostrar otras dimensiones del problema.

Dentro de los más recientes cabe destacar, primero, el Informe de las Naciones Unidas *El conflicto: callejón con salida,* coordinado por Hernando Gómez Buendía, en el cual se subraya el carácter marginal del conflicto, en cuanto la insurgencia no ha logrado sacarlo de la "periferia" campesina y el Estado tampoco lo ha puesto en el centro de la política; segundo, el texto de Fernán González, Íngrid J. Bolívar y Teófilo Vásquez, *Violencia política en Colombia,* cuyo énfasis, más que en el efecto disolvente de los conflictos, se pone en el carácter articulador que éstos tienen tanto de poblaciones como de territorios y de actores y, en últimas, de los múltiples procesos que conducen a nuestra particular vía de construcción del Estado.

Las dificultades que la guerra colombiana plantea a los analistas no tienen nada de misterioso que haga del nuestro un caso incomparable: las guerras civiles se han convertido en la primera expresión de violencia organizada en el mundo, y parecen estar cada vez más lejos de "la política de los buenos tiempos". Pero, precisamente, esto nos da la oportunidad de organizar un diálogo fructífero –que esperamos apenas esté comenzando– en dos ejes ortogonales, con nuestra propia tradición intelectual y con el corpus internacional de investigación social sobre el fenómeno que ha venido creciendo vertiginosamente en los últimos años.

Hay que subrayar que siendo un proyecto colectivo que culmina en un libro multiautores, se propone abrir espacios de debate, más que llegar a conclusiones únicas. En este sentido, el resultado final no es un documento de consenso, sino un conjunto de respuestas –o de formulación de buenas preguntas alternativas– a las viejas hipótesis que demostraron sus limitaciones. Éste es, pues, el tinglado. Ahora concentrémonos en la trama.

Las insostenibles dicotomías de nuestra guerra

A lo largo del texto se advertirá una desconfianza básica frente a dicotomías falsas o engañosas, que impiden dar cuenta de la complejidad del caso colombiano.

La dicotomía local-nacional/global

La inclusión de la dimensión de globalización en el proyecto no pretendía ser mecánica, es decir, la globalización no era una variable adicional de las dinámicas nacionales, sino un conjunto de factores que afectaban transversalmente múltiples esferas de la sociedad y del orden político, a tal punto que, como se muestra a lo largo de diversos capítulos, diferentes elementos de tales procesos de globalización han alterado no sólo las funciones y la capacidad de acción del Estado, sino también la lógica interna de las organizaciones, tanto rebeldes como criminales, articuladas crecientemente a redes transnacionales. Sin embargo, en otro sentido, el nuestro es un conflicto mucho más local: los lenguajes ecuménicos de la Guerra Fría se derrumbaron o resquebrajaron y los actores ilegales armados se enquistaron en nichos locales que son el núcleo duro de su poder. A la vez, más global y más local: ¿cómo nombrarlo?

Las transformaciones en la estructura del Estado, que son la variable central para entender la evolución del conflicto, están atadas a dinámicas globales cuyo impacto es diferenciado. Se pueden proponer aquí dos ejemplos significativos. Primero, la forma en que se institucionalizaron las dos guerras globales, contra la subversión y el narcotráfico, rompieron las cadenas de mando y la cohesión estatal (Gutiérrez, 2003). Creó dominios reservados fuera del control de la ciudadanía, pero a la vez generó límites a la violencia coercitiva. Segundo, la creación de un banco central estabilizó la política monetaria, pero a la vez recortó el margen de maniobra para atender las heterogéneas demandas regionales del conflicto. Vinculado con lo anterior, la descentralización se convirtió en un poderoso espacio democratizador que le permitía al Estado afirmar su presencia regional, pero a la vez abrió numerosas ventanas de oportunidad a los grupos ilegales para presionar y manipular a las administraciones locales (véase artículo de Fabio Sánchez y Mario Chacón, "Conflicto, Estado y descentralización: del progreso social a la disputa armada por el control local, 1974-2002", en este libro).

Desde luego, hay una dimensión internacional del conflicto en un sentido más lato. Dos trabajos del libro tratan sistemáticamente este problema, y ambos muestran cómo la múltiple lucha colombiana ha generado lo que en algún momento se llamó una *internacionalización negativa del conflicto* (Gonzalo Sánchez, 1998).

Socorro Ramírez presenta datos empíricos por primera vez en el país sobre secuestros, ataques a poblaciones, acciones terroristas, homicidios políticos, masacres, desplazamientos, asilos y otro tipo de registros violentos que muestran cómo las cinco fronteras terrestres de Colombia, con sus 6.342 kilómetros se han ido "calentando" y cómo tal proceso de calentamiento tiene un efecto de irrigación sobre los países vecinos, cuyos gobiernos instrumentalizan racionalmente el conflicto colombiano en sus relaciones frente a sus respectivas poblaciones y frente a Estados Unidos. El fenómeno no es nuevo ni exclusivo. El síndrome del contagio de la guerra a los vecinos es un fenómeno conocido por décadas en numerosos países africanos. Por múltiples caminos y por intereses muy diversos, Colombia habría pasado en los últimos tres lustros de ser considerado como caso excepcional, a convertirse en ejemplar, es decir, en el lugar donde se concentran las tensiones presentes en todos los países andinos.

Diana Rojas presenta un polémico y alarmante cuadro de pérdida sistemática de autonomía de Colombia frente a Estados Unidos durante todo el período del conflicto, pérdida de autonomía que no logra contrarrestarse con los más o menos sistemáticos o más o menos erráticos intentos de comprometer en planes de largo aliento a los europeos, para quienes no sólo Colombia, sino América Latina han vuelto a ser simplemente el *extremo occidente*, según la afortunada expresión de Alain Rouquié.

Colombia no es ni socio imprescindible, ni amenaza potencial a la seguridad para los países europeos (Socorro Ramírez). Por ello, más que de los Estados europeos, la presencia creciente ha corrido por cuenta de las ONG del viejo continente, con una doble función: la ayuda humanitaria y la fiscalización de los compromisos en materia de drogas ilícitas y de derechos humanos. Mientras las relaciones políticas con Estados Unidos han pasado en menos de dos décadas de la cooperación tensionada (Barco y Gaviria), a la contradicción (Samper), y hoy a la identificación de propósitos (Uribe), las relaciones con la Unión Europea han estado signadas, más bien, por la indefinición.

El efecto global de estas dinámicas de alianza-subordinación a Estados Unidos ha sido el aislamiento colombiano de sus pares latinoamericanos, aislamiento que puede resultar extremadamente costoso a la larga para nuestro país. Estados Unidos se inventa a Colombia como un problema de seguridad interna, para agenciar a través de Colombia sus intereses hemisféricos, y América Latina por su parte ha empezado a percibir a Colombia como la punta de lanza de la política estadounidense en la región andino-amazónica. Todos sacan ventaja del conflicto, menos Colombia.

Las dicotomías política/criminal y económica/política

Uno de los supuestos fundamentales del discurso de la década de los noventa sobre el conflicto colombiano era que la suma de los objetivos económicos y políticos era una constante (Gutiérrez, 2004). En la medida en que las vinculaciones criminales de la guerra eran crecientes y obvias, y en que las dimensiones de la guerra eran cada vez más inobjetables, la conclusión tanto de académicos como de tomadores de decisiones era que *la guerra se había despolitizado*. A más economía, menos política. Y a menos política, más espacio para la solución puramente militar, era la cadena del razonamiento dominante.

Pues bien, este libro muestra ciertamente el papel fundamental del narcotráfico y de otras economías ilegales en las dinámicas y transformaciones del conflicto y en la constitución de los dominios territoriales de los actores armados; pero a la vez afirma que el supuesto antes enunciado es insostenible. Contra las corrientes dominantes, esta investigación postula que *el conflicto colombiano es actualmente más económico, más criminal y más político*. En otros términos, hay criminalización de la política y de la guerra y politización del crimen.

Estos temas no son nuevos en la literatura social. Dándonos alguna licencia para simplificar, podríamos decir que hay dos vertientes diferenciadas a la hora de enfocar el problema. Por un lado, autores como Collier y Kaldor conciben la relación entre política y criminalidad como una de opuestos, que se minan mutuamente. Por otra, Tilly y Hobsbawm (desde la historia social), así como Olson y Schelling (desde la economía política), constatan que la construcción-desagregación de las formas estatales y los dominios territoriales asociados a ellas han estado íntimamente vinculadas a diversos factores de criminalidad económica. Por eso, en ciertos momentos críticos (transición de un modo de producción a otro, como en Hobsbawm; de la anarquía al orden, en Olson; construcción del estado en su fase inicial, en Tilly) criminalidad y política están entrelazadas. ¿Será que estamos viviendo ahora un momento semejante, en la transición del orden regulado por Estados nacionales a regulaciones transnacionales?

Todo lo anterior sugiere que podría ser muy fructífero ahondar en el esfuerzo por observar sistemáticamente las interpenetraciones de esos tres componentes: lo político, lo criminal y lo económico. Un programa de investigación a futuro debe dar cuenta del tejido social que se construye alrededor de tales interacciones. Con todo, del reconocimiento de las interpenetraciones no se puede pasar a la supresión de las diferencias:

> Esto significa aceptar [...] que [los actores armados] a pesar de muchas de sus prácticas condenables, no son simples bandidos, terroristas o narco-guerrilleros, sino rebeldes con ideología, recursos, y objetivos específicos contra el orden existente, es decir, que al menos teóricamente y a diferencia de las mafias, acumulan recursos y poder con una pretensión colectiva. (Gonzalo Sánchez, 2004: 64)

La dicotomía democracia/violencia

Esta investigación da cuenta no sólo de la forma en que el régimen determina la violencia política, sino también de la manera en que ésta trasforma al régimen. En efecto, se muestra en estas páginas que el conflicto no solamente resulta de la naturaleza del cierre del sistema político, sino que de hecho propicia en el régimen una serie de trasformaciones complejas que, contrariamente a lo que podría esperarse, no se pueden resumir con un solo verbo.

El conflicto ha generado en el régimen profundas aperturas, como la descentralización, la Constitución, y toda una nueva agenda de derechos humanos, movilizaciones regionales (véase el artículo de Ricardo Peñaranda, "Resistencia civil y tradiciones de resistencia en el suroccidente colombiano", en este libro), junto con contracciones, cierres, tendencias genocidas, expresiones autoritarias y devaneos intervencionistas, etc. El balance final del cruce de ambas tendencias no se puede hacer deductiva, sino empíricamente, y a eso se dedican varias de las publicaciones que sirvieron de avances del proyecto.

Se destacan varios aspectos en esta búsqueda. De manera general, diversos artículos apuntan a mostrar las convergencias entre procesos de expansión del control territorial, procesos de descentralización y crecimiento de las economías ilegales, con diversas variantes, así: primero, Fabio Sánchez subraya las retroalimentaciones mutuas entre guerra y descentralización y problematiza la tesis de que a más democracia, menos violencia. La democratización, contra todo lo que se piensa, no sería, según las evidencias aquí recogidas, un desactivador de la lucha armada, sino un entorno perfectamente instrumentalizable por el desencadenamiento de las rivalidades represadas. La descentralización llevó a que tanto guerrillas como paramilitares le apuntaran más al poder local y regional que al poder central, aprovechando los espacios que éstos brindaban y sin renunciar a sus pretensiones de toma del poder nacional.

Esto parecería confirmar la famosa tesis de Tocqueville, según la cual los movimientos contestatarios se expanden, más que en los períodos de cierre del sistema político, en los momentos de mayor apertura.

Pero de esta aseveración no se pueden sacar conclusiones apresuradas, pues como se deriva de otros trabajos (el mencionado de Peñaranda y "ELN: entre las armas y la política", de Mario Aguilera Peña) el ensanchamiento del régimen político a través de la Constitución de 1991 se constituyó también en un desactivador eficaz de la lucha armada. Permitió la reincorporación a la vida política de buena parte de la insurgencia –Movimiento 19 de Abril (M-19), Corriente de Renovación Socialista, Partido Revolucionario de los Trabajadores (PRT), Esperanza Paz y Libertad (EPL)–, se convirtió en oportunidad de oro para que el movimiento indígena armado saltara a la palestra política y lograra por la vía institucional conquistas impensables por la vía armada y transformó incluso a los propios actores armados.

Asimismo, metió al ELN en el debate sobre la política y en el desafío de mostrarle al Estado los límites de su democracia, mediante lo que ellos han dado en llamar el *poder popular*. Y si las Fuerzas Armadas Revolucionarias de Colombia (FARC) se quedaron por fuera de ese proceso fue en gran media porque apenas acababan de salir de la experiencia traumática de la Unión Patriótica. En varios sentidos violencia y democracia coexisten, pero en otros también se anulan. Hasta podría decirse que la prolongación de la lucha armada ha impedido que se lleven hasta sus últimas consecuencias las dinámicas democratizadoras de la Constitución de 1991. Dos resultados contradictorios; sin embargo, no excluyentes del mismo proceso en el mismo país.

La dicotomía desorden/derecho

Finalmente, el texto propone romper con la ecuación guerra irregular igual desregulación de la guerra. Peter Waldmann (1999) sugiere para el caso una distinción útil entre irregularidad y arregularidad. De hecho, tanto en las guerrillas como en las Autodefensas Unidas de Colombia (AUC), incluso de forma draconiana en las mafias, existen códigos estrictos de regulación, con tipificaciones precisas de las violaciones, instancias, responsabilidades, castigos, etc. Mario Aguilera (2001) ha recogido esta tradición desde el siglo

XIX, que no es ajena siquiera a los aciagos días de la Violencia, y que él ha nombrado con la siguiente paradoja: *legislación irregular.* Contrariando la tendencia contemporánea señalada por el propio Waldmann, de desregulación tendencial de los conflictos violentos, en Colombia persisten las tendencias reguladoras. Esto no significa, desde luego, y puede ser otra paradoja, que la regularización sea incompatible con altos niveles de brutalidad. Régimen de derecho no es necesariamente régimen sin violencia. Apreciación válida tanto para el Estado como para la insurgencia.

La guerra y las fracturas de la sociedad civil

Otro lugar común que remueve esta investigación es el concerniente al papel de la sociedad civil en la guerra. El tema toca muy diversas aristas: la primera tiene que ver, desde luego, con los intentos por parte de fuerzas estatales de criminalizar la protesta, la organización de las comunidades locales y las múltiples formas de resistencia civil, caso estudiado aquí por Peñaranda en el Cauca indígena, y reeditado múltiples veces en tiempos recientes; la segunda arista tiene que ver con la inscripción de las dinámicas de nuestro conflicto en las más amplias tendencias de las guerras civiles en el mundo, a saber el creciente papel de los civiles como víctimas del conflicto, tema destacado por Daniel Pécaut (2001) con su fórmula de "guerra contra la sociedad". No obstante, y ésta es la tercera arista que nos interesa subrayar especialmente aquí, en aparente pero no necesaria contradicción con la anterior, es el quiebre de la histórica línea divisoria entre combatientes y civiles, resaltada por todos los analistas de la guerra (véanse Waldmann, 1999, y Creveld, 1991). Para el caso de Colombia, el importante papel de los civiles en la guerra se torna particularmente visible en los tejidos que articulan las fuerzas paramilitares (artículo de Francisco Gutiérrez y de Mauricio Barón, "Estado, control territorial paramilitar y orden político en Colombia. Notas para una economía política del paramilitarismo 1978-2004", en este libro) a los poderes locales y regionales.

Insurgentes, paramilitares y narcotraficantes: la "trinidad hobbesiana" de Colombia

Parte fundamental del proyecto, tal y como dimana de los párrafos precedentes, era interpretar la evolución de los actores ilegales –la trinidad hobbesiana, según el analista militar Joseph R.

Núñez (2001)– a la luz de las transformaciones macro ya descritas, pero también de sus dinámicas y discursos internos.

Los insurgentes

Esta sección la abre Eduardo Pizarro Leongómez con el más viejo protagonista de nuestra trinidad armada. Pizarro nos muestra, en efecto, cómo, para el caso de las FARC, tiempo y espacio, que fueron recursos estratégicos para su expansión, hoy son dos variables que les introducen límites insalvables a sus pretensiones de toma armada del poder. En otras palabras, tiempo y espacio son recursos que se pueden acumular, pero también se desgastan, ya que han cambiado sustancialmente las condiciones iniciales del enfrentamiento (Sánchez, 2003).

La prelación que el gobierno de Uribe le da al debilitamiento estratégico de las FARC entra en consonancia con la cruzada antiterrorista de George Bush, quien se convierte en el aliado privilegiado y peligrosamente exclusivo de Colombia (Diana Rojas). Con todo, cabe recordar que las asimetrías tecnológicas (por ejemplo, la superioridad aérea del Ejército) no son un disuasivo suficiente para la terminación de la guerra, como se sabe desde Vietnam. Los bricoleros se pueden acomodar exitosamente a las grandes innovaciones tecnológicas.

Por otro lado, no todo es estrategia militar. De hecho, Aguilera, con material enteramente nuevo, prefiere un enfoque desde las representaciones que los actores se hacen y se concentra en los mitos, héroes, discursos y programas del Ejército de Liberación Nacional (ELN). Al lado de la eficacia de los recursos, de la organización y de las armas, se rescata aquí la centralidad de las tradiciones, los valores y el capital simbólico, aspectos que hay que tener en cuenta cuando se contrasta la baja intensidad discursiva de las FARC, con la relativamente alta del ELN. Pero la capacidad de traducir en hechos la producción discursiva no es la misma. El ELN se afirmó sobre la base de un discurso teórico sobre lo local, pero quienes lo materializaron y convirtieron en discurso práctico, parapetadas por ejemplo en las juntas de acción comunal, fueron las FARC. En todo caso, en lugar de un mundo puramente criminal, el panorama que nos muestra Aguilera es un abigarrado mapa de valores marxistas y cristianos superpuestos en un proyecto de control disciplinario que le ha permitido al ELN mantener su relevancia política en un trasfondo de declive militar. El discurso aparece aquí como un componente central en la reproducción y prolongación de la guerra.

En suma, se destacan tres variables en el análisis de la insurgencia: primera, el proceso de configuración de la utopía guerrillera, es decir, el imaginario de la guerra y sus legitimaciones; segunda, el papel de los recursos en la dinámica, la reproducción, la expansión y, eventualmente, los límites de la guerra (secuestro, petróleo, narcotráfico y tributos), y, por último, la evolución de las relaciones de la insurgencia con la protesta social y con la población no combatiente.

Los paramilitares

En el trabajo sobre los paramilitares, Francisco Gutiérrez y Mauricio Barón muestran continuos procesos de aprendizaje de sus adversarios tanto en términos organizativos como militares y de discurso, que les han permitido pasar de ser una fuerza puramente expedicionaria y de castigo a convertirse en un proyecto político, también muy criminalizado, con bases sociales en amplios territorios del país.

Yendo aún más lejos, Gutiérrez y Barón, a partir de su estudio sobre los paramilitares del Magdalena Medio, demuestran cómo no se necesita que un actor armado resulte victorioso para que logre cambiar profunda y negativamente en este caso, el Estado, la democracia y sobre todo el sentido de la política en el país. Los paras transformaron al Estado, debilitándolo. Es un proceso extremadamente complejo dado el carácter bifronte del paramilitarismo: por un lado, es una prolongación de la acción contrainsurgente del Estado y, por otra, es un contraestado basado sobre las redes de poder generadas a partir de las narcofortunas. De todas las transformaciones, una resulta decisiva en el plano político. De estructuras más o menos diversificadas (pueblo-partido-ejército, en el caso de las FARC; gremio-partido-milicia, en el caso de los paramilitares) estas fuerzas irregulares han pasado a estructuras altamente militarizadas, lo que dificulta enormemente, en ambos casos, los eventuales procesos de negociación y reinserción.

Esto pone sobre el tapete la pregunta: ¿qué negocian hoy?, la cual es válida, porque todo indica que los paramilitares no están negociando lo que está sobre la mesa (el reconocimiento, el perdón, algo de justicia), sino lo que está por fuera de ella: el poder social y económico construido a lo largo de las dos últimas décadas.

Los narcotraficantes

La consideración de esta multiplicidad de variables no invalida la jerarquización. A lo largo de todo el texto se evidencia el papel excepcionalmente protagónico de los narcotraficantes en nuestra guerra contemporánea. Había que responder, por lo tanto, a la pregunta: ¿cuándo y cómo se articularon las economías ilegales al proceso de la guerra? En su artículo para este libro, "Narcotráfico, ilegalidad y conflicto en Colombia", Andrés López Restrepo sostiene que el narcotráfico se instala en la sociedad y en la política colombianas al triple amparo de centenarias prácticas de contrabando, de la renuencia del Estado a asumir el control total de la explotación de ciertos recursos minerales (esmeraldas) y de la violencia que azotó al país a lo largo de la segunda mitad del siglo XX. Altos niveles de tolerancia de la sociedad a la ilegalidad llevaron a que con el tiempo las fronteras entre ésta y la violencia se fueran borrando, sin que esta circunstancia se percibiera como una amenaza al orden político democrático.

A veces calladamente y otras de manera muy ostentosa los narcotraficantes fueron acumulando un poder económico tal que los colocó en la ventajosa posición de ser los financiadores y promotores de otros grupos ilegales, a menudo rivales entre sí, y tener al tiempo la capacidad de impulsar una agenda propia. La tentación de convertir el acumulado económico en poder político se hizo irresistible, y se expresó de diversas maneras: a veces impulsando candidatos y movimientos propios utilizando los espacios institucionales existentes (Pablo Escobar y Carlos Lehder), otras penetrando los partidos y estructuras de poder vigentes y condicionando la fuerza corruptora de sus apoyos financieros a campañas de los más variados órdenes y, finalmente, imponiendo a sangre y fuego los candidatos de sus simpatías en muchas regiones de Colombia. El triple poder: económico, político y, a menudo directa o indirectamente, militar –creación de Muerte a los Secuestradores (MAS), financiación de insurgentes y contrainsurgentes–, que provocó intrincadas luchas intestinas entre sus socios, aliados o subordinados, convirtió a los narcotraficantes en actores centrales de la política y la guerra en la Colombia contemporánea.

Las dinámicas de la guerra

La expansión de los grupos armados no es contradictoria con la involución organizativa forzada por la rápida modernización tecnológica de las Fuerzas Militares (Eduardo Pizarro, y Fabio Sánchez y Mario Chacón). Como se ha señalado ya, los dos últimos autores encuentran de manera paradójica que uno de los pilares de la democratización propiciada por la Constitución de 1991 –la descentralización política y fiscal– fue también el soporte fundamental de la expansión, en términos de número de acciones y de cobertura, de los grupos insurgentes y contrainsurgentes, que combinaron corrupción y coerción en las administraciones locales, como expresión característica de la modalidad calificada por Andrés Peñate como "clientelismo armado".

Este proceso afectó también a las Fuerzas Armadas. En efecto, paralelamente a la dinámica de la insurgencia, se reconstruye la de la contrainsurgencia, en particular las visiones del conflicto por parte de las Fuerzas Armadas, sus tensiones con los gobiernos en el manejo de la negociación política, y sus relaciones y eventuales alianzas con las élites regionales y con los narcotraficantes en la estructuración de frentes de contrainsurgencia. Al proceso de negociación iniciado por Belisario Betancur se va superponiendo gradualmente una inédita centralidad de la política regional y local a partir de los años noventa (Barco y Gaviria), que convirtió las contiendas electorales en verdaderas y sangrientas disputas por el control territorial.

Una gran paradoja se puso evidencia: la apertura amenazaba a los feudos regionales, agudizaba la violencia; pero, al tiempo, por contexto internacional e interno, se acrecentaban los controles de los desbordamientos militares en el manejo de la protesta social y en la contención de la acción insurgente. Limitadas en el plano nacional y vigiladas internacionalmente, las Fuerzas Armadas se fueron deslizando hacia las alianzas antisubversivas regionales (Romero, 2003).

Las cifras y los mapas

Por su parte, Fabio Sánchez y Mario Chacón les ponen cifras y cartografía a la impactante expansión de los actores armados en las dos últimas décadas. Hay, a menudo, tesis montadas sobre cifras nunca demostradas que se vuelven sentido común. Jorge Restrepo describe con precisión las barreras y los vacíos que los analistas de los conflictos internos deben afrontar para la construcción de bases de datos confiables. Hay cifras incompletas, hay cifras mentirosas y hay cifras míticas. Contar, establecer ciclos y tendencias, así como espacializar los eventos de la violencia política letal, constituyen una tarea imprescindible tanto para una mejor caracterización del conflicto como para una acertada formulación de políticas públicas. Es lo que hacen aquí a través de diversas, pero convergentes estrategias investigativas Francisco Gutiérrez, Jorge Restrepo y Fabio Sánchez. Sus textos son una invitación a volver a contar y a hacer explícitos los criterios de construcción de los números. De los muchos aspectos que se pueden destacar de estas nuevas miradas vale la pena subrayar ésta: sin subestimar las cifras de víctimas civiles, se muestra cómo en la guerra colombiana hay un nivel de combate que está muy por encima de las tendencias mundiales de las "nuevas guerras".

Pero la descripción de estas dinámicas se enmarca dentro de un contexto general descrito en otros varios artículos. Los hallazgos sugeridos por la base de datos de violencia política letal del Instituto de Estudios Políticos y Relaciones Internacionales (IEPRI) –un importante aporte a la comunidad académica nacional– apuntan a que pese a su brutal criminalización, el conflicto colombiano ha sido relativamente acotado, porque inmediatamente después de su inserción territorial los actores armados tratan de gobernar. Esto implica en algún momento pasar a una fase de estabilización y de construcción de un orden social. Es decir, los actores armados, sobrepasada cierta escala y cierta duración y consolidación, tienen que salir de sus dinámicas estrictamente militares y hacer política, pero a la vez su crecimiento está asociado a un creciente apoyo en prácticas extorsivas. Dicho en términos de Mary Kaldor, la colombiana –más bien sorprendentemente– no se asemeja a una "nueva guerra".

Éste es uno de los puntos nodales que permiten que nuestro conflicto pueda ser, al tiempo, más político y más criminal, pues la creación de un sistema impositivo, que le pone tasas a las economías ilegales y a las poblaciones, la presión a la pequeña delincuencia, la creación de redes de explotación de economías ilegales dentro de la población y la construcción de barreras a la entrada para eventuales competidores generan a la vez legitimidad, oportunidades de explotación de rentas y de reproducción de las sociedades y poderes locales. Sin embargo, estas sinergias no siempre se presentan y a veces hay momentos de saturación y de ruptura.

Las cifras de muertes en el combate reafirman esta impresión. Un punto de vista, repetido numerosas veces por académicos y formadores de opinión, es que en Colombia es muy fácil formar un grupo armado ilegal: "se puede hacer una guerrilla y una autodefensa en un garaje". Nuestra base de datos muestra que tal punto de vista es fundamentalmente erróneo. Rebelarse es costoso en Colombia. La tasa relativa de muertes entre las fuerzas del Estado y la guerrilla es muy desfavorable para esta última, contra lo que han aseverado Nazih Richani y otros analistas. En el transcurso del conflicto una buena parte de las organizaciones armadas ilegales ha desaparecido, lo cual plantea nuevos interrogantes sobre los *supuestos de una capacidad ilimitada de reclutamiento basada en las gigantescas rentas que perciben tales grupos.* A la vez pone sobre la mesa una pregunta crucial: ¿cuáles son las variables que determinan la supervivencia de un grupo armado ilegal? Aquí se sugiere una respuesta polémica: lo principal es la capacidad de combate. Y eso explicaría la extraña supervivencia de las FARC. Si esto es así, formar una guerrilla en Colombia es dificilísimo, y lo que habría que explicar es por qué las FARC han mantenido tan alta capacidad de combate durante todo el período.

La duración de la guerra

El problema de la duración de la guerra puede alterar profundamente su naturaleza. Por ejemplo, puede conducir a la larga a una privatización de los objetivos y de los mecanismos de la guerra (la degradación), pero también la puede alimentar inesperadamente con nuevos contenidos o recursos (repolitización-expansión). Durabilidad-sostenibilidad, legitimidad y escala son tres puntos claves en la caracterización de los actores armados y de sus cálculos estratégicos. Su combinación define también sus perspectivas de supervivencia, de ampliación y de victoria o derrota político-militar. Tiempo, territorio, legitimidad, pero también organización, acervo militar, acumulado cultural, son otros tantos factores constitutivos del perfil de los diferentes grupos armados estudiados aquí por los diferentes autores.

Finalmente, y en estrecha relación con este punto, el libro rompe las causalidades unilaterales de la prolongación de la guerra. En buena medida ésta persiste, argumenta Luis Alberto Restrepo, no sólo por la capacidad retadora y desestabilizadora de los actores armados, sino también por la incoherencia –cuando no la simple ausencia– de políticas, de estrategias y de acciones pertinentes por parte del Estado mismo para conducir la guerra o para hacer la paz. Más que encontrarnos en un punto de inflexión del conflicto, como lo sugiere Pizarro, Restrepo considera que estamos en un punto ciego.

El problema de la escala

Collier[1] tiene el mérito de haber puesto sobre el tapete el tema central de la escala. Lo plantea de manera brillante, pero lo resuelve muy mal por su apego a una interpretación estrictamente económica del conflicto, que paradójicamente le impide construir unos microfundamentos sólidos. Sin ellos es imposible establecer un vínculo entre las racionalidades individuales y las estructuras organizacionales.

Para no caer en la misma trampa, es menester establecer un triple vínculo, entre lo micro y lo macro, entre lo político y lo económico y entre las tradiciones intelectuales colombianas y los debates internacionales. En su trabajo sobre el gran ciclo anterior de violencia política, Sánchez y Meerteens (1983) hicieron una descripción de la violencia bandoleril, consistente en pequeños y volátiles grupos de hombres en armas. Hoy estamos frente a una transformación fundamental de las dinámicas y de la escala de los actores armados que plantea preguntas en torno a los límites de tolerancia de una sociedad local o regional a las magnitudes de los grupos armados. Dicho de otra manera, el que tales grupos en este ciclo de violencia hayan logrado resolver exitosamente el problema de la escala nos pone frente a dos preguntas que constituyen una importante agenda de investigación: por un lado, un problema organizacional, hacia dentro (cómo lograron los grupos armados construir organizaciones cohesionadas de miles de miembros), y, por el otro, un problema ecológico, hacia fuera, cuál es la capacidad

---

[1] Véase, por ejemplo, Collier y Hoeffler (1998 y 2001); asimismo, Collier (2000 y 1999).

de carga de las sociedades locales con respecto a las demandas de recursos sociales, económicos y políticos de los grupos armados. Ambas preguntas confluyen en la cuestión de en qué medida los recursos de legitimidad son un sustituto de los ingentes recursos económicos. De manera muy atractiva, lo anterior permite vincular algunos de los motivos y preguntas características de los estudios de la violencia que dialogaban con las teorías de Hobsbawm sobre la sostenibilidad del bandolerismo con la contemporánea economía política del conflicto que se concentra en ejércitos irregulares.

Para que una organización armada ilegal subsista y se mantenga durante un período relativamente largo se necesitan, al menos, dos mínimos: uno de organización y otro de articulación con el entorno social –en este punto los trabajos de Hobsbawm (2001) son particularmente reveladores–. Por supuesto, la interrogación sobre uno y otro se puede abordar de una manera "negativa": ¿cuáles son las condiciones que impiden que los grupos armados no estatales accedan a tales mínimos?

Eso es precisamente lo que hace el trabajo de Peñaranda: un estudio de caso sobre formas de resistencia comunitaria a la violencia guerrillera. Peñaranda muestra cómo las transformaciones institucionales crearon condiciones excepcionales para que un grupo de resistencia armada con fuertes rasgos identitarios obtuviera ventajas inesperadas para trasformarse en un actor social con reconocimiento institucional y político nacional, lo cual es la explicación central detrás del grupo de resistencia. Esto sugiere que la noción de democracia como contención a la violencia política era limitada, pero no necesariamente falsa.

La guerra y los recursos

Este tema apunta por lo menos a tres problemas: el de la financiación de la guerra, el de la guerra como actividad lucrativa y el de la correlación o no entre países rentistas –o de grandes recursos naturales– y países violentos, aspecto este último abordado por Jonathan Di John en este libro.[2] La incidencia de países ricos en minerales o en rentas sobre los índices de violencia parece estar,

[2] Véanse también los sugestivos ensayos de Münkler (2004), "Las guerras del siglo XXI", y de Roland y Messiant (2004), "Las guerras civiles en la globalización".

según Di John, no tanto en el origen del conflicto sino en su dinámica una vez desatado éste. El ensayo de Di John deja abierta la pregunta sobre si la correlación establecida entre países puede ser válida para la correlación entre regiones de un mismo país, es decir, regiones más ricas, regiones más propensas a la violencia.

El tema no deja de tener interés, aunque en el caso colombiano los recursos que sirven de combustible a la guerra son fundamentalmente los ilegales (derivados del secuestro y de las drogas). En todo caso, el texto de Pizarro destaca cómo las FARC cumplen todo su proceso de consolidación básicamente en zonas periféricas, de colonización, en tanto que su fase de expansión a partir de los años ochenta se desenvuelve en las zonas de recursos minerales y de auge económico. Las necesidades creadas por su propio crecimiento les definen las rutas de ampliación territorial a los grupos armados. Las sociedades periféricas estarían atrapadas, según este modelo, entre la maldición de la pobreza y la maldición de los recursos.

En suma, el esfuerzo colectivo materializado en este texto remueve muchos lugares comunes, pero retoma también algunos de los interrogantes cruciales abiertos por el Informe de 1987, en torno a la coexistencia prolongada y estable en Colombia de instituciones democráticas relativamente fuertes y altos índices de violencia tanto criminal como política. El ciclo de violencia, creciente y cada vez más complejo que se da a partir de 1978, se desenvuelve paralelamente a un notable ciclo de transformaciones institucionales (apertura política de Belisario Betancur, desmonte del pacto consocional conocido como Frente Nacional, elección popular de alcaldes, entre otras), que culminó en la Constitución de 1991, una reforma en gran escala como no había tenido el país en más de treinta años. A la vez, se produce en esa primera fase una intensísima superposición de dos guerras globales (Fría y contra las drogas), que se manifiesta en múltiples desafíos al Estado.

Con todo, las repercusiones de los citados cambios institucionales, en términos de violencia durante la década de los noventa, no fueron tan rectilíneas como hubiera podido imaginarse: diseños institucionales que implicaban significativas inclusiones, a través de apropiaciones locales y regionales diferenciadas, generaron a veces respuestas violentas o dinámicas de conflicto que escapaban a todo control. Seguramente el mejor ejemplo de ello sea la elección popular de alcaldes y gobernadores, una vieja y fundamental reivindicación democrática, que coincidió y confluyó con la búsqueda del poder local y regional por parte de actores armados y que generó complejas realidades políticas donde coexisten en equilibrios precarios guerrilleros, paramilitares, alcaldes, partidos, organismos de control y aparatos armados del Estado.

Asimismo, los diversos ensayos de este libro han puesto en evidencia cómo las lógicas nacionales y subnacionales de la lucha no necesariamente son congruentes. El conflicto macro no es el resultado agregado de múltiples microenfrentamientos, pero éstos a su vez no responden a un plan central o a un diseño estratégico único. Los objetivos y metas de los actores de las diversas violencias se ven alimentados tanto por motivos nacionales como por lógicas locales, y éstas a su vez son dirigidas por los marcos de acción macro establecidos por fuerzas que rebasan el plano regional e incluso a veces el nacional. No estamos ante un caso de micromotivos y macrocomportamientos (Schelling, 1978), sino de una continua y compleja interacción de escalas.

En últimas, el libro no pretende cerrar debates, sino aportar elementos y abrir nuevos horizontes para la continuación de una tarea que hoy ya no puede ser sino colectiva.

Bibliografía

Aguilera Peña, Mario. 2001. "El delincuente político y la legislación irregular", en Sánchez, Gonzalo y Aguilera, Mario (eds.) *Memoria de un país en guerra: los mil días 1899-1902*, Bogotá, Planeta-IEPRI-UNIJUS, pp. 301-322.

Collier, Paul. 2000. "Rebellion as a Quasi-Criminal Activity", en *Journal of Conflict Resolution,* vol. 44, No. 6, pp. 839-854.

—. 1999. *Doing Well Out of War,* paper prepared for the Conference on Economic Agendas in Civil Wars, April 26-27, London.

— y Hoeffler, Anke. 2001. *Greed and Grievance in Civil War,* Washington, World Bank.

—. 1998. "On Economic Causes of Civil Wars", en *Oxford Economic Papers,* vol. 50, pp. 563-73.

Creveld, Martin van. 1991. *The Transformation of War,* Nueva York, Free Press.

Gutiérrez, Francisco. 2004. "Criminal Rebels?: A Discussion of War and Criminality from the Colombian Experience", en *Politics and Society,* vol. 32, No. 2, pp. 257-285.

—. 2003. "Institutionalizing Global Wars: State Transformations in Colombia, 1978-2002", en *Journal of International Affairs,* vol. 57, No. 1, pp. 135-152.

Hobsbawm, Eric. 2001. *Bandidos*, Barcelona, Crítica, 2001.

Kaldor, Mary. 2001. *Las nuevas guerras: violencia organizada en la era global,* Barcelona, Tusquets.

Marchal, Roland y Messiant, Christine. 2004. "Las guerras civiles en la globalización", en *Análisis Político,* No. 50, enero-abril, pp. 20-34.

Münkler, Hefried. 2004. "Las guerras del siglo XXI", en *Análisis Político,* No. 51, mayo-agosto, pp.3-11.

Núñez, Joseph R. 2001. Fighting the Hobbesian Trinity of Colombia: A New Strategy for Peace, Washington, Strategic Studies Institute, US Army, War College. Disponible en: http://purl.access.gpo.gov/GPO/LPS12009.

Pécaut, Daniel. 2001. *Guerra contra la sociedad*, Bogotá, Espasa.

Romero, Mauricio. 2003. *Paramilitares y autodefensas 1982-2003,* Bogotá, IEPRI-Planeta.

Sánchez G., Gonzalo. 1998. "Violencias, contrainsurgencia y sociedad civil en la Colombia contemporánea" ", en *Desafíos de la democracia en la Región Andina*, Lima, *Comisión Andina de Juristas*, pp. 107-154

Sánchez G., Gonzalo. 2003. *Guerras, memoria e historia*, Bogotá, ICANH.

— y Meertens, Donny. 1983. *Bandoleros, gamonales y campesinos*, Bogotá, El Áncora.

Schelling Thomas. 1978. *Micromotives and Macrobehavior,* New York: WW Norton & Company.

Waldmann, Peter. 1999. "Guerra civil: aproximación a un concepto difícil de definir", en Waldmann, Peter y Reinares, Fernando (eds.) *Sociedades en guerra civil*, Barcelona, Paidós, pp. 38 y ss.

AGRADECIMIENTOS

Este libro es el resultado de un esfuerzo colectivo y ello hace que en estricto sentido, a los agradecimientos de cada uno de los autores, deberían agregarse los de carácter institucional. Incluirlos a todos haría la lista demasiado larga. Con todo sería injusto no mencionar expresamente a las siguientes personas y entidades cuyo aporte fue crucial, a veces indispensable:

En primer lugar a las directivas de COLCIENCIAS, a sus evaluadores anónimos y al Director del Programa del Ciencias Sociales, Juan Plata, por haber creído en la importancia y viabilidad del proyecto, titulado inicialmente "Democracia, Globalización y Guerra". Este proyecto se realizó en el contexto del Crisis States Programme de DESTIN-London School of Economics. A funcionarios de entidades oficiales, como Andrés Dávila, del Departamento Nacional de Planeación, que facilitó acceso a materiales indispensables para el trabajo; y a Hugo Acero Velásquez, entonces Subsecretario de Convivencia y Seguridad Ciudadana de la Alcaldía Mayor de Bogotá, que nos ilustró sobre las complejas dinámicas de la violencia urbana en la capital del país. A los exministros y analistas políticos Rudolf Hommes, Jaime Castro y Rodrigo Pardo por la estimulante confrontación de ideas con los investigadores del Instituto en la fase inicial de la investigación. A Fernán González, Ingrid Bolívar y Teófilo Vásquez por haber compartido los resultados preliminares de su investigación sobre muchos de los tópicos que con ópticas a veces divergentes y a veces convergentes se abordan en este texto. A Carlos Medina Gallego por socializar fuentes documentales que ha venido acumulando durante años. A Lariza Pizano que durante meses y con gran despliegue de iniciativa y eficacia encabezó un equipo de investigación en el cual contaba con el olfato investigativo de William Mancera y el tesón de Angélica Durán, Carolina Escamilla, Nicolás Rodríguez, Camilo Plata, Mauricio Barón, Natalie Rodríguez, Francy Carraza, Angélica Rivas y Claudia Gonzáles, de cuyos esfuerzos sumados queda una valiosa base de datos. A Carlos Sandoval quien ayudó a preparar los textos finales, antes de que pasaran a la editora de Norma, María del Rosario Aguilar Perdomo. A María del Rosario, todos los autores le debemos un reconocimiento inmenso pues al final, cuando estábamos ya cansados de nuestros propios textos, ella movió cielo y tierra para que el pan no se nos quemara en el horno.

Finalmente, en lo que nos compete como coordinadores del libro tenemos que dar fe del apoyo incondicional que le brindaron al proyecto los directores del Iepri que acompañaron la producción del texto, William Ramírez, y en la última y decisiva etapa Luis Alberto Restrepo, a quien por lo demás le cupo la responsabilidad de dirigir el Instituto en una fase de incomprensiones de la tarea y la importancia de éste frente a la universidad y el país.

FRANCISCO GUTIÉRREZ SANÍN
GONZALO SÁNCHEZ GÓMEZ

PRIMERA PARTE

LA INTERNACIONALIZACIÓN DE LA GUERRA

I
Estados Unidos y la guerra en Colombia

Diana Marcela Rojas[*]

[*] Investigadora del Instituto de Estudios Políticos y Relaciones Internacionales (IEPRI), Universidad Nacional de Colombia.

Resumen

Uno de los cambios centrales en la dinámica de la guerra en Colombia, durante los últimos diez años, ha sido la fusión entre la guerra contrainsurgente y la guerra antinarcóticos. En este cambio, Estados Unidos ha desempeñado un papel fundamental a través del diagnóstico del conflicto, de las políticas implementadas para hacerle frente y de los resultados previstos e imprevistos de tales políticas. De este modo, este país se ha constituido en uno de los actores centrales de la guerra y en factor sustancial de la 'globalización' del conflicto colombiano.

Palabras claves: relaciones Colombia-Estados Unidos, narcotráfico, guerrilla, Plan Colombia, ayuda militar.

Durante mucho tiempo, el conflicto armado en Colombia fue percibido y caracterizado como uno de carácter fundamentalmente 'endógeno', puesto que se desarrollaba en territorio colombiano y con actores armados internos que no contaban con ayuda financiera ni política proveniente del exterior y que, por el contrario, tenían agendas e intereses muy locales. Sin embargo, la tipificación del caso colombiano como *conflicto armado interno o guerra civil*, teniendo como criterio el territorio en el que se ha desarrollado y la identidad de los actores involucrados, hizo que se dejaran de lado otros aspectos esenciales de la naturaleza misma del conflicto, así como su conexión con procesos originados en el desarrollo de la globalización. Hoy en día sabemos que muchos de los factores que posibilitan las guerras y las dinamizan no son exclusivamente internos o, por lo menos, no son tan claramente distinguibles de los factores externos.

Lo anterior es especialmente patente en la consideración de los actores involucrados en la guerra. En el caso colombiano, no sólo intervienen los grupos armados ilegales internos frente al gobierno nacional, sino que otros actores están presentes desde sus propias lógicas e intereses. Entre ellos, Estados Unidos puede considerarse actor directo en la guerra hoy, y no sólo mera 'influencia' externa. En el momento en que el gobierno estadounidense declara que el conflicto armado colombiano afecta su "seguridad nacional", se convierte en un actor directo. Este progresivo involucramiento de ese país se ha hecho más patente y decisivo en la última década.

En efecto, desde mediados de los años noventa es posible identificar un cambio sustancial en la dinámica de la guerra en Colombia. Desde entonces, el enfrentamiento armado no sólo se intensificó y adquirió una notoriedad internacional sin precedentes, sino que, además, en relación con las motivaciones, las estrategias, los actores en contienda y los efectos, la guerra ha adquirido otras características que permiten diferenciarla de las dinámicas del conflicto de las dos décadas anteriores.

Durante los años ochenta y hasta principios de los años noventa, para Estados Unidos el conflicto armado en Colombia estaba inscrito en la lógica de la lucha contra el comunismo. Se trataba de grupos guerrilleros que reivindicaban una ideología comunista en contra de un Estado democrático; sin embargo, los gobiernos estadounidenses de la época no consideraron que las guerrillas representaran una amenaza sustancial a su propia seguridad nacional ni a la estabilidad económica y política de Colombia, pese a las cifras sobre las víctimas del conflicto. En general, Colombia aparecía resaltada en el conjunto continental como la "democracia más estable de América latina", por no haber sufrido las interrupciones institucionales ni los golpes militares que caracterizaron a la mayoría de los países en los años sesenta y setenta.

El país también mostraba unos índices de crecimiento económico y de confiabilidad para los inversionistas internacionales que para nada reflejaban un país en guerra. Por otra parte, desde finales de los años setenta, Estados Unidos concentró su relación bilateral en el tema de la lucha contra las drogas ilícitas, luego de que Colombia comenzó a aparecer como unos de los países más activos en términos de dicho comercio ilícito. Así, para Washington, el conflicto con los grupos guerrilleros era un asunto distinto (y distante) del problema del tráfico de drogas.

Si bien a mediados de la década de los ochenta se planteó la hipótesis de la 'narcoguerrilla', esta interpretación no prosperó, entre otras cosas porque en ese momento no se podía establecer una participación directa de las guerrillas en el negocio ilícito. Se afirmaba que el vínculo era más circunstancial e indirecto, a través del cobro del impuesto de gramaje, la vigilancia de los cultivos y laboratorios, o del impuesto del uso de pistas clandestinas en las zonas controladas por algunos de los frentes guerrilleros. No es éste el lugar para establecer qué tan cercana o alejada se encontraba esta visión de la realidad; aquí interesa señalar que para Estados Unidos la guerra contra las drogas y la lucha contrainsurgente del Estado colombiano contra las guerrillas eran percibidas como dos problemas distintos y con tan sólo algunos nexos.

Esta percepción del conflicto en Colombia cambió sustancialmente en un proceso iniciado a mediados de los años noventa y que se extiende hasta nuestros días. Nuestra hipótesis fundamental sostiene que Estados Unidos ha desempeñado un papel central en el cambio de la dinámica del conflicto armado colombiano a través de la confusión de la guerra antinarcóticos y la lucha contrainsurgente en una sola estrategia, ahora identificada como lucha antiterrorista. Esto implica, a su vez, un cambio en la naturaleza misma de la guerra en Colombia, en la que Estados Unidos se convierte en un actor directo por medio tanto de los resultados esperados como de los efectos derivados.

El objetivo de este trabajo es tratar de dar cuenta de ese proceso. En una primera parte, por medio de la caracterización del diagnóstico que hace Estados Unidos acerca de la situación en Colombia y de los factores que contribuyeron a la conformación de dicha visión. En una segunda parte se busca establecer cuál ha sido la estrategia desarrollada en concordancia con dicho diagnóstico, así como identificar las políticas adoptadas en este marco, haciendo la distinción de tres etapas. Finalmente, en la tercera parte, se intenta avanzar con respecto a las consecuencias que tal estrategia ha tenido en la dinámica misma del conflicto armado.

Diagnóstico

El diagnóstico que tiene Estados Unidos sobre el conflicto armado en Colombia no es contundente ni unívoco. Pese a que en los últimos tres años, sobre todo a raíz de los atentados del 11 de septiembre (11-S), se ha ido depurando, aún está lleno de ambigüedades y da lugar a controversias tanto en el escenario político estadounidense como en Colombia. En ese diagnóstico, el elemento central es el progresivo desdibujamiento de la tajante distinción entre lucha antinarcóticos y lucha contrainsurgente.[1] La variedad

---

[1] Pese al papel cada vez más central que los paramilitares desempeñan en el conflicto armado colombiano, por razones de extensión y porque un capítulo de este libro está dedicado al tema, el presente trabajo se centra

de apelativos a los que se recurre en diversos reportes, documentos oficiales y artículos académicos así lo revelan: la colombiana se ha calificado persistentemente como "guerra ambigua", "guerra tripartita", "guerra asimétrica", "guerra narcoterrorista" (Manwaring, 2003).

Desde esta visión, se sostiene que el conflicto armado se ha mantenido en buena medida gracias a los recursos provenientes del narcotráfico, y que los grupos guerrilleros, particularmente las Fuerzas Armadas Revolucionarias de Colombia (FARC), han ido apropiándose de tales recursos ya no sólo de manera indirecta, a través de 'impuestos' a los cultivadores y a los carteles, sino directamente, involucrándose en todas las etapas de esta actividad económica, al punto de ser calificados como el *tercer cartel* al lado de los grandes carteles de Medellín y de Cali.

De hecho, en la última década, los grupos armados incrementaron su presencia en casi todas las áreas de cultivo de coca en el país, al monopolizar el comercio de la pasta de coca en los territorios bajo su control (International Crisis Group, 2005).[2] Esta 'narcotización' de la estrategia de los grupos guerrilleros les habría permitido allegar los recursos necesarios para expandirse, aumentar el número de frentes y de efectivos, modernizar su armamento y mejorar sus condiciones logísticas. La ofensiva militar desarrollada por las FARC entre 1995 y 1997 habría demostrado dicha hipótesis e inclinado la balanza a favor de la guerrilla y en contra de las Fuerzas Armadas colombianas.

El corolario de este razonamiento consiste en afirmar que, dado que las guerrillas están tan fuertemente involucradas en la economía de las drogas, sólo eliminando el tráfico ilícito se minará la principal fuente de recursos para la guerra; hecho que las hará más vulnerables a una derrota militar y las presionará a negociar con el Estado colombiano.

---

en la lucha contrainsurgente en relación con los grupos guerrilleros y se hace escasa mención de la percepción y la política de Estados Unidos hacia los grupos paramilitares.

[2] Se calcula que 65 de las 110 unidades operativas de las FARC están directamente involucradas tanto en el cultivo como en el comercio de drogas.

En el diagnóstico estadounidense, el Estado colombiano aparece como un "Estado en riesgo de colapsar",[3] tanto por la falta de control sobre el territorio nacional, la incapacidad de brindar seguridad y garantizar la presencia de la fuerza pública en todos los municipios del país y los índices alarmantes de impunidad, como por la corrupción rampante de una clase política que entró en contubernio con los carteles de la droga.

Factores para la crisis

El cambio en la percepción y en la política de Estados Unidos hacia Colombia es el resultado de la convergencia de varios factores que se conjugan a lo largo de la década de los noventa. Es preciso aclarar que respecto a los factores aquí considerados, más que de 'causalidades', hablamos de resonancias, esto es, de dinámicas que se van traslapando y cuya interacción genera un cambio sustancial, como el que intentamos analizar en relación con el conflicto armado colombiano. Cabe señalar también que en varios de estos factores es difícil hacer una distinción clara entre lo propiamente interno y lo externo. De ahí que referirse a una 'internacionalización' de la guerra es una caracterización en la que se pierde el cambio de sentido que implica la globalización. Los factores que consideramos son los siguientes:

- El cambio en el contexto internacional y la modificación de la política exterior de Estados Unidos después del fin de la Guerra Fría. Este hecho implica una transformación en las temáticas y las prioridades de la agenda de seguridad estadounidense, donde el narcotráfico adquiere un lugar preponderante. Muchos conflictos armados se desactivan y otros, que como el colombiano permanecen, empiezan a considerarse no en relación con el enfrentamiento este-oeste, sino en virtud de sus propias lógicas.
- El efecto que tuvo la crisis del gobierno de Ernesto Samper en todas las esferas de la vida nacional, así como en la percepción internacional sobre el conflicto armado colombiano. Dicha crisis permitió vislumbrar hasta qué punto el narcotráfico había permeado la vida nacional y encendió las alarmas en Washington ante la posibilidad de tener un Estado controlado por la criminalidad

3 Para una lectura de Colombia como un Estado "en riesgo de colapsar", véase Demarest (2003).

en el hemisferio. La crisis misma generó, a su vez, un proceso de desinstitucionalización y de deslegitimación que puso en peligro la estabilidad democrática del país.

• La transformación del papel de Colombia en la economía de la cocaína: en el lapso de unos pocos años, el país pasó de ser procesador y comercializador a convertirse en el mayor productor de base de coca.[4] Entre 1988 y 1993 se produjo un *boom* de los cultivos de coca en los departamentos del sur del país, especialmente Caquetá, Guaviare y Putumayo.[5] Se calcula que hoy en día el país produce el 74% de la base de coca en el mundo, la cual utiliza para procesar la cocaína que exporta.[6] Asimismo, se produjo una transformación en el tipo de organización, el tamaño y el modo de operar de los narcotraficantes.[7] De los grandes 'carteles', como los de Medellín y Cali, se ha pasado a una nueva generación de microempresas más difíciles de detectar (Rojas y Atehortúa, 2001). Estos cambios se generaron tanto por la alteración de las condiciones del mercado como por la aplicación de las políticas antinarcóticos en la región andina.

• La intensificación de la participación de los grupos armados ilegales en la economía de la droga.[8] Además, entre 1996 y 1998 se

---

4 En marzo de 1997, el Departamento de Estado reportó que los cultivos de coca en Colombia se habían incrementado de 44.700 hectáreas a 67.200, esto es, cerca del 50%, entre 1994 y 1996. Este aumento se atribuye parcialmente al éxito de la política antinarcóticos en Perú, donde del número de cultivos de coca disminuyó en un 18%. (GAO NSIAD-98-60 Drug Control). Se debe también a la capacidad de adaptación de los narcotraficantes para contrarrestar las medidas antinarcóticos y el desarrollo de economías de escala. (Véase Anexo 1)

5 Para 1996 se calcula que en Colombia hay un total de 69.200 hectáreas de coca cultivada. La mayor parte concentrada en los departamentos de Guaviare, Caquetá y Putumayo. Véase también Rocha (2000) y Anexo 2.

6 http://www.usdoj.gov/dea/pubs/intel/02006/index.html.

7 Pese al desmantelamiento de los grandes carteles, no se presentó una reducción significativa de las actividades de los narcotraficantes. En junio de 1996 la U. S. Law Enforcement Agency reportó que una nueva generación de jóvenes narcotraficantes había surgido en la costa norte, en el norte del Valle y en el centro del país. En julio de 1997 también se reportó la aparición de cientos de nuevas organizaciones criminales. (GAO/NSIAD-98-60 Drug Control). Consúltese al respecto Rojas y Atehortúa (2003).

8 Ya desde 1993, el gobierno estadounidense reportó que tanto las FARC como el ELN estaban involucrados en actividades de tráfico de drogas y que

presentaron disputas entre las guerrillas y los grupos paramilitares por el control del las zonas de cultivo, lo cual hizo que las FARC tomaran el control total de la economía ilegal para evitar las infiltraciones paramilitares, primero en Putumayo y luego en Caquetá (International Crisis Group, 2005).

- La presión ejercida por el gobierno estadounidense deterioró las relaciones bilaterales y presionó una aplicación a fondo de la estrategia antinarcóticos. Ello tuvo efectos no calculados en el manejo del conflicto armado, al restarle margen de maniobra al gobierno en la implementación de una política de negociación con los grupos armados; también exacerbó las contradicciones con los sectores sociales directamente afectados por las medidas antinarcóticos, no sólo los propios narcotraficantes, sino las poblaciones afectadas por las fumigaciones (Vargas Meza, 1999), y le restó credibilidad y apoyo político internacional a la propuesta colombiana de "corresponsabilidad internacional" para enfrentar el tráfico ilícito.[9]
- Por último, la presión de los países vecinos ante el agravamiento de los efectos del conflicto es un factor que se debe tener en cuenta. La situación de Colombia generó una crisis de seguridad para los países vecinos, los cuales presionaron de manera contradictoria una respuesta tanto de Colombia como del propio Estados Unidos. Además, una expansión del conflicto colombiano y sus consecuencias en la región cuestionaba el liderazgo estadounidense en la arquitectura hemisférica de seguridad.

La estrategia ante la guerra ambigua

La estrategia de Estados Unidos ante la guerra ambigua es igualmente ambigua y se ha ido conformando en medio de controversias a lo largo de los últimos diez años. Fundamento del Plan

---

controlaban o tenían influencia en vastas regiones del país, particularmente en los territorios del sur. (*The Drug War*, GAO/NSIAD-93-158, Ago. 10, 1993). Asimismo, a partir de esta misma época se señala de manera reiterada en los informes oficiales la participación creciente de los grupos paramilitares en el negocio ilícito.

9 Para un análisis detallado de la política estadounidense hacia Colombia durante la presidencia de Samper y sus efectos véase Russell (2000 y 2002).

Colombia y de la política de Seguridad Democrática del presidente Álvaro Uribe, dicha estrategia se basa en la idea de que "el fin de las drogas significará el fin del conflicto armado, y el fin del conflicto conducirá al fin del negocio de las drogas" (PNUD, 2003: 306). Ello implica dos presupuestos fundamentales: el primero sostiene que atacar la fuente del tráfico ilícito es la forma más eficaz de detener el flujo de drogas hacia Estados Unidos; de ahí la necesidad de acabar con los cultivos ilícitos y el relieve puesto en la erradicación aérea.[10] El segundo presupuesto parte de la idea que, dado que los grupos armados ilegales están tan fuertemente involucrados con el tráfico de drogas, luchar y eventualmente reducir el tráfico ilícito golpearía sus fuentes de financiación y facilitaría una derrota militar o una negociación en condiciones de debilidad de tales grupos. En el proceso de conformación y consolidación de la actual estrategia estadounidense hacia el conflicto armado en el país podemos distinguir tres etapas:

Una primera, desarrollada entre 1995 y 1998, que se caracteriza por una prolongación y profundización de la lucha antinarcóticos con un apéndice más bien subsidiario, en el que se planean operaciones contra la guerrilla. Estados Unidos ha observado, desde lejos, la negociación con algunos grupos guerrilleros y parece más preocupado por la extradición y la lucha contra el narcotráfico, que no asocia directamente con los aparatos guerrilleros. En el fondo, prevalece la aplicación de la estrategia antinarcóticos de los años anteriores.

Un segundo momento, entre 1999 y 2001, en el que Estados Unidos adopta una posición pública y abierta frente al conflicto armado, al respaldar el diálogo con las guerrillas, al tiempo que se prepara una estrategia de carácter militar frente al conflicto. Algunos sectores del Congreso estadounidense parecen alimentar esperanzas claras frente a la negociación y la erradicación manual por los mismos actores de la guerra. No obstante, la ilusión dura poco. Se sigue operando formalmente desde la política antinarcóticos, a través de la cual se construye y consolida el Plan Colombia.

---

[10] Bureau for International Narcotics and Law Enforcement Affairs, U. S. Department of State. marzo de 2004. 2003 International Narcotics Control Strategy Report, Washington, http://www.state.gov/g/inl/rls/nrcrpt/2003/vol1/html/29832.htm.

Una última etapa empieza con los atentados del 11-S y se prolonga hasta nuestros días. En esta fase, la lucha antinarcóticos y la guerra contrainsurgente quedan completamente fusionadas y subsumidas en la "lucha global contra el terrorismo".

Estas tres etapas señalan el progresivo involucramiento de Estados Unidos en la guerra colombiana, el cambio en las percepciones y los imperativos del gobierno estadounidense, así como un intento por fijar una interpretación de la naturaleza misma del conflicto y su tratamiento. A continuación veremos los elementos que caracterizan cada uno de estos momentos:

Primera etapa. 1995-1998: evitar que Colombia se convierta en una 'narcodemocracia'

Al principio de la primera administración de Bill Clinton se planteó una reducción en la asistencia antinarcóticos para los países andinos a partir de una evaluación de los programas de interdicción y erradicación de las drogas, los cuales mostraban ser poco efectivos. Sin embargo, esta revisión de la política antinarcóticos rápidamente se vio frenada cuando, en las elecciones legislativas de 1994, los republicanos se convirtieron en mayoría en ambas cámaras del Congreso. El tema de la lucha contra las drogas se convirtió en campo de disputas políticas entre el gobierno y el sector mayoritario del Legislativo. Influyentes legisladores como Dennis Hastert (R-ILL.), Benjamin Gilman (R-NY) y Dan Burton (R-IND.) emprendieron una campaña de reforzamiento de las políticas antinarcóticos, al calificar la posición del gobierno de Clinton en el tema como demasiado 'blanda'.

Los republicanos demandaban un aumento en la asistencia otorgada al gobierno colombiano; pero debido a la situación precaria en la que se encontraba el nuevo gobierno de Colombia a raíz del escándalo por la financiación de la campaña presidencial con dineros provenientes de los carteles de las drogas, un incremento en los esfuerzos antidrogas significaba un apoyo directo al cuestionado presidente. Para soslayar este inconveniente, el Congreso de Estados Unidos prefirió entenderse de forma directa con la Policía Nacional colombiana, la cual era percibida como un aliado confiable en la lucha antinarcóticos. Este endurecimiento de la política antinarcóticos no sólo afectó la presidencia de Samper, sino también a la administración de Clinton.[11] Para mediados de los años noventa, Washington consideraba que los principales obstáculos para la aplicación de la política antinarcóticos en Colombia eran:

> ... la incapacidad de algunas agencias colombianas para planear e implementar una estrategia antinarcóticos eficaz, el incremento de las actividades de la insurgencia y el narcoterrorismo que limitan la capacidad del Estado para hacer presencia en las zonas de cultivo y procesamiento de drogas en el país. La expansión de las operaciones de los carteles en la producción y distribución de heroína, y la expandida corrupción en el gobierno colombiano. (Russell, 2002: 20)

Para ese momento se percibe que la amenaza de las drogas proveniente de Colombia no sólo permanece, sino que incluso se ha incrementado. Washington considera que el gobierno de Samper no ha hecho lo suficiente para atacar a los carteles de la droga y combatir la corrupción. Se registra, además, que entre 1994 y 1996 se ha presentado un aumento del 50% en los cultivos de coca, y ya se menciona el progresivo involucramiento de los grupos insurgentes en las actividades del tráfico ilícito (GAO, 1998: 3).

En consecuencia, Samper se vio constantemente presionado por el gobierno estadounidense para aplicar a fondo las políticas antinarcóticos y demostrar su compromiso en la lucha contra el narcotráfico. Durante ese período, la guerra contra las drogas se convirtió en la prioridad número uno para Estados Unidos. La certificación por interés nacional de 1995 y las descertificaciones de 1996 y 1997, así como el retiro de la visa estadounidense al presidente Samper mostraron hasta dónde el gobierno de ese país había endurecido su posición y era intolerante con un gobierno que consideraba corrupto y favorable a los intereses de los narcotraficantes.

La ayuda otorgada a Colombia en este período está completamente inscrita en la política de lucha contra las drogas, la cual apunta a tres objetivos principales: uno, destruir las principales

---

11 El temor de la administración de Clinton era que los "halcones de las drogas" aprovecharan el tema de la guerra contra las drogas para afectar políticamente su administración, lo cual es también una razón importante que explica por qué el presidente Clinton decidió enviar un paquete de asistencia antidroga masiva a Colombia en el año 2000.

organizaciones de narcotraficantes; dos, reducir la disponibilidad de drogas a través de la erradicación de los cultivos ilícitos y los esfuerzos de interdicción,[12] y, tres, fortalecer las instituciones colombianas capaces de brindar apoyo a las medidas antinarcóticos (GAO, 1998: 14). La Policía Nacional de Colombia se convierte en la principal organización responsable de las operaciones de erradicación e interdicción, mientras las Fuerzas Armadas se limitan a brindarle apoyo en las labores antinarcóticos.

Posteriormente, los funcionarios estadounidenses encargados de la política antinarcóticos para Colombia comienzan a hacer hincapié en la dificultad representada por el fortalecimiento de los grupos insurgentes. En octubre de 1997, un análisis del Departamento de Defensa concluye que los grupos armados han llegado a ser más sofisticados y que plantean el mayor desafío a los militares colombianos (GAO, 1998: 60). De este modo, en los años que consideramos de transformación de la política estadounidense hacia Colombia se conjugan los elementos de la disputa política interna en Estados Unidos con la crisis política del gobierno de Samper y el accionar intrépido de una guerrilla que propina fuertes golpes al Ejército nacional (Rojas, 2000). A partir de ese momento, si bien la agenda bilateral sigue gravitando en torno al problema de las drogas, se verá cada vez más atravesada por el conflicto armado interno.

Segunda etapa. 1999-2001:
"Una paz negociada o una guerra abierta"

Al iniciarse el proceso de negociación con las FARC, liderado por el presidente de ese entonces, Andrés Pastrana, Estados Unidos se mostró proclive a apoyar dicha alternativa, aunque con cierta discreción. El Departamento de Estado pensaba que era posible aplicar en Colombia el enfoque estratégico utilizado en El Salvador a finales de los años ochenta.[13] En este enfoque se evitaba la intervención

---

12 A finales de 1996, el Bureau of International Narcotics and Law Enforcement Affairs del Departamento de Estado decide ampliar el programa de erradicación aérea de los cultivos. Para ello incrementa el número de aviones y la cantidad de personal estadounidense involucrados en el programa. Dicho personal va a participar directamente en la planeación y conducción de las operaciones aéreas.

13 Es significativo que el grupo de funcionarios del Departamento de Estado, así como la embajadora de Estados Unidos en Colombia, Anne

militar directa y se favorecía una asistencia escalada en forma de equipos, entrenamiento y tecnología de inteligencia, con miras a debilitar los grupos guerrilleros y a crear las condiciones para una salida negociada. El limitado apoyo inicial a las negociaciones fue aún más precario luego del asesinato de tres ciudadanos de Estados Unidos a manos de las FARC, en marzo de 1999, y ante la presión política interna contra el proceso.

Aún en los primeros meses del proceso de paz, Estados Unidos aumentó los programas de ayuda militar para Colombia. En diciembre de 1998 se hizo un cambio importante de política, al comenzar a apoyar a los militares colombianos. En una reunión de los ministros de Defensa de Latinoamérica, el secretario de Defensa, William Cohen, y el ministro de Defensa de Colombia, Rodrigo Lloreda, acordaron la creación del primer batallón antinarcóticos del Ejército de Colombia.[14] Para 1999, Colombia se había convertido en el tercer país del mundo en recibir más ayuda militar de Estados Unidos.

El Plan Colombia cristaliza esta nueva orientación. Inicialmente, el plan fue presentado en 1998 por el recién electo presidente Pastrana, como un 'Plan Marshall' para el desarrollo económico y social, orientado a la reconstrucción del país en un escenario de posconflicto. Sin embargo, rápidamente quedó convertido en la piedra de toque de la política estadounidense en el país.

En efecto, Washington ha considerado el Plan Colombia el programa clave en su estrategia antinarcóticos para la región andina. En éste se combinan las medidas antinarcóticos precedentes –fumigación de cultivos ilícitos, control de precursores químicos, destrucción de laboratorios, incautación de cargamentos– con un plan para retomar el control de las zonas donde se produce la droga. El sur es el escenario piloto para la aplicación de esta estrategia. Así, la primera fase del Plan se desarrolla en los departamentos de Putumayo y Caquetá, bajo control de las FARC, y asumidos como los

---

Patterson, hayan tenido experiencia previa directa en el proceso de negociaciones con las guerrillas en El Salvador.

[14] 931 soldados colombianos del Primer Batallón Antinarcóticos recibieron entrenamiento de miembros de las Fuerzas Especiales de Estados Unidos, desde abril hasta diciembre de 1999, en Tolemaida y Tres Esquinas. Véase http://usembassy.state.gov/colombia/wwwsba02.shtml.

territorios donde se hallaba la mitad del total de los cultivos de coca en el país. En una segunda fase se planeó extender las operaciones antidrogas a las regiones del suroccidente y centro del país, y finalmente al resto del territorio. Para ello se entrenarían y equiparían nuevos batallones antinarcóticos (Rabasa y Chalk, 2002).

En adelante, la fumigación de cultivos ilícitos ya no será sólo la columna vertebral de la estrategia antinarcóticos, ésta implicará un despliegue militar de envergadura que busca garantizar la aplicación de tales medidas a través de la conformación de batallones antinarcóticos y la garantía de seguridad de los operativos, las aeronaves y el personal dedicados a las labores antinarcóticos. Ese dispositivo militar se despliega ahora como parte de la estrategia contrainsurgente. Combatir el narcotráfico y combatir a las guerrillas se convierte en una y la misma cosa. A su vez, cada uno de los actores redefine el conflicto en términos de sus propios intereses y hace hincapié en uno u otro aspecto.

El Plan implica, a su vez, un cambio sustancial en la estrategia militar colombiana frente al conflicto armado. Ante las derrotas militares sufridas por el Ejército colombiano a manos de las FARC, en 1997 y 1998, fortalecer y modernizar a las Fuerzas Armadas colombianas se convierte en una prioridad. Como lo señalaba un informe de la RAND Corporation, la movilidad y la reacción rápida eran la clave de esa transformación: "sólo siendo capaces de hacer llegar rápidamente refuerzos, los militares colombianos podrán neutralizar las ventajas tácticas y operacionales de las guerrillas" (Rabasa y Chalr, 2002:65). Con este objetivo se diseñó un programa que buscaba mejorar la recolección y el procesamiento de la información, así como el desarrollo de un sistema de comunicaciones integrado. Se crearon, entonces, brigadas de despliegue rápido y se buscó una mejor integración entre las fuerzas de tierra y aire para conducir operaciones nocturnas. La entrega de 16 helicópteros UH-60 Black Hawk y 30 UH-1H Huey para el transporte de tropas, así como la creación de otros dos batallones antinarcóticos,[15] buscaban

[15] El Segundo Batallón Antinarcóticos conformado por 614 soldados colombianos fue entrenado por miembros de las Fuerzas Especiales de Estados Unidos, desde agosto hasta diciembre de 2000. El Tercer Batallón Antinarcóticos recibió entrenamiento entre enero y mayo de 2001, ambos en Larandia (Caquetá).

que las Fuerzas Armadas colombianas pudieran utilizar sus ventajas en número y en poder de combate, y de esta forma estuvieran en condiciones de quitarles a las guerrillas la iniciativa táctica y operacional. Igualmente, se incluyó un programa para proporcionar a la Armada la capacidad suficiente para controlar el tráfico a lo largo de los 18.000 kilómetros de ríos navegables con los que cuenta el país, lo cual incluye una brigada con cinco batallones, así como equipos de navegación y de comunicación. Todos estos elementos han tenido como objetivo último mejorar la capacidad del Estado colombiano para hacer presencia y lograr el control del territorio nacional.

Aunque oficialmente los recursos entregados con el Plan Colombia estaban restringidos a las operaciones antinarcóticos, su uso rápidamente se extendió a operaciones contrainsurgentes. Así, por ejemplo, después del ataque de las FARC al puesto de Policía en Arboleda, en julio de 2000, la Embajada de Estados Unidos en Bogotá se vio obligada a defender el uso de los helicópteros proporcionados por el gobierno estadounidense para llegar al lugar del ataque, argumentando que estos podían ser usados para defender las fuerzas gubernamentales bajo ataque en un área donde hubiera operaciones antinarcóticos (*New York Times,* 31 de julio, 2000), hecho que potencialmente podía cobijar todo el territorio nacional.

El fracaso del proceso de paz inclinó la balanza a favor del desarrollo de una estrategia militar ante el conflicto. Para Estados Unidos y los militares colombianos, la zona de despeje les sirvió a las FARC para consolidar su poder en la región y ampliar sus redes de suministro y comunicaciones. En adelante, cualquier forma de negociación quedaba descartada y se legitimaba la opción de una lucha abierta con los grupos armados.

Tercera etapa. 2002 hasta hoy: la lucha contra el 'narcoterrorismo'

Para principios de 2001 era claro que la visión de Estados Unidos con respecto al conflicto armado había cambiado sustancialmente, según se refleja en el incremento y la orientación de la ayuda otorgada a través del Plan Colombia. Sin embargo, persistía en los círculos de decisión estadounidenses el debate acerca de las implicaciones de un mayor involucramiento en el conflicto colombiano y la derivación hacia una situación similar a la de Vietnam o a la experiencia más reciente de El Salvador. En este contexto se habló de "guerra ambigua" o de "dos guerras", la primera de las cuales, la guerra contra las drogas, era ampliamente aceptada; mientras la segunda, la guerra contrainsurgente, generaba reticencias e incluso tenía impedimentos legales (Leogrande y Sharpe, 2001).

Rápidamente, las disquisiciones en torno a esta distinción mostraron ser meras entelequias. Por una parte, los atentados del 11-S redefinieron la agenda de seguridad y las prioridades estadounidenses; por otra, la ruptura definitiva del proceso de paz con las guerrillas, a principios de 2002, fortaleció la tesis del gobierno de Pastrana de que combatir el narcotráfico implicaba derrotar a los grupos guerrilleros que se alimentaban de éste y lo patrocinaban. El presidente Pastrana, a su vez, solicitó al gobierno estadounidense que la ayuda antinarcóticos del Plan Colombia pudiera ser utilizada también en labores contrainsurgentes.

Los ataques del 11-S permitieron superar los obstáculos, y las críticas existentes implicaron un reforzamiento del diagnóstico de la actual estrategia estadounidense y la consolidación de la fusión entre lucha antinarcóticos y guerra contrainsurgente. La inscripción del conflicto armado colombiano en la lucha global contra el terrorismo permitió al gobierno de George W. Bush extender de manera formal y explícita la guerra contra las drogas hacia los grupos armados, envueltos en el tráfico ilegal, bajo la denominación de combate al terrorismo. De hecho, al inicio de su mandato, el presidente Bush había manifestado la voluntad de continuar con la política de apoyo hacia Colombia a través del Plan Colombia. Sólo que, ante las protestas de los países vecinos por la extensión de las consecuencias de la campaña antinarcóticos a sus fronteras, el plan se hizo extensible a la región andina, con el nombre de *Iniciativa Regional Andina*.

Después del 11-S, Washington no encontró oposición significativa para reconocer abiertamente el vínculo entre drogas y guerrilla, ahora bajo la denominación común de *combate al terrorismo*. En agosto de 2002, el presidente Bush autorizó el empleo de la ayuda y los equipos entregados a través del Plan Colombia para combatir no sólo el tráfico ilícito de drogas, sino también para adelantar operaciones antiterroristas o contrainsurgentes (U. S. House of Representatives, 2002). Tanto el gobierno colombiano como los funcionarios estadounidenses encargados del tema colombiano se apresuraron a inscribir el conflicto del país en la amenaza terrorista global. Las FARC, y posteriormente el Ejército de Liberación Nacional (ELN) y las Autodefensas Unidas de Colombia (AUC), fueron incluidos en la lista de grupos terroristas del Departamento de Estado, y citados permanentemente por el secretario de Estado, Colin Powell, como ejemplo de que la campaña antiterrorista no se concentraba solamente en los grupos terroristas musulmanes (Semple, 2002).

De este modo, por una extraña alquimia, el Plan Colombia pasó de ser un plan antinarcóticos, en su concepción, a un plan contrainsurgente, en la práctica, y de allí a un plan antiterrorista, en su denominación. Aunque la ayuda aprobada para Colombia contenía restricciones, en la realidad el Plan había sido concebido desde la idea de hacer frente al desafío de los grupos guerrilleros. La ambigüedad entre guerra antinarcóticos y guerra contrainsurgente quedó resuelta (y disuelta) en la guerra contra el terrorismo.

Varios elementos reafirman esta nueva orientación. La preocupación estadounidense ante el fortalecimiento de los movimientos guerrilleros no sólo tiene que ver con la creciente participación en el negocio de las drogas, sino también, en el caso del ELN, con los permanentes atentados a los oleoductos y las consecuentes pérdidas para las empresas estadounidenses que tienen inversiones en este sector.[16] En 2002, el gobierno de Estados Unidos solicitó a su Congreso un suplemento adicional de cerca de 100 millones de dólares para la seguridad del oleoducto Caño Limón-Coveñas (Estados Unidos, Departamento de Estado, 2002). Igualmente, ha contribuido en la conformación de varias unidades militares y de policía no directamente relacionadas con la lucha antinarcóticos: la creación de un comando de fuerzas especiales, cuyos objetivos son la captura de los principales líderes de las guerrillas y los grupos paramilitares, la formación de unidades móviles de carabineros destinadas

[16] Se calcula que el 43,75% del petróleo que se transporta por el oleoducto Caño Limón-Coveñas pertenece a la empresa estadounidense Occidental Petroleum (Estados Unidos, Departamento de Estado, 2002). El tema resulta sensible en las relaciones bilaterales, dado que el petróleo ha reemplazado al café como el principal rubro de exportaciones del país, cuyos ingresos anuales se calculan en 3.700 millones de dólares. Igualmente, Estados Unidos considera a Colombia una de las reservas estratégicas para incrementar la exploración petrolera; de allí la atención creciente de Washington frente a este grupo guerrillero y sus acciones.

a aumentar la presencia de la Policía en todo el país, el incremento en la ayuda a las unidades antisecuestro, así como un esfuerzo para mejorar los servicios de inteligencia (Gómez, 2003).

La política de seguridad democrática del presidente Uribe no sólo se basa en estas premisas, sino que las refuerza y continúa con la política adoptada por el presidente Pastrana a través del Plan Colombia. Esto es, la combinación de la política antinarcóticos, cimentada en la fumigación de cultivos y la modernización y fortalecimiento de las Fuerzas Armadas colombianas con la ayuda y la orientación dada por Estados Unidos. La política del actual gobierno colombiano ha insistido de forma permanente en una reinterpretación del conflicto armado en términos de una amenaza terrorista y no de un enfrentamiento político, aunque, en los hechos, la prolongación del Plan Colombia revele el mantenimiento de una estrategia fundamentalmente de guerra y no sólo antiterrorista.

Efectos de la fusión entre lucha antinarcóticos y lucha contrainsurgente

La intervención de Estados Unidos frente al conflicto colombiano no representa simplemente una continuidad en la presencia e injerencia de ese país en la vida nacional. Se trata de un involucramiento cargado de profundas consecuencias para Colombia, que ha contribuido a cambiar la naturaleza de la guerra, tanto en su diagnóstico como en su tratamiento. Como quiera que dichas consecuencias apenas empiezan a ser vislumbradas, nos limitaremos a señalar sólo algunas.

En primer lugar, la fusión entre lucha antinarcóticos y lucha contrainsurgente ha consolidado la inscripción del conflicto colombiano en las dinámicas de la globalización y la adopción de varias de las características de las llamadas *nuevas guerras* (Kaldor, 2001; Marchal y Messiant, 2003, y Münkler, 2004), particularmente en relación con la desideologización del conflicto después de la caída del comunismo, así como en su identificación como una guerra por recursos económicos generados en los flujos transnacionales. Ello ha hecho que la guerra se desnacionalice y se recontextualice en un ámbito más global, lo cual a su vez modifica las condiciones locales de su desarrollo.

En adelante, el conflicto se hace más visible y más complejo, en la medida en que otros actores, intereses y lógicas entran en juego

–actores estatales, como Estados Unidos, los países europeos y los países vecinos, y actores no estatales, como organizaciones sociales, instituciones intergubernamentales, grupos políticos, etc.– Sin embargo, el cambio se ha dado no sólo en relación con otros actores y lógicas 'externas', sino que este diagnóstico ha generado una fragmentación interna en el que actores sociales de diversa índole tienen sus propias visiones y posiciones frente al conflicto y su salida, las cuales en muchas ocasiones entran en contradicción con la política del gobierno colombiano.

En segundo lugar, han cambiado también la forma y los medios de la intervención de Estados Unidos en este conflicto. Se ha convertido en la 'nación indispensable', lo cual ha hecho que, en adelante, cualquier forma de tratamiento al conflicto, así como su solución, deba tener en cuenta los intereses y las políticas en Washington. Baste señalar que Colombia se ha situado en los últimos años entre los primeros países receptores de la ayuda estadounidense. Es, además, el país que en el mundo recibe más entrenamiento de carácter militar por parte de Estados Unidos.[17]

En tercer lugar, se consolida el alineamiento casi incondicional del país con la esfera estadounidense. El gobierno colombiano ha asumido y, en parte, promovido el diagnóstico y la estrategia de Estados Unidos frente al conflicto armado. Asimismo, ha vinculado los otros temas de la agenda bilateral al tema de la seguridad. Se trata de una espada de doble filo, en la medida en que si bien el respaldo de un aliado como Estados Unidos no es para nada desdeñable, el Estado colombiano corre el riesgo de perder margen de maniobra y autonomía, tanto en el manejo de los asuntos bilaterales como en relación con otros actores internacionales. Esto podría tener efectos también en el margen de maniobra interno del gobierno colombiano, pues es sencillo prever la aparición de contradicciones en la política antinarcóticos y los objetivos sociales y políticos en el tratamiento del conflicto. Por ejemplo, en el caso de las poblaciones directamente afectadas por la campaña de fumigación de cultivos, y ante las dificultades para implementar los

[17] Estados Unidos entrena más personal militar y de policía en Colombia que en cualquier otra parte del mundo. Se calcula que en 2002, cerca de 6.400 efectivos colombianos recibieron entrenamiento estadounidense. Véase Isacson (2004: 246).

programas de desarrollo alternativo y de erradicación manual (GAO, 2004), se corre el riesgo de mayor deslegitimación del gobierno y del fortalecimiento del apoyo a las FARC en estas regiones.

En cuarto lugar, el diagnóstico y la estrategia de Estados Unidos simplifican la visión de la lucha. Si bien la relación entre las FARC y el tráfico ilegal de drogas es profunda y data de tiempo atrás, no es tan simple como para reducirla a meros carteles de la droga o a grupos criminales narcoterroristas. Es preciso también distinguir entre la participación de los grupos guerrilleros y los paramilitares (International Crisis Group, 2005). No se trata de justificar a unos y descalificar a otros, sino de tener un panorama realista de los actores armados. Lo que está en discusión nuevamente es el carácter político del conflicto armado, y la estrategia estadounidense contribuye a desdibujarlo. Un desconocimiento de las motivaciones de carácter ideológico y político de estos grupos puede conducir a errores en la estrategia y a procesos fallidos de negociación.

En quinto lugar, es necesario establecer si las políticas adoptadas han dado hasta ahora los resultados esperados de acuerdo con el diagnóstico hecho. Frente al primero de los presupuestos de la estrategia aplicada (atacar las fuentes disminuye la disponibilidad de drogas en Estados Unidos), es preciso señalar que si bien ha habido una considerable reducción en los cultivos de coca, por la campaña intensiva de fumigación,[18] ello ha traído efectos contraproducentes. Uno de ellos ha sido el llamado *efecto globo*, en virtud del cual los cultivos de droga se han dispersado a través del país y han revertido la tendencia de mediados de los años noventa.[19] Aunque han

[18] El éxito del Plan Colombia para los funcionarios en Washington se ve reflejado, sobre todo, en la notable disminución de los cultivos de coca como resultado de la intensiva campaña de fumigación. No obstante, se presentan discrepancias en las cifras. Entre 2000 y 2001, los informes de las agencias estadounidenses calculan una disminución de 169.800 a 144.400 hectáreas cultivadas; mientras el informe de la ONU proyectaba la reducción de 145.000 a 102.000 hectáreas. Para 2002 el gobierno estadounidense calcula que los cultivos disminuyeron en un 15,1%; entre tanto, para 2003, la reducción fue de un 21%: de 144.450 a 113.850 hectáreas de coca. Véanse datos en Estados Unidos, Departamento de Estado (2003).

[19] El satélite de observación de la UNODC-SIMCI muestra que el número de departamentos afectados pasó de 21, en 2002, a 23, en 2003. Los cultivos ilícitos disminuyeron en Putumayo, pero se incrementaron en

disminuido los cultivos ilícitos en la región andina[20], hasta volver a las cifras de 1989:

> ... sin embargo, las 154.100 hectáreas de cultivos que permanecen en la región están aún lejos de los niveles que permitirían interrumpir la disponibilidad de la droga en Estados Unidos y Europa. Un incremento en las áreas de cultivo ha sido detectado en Bolivia (de 14.600 hectáreas en el año 2000 a aproximadamente 25.000 para finales de 2004). (International Crisis Group, 2005: 22).

Contrariando las expectativas de la estrategia, en informes recientes se señala que el precio de la cocaína al detal en las ciudades de Estados Unidos disminuyó en vez de aumentar, como se espera cuando hay escasez (ONDCP, 2004). En un principio, en el Plan Colombia estaba previsto que los cultivos estarían completamente erradicados para 2005, pero la tendencia actual está lejos de tales previsiones.

En este ámbito, se trata de establecer si la reducción significativa de los cultivos ilícitos en los últimos tres años, como resultado de la fumigación, ha afectado seriamente las finanzas de los grupos armados ilegales. El gobierno de Uribe ha insistido en que las FARC están sufriendo una derrota estratégica; otros analistas prefieren hablar de un "repliegue estratégico", y mencionan, incluso, el rendimiento de nuevos procesos de cristalización con una reducida cantidad de hojas de coca (Fundación Seguridad y Democracia, 2004; Atehortúa, 2004, y Leal, 2004).

Por otra parte, en un estudio presentado por la Unidad de Información y Análisis del Ministerio de Hacienda de Colombia se asegura que las FARC controlan el 30% del negocio de las drogas en Colombia (*Semana*, 2004). Asimismo, los grupos armados han demostrado que son capaces de diversificar sus frentes de ingresos. En un estudio realizado por la RAND Corporation se sostiene que:

> Las guerrillas tienen otras fuentes de financiación diferentes al tráfico ilegal de drogas y han demostrado la capacidad para adaptarse y ajustarse a las estrategias antinarcóticos. Tampoco, basados en experiencias históricas, las fuentes alternativas de ingresos para los cultivadores de

---

Nariño y Meta, e incluso en regiones donde antes no había cultivos hicieron su aparición, como en Chocó.

20 Véase Anexo 3.

> coca pueden ser desarrolladas pronto. En estas circunstancias, atacar las áreas de producción de droga podría tener el efecto de incrementar el apoyo de las guerrillas entre aquellos que pierden la fuente de su sustento. (Rabasa y Chalk, 2002: s. p.)

En este caso, aunque las operaciones antinarcóticos logren reducir sustancialmente la producción y afectar los ingresos de los grupos armados a corto plazo, las FARC siguen teniendo un margen de maniobra considerable en el mediano plazo.

Por último, es preciso considerar la sostenibilidad de tal estrategia en el tiempo. Estados Unidos es prácticamente el único proveedor de asistencia militar con que cuenta el país. La actual estrategia requiere un gran esfuerzo fiscal para la modernización de las Fuerzas Armadas, así como el fortalecimiento institucional y los programas de desarrollo alternativo y de asistencia social. Dadas las condiciones actuales y las que se vislumbran en el futuro próximo, el país no está en capacidad de mantener un esfuerzo de tal magnitud por largo tiempo, y menos aún sin la ayuda de Estados Unidos en la forma como se ha venido dando. Por otra parte, el panorama internacional también juega contra Colombia. Pese al mantenimiento de la ayuda estadounidense para el próximo año, la intervención militar de este país en otras partes del mundo concentra gran parte del interés y de los recursos disponibles.

Paradójicamente, la ayuda militar al país ha continuado creciendo,[21] incluso con la pérdida de importancia de Colombia dentro de dicha política, debido al compromiso de Estados Unidos en Afganistán, Iraq y otros países. Ello puede encontrar explicación no sólo en la dificultad del gobierno de Estados Unidos de 'desengancharse' de la guerra en Colombia, sino, más recientemente, por la creciente preocupación en Washington del avance de los gobiernos de izquierda en la región, y sobre todo el papel de un

---

[21] Para el año fiscal 2000, Estados Unidos incrementó de manera sustancial la asistencia antinarcóticos para Colombia. Entre los años 2000 y 2004, Estados Unidos otorgó un total de aproximadamente de 3.300 millones de dólares y convirtió a Colombia en el quinto mayor receptor de ayuda mundial desde 2002. La mayor parte de estos fondos han sido entregados a través de la Andean Counterdrug Initiative. Para el año fiscal 2005, la administración de Bush ha propuesto 571 millones de dólares. (Véase Anexo 4)

régimen que como el de Chávez se declara opositor a su hegemonía en la región.

Conclusiones

La percepción y la estrategia de Estados Unidos frente al conflicto armado en Colombia han estado atravesadas de arriba a abajo por el tema de las drogas. Sin embargo, esa percepción no ha sido estática. De una visión diferenciada entre el problema de las guerrillas y el de las drogas en la década de los ochenta, pasamos a la guerra ambigua y la narcoguerrilla de finales de los años noventa, y de allí al narcoterrorismo, luego de los atentados del 11-S. Esta transformación está cargada de profundas consecuencias, sobre todo en relación con el futuro de la guerra en Colombia.

Por ello todavía queda por establecer la coherencia y la eficacia práctica del presupuesto que está a la base de la estrategia de Estados Unidos frente al conflicto armado colombiano. Falta por demostrar que las políticas antinarcóticos son efectivas para eliminar el problema del narcotráfico en Colombia y si ello va a conducir al fin del conflicto armado.

Hay razones para pensar que ésta no es la panacea para la solución de los problemas del país. En primer lugar, porque si bien hoy en día hay un estrecho vínculo entre el conflicto armado y el tráfico de drogas, este último sólo puede ser visto como la "causa eficiente" y más inmediata del conflicto. La economía de las drogas, aunque puede explicar la prolongación en el tiempo y la agudización del conflicto, no puede se vista como la "causa inmanente", es decir, no por la existencia del narcotráfico nacieron las guerrillas en Colombia: la exclusión política, la desigualdad social, la pobreza, etc., siguen siendo factores que se deben considerar. Y aun cuando esas causas profundas son todavía motivo de controversia, reducir el conflicto armado al problema del narcotráfico no hace más que generar mayor confusión e ilusiones en la población, que tarde o temprano se verán frustradas.

En general, si bien las guerras necesitan recursos, ya sean legales o ilegales, éstas no existen porque haya recursos para hacerlas. Ése es un error en el que incurren aquellos trabajos que caracterizan a las llamadas nuevas guerras simplemente como guerras de depredación. Al menos, con respecto al caso colombiano, no estaríamos hablando de una guerra sólo por el control de recursos económicos.

Los grupos armados siguen teniendo motivaciones políticas, por muy polémicas e incomprensibles que a veces resulten. Además, la economía de la droga no es la única que sustenta el conflicto armado, como se señaló.

En segundo lugar, el razonamiento contrario resulta también igual de nocivo. Asumir que el narcotráfico existe en razón del conflicto armado, confunde el orden de las causas. Aunque el conflicto armado ha potenciado todavía más la economía ilegal, los factores que explican la aparición y la permanencia del narcotráfico en Colombia son múltiples, como lo han señalado diversos autores (Thoumi, 2002).

Así, el diagnóstico que sirve de base a la estrategia de Estados Unidos frente al conflicto armado en Colombia no sólo es circular (acabar con las drogas significa acabar con la guerra, la cual a su vez implica poner fin al narcotráfico), sino que, además, distorsiona la extrema complejidad de la guerra que vive el país. Esta simplificación se ha hecho aún más extrema con la superposición del terrorismo a la conjunción entre drogas e insurgencia, lo que hace más remota una solución real y de largo plazo. Tratar a los grupos armados ilegales como carteles, como organizaciones de traficantes y, ahora, como grupos narcoterroristas es una posición peligrosa, y no hay nada peor para formular una estrategia coherente que tener una imagen distorsionada del enemigo. La comprensión de la naturaleza del conflicto colombiano, en toda su complejidad y sus contradicciones, es un imperativo para el país y para el propio Estados Unidos.

No se trata de negar la relación existente entre el tráfico de drogas y el conflicto armado. Esto es obvio y profundo. Pero es necesario esclarecer de qué tipo de relación se trata y salir de la confusión en la que estamos. La apelación al calificativo de *terrorismo* confunde aún más las cosas. Se trata del mismo tipo de simplificación que sucedió durante al Guerra Fría, al interpretar todos los conflictos bajo la lógica de la confrontación este-oeste.

Esta nueva estrategia de Estados Unidos recoge y prolonga los supuestos y limitaciones de la lucha antinarcóticos aplicada desde hace treinta años, cuya efectividad debe ser revisada. La política de Estados Unidos hacia Colombia sigue condicionada a consideraciones de su propia política interna y no a una respuesta acorde al conflicto colombiano. Es preciso considerar el costo que ha tenido para Colombia la lucha contra las drogas, no sólo en términos de vidas humanas y recursos, sino también en términos de estabilidad política y democracia.

El narcotráfico ha sido sumamente nocivo para el país, tal como lo demuestra la situación en la que nos encontramos hoy; sin embargo, también esta guerra contra las drogas ha traído consecuencias nefastas que no podemos ocultar. En efecto, es preciso resolver el problema del tráfico ilícito de drogas, pero no puede ser de cualquier manera ni a cualquier costo. La imposición de políticas antinarcóticos "no negociables", por parte de Estados Unidos, implica la pérdida de margen de maniobra para que el gobierno de Colombia pueda fijar su propia agenda política, incluida la negociación de reformas durante los diálogos de paz. En este sentido, los colombianos todavía no hemos vislumbrado ni somos lo suficientemente conscientes de los costos de mantener esta guerra narcoterrorista.

Bibliografía

Atehortúa, Adolfo. 2004. "La seguridad democrática del gobierno Uribe", en Consejo Nacional de Planeación, *El camino al Estado comunitario. Dos años de gobierno,* Bogotá.

Bureau for International Narcotics and Law Enforcement Affairs, U. S. Department of State. 2004. *2003 International Narcotics Control Strategy Report,* Washington. Disponible en http://www.state.gov/g/inl/rls/nrcrpt/2003/vol1/html/29832.htm.

Demarest, Geoffrey. 2003. "Mapping Colombia: The Correlation between Land Data and Strategy", en *Strategic Studies Institute,* U. S. Army War College.

Downes, Richard. 1999. "Landpower and Ambiguous Warfare: The Challenge of Colombia in the 21st Century", en *Conference Report.* Disponible en http://www.carlisle.army.mil/ssi/pdffiles/PUB33.pdf. Consultado el 10 de marzo de 1999.

Estados Unidos, Departamento de Estado. 2003. *International Narcotics Control Strategy Report,* Washington, Department of State. Disponible en http://www.state.gov/g/inl/rls/nrcrpt/2003/, consultado en marzo de 2003.

—. 2002. *Report to Congress.* Disponible en http://ciponline.org/colombia/02120001.htm, consultado en diciembre de2002.

Estados Unidos, House of Representatives. 2002. *Making Supplemental Appropriations for further Recovery from and Response to Terrorist Attacks on the U. S. for the Fiscal Year Ending September 30, 2002, and for other purposes,* Washington, HR 4775.

Estados Unidos, General Accounting Office (GAO). 2004. *Nonmilitary Assistance to Colombia is Beginning to Show Intended Results, but Programs are not Readily Sustainable.* Report to the honorable Charles E. Grassley, Chairman, Caucus on International Narcotics Control, U.S. Senate.

— 1998. *Report to Congressional Requestes. Drug Control. U. S. Counternarcotics Efforts in Colombia Face Continuing Challenges,* Washington.

Fundación Seguridad y Democracia. 2004. *El repliegue de las FARC: derrota o estrategia,* Bogotá.

GAO/NSIAD-93-158. 1993. *The Drug War,* agosto 10.

Gómez, Sergio. 2003. "Congreso de E. U. aprobó 532 millones de dólares para Colombia", en *El Tiempo,* Bogotá, 14 de febrero.

International Crisis Group. 2005. *War and Drugs in Colombia*, Latin America Report 11.

Isacson, Adam. 2004. "Optimism, Pessimism, and Terrorism: The United States and Colombia in 2003", en *Brown Journal of World Affairs,* Winter/Spring, vol. x, p. 246.

Kaldor, Mary. 2001. *Las nuevas guerras. Violencia organizada en la era global,* Barcelona, Tusquets.

Leal, Francisco. 2004. "Un balance de la política de seguridad del gobierno de Álvaro Uribe Vélez", en Consejo Nacional de Planeación, *El camino al Estado comunitario. Dos años de gobierno,* Bogotá.

Leogrande, William M. y Sharpe, Kenneth. 2001. "A Plan but no Clear Objective General Powell to Secretary. We Need to Talk Colombia", en *The Washington Post*, abril.

Manwaring, Max G. (comp.) 2003. "Colombia's Ambiguous Wars in Global and Regional Context. Insurgency, Transnational Crime, and Terror Compiled", en *Strategic Studies Institute,* U. S. Army War College.

Marcella, Gabriel y Schulz, Donald. 1999. *Colombia's Three Wars. U. S. Strategy at The Crossroads,* Monograph. Strategic Studies Institute, U. S. Army War College. Disponible en: http://www.carlisle.army.mil/ssi/pdffiles/PUB34.pdf. Consultado el 5 de marzo.

Marchal, Roland y Messiant, Christine. 2003. "Las guerras civiles en la era de la globalización. Nuevos conflictos y nuevos paradigmas", en *Análisis Político,* No. 50, septiembre-diciembre.

Münkler, Hefried. 2004. "Las guerras del siglo XXI", en *Análisis Político,* No. 51, mayo-agosto.

New York Times. 2000. "Colombian Rebels Besiege Town", 31 de julio.

Programa de Naciones Unidas para el Desarrollo (PNUD). 2003. *El conflicto. Callejón con salida. Informe Nacional de Desarrollo Humano 2003,* Bogotá.

Rabasa, Angel y Chalk, Peter. 2002. *Colombian Labyrinth. The Synergy of Drugs and Insurgency and its Implications for Regional Stability,* Rand Corporation, Capítulo 6, pp. 65-66. Disponible en http://www.rand.org/publications/MR/MR1339.

Rocha, Ricardo. 2000. *La economía colombiana tras 25 años de narcotráfico,* Bogotá, UNDCP y Siglo del Hombre Editores.

Rojas, Diana. 2000. "La internacionalización de la política doméstica en Colombia", en *Controversia,* Bogotá, CINEP, No. 176.

— y Atehortúa, Adolfo. 2001. "Ecos del proceso de paz y el Plan Colombia en la prensa norteamericana", en *El Plan Colombia y la internacionalización del conflicto,* Bogotá, IEPRI-Planeta.

—. 2003. "Les organisations du trafic de drogues en Colombie", en *Cahiers du Gresal,* Université de Grennoble, No. 3.

Russell, Crandall. 2002. *Driven by Drugs. U. S. Policy toward Colombia,* Boulder, Lynne Rienner Publisher.

—. 2000. *The Eagle and the Snowman. United States Policy toward Colombia during the Presidential Administration of Ernesto Samper (1994-1998),* Baltimore, Johns Hopkins University.

Semana. 2004. "Las cuentas de las FARC", No. 1187, diciembre.

Semple, Kirk. 2002. "Powell calls Colombia an Ally vs. Terror US Refocuses Aid to Combat Rebels", en *Globe Correspondent,* 12 de mayo.

The Office of National Drug Control Policy (ONDCP 1981-2003). 2004. *Are we there Yet? Measuring Progress (or not) in the U. S. War on Drugs in Latin America.* Disponible en http://www.wola.org/ddhr/ddhr_data_measures2.htm.

Thoumi, Francisco. 2002. *El imperio de la droga. Narcotráfico, economía y sociedad en Los Andes.* Bogotá, IEPRI-Planeta.

United Nations Office on Drugs and Crime (UNODC). 2003. *Colombia Coca Survey for 2002,* Viena.

Vargas Meza, Ricardo. 1999. *Drogas, máscaras y juegos. Narcotráfico y conflicto armado en Colombia,* Bogotá, Tercer Mundo.

www.usdoj.gov/dea/pubs/intel/02006/index. html.

Anexo 1
Cultivo de coca en Colombia 1991-2003

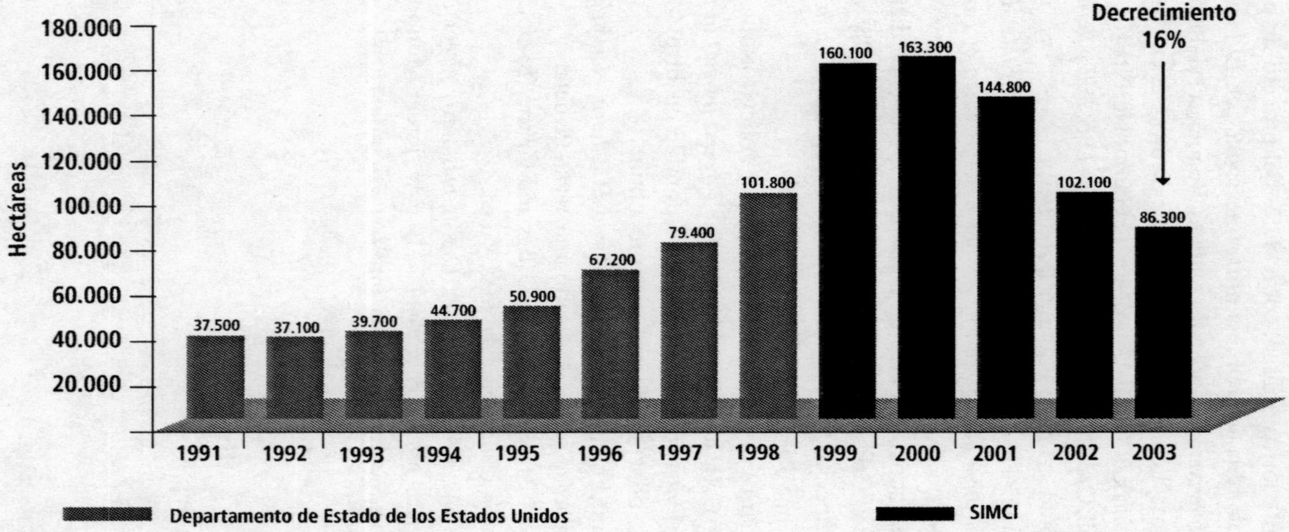

Fuente: Oficina de las Naciones Unidas contra la Droga y el Delito (UNODC, por sus siglas en inglés). Colombia Coca Cultivation Survey for 2003.

Anexo 2
Cultivos de coca calculados entre 1999 y 2003 por departamentos (hectáreas)

Depto.	Marzo 1999	Agosto 2000	Nov. 2002	Dic. 2002	Dic. 2003	% variación 2002-2003
Nariño	3.959	9.343	7.494	15.131	17.628	17%
Guaviare	28.435	17.619	25.553	27.381	16.163	-41%
Meta	11.384	11.123	11.425	9.222	12.814	39%
Putumayo	58.297	66.022	47.120	13.725	7.559	-45%
Caquetá	23.718	26.603	14.516	8.412	7.230	-14%
Norte de de Santander	15.039	6.280	9.145	8.041	4.471	-44%
Bolívar	5.897	5.960	4.824	2.735	4.470	63%
Antioquia	3.644	2.547	3.171	3.030	4.273	41%
Vichada	...	4.935	9.166	4.910	3.818	-22%
Cauca	6.291	4.576	3.139	2.120	1.443	-32%
Vaupés	1.014	1.493	1.918	1.485	1.157	-22%
Córdoba	1.920	117	652	385	838	118%
Guainía	...	853	1.318	749	726	-3%
Santander	...	2.826	415	463	632	37%
Amazonas	...	...	532	784	625	-20%
Boyacá	...	322	245	118	594	403%
Arauca	...	978	2.749	2.214	539	-76%
Magdalena	521	200	480	644	484	-25%
Chocó	...	250	354	...	453	...
La Guajira	...	321	385	354	275	-22%
Cundinamarca	...	66	22	57	57	0
Caldas	...	...	...	...	54	...
Valle del Cauca	...	76	184	111	37	-67%
Total	**160.119**	**163.289**	**144.807**	**102.071**	**86.340**	**-15%**
Total aprox.	160.000	163.000	145.000	102.000	86.000	-16%
Precisión	80%	90%	90%	92%	89%	

Fuente: UNODC, 2004. Colombia Coca Cultivation Survey for 2003.

Anexo 3
Cultivo de coca en la región Andina 1994-2003

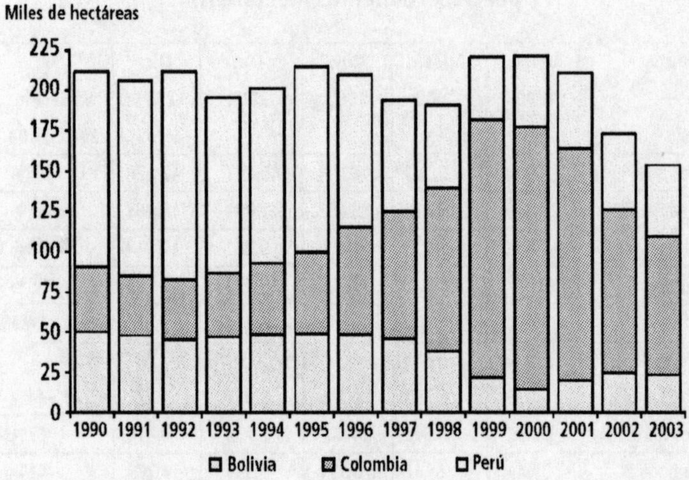

Fuente: UNODC, 2004. Colombia Coca Cultivation Survey for 2003.

Anexo 4
La ayuda estadounidense a Colombia desde 1997

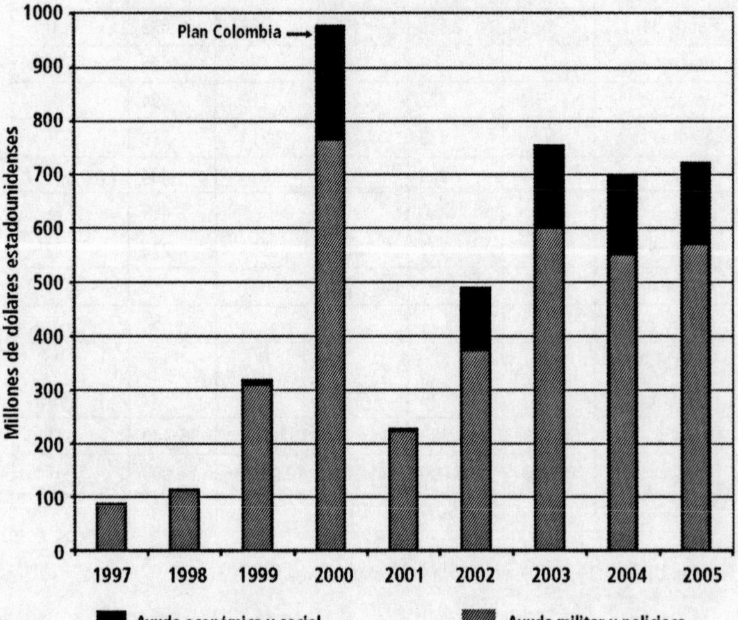

Fuente: www.ciponline.org/colombia/aidtable.htm.

Tabla
Montos de la asistencia entregada a Colombia en los años fiscales 2000-2004 (millones de dólares)

Agencia	Años Fiscales					
	2000[1]	2001	2002	2003[2]	2004	Total
State[3]	774,9	48,0	275,4	516,6	495,8	2.110,7
U. S. AID[4]	123,5	0	104,5	122,2	122,2	472,4
Defense	128,5	190,2	119,1	165,0	122,0	724,8
Total	**1.026,9**	**238,2**	**499,0**	**803,8**	**740,0**	**3.307,9**

Fuente: Departamento de Estado y Departamento de Justicia, USAID y el Congressional Research Service. (GAO DO4726).

[1] Incluye los fondos asignados para el Plan Colombia a través del Emergency Supplemental Appropiations Act, 2000 (Division B of Public Law 106-246).
[2] Incluye 93 millones de dólares de fondos del Foreign Military Financing provenientes del Foreign Operations Export Financing, and Related Appropiations Act, 2003 (Division E, title III of P.L.; 34 millones de dólares provenientes del Departamento de Estado y 34 millones de dólares provenientes del Departamento de Defensa en el Emergency Wartime Supplemental Appropiations Act (P.L. 108-11); y 37,1 millones de dólares del Foreign Military Financing provenientes de las apropiaciones suplementarias del año fiscal 2003.
[3] Incluye 88 millones de dólares de fondos transferidos del Departamento de Estado al de Justicia para la implementación de los programas de fortalecimiento de la justicia.
[4] Entre los años fiscales 200 y 2003, el Departamento de Estado transfirió 375 millones de dólares a USAID para desarrollo alternativo, democracia y fortalecimiento de la justicia, y para los programas de desplazamiento interno. Para el año 2004, el Congreso asignó directamente los fondos necesarios para los programas de USAID.

II
Actores europeos ante el conflicto colombiano

*Socorro Ramírez**

* Doctora en Ciencia Política, profesora titular del Instituto de Estudios Políticos y Relaciones Internacionales (IEPRI), Universidad Nacional de Colombia.

Resumen

Distintos sectores europeos han ido convirtiéndose en importantes actores que inciden en la caracterización del conflicto colombiano, en las políticas para hacerle frente y en quiénes deben ser los participantes en un proceso de paz. Ese papel frente al caso colombiano le sirve a la Unión Europea en el desarrollo de su propia política como actor global y le permite diferenciarse o acercarse a Estados Unidos sin asumir un alto costo. En Colombia ha habido expectativas exageradas sobre el papel que pueda desempeñar Europa, que evidencian la incomprensión sobre su compleja construcción institucional y sobre los propios intereses europeos.

Palabras claves: Europa, Unión Europea, Parlamento europeo, naturaleza del conflicto colombiano, confrontación colombiana, ONG.

Colombia no representa una prioridad para Europa. No sin razón se suele decir que Europa es, en términos económicos, mucho más importante para América Latina que ésta para el viejo continente. Además, el conflicto colombiano no significa amenaza alguna para su seguridad. En esta materia, las mayores preocupaciones actuales de Europa no se dirigen hacia Latinoamérica. América Latina es un área desnuclearizada, carente de armas de destrucción masiva, que enfrenta algunas acciones terroristas, aunque sólo de dimensión local. Sus flujos migratorios hacia Europa, aunque han aumentado, no representan un problema comparable a la inmigración musulmana. La atención del viejo continente pareciera orientarse, en cambio, hacia el Este, hacia los Balcanes y las antiguas repúblicas soviéticas, el norte del África, el Medio Oriente y el sureste asiático (Whitehead, 2004). Por otra parte, el mayor abastecimiento de drogas ilícitas a Europa proviene de otras regiones del mundo distintas de América Latina, y los europeos tampoco definen ese problema como una verdadera amenaza a su seguridad. Asimismo, a diferencia de África, hasta ahora no parecen existir en América Latina estados fallidos que puedan transformarse en amenazas para la seguridad global (Klaveren, 2004).

Así, aunque distintos actores europeos pudieran tomar distancia de sus preocupaciones internas y considerar con mayor atención al resto del mundo, no está claro que América Latina hubiera de obtener una gran prioridad en sus preocupaciones. Menos aún la región andina, que no constituye un centro significativo para los intereses económicos o de seguridad europeos. No obstante esa marginalidad en la política internacional, la región y el propio caso colombiano revisten, en particular, para la Unión Europea un cierto interés en la consolidación de su papel como actor global, que defiende unos valores y tiene unos intereses propios, y a partir de ellos promueve la construcción de regímenes internacionales para regular asuntos de amplio alcance y a través de los cuales pueda diferenciarse o acercarse a Estados Unidos sin asumir un alto costo para enfrentar su carácter unipolar.

Por eso, como lo quiero mostrar en este capítulo, frente a la progresiva interacción del conflicto colombiano con dinámicas de la globalización y ante el aumento de su notoriedad internacional, distintos actores europeos, pese a su lejanía del conflicto, a que éste no afecta su política interna ni sus intereses estratégicos y a que han tenido posiciones divergentes, se han ido convirtiendo en actores importantes que inciden, a partir de sus propios valores e intereses, en la caracterización del conflicto, en las políticas para hacerle frente y en la definición de actores que deben participar en su solución.

Aunque en Colombia se ha ido avanzando tanto en una comprensión más precisa acerca del sentido de la presencia europea en el conflicto como en los correspondientes mecanismos de coordinación, en el país han existido expectativas exageradas sobre ese papel. Sus dos expresiones extremas evidencian una notable incomprensión sobre los muy diversos intereses europeos y acerca de la compleja construcción institucional comunitaria, que hacen difícil que Europa pueda asumir una posición homogénea, tanto si fuera acorde con la de Washington como si hubiera de ser alternativa a la política estadounidense en la región.

Cuatro partes articulan este artículo: las tres primeras se refieren a los momentos más significativos de la aproximación de distintos sectores europeos al conflicto colombiano, vistos desde la coyuntura internacional y la dinámica del propio conflicto, y la cuarta y última alude a diversas dimensiones de las expectativas colombianas acerca de dicha participación.

Primeras aproximaciones europeas en torno al tema de las drogas

A fines de los años ochenta, en medio de la euforia internacional tras la finalización del conflicto bipolar, surgieron enormes expectativas mundiales sobre la construcción tanto de un nuevo esquema de seguridad como de regímenes internacionales para regular asuntos de la agenda global, definidos como los principales retos planetarios (Ramírez, 2004).

En ese contexto y dada la importancia que adquiría el problema de las drogas tanto en el mundo como en Colombia, el gobierno de Virgilio Barco (1986-1990) insistió en reiteradas ocasiones en el carácter transnacional del problema de las drogas y los delitos conexos, así como en la corresponsabilidad de la comunidad internacional en la búsqueda de soluciones. Para concretar tal corresponsabilidad formuló el Programa Especial de Cooperación y solicitó en instancias multilaterales[1] y en las relaciones bilaterales intergubernamentales, en especial con Estados Unidos y Europa, apoyo económico para combatir ese flagelo en Colombia. A partir de entonces comenzó un cierto acercamiento de gobiernos europeos a la situación colombiana, que se expresó en tres dinámicas: el apoyo a los esfuerzos para que el asunto fuera analizado en ámbitos multilaterales, el ofrecimiento de recursos –por parte de Alemania, Francia, Gran Bretaña, Luxemburgo, Italia, Noruega, Dinamarca, los Países Bajos, Suecia y de la entonces Comunidad Económica Europea– y la definición del Sistema General de Preferencias (SGP) para los países andinos afectados por el narcotráfico.[2]

---

[1] Llamado del presidente Virgilio Barco ante la Asamblea General de Naciones Unidas, 29 de septiembre de 1989.

[2] EL SGP suprime los aranceles aduaneros para los productos andinos en un período inicial de cuatro años contados a partir del 1 de enero de 1991 hasta diciembre de 1994, y ha sido varias veces renovado. Como es un compromiso unilateral, no recíproco, ni discriminatorio, los países que lo otorgan pueden decidir qué productos incluir y cuáles excluir, y fijar los requisitos que deben cumplir para acceder a sus beneficios. Uno de los condicionantes es el cumplimiento de las normas laborales de la Organización Internacional del Trabajo (OIT), el desempeño en la lucha contra las drogas y el aprovechamiento de las preferencias en el período anterior. Véase: http://www.mincomercio.gov.co/VBeContent/NewsDetail.asp?ID=390&IDCompany=4; offnews.info/articulos/economia/colombia.

Un estudio sobre la cooperación recibida por Colombia en el período 1987-1990 (Henao, 1991) muestra que la ayuda europea era entregada directamente por los gobiernos que se inclinaban a trabajar con el Estado colombiano y que tenían un interés limitado y condicionado en canalizar algunos recursos hacia las organizaciones no gubernamentales (ONG), las cuales debían estar apadrinadas por una entidad estatal y diseñar un proyecto acorde con los planes de desarrollo del gobierno colombiano. Esas tendencias cambiarían drásticamente, como lo veremos más adelante.

En la administración de César Gaviria (1990-1994), sectores europeos vieron con buenos ojos varias dimensiones de la política gubernamental: la diferenciación entre la lucha contra el narcoterrorismo en Colombia y las drogas como problema transnacional, el acuerdo logrado por el gobierno con algunos grupos guerrilleros y la realización de la Asamblea Constituyente, así como el carácter garantista de los derechos fundamentales que tenía la nueva Carta Política nacional. Por eso, en 1993, tras una visita de la Comisión Europea a Colombia, se empezaron a definir términos de cooperación económica y técnica, apoyo a proyectos de ONG y ayuda humanitaria, en especial para las víctimas de desastres naturales. No por eso faltaron roces entre ambas partes. Desde Colombia se formularon denuncias acerca de la asesoría militar brindada por algunos británicos a los grupos paramilitares, mientras desde Europa se hicieron sentir las protestas por el asesinato de los líderes de la Unión Patriótica y por la violación de los derechos humanos.

A mediados de los años noventa, a la par con la degradación del conflicto colombiano y la mayor visibilidad de su vinculación con temas de la agenda global: drogas, derechos humanos, migraciones y crisis humanitarias, diversos países europeos, algunos de ellos miembros de la Unión Europea, y otros desde fuera de ella, así como distintos órganos comunitarios, comenzaron a inquietarse y a tomar cartas en el asunto. Su presencia frente al conflicto empezó a tomar forma, propiamente, como lo muestra el Anexo 1, durante el gobierno de Ernesto Samper (1994-1998), cuando el agravamiento de la crisis nacional y del conflicto mismo desataron en Colombia ansiosas solicitudes de presencia internacional y le dieron al conflicto una gran visibilidad fuera de sus fronteras, en particular porque se hacía cada vez más evidente su conexión con el asunto de las drogas.

El propio Samper, como presidente del Movimiento de Países No Alineados, se reunió, el 20 de agosto de 1996, con el presidente francés Jacques Chirac, quien tenía por entonces la vocería del Grupo de los Siete países más industrializados, y analizaron conjuntamente alternativas, dado que en ese momento aumentaba la siembra de la coca en Colombia, debido a la represión de los cultivos de coca en Bolivia y Perú. Alternativas como la compra tanto de los cultivos ilícitos para darles un uso medicinal como de la producción de cultivos alternativos no se concretaron, entre otras cosas, porque el gobierno colombiano les dio un tratamiento de delincuentes a los cultivadores y porque los gobiernos europeos tampoco tenían interés en involucrarse en un asunto frente al cual en la misma Unión Europea hay posiciones y tratamientos diferentes. Al tiempo, decisiones de Europa sobre la importación de banano afectaron regiones de agudo conflicto como Urabá y Magdalena.[3]

Por otro lado, mientras el gobierno de Samper toleraba actuaciones oscuras de personajes europeos, como la pareja alemana de los Mauss, quienes ejercían labores de intermediación entre el Ejército de Liberación Nacional (ELN) y diversos sectores de su país y del gobierno colombiano, e involucraban a parlamentarios alemanes en confusas negociaciones de secuestros, el entonces gobernador de Antioquia, Álvaro Uribe Vélez, hizo detener a la pareja.[4] Samper trató también de involucrar a distintos sectores europeos en

---

[3] Colombia llegó a ser por esa época uno de los tres principales productores mundiales de banano y el 60% de sus exportaciones estaba dirigido a Europa. Por presiones de sus propios productores que aportan el 20% –Canarias, Madeira, Creta, Guadalupe y Martinica–, así como de las antiguas colonias europeas agrupadas en los países de Asia, Caribe y Pacífico (ACP), que envían el 17%, la Corte de Justicia de Europa impuso cuotas que restringían las ventas latinoamericanas. "Golpe a los bananeros", en *El Tiempo*, 13 de marzo de 1998. Más recientemente, los países ACP demandaron ante la Organización Mundial del Comercio (OMC) el sistema de preferencias de la Unión Europea, por lo que la Unión decidió subir el arancel a la fruta latinoamericana y está obligada a partir de enero de 2006 a establecer una tarifa única para sus importaciones de banano. "Racimo de problemas", en *Cambio*, 14 al 22 de febrero de 2005, pp. 44-45.

[4] "Mediación alemana", en *El Tiempo*, 25 de enero de 1998; "Parlamentarios alemanes no acuden a cita con el ELN", en *El Tiempo*, 14 de junio de 1999, p. 6A; "Un país clave para la paz", en El Espectador, 29 de junio de 1999.

la búsqueda de la paz, para lo cual el gobierno de España ofreció sus buenos oficios e hizo posible el acuerdo de Viana con el ELN, en febrero de 1998,[5] que se diluyó porque fue visto en Colombia como una maniobra final de un gobierno aislado.

En la práctica, la participación europea se tradujo, en ese período, tan sólo en declaraciones a favor de la paz y contra el narcotráfico, en el compromiso con la instauración de la oficina de derechos humanos de Naciones Unidas en Colombia y en algunos programas humanitarios apoyados por las embajadas en Bogotá de países europeos, y por la Comisión y el Parlamento europeos.[6] Aunque entre 1990 y 1998 casi se duplica el monto de la cooperación europea con Colombia, al pasar de 14 a 30 millones de dólares al año,[7] ésta seguía siendo muy pequeña con relación a la contribución financiera que por entonces ya aportaba Estados Unidos. Con el escalamiento del conflicto y de su visibilidad internacional, además del apoyo otorgado por gobiernos y entidades comunitarias europeas, se empezó a incrementar la presencia en Colombia de ONG de ese continente a través de manifestaciones, declaraciones y programas de ayuda a los desplazados.

En los pobres resultados incidieron diversas circunstancias de Colombia y de Europa. Por una parte, influyeron las contradictorias consecuencias tanto de la guerra contra el narcotráfico lanzada por Virgilio Barco como de la lucha contra el narcoterrorismo, agenciada por Gaviria, al igual que la pérdida de credibilidad del gobierno de Samper, que afectado por la crisis no logró hacer avanzar diálogos de paz. Por otra parte, teniendo en cuenta las dificultades europeas para definir una política exterior y de seguridad común, en particular sobre el asunto de las drogas ilícitas, así como la confusa situación colombiana, no era razonable esperar que Europa como un todo se distanciara de las medidas unilaterales que Estados Unidos adoptaba frente a Colombia –como las sucesivas descertificaciones en la lucha contra el narcotráfico, la presión por la caída del presidente Samper

---

5 "Madrid sede de las negociaciones", en *El Tiempo*, 8 de febrero de 1998; "Preacuerdo de paz", en *El Espectador*, 25 de marzo de 1998.

6 "Diplomacia por la paz", en *El Tiempo*, 21 de septiembre de 1997, p. 12A.

7 "Ayuda para los desplazados" en *El Espectador*, 11 de abril de 1998; Orientaciones plurianuales para la ayuda comunitaria –Colombia, IB/1035/98-ES, versión del 6 de noviembre de 1998.

y el desconocimiento de la institucionalidad colombiana– o que pudiera involucrarse más allá de lo que alcanzó su presencia en Colombia en este período.

Construcción del esquema europeo frente al conflicto

Ya en 1998, el candidato y luego recién posesionado presidente Andrés Pastrana (1998-2002) empezó a recibir desde Europa mensajes de apoyo a su promesa de diálogo con las Fuerzas Armadas Revolucionarias de Colombia (FARC) y ofrecimientos de posibles sedes para los diálogos con las guerrillas.[8] Más adelante, en 1999, delegaciones de diferentes países europeos llegaron de visita a Colombia y la comitiva de representantes de la mesa de negociación entre gobierno y guerrilla fue recibida en Europa.[9] Cuando en los diálogos con las FARC o con el ELN se acordaron formas de acompañamiento internacional, en Colombia siempre se pensó, en primer lugar, en los europeos. De hecho, las embajadas europeas en Bogotá constituyeron la mayoría en los diversos grupos y comisiones de apoyo a los diálogos con las guerrillas, como lo muestra el Anexo 2. Ésa fue, tal vez, la más significativa contribución política de Europa mientras duraron las negociaciones, y fue adelantada por los gobiernos de Francia, España, Suecia, Noruega y Suiza, los países más activos en este período y con mayores intereses en el caso colombiano, los primeros por razones económicas y los últimos por su experiencia y el importante lugar que ocupa en su política exterior la presencia en conflictos internos.[10] Por su parte, Alemania, se mostró renuente a intervenir. Aducía como razón de su ausencia que no estaba claro lo que solicitaba el gobierno colombiano. Para clarificar el panorama, un delegado del gobierno alemán visitó Colombia y su parlamento propuso que la Unión Europea designara un enviado especial que ayudara a acercar al gobierno y a las FARC, cuyas mutuas tensiones amenazaban ya los diálogos. Las ONG europeas, especialmente las de derechos humanos,

---

[8] "Sedes para la convención", en *El Espectador*, 17 de febrero de 1999; "Muestras del apoyo internacional", en *El Tiempo*, 6 de febrero de 2000.

[9] "Suecia le apuesta a la paz", en *El Espectador*, 2 de julio de 1999; "Vaticano e Italia apuntan a la paz", en *El Espectador*, 2 de julio de 1999; "Llegó comisión internacional de la Iglesia", en *El Tiempo*, 11 de marzo de 1998, "Gira por Francia", en *El Espectador*, 23 de febrero de 2000.

[10] "Suecia le apuesta a la paz", en *El Espectador*, 2 de julio de 1999.

también fueron aumentando sus denuncias y programas sobre el terreno.[11] Además, durante el período de Pastrana, una y otra vez pasaron por Colombia delegaciones no gubernamentales y diversas personalidades[12] de distintas naciones europeas que, preocupadas por la situación nacional, exigieron el cese de los ataques contra los defensores de los derechos humanos y les brindaron apoyo a sectores sociales como los indígenas.[13]

En el período de Pastrana, como también lo muestra el Anexo 2, además de visitas y declaraciones y de la participación directa de la mayoría de delegaciones europeas en Bogotá en los grupos de amigos y facilitadores de los diálogos con las guerrillas, el involucramiento europeo tuvo en el Plan Colombia un estímulo contradictorio, puesto que, aunque generó rechazo, incentivó la necesidad de definir un proyecto propio de la Unión Europea hacia el país.

El rechazo se produjo cuando el gobierno colombiano le presentó a la mesa de donantes[14] de Madrid, realizada en julio de

---

[11] Olga Gayón, "Eurotour es excluyente: ONG españolas", en *El Espectador*, 23 de febrero de 2000; "Gira por Francia", en *El Espectador*, 23 de febrero de 2000.

[12] Por ejemplo, el ex presidente de Polonia y Nobel de la Paz, Lech Walesa, se presentó como un negociador que sólo espera ser convocado para la paz de Colombia; "Walesa en Bogotá", en *El Espectador*, 13 de agosto de 1998. El juez español Baltasar Garzón asumió la causa de los indígenas embera katíos, que recurrieron a él para defender su neutralidad ante el conflicto armado y en junio de 2001 visitó las comunidades indígenas del Cauca; "Juez Garzón intercede por los emberas", en *El Espectador*, 18 de mayo de 1999; "Súplica internacional por los embera katíos", en *El Espectador*, 15 de junio de 1999, p. 6A.

[13] Durante el gobierno de Pastrana estuvieron en Colombia entidades europeas como el Partido Verde Flamenco, el Tribunal Superior de Cataluña, la Comisión Internacional de Juristas, la Federación Internacional de Derechos Humanos, Fedefam, Izquierda Unida y Comisiones Obreras de España (Ramírez, 2000).

[14] Las mesas de donantes –también conocidas como conferencias de donantes o grupos consultivos en distintos conflictos internos han constituido un instrumento de promoción de proyectos, diálogo y coordinación con varios cooperantes de manera simultánea o en reuniones de negociación con agencias individuales– fueron impulsadas por el gobierno colombiano con el apoyo del Banco Interamericano de Desarrollo (BID), que por su experiencia en Centroamérica y Perú estuvo a cargo de la secretaría técnica con el fin de ayudar en la elaboración de las propuestas, dar el aval

2000, la versión original del Plan Colombia, pese a que el Congreso estadounidense acababa de aprobar el US *Aid Package*, que fijaba unas prioridades diferentes y más acordes con la mirada estadounidense del conflicto y de sus posibles salidas.[15] El rechazo al Plan Colombia fue lo predominante y las razones, aunque diferentes, apuntaban a mostrar una lectura propia del conflicto, de las medidas para solucionarlo y de los actores centrales del proceso, distintas a las del gobierno colombiano.

Para los altos funcionarios europeos, el Plan Colombia era una improvisación inaceptable (Cardona, 2004a). Aunque el gobierno colombiano quería que se prolongara en el tiempo y lo anunciaba como un proyecto estratégico de Estado dirigido a corregir desequilibrios estructurales, esta instancia lo había concebido inicialmente para un año. No había pasado por la aprobación del Consejo de Ministros, ni había sido consensuado con los distintos sectores políticos ni con el Congreso, para que lo convirtieran en un proyecto de Estado. No hacía parte del Plan Nacional de Desarrollo,[16] cuyas dos versiones fueron declaradas inconstitucionales, ni se sabía si se trataba de un plan para superar el déficit fiscal, pues de estar dirigido a corregir deficiencias estructurales, habría implicado un trabajo de larga duración que debía comprometer a todo el país.

Por su lado, el Parlamento Europeo[17] criticó cualquier iniciativa relacionada con el Plan Colombia, con el argumento de que la situación y el conflicto en Colombia no eran sólo un problema de

---

técnico a los proyectos y evaluar su desarrollo. Departamento Nacional de Planeación (DNP). *Propuesta a la Comunidad Internacional.* Disponible en http://www.dnp.gov.co/og.

15 El gobierno explicó ese desfase aduciendo que esa primera versión del Plan Colombia constituía su propuesta global, una de cuyas partes era el US *Aid Package*, otra la que se financiaría con recursos colombianos y el resto contenía lo que se esperaba que Europa aportara.

16 La primera versión tenía una ligera mención al Plan Colombia, aunque cuando se presentó al Congreso en el segundo año de la administración ya existían propuestas más elaboradas, y la segunda versión del Plan de Desarrollo quedó reducida como lo indicaba su título a un plan nacional de inversiones.

17 Resolución del Parlamento Europeo sobre Plan Colombia y el apoyo al proceso de paz en Colombia, emitida por dicha institución el 1 de febrero de 2000; "División en Bruselas sobre financiación del Plan Colombia", en *El Tiempo*, 3 de julio de 2000.

carácter armado, sino que tenían una dimensión social y política cuyo trasfondo era la exclusión económica, política, cultural y social. Además, las soluciones militares por sí solas no podían conducir a una paz duradera y un mayor grado de militarización de la lucha contra la droga acarrearía el riesgo de una escalada del conflicto en la región. Asimismo, advirtió que el Plan Colombia contenía aspectos contrarios a las estrategias europeas de cooperación y a proyectos ya comprometidos por la Unión Europea, y ponía en peligro sus programas; expresó, en particular, su preocupación por la situación en Putumayo. También estimó que los movimientos sociales, las ONG y las colectividades locales debían desempeñar un papel activo en el proceso de paz. Igualmente, consideró que el país no podría alcanzar una paz duradera, a no ser que se introdujeran profundos cambios en el modelo de distribución de la riqueza, ya que el origen de muchos de los problemas que se dan en Colombia radicaría en la carencia de tierras por parte de los campesinos. Finalmente, argumentó que la intervención de la Unión Europea debía seguir una estrategia propia, no militarista, que conjugara neutralidad y transparencia.

En la propia Comisión Europea se expresaron diferentes posiciones.[18] Al comienzo se impuso un gran rechazo al Plan Colombia y luego se reconocieron dos aspectos positivos: la implantación de fuertes medidas contra la producción y tráfico de drogas y la ayuda para el desarrollo social, económico e institucional de un Estado sumido en un grave conflicto interno y obligado a mantener una economía de guerra en un país con pobres índices de bienestar social y amenazas a la democracia. Por eso, la Comisión se mostró más dispuesta a prestar su apoyo a sus componentes sociales, y en ello contó con el respaldo del Consejo de Ministros. Al tiempo, recogió las preocupaciones sociales por el componente militar, por lo que no participaría en ninguna dimensión militar del Plan Colombia. La Comisión tomó dos medidas: proponer a los miembros la coordinación de un programa de ayuda humanitaria y hacer un seguimiento a las iniciativas que surgieran en defensa de los derechos humanos.[19]

---

[18] "Comisión de la Unión Europea en contra del Plan Colombia", en *El Espectador*, 9 de enero de 2001.

[19] Multiannual Support Programme for Colombia, Bruselas, SEC, 1547/5, 17 de octubre de 2000.

Las razones para esta forma de actuar se derivan del carácter de la Comisión, de su experiencia de participación exitosa en procesos de desarrollo y paz en Centroamérica y del compromiso de la Unión Europea con la paz y la democracia.

Frente al Plan, entre los gobiernos de países miembros de la Unión Europea tampoco se produjo una posición unificada. La mayoría lo rechazó, empezando por Alemania, que al momento de conocerse el Plan Colombia ejercía la presidencia de la Unión. El primer ministro, Gerhard Schröder, y su ministro de Relaciones Exteriores, Joschka Fischer, expresaron que la Unión Europea apoyaba las iniciativas de paz en Colombia y la solución de los problemas sociales y de desarrollo; pero no se entendía vinculada a un tratamiento del conflicto diferente al de las aproximaciones a una salida negociada. Sólo dos gobiernos comunitarios por su cercanía con Washington apoyaron el Plan Colombia: el presidente español José María Aznar y el británico Tony Blair. Francia, que de tiempo atrás ha centrado parte de su política exterior en la crítica a Estados Unidos, especialmente en América Latina, se mostró más escéptica, y gobiernos como el sueco, el noruego y sobre todo el belga expresaron su molestia con las diversas versiones o su desacuerdo con las prioridades del Plan.[20] Entre tanto, los nórdicos insistieron en que el conflicto debe ser resuelto por los propios colombianos, pues consideran que la corrupción gubernamental, la injusticia social y el abandono de las obligaciones estatales son las causas de la pérdida de legitimidad de los gobiernos y del sistema político, así como del enfrentamiento armado; por lo tanto, proponían buscar las raíces de los conflictos y de su solución en la orientación económica y social del Estado.

Diversos argumentos adicionales fueron expresados por diferentes sectores europeos. Unos mostraron su descontento, porque consideraban que se les pedía pagar la factura económica y social; mientras Estados Unidos reducía el conflicto colombiano a un problema de narcotráfico y enfrentamiento militar. Otros dijeron incluso que, en esa distribución, los colombianos aportaban los muertos, Estados Unidos suministraba el equipo militar y a los europeos se les pedía aminorar el costo social y el daño ecológico

---

[20] "Bélgica dice no al Plan Colombia", en *El Espectador*, 5 de diciembre de 2000.

causado por un enfrentamiento endémico, propio de una sociedad fracturada (Roy, 2001a, 2001b y 2002). Unos más insistieron en que no estaba claro para Europa qué beneficios reales alcanzaría el pueblo colombiano con el desarrollo del Plan Colombia, por qué no contenía ayudas al desarrollo económico y a las reformas necesarias para la paz, y que, además, el Plan producía efectos negativos sobre los vecinos. Éstas y otras críticas aún más fuertes fueron, también, hechas por las ONG y las organizaciones de diversos países europeos.[21]

De ahí que, aunque los europeos constituyeron una buena parte de los participantes[22] en las tres mesas de donantes organizadas por el gobierno de Pastrana –Madrid, 7 de julio de 2000; Bogotá, 24 de octubre de 2000, y Bruselas, 30 de abril de 2001– y las ofertas europeas alcanzaron allí el mayor grado de cooperación internacional de las últimas dos décadas, los sobrepasaban Estados Unidos y Japón, cuyos compromisos, junto con los de España, equivalían al 48,71% del total de ofertas anunciadas, como lo muestra el Anexo 3. Además, las contradicciones con diversos sectores de Europa fueron posteriormente en aumento y el gobierno colombiano no tuvo capacidad para concretar los ofrecimientos, pese a las diferentes acciones que adelantó para hacer efectivos los anuncios y para garantizar el cumplimiento de los objetivos de la estrategia de fortalecimiento institucional y desarrollo social.[23] De hecho, en 2000, sólo Estados

---

[21] "El Plan Colombia es un Drácula", en *El Espectador*, 11 de junio de 2000; Paul-Emile Dupret, "Aclaraciones sobre el Plan Colombia", en *El Espectador*, 15 de junio de 2000; "Partido Verde italiano contra Plan Colombia", en *El Tiempo*, 22 de enero de 2001.

[22] En las mesas participaron entidades multilaterales, los gobiernos de Estados Unidos, países miembros de la Unión Europea, Suiza, Noruega, Canadá, Japón, México, Brasil, Argentina, Chile, Costa Rica, Perú y Venezuela, y organizaciones de la sociedad civil.

[23] En el ámbito institucional puso en funcionamiento el Fondo de Inversiones para la Paz (FIP), con el fin de facilitar la canalización de los diferentes aportes a los programas y proyectos propuestos. Por otra parte, conformó un grupo interinstitucional compuesto por la cancillería, el FIP, la Agencia Colombiana de Cooperación Internacional (ACCI) y el DNP, que debía coordinar y hacerle seguimiento al proceso de negociación de los programas y proyectos que financiaría el Grupo Consultivo. En el ámbito diplomático, el gobierno convocó reuniones bilaterales con España, Suiza, Suecia, Portugal, Japón, Canadá, Italia, Costa Rica, México,

Unidos había hecho los respectivos desembolsos por la totalidad de lo ofrecido, seguido de avances parciales de España y Japón.

El comisario europeo de Relaciones Exteriores anunció, el 30 de abril de 2001, en la reunión de 27 países y diez organizaciones internacionales, convocada por el BID en Bruselas, el compromiso de la Unión Europea de aportar aproximadamente 304 millones de dólares para completar los recursos que el gobierno de Pastrana aspiraba a recoger en el exterior. Pero la mayoría del Parlamento Europeo, que hizo parte de fuertes campañas contra el Plan Colombia, aprobó una resolución –474 votos a favor, uno en contra y 33 abstenciones–, y se opuso al apoyo a dicho Plan. Con el fin de equilibrar esta decisión, una delegación de expertos patrocinada por la Comisión Europea se desplazó luego a Colombia para evaluar los proyectos de asistencia social y económica que podrían ser financiados. Finalmente, la Unión Europea definió, en un documento oficial, las prioridades de su política hacia Colombia: apoyo al desarrollo social y económico, impulso a los cultivos alternativos, estímulo a reformas administrativas y judiciales y promoción de los derechos humanos, y comprometió recursos por 105 millones de euros durante el período 2000-2006, como se aprecia en el Anexo 4.

Buena parte de los 105 millones de dólares aportados por diferentes entes comunitarios y países miembros ha estado destinada al apoyo a los desplazados, a los laboratorios de paz en el Magdalena Medio y a los que luego se proyectarían en Chocó, Putumayo, Caquetá y Nariño. En esas zonas, los europeos identificaron proyectos financiables en tres áreas prioritarias: la promoción y la defensa de los derechos humanos, la reducción de las diferencias socioeconómicas y el refuerzo institucional. Los proyectos debían tener en cuenta los siguientes criterios: el apoyo al proceso de paz y la solución negociada; el reconocimiento de la sociedad civil y de las comunidades locales como actores fundamentales; el aporte

---

Chile, Argentina, Brasil, la Unión Europea, la Organización de Naciones Unidas (ONU) y el Japan Bank for International Cooperation (JBIC). Allí entregó un portafolio de proyectos, de acuerdo con los montos, las áreas de interés y las modalidades de cooperación expresadas por los participantes. También hizo periódicos seguimientos a las partidas ofrecidas. Fuera de España, en 2001, el gobierno de Pastrana sólo logró un precario apoyo económico de Europa.

financiero del gobierno colombiano a los proyectos; la no intervención de los grupos armados; la neutralidad y la transparencia en todos los programas; el estricto respeto al estado de derecho, los derechos humanos y el derecho internacional humanitario (DIH); la búsqueda de redistribución de la riqueza, la protección de la biodiversidad y del medio ambiente, y la inserción de los proyectos en el contexto internacional de lucha contra la producción y tráfico de drogas, y en la concertación y cooperación regional al respecto. Estos criterios eran contrarios, en buena medida, a los incluidos en la versión final del Plan Colombia. Así, poco a poco, Europa fue especificando su cooperación económica y técnica y se fueron concretando los proyectos por países y por área geográfica, como lo muestran los anexos 5 y 6.

Entre los países de la Unión Europea que de 2001 a 2003 concretaron algún apoyo económico a Colombia están España, Italia, Bélgica y Países Bajos, como también lo muestran los mismos anexos 5 y 6. Suecia, aunque no figura en el anexo porque no recibe recursos comunitarios para ayuda humanitaria, desarrolla numerosos programas a través de la Agencia Sueca de Cooperación Internacional para el Desarrollo (ASDI) en resolución de conflictos, derechos humanos, igualdad entre hombres y mujeres, fortalecimiento del estado de derecho, prevención del desplazamiento y protección a los desplazados y en apoyo a la labor de organismos de Naciones Unidas en Colombia, bien sea con voluntarios o con recursos para la Oficina de Derechos Humanos, los programas con desplazados o refugiados o el respeto del DIH. Predominan los proyectos de cobertura nacional en diez regiones, en especial las ONG. Las seis áreas escogidas de acuerdo con el monto de los recursos son: ayuda humanitaria, financiera y técnica, económica, derechos humanos, medio ambiente y bosque tropical.

Ante el debilitamiento y la ruptura de los diálogos entre el gobierno y las FARC, la mayoría de los diplomáticos europeos acreditados en Colombia, que se habían comprometido con las conversaciones de paz, vieron frustradas sus gestiones. Además, cuando el grupo de amigos de Colombia pasó de ejercer una labor de buenos oficios a poner en práctica una especie de mediación y colisionó con el papel del delegado del secretario de las Naciones Unidas, la función de algunas misiones europeas, la de Francia en particular, que había tenido la vocería de la Unión Europea en momentos críticos del proceso, empezó a ser blanco de la crítica. Tanto por estas críticas como por la frustración final de sus esfuerzos, varias misiones diplomáticas europeas sintieron negativamente afectada su imagen, percepción tanto más sensible cuanto que esas embajadas se habían expuesto a una gran visibilidad diplomática y mediática.

Los atentados del 11 de septiembre de 2001 tuvieron repercusiones en la posición tanto del gobierno colombiano como de las representaciones europeas. Ante la falta de compromiso real de las FARC con la negociación y de una consistente política de paz del gobierno colombiano, el propio presidente Pastrana aprovechó el nuevo contexto internacional para romper los diálogos. Los europeos no tuvieron el tiempo suficiente para asimilar el abrupto cambio de política. No entendían cómo el mismo gobierno que había retirado la Fuerza Pública de un territorio tan grande como Suiza (42.000 kilómetros cuadrados) aduciendo, como decía el Plan Colombia, que se trataba de una "zona aislada, periférica y poco productiva"; que había reconocido el carácter político de las FARC y había auspiciado la gira por Europa de sus negociadores, en compañía de altos funcionarios del Estado; que había aceptado adelantar el proceso en medio de la guerra, e incluso que había asumido que para facilitar la negociación no se le desconocieran las connotaciones políticas a los delitos atroces, ese mismo gobierno, ante un cambio más propio de la coyuntura internacional que de la situación interna, solicitaba la inclusión de las mismas organizaciones en una lista, inédita entre los europeos, de grupos terroristas.

El objetivo de esa solicitud del gobierno colombiano estaba dirigido a propiciar el aislamiento internacional de las guerrillas a través de la negación de visas a sus miembros y voceros, la intervención de sus cuentas y la supresión de las facilidades que hasta entonces habían tenido para moverse por Europa. Las amenazas de las FARC a las autoridades municipales y departamentales elegidas, así como los atentados contra la infraestructura esencial del país y contra varias ciudades colombianas llevaron a la Unión Europea a aceptar la declaratoria del carácter terrorista de los grupos armados ilegales colombianos, como lo muestra el Anexo 7. Primero fueron así declaradas las Autodefensas Unidas de Colombia (AUC) y luego las FARC, poco antes de que terminara el gobierno de Pastrana. El ELN sería incluido ya bajo el gobierno de Uribe. Tal calificación se obtuvo cuando España e Irlanda ejercían la presidencia de la Unión

Europea, países más sensibles al tema del terrorismo, por sus propios problemas internos.

Decisiones como ésa no tuvieron, sin embargo, acuerdo europeo. Otras discrepancias se manifestarían de nuevo más tarde, cuando España cuestionó a Francia por su concentración sólo en el caso de Íngrid Betancourt y por asumir iniciativas controvertidas, como la intervención directa ante las FARC para la liberación de la dirigente política, sin previa consulta al gobierno colombiano, a sus homólogos europeos o al gobierno brasileño, en cuyo suelo se estaban realizando gestiones en ese sentido. A su turno, Francia –que provee asistencia policial contra el terrorismo a Colombia– protestó porque España no le consultó antes de autorizar la venta a Colombia de tanques AMX-30 de fabricación francesa. Las divergencias saltaron también con evaluaciones posteriores del Plan Colombia, hechas por algunos diplomáticos europeos, quienes mostraron que el rechazo generó en Europa un menosprecio a la necesidad de fortalecer la capacidad institucional de Colombia, en particular de sus Fuerzas Militares y de seguridad, como una de las condiciones para una solución apropiada del conflicto (Massé, 2003). También sectores académicos europeos han señalado que, pese a que la Unión Europea respaldó con cierto entusiasmo el proceso de paz adelantado durante el gobierno de Andrés Pastrana, falló en apoyar al país tras su fracaso, en parte por el total desacuerdo de algunos países miembro con el Plan Colombia (Grabendorff, 2004).

En suma, distintos sectores europeos, con argumentos distintos, fueron pasando poco a poco de una actitud inicial de expectativa mientras los diálogos de paz tomaban forma, a una visión mayoritariamente crítica frente al Plan Colombia, que sólo recibió el apoyo inicial de los gobiernos de Gran Bretaña y España. Dado el predominio de los recursos que, según la versión del *US Aid Package*, se aportarían para el combate militar contra el problema de las drogas, y teniendo en cuenta la ambigüedad con la cual el gobierno de Pastrana manejó la presentación del Plan Colombia, la Unión Europea y gobiernos europeos de países que no hacen parte de la Unión prefirieron, más que el enfrentamiento con Estados Unidos, buscar un esquema propio, evitar la etiqueta "Plan Colombia" y hablar, más bien, de concretar apoyos al proceso de paz. Esos criterios constituían un intento intergubernamental por definir unos mínimos comunes sobre el grado de participación deseable y acerca de los criterios que deberían guiar el involucramiento en el caso colombiano.

El Plan Colombia generó la ocasión para que, en particular, los gobiernos europeos y las instituciones comunitarias de Europa intentaran definir una posición común frente al conflicto colombiano y a uno de los temas de divergencia con Colombia, y sobre todo con Estados Unidos, y trataran de construir un esquema propio a partir de sus lecturas del conflicto, de sus prioridades para su solución y de los actores que consideran deben participar, en particular, las ONG. Aunque esos mínimos comunes contribuyeron a una cierta superación del escepticismo frente a las solicitudes de apoyo financiero expresadas por el gobierno colombiano (Pardo García-Peña, 2001), lo cierto es que la dinámica de la lucha colombiana y el nuevo contexto internacional limitaron el alcance económico del apoyo europeo, pero favorecieron el desarrollo de su esquema de acción política, que ganó un importante espacio. Desde entonces, distintos sectores europeos, pese a su lejanía con relación al conflicto colombiano y a que éste no afecta directamente al viejo continente, han aumentado su presencia e incidencia en Colombia.

Incidencia europea en la lectura del conflicto: sus soluciones y actores

A medida que transcurrían las conversaciones de paz –y al ritmo de los cambios internacionales, de la propia dinámica del conflicto colombiano y de sus intentos por definir unos mínimos europeos comunes–, distintos sectores de Europa fueron ganando presencia en el conflicto colombiano hasta convertirse en actores importantes que inciden sobre la naturaleza del conflicto colombiano, acerca de las medidas para enfrentarlo y a propósito del papel de las ONG. Esos tres ejes de contradicciones se han vuelto a expresar con gran fuerza bajo la presidencia de Álvaro Uribe:

En cuanto a la naturaleza de la lucha, distintos sectores europeos se resisten a aceptar la negación del conflicto en que se ha empeñado el presidente Uribe, quien insiste en que se trata de una amenaza terrorista al Estado, a la sociedad y a la democracia colombiana. Tal posición es rechazada, entre otras cosas, por sus implicaciones frente a la protección de los derechos humanos, el cumplimiento del DIH y la consideración de las partes en conflicto. Distintos sectores europeos insisten en el carácter político del enfrentamiento, el cual, según muchos de ellos, es producto de un país oligárquico que padece enormes injusticias sociales y cuya riqueza está concentrada en manos de unos pocos, quienes, a pesar de que evaden la tributación, disponen a su amaño del Estado.

Sobre las medidas para enfrentar el conflicto, desde la campaña electoral de Uribe, distintos ámbitos comunitarios, de países miembros y no miembros, estatales y no gubernamentales, han expresado gran desconfianza sobre sus propuestas, que se han percibido como una declaración de guerra total.[24] Estos sectores han reiterado una y otra vez esas mismas críticas y divergencias ante las distintas iniciativas del gobierno colombiano, a partir no sólo de sus intereses materiales, sino de valores que sustentan consensos democráticos y pacifistas europeos. No es de extrañar que hoy insistan en la necesidad de reformas sociales y políticas y de soluciones negociadas a los conflictos. De acuerdo con esa posición, los órganos comunitarios han negado cualquier respuesta positiva a peticiones de ayuda militar por parte del gobierno de Uribe. Sólo la España de Aznar –Rodríguez Zapatero ha variado la posición del anterior gobierno– y la Gran Bretaña de Blair, porque también padecen los efectos de la violencia política y por su apoyo a la cruzada de Bush, mostraron mayor disposición para apoyar a Uribe, incluso en el terreno militar. En la cuestión policial y de inteligencia sí se han concretado acuerdos con Europol, para compartir información en la lucha contra el terrorismo, el narcotráfico, el lavado de dinero y la trata de blancas.

En esa misma perspectiva de incidir en las medidas para hacerle frente al conflicto, distintos actores europeos han estado a favor y han presionado por un acuerdo humanitario, y países como Francia han ofrecido recibir a los guerrilleros canjeados si eso ayuda a un acercamiento entre el gobierno y las FARC. Además, frente al estatuto antiterrorista cuestionaron fuertemente el papel judicial otorgado a las Fuerzas Armadas y los riesgos de violación de las libertades fundamentales. También han exigido el deslinde de las Fuerzas Armadas frente a las organizaciones y acciones paramilitares. Ante los diálogos con estos últimos, los órganos europeos han exigido una verdadera tregua: una ley que garantice verdad, castigo y reparación

---

24 "Gobierno de Uribe en la mira de la UE", en *El Tiempo*, 20 de noviembre de 2002.

para evitar la impunidad y una real verificación de la desmovilización paramilitar. De común acuerdo, en julio de 2004, las misiones acreditadas en Bogotá se negaron a asistir a la instalación de la mesa de negociaciones con los paramilitares, porque consideraban que su presencia podía ser usada para legitimar un proceso confuso.

Dada la importancia atribuida a la sociedad civil en la paz, las duras críticas de Uribe contra algunas ONG de derechos humanos han suscitado fuertes reacciones en Europa. Eso ocurrió cuando el gobierno de Uribe expulsó de Colombia a miembros de ONG europeas que acompañaban protestas sociales, cuando fustigó un informe que cuestionaba los índices de protección de los derechos humanos y de atención humanitaria, cuando sindicó a las ONG de prolongar la acción de la guerrilla y cuando acusó a Amnistía Internacional y a Human Rights Watch de actuar de manera parcial en sus informes sobre Colombia. Además, las embajadas de países europeos y entes comunitarios han insistido en la necesidad de que el gobierno colombiano reconozca a las ONG como parte de la solución y no del problema.

Las posturas europeas han llevado a un cauto acercamiento al gobierno, pero sobre todo a fuertes condicionantes. Así lo expresan diversos pronunciamientos. Por ejemplo, la declaración de Londres, que trató de lograr un equilibrio entre distintas posiciones europeas, otorgó un "firme apoyo político al gobierno de Colombia y a sus esfuerzos por dar solución a las amenazas a la democracia, el terrorismo creciente, el narcotráfico, las violaciones de los derechos humanos y del derecho internacional humanitario y la seria crisis humanitaria del país".[25] La declaración llamó, además, a todos los grupos armados ilegales a acordar un cese al fuego y a entrar en una seria negociación de paz para buscar una solución pacífica del conflicto, expresó preocupación por los desplazados y pidió acciones contra los paramilitares y frente a la impunidad. Al tiempo, al dar un respaldo a la labor de Naciones Unidas en Colombia, al delegado del secretario y a las 27 recomendaciones que hizo en 2003, la Oficina de Derechos Humanos, le exigió al gobierno colombiano aplicarlas y acogió su promesa en ese sentido.[26] Esas 27

---

25 "Respaldo de UE a Uribe", en *El Tiempo*, 11 de julio de 2003, p. 1-2.

26 "La prueba de fuego es cumplir con recomendaciones de ONU", en *El Tiempo*, 13 de julio de 2003, p. 1-2.

recomendaciones se convirtieron en la hoja de ruta de la acción que generó mes tras mes presiones de diversos sectores europeos gubernamentales y no gubernamentales sobre Colombia, como se aprecia en el Anexo 8.

La presión ha tenido logros. Desde la reunión de Londres ha funcionado el Grupo de los 24 (G-24), con los jefes de misiones diplomáticas acreditadas en Bogotá que estuvieron en esa reunión. El Grupo se ha convertido en mecanismo de concertación intraeuropea y con los demás países participantes, así como en una instancia de discusión con Estados Unidos, el gobierno colombiano y la alianza de la sociedad civil organizada. El G-24 se ha transformado en un amplio espacio de discusión y negociación que busca caracterizar la situación colombiana y establecer metas comunes en torno a seis ejes. Sus deliberaciones han llevado al ajuste de posiciones tanto colombianas como europeas. La última reunión general preparatoria de la mesa de donantes, luego de muchas postergaciones debidas a las divergencias aún existentes, se realizó entre el 3 y el 4 de febrero de 2005, en Cartagena. El gobierno colombiano obtuvo allí una mayor comprensión frente a sus esfuerzos en los temas de mayor controversia: la protección de los derechos humanos, el proceso de desmovilización de los grupos paramilitares y la forma como el gobierno ha acatado las recomendaciones de las Naciones Unidas.

Puede decirse que Uribe ganó un compás de espera con diversos sectores europeos, pero también ha tenido que ceder ante sus presiones. Tuvo que reunirse con las ONG colombianas e internacionales, debió llevar a la reunión de Cartagena un proyecto de ley sobre justicia y paz que tomaba en consideración parte de las exigencias europeas y ha tenido que aceptar la concertación de posiciones como única alternativa para ir abriéndole paso a una nueva mesa de donantes.[27] Las declaraciones del director general de

---

[27] No sólo los gobiernos europeos, sino ONG internacionales han insistido en que cualquier apoyo esté condicionado a la aprobación de una ley para la desmovilización de los grupos paramilitares. Human Rights Watch, "Colombia: librando a los paramilitares de sus responsabilidades", informe enero de 2005, disponible en http://hrw.org/backgrounder/americas/colombia0105-sp/.

Relaciones Exteriores de la Comisión Europea, Eneko Landaburu, fueron bien significativas en ese sentido:

> Nos presentaron un proyecto de ley que define el marco jurídico para un tema tan importante como la verdad, la justicia y la reparación. No tuvimos oportunidad de evaluarlo, pero lo positivo es que hay un proyecto. Hasta ahora lo pedíamos y no lo había. Ahora hay uno que tiene que seguir sus pasos normales dentro del ordenamiento jurídico de este país. Lo que haremos, como Unión Europea, es examinar el contenido de este proyecto para ver si corresponde a los principios que queremos defender ante el Gobierno para que se haga dentro del marco jurídico que aceptamos. Apoyamos al gobierno. Lo que sí no queremos firmar es un cheque en blanco. Queremos seguir este diálogo político y expresar nuestras discrepancias, si existen, en la puesta en marcha del marco jurídico que se va a definir. El presidente Uribe se comprometió muy claramente y muy profundamente para acercarse a posturas que defendemos. Siempre hemos dicho que no hay paz con impunidad. Tienen que ser sancionados los que han provocado crímenes contra la humanidad o barbaridades. Al Presidente le creemos, pero vamos a ver si los principios se aplican.[28]

Aunque el funcionamiento del G-24 y las permanentes reuniones europeas han producido mayores convergencias y coordinación intergubernamental, también han seguido existiendo desacuerdos entre distintos sectores de Europa sobre algunas de las posiciones adoptadas, y la caracterización del gobierno de Uribe sigue dividiendo a los órganos comunitarios y a los miembros de la Unión Europea. Algunos diplomáticos europeos han señalado que un presidente elegido en la primera vuelta con el 52,8% de los sufragios no podía ser reducido a la condición de vocero de los paramilitares. Además, han agregado que el apoyo electoral recibido, los altos índices de favorabilidad que ha mantenido a lo largo de su gobierno y los resultados positivos del fortalecimiento de la acción militar del Estado indican que, por primera vez en Colombia, un presidente tiene la posibilidad de hacer comprender

[28] "No queremos tener una actitud imperialista, dice Canciller de Comisión Europea en Cartagena", en *El Tiempo*, Bogotá, 4 de febrero de 2005.

a la población que la situación es muy grave y de movilizarla para hacerle frente. Todos ellos han destacado el avance en el control estatal del territorio, el fortalecimiento de las fuerzas de seguridad, el intento de quiebra de las finanzas de los aparatos armados ilegales y el mejoramiento de algunos índices de violencia, como parte del esfuerzo por salvar la democracia colombiana.[29] Esa posición parece, sin embargo, minoritaria, y el clima de la opinión sobre Uribe sigue siendo muy crítico.

Así, para diferentes sectores europeos, esa percepción positiva y los pronunciamientos comunitarios a favor del gobierno de Uribe son sólo un compás de espera antes de definir una posición definitiva, dependiendo de si el gobierno se desenvuelve en una perspectiva democrática o una autoritaria. Un apoyo efectivo implicaría condiciones a las que no es seguro que el gobierno de Uribe esté dispuesto a acomodarse. Las ONG de una amplia gama de países del viejo continente que trabajan con entidades similares colombianas sobre derechos humanos o en acciones humanitarias han rechazado pronunciamientos de órganos de la Unión Europea en apoyo a la gestión del presidente Uribe y han insistido en que todo fortalecimiento de la autoridad del Estado exige el respeto a los derechos humanos.[30] También han venido ejerciendo una presión creciente sobre sus propias autoridades, para que actúen contra el gobierno colombiano, que reduce el conflicto a una acción narcoterrorista, y sobre los organismos regionales o internacionales, en relación con los problemas de violación de los derechos humanos o del DIH, las medidas militares definidas por Uribe para enfrentar el conflicto y las críticas gubernamentales a las ONG. Además, han estado presentes en las zonas de mayor conflicto con el fin de adelantar allí labores humanitarias o proteger a líderes sociales amenazados. Igualmente, desde Francia, la presión por la liberación de Íngrid Betancourt, quien posee la doble nacionalidad colombo-francesa, ha tomado una fuerza movilizadora que involucra a autoridades de los más diversos ámbitos y a amplios sectores de la población.

---

29 Alain Abellard, "L'Europe doit assumer ses responsabilités envers la Colombie", en *Le Monde*, 3 de julio de 2002 ; "Europe's hypocrisy toward Colombia must end", en *International Herald Tribune*, 1 de junio de 2004.

30 "Apoyo de la UE a Uribe", en *El Tiempo*, 3 de diciembre de 2002, p. 1-12.

Muy diversos sectores europeos han venido fortaleciendo su presencia y su papel en el conflicto colombiano, y buscan comprender cada día mejor su naturaleza y las medidas necesarias para hacerle frente a través de muy diversas vías: el uso de la condicionalidad para cualquier tipo de apoyo, por ejemplo, la prolongación del SGP; la denuncia o presión de diversos actores europeos, sean ONG, órganos comunitarios o gobiernos de los países miembros; la intervención en eventos destinados a establecer prioridades a la cooperación, y el apoyo a proyectos propios en Colombia, desarrollados fundamentalmente por ONG. Ya no se limitan a las declaraciones iniciales de apoyo moral a la lucha contra las drogas y a favor de la paz, sino que condicionan, presionan, denuncian y entregan recursos a los proyectos que cumplen los criterios mínimos definidos en las líneas estratégicas de la propia Unión Europea. Estos diversos actores de Europa, sean gubernamentales, comunitarios o no gubernamentales, hacen sentir su visión del conflicto, de la forma en que debería ser resuelto y de los actores que deben participar en el proceso de paz. Sus posiciones, aunque tienen diversos matices, coinciden más entre sí que con las políticas de los gobiernos de Colombia o de Estados Unidos.

Con todo, el fortalecimiento de su papel político ha llevado a algunos gobiernos europeos y organizaciones comunitarias a cambiar ciertas percepciones sobre la naturaleza del conflicto. Atrás ha quedado la visión romántica de las guerrillas, hay más entendimiento de la necesidad de fortalecimiento militar del Estado y hay cuestionamiento del involucramiento de los grupos irregulares con el secuestro y la droga y de sus acciones terroristas. El atentado del 11 de marzo de 2004, en Madrid, puso en Europa el tema del terrorismo en primer lugar, aunque la respuesta mesurada europea toma más en consideración su propia vulnerabilidad que las cruzadas globales estadounidenses. Habría que ver el efecto de estos hechos en la posición de los órganos comunitarios y de los países que han entrado a ampliar la Unión Europea, los cuales han tenido una posición claramente proestadounidense en materia de seguridad.

El incremento de su papel en el conflicto no se corresponde, sin embargo, con el grado de su cooperación económica y técnica. De hecho, la Unión Europea que, en términos generales, es la región del mundo que aporta las mayores partidas a la cooperación, sólo ha podido concretar unos pocos recursos para Colombia, tanto en el plano comunitario como en el de sus países miembros. Los apoyos europeos no involucran mayores recursos, los cuales llegan con retrasos,[31] y la cooperación sigue siendo presentada como una donación cuyos montos elige el oferente y no como corresponsabilidad por su participación en problemas globales que atizan el conflicto colombiano. También, el cierre de las fronteras europeas se suma a los mecanismos de protección para sus principales líneas de producción, en particular las agropecuarias, lo que disminuye las preferencias arancelarias otorgadas como compensación por la lucha antidroga.[32]

Desde Colombia se ha contribuido a volver frágil el esquema europeo. Al provincialismo tradicional de los colombianos se le suma el hecho de que no existe preparación suficiente para comprender y hacerle frente al aumento acelerado de la conexión de los asuntos nacionales con dinámicas internacionales. La diplomacia colombiana pasó, en corto término y sin tiempo de maduración, de minimizar en medios multilaterales la existencia de una lucha y evitar cualquier injerencia internacional al respecto, a lanzar múltiples solicitudes de intervención externa de muy diverso orden. A su vez, la diplomacia por la paz se centró en la consecución de recursos y de pronunciamientos en favor de la estrategia gubernamental. Descuidó el análisis tanto de las percepciones y posiciones europeas como de las posibilidades que podía ofrecer la presencia internacional en el conflicto y la clarificación de lo que se le pedía a Europa, a cada uno de sus países y a otros sectores de la comunidad internacional. Además, la agudización del enfrentamiento armado en medio de los diálogos ha interferido las labores de asistencia humanitaria o de cooperación para el desarrollo. El secuestro de europeos ha llevado a varias entidades a reducir sus programas e, incluso, a salir del país.

---

[31] La lentitud es tal que de la identificación del proyecto a la licitación pasan tres años. Para agilizar el proceso se estableció la agencia Europaid y la fase operativa se desplazó al país receptor, donde la delegación de la Comisión Europea gestiona los proyectos y en Europa se toman las decisiones estratégicas y financieras. Consúltese http://www.europa.eu.int/comm/europaid.

[32] Algunas de estas apreciaciones están contenidas en el editorial, "Europa, muy lejana", en *El Tiempo*, 19 de mayo de 2003, p. 1-17.

Con el gobierno de Uribe también se han manifestado no pocas dificultades con respecto al funcionamiento del esquema europeo. Desde su elección, el presidente colombiano se apresuró a visitar Europa[33] para enfrentar la mala imagen y la oposición a sus propuestas. Luego, volvió para discutir con sus más fuertes contradictores en el Parlamento Europeo, pero muchos de ellos se negaron a escucharlo. Uribe, por su parte, dedicó su discurso más al público colombiano que a sus interlocutores europeos. A esa falta de un diálogo más fluido y de una política consistente para la relación con los órganos comunitarios y con los gobiernos europeos, ha contribuido el aumento de la fragmentación de la política internacional colombiana y de la 'clientelización' de la diplomacia, aplicada por el gobierno de Uribe.

Por otra parte, en Colombia no se conoce suficientemente la lógica europea ni su particular construcción institucional. Se ignora el reparto de competencias entre los Estados miembros de la Unión y sus distintas instituciones, así como de los múltiples ámbitos de decisión yuxtapuestos, en los que interactúan distintos actores políticos (Fazio Vengoa, 1998). Finalmente, la estrecha relación estructural de Colombia con Estados Unidos articula diversos temas de la agenda en torno a la seguridad, muy ligada a las prioridades estadounidenses y a sus cruzadas globales. Poco a poco, como lo muestra Diana Rojas, en "Estados Unidos y la guerra en Colombia", publicado en esta misma edición, el gobierno colombiano ha ido centrando su mirada sólo en Estados Unidos, nación que se ha convertido en su vínculo privilegiado y en su puente de comunicación con el resto del mundo, en desmedro de otras relaciones.

Posibilidades y límites de la presencia europea

Desde mediados de los años noventa, cuando se agudizó el conflicto y surgieron llamados a la comunidad internacional por parte de muy diversos sectores colombianos, la apelación a Europa, en abstracto, como si fuera un todo homogéneo, ha ocupado el primer lugar. A medida que la presencia de diversos sectores europeos ha ido tomando forma, se ha evidenciado una predisposición nacional a medir esa participación en comparación con la de Estados Unidos,

---

33 "Uribe busca apoyo en Londres", en http://news.bbc.co.uk/hi/spanish/latin_america/, 15 de julio de 2002.

por lo que han surgido dos corrientes de expectativas opuestas. Por un lado, desde medios gubernamentales, empresariales y de opinión se espera que Europa refuerce los propósitos y formas de intervención estadounidense. Por otro, sectores no gubernamentales y sociales han esperado que la intervención europea se convierta en un total contrapeso a la injerencia de Estados Unidos. El resultado ha sido una relativa frustración luego de que una década de intermitente presencia europea pusiera de presente la enorme brecha entre las expectativas colombianas y sus posibilidades limitadas por el contexto internacional, por la misma situación colombiana y por la propia construcción comunitaria.

En consecuencia, la frustración de esas expectativas ha generado diferentes críticas en sectores colombianos gubernamentales, empresariales y de opinión. A veces, el presidente, el vicepresidente, uno u otro ministro, el comisionado de Paz o algunos forjadores de opinión, aunque reconocen los aportes europeos, hacen duros cuestionamientos y enumeran una larga lista de reclamos frente a lo que consideran una muy cómoda posición de diversos actores de ese continente: que los europeos asumen una retórica de paz con una ausencia de realismo, la cual les impide interrogarse sobre el cambio de naturaleza de las guerrillas colombianas y su creciente incapacidad para asumir perspectivas políticas; que hacen exigencias absolutas sobre justicia y reparación frente a los paramilitares sin tener en cuenta la dinámica propia del conflicto, sin ayudar de manera concreta a crear las condiciones para evitar la impunidad ni recordar que en su propia historia han tenido que asumir altas dosis de perdón y olvido para lograr la paz; que aceptan que el problema de las drogas y sus delitos conexos son un fenómeno global, pero no se sienten interesados de manera concreta en la corresponsabilidad por el problema ni cuestionan el daño ambiental causado por los cultivos de coca impulsados por los grupos armados ilegales; que actúan con fuerza sólo cuando sus nacionales han sido secuestrados; que, en ocasiones, algunas de sus empresas le han dado apoyo a la guerrilla para evitar problemas de seguridad; que rechazan el estatuto antiterrorista, menos drástico que el que rige en algunos países europeos; que le dan un valor absoluto a las recomendaciones que hace la oficina de las Naciones Unidas en Colombia sin tener en cuenta que su cumplimiento no depende sólo del gobierno, sino que involucra a otros poderes públicos, los cuales consideran inconvenientes algunas de esas sugerencias; que defienden en abstracto el papel de las ONG sin evaluar los criterios con los cuales éstas juzgan la situación colombiana, o que cuestionan al Estado y no a los actores armados irregulares, pese a que de éstos provienen las mayores violaciones de los derechos humanos.[34]

Algunas de esas críticas tienen elementos que corresponden a la realidad, mientras otras se derivan de percepciones distintas o de la incomprensión de las encrucijadas y posibilidades que encierra la cooperación europea, condicionada por las propias opciones y dinámicas colombianas y europeas. Otras encierran un menosprecio a dimensiones de la cooperación europea, que tienen que ver con valores pacifistas y democráticos, con el rechazo al mundo unipolar y con la necesidad de conformar regímenes internacionales que regulen asuntos globales, a los que están muy ligadas ciertas dimensiones de la lucha colombiana.

En cuanto a distintos medios colombianos, relacionados con la acción social organizada o con diversas ONG, éstos mantienen una percepción de cierta forma positiva de la posible presencia e intervención europea, que no suele asumirse como una injerencia indebida y, en cambio, ha sido recurrentemente solicitada con la esperanza de que Europa, como un todo homogéneo, desempeñe el papel de oposición y contrapeso total a la cooperación militar estadounidense. Inspirados en un justo criterio ético de defensa de los derechos humanos, esperan que gobiernos, organismos comunitarios y no gubernamentales europeos prolonguen su propia actividad de denuncia y presión contra las políticas del gobierno colombiano, aumenten la imposición de condiciones concretas al Estado colombiano para lograr su ayuda y actúen a partir de sus propias lecturas del conflicto y de lo que se debe hacer para solucionarlo al margen o incluso en contravía del gobierno colombiano.

Esa expectativa en el extremo opuesto a las posiciones gubernamental, empresarial y de formadores de opinión también muestra un doble fenómeno. En primer lugar, el desconocimiento de la situación política europea, que hace imposible una completa

---

34 Marianne Moor, "La negligencia europea", en *El Tiempo*, 5 de octubre de 2004, p. 1-11; Editorial, "No nos pueden dejar solos", en *El Tiempo*, 6 de octubre de 2004, p. 1-13; "Críticas europeas a Colombia", en *El Tiempo*, 20 de enero de 2004, p. 1-5.

disidencia o un total acuerdo con Estados Unidos. La disidencia era ya difícil al comenzar los años noventa, en medio de la euforia compartida de la Posguerra Fría, se hacía menos viable a medida que se evidenciaba que el mundo multipolar no tomaba forma y se volvió aún más difícil después del 11 de septiembre, de la guerra en Afganistán y de la invasión a Iraq, cuando se ha hecho plenamente manifiesta la unilateralidad estadounidense. Pero esto no significa que los distintos sectores europeos compartan por completo todas las políticas de Washington. En muchos casos, como en la guerra contra Iraq, tanto la Unión Europea como algunos de sus países miembros y otros europeos que no participan de la construcción comunitaria han tomado distancia frente a las iniciativas estadounidenses. En segundo lugar, muestra las equivocaciones de percepción no sólo en Colombia sobre las relaciones birregionales con la Unión Europea, así como una lección mal interpretada de la experiencia de la crisis centroamericana durante la Guerra Fría cuando, por razones de seguridad propia, la Unión Europea se enfrentó a la política de Estados Unidos hacia esa conflictiva zona (Grabendorff, 2004).

También, desde medios gubernamentales departamentales y municipales, han surgido otras críticas a la actuación de algunas ONG europeas. Estos sectores parten de reconocer que es más lo que tales ONG aportan que los problemas que generan, los cuales son creados sobre todo por sus contrapartes locales. No obstante esas aclaraciones, los funcionarios enumeran algunos reclamos a su actuación en distintas regiones colombianas, especialmente de fronteras internacionales. Según ellos, las ONG suelen hacer un muy precario reconocimiento al trabajo local, mientras que sus proyectos y recursos les permiten –fuera de desarrollar su labor específica y presionar en contra de la impunidad ante la violación de derechos humanos, del ataque a sus defensores y de los abusos contra la población– ganar notoriedad, mantener su organización en funcionamiento y acrecentar su influencia sobre las instituciones internacionales, sus gobiernos y las autoridades colombianas. Agregan que muchas veces las ONG se limitan a extraer información sin que revierta en quienes la suministraron, desaparecen sin evaluar su función con los implicados o provocan la división de las comunidades a las que sirven.

Con frecuencia, según los mismos funcionarios, se presentan disputas entre algunas ONG por el prestigio o los recursos, lo que en ocasiones las lleva a escoger el lugar de trabajo según su propia conveniencia, más que de acuerdo con las exigencias de la situación o con las solicitudes de las autoridades. Se quejan de la total desconfianza en relación con las autoridades locales o nacionales, por lo que les ocultan información y no coordinan con ellos las actividades. Tampoco consultan sus prioridades y necesidades específicas a las comunidades, por lo que su acción ayuda a acciones humanitarias puntuales, pero no refuerza la institucionalidad.[35]

En repuesta a esas críticas, del lado europeo se destaca, en entrevistas realizadas en Bogotá con las distintas delegaciones comunitarias o representaciones nacionales, que su esfuerzo es mayor del que se reconoce y que en una organización plural como la Unión Europea, en la que los países conservan su soberanía, es natural que cada uno trate de darle prioridad a su proyecto y de hacerse visible en su desarrollo. Insisten, también, en que, pese a sus diferentes intereses, la coordinación que ya han alcanzado les ha permitido actuar de manera conjunta en apoyo a los diálogos de paz, en la vigilancia del cumplimiento de las recomendaciones de las Naciones Unidas por parte del gobierno colombiano y en la presión frente a los paramilitares y a los derechos humanos. Destacan, además, que intentan trabajar con el Estado colombiano en todos los ámbitos y a través del G-24, pero la falta de acoplamiento entre las entidades colombianas estatales, privadas o no gubernamentales dificulta esa relación. Finalmente, frente a los cuestionamientos a la labor de las ONG internacionales, europeas en particular, medios diplomáticos acreditados en Bogotá insisten en la necesidad de establecer diferencias, dado que la mayoría de las ONG europeas relacionadas

---

[35] Testimonios al respecto se han recogido en el encuentro de hermanamiento fronterizo realizado en diciembre de 2001 en Rionegro y en entrevistas de la autora a diversas personas que trabajan con desplazados o en zonas de mayor agudización del conflicto en Urabá, Putumayo, Catatumbo; también en la mesa sobre seguridad que sesionó en la XI reunión del Grupo Académico Colombia-Venezuela, realizada en Riohacha del 28 al 30 de julio de 2004 y que discutió sobre las dificultades que encuentran las autoridades y diversos sectores sociales con la actuación de las ONG internacionales que arriban a La Guajira con proyectos humanitarios o de desarrollo.

con el conflicto colombiano no actúa de manera permanente en el terreno, sino por intermedio de pares locales.

Como es natural, en esta diversidad de presencias europeas existen dividendos individuales o grupales de los respectivos personajes, organismos o Estados que intervienen. El mayor problema no radica en el hecho de que los distintos sectores nacionales, países o entes comunitarios posean intereses particulares y contradictorios, pues esto es, al fin y al cabo, inevitable. El verdadero problema es, por un lado, que quienes intervienen pongan sus pretensiones por encima de la conveniencia de los actores locales que dicen apoyar y, por otro, que en Colombia ni las autoridades ni las comunidades tengan capacidad para establecer las condiciones de esa presencia internacional ni para garantizar su necesaria coordinación. En muchas de las críticas hay esperanzas infundadas e inevitables desilusiones, mezcladas con problemas reales.

Aunque la presencia de Europa resulte precaria frente a las dimensiones que ha cobrado la intervención de Estados Unidos en Colombia, tal vez su posición sea la realmente posible y conveniente. Ni sólo oposición ni mero complemento. Es posible que con la nueva Constitución europea se produzca una progresiva 'comunitarización' de la política exterior y de seguridad común, así sea lenta y no cubra todos los temas. Con todo, la mayor parte de decisiones al respecto seguirán en poder de los países, proceso que se hace más complejo con 25 miembros, la mayoría de los cuales, especialmente los nuevos, tienen poco interés en el caso colombiano. Con todo, la cooperación europea ganaría mucho si se acercara más a la complejidad de la situación colombiana, si asumiera que en la última década el conflicto ha ganado una amplitud mayor, no por una creciente legitimidad y apoyo social a los grupos irregulares sino, sobre todo, por su capacidad para acopiar recursos derivados del secuestro, la extorsión, las drogas y los delitos conexos.

Del lado colombiano hace falta más comprensión de la propia dinámica europea, comunitaria en particular, así como mayor interés por conocer no sólo sus intereses, sino los valores que están en la base de muchas de las divergencias europeas con distintas iniciativas del gobierno colombiano. A ello los mueve, sin duda, su propia experiencia histórica de dos guerras mundiales y el haber sido el primer blanco potencial de un eventual conflicto nuclear entre Washington y Moscú a lo largo de la Guerra Fría. Estas circunstancias han generado en Europa, y sobre todo en los países que cumplieron un papel central en aquellos acontecimientos, como Alemania y Francia, un consenso pacifista bastante amplio.

Con esos valores, diversos sectores europeos se han convertido en actores que desde distintas perspectivas presionan por una relectura del conflicto y por distintas opciones sobre lo que se debe hacer para solucionarlo y quiénes deben participar en la concreción de las reformas sociales y políticas necesarias para la construcción de la negociación política y la paz. Asimismo, más que buscar una relación especial con Washington, que casi siempre ha conducido a nuevas frustraciones, Colombia debería procurar –sin expectativas falsas y con mucho realismo, en algunos temas y frente a cuestiones concretas– un cierto equilibrio en sus relaciones exteriores. En esa búsqueda, la Unión Europea podría representar un polo fundamental, no sólo por razones históricas y culturales o por intereses económicos, sino sobre todo por los vínculos políticos que en esta década se han tejido entre Colombia y la Unión, así como por el mutuo acercamiento y la presencia europea en el conflicto y en la búsqueda de alternativas para la paz.

Bibliografía

Cardona, Diego. 2004a. "Colombia y la Unión Europea. Coincidencia y divergencias", en Restrepo, Luis Alberto (dir.) *Síntesis 2002-2003*, Bogotá, IEPRI-Nueva Sociedad-Fescol, pp. 187-202.

—. 2004b. "Las relaciones Unión Europea-Comunidad Andina. Tareas inmediatas", en *Nueva Sociedad*, Caracas, No. 190, pp. 117-124.

Fazio Vengoa, Hugo. 1998. *La política internacional de la integración europea*, Bogotá, Siglo del Hombre-IEPRI.

Grabendorff, Wolf. 2004. "La estrategia birregional y sus limitaciones en un mundo unipolar", en *Nueva Sociedad*, Caracas, No. 189, pp. 97-109.

Henao Escobar, Juanita. 1991. *La cooperación internacional al desarrollo en Colombia*, Bogotá, Cinep.

Klaveren, Alberto van. 2004. "Las relaciones políticas europeo-latinoamericanas", en *Nueva Sociedad*, Caracas, No. 189, pp. 54-68.

Leoncini, Gianpiero. 2002. "CAN UE ¿hacia un acuerdo de asociación? La evolución, el estado actual y las perspectivas de las relaciones de la CAN con la UE", en *Colombia Internacional*.

Massé, Frédéric. 2003. "Les États-Unis et l'Europe face au conflit colombien", en *Les Cahiers du CERI*, No. 95.

Multiannual Support Programme for Colombia. 2000. Bruselas, SEC, 1547/5, 117.

Orientaciones plurianuales para la ayuda comunitaria Colombia. 1998. IB/1035/98-ES.

Pardo García-Peña, Rodrigo. 2001. "Relaciones internacionales y proceso de paz, proyecciones sobre escenarios", en *Colombia Internacional*, Bogotá, CEI, No. 51, pp. 28-50.

París Rojas, Rodrigo. 2002. "¿Unión Europea Plan Colombia. ¿Éxito o fracaso de un sueño?", en *Working Paper*, Barcelona, Universitat Autonoma de Barcelona, Institut Universitari D´Estudis Europeus, No. 22.

Ramírez, Socorro. 2004. *Intervención externa en conflictos internos. El caso colombiano (1996-2003)*, Bogotá, Universidad Nacional de Colombia.

—. 2000. "Política exterior colombiana. Diplomacia para la paz y para la economía", en Restrepo, Luis Alberto (dir.). *Síntesis 2000*, Bogotá, Fundación Social-IEPRI-Tercer Mundo, pp. 153-159.

Roy, Joaquín. 2001a. "La asistencia europea a Colombia. ¿Una contribución virtual a un plan virtual de paz?", en *Colombia Internacional,* Bogotá, CEI, No. 51, pp. 5-27.

—. 2001b. *European Perceptions of Plan Colombia. A Virtual Contribution to A Virtual Peace Plan?*, North-South Center.

—. 2002. "Europe. Neither Plan Colombia, nor Peace Process-from Good Intentions to High Frustrations", en *Working Paper Series*, Miami, European Union Centre, University of Miami, vol. 2, No. 7.

Whitehead, Lawrence. 2004. "La relación birregional", en *Nueva Sociedad*, Caracas, No. 189, pp. 69-79.

Artículos en periódicos

Abellard, Alain. 2002. "L'Europe doit assumer ses responsabilités envers la Colombie", en *Le Monde*, 3 de julio.

"Apoyo de la UE a Uribe". 2002. *El Tiempo*, 3 de diciembre, p. 1-12.

"Ayuda para los desplazados". 1998. *El Espectador*, 11 de abril.

"Bélgica dice no al Plan Colombia". 2000. *El Espectador*, 5 de diciembre.

"Comisión de la Unión Europea en contra del Plan Colombia". 2001. *El Espectador*, 9 de enero.

"Críticas europeas a Colombia". 2004. *El Tiempo*, 20 de enero, p. 1-5.

"Diplomacia por la paz". 1997. *El Tiempo*, 21 de septiembre, p. 12A.

"División en Bruselas sobre financiación del Plan Colombia", 2000. *El Tiempo*, 3 de julio.

Dupret, Paul-Emile. 2000. "Aclaraciones sobre el Plan Colombia", *El Espectador*, 15 de junio.

"El Plan Colombia es un Drácula". 2000. *El Espectador*, 11 de junio.

"Europa, muy lejana", editorial. 2003. *El Tiempo*, 19 de mayo, p. 1-17.

"Europe's hypocrisy toward Colombia must end". 2004. *International Herald Tribune*, 1 de junio.

Gayón, Olga. 2000. "Eurotour es excluyente: ONG españolas", *El Espectador,* 23 de febrero.

"Gira por Francia". 2000. *El Espectador,* 23 de febrero.

"Gobierno de Uribe en la mira de la UE". 2002. *El Tiempo*, 20 de noviembre.

"Golpe a los bananeros". 1998. *El Tiempo*, 13 de marzo.

Human Rights Watch. 2005. *Colombia: librando a los paramilitares de sus responsabilidades*, informe enero. Disponible en: http://hrw.org/backgrounder/americas/colombia0105-sp/.

"Juez Garzón intercede por los emberas". 1999. *El Espectador*, 18 de mayo.

"La prueba de fuego es cumplir con recomendaciones de ONU". 2003. *El Tiempo,* 13 de julio, p. 1-2.

"Llegó comisión internacional de la Iglesia". 1998. *El Tiempo*, 11 de marzo.

"Madrid sede de las negociaciones". 1998. *El Tiempo*, 8 de febrero.

"Mediación alemana". 1998. *El Tiempo*, 25 de enero.

Moor, Marianne. 2004. "La negligencia europea", *El Tiempo*, 5 de octubre, p. 1-11.

"Muestras del apoyo internacional". 2000. *El Tiempo,* 6 de febrero.

"No nos pueden dejar solos", editorial. 2004. *El Tiempo*, 6 de octubre, p. 1-13.

"No queremos tener una actitud imperialista, dice Canciller de Comisión Europea en Cartagena". 2005. *El Tiempo,* 4 de febrero.

"Parlamentarios alemanes no acuden a cita con el ELN". 1999. *El Tiempo*, 14 de junio, p. 6A.

"Partido Verde italiano contra Plan Colombia". 2001. *El Tiempo*, 22 de enero.

"Preacuerdo de paz". 1998. *El Espectador,* 25 de marzo.

"Racimo de problemas", 2005. *Cambio*, 14 al 22 de febrero, pp. 44-45.

"Respaldo de UE a Uribe". 2003. *El Tiempo,* 11 de julio, p. 1-2.

"Sedes para la convención". 1999. *El Espectador*, 17 de febrero.

"Suecia le apuesta a la paz". 1999. *El Espectador,* 2 de julio.

"Súplica internacional por los embera katíos". 1999. *El Espectador*, 15 de junio, p. 6A.

"Un país clave para la paz". 1999. *El Espectador*, 29 de junio.

"Uribe busca apoyo en Londres". 2002. http://news.bbc.co.uk/hi/spanish/latin_america/, 15 de julio.

"Vaticano e Italia apuntan a la paz". 1999. *El Espectador*, 2 de julio.

"Walesa en Bogotá". 1998. *El Espectador*, 13 de agosto.

Anexo 1*
Presencia de la Unión Europea en Colombia durante el gobierno de Samper

Fecha	Actividad	Resultado
1996	Visitas de embajadas europeas a regiones de agudo conflicto y declaración de apoyo a la paz.	Identificación del tipo de ayuda y de acción humanitaria necesaria.
Septiembre 1996	Misión de seis diputados del Parlamento Europeo en visita oficial en Colombia.	Seguimiento de situación en países andinos y de relaciones con la Unión Europea.
1997	El comité de ayuda humanitaria de la Unión Europea destina 7 millones de dólares para Colombia.	ONG europeas en Colombia realizan programas para desplazados.
Febrero 1997	• El Parlamento Europeo exhorta a guerrilla y gobierno colombiano a dialogar y pide a sus miembros actuar frente a la situación de derechos humanos en Colombia. • El Departamento para la Ayuda Humanitaria de la Comunidad Europea (ECHO) empieza a intervenir.	• Pide un relator especial de derechos humanos de la ONU para Colombia. • Programas de atención a los desplazados.
Febrero 1998	El gobierno de España ofrece sus buenos oficios y su territorio como sede de negociaciones de paz.	Preacuerdo del gobierno colombiano con el ELN, palacio de Viana, Madrid.
Junio 1998	Declaración conjunta de embajadores de países miembro de la Unión Europea en Colombia.	Preocupación por la situación de los derechos humanos.

Fuente: elaboración propia a partir de revisión de prensa colombiana, de Euronotas de la delegación de la Unión Europea, Nos. 1-30, y de documentos de http://europa.eu.int/comm/external_relations/colombia.

* Agradezco la colaboración de Marie Zazvorkova en la consecución o revisión de parte de la información para los anexos de este artículo, trabajo que pude contratar gracias al apoyo de la Fundación Konrad Adenauer.

Anexo 2
Presencia de la Unión Europea en Colombia durante el gobierno de Pastrana

Fecha	Actividad	Resultado
Julio 1998	Envío de mensajes de gobernantes de España, Gran Bretaña y Francia a Pastrana.	Disposición a colaborar en la solución negociada de los conflictos internos.
Noviembre 1998	• Comisión de la Unión Europea aprueba las orientaciones plurianuales para cooperación con Colombia. • Unión Europea respalda Oficina del Alto Comisionado para los Derechos Humanos de las Naciones Unidas en Colombia. • Eurodiputados en visita oficial a Colombia.	• Objetivo: Estado de derecho, desarrollo alternativo, paz, ambiente, productividad. • Instalación, definición de actividades y ampliación de su período. • Entrevista con el presidente Pastrana.
Diciembre 1998	Misión de seis diputados del Parlamento Europeo en Colombia para conocer iniciativas de pacificación de Pastrana.	Visita a la Oficina del Alto Comisionado de las Naciones Unidas para los Derechos Humanos en Colombia.
Febrero 1999	• España, Alemania, Suecia y Noruega ofrecen sus países como sedes para las negociaciones. • Pastrana atendió visitas que llegaban a Colombia como la ministra de Relaciones Exteriores de Suecia y la comisión del Vaticano.	• Realización de diálogo en Maguncia, Alemania, con el ELN. • Declaración de apoyo a los diálogos y análisis de problemas como el de los desplazados.
Octubre 1999	El presidente Pastrana visitó la Comisión Europea y el Parlamento Europeo.	Presentación del Plan Colombia.
Enero 2000	Embajadores europeos asisten a la iniciación de las negociaciones del gobierno con las FARC.	Garantes de la entrega de soldados y testigos del proceso de paz.
Febrero 2000	Suecia, Italia, Francia y España, de la Unión Europea, y Noruega y Suiza anfitriones de Eurotur de las FARC y el negociador colombiano.	La comisión de la mesa de diálogo conoció distintos sistemas políticos y trató de implicar a los países visitados.
Febrero 2000	El gobierno de Italia ofreció apoyo para la sustitución de las plantaciones de coca y la construcción de casas para los desplazados.	Compromiso de presionar en esa dirección, jugará en su favor en la Unión Europea.

Junio 2000	Nuevo viaje de negociadores del gobierno, las FARC y el ELN a España.	Conferencia organizada por Ospaal para examinar salidas al conflicto.
Junio 2000	Participación mayoritaria europea en el grupo de facilitadores del proceso de paz con el ELN.	De cinco, cuatro eran europeos: Francia, España, Noruega y Suiza, más Cuba.
Julio 2000	Comisión Europea nombra grupo de apoyo del proceso de paz en Colombia y propone coordinar un plan de apoyo europeo.	Primera reunión de seguimiento en Madrid y luego en Bogotá y Bruselas: sólo España indica aporte financiero concreto.
Octubre 2000	• La Unión Europea anuncia apoyo para la paz en Colombia. • Segunda reunión en Bogotá del grupo de apoyo. • Decisión de la Unión Europea de un paquete de ayuda a decidir en la tercera reunión en Bruselas.	• Promete misión para evaluar proyectos. • Comisión anuncia 105 millones de euros para 2000-2006 y la identificación de proyectos en 2001.
Enero 2001	La Comisión Europea envía expertos a Colombia para identificar los proyectos que apoyará.	Apoyo al proyecto del Magdalena Medio.
Febrero 2001	Embajadores en Colombia de quince países europeos se reunieron para pedirle a las FARC volver a la mesa de negociación.	Tercer encuentro de Pastrana y Marulanda y acuerdo de Los Pozos sobre acompañamiento internacional.
Marzo 2001	Quince embajadas europeas entre 26 amigos de los diálogos con las FARC: Alemania, Austria, Bélgica, Dinamarca, España, Finlandia, Francia, Italia, Países Bajos, Portugal, Reino Unido, Suecia, Noruega, Suiza, Estado Vaticano.	Ese grupo nombra una comisión central de diez miembros, seis europeos: Francia, España, Noruega, Suecia, Italia y Suiza.
Abril 2001	• Foro de la sociedad civil sobre Colombia en Suecia y en Bruselas. • Tercera reunión en Bruselas del grupo de apoyo a la paz en Colombia.	Unión Europea anuncia canalización de 338 millones de euros para cinco años: Comisión 140 millones, 105 millones programables, 35 millones no programables, 43 millones en 2001, resto después.
Agosto 2001	Unión Europea amenaza con suspender ayuda tras el secuestro por parte de las FARC de tres cooperantes alemanes y la violación por esa organización de la inmunidad de las Naciones Unidas.	Decide que no darán visas a guerrilleros, suspenderán estatus político de sus miembros que viven en Europa y sólo se comunicaran con el grupo de facilitadores.

Finales de 2001	Aprobado el Country Strategy Paper, guía para la política de la Unión Europea en Colombia para 2001-2006.	Objetivos: proceso de paz; lucha contra raíces del conflicto y ayuda humanitaria.
Enero 2002	Miembros europeos del grupo de amigos ayudan a reactivar el diálogo con las FARC.	Acuerdo de FARC y gobierno sobre prolongación de zona de despeje.
Febrero 2002	El representante de la política exterior y de seguridad común (PESC), de la Unión Europea declara sobre la suspensión del diálogo con las FARC.	Lamenta levantamiento de la mesa y comprende la decisión de Pastrana.
Mayo 2003	Delegación de cinco eurodiputados en Colombia.	Observación de elecciones presidenciales.

Fuente: elaboración propia a partir de revisión de prensa colombiana, de Euronotas de la delegación de la Unión Europea, Nos. 1-30, y de documentos de http://europa.eu.int/comm/external_relations/colombia.

Anexo 3
Anuncios de cooperación del grupo de apoyo al proceso de paz en las mesas de aportantes (millones de dólares)

	Madrid Julio de 2000			Bogotá Octubre de 2000			Total anunciado			Acuerdos en 2000 sobre lo anunciado		
Entidad	Créd.	Coop.	Total	Créd.	Coop.	Total	Créd.	Coop.	Total	Créd.	Coop.	Total
España	70	30	100				70	30	100		12	12
Italia				10	5	15	10	5	15			
Portugal					0,3	0,3	0,3		0,3			
UE					90	90		90	90			
Noruega		20	20					20	20			
Suiza					12	12		12	12			
Suecia					16	16		16	16			
Finlandia					2	2		2	2			
Canadá					40	40		40	40			
Japón	70		70	100	5	105	170	5	175		1,3	1,3
EU		224	224					224	224		224	224
ONU		30	30					30	30			
BID	100		100				100		100			
BMI	100		100				100		100			
CAF	100		100				100		100			
Total	440	304	744	110	170,3	280,3	550,0	474,3	1.024,3		237,3	237,3
%	59	41	100	39	61	100	54	46	100	0	100	100

UE: Unión Europea; EU: Estados Unidos; ONU: Naciones Unidas; BID: Banco Interamericano de Desarrollo; BM: Banco Mundial; CAF: Corporación Andina de Fomento.

Fuente: elaboración propia a partir de Avances mesa Madrid y Bogotá para la mesa de Bruselas, disponible en: http://www.dnp.gov.co/01_CONT/PLACOLOM/Plan.htm#12.

Anexo 4
Ayuda de la Unión Europea comprometida para 2000-2006

Destino de recursos	Valor en euros
Desarrollo social y económico contra la pobreza	40'000.000
Desarrollo alternativo en zonas de cultivos ilícitos	30'000.000
Reformas administrativas y judiciales	25'000.000
Promoción y defensa de los derechos humanos	10'000.000
Total	105'000.000

Fuente: elaboración propia a partir de datos recogidos en París Rojas, 2002.

Anexo 5
Compromisos de cooperación europea 2001-2006

País	Sector	Cobertura geográfica	Euros	Comentarios
España	Construcción de paz	Zona encuentro ELN		
		Zona distensión FARC	540.911	2001-2006
	Medio ambiente	Nacional	456.781	2001-2006
	Descentralización administrativa	Nacional	619.042	2001-2006
	Derechos humanos	Nacional	462.010	2001-2006
	Cultura de paz	Nacional	705.143	2001-2006
	Apoyo desplazados	Nacional	1'568.420	2001-2006
	Apoyo jóvenes	Nacional	2.837.080	2001-2006
	Desarrollo rural	Chocó, Cauca	462.066	2001-2006
	Desarrollo integral	Santa Marta	276.466	2001-2006
	Apoyo población indígena	Nacional	453.289	2001-2006
	Educación, becas	Nacional	1'923.239	2001-2006
	Programa de microcréditos	Nacional	13'835.278	Reembolsable
	Programa fondo ayuda al desarrollo	Nacional	81'000.000	Reembolsable
	Subtotal		105'139.725	
Italia	Apoyo programa de emergencia	Nacional	1'121.068	2001-2002
	ONG social	Nacional	1'678.541	2001-2004
	Educación	Cartagena	940.928	2001-2004
	Salud	Cartagena	1'362.092	2001-2004
	Medio ambiente	La Guajira	694.252	2001-2004
	Formación	Nacional	694.894	2001-2004
	Subtotal		6'491.775	
Bélgica	DH prevención conflicto, paz	Nacional	509.825	Coop. ONG
	Salud, mujer, niñez, ambiente	Nacional	815.263	Coop. ONG y UNFPA
	Educación	Nacional	1.513.145	Coop. Universidades
	Formación	Ibagué, Palmira, Cali	1'700.470	Coop. ONG
	Subtotal		4'538.703	
Países Bajos	Medio ambiente	Nacional	7'498.827	2001-2003
	Derechos humanos	Nacional	3'021.819	2001-2004
	Paz/democracia y buen gobierno	Nacional	1'343.091	2001-2004
	Mujer y género	Nacional	831.818	2001-2004
	Recursos humanos, hábitat	Medellín	941.384	2001
	Infraestructuras	Cartagena	9'995.890	2001
	Agricultura	Costa Atlántica	3'591.502	2001-2002
	Subtotal		27'224.331	
	Total general		143'394.534	

Fuente: Colombia Strategy Paper 2001-2006, http://europa.eu.int/comm/external_relations/colombia.

Anexo 6
Proyectos de la Unión Europea de cooperación con Colombia 2001-2009

Sector coop.	Área geográfica	Nombre proyecto	Parte en Colombia	Aporte CE euros	Otros aportes euros	Total	Inicio	Fin
Línea B7-210	Ayuda humanitaria Subtotal	ECHO		10'000.000		10'000.000		
Ayuda desplazados	Nacional	Desplazados	15 ONG	10'000.000		10'000.000	Abril de 2001	Abril de 2002
Línea B7-703	Derechos humanos Subtotal			3'850.000	850.030	4'700.030		
Derechos humanos	Nacional	100 mps de paz	Redepaz	850.000	150.030	1'000.030	2000	2001
Derechos humanos	Andino y nacional	Programa andino de derechos humanos y democracia, programa país Colombia	Secretaría Nacional Pastoral social SEPAL CINEP, IPC Medellín, Red Nal. Mujeres, Colectivo Abogados Alvear Restrepo, Corporación Nuevo Arco Iris	3'000.000	700.000	3'700.000	2001	2004
Línea B7-310	Cooperación financiera y Técnica Subtotal			48'507.150	19'517.865	68'025.015		

Sector coop.	Área geográfica	Nombre proyecto	Parte en Colombia	Aporte CE euros	Otros aportes euros	Total	Inicio	Fin
Desarrollo rural	Mps Paez e Inza	Desarrollo rural Tierradentro	Asoc. NASA Chacha cabildos indígenas, ACCI, RSS	8'000.000	2'900.000	10'900.000	2000, 5 años	2004
Desarrollo social Programa cerrado	Bogotá	Desarrollo comunitario comunidad Bolívar	Alcaldía Bogotá Consejo política social	6'471.150	2'596.154	9'067.304	1997	2001
		Reorientación crecimiento urbano en Tumaco						
Fortalecimiento institucional	Nacional	Sist. cartograf. Colombia	Ministerio de Justicia, Instituto Agustín Codazzi, IDEAM	8'000.000	2'700.000	10'700.000	2000	2004
Fortalecimiento institucional	Nacional	Capacitación municipal	ESAP, Federación Colombiana de Municipios, Alcaldía de Bogotá	6'036.000	6'121.711	12'157.711	2000	2004
Convivencia pacífica, fortalecimiento institucional, desarrollo alternativo	Sur de Bolívar, Antioquia y Santander	Laboratorio de paz en el Magdalena Medio	ACCI; Corporación Desarrollo y Paz del Magdalena Medio	14'800.000 euros, 1ª fase. 20'000.000 euros, 2ª fase.	2'220.000 euros, 1ª fase. 5.200.000 euros, 2ª fase.	42'220.000	Febrero 2003, 3 años 1ª fase; 5 años 2ª fase	2009

Sector coop.	Área geográfica	Nombre proyecto	Parte en Colombia	Aporte CE euros	Otros aportes euros	Total	Inicio	Fin
	62 mpios: Ort. antioq., Nte. Stnder. Macizo col. Alto Patía	Laboratorio de paz II	ACCI, ONG regionales	33'000.000	8'400.000	41'400.000	Diciembre de	2008 2003
COLAIDCO/ VIH y sida		Atención mujeres prenatal						2001/0473
Línea B7-311	Cooperación económica Subtotal			2'120.000	5'256.478	7'376.478		
Fortalecimiento institucional	Nacional Pasto	Artesanías y pymes	Ministerio de Desarrollo, artesanías	950.000	662.478	1'612.478	2000	2003
Fortalecimiento Institucional	Nacional Bogotá	Empresas tec. tec. piloto Innovar	Ministerio Desarrollo	970.000	4'554.000	5'524.000	2000	2002
Fortalecimiento Institucional	Nacional	Profundización relaciones Colombia-Unión Europea	Ministerio Relaciones Exteriores	200.000	40.000	240.000	2000	2001
Línea B7-6200	Medio ambiente Subtotal			970.000	45.500	1'015.500		
Medio ambiente	Guajira, Boliv. y Magdln.	Pro-lagunas, recuperación ambiental	CorpoGuajira	970.000	45.500	1'015.500	1999	2002
Línea B7-6201	Bosque tropical Subtotal		9'856.617		2'527.746	12'384.363		

Sector coop.	Área geográfica	Nombre proyecto	Parte en Colombia	Aporte CE euros	Otros aportes euros	Total	Inicio	Fin
Medio ambiente	Sierra Nvda. Sta. Mta. sostenible	Desarrollo Sostenible	Ministerio del Medio Ambiente	1'736.700	750.750	2'487.450	2000	2002
Medio ambiente	Antioquia sostenible Serranía Abibe	Desarrollo	Penca de Sábila	897.871	484.596	1'382.467	1999	2002
Medio ambiente	Amazonia Chiribiquete	Parque Nal. Puerto Rastrojo	Fundación 822.046	92.400	914.446	1999	2002	
	Gran ciudad jóvenes de la calle	Apoyo niños y 6'400.000	ICBF 1'200.000	7'600.000	2004	2006		
Total Comisión Europea		75'303.767	28'197.619	103'501.386				

Fuente: elaboración propia a partir de http://www.delcol.cec.eu.int/es/ue_colombia/cooperacion_proyectos2.htm# y Colombia Strategy Paper.

Anexo 7
Inclusión de grupos irregulares como terroristas por parte de la Unión Europea

AUC: mayo 2002	Después de sucesivas masacres contra la población civil.
FARC: junio 2002	Luego de la ruptura de los diálogos, los atentados contra poblaciones e infraestructura y las amenazas a autoridades y personal electo.
ELN: abril 2004	Con el secuestro de cinco británicos, alemanes y españoles.

Fuente: elaboración propia a partir de revisión de prensa colombiana.

Anexo 8
Presencia de la Unión Europea en Colombia bajo el gobierno de Uribe

Fecha	Actividad	Resultado
Nov.-2002	En su visita a Bruselas y Estrasburgo, la canciller colombiana escucha del alto representante para la Política Exterior y de Seguridad de la Unión Europea exigencias sobre derechos humanos y Estado de derecho; y del comisario europeo de Relaciones Exteriores el rechazo a la fumigación de cultivos.	La unión Europea estudia la posibilidad de dedicar fondos al proyecto de reforestación de bosques.
Dic.-2002	Delegación del Parlamento Europeo en visita a Colombia se reúne con Uribe	Ofrece colaborar en un acuerdo humanitario.
Dic.-2002	Londres ofrece apoyo en inteligencia y firma un acuerdo para adiestrar a la Armada colombiana.	Acuerdo puesto en marcha.
Dic.-2002	• Ministros de Relaciones Exteriores de la Unión Europea dispuestos a ayudar al gobierno de Uribe en la búsqueda de una solución negociada del conflicto interno. • Varias ONG critican política de seguridad democrática.	• Declaración ministerial. • Amnistía Internacional reconoce, además, que el gobierno tiene el derecho y el deber de garantizar la seguridad de la ciudadanía.
Enero-2003	Embajadores de España, Francia, Cuba, Noruega y Suiza ofrecen interlocución con el ELN.	Realización de contactos exploratorios.
Enero-2003	Francia ofrece acoger a guerrilleros excarcelados en el marco de un acuerdo humanitario.	El gobierno colombiano acoge la oferta.

Febr-2003	• Unión Europea condena ataque al club El Nogal. • Unión Europea amenaza con eliminar desde junio las ventajas que tienen las flores, frutas y hortalizas colombianas. • España aprueba cooperación militar y ofrece antiguos aviones Mirage y tanques.	• Apoya combate al terrorismo. Gobierno colombiano muestra impacto en zonas de conflicto. • Ofertas generan rechazo en Colombia.
Marzo-2003	La Comisión concedió ayuda para los desplazados.	Ocho millones de euros.
Mayo-2003	• Representantes de sectores políticos y económicos europeos en Foro Colombia-Unión Europea. • Jefe de Relaciones Exteriores de la Comisión Europea señala que no pueden dar ayuda militar salvo si se pide envío de fuerzas de paz. • Director de cooperación para América Latina visita laboratorio de paz del Magdalena Medio; evaluación de proyectos de cooperación con Colombia. • Parlamento alemán propone que la Unión Europea designe un enviado especial para Colombia. • G-8 cuestiona violencia y terrorismo colombianos alimentados por la droga que afectan la democracia y a vecinos y apoya fortalecimiento del Estado en Colombia.	• Uribe solicita tecnología, equipos e inteligencia. • España y Gran Bretaña ratifican apoyo a la política de seguridad de Uribe. • Agencia de Cooperación de la Comisión Europea anuncia nuevo laboratorio de paz. Convoca reunión de países europeos interesados. • Declaración de presidencia de Unión Europea sobre el asesinato de las personalidades secuestradas.
Junio-2003	Expertos europeos en Colombia.	Preparan II Laboratorio de paz.
Julio-2003	Reunión de Londres, preparatoria de una mesa de donantes con la Unión Europea, Noruega, Suiza, Estados Unidos, Canadá, Argentina, Brasil, Chile, Japón, México, Naciones Unidas, Corporación Andina de Fomento (CAF), Banco Interamericano de Desarrollo (BID), Fondo Monetario Internacional (FMI) y Banco Mundial	Apoyo al gobierno del Uribe y exigencia de cumplimiento de recomendaciones de las Naciones Unidas. ONG rechazan tal aval.
Sept-2003	• Gobierno británico renueva su asistencia militar a Colombia para ayudar a reducir el conflicto y su impacto en la población civil. • Europol firma acuerdo para lucha contra delincuencia. criminalidad, terrorismo, narcotráfico, lavado de dinero y trata de blancas. Colombia tendrá oficina en su sede	• Ofrece 50.250 euros y asesoría para eliminar explosivos y combatir el terrorismo. • Colombia se convierte en el primer país latinoamericano en suscribir un acuerdo con Europol.

	en La Haya; y Francia, España y Gran Bretaña, en Bogotá, a fin de compartir información estratégica.	
Dic.-2003	• Comisario de Relaciones Exteriores de la Unión Europea se reúne con vicepresidente de Colombia y delegados de las Naciones Unidas. • Prorrogado SGP para países en vías de desarrollo.	• Revisión de recomendaciones de marzo de 2003 de las Naciones Unidas. • Hasta el 31 de diciembre de 2005.
Enero-2004	Visita a Colombia del comisario europeo para Relaciones Exteriores, quien critica el estatuto antiterrorista e insiste en recomendaciones de las Naciones Unidas.	Vicepresidente Santos señala actitud neocolonial de la Unión Europea donde hay estatutos más duros.
Febr-2004	• Comisión Europea recibe a Uribe con críticas a impunidad a los paramilitares y a los poderes judiciales que la ley antiterrorista da a los militares. Al intervenir Uribe en el Parlamento se retiran algunos parlamentarios. • Unión Europea anuncia 33 millones de euros para creación de tres laboratorios de paz en 62 municipios: 23 en el oriente Antioquia, 15 de Norte de Santander y 24 en Valle, Cauca y Nariño.	• Unión Europea habría tomado la decisión política de prorrogar preferencias arancelarias SGP. • Para desarrollar con gobierno nacional, local y ONG cultura de paz, desarrollo alternativo, infraestructura social y fortalecimiento de instituciones estatales y de la sociedad civil.
Febr-2004	Federación Internacional de Ligas de Derechos Humanos, en carta al Parlamento Europeo denuncia situación de defensores de derechos humanos.	Rechazo a críticas de Uribe a ONG de derechos humanos y al proyecto de alternatividad penal.
Febr-2004	El primer ministro italiano no acude a la cita programada con Uribe aunque sus voceros afirmaron que Italia es aliado estratégico en la lucha antidrogas.	Apoyo a 500 guardabosques en Sierra Nevada y a reinserción de niños combatientes.
Febr-2004	Francia reitera disposición a acoger guerrilleros de las FARC luego de intercambio humanitario.	Alcaldes europeos piden liberación de Íngrid Betancourt.
Abril-2004	• La Comisión adopta programa de 9,2 millones de euros para rehabilitación y reintegro físico y socioeconómico de población desplazada y desmovilizada en Chocó, Antioquia, Atlántico, Córdoba, Sucre, Bolívar, Cesar y Magdalena,	• Eleva ayuda de la Unión Europea para desplazados entre el 2002 y el 2005 a 23 millones de euros: 1,5 millones en 2002, 10,2 millones en 2003 y 1,8 millones en 2004.

	suroeste, Nariño, Cauca, Valle del Cauca, Santander y Norte de Santander. • Eurodiputados en visita a Colombia debaten sobre apoyo a la búsqueda de paz.	• Visita al laboratorio de paz Magdalena Medio.
Junio-2004	Declaración de la Presidencia de la Unión Europea sobre comienzo de negociaciones entre el gobierno y grupos paramilitares y apoyo condicionado.	Sujeto a reparación y castigo por violación del DIH y cumplimiento del cese el fuego.

Fuente: elaboración propia de revisión de prensa colombiana, de Euronotas de la delegación de la Unión Europea, Nos. 1-30, y de documentos de http://europa.eu.int/comm/external_relations/colombia.

III
La ambigua regionalización del conflicto colombiano

*Socorro Ramírez**

* Doctora en Ciencia Política, profesora titular del Instituto de Estudios Políticos y Relaciones Internacionales (IEPRI), Universidad Nacional de Colombia.

Resumen

Distintos sectores hablan de la regionalización del conflicto colombiano, cada uno con un significado diferente. Este trabajo muestra que tal regionalización es limitada si se le quiere entender sólo como derrame hacia los países contiguos, pues se nutre de la interacción de distintos sectores de países vecinos con dimensiones del conflicto colombiano, a partir de sus propios problemas internos y de problemas transnacionales. Ésta ha ido ganando mayor alcance por las políticas de los gobiernos colombianos y por la dificultad de concertar acuerdos con los países vecinos para hacerles frente a los efectos y a las interacciones que produce el conflicto y, sobre todo, por el aprovechamiento que Estados Unidos hace de esas circunstancias para avanzar en su propia estrategia de seguridad regional. Esta ambigua regionalización afecta la naturaleza del conflicto y le plantea retos estratégicos a su manejo y a la búsqueda de salidas.

Palabras claves: regionalización, países limítrofes, vecinos, transnacional, fronteras internacionales.

Del conflicto colombiano y su regionalización hablan los más diversos sectores nacionales y extranjeros, aunque cada uno exagera su alcance a partir de su propia estrategia o de sus intereses particulares. Los últimos gobiernos colombianos se refieren a la regionalización con el fin de mostrar la gravedad de la situación y reclamar la solidaridad internacional, en particular la de los vecinos. Los actores irregulares, para amenazar o neutralizar a los países colindantes y conseguir apoyos internacionales. Los países limítrofes, para hacer hincapié en la responsabilidad de Colombia en la problemática de cada uno de ellos. Estados Unidos, con el propósito de impulsar su estrategia de seguridad regional. Diversos sectores suramericanos, para mostrar inconformidad con la presencia estadounidense en el conflicto colombiano. En todas estas apelaciones el término *regionalización* obtiene significados distintos con variadas consecuencias.

Por mi parte, quiero mostrar aquí cómo la regionalización, que muchos quieren entender como expansión o derrame del conflicto colombiano hacia los vecinos, y que convertiría al país en la principal amenaza regional, es un fenómeno limitado que depende, en primer lugar, de los actores colombianos involucrados en esta confrontación; pero no sólo de ellos. Se nutre de la interacción de distintos sectores de países vecinos con visiones del conflicto colombiano a partir de sus propios problemas internos y de sus vínculos transnacionales. Ésta ha ido ganando mayor alcance tanto por la incapacidad de los gobiernos colombianos y de los países vecinos de concertar acuerdos para hacer frente a sus efectos e interacciones como por la estrategia estadounidense de seguridad, para cuyo desarrollo Washington aduce, sea como verdadera razón o como pretexto, el carácter regional del conflicto colombiano. La regionalización podría tener otro carácter hasta ahora más simbólico por lo que representen o puedan llegar a representar las Fuerzas Armadas Revolucionarias de Colombia (FARC) para diversos gobiernos o sectores de la población andina como "vanguardia armada" de una eventual radicalización de los conflictos sociales en sus países.

Estas distintas dimensiones de la regionalización dotan de un carácter ambiguo al término y plantean retos estratégicos a la búsqueda de salidas al enfrentamiento armado colombiano. Así lo demuestro en las dos partes de este capítulo. La primera documenta acciones de los grupos irregulares en las fronteras colombianas antes de la agudización del conflicto y después de ésta, así como sus efectos en los países vecinos y las interacciones de éstos con sus dimensiones. La segunda analiza tres fuentes de regionalización del conflicto, derivadas de las políticas de los gobiernos colombianos, de las respuestas de los vecinos y de la estrategia de seguridad estadounidense. Al final, expongo algunas conclusiones sobre la ambigua regionalización del conflicto colombiano, sus implicaciones y los imperativos que plantea a Colombia y sus vecinos.

El conflicto colombiano en las fronteras internacionales

Para analizar el impacto del conflicto colombiano en los municipios fronterizos colombianos[1] o en los países vecinos me he apoyado en once series estadísticas construidas a partir de información de diferentes instituciones. Con el fin de compensar algunas

---

1 La clasificación de municipios fronterizos es tomada del Decreto 1814 de 1995, en el que se basa el Departamento Nacional de Planeación (DNP, 2001).

de las limitaciones de las bases de datos[2] he tratado de contrastar la información con la cronología sobre el conflicto en las fronteras, que he elaborado a partir de la revisión de prensa, y que ayuda a clarificar los hechos, verificarlos o complementarlos, aunque también tiene sus propios problemas: concentra la información en las principales ciudades, registra lo que considera importante por su impacto nacional y hace invisibles a los actores y a los fenómenos que ocurren en zonas fronterizas. La revisión de más de una década de *El Tiempo* y de aquellos periódicos de países colindantes con Colombia que se encuentran en internet no pudo ser complementada con la revisión de la prensa de ciudades fronterizas colombianas y de los países vecinos, porque esta labor desbordaba las posibilidades del presente trabajo. Los proyectos de investigación que he desarrollado al respecto y mi vinculación a redes académicas regionales me ha permitido llevar a cabo entrevistas en zonas de fronteras y en países colindantes, lo que me ha ayudado a tomar en consideración la perspectiva que se expresa en los países vecinos. A partir de las series estadísticas y los períodos de prensa revisados, así como de las entrevistas realizadas, este artículo ofrece algunos indicadores y muestra algunas tendencias para un primer acercamiento a las preguntas por el tipo de regionalización que está experimentando el conflicto y por sus implicaciones.

Actores armados irregulares en la frontera antes de la agravación del conflicto

A fines de los años ochenta, el conflicto colombiano era, de cierta forma, ignorado en el exterior –en los países vecinos en particular–, y aquellos quienes conocían su existencia pensaban que la desaparición del mundo soviético, que hizo perder un poderoso referente político, era un factor contrario a la continuidad

[2] Algunas limitaciones son inherentes a la búsqueda de datos sobre un enfrentamiento armado: amenazas que imponen silencio, condición ilegal o secreta que limita su conocimiento, uso de la información como arma de guerra. Otras obedecen a sesgos de la institución que recoge la información: el tipo de presencia geográfica o su interés específico. Por eso los períodos son distintos y el grado de desagregación de los datos es diferente: unos nacionales, otros departamentales y otros más municipales; unos muestran a las víctimas y otros a los autores de atentados, masacres, homicidios, etc.

de las guerrillas. No obstante ese factor y la reincorporación a la acción política legal de varios grupos insurgentes, las FARC y parte del Ejército de Liberación Nacional (ELN) decidieron prolongar y ampliar la guerra. A esta decisión contribuyó, por una parte, la liquidación sistemática de miembros de la Unión Patriótica, movimiento político lanzado por las FARC durante la tregua pactada con el gobierno de Belisario Betancur (1982-1986). Esta masacre –ejecutada impunemente por una oscura mezcla de narcotraficantes y fuerzas de seguridad oficiales, y que contó con una actitud por lo menos indiferente de las élites regionales y de los gobiernos de Virgilio Barco (1986-1990) y de César Gaviria (1990-1994)– confirmó a esta guerrilla en su ya visceral desconfianza hacia el Estado y generó un fuerte rechazo internacional. Por otra parte, a la continuidad de la acción de las FARC contribuyó la autosuficiencia que esta organización había logrado por medio de los recursos obtenidos por la extorsión, el secuestro y los vínculos, por entonces, con las primeras fases de la producción de drogas. Dado lo anterior, para analizar lo que ocurría con el conflicto en las fronteras desde fines de la década de los ochenta y hasta mediados de los años noventa me apoyo en dos estudios que han construido series estadísticas y también en las bases de datos[3] que incluyen este período previo a la agudización del conflicto colombiano.

Una primera ubicación de los municipios fronterizos puede hacerse a partir del análisis del período 1980-1997 (Cubides, Olaya y Ortiz, 1998), que clasificó a los municipios colombianos según el grado de violencia y de presencia de grupos irregulares. Los hallazgos son interesantes. Entre los 18 municipios más violentos del país, el único perteneciente a las zonas fronterizas que ameritaba tal calificación era Saravena, en Arauca, tanto por la presencia de guerrillas y paramilitares como por las denuncias contra funcionarios oficiales por violación de los derechos humanos. De los 55 municipios relativamente violentos, sólo tres eran fronterizos: El

---

[3] Agradezco a la Unidad de Justicia y Seguridad del DNP el acceso a distintas bases de datos, de las cuales Harvey Ferrer extrajo la información para municipios fronterizos como trabajo contratado para los proyectos de investigación y las cátedras que he realizado desde 2004 *Cooperación y conflicto en la vecindad colombo-venezolana*, apoyado por Colciencias, y *Las encrucijadas de la integración derivadas de la problemática en las fronteras*, apoyado por el Convenio Andrés Bello.

Zulia, en Norte de Santander; Arauquita, en Arauca, y Unguía, en Chocó. Entre 77 municipios clasificados como relativamente pacíficos aparecían Cumbal, en Nariño, y Pamplonita, en Norte de Santander; mientras que de los 31 catalogados como muy pacíficos no había ninguno de frontera.

De la otra clasificación hecha en ese estudio podemos observar que entre 1980 y 1997 había presencia de agentes de violencia en el 56,96% de los municipios fronterizos colombianos, la cual equivalía al 7% del total de presencia nacional de guerrillas y paramilitares. El 44,30% de esa presencia fronteriza correspondía a seis de los siete departamentos colombianos cercanos a Venezuela. Muy lejos se ubicaba la frecuencia de operaciones guerrilleras y paramilitares en los municipios próximos a las otras fronteras: 5,06% en los cercanos a Ecuador, 3,80% a Panamá, 2,53% a Brasil y 1,27% a Perú.

A partir de este estudio es posible concluir que hasta antes de la agudización del conflicto, a mediados de la década de los noventa, la presencia de grupos irregulares era mínima en la mayor parte de las zonas fronterizas colombianas. Ese pequeño porcentaje se concentraba en áreas cercanas a Venezuela, que constituyen la zona fronteriza más importante para cada uno de los dos países desde el punto de vista de su extensión y población. Esa misma conclusión se confirma en el Gráfico 1 con cuatro indicadores: presencia de grupos irregulares, masacres, homicidios políticos y secuestros.

En el estudio elaborado para el período 1980-1993 (Uribe y Vásquez, 1995) se observa que de un total nacional de 1.228 masacres con 7.742 víctimas, 70 con 383 víctimas correspondían a municipios fronterizos, es decir, el 5,7% de casos y el 4,95% de víctimas. El 85,7% del total de casos de masacres y el 83,8% de las víctimas en municipios fronterizos ocurren en zonas cercanas a Venezuela. En términos absolutos les siguen muy de lejos las próximas a Ecuador con el 8,6 y 9,7%, respectivamente. El resto de fronteras sólo representa el 6% del total de masacres y víctimas en municipios fronterizos. En 59 de los 70 casos registrados se desconoce la filiación de los autores de las masacres y en los 11 que cuentan con esa información, el ELN aparece como autor de cinco masacres ocurridas en la zona fronteriza con Venezuela, lugar donde se concentró la reactivación de este grupo y alcanzó una significativa presencia.

Gráfico 1. Conflicto en municipios fronterizos colombianos hasta mediados de los años noventa

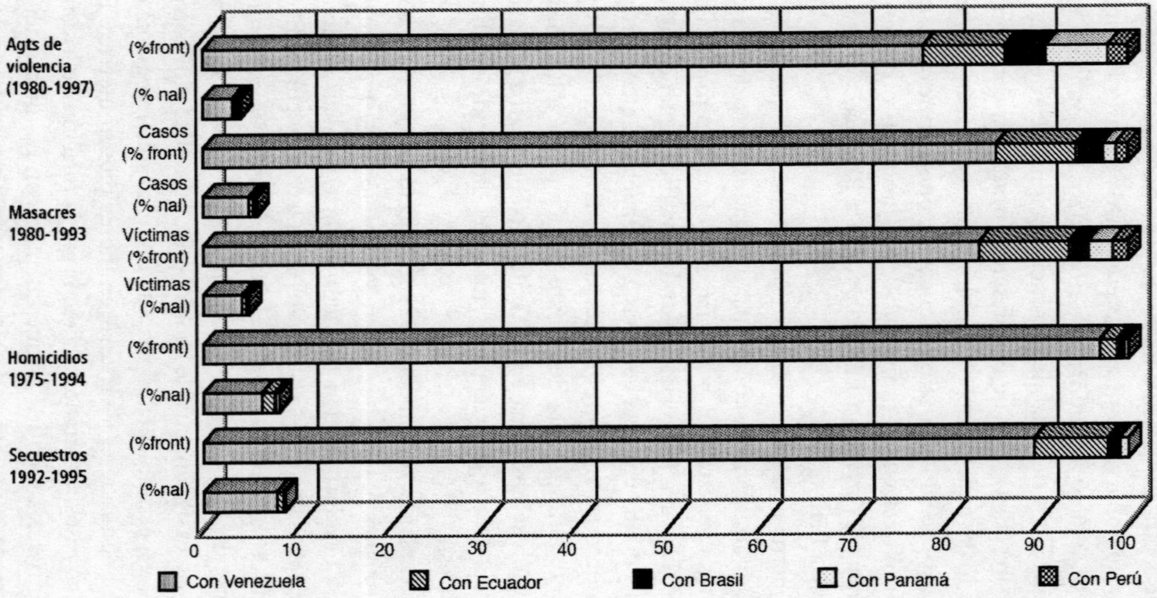

Fuente: elaboración propia a partir de Cubides, Olaya y Ortiz (1998); Uribe y Vásquez (1995); IEPRI, Violencia, sistema político y globalización, y Fondelibertad.

Según datos del Fondo Nacional para la Defensa de la Libertad Personal (Fondelibertad), entre 1992 y 1995 los municipios colombianos próximos a Venezuela concentraron el 89,73% del total de secuestros[4] ocurridos en municipios fronterizos del país, lo que equivalía al 7,85% del total nacional. Norte de Santander y Cesar concentraron el 57,9% del total de los secuestros fronterizos y el ELN aparece como el primer autor identificado. Las zonas próximas a Ecuador ocuparon el segundo lugar, con el 7,94% de los secuestros cometidos en municipios fronterizos colombianos en esos cuatro años, equivalente al 0,69% del total nacional.

En cuanto a homicidios políticos[5] entre 1975 y 1994, los ocurridos en los municipios fronterizos de Colombia correspondieron al 9,73% del total nacional. La casi totalidad de los cuales se produjeron en la zona de frontera con Venezuela (99,3% de los casos).

En suma, para mediados de los años noventa los actores armados irregulares tenían ya una presencia en algunos ámbitos de casi todas las zonas fronterizas colombianas, pero la situación no se percibía como un desbordamiento del conflicto hacia los vecinos. Se trataba de un período de expansión militar de sus protagonistas en un marco político nacional que afectaba a las poblaciones colombianas, en especial a las cercanas a Venezuela. Esa situación variaría al mismo ritmo de la agudización de la confrontación en el resto del país, de la conversión de las fronteras en corredores estratégicos para la economía de guerra de los actores irregulares y del aumento de los efectos e interacciones en países colindantes.

Agudización del conflicto en zonas fronterizas

Desde mediados de los años noventa, la propia decisión de las organizaciones armadas ilegales de incrementar la extorsión,

---

4 Fondelibertad, que elaboró la base de datos, asume el secuestro, tal como lo define el artículo 169 del Código Penal, como toda retención de personas con el propósito de sacar por su libertad un provecho o cualquier utilidad, de presionar para que se haga u omita algo o de conseguir un fin publicitario o político. Tomado de http://www.dne.gov.co, el 15 de febrero de 2004.

5 En el homicidio político, la base del proyecto del IEPRI registró tanto los muertos en combate como los fuera de combate, en razón de su afiliación o creencia política, o los asesinatos perpetrados por alguna de las fuerzas que actúan en el conflicto.

el secuestro y su vínculo con el negocio ilegal de las drogas,[6] para fortalecerse y profundizar el conflicto, modificó las dimensiones, la intensidad y la naturaleza del conflicto colombiano. Los nuevos recursos les permitieron un crecimiento acelerado, una rápida expansión territorial y un notable fortalecimiento de su capacidad de fuego. Asimismo, los puso en comunicación con redes transnacionales de tráficos de armas, drogas y lavado de activos y los indujo a la disputa por el control de los cultivos ilícitos y los diversos contrabandos existentes en las zonas fronterizas.

A esos factores se les agregaría, a más de la falta de una consistente política de Estado para construir la negociación y la paz, un episodio que contribuiría a extender el conflicto, sobre todo a proyectar cierta imagen internacional de éste, muy negativa para Colombia. Se trató de la crisis de legitimidad del gobierno de Ernesto Samper (1994-1998), motivada por la penetración de dineros de la droga en su campaña electoral. El descrédito del gobierno y la polarización interna fueron aprovechados por las guerrillas y los paramilitares para extender su presencia en el país e intensificar sus ataques, y por Estados Unidos para incrementar su injerencia en Colombia, país señalado como epicentro del narcotráfico, el nuevo mal contra el cual había que luchar.

Estos hechos también infundieron una honda desmoralización en una parte de la sociedad colombiana y en las mismas fuerzas de seguridad del Estado. Además, proyectaron la imagen de un país y una dirigencia política descompuestos, que no merecían confianza internacional. Mientras tanto, las guerrillas –a pesar de su muy escasa representatividad nacional– comenzaron a ser vistas en círculos latinoamericanos y europeos como justificadas opositoras de un régimen corrupto.

En ese contexto, a partir de 1996, las FARC realizaron una serie de exitosos ataques a las fuerzas militares, asesinatos y capturas de oficiales y soldados, y en la medida en que el Ejército parecía desmoronarse, los grupos de autodefensa o paramilitares, antes dispersos, se dieron ese mismo año una coordinación nacional, y como

---

6 El temor a la llegada de paramilitares a territorios donde se encontraban las FARC los llevó a reemplazar a los intermediarios entre los cultivadores y traficantes, y el combate al narcotráfico les permitió aumentar sus vínculos con el negocio de las drogas.

Autodefensas Unidas de Colombia (AUC) trazaron una estrategia común de crecimiento y expansión territorial.

Guerrillas y paramilitares aprovecharon también la debilidad o ausencia del Estado en las fronteras internacionales para incrementar allí su presencia; buscar distintos apoyos logísticos en los países vecinos; utilizar corredores estratégicos para controlar vías o rutas por donde circulan drogas, armas y contrabandos como el de gasolina, y disputarse el control de territorios donde se ubican importantes recursos o cultivos de coca y laboratorios para su procesamiento. Así se puede apreciar en el Gráfico 2, que sintetiza los datos relacionados con la economía de guerra: el secuestro y los cultivos ilícitos.

Entre 1996 y 2003, según datos de Fondelibertad, se dobla el número de secuestros registrados en el período previo a la agudización del conflicto, que ya eran altos para los departamentos

Gráfico 2.
Secuestros y cultivos ilícitos en municipios fronterizos colombianos en la agudización del conflicto

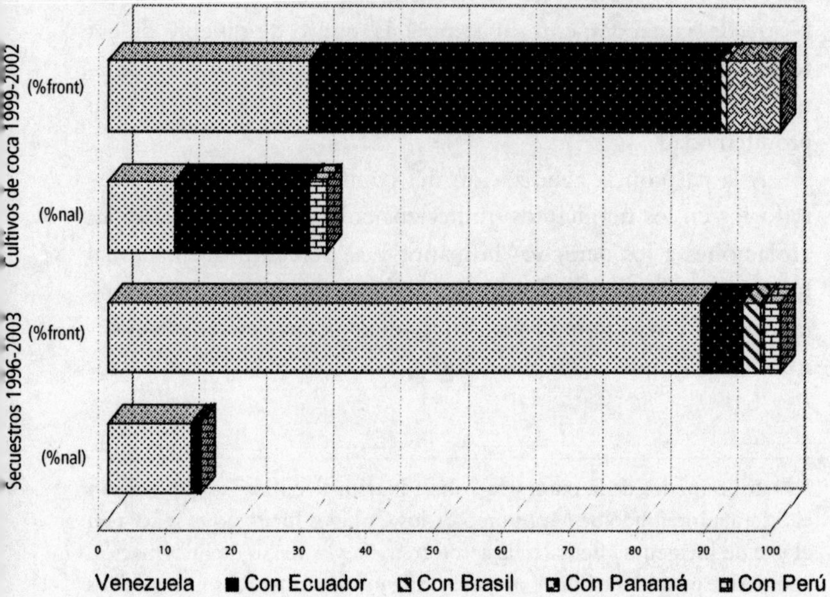

Fuente: elaborado a partir de datos de la Dirección Nacional de Estupefacientes, Policía Nacional y Fondelibertad.

próximos a Venezuela –concentraban el 89,73% del total de secuestros producidos hasta 1995 en los municipios fronterizos del país–. En 2001, cerca de Venezuela se registraron 573 secuestros, cuando entre 1992 y 1995 se habían producido 271. El departamento de Cesar concentró entre 1996 y 2003 el 46,24% del total de secuestros ocurridos en los municipios fronterizos; seguido por Norte de Santander, con 19,78%, y La Guajira, con 16,06%. El resto de fronteras –Ecuador (6,22%), Brasil (2,54%), Perú (2,43%) y Panamá (0,63%)– sigue un comportamiento similar al de la fase previa a la agudización del conflicto. Desde 2001 comienza una fuerte caída de los secuestros hasta llegar en 2004 a índices cercanos a los de 1997.

Del total nacional de 568.971,4 hectáreas de cultivos de coca[7] registradas entre 1999 y 2002, 186.496,75, equivalentes al 32,7%, correspondían a los municipios fronterizos. La zona limítrofe con Ecuador –cuya extensión es casi un cuarto de la frontera de Colombia con Venezuela y un tercio de la frontera con Brasil o con Perú– concentró el 60,83%; con Venezuela, el 30,15%; con Perú, el 8,05%, y con Brasil, el 0,97%.[8] Putumayo registró el 61,10% de los cultivos en municipios de frontera, seguido muy de lejos por Norte de Santander, con un 17,69%. El punto de quiebre de esa tendencia es el 2000, cuando comienzan a trasladarse y a disminuir las áreas involucradas, por la fumigación o el aumento de su productividad.

A la par con la agudización del conflicto y la lucha por territorios en los municipios fronterizos colombianos crecieron las violaciones a los derechos humanos y al derecho internacional humanitario (DIH), que incrementaron las consecuencias del enfrentamiento sobre las poblaciones. En municipios fronterizos aumentaron, como se aprecia en el Gráfico 3, la acción de la guerrilla y los

[7] Datos tomados de la DANE y la Policía Nacional, entidades que utilizan el Sistema Integrado de Monitoreo de los Cultivos Ilícitos, que se basa en el uso de imágenes satelitales, la aerofotografía y sistemas de información geográfica para identificar y procesar información espacial sobre cultivos ilícitos, la cual se ve limitada por la nubosidad que dificulta imágenes claras. Información disponible en http://www.dne.gov.co, consultada el 10 de febrero de 2005.

[8] No hay registros para los municipios fronterizos cercanos a Panamá.

Gráfico 3. Agudización del conflicto en municipios fronterizos colombianos

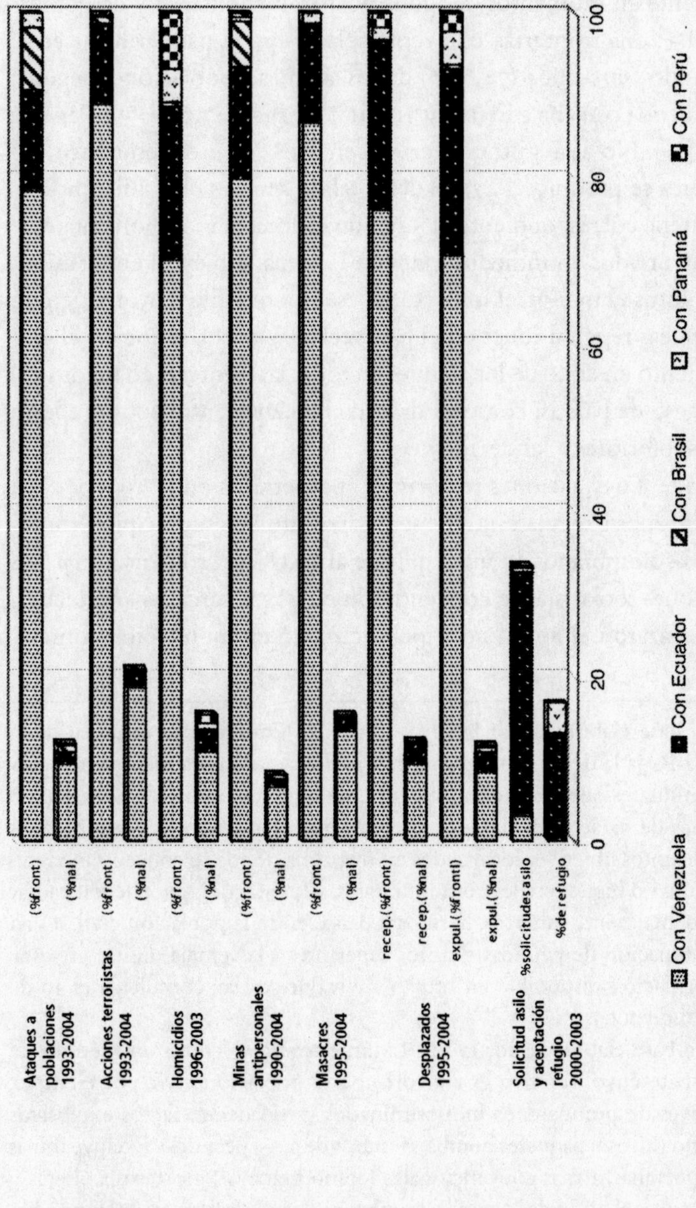

Fuente: elaborado a partir de datos de la DIJIN, Centro de Investigaciones Criminológicas de la Dirección Central de Policía Judicial, Observatorio de Minas Antipersonales del Programa Presidencial de Derechos Humanos y DIH, Red de Solidaridad.

paramilitares con ataques a poblaciones, actos terroristas, homicidios, minas antipersonas, masacres, desplazamientos y refugio.

Como parte de la lucha por el control de territorios, el crecimiento en el número de ataques a poblaciones[9] situadas en las fronteras colombianas había llegado a un punto alto en 1995, justamente en momentos de aguda polarización interna y desgobierno. La zona fronteriza con Venezuela ocupó el primer lugar en el período 1995-2004 (78,63%) de los ataques a poblaciones, seguida de la zona cercana a Ecuador (12,21%), a Brasil (7,63%) y a Panamá (1,53%). No se registraron casos cerca a la frontera con Perú. En Arauca se produjo el 47,3% del total de ataques en municipios de frontera, correspondiente al 5,6% de todo el país. El porcentaje de los ocurridos en inmediaciones de Panamá, si bien es en términos absolutos el menor, el impacto en esa frontera fue mayor y generó no pocas repercusiones en el país vecino. Llama la atención el crecimiento en 2000 de los ataques en todas las fronteras en medio del proceso de paz, así como su drástico descenso entre 2003 y 2004 a tasas inferiores a las de 1993.

De 8.655 acciones terroristas[10] perpetradas entre 1993 y 2004 por grupos irregulares, 1.809 se desarrollaron en municipios fronterizos colombianos, lo que equivale al 20,9% del total nacional. Las acciones terroristas se concentraron en zonas cercanas a Venezuela y alcanzaron el 89,05% del total ocurrido en municipios fronteri-

---

[9] La base elaborada por la DIJIN toma del Comité Internacional de la Cruz Roja la definición de *ataques a poblaciones* como aquellas operaciones militares que afectan indistintamente objetivos militares y personas o bienes de carácter civil. Se consideran indiscriminados los bombardeos de distintos objetivos localizados en una zona donde se concentran tantas personas o bienes civiles como militares, y los ataques que pueden causar incidentalmente muertos, heridos y daños entre la población civil, o una combinación de pérdidas y daños superiores a la ventaja militar prevista. Información disponible en http://www.dne.gov.co, consultada el 10 de enero de 2005.

[10] La base elaborada por la DIJIN asume *terrorismo* como un método de combate cuyo objetivo es aterrorizar a la población civil, por ejemplo, a través de bombardeos indiscriminados y uso de artefactos explosivos (como carros o paquetes bomba, cilindros de gas y petardos). Excluye minas antipersonas, armas convencionales (como granadas, morteros, cohetes y explosivos al estilo de "papas" o bombas molotov). Información disponible en http://www.dnp.gov.co, consultada el 2 de febrero de 2005.

zos del país. En las zonas cercanas a Ecuador ocurrieron el 9,95% de actos terroristas; cerca de Brasil, el 0,77%; cerca de Panamá, el 0,17%, y cerca de Perú, el 0,06%. Tres momentos son clave: dos de crecimiento acelerado, de 1995 a 1997 y de 1999 a 2002, y luego uno de fuerte caída de las acciones terroristas, entre 2002 y 2004, cuando se llegó a las mismas cifras de 1993.

El homicidio[11] en zonas de frontera en el período de agravamiento del conflicto llegó al 17,55% del total nacional. En lo referente a la distribución por fronteras, las zonas contiguas a Venezuela alcanzaron el 70,21%, y las cercanas a Ecuador, el 18,70% del total de asesinatos políticos en municipios fronterizos colombianos. Los casos más alarmantes son los de Norte de Santander, con el 33,52%, y Cesar, con el 18,01% del total fronterizo de homicidio entre 1996 y 2003.

En cuanto a minas antipersonas, entre 1990 y 2004, en zonas fronterizas colombianas se generaron el 8,41% de incidentes y el 6,30% de los accidentes ocurridos en el país. Los municipios más afectados son los cercanos a Venezuela, de Arauca en primer lugar.

Paralelo a la disputa por el control de territorios aumentaron los casos y las víctimas de masacres.[12] Entre 1995 y 2004, en la zona próxima a Venezuela se registró el 86,91% del total ocurrido en municipios fronterizos del país; le siguen los contiguos a Ecuador y Panamá con el 12,04% y 1,05%, respectivamente. Es considerable el crecimiento de masacres si lo comparamos con los datos existentes para el período previo a la agudización del conflicto, al pasar del 5,7% al 15,44% del total nacional. Norte de Santander concentró el 35,08% del total fronterizo.

Muy ligado con el aumento de masacres, se ampliaron los desplazamientos[13] de poblaciones. Entre 1995 y 2004, 64 de los 79

---

[11] El Centro de Investigaciones Criminológicas de la Dirección Central de Policía Judicial incluye en esta base de homicidio no sólo el político, sino también el común.

[12] La base de la DIJIN parte de la definición de *masacre* como el homicidio colectivo de cuatro o más civiles efectuado por un actor o grupo en un mismo lapso. Información disponible en: http://www.dnp.gov.co, consultada el 3 de febrero de 2005.

[13] La base de datos de la Red de Solidaridad, a partir de la Ley 387 de 1997, define al desplazado como quien se ha visto forzado a migrar dentro del territorio nacional y a abandonar su localidad de residencia o actividades

municipios fronterizos de Colombia expulsaron al 11,69% de los desplazados en todo el país y recibieron el 12,25% del total nacional. Las zonas cercanas a Venezuela registraron 70,84% de las expulsiones y 76,35% de las recepciones; las vecinas a Ecuador, 20,26% de las recepciones y 26,29% de las expulsiones, y las de Panamá, 4,05% de las expulsiones y 1,5% de las recepciones en municipios fronterizos. Este último fue, de cierta forma, el más significativo, dado que en ocasiones se desplazó la mayoría de los habitantes de una determinada población.

Entre 1999 y 2003, cerca de 40.000 colombianos solicitaron asilo en quince países latinoamericanos, aunque fueron más numerosas las formuladas a Ecuador, Costa Rica, Venezuela y Panamá. En la concesión de asilo por parte de los cinco países con los cuales Colombia tiene fronteras terrestres, Ecuador, Panamá y Brasil superan a Venezuela.

En síntesis, luego de mantener una presencia limitada en cerca de la mitad de las zonas fronterizas colombianas, desde mediados de los años noventa los actores armados ilegales aumentaron su disputa por el control de áreas estratégicas y sus acciones en la mayor parte de municipios fronterizos de Colombia, que representan un tercio del territorio nacional. Los datos muestran, sin embargo, que la mayor parte del conflicto se desarrolla en otras partes del territorio nacional; sólo los cultivos ilícitos en las fronteras sobrepasan el 30% del total nacional.

Por ende, aunque ciertas partes de esas zonas están poco habitadas, las disputas por el control de territorios han tenido múltiples repercusiones en las comunidades indígenas confinadas en estas zonas, sobre todo en los ámbitos fronterizos de importante poblamiento. En términos absolutos, las zonas próximas a Venezuela son las más afectadas, según todos los indicadores analizados, salvo el de cultivos ilícitos, el cual ha sido más grave en zonas próximas a Ecuador. Todos estos fenómenos generaron la percepción de estar

---

económicas habituales, ya que su vida, su integridad física, su seguridad o libertad personales han sido vulneradas o se encuentran directamente amenazadas, con ocasión de disturbios y tensiones, violencia, violaciones masivas a los derechos humanos, infracciones al DIH, alteraciones drásticas al orden público y el conflicto armado. Información disponible en http://www.red.gov.co, consultada el 13 de diciembre de 2004.

asistiendo a un desbordamiento del conflicto colombiano más allá de las fronteras nacionales.

Efectos e interacciones con los países vecinos

Los efectos del conflicto en los países vecinos y las interacciones que entablan con éste diversos sectores de esas naciones tienen un significativo influjo en la percepción de la regionalización del enfrentamiento. Según los registros de prensa, la nación vecina más afectada ha sido Venezuela, por su proximidad a la zona de mayor presencia de los actores armados ilegales.

Desde comienzos de los años ochenta, el ELN logró reactivarse en Arauca a través de la extorsión a la compañía alemana Mannesmann Anlagenbau A. G. y de diverso tipo de apoyos que esta multinacional les prestó para evitar ser atacada. Desde Saravena, único municipio araucano catalogado como uno de los más violentos de Colombia, este grupo incursionó en suelo venezolano antes de que se intensificara el conflicto. Así sucedió, más o menos cada año, entre 1983 y 1995, a través de ataques –en especial a la Guardia Nacional Venezolana– justificados por el ELN como respuesta a sus represalias contra campesinos colombianos. El último de éstos se produjo justo cuando Rafael Caldera comenzaba su segundo gobierno, que generó un fuerte deterioro en la relación intergubernamental; además, el ejército venezolano emprendió la "persecución en caliente"[14] de la guerrilla, asumida hasta ese momento como enemigo común y ante la percepción de incapacidad de control colombiano de la frontera (Cardozo de da Silva, 2004). Al tiempo, aumentaron los secuestros y 'vacunas' de venezolanos, especialmente en las haciendas cercanas a las fronteras.[15]

Otros efectos de la presencia guerrillera en la frontera colombo-venezolana están relacionados con las acciones del ELN contra los oleoductos en Colombia –132 registrados por la prensa en nueve años: 53 en Saravena, 49 en Arauquita, 12 en Toledo, 10 en Tibú y

---

14 Persecución en territorio colombiano de las Fuerzas Armadas venezolanas a los guerrilleros protagonistas de ataques a puestos militares, y a otros actores ilegales presentes en ese momento en la zona fronteriza: narcotraficantes, contrabandistas o delincuentes.

15 Entre 1990 y 1991 se reportaron 26 secuestros, mientras que entre 1992 y 1993 se registraron 41, *El Universal*, 14 de septiembre de 1997.

el resto en otros municipios de Cesar, Norte de Santander y Arauca–, que han generado vertimientos de crudo y han producido daños, entre otros, a aguas comunes. La Empresa Colombiana de Petróleos (Ecopetrol) y Petróleos de Venezuela (PDVSA) han llegado a acuerdos para controlar y reparar los efectos nocivos de los derrames petroleros.

Tras la realización de algunos acuerdos entre gobernadores de estados venezolanos de frontera a mediados de los años noventa, primero con las FARC y luego con el ELN, se suspendieron los ataques a las instalaciones militares (Ramírez y Hernández, 2003). No obstante, con la agudización del conflicto aumentaron los secuestros y la extorsión a distintos sectores venezolanos, así como el desplazamiento y el refugio de colombianos en el país vecino. Secuestro y extorsión, así como asesinato de algunos venezolanos, se han mantenido desde 1999, luego de la llegada al poder de Hugo Chávez y su declaratoria de neutralidad frente al conflicto colombiano.[16]

En ese período se han producido, además, reiteradas denuncias del Ejército colombiano de incautación a la guerrilla de armas pertenecientes a las Fuerzas Armadas venezolanas, detención de venezolanos en Colombia acusados de estar adelantando negocios de armas con las FARC y derribamiento de avionetas venezolanas en suelo colombiano con contrabando de armas y municiones. Adicionalmente, periodistas y funcionarios de ambos países han formulado diversas denuncias sobre ingreso de altos oficiales del Ejército venezolano a Colombia para hablar clandestinamente con las FARC y negociar la liberación de secuestrados de su país, sobre actitudes ambiguas del gobierno venezolano con personas y acciones de la guerrilla o sobre existencia de campamentos de las guerrillas o presencia de guerrilleros en el país vecino. Infortunadamente, estos incidentes no han podido ser esclarecidos por la parálisis de los mecanismos de vecindad.

[16] El 15 de noviembre de 2000, autoridades venezolanas sindicaron al ELN de haber atacado una zona rural de Apure y de haber asesinado a cinco venezolanos. El 7 de enero de 2004 siete militares venezolanos fueron muertos luego de enfrentamiento al parecer con guerrilleros colombianos, y en septiembre de 2004 las FARC fueron sindicadas de asesinar a funcionarios de PDVSA.

El otro escenario significativo de efectos e interacciones del conflicto ha sido la frontera colombo-ecuatoriana. Allá se han producido acciones esporádicas de todas las guerrillas, pero el Movimiento 19 de Abril (M-19) fue su principal protagonista en los años ochenta, y las FARC, desde mediados de la década de los noventa. También del lado ecuatoriano se perciben tantas o más interacciones con el enfrentamiento colombiano como en el caso venezolano, y no sólo debido a la expansión del conflicto, sino en virtud de la propia situación interna de Ecuador.

Primero, este último país se ha ido vinculando a la cadena internacional de las drogas a través de la participación no sólo de colombianos, sino también de ecuatorianos en las plantaciones de coca en zonas fronterizas,[17] en el tráfico de precursores químicos, en el narcotráfico[18] y en el lavado de dinero, así como a la estrategia antidrogas de Estados Unidos, en razón de la asistencia política, institucional y militar de ese país; la entrega de recursos; el funcionamiento de una base estadounidense en Manta, desde abril de 1999, y la afectación de sectores de su frontera por las fumigaciones aéreas destinadas a erradicarlos (Maldonado y otros, 2002, y Nivia, 2000).

Segundo, en Ecuador, el conflicto colombiano ha interferido procesos internos importantes, como la reforma de la fuerza pública luego de la finalización del conflicto con Perú, ya que el despliegue de tropas en la frontera con Colombia, además de consumir presupuestos internos, ha reforzado la posición de los militares y les ha ofrecido nuevos argumentos para presionar por más y mejor armamento o por un mayor espacio político.

Tercero, en Ecuador se han agravado los problemas sociales, entre otras razones, por el incremento del desplazamiento y el refugio, y por el flujo migratorio, que han impuesto una pesada

---

[17] Así lo señala el informe de la Embajada de Estados Unidos en Colombia, *Los Andes en peligro. Consecuencias ambientales del narcotráfico*, 19 de marzo de 2001.

[18] Según el periódico *Hoy*, el 40% de la cocaína que se produce en Colombia cada año es exportada por los puertos ecuatorianos que, por falta de control, se han convertido en corredores de salida de estupefacientes; y el 50% de las armas y explosivos que utilizan los grupos ilegales colombianos proceden de Ecuador, 17 de junio de 2003.

carga presupuestal y social para los municipios,[19] debido también al aumento de la penetración de grupos armados ilegales colombianos y su repercusión en el secuestro, la extorsión y la delincuencia. Esto ha dado pie para que algunos sectores estimulen un fuerte sentimiento anticolombiano y presionen por la expulsión de los trabajadores indocumentados.

Cuarto, en Ecuador ha aumentado el tráfico de armas, municiones y explosivos, tanto por la presión de irregulares colombianos como por la corrupción de diversos sectores ecuatorianos.

Quinto, se han quebrado muchos lazos existentes entre las comunidades y autoridades locales de ambos lados, que solían servir de amortiguadores a los efectos de las crisis o de la violencia a uno y otro lado; asimismo, se ha deteriorado una relación bilateral que había sido bastante proactiva y había permitido conformar la primera zona de integración fronteriza en el marco andino.

Por su parte, el tercer lugar en cuanto al número de incidentes del conflicto ocurridos en un país vecino lo ocupa la frontera colombo-brasileña, la segunda en extensión para Colombia. Las FARC,[20] ocasionalmente, traspasaron esa frontera hasta fines de los años noventa, cuando las autoridades brasileñas la blindaron y llegaron a acuerdos con sus homólogos colombianos, luego de dos momentos de tensión intergubernamental. La amplia región fronteriza compartida con Brasil es también fuente de interacciones entre el conflicto colombiano y la problemática brasileña ligada a las drogas. Es zona de tráfico de precursores químicos, pasta básica y clorhidrato de cocaína, y de lavado de dinero mediante la compra, por parte de narcotraficantes brasileños, de oro a indígenas, colonos y buscadores ilegales en las zonas auríferas de los departamentos de Vichada y Amazonas, y a través de la provisión de armas y recursos a las guerrillas colombianas a cambio de droga y protección.[21] Además, las facilidades geográficas

---

[19] Hay que tener en cuenta, sin embargo, que, con apoyo internacional, se ha podido constituir Udenor (Unidad de Desarrollo Norte) para atender problemas humanitarios y de desarrollo en la frontera norte de Ecuador.

[20] Las FARC atacaron, el 26 de febrero de 1998, un destacamento del Ejército brasileño en el que murieron tres soldados.

[21] El narcotraficante brasileño Fernandinho Beira-Mar, a quien protegían las FARC, fue capturado por las autoridades colombianas el 21 de abril de 2001, en Vichada. El 7 de agosto de 2002 fue capturado en el aeropuerto de São Paulo, procedente de Medellín, el brasileño Daniel Álvarez Georges,

permiten el tránsito de armas y municiones de Surinam y Brasil a Colombia por el corredor Guaviare-Vaupés.

La cuarta frontera en número absoluto de acciones contra un país vecino o de interacciones con el conflicto ha sido la colombo-panameña. Panamá ha tenido que hacerles frente a operaciones guerrilleras, paramilitares y del narcotráfico, así como al desplazamiento de poblaciones a su suelo en huida de las persecuciones de distintos actores armados, mientras a través de su frontera circula sin control un amplio contrabando de armas proveniente de Centroamérica. Los ataques de las FARC y los paramilitares se han incrementado desde mediados de los años noventa,[22] dada su disputa por el control de vías fluviales para el ingreso de armas y la salida de droga. El agravamiento del conflicto generó en el istmo el señalamiento de Colombia como el principal problema de seguridad regional y la presión por la presencia de Estados Unidos en Panamá. Los hechos ocurridos en la frontera colombo-peruana, a diferencia de las fronteras antes mencionadas, tuvieron que ver más directamente con el narcotráfico.

Al parecer, hasta ahora esa otra dimensión de la posible regionalización del conflicto, derivada de la articulación de las guerrillas con grupos similares o con conflictos sociales en países vecinos, ha adquirido un carácter más simbólico y a veces más ideológico que real. Hay imputaciones a paramilitares colombianos de apoyar a ganaderos venezolanos en la conformación de grupos similares para

---

sindicado de ser comprador de cocaína de las FARC. El 2 de septiembre de 2002, la Policía incautó 420 kilos de cocaína en cercanías de São Paulo y capturó a los traficantes, a quienes acusó de tener conexiones con las FARC.

[22] Según las reseñas de prensa de los dos países, las FARC cruzaron la frontera el 1 de abril de 1997 y mataron a cuatro personas en la Bonga y Titiná y el 15 de noviembre de 1997 mataron a un policía en Boca de Cupe; en noviembre de 1999, paramilitares hostigaron a la Policía panameña en el hito fronterizo y asaltaron Bonga, y en la comarca Kuna Yala quemaron 25 casas y amenazaron a los residentes, quienes luego fueron obligados a desplazarse del lugar. El 12 de diciembre de 1999, las FARC atacaron Juradó y provocaron un masivo éxodo de civiles a la población panameña de Jaqué. En septiembre y octubre de 2000, las FARC cruzaron la frontera y atacaron La Darienita de Nazaret, y en enero de 2003, paramilitares asesinaron cuatro autoridades indígenas kuna, en las aldeas panameñas de Paya y Pucurú.

protegerse de las acciones de las guerrillas. Además, se ha hablado de posibles conexiones de las FARC con los círculos bolivarianos de Venezuela o con grupos armados ecuatorianos.[23] También los gobiernos de Paraguay y Honduras han denunciado la vinculación de grupos de esos países con las FARC. Hay más conjeturas que demostraciones, y esa dinámica no depende sólo de la estrategia o capacidad de los grupos colombianos. Sería necesario tomar en cuenta las percepciones que tienen distintos sectores suramericanos, andinos en particular, de lo que representen o puedan llegar a representar las FARC en una eventual radicalización de los conflictos sociales.[24]

En suma, en lo relacionado con ataques contra autoridades militares de países vecinos, de la revisión parcial de prensa puedo concluir que han sido realizados de manera sistemática por el ELN contra Venezuela en fechas anteriores a la agudización del conflicto colombiano. En las demás fronteras, los ataques de las FARC y los paramilitares han ocurrido de manera esporádica desde mediados de los años noventa, época en la que se agravó el conflicto.

Fuera de los ataques contra las autoridades militares hay otros problemas generados tanto por la presencia y acción de los gru-

---

[23] En mayo de 2000 el Ejército ecuatoriano señaló que habría aparecido un nuevo grupo insurgente en la frontera norte, denominado Fuerzas Armadas Revolucionarias Ecuatorianas-Defensoras del Pueblo (FARE-DP), conformado por al menos 100 personas, con líderes y entrenadores colombianos y muchos de sus de combatientes miembros de las FARC. Luego se informó de enfrentamiento entre el Ejército ecuatoriano y las FARE-DP, que habrían dejado dos insurgentes muertos y cinco capturados, de los cuales dos eran colombianos. El comandante general del Ejército sostuvo que el objetivo del grupo era secuestrar y extorsionar. "Miedo al contagio narcoguerrillero y a los desplazados", en *El Tiempo*, 23 de agosto de 2000.

[24] Con ocasión del secuestro y asesinato de la hija de ex presidente paraguayo Raúl Cubas, el fiscal del caso y la madre de la asesinada implicaron a las FARC. La prensa publicó en febrero de 2005 mensajes que habrían circulado entre los secuestradores y Rodrigo Granda, el vocero de las FARC, que fue retenido de manera ilegal en Caracas y entregado a las autoridades colombianas. Hay denuncias, pero la falta de pruebas impide analizar su veracidad o si se trata de una estrategia para desviar la investigación apelando a la percepción de que la experiencia de las FARC podría ampliar el carácter y capacidad de grupos locales. "Los tentáculos de Granda", en *Cambio*, No. 608, 21 de febrero de 2005, pp. 22-24.

pos armados colombianos en las zonas de frontera como por sus conexiones con diversos sectores vecinos, las cuales también son numerosas y diversas. Entre los problemas está, ante todo, el uso de territorios de países vecinos bien sea como espacio de operación o de refugio por parte de grupos extranjeros en armas o como amenaza a la integridad de sus habitantes mediante asesinatos, secuestros y extorsiones.

La presencia indeseable de actores armados induce, además, una progresiva transformación de diversos temas nacionales, regionales o de integración en problemas geopolíticos y de seguridad. El conflicto tiene también efectos sociales en las zonas fronterizas, ya de por sí deprimidas y en su mayoría marginadas, y perturba lazos familiares y sociales que existen entre los pobladores de la zona, especialmente entre comunidades negras e indígenas, lazos que suelen ser más fuertes que los que mantienen esas mismas poblaciones con sus propias capitales.

Asimismo, los cultivos ilegales y luego su fumigación aérea impulsada por el Plan Colombia y la Iniciativa Regional Andina han ocasionado problemas económicos y ambientales, en particular en algunas zonas de Ecuador. A la par con esos problemas, la presencia de los actores ilegales colombianos y la precaria situación económica de las zonas vecinas ha aumentado las oportunidades de realizar negocios legales o ilegales en las fronteras, bien sea para abastecer la demanda de apoyos logísticos de esos grupos, venderles o alquilarles tierras, prestarles servicios de muy diversa naturaleza o vincularse a muy distintas redes de tráficos ilícitos. Así, por las fronteras ingresan a Colombia explosivos, armamento, gasolina y precursores químicos, o salen drogas y dineros ilegales que buscan dónde adquirir apariencia legal. Igualmente, los gobiernos vecinos se han visto obligados a conseguir recursos para hacerles frente al desplazamiento y al refugio de colombianos afectados por el conflicto.

Todos estos hechos fortalecen la ambigua regionalización del conflicto colombiano no sólo por los efectos que produce, sino por las interacciones que establece con diversos sectores de países vecinos, la articulación compartida a redes transnacionales: por la vinculación directa o indirecta a algunas dinámicas que alimentan el conflicto en Colombia, o incluso porque actores colombianos se conectaran con los conflictos en países vecinos.

Otras fuentes de regionalización del conflicto

La percepción de regionalización también se deriva de otras tres dinámicas: las opciones de los gobiernos colombianos para enfrentar la confrontación armada, las reacciones que estas políticas han suscitado de parte de los gobiernos de países colindantes y el aprovechamiento que Estados Unidos viene haciendo del conflicto en el país para desarrollar su estrategia regional de seguridad.

Opciones colombianas y su efecto regional

Concluido el gobierno de Samper, la difícil situación política y militar del Estado comenzó a corregirse, aunque no sin altísimos costos que han contribuido a una nueva forma de aislamiento de Colombia, ahora regional. Pastrana y Uribe han tomado diversas iniciativas para vincular a los vecinos en los diálogos con las guerrillas o para concretar caminos frente a los retos comunes. Sin embargo, sus opciones, limitadas por su propio carácter y por un restrictivo contexto hemisférico e internacional, han emitido mensajes contradictorios, han contribuido a generar malestar entre sus pares y le han dado un empuje a la ambigua regionalización del conflicto colombiano.

Al recibir un país asediado por las guerrillas y agobiado por la crisis económica; unas Fuerzas Militares desmoralizadas, ineficientes y corruptas; así como un Estado exhausto por el déficit fiscal y herido por una honda crisis de legitimidad interna e internacional, Andrés Pastrana (1998-2002) no encontró otra alternativa que la de atraer a las FARC a nuevos diálogos de paz y hacerles para ello concesiones tan amplias, que contribuyeron a confirmar, en el ámbito regional, la imagen de relativa legitimidad alcanzada por esa organización durante el gobierno de Samper. Al tiempo, para contrarrestar la debilidad fiscal y militar del Estado, Pastrana se vio obligado a buscar apoyo financiero y militar en el exterior.

La administración estadounidense –con el aval del gobierno de Pastrana– le introdujo modificaciones centrales al Plan Colombia, el cual pasó de ser una herramienta para la negociación con las guerrillas, a fortalecer el compromiso militar de Colombia contra las drogas e, indirectamente, contra la subversión. El cambio de sus prioridades iniciales, en diálogo cerrado entre los delegados de Bogotá y Washington, y su aplicación en las fronteras generó una fuerte reacción negativa entre los vecinos, los enajenó con respecto a los problemas de Colombia y los llevó a hablar de una regionalización del conflicto tanto por sus efectos directos como por el involucramiento estadounidense.

A fines del gobierno de Pastrana, otro acontecimiento vino a consolidar el aislamiento de Colombia en el entorno regional. Sin saber ya qué hacer ante la renuencia de las FARC a una verdadera negociación y frente al uso que le estaban dando a la zona de despeje, presionado por una opinión nacional radicalizada por el aumento de la violencia guerrillera y, sobre todo, estimulado por la nueva coyuntura internacional de "guerra global contra el terrorismo", declarada por Estados Unidos, Pastrana puso fin a las conversaciones de paz y declaró terroristas a los mismos grupos que a lo largo de casi cuatro años había reconocido y presentado al mundo como rebeldes políticos. Este nuevo giro, aunque hasta cierto punto comprensible en el contexto nacional, ahondó el desconcierto internacional, en particular el de los vecinos, frente al gobierno colombiano.

Posteriormente, ya frente al nuevo presidente de Colombia, Álvaro Uribe (2002-2006), gobiernos, opinión pública y académicos de países colindantes pasaron del distanciamiento ante el fracaso de las negociaciones a un fuerte rechazo a los anuncios hechos por su gobierno, de mano dura, para enfrentar la ofensiva de los actores armados ilegales. Uribe ha tratado de mostrar que con su política de seguridad no hace otra cosa que responder tanto a la saturación nacional con el conflicto como a la exigencia de los vecinos de control del Estado colombiano sobre el territorio nacional. Para ello ha incrementado el pie de fuerza militar o policial en los municipios fronterizos, presencia forzosamente móvil en razón de las exigencias del mismo conflicto.

Uribe, además, ha ejercido actos de gobierno en Arauca y Norte de Santander, zonas que, como hemos visto, constituyen los dos departamentos fronterizos donde ocurren más acciones violentas. También ha tratado de desplegar una activa diplomacia dirigida a contrarrestar la oposición entre los gobernantes de países vecinos sobre su estrategia de seguridad. Pero, como es obvio, esas formas de presencia del Estado, por sí solas, no bastan para superar su tradicional ausencia en esa parte del territorio ni pueden atender adecuadamente las complejas problemáticas de esas zonas, que no dependen sólo del conflicto. No obstante su activismo, el gobierno de Uribe ha contribuido, como sus antecesores, a aumentar la incomprensión y el rechazo de los vecinos a su política y a darle un empuje a la ambigua regionalización. Destaco tres de las varias razones que contribuyen a ello.

Ante todo, la exageración que suele hacer el presidente Uribe de la amenaza que representa el conflicto colombiano "que tiene el potencial de desestabilizar América del Sur", "puede destruir la selva amazónica", "es más grave que el mismo conflicto de Irak".[25] Frases como éstas muestran el afán de ganar apoyo, pero generan señales erradas, tan equívocas como los llamados a tropas extranjeras también formulados por el presidente.[26]

Otra fuente de incomprensión y rechazo a la política de Uribe se deriva de la idea de que su gobierno, guiado por la consideración pragmática de que Estados Unidos es el único país que puede ayudar a responder la amenaza armada interna, ha decidido atarse a su estrategia de seguridad regional y a un sistema internacional unipolar, cuando Latinoamérica y el Caribe, Colombia en particular, requieren el multilateralismo.

Una tercera reacción negativa de los países vecinos proviene de que el gobierno de Uribe no parece prestarles mucha atención a sus reclamos sobre el alcance y las consecuencias regionales de la política estadounidense hacia Colombia y la zona andino-amazónica, por medio de la cual la gran potencia fracciona a los vecinos e impulsa sus propios intereses geopolíticos. Las élites gubernamen-

---

[25] "Uribe busca la inversión española", disponible en http://news.bbc.co.uk/hi/spanish/latin_america/, consultado el 3 de julio de 2002; "Refuerzo militar en El Caribe", en *El Tiempo*, 14 de enero de 2003, p. 1-5; "Uribe solicita ayuda en foro económico mundial", en *El Tiempo*, 25 de enero de 2003, p. 1-4; "Presidente Álvaro Uribe reclama al mundo por terrorismo en El Nogal", en *El Tiempo*, 8 de febrero de 2003, p. 1-3; "Presidente Álvaro Uribe pide apoyo ciudadano y solidaridad internacional para derrotar al terrorismo", en *El Tiempo*, 10 de febrero de 2003, p. 1-5.

[26] Así, por ejemplo, en septiembre de 2002, Uribe afirmó que estaría interesado en una modificación del Tratado Interamericano de Asistencia Recíproca (TIAR), que le permitiera a ejércitos de otras naciones intervenir en conflictos internos como el colombiano; en octubre de 2002, durante la conferencia de las Américas, respaldó la creación de una fuerza suramericana de lucha contra el narcotráfico y el terrorismo. A propósito de la invasión a Iraq, sugirió que Estados Unidos desplazara sus tropas del golfo Pérsico al Caribe.

tales, políticas y económicas colombianas parecen subestimar, con frecuencia, los efectos de este pragmatismo y dan la impresión de no tomar en consideración los procesos en curso en otros países suramericanos con fuerte arraigo social, que entrañan opciones políticas muy distintas a las del gobierno colombiano, ni las resultas de cualquier intento de aplicación unilateral y extraterritorial de la política de seguridad.

Este desconocimiento de las tendencias políticas en marcha y de la situación de los vecinos ha resultado muy costoso a la hora de concretar acciones conjuntas para enfrentar los efectos del conflicto colombiano y las interacciones que con éste han establecido algunos sectores de esos países. Así aconteció cuando Uribe quiso que los distintos gobiernos declararan terroristas a las organizaciones guerrilleras para comprometerlos a no darles visas a sus integrantes ni a permitir su presencia en las fronteras o en sus países, a bloquear sus cuentas, etc. El gobierno colombiano logró esta calificación de parte de los países centroamericanos y de Canadá, pero no de sus vecinos terrestres más inmediatos e importantes: Venezuela, Ecuador y Brasil.

Reacciones de los vecinos y su impacto regional

Ante los efectos del conflicto colombiano y sus interacciones con el entorno, distintos gobiernos de países colindantes, aunque han hecho reiterados pronunciamientos a favor de la paz y a pesar de que en muchas ocasiones han ofrecido sus buenos oficios al respecto, han adoptado una postura meramente individual y reactiva. La mayoría se ha limitado, en esencia, a repetir el señalamiento estadounidense de Colombia como "la amenaza a la seguridad regional", a denunciar la extensión de los efectos negativos del conflicto armado colombiano sobre sus países y a tratar de desplegar una especie de cordón de seguridad y aislamiento en torno suyo. Veamos algunos ejemplos de lo ocurrido al respecto en cada uno de los países vecinos.

Hasta mediados de los años noventa, por el acuerdo tácito con respecto al manejo dado al conflicto por el gobierno colombiano, cuando Venezuela fue atacada en varias ocasiones, actuó de manera conjunta con sus homólogas colombianas, y otras veces, enfrentaron a las guerrillas directamente. Sin embargo, durante el gobierno de Rafael Caldera, justo en el momento de agravamiento interno de la confrontación armada en Colombia y en medio de la tensión intergubernamental, se generó un viraje en el manejo que Venezuela le había dado al conflicto y a los efectos que éste causaba en su territorio. Ese viraje se profundizó durante el período (1999-2002), en el que coincidieron los gobiernos de Hugo Chávez y Andrés Pastrana. Aunque Venezuela fue anfitriona de reuniones con el ELN, participó en los grupos facilitadores de los diálogos con las FARC y el ELN y estuvo presente como observador en la mesa de donantes de países europeos, se sucedieron continuos incidentes entre ambos países, por las diferencias de apreciación acerca de la naturaleza y las posibles salidas del conflicto colombiano.

Ante todo, la declaratoria de neutralidad del gobierno venezolano equiparó la legitimidad internacional del Estado y la guerrilla y abrió una comunicación directa con esta última sin el aval del gobierno colombiano. Además, Chávez y el movimiento bolivariano rechazaron el Plan Colombia por considerar que 'vietnamizaba' a Colombia, introducía un desequilibrio militar entre los dos países y podría ser usado en su contra. Ese rechazo fue mitigado más tarde, en abril de 2001.

Frente a la movilización de personas afectadas por el conflicto ha habido discrepancias, entre otras, por la denominación de *desplazados en tránsito*, que hasta 2004 hizo el gobierno venezolano, en contravía de los acuerdos internacionales sobre refugio. Por otra parte, las denuncias sobre la ambigüedad del gobierno venezolano con relación a la guerrilla no pudieron ser esclarecidas por la parálisis de los mecanismos de vecindad, que fueron sustituidos por la "diplomacia del micrófono" y las mutuas recriminaciones, justo cuando hubo amagos de articulación entre las problemáticas internas de cada uno de los dos países.

La posición y actuación de Caracas frente al conflicto colombiano y el temor de Bogotá frente al proceso político venezolano ha continuado perturbando la relación binacional durante el período de Chávez y Uribe. A pesar de que en su primer encuentro los dos presidentes acordaron no caer en la diplomacia del micrófono, como no han funcionado los canales de comunicación, los propios gobernantes y altos funcionarios de los dos países han llevado a los medios de comunicación sus percepciones y opiniones sobre temas tan complejos como los de seguridad. Por lo tanto, a la histórica desconfianza recíproca alimentada no sólo por el diferendo sobre áreas marinas y submarinas, sino por la mutua incomprensión sobre las situaciones internas de cada país, se han agregado las divergencias políticas entre los gobiernos centrales y las declaraciones impertinentes de uno u otro alto funcionario.

Mientras tanto, por la falta de acción común, se han acumulado y agravado los problemas en la frontera. El deterioro se incrementó luego de las medidas ordenadas por el gobierno de Chávez de paralizar acuerdos de diversa naturaleza como respuesta a la detención ilegal de Rodrigo Granda, vocero de las FARC, que puso la relación en uno de los peores momentos de su historia. Cada lado trató de aprovechar el caso para convertirlo en la demostración de los temores y acusaciones que desde 1999 se han venido manifestando. El gobierno colombiano, con el fin de mostrar el apoyo de altos funcionarios venezolanos a las guerrillas al otorgarle a Granda hasta cédula venezolana por su sola condición de ser líder de las FARC, y el gobierno venezolano, con el propósito de mostrar la violación de la soberanía e institucionalidad venezolana, encabezada por Bogotá, y un presunto uso de Colombia por parte de Estados Unidos contra su país.

Por lo que toca a los gobiernos ecuatorianos, éstos solían actuar en común con las autoridades colombianas contra las guerrillas. Desde comienzos de 1999, decidieron militarizar las instalaciones petroleras en la frontera con Colombia y luego la frontera misma. También en este caso han aumentado los mutuos temores. Por parte de Ecuador, frente al Plan Colombia y a la inclusión de una parte importante de la frontera norte ecuatoriana en varias dinámicas transnacionales relacionadas con el conflicto. Por parte de Colombia, por la falta de control en Ecuador, que dejaba el campo libre al contrabando de armas y explosivos, así como al refugio de guerrilleros. Este proceso, que no depende sólo de la confrontación colombiana, sino también de la iniciativa de pobladores ecuatorianos y de procesos en curso en el país vecino, está generando problemáticas interacciones entre ambos países.

Si bien se produjeron acercamientos entre Álvaro Uribe y Lucio Gutiérrez, que han dado algunos resultados, el conflicto colombiano y la posición del presidente ecuatoriano al respecto se convirtieron en parte central de las tensiones políticas y sociales internas del Ecuador, a tal punto que fueron sistemáticamente cuestionadas diversas iniciativas relacionadas con el conflicto colombiano tomadas por Gutiérrez.[27] Luego del ofrecimiento tanto de su territorio para recibir a los guerrilleros que salieran de las cárceles, producto de un acuerdo humanitario, como de sus buenos oficios, Gutiérrez propició, en mayo de 2003, la Declaración del Cusco, emitida por el Grupo de Río, en la que solicitaba a las Naciones Unidas exigirles a las FARC un cese el fuego y su disposición a la negociación.

Posteriormente, en visita de Uribe a Ecuador, en agosto de 2003, el presidente ecuatoriano firmó acuerdos de seguridad para el manejo de problemas en la frontera compartida. Esta decisión se tradujo en el descubrimiento tanto de un contrabando de armas para las FARC como de una red internacional de lavado de dinero. La implicación de militares ecuatorianos en el tráfico de armas o los contactos de altos funcionarios de ese país con voceros de la guerrilla produjo tensiones binacionales. En una ocasión, el incidente llegó hasta el llamado al embajador ecuatoriano en Bogotá a regresar a su país.

Aparte de lo anterior, acciones como la detención de un líder de las FARC en Quito, al comenzar el 2004, generaron un debate en Ecuador sobre el involucramiento de militares colombianos en su captura. Al tiempo, crecieron las tensiones dentro del gobierno de Gutiérrez y las dificultades tanto para el esclarecimiento de distintas denuncias como para la actuación conjunta de ambos gobiernos. El debate evidenció el aumento de la polarización política ecuatoriana en torno al tema. El vicepresidente que reemplazó a Gutiérrez ha revivido el tema de los efectos de la fumigación en la frontera.

En cuanto a Brasil, tampoco allá ha existido una posición unificada sobre cómo actuar frente al caso colombiano. Durante el gobierno de Fernando Henrique Cardoso primó la visión de la diplomacia de Itamaraty, de distancia frente a lo que consideraba un problema colombiano (Hirst, 2004). En ese período, el gobierno brasileño reforzó la presencia militar en la frontera con Colombia[28]

[27] "Ecuador y Perú ofrecen ayuda a presidente Uribe", en *El Tiempo*, 12 de julio de 2002, p. 1-8; "Encuentro Gutiérrez-Uribe", en *El Tiempo*, 30 de noviembre de 2002, p. 1-4.

[28] Se llegó a esos acuerdos luego de dos momentos de fricción el 1 de abril de 1998, cuando Brasil cerró el paso por el río Taraira y militares ametrallaron una lancha con soldados colombianos que fueron detenidos y luego liberados; en noviembre de 1998, cuando aeronaves militares co-

y el sistema de vigilancia de la Amazonia (dotado de aviones y radares) y reafirmó su apego al principio de la no injerencia en asuntos internos de otros países, por lo que se limitó a hacer declaraciones genéricas en favor de la paz, a no permitir la instalación de una oficina de las FARC,[29] a expresar reservas sobre el Plan Colombia y a manifestar su rechazo a una eventual intervención militar estadounidense o multilateral en el conflicto colombiano.

En todas esas actuaciones, Brasil trató de no aumentar las contradicciones con Washington, pese a que la Fuerza Aérea Colombiana no pudo concretar la compra de 24 aviones Tucano a Brasil, debido a la oposición de autoridades estadounidenses a que tales aeronaves se adquirieran con aportes del Plan Colombia. Pese a las diferencias, Brasilia otorgó un apoyo discreto a las actuaciones del gobierno de Pastrana en la apertura y terminación de los diálogos con las guerrillas.

Con Luiz Inácio 'Lula' da Silva se ha mantenido el despliegue militar en la región amazónica y sus permanentes operaciones en la frontera.[30] Al comienzo de su gobierno, las contradicciones entre Brasil y Colombia fueron en aumento al mismo ritmo que las prevenciones de uno y otro lado, pero pronto se lograron fórmulas diplomáticas de entendimiento. Los dos gobiernos se han reunido varias veces y han llegado a acuerdos para desarrollar acciones militares conjuntas que permitan combatir a la guerrilla, el narcotráfico y el contrabando de armas en la zona fronteriza.[31]

---

lombianas aterrizaron en la pista brasileña de Querarí y desde ahí lanzaron operaciones contra el frente de las FARC que había atacado la base de la Policía colombiana en Mitú. Ese traspaso de la frontera suscitó protestas brasileñas. "Violación de soberanía", en *El Tiempo*, 4 de noviembre de 1998, s. p.

29 Fue detenido el sacerdote Oliveiro Medina o Francisco Antonio Cadena, quien desde 1996 era conocido como el 'embajador' de las FARC en Brasil. "La zamba de las FARC", en *Cambio*, 2 de octubre de 2000, pp. 34-35.

30 Brasil ha lanzado las siguientes operaciones: en 1999, Tabatinga, destinada a identificar y detener traficantes de droga, y la Intimidación, para evitar incursiones de la guerrilla colombiana. El 27 de septiembre de 2000, Cobra, para evitar la posible entrada de narcotraficantes y guerrilleros a causa del Plan Colombia. En junio de 2003, Timbó, para controlar la frontera.

31 "Brasil y Colombia firmaron acuerdo de seguridad fronteriza", en *El Tiempo,* 28 de junio de 2003, p. 1-6.

La cancillería colombiana mostró interés en que el gobierno de Brasil pusiera sus buenos oficios para una reunión de las FARC con las Naciones Unidas en suelo brasileño.[32] El gobierno de ese país, inclinado a una salida negociada del conflicto, pese a sus discrepancias, ha respetado las decisiones sobre seguridad adoptadas por el presidente Uribe. Ha surgido, sin embargo, en diversos medios brasileños, una percepción bastante extendida de que el conflicto colombiano se ha regionalizado en tal medida que ha llegado a agravarles sus propios problemas de seguridad, incluidos los que desde hace varias décadas han aparecido en las *favelas* de Río de Janeiro. Igualmente, en medios de comunicación y académicos, así como en sectores gubernamentales y no gubernamentales, se insiste en que la internacionalización de la Amazonia ha sido provocada por el conflicto colombiano que ha involucrado a Estados Unidos en la zona, lo que podría transformarse en disputas por el control de recursos como el agua o de los derechos sobre muy diversas especies. Ese contexto adverso presiona contra cualquier entendimiento entre los gobiernos para hacerle frente a los problemas comunes y abre el camino a un fuerte sentimiento anticolombiano.

Por lo que toca a Panamá, los incidentes en la frontera han ido formando la percepción de inseguridad en el gobierno y en la población frente a su vecino colombiano, al que denunciaron en eventos internacionales como "el problema" de seguridad regional. Esta inquietud generó presiones favorables a la permanencia de Estados Unidos en el canal, en momentos en que se consumaba su retiro de territorio panameño, y la amenaza, por parte de Washington, de hacer uso de la enmienda De Concini que, en 1978, fue incorporada al artículo IV del tratado de neutralidad. En gracia a esta enmienda, Estados Unidos se abroga la responsabilidad y el derecho de actuar, de acuerdo con sus propios procedimientos, ante cualquier amenaza que pudiera afectar al canal.[33] Al mismo tiempo, el gobierno panameño anunció el reforzamiento de la presencia policial en la frontera, con la instalación de equipos de vigilancia y una pista de aterrizaje en el Darién, apoyada por Estados Unidos.

---

32 "Respaldo a encuentro de ONU y FARC, en Brasil", en *El Tiempo,* 4 de septiembre de 2003, p. 1-14.

33 "Miedo al contagio narco-guerrillero y a los desplazados", en *El Tiempo*, 23 de agosto de 2000, s. p.

La situación fronteriza motivó incluso el intento, por parte del ministro del Interior de Panamá, de reunir a los vecinos sin la participación de Colombia para analizar alternativas regionales de acción ante este evento, lo que generó tensiones con el gobierno de Pastrana.[34] Estas tensiones se presentaron también frente a situaciones concretas, como la devolución –en 1999, 2000 y 2002– de desplazados colombianos por parte del gobierno panameño,[35] las cuales se agregaron a las mutuas recriminaciones por la falta de control del contrabando de armas que ingresa por esa frontera, proveniente de Centroamérica.

Con el gobierno de Uribe parecería, en cambio, que el entendimiento ha ido pasando a un reconocimiento de la necesidad de acción conjunta entre los dos países. Panamá, como anfitriona, facilitó la intervención de Uribe ante una reunión de presidentes centroamericanos, quienes aceptaron declarar terroristas a las FARC, con el fin de limitar los movimientos financieros y de personal guerrillero, así como los distintos tráficos ilegales que nutren el conflicto colombiano.[36] Previo acuerdo con el gobierno de Uribe se efectuó una nueva devolución de desplazados colombianos por parte de autoridades panameñas. Sin embargo, en la medida en que ese acuerdo no atiende de manera satisfactoria los problemas específicos que han generado tales desplazamientos y que el funcionamiento de los mecanismos de vecindad resulta insatisfactorio, su fragilidad podría impedir un real manejo conjunto de los diversos asuntos complejos de la frontera.

Pese a que el efecto de la problemática colombiana sobre Perú ha sido, por fortuna, limitado, el gobierno de Alberto Fujimori trató de usarla para buscar apoyo a su gobierno y a su reelección. Al mostrar una supuesta extensión del conflicto en Colombia, que amenazaba a su país, Fujimori intentó buscar apoyo en Estados Unidos, esquivar críticas internas por los recortes democráticos, justificar la existencia de unas Fuerzas Armadas poderosas y dotadas

---

34 "Se inicia X cumbre en Panamá", en *El Espectador*, 17 de noviembre de 2000, s. p.

35 "Documento inédito indica que 109 desplazados colombianos, expulsados de Panamá en abril, fueron engañados", en *El Tiempo*, 3 de junio de 2002, p. 1-2.

36 "Presidente Álvaro Uribe inició reunión con mandatarios en Panamá", en *El Tiempo*, 11 de febrero de 2003, p. 1-3.

de atribuciones excepcionales, consolidar el papel de Vladimiro Montesinos y ocultar la mezcla de funcionarios oficiales y del Ejército de Perú con un gran contrabando de armas hacia las FARC (Basombrío Iglesias, 2000). La maniobra fracasó y contribuyó a la caída de su gobierno.

El presidente Alejandro Toledo, en cambio, apoyó el Plan Colombia y la política de paz de Pastrana, y luego le ha dado su respaldo a la estrategia de seguridad de Uribe. Además de profundizar en la militarización de la frontera, desde octubre de 2002, los dos gobiernos firmaron un acuerdo de cooperación policial para combatir las actividades ilícitas en los ríos fronterizos comunes y el tráfico aéreo de estupefacientes. La convergencia de su gobierno con las políticas estadounidenses ha facilitado el entendimiento con el gobierno de Uribe.

En suma, por los efectos del conflicto colombiano, por las políticas de los gobiernos de este país y las actuaciones estadounidenses, así como por su propia problemática interna, con frecuencia los vecinos de Colombia han eludido el examen de su propia responsabilidad en el control a la circulación de material bélico, precursores, drogas y dineros ilegales, que nutren el conflicto colombiano. En ocasiones, desestiman la articulación de estos flujos con sus propios problemas internos, mientras criminalizan de manera unilateral a Colombia por el problema de las drogas y por las redes transnacionales en las que éste se apoya, cuyo control escapa a las posibilidades de un solo país. Además, por cansancio con lo que perciben como un endoso de responsabilidades, varios gobiernos han ido buscando adaptaciones pragmáticas a los problemas que el conflicto les genera o a las interacciones que sus nacionales crean con éste. Algunos, incluso, han tomado sus propias iniciativas de diálogos o acuerdos con las guerrillas, haciendo caso omiso o yendo en contravía de la estrategia emprendida por el gobierno elegido por los colombianos. Muchas de estas posiciones han terminado por convertirse, bien sea por acción o por omisión, en un estímulo a la regionalización del conflicto en sus diferentes acepciones.

Injerencia estadounidense y desarrollo de su propio proyecto de seguridad regional

Desde fines de los años noventa, Estados Unidos ha encontrado en el aumento del conflicto y de su mezcla con el problema transnacional de las drogas, así como en las difíciles circunstancias de cada país andino y de sus interacciones con el conflicto en Colombia, una oportunidad para avanzar en su interés de transformar el norte de Suramérica de área de su influencia a perímetro de su seguridad. Para lograrlo ha impuesto una relación estrictamente bilateral con cada país andino en el manejo de los problemas de drogas y seguridad. Esa política ha dificultado el mutuo entendimiento entre los países de la región para hacerles frente a los efectos del conflicto y a otros muchos problemas compartidos.

La política estadounidense que señalamos venía desarrollándose desde fines de los años ochenta, cuando Washington empezaba a convertir el tráfico de drogas en amenaza a su seguridad y cuando fracasaron los intentos andinos de concertar posiciones para enfrentar conjuntamente esas negociaciones. Luego, pese a los esfuerzos realizados en el marco de las Naciones Unidas por países como Colombia para lograr un manejo multilateral del problema, Estados Unidos impuso su propia concepción y tratamiento del asunto. Washington ha exigido a cada país aplicar los mismos dispositivos para desarrollar la represión militar de la oferta, la política de erradicación y fumigación de cultivos de uso ilegal y el control del tráfico de drogas. Con certificaciones unilaterales ha sancionado a los países que, a su juicio, han incumplido en la lucha contra ese flagelo, y mediante la entrega de recursos destaca la labor de quienes considera buenos colaboradores en el desarrollo de su estrategia.

En el caso colombiano, desde el gobierno de Samper, la administración de Bill Clinton aprovechó el ingreso de dineros ilícitos a la campaña del primero y la polarización nacional para presionar al gobierno de Colombia y hacer avanzar sus propias políticas antidrogas. Pese a las acciones emprendidas por Samper contra el Cartel de Cali y contra las marchas cocaleras, que fueron tratadas como un problema delictivo, y pese a las fumigaciones, Washington descertificó por dos años consecutivos la lucha de Colombia contra las drogas. En 1998, intranquilo por la agudización del conflicto interno y la creciente inestabilidad institucional, Estados Unidos le otorgó a Colombia la certificación antidrogas.

Para conjurar la "amenaza a la estabilidad regional", que, según Washington, ya representaba el conflicto colombiano, la administración de Clinton duplicó el monto de los recursos aportados para consejeros, equipos, servicios de información e instrucción para la Policía colombiana. Luego, durante el primer año de gobierno de Pastrana le dio certificación plena a Colombia en la lucha antidrogas, respaldó las negociaciones con la guerrilla e incrementó el envío de equipo bélico y asesores militares. Así, los recursos aportados convirtieron a Colombia, en 2000, en el tercer receptor de la 'ayuda' estadounidense en el ámbito internacional, después de Egipto e Israel, y en el primero por fuera del Medio Oriente. Los aportes triplicaban los recursos antinarcóticos que recibía Perú como segundo receptor y cuadruplicaban los destinados a México, tercer destinatario de la 'ayuda' estadounidense en la región.

Simultáneamente, el zar antidrogas de la época, Barry McAffrey, visitó a todos los gobiernos y fuerzas militares de la región para llamar la atención sobre el conflicto colombiano, calificado por el general (r) como "la principal amenaza a la seguridad regional y hemisférica", y para propiciar la creación de un cordón sanitario que aislara a Colombia ante el presunto riesgo de expansión de su conflicto hacia los países vecinos. Después, otros funcionarios estadounidenses han sugerido la posibilidad de construir una fuerza multilateral para contener el peligro, y distintas agencias estadounidenses han negociado con cada país colindante de Colombia la instalación de radares y bases para su política antinarcóticos. Venezuela rechazó los sobrevuelos de aviones estadounidenses antinarcóticos mientras Ecuador aceptó instalar la base militar de Manta. Asimismo, funcionarios estadounidenses han discutido de manera bilateral con cada uno de los países vecinos de Colombia sobre los efectos del conflicto, y el Plan Colombia entregó 180 millones de dólares para los países colindantes, exceptuando a Venezuela.

George W. Bush amplió el enfoque regional, y en 2001 la Iniciativa Regional Andina de lucha contra las drogas dispuso un poco más de la mitad (53,8%) de sus recursos para todos los vecinos de Colombia, incluidos los que se han mostrado adversos al Plan Colombia y a la política antidrogas estadounidense; el resto (46,2%) los destinó para Colombia. Luego de los ataques del 11 de septiembre de 2001 y de la respuesta estadounidense, que desplazó, en cierta medida, la cruzada antinarcóticos o por lo menos la articuló con la campaña antiterrorista, convertida en tema central de la agenda global, la situación de Colombia ha sido de nuevo utilizada por

Washington como punto de apoyo para la implementación en el hemisferio de su actual política. Baste recordar que, ya desde antes, los atentados de las FARC contra ciudades e infraestructura esencial del país habían facilitado que Washington declarara terroristas a los grupos guerrilleros y luego tuviera que hacerlo también con los paramilitares. Con esos argumentos, Estados Unidos ha reforzado su presencia militar en Colombia y su enfoque regional de los problemas de seguridad.

El primer destinatario de los recursos estadounidenses ha sido Colombia, seguido de Perú y Bolivia, los cuales, aunque no son los más afectados por el conflicto, sí están involucrados en mayor medida en el problema de las drogas ilegales. Ecuador se ha sentido discriminado en el monto de recursos recibido, al tiempo que Estados Unidos ha denunciado que las Fuerzas Armadas ecuatorianas estarían involucradas en tráficos que nutren el conflicto colombiano y que Quito no haría lo suficiente para impedirlo. El presidente Lucio Gutiérrez pidió a Estados Unidos un Plan Ecuador, mientras su reemplazo, luego de fuertes críticas, ha dicho que mantiene los acuerdos con Estados Unidos.

Así, la mayor parte de los vecinos han quedado presos en varias encrucijadas. Por una parte, cuestionan la opción de los gobiernos colombianos de recurrir al apoyo financiero y militar estadounidense que le permite a Washington presionar a la región para que participe en sus cruzadas globales, apoyar el seguimiento y captura de guerrilleros en países colindantes y formular amenazas desde Bogotá a los vecinos que no cooperen con sus planes. Pero, por otra parte, como no acoger el enfoque de Estados Unidos tiene un costo muy alto, casi todos se pliegan a la voluntad de Washington. A la par con sus críticas, la mayor parte de los gobiernos andinos no ha vacilado en aceptar o incluso solicitar recursos estadounidenses para atender los efectos del conflicto colombiano, el posible deslizamiento de cultivos y laboratorios de procesamiento de droga a su territorio, así como la penetración de desplazados a través de sus fronteras.[37]

---

[37] La misma política antidrogas estadounidense provoca el traslado y la expansión regional del problema. En Perú, el derribamiento de avionetas, y en Bolivia, la sustitución de cultivos, empujaron buena parte de la producción y procesamiento de la hoja de coca hacia Colombia.

Consideraciones finales

Durante la Guerra Fría, por convicción o por presión, los distintos gobiernos latinoamericanos enmarcaron en el anticomunismo sus problemáticas internas, las de sus vecinos y la injerencia estadounidense en ellos. Esa mirada cambió cuando las élites gobernantes sintieron que tal perspectiva puede tener implicaciones negativas en su propio suelo, por el aumento de conexiones de su situación interna con conflictos en países cercanos o por la injerencia estadounidense.

Frente al caso colombiano, hasta finales de los años ochenta, los representantes oficiales de la región compartieron tácitamente la inscripción del conflicto en la lucha anticomunista que hacían los gobiernos de Colombia, y cuando los grupos armados ocasionalmente los afectaron, asumieron que se trataba de un enemigo común al que había que enfrentar de manera conjunta con el Estado colombiano. En la primera mitad de la década de los noventa, Estados Unidos empezó a ver los conflictos bajo el lente antinarcóticos, definido como su principal problema de seguridad; sindicó a Colombia de ser fuente de su inseguridad, y, a partir del involucramiento del país –en particular de los actores armados ilegales en el problema de las drogas– inscribió allí su lectura del conflicto.

Tras el 11 de septiembre de 2001, el conflicto ha sido inscrito en la cruzada antiterrorista. La actitud de la mayoría de los vecinos pasó a ser la de repetidores de dicha sindicación y la de meros espectadores, actitud que se avenía muy bien con el nuevo espíritu de individualismo nacional, despreocupado ante la suerte de los demás o dispuesto a sacar partido de sus males (Restrepo, 2004). A fines de la década de los noventa, en cambio, en razón del agravamiento del conflicto y del aumento de sus efectos en países vecinos, de las opciones adoptadas por los gobiernos colombianos y del involucramiento de Estados Unidos en el país, han surgido temores en los vecinos y señalamientos de una extensión regional del conflicto (Bonilla, 2004) junto con la presencia estadounidense en zonas andino-amazónicas. Por eso y por la llegada al poder en varios países suramericanos de gobiernos con perspectivas políticas muy distintas a las de sus homólogos colombianos, los vecinos suramericanos no han acompañado la calificación de las guerrillas como terroristas, y varios se han resistido a llevar a cabo acciones conjuntas con el gobierno colombiano para enfrentar los problemas comunes en las fronteras con el argumento de que puede involucrarlos en el conflicto.

La regionalización del conflicto colombiano no puede reducirse a la versión de Washington de un presunto *spill over,* según el cual éste se estaría derramando hasta expandirse a toda la región, por lo que se habría convertido en su principal amenaza (Millet, 2002, y Rabasa y Chalk, 2001). Esta tesis oculta más de lo que aclara. Encubre las complejas interacciones de importantes ámbitos de los países vecinos con los actores armados colombianos o con redes transnacionales que alimentan el conflicto, mediadas tanto por las acciones y omisiones de sus gobernantes como por los imaginarios de sus poblaciones. Exagerar la extensión del conflicto y no considerar las relaciones que se desarrollan en torno a éste expresa intereses contradictorios.

A Estados Unidos le sirve para hacer avanzar su estrategia, aprovechando la confrontación colombiana, la crisis andina y la mutua recriminación entre los países contiguos. A los gobiernos colombianos les ayuda a buscar recursos externos, a reiterarles a sus vecinos que la seguridad de Colombia es su propia seguridad y a solicitarles la adopción de determinadas medidas. A las guerrillas y los paramilitares les facilita el chantaje a los países colindantes, con el fin de que no apoyen las medidas de los gobiernos colombianos, a riesgo de sufrir las represalias. A varios gobiernos de países colindantes les ayuda a ajustar sus relaciones con Estados Unidos, a avanzar en sus negociaciones con Washington y a conseguir recursos adicionales.

Al observar el denso entramado local, nacional o binacional en que se manifiesta el conflicto, puede apreciarse que la problemática de seguridad regional no se reduce a la mera difusión de una epidemia que, a partir de la confrontación colombiana, contaminaría a los demás países del área. Indica que, en un contexto internacional adverso y en medio de una aguda crisis de cada uno de los países de la región, los problemas de uno de ellos alcanzan repercusiones inesperadas en el otro.

El conflicto colombiano, por ser el conflicto interno más prolongado, más agudo y de mayor amplitud en la región, tiene efectos más graves: articula diversos procesos a partir de las dinámicas existentes en ambos lados de las zonas fronterizas, es utilizado por sectores gubernamentales vecinos en sus propias situaciones críticas y sirve de catalizador de intereses nacionales o regionales. Por lo tanto, los efectos del conflicto dependen no sólo de la capacidad de los actores armados colombianos, sino también de otros factores: la estrategia estadounidense, la política y las acciones colombianas frente a la confrontación y sus consecuencias, los problemas internos de cada país, la situación de cada zona fronteriza, la actuación de los vecinos tanto frente a los efectos del conflicto como ante la problemática binacional o transnacional específica en la que se articulan sus nacionales y la percepción que de las guerrillas colombianas tengan diversos sectores suramericanos. No asumir esa compleja maraña ha generado una cadena de tensiones adicionales e innecesarias en las relaciones de vecindad y ha impedido hacerles frente común a los problemas tanto de las zonas fronterizas como de las redes globales de delincuencia organizada; estas últimas articuladas a distintas problemáticas nacionales: crisis social, falta de empleo, corrupción, problemas de gobernabilidad, polarización política, etc.

Existen otros factores que –según muestran trabajos realizados en las fronteras de Colombia con Ecuador y Venezuela– contribuyen al mayor o menor efecto o interacción del conflicto y los países vecinos de Colombia. En primer lugar, cuenta el carácter de la zona fronteriza específica: su extensión, la presencia o ausencia de los respectivos Estados, el grado de desarrollo institucional, el fuerte o débil entramado social local e interfronterizo. De suerte que donde existen sólidos lazos entre las comunidades y autoridades locales de ambos lados de la frontera, hay un mayor potencial de amortiguamiento de los impactos de la violencia y la crisis, así como una mayor capacidad para defender derechos, bienes, servicios e infraestructura locales, y para avanzar en iniciativas civiles que contribuyan a aliviar los efectos del problema. En cambio, cuando la presencia institucional es débil y el tejido sociocultural es incipiente o está ausente, la vulnerabilidad e inseguridad fronterizas se acrecientan.

En segundo lugar, incide el grado de conflicto limítrofe que haya existido o exista entre los respectivos países, la mutua confianza o desconfianza entre los centros políticos y las fuerzas armadas de ambos lados y las convergencias o divergencias políticas entre los gobiernos en el poder. Justamente por esas razones se ha hecho más explosivo el caso colombo-venezolano.

En tercer lugar, influye el funcionamiento y la eficacia de los mecanismos locales, binacionales o subregionales para atender la agenda binacional y para hacer frente, de manera conjunta, tanto a los efectos del conflicto como a los nexos que desde el otro lado de la frontera se establecen con éste. En algunos casos, estos mecanismos carecen de la diligencia necesaria, como acontece en las comisiones de vecindad de Colombia con Perú o con Brasil, o son insuficientes para enfrentar los problemas, como sucede en las comisiones de Colombia con Ecuador y Panamá; mientras en otros casos, los canales de diálogo se paralizan por los desacuerdos existentes entre las capitales, como ocurre frecuentemente con las comisiones presidenciales colombo-venezolanas. Cuando estas comisiones se ponen en marcha con un serio compromiso conjunto en los altos ámbitos del Estado, la acción gubernamental dispone de instrumentos más aptos para encarar los problemas comunes, que inmediatamente disminuyen su magnitud y su carácter explosivo.

En cuarto lugar, las repercusiones del conflicto en los países vecinos dependen del tipo de apoyo internacional, que puede acercar a los vecinos y permitirles enfrentar la situación, como sucedió en el caso centroamericano, o, por el contrario, alejarlos, como sucede hoy en Colombia con relación a sus vecinos.[38]

Además de los efectos negativos del conflicto en los vecinos, son muchas y muy variadas las malas señales que se les emite desde Colombia. Las crisis del gobierno de Samper estimularon ansiosos llamados oficiales y privados de ayuda internacional para hacer frente al desbordamiento de la situación. Durante el gobierno de Pastrana, ante el agravamiento del conflicto y el estancamiento de los diálogos, el caso Colombia entró en la agenda de los organismos multilaterales, globales y regionales, y el Plan Colombia implicó a Estados Unidos en el conflicto y en el manejo bilateral de las reacciones de los vecinos. El gobierno de Uribe ha unido su acción interna a la cruzada antiterrorista global, y se ha sumado así a esa ideología estadounidense y ha cifrado en ella buena parte de sus

---

[38] Un estudio ecuatoriano muestra cómo los efectos del conflicto y sus interacciones han estimulado una mayor presencia institucional del Estado ecuatoriano en la frontera con Colombia, la cual ha sido posible gracias a los recursos provenientes de la comunidad internacional, destinados a la unidad de desarrollo de la frontera norte (Andrade, 2002).

acciones, aun a costa de importantes tradiciones de la política exterior nacional y de desconocer las tendencias que avanzan en vía contraria en el vecindario.

Todo lo anterior ha aumentado la incomprensión y malestar de la región con la situación colombiana, y enajena su disposición para concertar acciones conjuntas frente a problemas comunes. Se ha impuesto la mutua recriminación y han surgido brotes de xenofobia y el señalamiento de Colombia como el país responsable de todos los males que acontecen en la región. Si en los países del norte la existencia del conflicto y del problema de las drogas ha servido para estigmatizar a los colombianos del común, entre los vecinos estos mismos problemas han conducido, además, al señalamiento y al aislamiento de los últimos gobiernos de Colombia.

Varias son las razones que explican este tipo de actuación de Colombia y sus vecinos frente a una problemática tan compleja como la que está viviendo la región. Ante todo, existen imperativos mayores derivados del contexto político internacional, que si bien no constituyen una causalidad determinante de las opciones adoptadas por los gobiernos en cuestión, sí condicionan sus decisiones y actuaciones: incentivan cierta toma de posiciones, delimitan los márgenes dentro de los cuales éstas pueden moverse y aunque no impiden por completo su trasgresión, sí las hace muy costosas.

Otro imperativo derivado de las actuales tendencias globales y que tiende a romper cualquier solidaridad, porque genera en cada uno inestabilidad económica, incertidumbre política y turbulencia social, es la imposibilidad de la región andina de lograr formas positivas de inserción internacional. Pese a los altos costos del ajuste al que han estado sometidos durante más de una década, ha aumentado la pobreza y se han agudizado muy diversas tensiones internas, acumuladas durante años en cada uno de los países de la región. La globalización no ha estimulado complementariedades recíprocas, sino una mayor competencia entre vecinos, que aún tienen pendientes diferendos fronterizos o problemas de control del territorio, que les impide pensar en compartir soberanías o regímenes cooperativos frente a problemas comunes de seguridad.

Prevalecen, entonces, los intereses meramente nacionales y de corto plazo sobre una visión política colectiva. Los más de treinta años de integración andina no han generado lazos sociales, culturales o políticos de acción conjunta. Los cerca de cuarenta años del Tratado de Cooperación Amazónica tampoco han dotado a la región de instrumentos de cooperación para afrontar problemas de seguridad comunes, aunque en los últimos años Brasil ha definido su relación suramericana como uno de los principales ejes de su política internacional, e intenta sentar las bases regionales para su liderazgo internacional.

Frente a la dificultad regional para acordar una posición conjunta con respecto a Colombia, la iniciativa ha quedado en manos de Estados Unidos, que, en problemas compartidos por los países vecinos, ha impuesto un manejo bilateral contraproducente para lograr el apoyo a sus propias estrategias. Así ha sucedido en el caso de la droga, pues en lugar de reducir el problema, lo ha ido trasladando de un lugar a otro, ha aumentado los índices de corrupción, ha consumido recursos y esfuerzos, ha debilitado las precarias instituciones de la región y, en el caso colombiano, les ha dado poder interno a los actores armados ilegales. Con la cruzada antiterrorista global, Washington avanza en pro de confusos intereses que incrementan su intervención militar unilateral, mientras desestima las causas internas de los conflictos y las dinámicas que lo alimentan.

La situación colombiana o los diversos problemas de inseguridad regional no se pueden seguir manejando con las reacciones defensivas individuales o con la política bilateral estadounidense. En beneficio de toda la región, Colombia requiere un acompañamiento regional para la búsqueda de una solución al conflicto, que continúa siendo interno y que no se trata de una confrontación regional o internacional, así hayan aumentado sus conexiones en el vecindario o con asuntos globales.

Es de esperar que, más temprano que tarde, se encuentre una forma conjunta de hacer frente a fenómenos transnacionales y que se avance en la construcción de relaciones de vecindad mucho más proactivas. De lo contrario, además de agravar viejos problemas en todas las fronteras, se fortalece un círculo vicioso mediante el cual se reproduce y dinamiza el conflicto en Colombia y se multiplican sus repercusiones negativas y sus interacciones con los países vecinos. Por lo tanto, superar la regionalización ambigua generada por el conflicto es ante todo tarea colombiana, pero ésta no se podrá realizar sin el apoyo de los vecinos y de la comunidad internacional.

Bibliografía

Andrade, Pablo (coord.). 2002. *Diagnóstico de la frontera Ecuador-Colombia*, Quito, Centro Andino de Estudios Internacionales, de la Universidad Andina Simón Bolívar.

Basombrío, Carlos Iglesias. 2000. "¡Como te usan, Colombia!", en *Idéele*, No. 122.

—. 1999. "¡Nos duele Colombia! (...y lo que menos necesita es la soberbia fujimorista)", en *Idéele*, No. 115.

Bonilla, Adrián. 2004. "Las dimensiones y las condiciones de regionalización del conflicto colombiano", en *Dimensiones territoriales de la guerra y la paz en Colombia*, Bogotá, RET de la Universidad Nacional, pp. 133-143.

—. 2001. *Vulnerabilidad internacional y fragilidad domestica: la crisis andina en perspectiva regional*, Quito, Flacso Ecuador.

"Brasil y Colombia firmaron acuerdo de seguridad fronteriza". 2003. *El Tiempo*, 28 de junio, p. 1-6.

Cardozo de da Silva, Elsa. 2004. "Venezuela ante el conflicto colombiano", en *Dimensiones territoriales de la guerra y la paz en Colombia*, Bogotá, RET de la Universidad Nacional, pp. 83-117.

Colombia, Dirección de desarrollo territorial del DNP. 2001. *Colombia y sus fronteras: políticas de frontera, caracterización regional socioeconómica comparada por países y departamentos fronterizos*, Bogotá, No. 42.

Council on Foreign Relations. 2004. *Andes 2020. A New Strategy for the Challenges of Colombia and the Region*, s. l, Council on Foreign Relations Press.

Cubides, Fernando. 1998a. "Los paramilitares como agentes organizados de violencia. Su dimensión territorial", en Cubides, Fernando; Olaya, Ana Cecilia, y Ortiz, Carlos Miguel (eds.). *La violencia y el municipio colombiano. 1980-1997*, Bogotá, Facultad de Ciencias Humanas de la Universidad Nacional.

—. 1998b. "Presencia territorial de la guerrilla colombiana. Una mirada a su evolución reciente", en Cubides, Fernando; Olaya, Ana Cecilia y Ortiz, Carlos Miguel (eds.) *La violencia y el municipio colombiano. 1980-1997*, Bogotá, Facultad de Ciencias Humanas de la Universidad Nacional.

Cubides, Fernando; Olaya, Ana Cecilia, y Ortiz, Carlos Miguel. 1998. *La violencia y el municipio colombiano. 1980-1997*, Bogotá, Facultad de Ciencias Humanas de la Universidad Nacional.

"Documento inédito indica que 109 desplazados colombianos, expulsados de Panamá en abril, fueron engañados". 2002. *El Tiempo,* 3 de junio, p. 1-2.

"Ecuador y Perú ofrecen ayuda a presidente Uribe". 2002. *El Tiempo,* 12 de julio, p. 1-8.

Embajada de Estados Unidos en Colombia. 2001. *Los Andes en peligro. Consecuencias ambientales del narcotráfico,* Bogotá.

"Encuentro Gutiérrez-Uribe". 2002. *El Tiempo,* 30 de noviembre, p. 1-4.

Grupo Consultivo Regional Andino. 2001. *Plan andino de cooperación transfronteriza. Un estudio integral de los pasos de frontera interandinos,* Washington, Banco Interamericano de Desarrollo (BID).

Hirst, Mónica. 2004. "Brasil ante el conflicto colombiano", en *Dimensiones territoriales de la guerra y la paz en Colombia,* Bogotá, RET de la Universidad Nacional, pp.119-124.

International Crisis Group. 2003. *Colombia y sus vecinos. Los tentáculos de la inestabilidad, Informe América Latina*, Bogotá-Bruselas, No. 3.

"La zamba de las FARC". 2000. *Cambio,* 2 de octubre, pp. 34-35.

"Los tentáculos de Granda". 2005. *Cambio*, No. 608, 21 de febrero, pp. 22-24.

Maldonado, Adolfo y otros. 2002. "La fumigación en la frontera ecuatoriana", en *Ilé. Anuario de Ecología, Cultura y Sociedad*, La Habana-Bogotá, Fundación Antonio Núñez Jiménez-Fundación Heinrich Boll, año 2, No. 2, pp. 195-206.

"Miedo al contagio narco-guerrillero y a los desplazados". 2000. *El Tiempo*, 23 de agosto, s. p.

Millet, Richard. 2002. "Colombia's Conflicts. The Spill-Over Effects of a Wider War", en *The North-South Agenda*, Miami, No. 57.

Montúfar, César. *Un enfoque regional para analizar los problemas de seguridad de la región andina. Reflexión a propósito de la vinculación del Ecuador a la dinámica regional del conflicto colombiano*, Quito, Centro Andino de Estudios Internacionales, Universidad Andina Simón Bolívar.

Montúfar, César y Whitfield, Teresa (eds.). 2003. *Turbulencia en los Andes y Plan Colombia*, Quito, Centro Andino de Estudios Internacionales de la Universidad Andina Simón Bolívar.

Nivia, Elsa. 2002. "Las fumigaciones aéreas sobre cultivos ilícitos si son peligrosas", en *Ilé. Anuario de Ecología, Cultura y Sociedad*, La Habana-Bogotá, Fundación Antonio Núñez Jiménez-Fundación Heinrich Boll, año 2, No. 2, pp. 207-222.

"Presidente Álvaro Uribe inició reunión con mandatarios en Panamá". 2003. *El Tiempo*, 11 de febrero, p. 1-3.

"Presidente Álvaro Uribe pide apoyo ciudadano y solidaridad internacional para derrotar al terrorismo". 2003. *El Tiempo*, 10 de febrero, p. 1-5.

"Presidente Álvaro Uribe reclama al mundo por terrorismo en El Nogal". 2003. *El Tiempo*, 8 de febrero, p. 1-3.

Rabasa, Ángel y Chalk, Meter. 2001. *The Colombian Labyrinth. The Synergy of Drugs and Insurgency and its Implications for Regional Stability*, Washington, s. e.

Ramírez, Socorro. 2005. "Las encrucijadas de la integración. El caso de la frontera colombo-venezolana", en *Siete cátedras para la integración*, Bogotá, Convenio Andrés Bello, pp. 79-127.

—. 2004a. "Colombia y sus vecinos. Integración precaria y mutuas recriminaciones", en Restrepo Moreno, Luis Alberto (dir.) *Síntesis 2002-2003. Anuario Social, Político y Económico de Colombia*, Bogotá, IEPRI-Fescol, pp. 203-224.

—. 2004b. "Colombia y sus vecinos", en *Nueva Sociedad*, Caracas, Fundación Friedrich Ebert Stiftung, No. 192, pp. 144-156.

—. 2004c. "Desarrollo y seguridad en la vecindad andino-brasileña" en Cepik, Marco y Ramírez, Socorro (eds.). *Agenda andino brasileña. Primeros acercamientos*, Bogotá, Fescol-IEPRI, pp. 449-507.

—. 2004d. "El conflicto colombiano y su interacción con las crisis de los vecinos", en *Dimensiones territoriales de la guerra y la paz en Colombia*, Bogotá, Red de Estudios de Espacio y Territorio (RET) de la Universidad Nacional, pp. 57-82.

—. 2004e. "Las fronteras intra-andinas. Avances y retrocesos", en *Comentarios interandinos*, Revista del Centro Andino de Estudios Internacionales, Quito, Universidad Andina Simón Bolívar, No. 5, pp. 147-171.

—. 2003a. "Acercando a los vecinos. Agenda de Seguridad andino brasileña", en *Análisis Político*, Bogotá, IEPRI, No. 50, pp. 51-62.

Ramírez, Socorro. 2003b. "América Latina. Agenda de seguridad andino-brasileña", en *Revista del Sur*, Montevideo, Instituto del Tercer Mundo, pp. 22-23.

—. 2003c. "Conflicto y cooperación en la relación colombo-venezolana", en *Fronteras. Territorios y metáforas*, Medellín, Hombre Nuevo-Instituto de Estudios Regionales (INER) de la Universidad de Antioquia, pp. 365-379.

—. 2003d. "El Plan Colombia. Impacto nacional y regional", en *Pensamiento propio*, Buenos Aires, CRIES, pp. 61-82.

—. 2003e. "Colombia-Venezuela. Entre episodios de cooperación y predominio del conflicto", en Domínguez, Jorge (comp.). *Conflictos territoriales y democracia en América Latina*, Buenos Aires, Siglo XXI-Flacso Chile-Universidad de Belgrano, pp. 203-272.

—. 2002a. "La compleja relación colombo-venezolana. Una coyuntura crítica a la luz de la historia", en *Análisis Político*, Bogotá, IEPRI, No. 46, pp. 116-136.

—. 2002b. "Conexión internacional del conflicto y de la paz", en *Fronteras hermanas*, Medellín, Corporación Ecológica y Cultural, pp. 33-40.

—. 2001a. "Colombia, la crisis andina y la unidad sudamericana", en Restrepo, Luis Alberto (dir.), *Síntesis 2001. Anuario Social, Político y Económico de Colombia,* Bogotá, IEPRI-Fundación Social, pp. 117-126.

—. 2001b. "Fronteras e integración. Aproximaciones conceptuales y aplicaciones al caso colombo-venezolano", en *Espacio y territorio. Razón, pasión e imaginarios*, Bogotá, Red de Estudios de Espacio y Territorio (RET) de la Universidad Nacional de Colombia, pp. 429-452.

—. 1999. "Los planes en política exterior", en Restrepo, Luis Alberto (dir.). *Síntesis 1999. Anuario Social, Político y Económico de Colombia*, Bogotá, Fundación Social-IEPRI-Tercer Mundo, pp. 153-159.

–. 1981. "Papel de las fronteras. Fronteras de papel. La contraguerrilla en el sur del país", en *Controversia*, Bogotá, CINEP, No. 95. pp. 65-118.

—. s. f. *Vecinos latinoamericanos de Colombia: ¿cooperación regional o reacción individual?*, Conferencia internacional Colombia. Caminos para salir de la violencia, Fráncfort, 27-28 de junio de 2003, disponible en http://cgi.server.uni-frankfurt.de/fb03/helfrich/Programm.html.

Ramírez, Socorro y Hernández, Miguel Ángel. 2003. "Colombia y Venezuela. Vecinos cercanos y distantes", en Ramírez, Socorro y Cadenas, José María (eds.) *La vecindad colombo-venezolana. Imágenes y realidades*, Grupo Académico Colombia Venezuela, IEPRI-UCV-CAB, pp. 159-241.

"Refuerzo militar en El Caribe". 2003. *El Tiempo*, 14 de enero, p. 1-5.

"Respaldo a encuentro de ONU y FARC, en Brasil". 2003. *El Tiempo*, 4 de septiembre, p. 1-14.

Restrepo, Luis Alberto. 2004. "Los países vecinos ante el conflicto colombiano", en *Dimensiones territoriales de la guerra y la paz en Colombia*, Bogotá, RET de la Universidad Nacional, pp. 125-132.

"Se inicia X cumbre en Panamá". 2000. *El Espectador*, 17 de noviembre, s. p.

"Uribe busca la inversión española", disponible en http://news.bbc.co.uk/hi/spanish/latin_america/, consultado el 3 de julio de 2002.

"Uribe solicita ayuda en foro económico mundial". 2003. *El Tiempo*, 25 de enero, p. 1-4.

Uribe, María Victoria y Vásquez, Teófilo. 1995. *Enterrar y callar. Las masacres en Colombia, 1980-1993*, Bogotá, Comité Permanente por la Defensa de los Derechos Humanos.

VV. AA. 2001. *El Plan Colombia y la internacionalización del conflicto*, Bogotá, IEPRI-Planeta.

"Violación de soberanía". 1998. *El Tiempo*, 4 de noviembre, s. p.

SEGUNDA PARTE

ACTORES ARMADOS, DINÁMICAS Y ESTRATEGIAS

IV
Las FARC-EP: ¿repliegue estratégico, debilitamiento o punto de inflexión?*

*Eduardo Pizarro Leongómez***

* Este capítulo recoge y desarrolla varios artículos o capítulos de libros publicados por el autor en los últimos dos años (2004a, 2004b, 2004c, 2003a y 2003b).

** Profesor del Instituto de Estudios Políticos y Relaciones Internacionales (IEPRI) de la Universidad Nacional de Colombia.

Resumen

Tras una etapa de crecimiento lento y vegetativo entre 1964 y 1982, en la VII Conferencia las FARC le añaden a su sigla tradicional un significativo EP (Ejército del Pueblo), para simbolizar su decisión de transformar la vieja guerrilla en un ejército capaz de acceder al poder por la vía armada. Dos décadas más tarde, las FARC se habían convertido en el movimiento guerrillero más grande que jamás hubo en América Latina. Sin embargo, su éxito se transformó en su peor pesadilla. El fortalecimiento de las Fuerzas Armadas y el desarrollo de una alianza estratégica entre Colombia y Estados Unidos (el llamado Plan Colombia) condujeron a las FARC –al igual que al ELN y las AUC– a un retroceso en sus proyecciones estratégicas e, incluso, a un serio debilitamiento interno. En consecuencia, Colombia se halla hoy ad portas del fin de su conflicto armado interno.

Palabras claves: FARC, conflicto armado, guerrilla.

Uno de los rasgos más pronunciados de nuestro conflicto armado es su carácter prolongado en el tiempo. Si consideramos la totalidad de los conflictos armados activos actualmente en el mundo (Anexo 1), el colombiano es el más antiguo o, al menos, uno de los tres más antiguos del globo.[1] Todo depende de la fecha que se tome como origen de la actual violencia de carácter político que afecta al país.

A mi modo de ver, existen dos lecturas enfrentadas en la historiografía colombiana. Por una parte, la de aquellos quienes sostienen que el conflicto actual echa sus raíces en el período de la Violencia, y que si bien los protagonistas centrales del enfrentamiento armado han cambiado, existe una continuidad básica entre ese período y la emergencia y consolidación de las guerrillas posrevolución cubana (Waldmann, 1997). Por otra, la de quienes plantean una diferenciación básica entre la guerra civil que enfrentó a los dos partidos tradicionales (1946-1953) y la violencia revolucionaria que emergió desde el triunfo de Fidel Castro, en 1959 (Sánchez, 1991).

[1] La noción de *conflicto prolongado* fue acuñada, inicialmente, para referirse al período de la Guerra Fría, el cual ocupó buena parte de la segunda mitad del siglo XX (Strausz-Hupé *et al.*, 1959). Más tarde, comenzó a ser utilizada para referirse a los conflictos armados que superan la barrera de una o más décadas (Cfr. Licklider, 1995).

Por ello, si tomamos como fecha de inicio la del período de la Violencia (1946), nuestro conflicto bien podría ser considerado el más antiguo del mundo. Si, por el contrario, tomamos como origen el efecto de la revolución cubana y el nacimiento de las denominadas "guerrillas de primera generación" –Fuerzas Armadas Revolucionarias de Colombia (FARC), Ejército de Liberación Nacional (ELN) y Ejército Popular de Liberación (EPL)–, entre 1964 y 1967, solamente dos conflictos –la guerra entre Israel y Palestina y la disputa por la región musulmana de Cachemira, entre India y Pakistán– superan en duración la trágica lucha que afecta a nuestro país. Este dato histórico es fundamental, al menos, por dos razones básicas: en primer término, en esta etapa de gran protagonismo de la comunidad internacional para encontrar vías de solución a los conflictos armados, se ha evidenciado la dificultad enorme para erradicar los conflictos prolongados, en los cuales se desarrollan inercias militaristas para afrontar las diferencias, ciclos difíciles de quebrar de represalias y contrarrepresalias y, ante todo, desconfianzas profundas que dificultan el diálogo y la negociación.[2] En segundo término, es básico subrayar que cualquiera que sea la fecha que escojamos para definir en qué momento surgió el período actual de la violencia política que afecta al país –ya sea 1946 o 1964–, las guerrillas de influencia comunista han estado presentes en ambos períodos. En el primero de manera marginal y localizado en ciertas regiones (particularmente, en el sur del Tolima), mientras que en el segundo de manera más central y con una influencia en todo el territorio nacional.

Recordar, así sea brevemente, esta larga historia que abarca más de cinco décadas es indispensable para comprender de forma plena los rasgos actuales de esta organización armada. Ante todo, la relación

---

[2] El ejemplo más patético es, sin duda, el enfrentamiento entre Israel y Palestina. En los últimos años, sin embargo, varios conflictos prolongados fueron resueltos o, al menos, se hallan en proceso de superación, gracias a la mediación de la comunidad internacional. Ante todo, los enfrentamientos en Angola, Sri Lanka, Sierra Leona y Timor Oriental (véase Anexo 2). La solución negociada de este tipo de conflictos con presencia activa de la comunidad internacional es un dato central para el análisis de las perspectivas futuras del conflicto colombiano. Antes de 1989 la mayor parte de los conflictos se resolvieron mediante el triunfo de una de las partes enfrentadas; por el contrario, a partir de 1989 la inmensa mayoría de los conflictos se han resuelto en la mesa de negociaciones (Walters, 1997).

de las FARC con el tiempo y con el espacio constituyen dos vectores clave de toda guerra irregular (Sullivan y Sattler, 1971). En el caso de Colombia, estas dos dimensiones se van a concretar en la adopción por parte de las FARC de la doctrina maoísta de la "guerra popular prolongada" (manejo del tiempo) y en la "estrategia centrífuga"[3] o de desdoblamiento de los frentes de guerra, con objeto de copar todo el territorio nacional (manejo del espacio).[4] El desdoblamiento de frentes no es arbitrario; por el contrario, constituye una "concreción en el terreno del principio del manejo del espacio que ilumina la guerra de guerrillas: la libertad de movimiento, que es el contenido esencial de toda estrategia militar, se logra extendiendo la confrontación a todo el territorio del país, donde se desarrolla la guerra irregular" (Rangel, 1999: 31).

Mediante esta "estrategia centrífuga" se dispersa el ejército y se compensa su superioridad de hombres (diez a uno), gracias a la sorpresa y a la movilidad. En síntesis, como subraya Sergio Jaramillo:

> El mejor amigo de una insurgencia es el tiempo. Es el tiempo el que le permite desarrollar pacientemente una estrategia de acumulación de fuerza. Y el tiempo a su vez es una función del espacio del que disponga. Mientras mayor sea su libertad de movimiento, mayor será su flexibilidad estratégica para utilizar o conservar su fuerza. Eso lo entienden perfectamente las FARC. (2004: s. p.)

En Colombia existen básicamente dos miradas en torno al balance estratégico del conflicto armado y, por lo tanto, en torno al futuro de la guerra y la paz. Por una parte, la lectura escéptica de Alfredo Rangel, para quien las FARC se hallan intactas y bajo un repliegue estratégico organizado, en que esperan agazapadas en la selva profunda el desgaste de la política de seguridad democrática, para retomar la iniciativa militar (Fundación Seguridad y Democracia, 2004). Por otra parte, la visión triunfalista del Ministerio de Defensa, según la cual las FARC se encuentran en un serio e irre-

---

3 Francisco Gutiérrez considera que la expresión ya convencionalmente empleada en Colombia para referirse a la expansión de la FARC mediante el desdoblamiento de los frentes debería caracterizarse como una *reproducción por fisión*, más que como una *estrategia centrífuga*, expresión que considera equívoca e inapropiada (comunicación personal).

4 Cfr. http://burn.ucsd.edu/~farc-ep/Nuestra_historia/30annos-de-lucha_por_la_paz_.htm.

versible debilitamiento estratégico y en un futuro muy próximo (2006) se van a ver obligadas a sentarse en la mesa de negociación bajo condiciones dictadas por el Estado.

Yo me aparto de ambas visiones. Desde mi perspectiva, si bien el debilitamiento estratégico de las FARC en esta etapa es un hecho indiscutible, la sostenibilidad del proyecto actual de seguridad democrática en los planos social, financiero y político evidencia enormes precariedades. Por ello, dada la débil viabilidad de las FARC para sostener su proyecto insurgente, pues tanto el tiempo internacional como nacional corren en sentido contrario a su objetivo de acceder al poder por la vía de las armas; pero, a su turno, dadas las precariedades del Estado para sostener su esfuerzo contrainsurgente a mediado plazo, nos estamos acercando a la maduración del conflicto para su solución negociada. Es decir, a lo que los especialistas denominan un "empate mutuamente doloroso".[5]

Esta etapa agónica puede ser, sin embargo, larga debido a que estamos presenciando un pulso entre el Estado y las FARC para determinar quién sobrevive en mejores condiciones a este período de costosos enfrentamientos y, por lo tanto, impone las reglas de juego futuras en la mesa de negociación.[6] En pocas palabras, el dilema estratégico tanto para el gobierno como para las FARC es de qué manera van a lograr unos y otros una mayor y más sólida sostenibilidad de su esfuerzo militar –en el caso del Estado– o de su repliegue estratégico organizado –en el caso de las FARC–, pues de este dilema va a depender la futura correlación de fuerzas para rediseñar las ulteriores reglas de juego en el país.

En mi libro reciente (2004a) puse el acento en los desafíos que debe afrontar el Estado colombiano para sostener la viabilidad militar. En este ensayo voy a colocarlo en los desafíos que enfrentan las FARC, y mi tesis central es que si bien en el pasado tanto el manejo del tiempo como del espacio favorecieron su consolidación y expansión –ante todo, durante los años ochenta y noventa–, la situación ha

---

5 Al respecto, véase el capítulo final de mi libro *Una democracia asediada. Balance y perspectivas del conflicto armado en Colombia* (2004a). Recientemente, Ramón Ortiz (2005) publicó un polémico artículo, en el cual critica tanto la aproximación al conflicto de Alfredo Rangel (repliegue estratégico) como la noción de *punto de quiebre*, que he utilizado en mi obra.

6 Daniel Pécaut (2003) captó con mucha sutileza este pulso estratégico en una de sus últimas obras, que lleva por título *Midiendo fuerzas*.

cambiado, y tanto el tiempo como el espacio corren en contra de este grupo armado.

El mito fundacional

Las FARC tienen su origen lejano en los grupos de autodefensa campesina que impulsó el Partido Comunista Colombiano (PCC) a fines de la década de los cuarenta como respuesta a la violencia oficial. A fines de 1949, el XIII Pleno del PCC llamó a los comunistas a "organizar la autodefensa en todas las regiones amenazadas por ataques reaccionarios", los cuales comenzaron a plasmarse en las zonas rurales donde ejercían mayor influencia. El primer núcleo de autodefensa armada apareció en el municipio de Chaparral, en el sur de Tolima. Un año más tarde, se llevó a cabo una alianza entre estos destacamentos embrionarios y los grupos guerrilleros liberales, comandados por Gerardo Loaiza; se creó el Comando del Davis en lo alto del cañón del Cambrín, y se conformó un estado mayor unificado.

Entre 1949 y 1964, el PCC, en consonancia con los cambios de la situación política nacional, va a desarrollar una política cíclica de autodefensa-guerrilla móvil-autodefensa-guerrilla móvil, como se puede observar en la Tabla 1:

Tabla 1. Autodefensa y guerrilla móvil (1949-2005)

Tipo de acción armada	Período	Acontecimiento
Autodefensa y guerrilla móvil	1949-1953 1949-1953	Agravamiento de la Violencia durante los regímenes conservadores de Mariano Ospina Pérez y Laureano Gómez.
Autodefensa	1953-1955	Política de armisticio y amnistía del gobierno militar de Gustavo Rojas Pinilla.
Guerrilla móvil	1955-1958	Agresión militar contra las regiones de influencia comunista: la llamada guerra de Villarrica.
Autodefensa	1958-1964	Política de armisticio y amnistía del gobierno de Alberto Lleras Camargo.
Guerrilla móvil	1964-...	Agresión militar contra las regiones de influencia comunista: la llamada guerra de Marquetalia.

Fuente: Pizarro y Peñaranda (1991).

En 1958, con el inicio del Frente Nacional y la política de paz y amnistía del presidente Alberto Lleras Camargo, las guerrillas comunistas abandonan la movilidad y comienzan a impulsar zonas de "colonización armada" (Ramírez, 1981), bajo la modalidad ya probada en el pasado de organizaciones de autodefensa campesina; pero, tras el cerco militar contra las regiones de influencia de las autodefensas comunistas en 1964, el PCC decide nuevamente transformar estos grupos armados en guerrillas móviles.[7]

¿Cuál fue el origen de estas operaciones militares? En encendidos discursos en el Congreso de la República, el líder conservador Álvaro Gómez Hurtado venía denunciado desde 1961 la existencia de 16 "repúblicas independientes" que escapaban al control del Estado y en las cuales, según su retórica reaccionaria, se estaban construyendo unas zonas liberadas. Se trataba, ante todo, de Marquetalia, Riochiquito, El Pato, Guayabero, Sumapaz y la región del Ariari. Ante esta presión, el presidente conservador Guillermo León Valencia tomó la decisión de exterminar a sangre y fuego estos enclaves comunistas. Como consecuencia del ataque militar, las autodefensas se transformaron en guerrillas móviles mediante la creación del llamado inicialmente Frente Sur (1964) y, dos años más tarde, de las FARC.[8]

El ataque a Marquetalia constituyó el núcleo central del discurso leído, ante la ausencia del jefe máximo de las FARC, Manuel Marulanda Vélez, por el comandante Joaquín Gómez, en el inicio de las negociaciones de paz fracasadas en San Vicente del Caguán. Un solitario y desconcertado Andrés Pastrana tuvo que escuchar en silencio una larga diatriba contra esta lejana agresión militar que se convertiría con el tiempo en el mito fundacional de las FARC. El 27 de mayo de 1964 se llevó a cabo el primer combate en la

---

7 Esta doctrina, que guiará los pasos del PCC durante las décadas siguientes nació tres años antes del ataque a Marquetalia. Al respecto se deben consultar dos textos clave del desaparecido dirigente del PCC, Gilberto Vieira (1988 y 1964).

8 En realidad, desde hacia ya un año y como respuesta a una acción militar desarrollada el 26 de septiembre de 1963 por tropas del Batallón Caycedo en el cañón de la Troja, en el municipio de Natagaima (Tolima), en la cual perecieron 16 campesinos, se había creado ya un núcleo guerrillero bajo el simbólico nombre de 26 de Septiembre.

región de Marquetalia, en la vereda La Suiza, fecha simbólica del nacimiento de las FARC.

Los combates en Marquetalia, que se van a prolongar varias semanas, contarán con un importante contingente militar bajo el mando del coronel Hernando Currea Cubides, comandante de la VI Brigada, con sede en Ibagué. Éste dispuso de la totalidad de los helicópteros con que contaban en ese entonces las Fuerzas Armadas, de compañías del Ejército especializadas en la lucha de contrainsurgencia, de grupos de inteligencia y localización (GIL) formados en la Escuela de Lanceros de Tolemaida y, finalmente, de aviones de combate T-33. Un descomunal esfuerzo militar.

Uno de los debates más agudos en la historiografía colombiana ha girado en torno a la denominación exacta este plan militar. ¿Se llamó Plan Laso o Lazo? Aun cuando el debate gira en apariencia en torno a una letra (s o z), las implicaciones son obviamente más profundas.

Para las Fuerzas Armadas, el proyecto fue elaborado por la propia institución castrense y se denominó Plan Lazo, dado que se trataba de 'enlazar', de llevar a cabo un cerco militar para desactivar las regiones de influencia comunista. Esta postura ha sido defendida con pasión por el general Álvaro Valencia Tovar, uno de los protagonistas de la toma de Marquetalia, en diferentes obras. Para sus críticos, en especial de izquierda, el proyecto se llamó por el contrario Plan Laso (en razón de su denominación en inglés, *Latin American Security Operation*), debido a que el ataque a Marquetalia se habría inscrito en un proyecto contrarrevolucionario global para toda América Latina, impulsado desde Washington.

¿Quién tiene la razón? Ambas partes y ninguna. Como ha mostrado Dennis Rompe (2002), hubo en efecto un plan Laso para América Latina diseñado en Washington en el marco de la política de contrainsurgencia posrevolución cubana que impulsó el gobierno de John F. Kennedy bajo la Alianza para el Progreso. Este proyecto global se 'colombianizó' bajo el nombre de Lazo en la también llamada Operación Soberanía contra Marquetalia y el resto de los enclaves comunistas. Esto es, Laso con *s* fue el diseño estratégico elaborado por los expertos del Departamento de Defensa en Washington y Lazo con *z* fue la adaptación táctica en el terreno de batalla realizada por el Estado Mayor del Ejército nacional.

¿El Plan Lazo (o Laso) constituyó un error estratégico de las élites colombianas, en la medida en que sirvió de detonante para la emergencia de las FARC, como sostuvo Manuel Marulanda en el discurso que nunca pronunció en San Vicente del Caguán? Al respecto, existen dos lecturas encontradas. Por un lado, la de aquellos quienes afirman que la emergencia de las FARC no se hubiera producido si no se hubiera llevado a cabo el ataque contra Marquetalia. Las autodefensas campesinas de influencia comunista se habrían mantenido como tales y, probablemente, con el correr del tiempo se hubieran extinguido lentamente. Ésta es la opinión, por ejemplo, del historiador Pierre Gilhodès, quien sostiene:

> No es exagerado concluir que en Colombia, desde el punto de vista estrictamente militar, se inventó el enemigo en nombre de una respuesta continental [...]. La inspiración vino del exterior en esta ofensiva ideológico-militar de comienzos de los sesenta. Se presionó sobre un presidente débil para tener en la cúspide militar a un oficial de nuevo corte, apto para aplicar una teoría gemela y complemento de la Alianza para el Progreso. (1995: 317)

Gilhodès se refiere al general Alberto Ruiz Novoa, quien dirigió el Batallón Colombia en la guerra de Corea, cuya participación introdujo al Ejército colombiano la idea de que se hallaba inmerso en una guerra civil en la lógica de la Guerra Fría, con lo cual pasamos –según los conocidos términos de Francisco Leal Buitrago– de un Ejército de "adscripción bipartidista" a un Ejército de "adscripción anticomunista".

Por otro lado, los que sostienen la inevitabilidad, tarde o temprano, del nacimiento de las FARC, dado que ya existían en el seno del PCC las tesis para justificar su nacimiento. En efecto, desde el IX Congreso del PCC, celebrado en 1961, se había aprobado la tesis de la "combinación de todas las formas de lucha revolucionaria". En la resolución política se subrayaba:

> La revolución puede avanzar un trecho por la vía pacífica. Pero, si las clases dominantes obligan a ello, por medio de la violencia y la persecución sistemática contra el pueblo, éste puede verse obligado a tomar la vía de la lucha armada, como forma principal, aunque no única, en otro período. La vía re-

volucionaria en Colombia puede llegar a ser una combinación de todas las formas de lucha.[9]

Una de las particularidades de Colombia en el contexto de América Latina fue el nacimiento temprano de guerrillas inspiradas por un partido de izquierda, con amplia antelación a la revolución cubana. Como vimos, los núcleos iniciales emergen a principios de los años cincuenta, y el PCC, ante los cambios de la situación política (Gustavo Rojas, Alberto Lleras), lanza la consigna de transformar las guerrillas móviles en autodefensas campesinas; pero desde ninguna circunstancia la desmovilización y la entrega de armas. Esta tradición de lucha armada sería la base para la transformación del movimiento agrario en fuerza guerrillera, tras el ataque a Marquetalia.

Este punto es todavía objeto de discusión entre los historiadores y analistas del fenómeno guerrillero en Colombia. Lo cierto es que, más allá de si el nacimiento de las FARC estaba o no inscrito en la lógica del desarrollo histórico. El PCC y el cerco militar contra Marquetalia le sirvió a la incipiente organización guerrillera para crear un poderoso mito fundacional. Todavía hoy el órgano de expresión de las FARC se denomina *Resistencia*, a pesar de que en la histórica VII Conferencia de esta organización celebrada en 1982 se le añadió a la sigla FARC la significativa sigla EP (Ejército del Pueblo), para simbolizar el paso de la resistencia defensiva a la ofensiva total hacia la toma del poder político.

Según este mito, las FARC no surgieron por iniciativa propia, sino como resultado de una agresión externa. El movimiento guerrillero incipiente no habría sido el que declaró la guerra al Estado; por el contrario, fue el Estado el que declaró la guerra a las organizaciones agrarias comunistas, las cuales se vieron obligadas a defender su vida mediante las armas. El discurso de Manuel Marulanda en San Vicente de Caguán se inscribe en la lógica propia de esta lectura de la historia.

Mediante este mito histórico, las FARC buscaron siempre desligarse del resto de grupos guerrilleros de la época, las llamadas "guerrillas de primera generación" (EPL y ELN), las cuales habrían surgido con base en la iniciativa política de sectores de clase media urbana

---

9 Esta resolución aparece en el semanario comunista, *Vanguardia del Pueblo*, 25 de octubre de 1961.

radicalizados. Frente al voluntarismo y al foquismo guevarista, las FARC aparecían, por el contrario, como el resultado de una agresión del Estado contra la población campesina. Mediante la construcción de esta visión sobre sus orígenes remotos, las FARC han construido y recreado su justificación histórica, con total autonomía de los cambios que se han producido tanto en el ámbito internacional (el fin de la guerra Fría) como en el interno (la Constitución de 1991 y la apertura democrática).

La VII Conferencia: las FARC-EP

A finales de 1965 se celebra con presencia de 100 combatientes la llamada I Conferencia del Bloque Sur en Riochiquito (Cauca), en la cual se considera "de una extraordinaria importancia la iniciativa de unificar nuestras fuerzas dentro de bloques geográficos determinados". Se tratará de los destacamentos de Riochiquito, Natagaima (26 de Septiembre), El Pato, Guayabero y Marquetalia. Dos años más tarde, en la II Conferencia Guerrillera, celebrada en la región de El Pato (Meta), el Bloque Sur cambia de nombre y pasa a denominarse Fuerzas Armadas Revolucionarias de Colombia (FARC). Ésta es considerada la conferencia constitutiva de las FARC. Para ello, se eligió un Estado Mayor a la cabeza del cual se colocó a Manuel Marulanda como comandante general y a Ciro Trujillo como segundo al mando. Igualmente, se aprobaron el estatuto de reglamento del régimen disciplinario y las normas de comando. El cambio de nombre buscaba expresar la voluntad de este movimiento guerrillero de pasar de una estrategia eminentemente defensiva a una estrategia más ofensiva, para lo cual sus 350 hombres son distribuidos en seis frentes guerrilleros comandados por Manuel Marulanda y Jacobo Arenas, Rigoberto Lozada, Carmelo López, Rogelio Díaz, José de Jesús Rivas y Ciro Trujillo.

Durante este período, las FARC eran concebidas por el PCC como una simple reserva estratégica, para el caso eventual de que se produjera en Colombia un golpe militar y se cerraran todas las vías para la acción política legal. Por ello, esta organización se limita a un crecimiento puramente vegetativo, reflejado en un lentísimo reclutamiento de nuevos miembros y una escasa expansión geográfica. Los recursos económicos con los cuales cuentan las FARC en esta época son muy limitados y su poder de fuego se basa ante todo en las armas que pueden recuperar en el campo de batalla. Al cabo de cuatro años y tras dos nuevas conferencias (Guayabero, 1968, y El Pato, 1970) apenas cuentan con 780 miembros. Ocho años más tarde, tras dos nuevas conferencias (Meta, 1974, y Río Duda, 1978) alcanzan a duras penas la cifra de mil hombres (Vélez, 2000).

La VII Conferencia, celebrada en 1982, en la región del Guayabero (Meta) va a significar un verdadero punto de quiebre en la historia de las FARC. Por una parte, a la sigla tradicional FARC se le va a añadir un significativo EP (Ejército del Pueblo). Por otra parte, se formuló un plan estratégico que todavía conserva su nombre, la Campaña Bolivariana por una Nueva Colombia. Según subraya un documento interno de las FARC, con este cambio de concepción se produjo un "profundo replanteamiento del accionar militar. Por primera vez desde que surgió en Marquetalia la guerrilla revolucionaria, la VII Conferencia le dio al movimiento una clara concepción operacional y estratégica como ejército revolucionario, lo que marcó un reajuste de todos sus mecanismos de dirección y mando".[10] Este cambio operacional se sustentó en el llamado Plan Cisne 3, que combinando inteligencia, planificación, asedio, asalto y copamiento había permitido capturar a 22 militares y recuperar todo su armamento en unos combates desarrollados durante 1980 en la región de Guayabero (Meta). Esta novedosa experiencia será llamada en adelante la Nueva Forma de Operar (NFO).

A partir de la VII Conferencia se inicia un vertiginoso crecimiento de las FARC. Para ello, fueron necesarias dos condiciones: por una parte, el pacto de tregua y cese el fuego bilateral firmado con el gobierno de Belisario Betancur, el 28 de marzo de 1984, el cual duraría tres años. Éste se rompe el 16 de junio de 1987 tras la emboscada y aniquilamiento de una patrulla del Batallón Cazadores por parte de los frentes 14 y 15.[11] La tregua fue utilizada

---

[10] Cf., burn.ucsd.edu/~farc-ep/Nuestra_historia/30annos-de-lucha_por_la_paz_.htm.

[11] En realidad, este hecho sólo fue la gota que desbordó la copa. Ya el cese al fuego se hallaba en crisis por distintas razones, entre ellas el aniquilamiento de la Unión Patriótica. Este movimiento surgió en el contexto de los acuerdos de paz entre las FARC y el gobierno de Belisario Betancur. Su nacimiento fue anunciado por el líder político de las FARC, el desaparecido Jacobo Arenas, y su lanzamiento se llevó a cabo en el primer aniversario

con fines tanto políticos como militares, no sólo para ganar espacios de legitimidad en los escenarios abiertos, sino para fortalecer el aparato militar. Por otra parte, la naciente bonanza de la coca, el banano y la ganadería que, a través del secuestro o la extorsión, daría origen a la sólida "economía de guerra", que habría de construir esta organización en las dos décadas siguientes.

La expansión territorial

La expansión territorial de las FARC ha cambiado con los años. Inicialmente, como lo muestran las investigaciones llevadas a cabo por Camilo Echandía (1999) y Fernando Cubides (Cubides, Olaya y Ortiz, 1998), era posible establecer una relación causal entre las carencias de la población –en términos de necesidades básicas insatisfechas–, la ausencia del Estado y la presencia guerrillera. Las FARC preferían ocupar regiones de colonización donde se presentaban graves vacíos institucionales y serios conflictos agrarios. En estas zonas, el movimiento guerrillero podía aspirar a un apoyo de los colonos, debido a su capacidad para gestar un orden básico y, además, reducir los robos y el abigeato.

A partir de los años ochenta todos los grupos guerrilleros, una vez consolidadas sus áreas de influencia en las regiones de colonización antigua, concebidas como retaguardias estratégicas, dan un salto hacia regiones con significación en el plano económico, con el objeto de buscar ya sea el control directo en la explotación de recursos naturales o la extorsión a sus productores. Camilo Echandía prueba empíricamente este cambio en la tendencia de expansión de la guerrilla, al analizar los municipios con presencia guerrillera, según los indicadores de desarrollo del Departamento Administrativo Nacional de Estadística (DANE). Regiones productoras de banano, oro, petróleo, carbón o coca comienzan a sufrir la presión de los grupos guerrilleros, que buscan fortalecer sus planes estratégicos mediante la apropiación de recursos sustanciales.

Este flujo sin antecedentes de recursos financieros va a permitir el fortalecimiento de los tres grupos guerrilleros de la primera

---

de los acuerdos de paz, el 28 de mayo de 1985, en el Teatro Jorge Eliécer Gaitán, en Bogotá.

generación: las FARC, el ELN y el EPL. En el caso de las primeras, su despegue económico provendrá fundamentalmente del impuesto a los productores de drogas ilícitas, lo cual le va a permitir a este movimiento gestar nuevos frentes armados, ahora con criterios ante todo estratégico-militares: por ejemplo, el control de la cordillera Oriental para intentar cercar y estrangular a Bogotá. La expansión de las FARC, de las zonas de colonización hacia áreas de valor económico y político-militar, ha seguido un definido "patrón de difusión". Ésta es la conclusión a la cual llega Martha Bottía:

> Encontramos bases para creer que existe un proceso de difusión y de ubicación no aleatorio de la guerrilla; este proceso describe su estrategia. Las FARC se ubican alrededor de zonas de antigua colonización, zonas estratégicas a nivel económico y recientemente cerca de centros urbanos, dado que su nuevo objetivo es la urbanización del conflicto armado. (2003: 45)

Al lado de esta expansión hacia zonas de interés económico y militar, el ELN, inicialmente, y las FARC, más tarde, comenzaron un proceso de control municipal mediante la expulsión de la Fuerza Pública, el asesinato o la cooptación de los líderes políticos locales y el dominio de los presupuestos municipales, lo que ha sido denominado con acierto por Andrés Peñate (1999), el *clientelismo armado*. Es decir, la acción militar comenzó a combinarse con un proceso de erosión institucional mediante una sustracción de municipios enteros al control del gobierno central.

La guerra popular prolongada

El manejo del tiempo por parte de las FARC le ha proporcionado a este grupo insurgente una superioridad con respecto al Estado, pues en el marco de la *guerra popular prolongada* ha contrastado con el errático manejo del tiempo por parte de los gobiernos democráticos que se han sucedido en el país en los últimos años. Por un lado, las FARC diseñaron un plan estratégico de largo aliento desde la VII Conferencia de 1982 (la Campaña Bolivariana por una Nueva Colombia), con un equipo dirigente estable. Desde aquella lejana fecha, este equipo dirigente ha sufrido pocos cambios. El 10 de agosto de 1990 fallece Jacobo Arenas y el 7 de septiembre de 2003, Efraín Guzmán, quien fuera sustituido por Iván Ríos (antiguo coordinador del Comité Temático en los diálogos en la zona de distensión).[12] En el Estado, por el contrario, se han sucedido múltiples gobiernos (Belisario Betancur, Virgilio Barco, César Gaviria, Ernesto Samper, Andrés Pastrana y Álvaro Uribe), lo cual ha significado no sólo cambios en los equipos de gobiernos, en sus prioridades, sino, sobre todo, en la orientación del orden público. Como sostiene Alfredo Rangel, el patrón ha sido el mismo: en cada uno de estos gobiernos ha habido un período inicial de negociaciones de paz y un período final de guerra total. Al respecto, Philip Mauceri (2004) ha subrayado en distintos ensayos que a diferencia de Perú, donde hubo un solo patrón para enfrentar el desafío insurgente del Movimiento Revolucionario Túpac Amaru (MRTA) y Sendero Luminoso, desde 1980 (Fernando Belaúnde, Alan García, Alberto Fujimori, Valentín Paniagua y Alejandro Toledo), en Colombia ha habido constantes vaivenes en el manejo del orden público.[13]

En la guerra irregular no coinciden las estrategias del Estado y las de la guerrilla. Mientras el primero busca ganar la guerra a corto término, la guerrilla busca no perderla, con el objeto de desgastar al adversario en el largo plazo. Para ello, la guerrilla aplica las cuatro reglas de oro de la guerra insurreccional: (a) nunca aceptar un combate frontal con un enemigo provisto de un poder de fuego superior. La guerrilla es consciente de que toda ofensiva prolongada puede afectar a mediado plazo a su adversario, pues éste debe administrar el territorio ocupado, dispersar sus fuerzas y buscar mantener sus líneas de suministro. Entonces, se arriesga a emboscadas continuas, desmoralización y desgaste de las tropas; (b) atacar únicamente cuando se tiene una superioridad garantizada. Esta máxima presupone que el Estado ha dispersado sus fuerzas y los insurgentes las pueden concentrar rápidamente en cualquier lugar con alta movilidad, libertad de movimiento y paciencia. Para ello requieren la complicidad de la población y un terreno quebrado y boscoso; (c) nunca comprometer la totalidad de la fuerza en una sola

---

12 El Secretariado del Estado Mayor Central está compuesto actualmente por siete miembros (Manuel Marulanda, Timoleón Jiménez, Raúl Reyes, Iván Márquez, Alfonso Cano, Jorge Briceño e Iván Ríos), y dos miembros suplentes, uno de los cuales es Joaquín Gómez.

13 Este debate lo desarrolla en este mismo libro, Luis Alberto Restrepo, en el capítulo titulado "Los arduos dilemas de la democracia en Colombia".

batalla, y (d) replegarse de inmediato si las pérdidas son excesivas, incluso si se está ganando una batalla.[14]

En otras palabras, mientras que las FARC supieron administrar durante años sus fuerzas en un proyecto de largo alcance, con el objeto de ir acumulando hombres, armas, territorios y recursos financieros con paciencia; el Estado, desesperado ante la ausencia de resultados a corto plazo, se desgañitaba en medio de la incoherencia total. Todo habría de cambiar a partir de 1998, año en el cual se presentó un punto de inflexión en el terreno militar y, en especial, a partir de 2002, cuando se produciría otro punto de inflexión, pero en el terreno político (Valderrama, 2004). Durante el gobierno de Álvaro Uribe, el modelo pendular (negociación-guerra total) ha cambiado de manera radical, dado que a diferencia de sus antecesores, Uribe ha colocado el debilitamiento estratégico de la guerrilla como su plan A y una eventual negociación futura como su plan B.

De guerrilla a ejército: la VIII conferencia

En las primeras dos décadas de las FARC, su éxito para sobrevivir y expandirse se debía, en buena medida, a la política de desdoblamiento y multiplicación de los frentes guerrilleros, a lo largo y ancho del territorio nacional. Mediante esta estrategia centrífuga habían logrado alcanzar dos objetivos de enorme valor para el futuro: por una parte, extender el espacio de la lucha militar dispersando al Ejército; por la otra, extender sus tentáculos desde sus santuarios estratégicos iniciales en las zonas de colonización hacia regiones con enorme potencial económico o con gran valor estratégico en el plano militar.

Tras el ataque a La Uribe contra la sede del Secretariado de las FARC, el 9 de diciembre de 1990 (Operación Centauro II) y la declaración de "guerra integral" por parte de la administración de Gaviria (1990-1994), se inicia una profunda transformación de las

14 Estas máximas de la guerra irregular que han constituido en el pasado los ejes de la acción de las FARC se ha transformado nuevamente en su modus operandi, particularmente en el sur del país, para enfrentar el llamado Plan Patriota. Para luchar con la tropa en su retaguardia estratégica, las FARC han preparado en cada frente unidades de francotiradores y han sembrado extensos campos minados con objeto de contener el avance de la tropa, desgastarla con decenas de bajas y desmoralizarla a la espera del agotamiento de la política de seguridad democrática.

FARC: el paso de la guerra de guerrillas a la guerra de movimientos. Para ello trasladaron de La Uribe a los Llanos del Yarí (Caquetá) su vieja escuela militar, denominada Hernando González.[15] En ésta, se van a preparar los futuros mandos operacionales destinados a la dirección de los bloques regionales y, en particular, a las nuevas unidades militares de élite, como las guerrillas móviles y las compañías. Estos "oficiales de escuela militar" van a ser destinados a unidades militares de mayor tamaño que en el pasado, por lo cual las FARC comienzan a concentrar un número enorme de su fuerza en el sur del país. En esta amplia región se pasa de una estrategia centrífuga a una estrategia centrípeta, consistente en crear unidades militares capaces de cercar y aniquilar bases y tropas de élite del Ejército oficial. La doctrina militar de las FARC, aprobada en la VII Conferencia y denominada NFO, va a encontrar en este nuevo contexto un terreno apropiado para desplegar plenamente sus potencialidades. Los éxitos en el terreno de batalla van a ser impactantes: Las Delicias (Putumayo), La Carpa (Guaviare), Patascoy (Nariño), El Billar (Caquetá), Miraflores (Guaviare), La Uribe (Meta) y tantos otros.

Estos cambios estratégicos fueron el eje de la discusión en la VIII Conferencia, celebrada entre el 11 y el 18 de abril de 1993. Los principales puntos aprobados en esta reunión son los siguientes: primero, se toma la decisión de construir un ejército guerrillero capaz de propinarle a las Fuerzas Militares derrotas con un claro y contundente valor estratégico. Para ello se crean los bloques regionales y comandos conjuntos,[16] se diseñan las compañías móviles de

---

[15] En 1964, el PCC envió a Marquetalia dos comisarios políticos: uno a nombre del partido, el ex dirigente sindical de Santander, Jacobo Arenas, y otro a nombre de la Juventud Comunista, Hernando González, estudiante de Derecho en la Universidad Libre en Bogotá. Este último murió en combate contra las Fuerzas Militares, en la región de Riochiquito el 23 de septiembre de 1965.

[16] En los frentes de guerra, cuatro miembros del Secretariado Nacional de las FARC ocupan los cargos de liderazgo: Guillermo León Sáenz Vargas ('Alfonso Cano'), en el Bloque Central; Jorge Briceño Suárez ('Mono Jojoy'), en el Bloque Oriental; Milton de Jesús Toncel Redondo ('Joaquín Gómez'), en el Bloque Sur, y, Luciano Marín Arango ('Iván Márquez'), en el Bloque Noroccidental. Los tres bloques restantes son dirigidos por otros miembros del Estado Mayor: el del Magdalena Medio, por Félix Antonio Muñoz Lascarro ('Pastor Alape'); el del Caribe, por Hermilo

combate y el comando general destinado a dirigir la nueva ofensiva militar contra el Estado. Segundo, se reafirma el objetivo anunciado en la conferencia anterior, en torno a la necesidad de urbanizar el conflicto, para lo cual se diseñan las llamadas milicias bolivarianas. Finalmente, se define una plataforma de diez puntos que anunciaban las reformas políticas y sociales que las FARC habrían de impulsar en el caso de que se conformara un Gobierno de Reconciliación y Reconstrucción Nacional.

La descentralización de las FARC, mediante los bloques y los comandos conjuntos, respondía a la necesidad de regionalizar la organización en aras de su crecimiento y control territorial.[17] Igualmente, con objeto de garantizar los cambios en el accionar militar comenzaron a especializar los frentes. Según Andrés Felipe Arias y Andrés Maldonado (2004), luego de aplicar a una extensa base de datos sobre las acciones militares de las FARC un análisis estadístico por agrupamiento (*clustering analysis*), muestran que las FARC han desarrollado tres tipos de frentes: unidades especializadas en el combate (44%), unidades especializadas en el uso de materiales explosivos (15%) y el resto son unidades especializadas en actividades no militares de tipo político, logístico, financiero u otros. Las unidades expertas en explosivos adquirieron enorme importancia, debido a la necesidad de las FARC de debilitar la capacidad económica del Estado (y, por tanto, el gasto militar) mediante operaciones sistemáticas de sabotaje (torres de energía, infraestructura vial, oleoductos, etc.) A su turno, las unidades de apoyo logístico han crecido en importancia, dada la enorme complejidad burocrática que requiere el mantenimiento de un aparato militar que llegaría a tener más de 17 mil hombres-arma y, por ende, una frondosa red de colaboradores. Suponiendo que las FARC sean una organización burocráticamente muy eficiente, como mínimo la relación es de

---

Cabrera Díaz ('Bertulfo'), y, por último, el de Occidente, por Miller Munar Munar ('Gustavo López').

[17] Es importante señalar que las FARC no sucumbieron al proceso de fragmentación y regionalización que sufre actualmente el ELN –como lo describe en este libro, Mario Aguilera–, gracias a una política sistemática de rotación de los mandos en todos los ámbitos, para evitar que se constituyan en "señores de la guerra" locales. Esta centralización de mando ha constituido una de las principales fortalezas de las FARC, tanto en relación con el ELN como en relación con las AUC.

4:1, es decir, un combatiente por cuatro no combatientes dedicados a tareas de apoyo: médicos, enfermeras, odontólogos, transportistas, armeros, contadores, etc. Se podría deducir, por lo tanto, que la familia FARC llegó a estar compuesta al menos por unas setenta mil personas.

Los éxitos militares se van a suceder en cadena durante los años de la administración de Samper. A la enorme debilidad de este gobierno, tanto en el plano interno como en el internacional, se añadió un Estado escindido en el manejo del orden público interno. Las Fuerzas Militares iban por un lado y el equipo de paz del gobierno, por otro. Reinaba la desconfianza y las mutuas recriminaciones, hasta el punto de que unos y otros se observaban como adversarios.

En el Pleno del Estado Mayor de las FARC, celebrado en noviembre de 1997, denominado Abriendo Caminos hacia la Nueva Colombia, se ratifica la decisión de sustituir al viejo PCC –de cuyo seno habían surgido las FARC–, por un llamado Partido Comunista Clandestino;[18] se promueve la creación de emisoras en todos los bloques y de corredores estratégicos para enlazarlos a todos en una gigantesca telaraña que pudiera cubrir por entero a todo el país, y, por último, se lanza el manifiesto de un frente amplio, pero clandestino, llamado el Movimiento Bolivariano por una Nueva Colombia.

La decisión de distanciarse del Partido Comunista es apenas un reflejo más de la honda militarización que van a sufrir las FARC a partir de la última década del siglo XX. Mientras el ELN hace un tránsito de la guerrilla militarista de sus orígenes hacia una guerrilla preocupada por construir sólidas bases sociales de apoyo en las regiones;[19] las FARC, traumatizadas por el genocidio de la Unión Patriótica, le van a decir "adiós a la política"[20] o, mejor aún, le van a dar una bienvenida a la política reducida en gran medida a los efectos de los actos de guerra. Paralelamente a este distanciamiento de

---

[18] Los estatutos y el programa para la formación de los futuros cuadros de este partido se aprobarán en el Pleno del Estado Mayor "Con Bolívar, por la Paz y la Soberanía Nacional", celebrado entre el 21 y el 25 de marzo de 2000.

[19] Véase, al respecto, en este mismo libro el capítulo de Mario Aguilera, "ELN: las armas subordinando la política".

[20] Según el título del apasionante libro de León Valencia (2002).

la política se va a producir un silenciamiento creciente: los profusos documentos del pasado van a dar paso al hermetismo extremo de los comunicados de guerra. "Después de echar extensos discursos en el Cagúan, ¿Por qué callan las FARC?", se pregunta Fernando Estrada (2004). Y, añade:

> Si en sus 40 años de lucha revolucionaria ha sido una guerrilla retórica por excelencia ¿Qué significa su largo silencio? Nada más complicado que responder a estas inquietudes. Callan por que se les agotó su discurso, o porque habitan una sociedad extraña para sus ideas anacrónicas. Por estrategia militar. Porque han desistido de persuadir políticamente a nadie. Todos estos argumentos son ciertos, pero parciales y anodinos.[21]

Esta militarización de las FARC tiene una doble faz: por un lado, lo cual es muy paradójico, va a proteger mejor a este movimiento guerrillero de la política de "tierra arrasada" de los grupos paramilitares; en comparación con la enorme vulnerabilidad que debieron soportar el ELN y sus bases de apoyo social. La estructura militar de las FARC va a sufrir poca mella.[22] Pero, por otro lado, la precariedad del trabajo social y político va a agudizar su vulnerabilidad a largo plazo, dado el debilitamiento de sus bases de apoyo local y la perplejidad de la opinión pública nacional. Una de las frases más recurrentes en Colombia es: "Pero, ¿qué es lo que quieren finalmente las FARC?".

¿Un Estado fracasado?

Antes del 11 de septiembre de 2001, cuando el fenómeno del terrorismo alcanzó preeminencia en la agenda mundial, una de

---

[21] Estrada sostiene polémicamente que las FARC callan "porque su discurso no logró superar niveles primarios, en un país que fue creciendo y cambiando. Sus actos bélicos no justifican sus acciones. Y si acaso, sólo para reforzar viejos y devaluados modos de operar militarmente. Con una interpretación caprichosamente premoderna del orden mundial, las FARC, como organización, combinan la expresividad más paradójica de las nuevas guerras. El silencio de las FARC puede interpretarse como la agonía de un proyecto político que perdió la pasión, a cambio del interés".

[22] Cfr. en este libro, Francisco Gutiérrez, "Estado, control territorial paramilitar y orden político en Colombia. Notas para una economía política del paramilitarismo".

las mayores preocupaciones de la comunidad internacional era el fenómeno de los llamados *Estados colapsados* o en proceso de colapso (*failing states*). Aun cuando todavía es objeto de debate el grado de erosión institucional y estatal que vivió Colombia en los años noventa del siglo pasado, lo cierto es que la expansión de las FARC se explica, además de otros factores (por ejemplo, el desarrollo de una potente "economía de guerra"), por el colapso parcial que sufrió en estos años el Estado colombiano.

Una revisión, así sea somera de la bibliografía internacional en torno al tema de los *failing states*, nos permite sostener que Colombia apareció en estos años en el radar de alerta de la comunidad internacional. Mike deWine (1999), por ejemplo, sostenía en una conferencia dictada en la influyente Fundación Heritage de Washington que la balcanización de Colombia en miniestados política y socialmente inestables es la amenaza más significativa en esta región. Colombia está convirtiéndose en el problema de los Balcanes en las Américas. En un mismo tono, James Zackrison y Eilleen Bradley (1997) hablaban en aquella época de los riesgos de una ruptura nacional entre un norte controlado por los grupos paramilitares, un sur dominado por las FARC y un dominio tambaleante por parte de las actuales élites en el centro del país.

Aun cuando en distintas publicaciones he cuestionado la noción de *Estado fracasado* para el caso de Colombia,[23] lo evidente es que ante los múltiples desafíos de actores armados que además de los grupos guerrilleros y paramilitares incluían a los grupos de narcotraficantes que desafiaban mediante el terror (cartel de Medellín) o el chantaje (cartel de Cali) a la autoridad estatal, el Estado colapsó parcialmente en sus funciones estratégicas de seguridad y justicia. A la histórica incapacidad de las instituciones estatales para abarcar el conjunto del territorio, se añadió este colapso parcial que ahondó este vacío en múltiples regiones, sobre todo en las extensas, selváticas y poco habitadas regiones del sur del país. Es decir, precisamente en las regiones a las cuales se van a replegar las FARC a partir de la toma de La Uribe, a fines de 1990, con el objeto de reconstruir y modernizar su aparato militar.

---

[23] Véase, al respecto el artículo publicado con Ana María Bejarano (2004).

Mi argumento central es que, en este contexto de colapso parcial del Estado, las FARC disponían de una capacidad sin límites –dados sus inagotables recursos financieros y la solidez de su mando central– para expandirse y entrar a controlar extensas regiones en estas zonas inhóspitas convertidas en la "retaguardia estratégica", con el objeto de amenazar el resto del país. De ahí que por su fuerte presencia en la cordillera Oriental y por la existencia de corredores estratégicos hacia el resto del país, las FARC hayan podido, por primera vez en su ya larga historia, amenazar la estabilidad institucional.

Todo cambiará, sin embargo, a partir de 1998. La reconstrucción del Estado y de las Fuerzas Armadas y, principalmente, los acontecimientos del 11 de septiembre de 2001 harán del tiempo y el espacio ya no sus aliados privilegiados, sino sus enemigos más resueltos. Las FARC comenzarían a partir de entonces un proceso de decaimiento constante.

De ejército a guerrilla: una derrota estratégica

En efecto, en 1998 cambió radicalmente el panorama para las FARC. Tras las relaciones traumáticas de Colombia con Estados Unidos durante la administración de Samper, en el nuevo gobierno de Andrés Pastrana se abrieron unas relaciones especialmente estrechas entre ambas naciones. Uno de los terrenos en los cuales estas relaciones florecieron con mayor vigor fue en el militar. En este campo existe un antes y un después, un verdadero punto de quiebre. Las Fuerzas Armadas iniciaron una verdadera "revolución estratégica"[24] para afrontar el nuevo desafío militar de las FARC: al cabo de un año habían retomado plenamente la iniciativa táctica en el terreno de batalla. Este cambio estratégico habría de poner en serios aprietos a este grupo guerrillero, que comenzó a sufrir serias derrotas militares, lo cual anuló la llamada NFO.

El viraje se produjo a partir de la reconquista de Mitú. Con el copamiento militar de una capital departamental –en un hecho con escasos antecedentes en la larga historia de la lucha guerrillera

[24] Esta "revolución estratégica" tuvo los siguientes ejes: soldados profesionales, brigadas móviles con tropas aerotransportadas, el paso de unidades militares dispersas hacia grandes unidades militares invulnerables, el fortalecimiento de la infantería de marina y la aviación, la capacidad para el combate nocturno y la modernización de las comunicaciones.

en el país–, las FARC pretendían mostrar la gran capacidad militar que habían adquirido. Sin embargo, la rápida y exitosa contratoma de las Fuerzas Armadas, que estaba poniendo a prueba su nuevo instrumental tecnológico y táctico (uso masivo de helicópteros, tropas aerotransportadas, visores infrarrojos para el combate nocturno, misiles aire-tierra, etc.), fue el inicio de una serie de éxitos militares en cadena: Puerto Rico (Caquetá), Puerto Lleras (Meta), Hato Corozal (Casanare), Suratá (Santander), Operación Gato Negro (Vaupés), Barrancominas (Guanía), etc., en las cuales las FARC perdieron centenares de hombres y uno de sus cuadros militares más destacado, Urías Cuéllar. Desde 1998, las FARC no pudieron volver a realizar acciones militares de un real valor estratégico, pues se vieron obligadas a retornar a la guerra de guerrillas y a evitar la concentración de amplias unidades militares ante el avance de la Fuerza Aérea.

Como se puede observar en la Tabla 2, las FARC intentaron pasar de la fase I (guerra de guerrillas) a la fase II (guerra de movimientos), incluso habían logrado crear embriones favorables para hacer el tránsito hacia la fase III,[25] pero fueron obligadas a retornar a la fase I. Es decir, este grupo guerrillero, tras un período de combates frontales, ha retornado a lo que los teóricos de la guerra irregular, como Basil Liddell Hart, denominan *aproximaciones indirectas*, de desgaste y desmoralización (Lair, 2004), lo cual constituye, sin duda, un retroceso profundo en sus proyecciones estratégicas.

Desde esta perspectiva, la balanza tiende cada vez más a desfavorecer a las FARC, que no sólo perdieron la iniciativa táctica desde 1998, sino que han sufrido un grave retroceso en distintos planos, como corredores estratégicos, presencia urbana o áreas históricas de control territorial.[26] Es decir, la organización guerrillera se halla

---

[25] El cerco militar en torno a Bogotá y la construcción de un complejo entramado en la Comuna 13 de Medellín (provisto de un corredor estratégico hasta la región de Urabá) son dos ejemplos impactantes de los avances que habían logrado las FARC para poder transitar hacia la fase III.

[26] Probablemente, la zona histórica de influencia de las FARC más dolorosa en términos de su memoria histórica sea el enclave comunista de Viotá, hoy bajo control paramilitar (una pérdida similar a la de Barrancabermeja para el ELN). La "ciudad roja" ha estado presente en la historiografía comunista desde las luchas agrarias en las haciendas cafeteras en Cundinamarca en los años treinta. Cfr. Michael Jiménez (1990).

Tabla 2. Fases de la guerra, según el proyecto estratégico de las FARC

Fases	Características	Objetivo militar principal	Objetivos militares generales
I. Guerra de guerrillas	• Correlación de fuerzas negativa • Defensiva estratégica y ofensiva táctica	• Acumulación de fuerzas tanto en el plano cuantitativo como en el cualitativo	• Formar embriones de paraestados • Consolidar la guerrilla y su capacidad militar
II. Guerra de movimientos	• Ofensiva táctica y ofensiva estratégica	• Enfrentamiento de las fuerzas acumuladas con las del adversario	• Gestación de zonas de retaguardia • Alcanzar una integración por frente de guerra • Creación de cuerpos de ejército • Utilización de recursos bélicos a gran escala
III. Guerra de posiciones	• Consolidación estratégica • Ofensiva táctica	• Aniquilamiento parcial, rendición o dispersión de las Fuerzas Armadas • Toma del poder político	• Combinación de la insurrección urbana con la guerra rural

Fuente: elaboración propia.

en una verdadera encrucijada estratégica. ¿Está en capacidad de recuperar la iniciativa militar?

Hacia un punto de inflexión

En Colombia, como vimos, el debate en torno al actual balance estratégico del conflicto armado muestra una diversidad de perspectivas, abiertamente encontradas. Por una parte, el conocido columnista del diario *El Tiempo* y director de la Fundación Seguridad y Democracia, Alfredo Rangel, plantea que las FARC –ante la ofensiva de las Fuerzas Armadas– se hallan replegadas en la selva profunda, intactas en su aparato militar y a la espera del desgaste de la política de seguridad democrática de Uribe Vélez, para retomar la iniciativa militar. Por otra parte, el Ministerio de Defensa plantea que tanto las FARC como el ELN están sufriendo un debilitamiento estratégico grave, razón por la cual su derrota militar es solamente una cuestión de tiempo. Por derrota militar no entiende el Ministerio de Defensa, como sí lo era en el pasado, un aplastamiento total de los grupos guerrilleros, como ocurrió con los Montoneros, en Argentina, o los Tupamaros, en Uruguay. Por derrota se entiende un debilitamiento estratégico que los lleve a la convicción de la imposibilidad de acceder al poder por la vía armada, a la idea de haber entrado en una etapa de desgaste irreversible y, en consecuencia, a la convicción de la negociación como única opción viable. Desde esta perspectiva, el Ministerio de Defensa sostiene que antes de 2006 los grupos irregulares de derecha e izquierda estarán todos sentados en la mesa de negociación.

Nuestra perspectiva difiere de las dos anteriores. Rangel comete un grave error analítico al minimizar el debilitamiento estratégico de los grupos guerrilleros, en particular de las FARC. Rangel argumenta, a partir de la conocida metáfora de Clausewitz, según la cual "la guerra es un camaleón", es decir, "la guerra [...] siempre necesita cambiar sus formas para poder adaptarse a las circunstancias sociopolíticas variables en que debe ser conducida" (Munkler, 2004: 3), que las FARC simple y llanamente se han acomodado a las nuevas circunstancias a la espera de mejores tiempos. Es cierto. Pero Rangel desconoce a su turno el grave retroceso que esto ha significado para el proyecto estratégico del grupo guerrillero: volver a hacer lo mismo que llevan haciendo hace cuarenta años, es decir, la guerra de guerrillas, no es muy prometedor.

Por su parte, el Ministerio de Defensa sostiene una visión triunfalista que, dado el carácter prolongado del conflicto colombiano y sus eternos vaivenes, es a todas luces inapropiada. Sin duda, el conflicto en Colombia ha entrado en una "etapa de inflexión", en detrimento de los actores armados no estatales; pero la solución final sólo será viable si el Estado colombiano puede garantizar la sostenibilidad financiera, política y social del proyecto de seguridad democrática, manteniendo y fortaleciendo el Estado de Derecho y, ante todo, comprometiendo a la comunidad internacional en la búsqueda de la solución negociada final de la guerra interna. Si esta sostenibilidad no está plenamente garantizada, la agonía va a ser larga y traumática.[27]

---

[27] En este artículo no vamos a analizar las fragilidades (fiscales, sociales y políticas) de la actual estrategia militar de la administración de Uribe, que analizamos extensamente en nuestro libro reciente, ya citado (2004a).

Nuestro argumento central a favor de la idea de un punto de inflexión en menoscabo de los actores armados no estatales se funda en la escasa sostenibilidad de la guerra interna para estos grupos. Tanto el tiempo internacional como el tiempo nacional corren en su contra.

Cero tolerancia

En el plano externo, tras los atentados terroristas de Al Qaeda en Nueva York y Washington, el 11 de septiembre de 2001, existe en el mundo un clima de cero tolerancia hacia la violencia como recurso de acción política. Este clima se vio reforzado tras el ataque terrorista en Madrid, el 11 de marzo de 2004.

Estos cambios en el panorama internacional están teniendo un hondo efecto en el conflicto colombiano. No sólo se han incorporado las FARC, el ELN y las Autodefensas Unidas de Colombia (AUC) en las listas de grupos considerados terroristas del Departamento de Estado estadounidense y de la Unión Europea, sino que Washington está solicitando en extradición a parte de sus cúpulas dirigentes, debido al tráfico de drogas. Es más: en un reciente informe de la influyente RAND Corporation se sitúa a las FARC, al lado de Al Qaeda y Hizbollah, como uno de los tres grupos terroristas más amenazantes para la seguridad de Estados Unidos. "Estos tres grupos –sostiene el informe– han demostrado los más altos niveles de hostilidad hacia los Estados Unidos y la más alta capacidad para llevar a cabo ataques sofisticados" (Cragin y Daly, 2004: 13).

La sostenibilidad financiera de la guerra

Frente a este nuevo panorama internacional, los riesgos para los grupos guerrilleros colombianos son simple y llanamente drásticos. Tras el final de la Guerra Fría y el agotamiento del apoyo financiero para los actores armados por parte de las grandes potencias, sólo han podido subsistir aquellos conflictos en los cuales existen suficientes recursos internos para el sostenimiento de la dinámica militar (Rufin y Jean, 1996, y Collier y Hoeffler, 2001). Si bien las FARC y el ELN no dependían de recursos externos en el pasado, su expansión en los años ochenta y noventa sí estuvo ligada con su capacidad para extorsionar o apropiarse de recursos internos que hoy por hoy constituyen verdaderos 'regalos envenenados'.

En efecto, actualmente en Colombia el secuestro y el tráfico de drogas se han convertido en los dos principales combustibles del conflicto interno. Pero estos dos recursos constituyen un verdadero regalo envenenado para los grupos irregulares, ante todo para las FARC. Si éstas continúan financiando la guerra mediante el secuestro, se acercan a la Corte Penal Internacional de La Haya, que muy pronto estará juzgando los crímenes de lesa humanidad en el mundo. Si la sigue financiando mediante el tráfico de drogas, su cúpula dirigente se arriesga a ser extraditada hacia Estados Unidos. Es decir, el financiamiento de la guerra interna se está convirtiendo en un verdadero cuello de botella para las FARC, cuyo proyecto militar muestra, desde esta perspectiva, una precaria sostenibilidad.

Debilitamiento estratégico

En el plano interno, el fortalecimiento de las instituciones militares y de Policía en los últimos años, gracias a un hondo esfuerzo financiero del Estado, aunado al polémico Plan Colombia (que ha convertido a este país en el quinto receptor mundial de ayuda militar estadounidense después de Iraq, Afganistán, Israel y Egipto), ha evidenciado hasta la saciedad la inutilidad de la violencia como mecanismo para acceder al poder. Día a día, el debilitamiento estratégico de las FARC y el ELN se hace más y más palpable. Estos grupos insurgentes han perdido importantes cuadros de dirección, territorios que se hallaban bajo su control desde tiempos inmemoriales, corredores estratégicos y centenares y centenares de militantes que se han acogido a las políticas de reinserción individual que agencia el Estado (más de 3.000 combatientes en los años 2003 y 2004).

Se trata de un debilitamiento difícilmente reversible, por cuanto estas políticas de orden y seguridad tienen un fuerte respaldo ciudadano. Una eventual reelección de Uribe Vélez o, en su defecto, una continuidad de la política de seguridad democrática sería –según el más importante cuadro de dirección de las FARC que se ha acogido a las políticas de reinserción del Estado, Carlos Gustavo 'Plotter', responsable político del Noveno Frente e ideólogo de Bloque José María Córdoba– devastador para las FARC. Según éste, pueden sostener en la selva profunda un repliegue por un tiempo limitado. Su prolongación en el tiempo sería, por el contrario, una fuente profundad de desmoralización interna con graves consecuencias en la disciplina interna.[28]

¿Es verificable empíricamente este debilitamiento estratégico? Jorge Restrepo y Michael Spagat (2004), en el Departamento de Economía del Royal Holloway College de la Universidad de Londres, han desarrollado la primera base de datos (fechas, lugares, actores envueltos, tipos de ataque, números de víctimas, etc.) sobre el conflicto colombiano basada en una serie de tiempo largo (18 años). Sus principales conclusiones se pueden resumir así: primero, en los últimos dos años las acciones armadas de los grupos guerrilleros y paramilitares han disminuido de manera significativa; segundo, los combates entre la Fuerza Pública y los grupos paramilitares han aumentado considerablemente; tercero, en los enfrentamientos entre la Fuerza Pública y los actores armados no estatales, éstos están llevando la peor parte.

Como se puede observar en el Gráfico 1, cuyo trazado resume el número de enfrentamientos entre las FARC y las Fuerzas Armadas en los últimos quince años, entre 1994 y 1998 se vivió un clima de gran lucha debido a la iniciativa de las primeras. La curva cae bruscamente a partir de esta fecha e inicia un nuevo despegue a partir del 2002, pero en esta ocasión por iniciativa militar de las Fuerzas Armadas. Lo importante es observar –si miramos la parte baja del gráfico en la cual se resumen las fases de la llamada Campaña Bolivariana por una Nueva Colombia– cómo ésta ha venido sufriendo un grave retroceso.

El tiempo y el espacio pueden ser, en determinadas circunstancias, un haber para un actor armado y, en otras, un lastre. En el momento de expansión de los grupos guerrilleros a fines de los años setenta y principios de la década de los ochenta, la guerra prolongada y la estrategia de amplia dispersión geográfica les permitieron crecer de manera exponencial. Pero ante el cambio de la estrategia militar, el tiempo corre contra la guerrilla y el espacio se ha vuelto un dolor de cabeza. Hoy, la dispersión extrema de los frentes de las FARC –en un contexto de fortalecimiento de las Fuerzas Armadas y de su capacidad de control territorial– no sólo

---

[28] Esta tesis fue expuesta por el citado ex dirigente de las FARC en una conferencia que dictó en Washington en la conservadora Heritage Foundation.

están generando un grave dislocamiento de las líneas de mando y la disciplina interna, sino produciendo enormes dificultades para el suministro de armas y municiones. Como sostiene Sergio Jaramillo:

> Las FARC se están aislando de los núcleos de población, con dos consecuencias. Primero, se les dificulta el flujo logístico. Muchos guerrilleros se están desmovilizando por hambre. Segundo, pierden acceso a la información, lo que las hace más vulnerables. El aislamiento significa también el debilitamiento de sus estructuras de comando y control. (2004: s. p.)

En conclusión

El conflicto armado en Colombia ha sufrido un punto de inflexión a partir de 1998, en claro detrimento de los actores armados no estatales. ¿Se podrá consolidar este proceso a favor de la paz? A mi modo de ver, si bien los grupos irregulares han comenzado una etapa de retroceso e, incluso, de descalabros significativos tanto en el plano político como en el militar, pues tanto el tiempo nacional como el internacional corren en contravía a sus aspiraciones, el conflicto armado está afectando igualmente a las élites del país.

Según el Departamento Nacional de Planeación, el país pierde, año tras año, dos puntos del PIB como consecuencia de la violencia, es decir, alrededor de 1.800 millones de dólares anuales. Por ello Colombia se está acercando rápidamente a lo que los expertos en resolución de conflictos denominan un *empate mutuamente doloroso* (*mutual hurting stalemate*).[29] Según esta noción, un conflicto entra en un período favorable para su solución negociada cuando existe un reconocimiento compartido entre todos los actores enfrentados de la imposibilidad de alcanzar una victoria por la vía militar, por lo cual su persistencia tiene costos profundos para unos y otros actores. Esto fue lo que ocurrió tanto en El Salvador como en Guatemala, en circunstancias muy disímiles. En el primer caso, con una guerrilla intacta que, sin embargo, había perdido su retaguardia estratégica con la derrota de los sandinistas en las elecciones de 1990, que llevaron al poder a Violeta Chamorro. En el segundo caso, con una guerrilla brutalmente debilitada. Pero, en uno y otro caso, la persistencia del enfrentamiento armado imposibilitaba a las élites guatemaltecas y

---

29 Al respecto véase Zartman (2000).

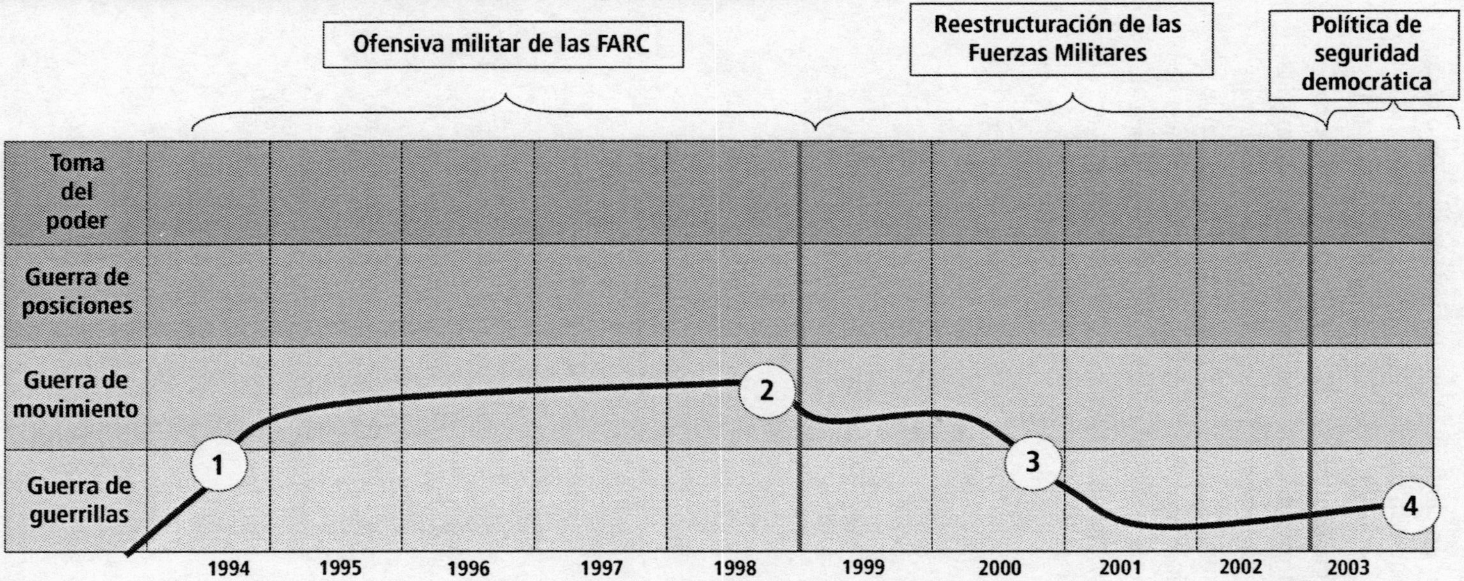

Fase	Primera etapa 1990-1992	Segunda etapa 1992-1994	Tercera etapa 1994-1996	1996-1998	Cuarta etapa 1998...
Campaña Bolivariana por una nueva Colombia	Alcanzar 18.000 hombres y 60 frentes. Obtener para ello 56 millones de dólares. Otros objetivos: adquirir armamento, aeronaves y medios de comunicación.	Alcanzar 32 mil hombres y 80 frentes. Obtener 200 millones de dólares. Otros objetivos: incrementar y fortalecer las relaciones internacionales.	Lanzar ofensiva general con una fuerza de 16 mil hombres. Eje estratégico: la Cordillera Oriental. Objetivo: sitiar a Bogotá.	Pese a no estar contemplada dentro del Plan Estratégico, las FARC decidieron una extensión de la Tercera Fase durante dos años adicionales.	"Opcional" por si fracasaba la tercera etapa. Llevar a cabo un repliegue hacia posiciones favorables para organizar una segunda ofensiva. Este es el momento actual.

Fuente: Elaborado por León Levi Valderrama (2004) basándose en informaciones del Ministerio de Defensa.

salvadoreñas generar un clima de seguridad interna necesario para su inserción positiva en un mercado globalizado.

Por ello, en una y otra nación, tanto la persistencia de la insurgencia como el mantenimiento de un costoso aparato de contrainsurgencia eran catastróficos para ambos bandos. Lo mismo está ocurriendo en Colombia. La guerra ya no es sostenible para la guerrilla; pero tampoco lo es para las élites en el poder. Tarde o temprano, su desenlace final va a tener como escenario la mesa de negociación, en la que será indispensable una fuerte presencia de la comunidad internacional.

Bibliografía

Arias, Andrés Felipe y Maldonado, Hernán. 2004. "Farc Terrorism in Colombia: A Clustering Analysis", en *Documento* CEDE, Bogotá, Universidad de los Andes, No. 14.

Bejarano, Ana María y Pizarro, Eduardo. 2004. "Colombia. The Partial Collapse of the State and the Emergence of Aspiring State-Makers", en Spears, Ian y Kingston, Paul (eds.) *States-within-States: Incipient Political Entities in the Post-Cold War Era*, New York, Palgrave-St. Martin's Press.

Bottía, Martha. 2003. "¿La presencia y expansión municipal de las FARC es avaricia y contagio, más que ausencia estatal?", en *Documento* CEDE, Bogotá, Universidad de los Andes, No. 3.

Collier, Paul y Hoeffler, Anke. 2001. *Greed and Grievance in Civil War*, Washington, Development Research Group, Banco Mundial.

Cragin, Klim y Daly, Sara. 2004. *The Dynamic Terrorist Threat. An Assessment of Group Motivations and Capabilities in a Changing World*, Santa Monica, Rand Corporation.

Cubides, Fernando; Olaya, Cecilia, y Ortiz, Carlos. 1998. *La violencia y el municipio colombiano, 1980-1997*, Bogotá, Centro de Estudios Sociales, Universidad Nacional de Colombia.

De Wine, Mike. 1999. "Future Challenges to Secure Democracy in Latin America", en *Heritage Lecture*, No. 633.

Echandía, Camilo. 1999. *El conflicto armado y las manifestaciones de violencia en las regiones de Colombia*, Bogotá, Presidencia de la República, Oficina del Alto Comisionado para la Paz.

Estrada, Fernando. 2004. *Una mirada a los 40 años de insurgencia en Colombia: ¿por qué callan las* FARC*?* Disponible en http://www.analitica.com/va/internacionales/opinion.

Fundación Seguridad y Democracia. 2004. "El repliegue de las FARC. ¿Derrota o estrategia?", en *Coyuntura de Seguridad*, Bogotá, No. 6.

Gilhodès, Pierre. 1995. "El Ejército colombiano analiza la violencia", en Sánchez, Gonzalo y Peñaranda, Ricardo (eds.) *Pasado y presente de la violencia en Colombia*, Bogotá, CEREC.

Jaramillo, Sergio. 2004. "Atajando el conflicto", en *Semana.com*, 17 de diciembre.

Jiménez, Michael. 1990. "The Many Deaths of the Colombian Revolution", en *Papers on Latin America*, Nueva York, Instituto de Estudios Latinoamericanos, Universidad de Columbia, No. 13.

Lair, Eric. 2004. "Transformaciones y fluidez de la guerra en Colombia. Un enfoque militar", en Sánchez, Gonzalo y Lair, Eric. *Violencias y estrategias colectivas en la región andina: Bolivia, Colombia, Ecuador, Perú y Venezuela*, Bogotá, Norma-IFEA-IEPRI.

Licklider, Roy. 1995. "The Consequences of Negotiated Settlements in Civil Wars", en *American Political Science Review*, vol. 89, No. 3.

Mauceri, Philip. 2004. "Elites, State and the Response to Insurgency. Some Preliminary Comparisons between Colombia and Peru", en Burt, Jo-Marie y Mauceri, Philip. *Politics in the Andes. Identity, Conflict and Reform*, Pittsburgh, University of Pittsburgh Press.

Munkler, Hefried. 2004. "Las guerras del siglo XXI", en *Análisis Político*, Bogotá, No. 51.

Ortiz, Román. 2005. "La guerra se está ganando, pero falta", en *Semana.com*, 5 de marzo.

Pécaut, Daniel. 2003. *Midiendo fuerzas. Balance del primer año del gobierno de Álvaro Uribe Vélez*, Bogotá, Editorial Planeta Colombiana.

Peñate, Andrés. 1999. "El sendero estratégico del ELN. Del idealismo guevarista al clientelismo armado", en Deas, Malcolm y Llorente, María Victoria. Reconocer la guerra para construir la paz, Bogotá, CEREC-Uniandes-Norma.

Pizarro, Eduardo. 2004a. *Una democracia asediada. Balance y perspectivas del conflicto armado en Colombia*, Bogotá, Norma.

—. 2004b. "Una luz al final del túnel. Balance estratégico del conflicto armado en Colombia", en *Nueva Sociedad*, Caracas, No. 192.

—. 2004c. "Marquetalia. El mito fundacional de las FARC", en *UN Periódico*, Bogotá, No. 57.

—. 2003a. "Colombia. El proyecto de seguridad democrática de Álvaro Uribe", en *Nueva Sociedad*, Caracas, No. 186.

—. 2003b. "Colombia. ¿Una guerra de perdedores?", en *Revista de Estudios Sociales*, No. 16.

— y Peñaranda, Ricardo. 1991. *Las* FARC. *De la autodefensa a la combinación de todas las formas de lucha (1949-1966)*, Bogotá, IEPRI-Tercer Mundo.

Ramírez, William. 1981. "La guerrilla rural en Colombia. ¿Una vía hacia la colonización armada?", en *Estudios Rurales Latinoamericanos*, Bogotá, vol. 4, No. 2.

Rangel, Alfredo. 1999. "Las FARC-EP. Una mirada actual", en Deas,

Malcolm y Llorente, María Victoria. *Reconocer la guerra para construir la paz*, Bogotá, Uniandes-CEREC-Norma.

Restrepo, Jorge y Spagat, Michael. 2004. "The Colombian Conflict: Uribe's First 17 Months", Londres, University of London (inédito).

Rompe, Dennis. 2002. *The Past as Prologue. A History of U. S. Counterinsurgency Policy in Colombia, 1958-1966*, Carlisle, Strategic Studies Institute.

Rufin, Jean-Christophe y Jean, François (eds.) 1996. *Les économies de guerre dans les conflits internes*, París, Hachette.

Sánchez, Gonzalo. 1991. *Guerra y política en la sociedad colombiana*, Bogotá, El Áncora.

Strausz-Hupé, William, *et al.* 1959. *Protracted Conflict*, Nueva York, Harper.

Sullivan, David y Sattler, Martin (eds.) 1971. *Revolutionary War: Western Response*, Nueva York, Columbia University Press.

Valderrama, León Levi. 2004. *La configuración del 'punto de inflexión': de la reestructuración militar a la política de defensa y seguridad democrática*, Bogotá, Comando General Fuerzas Militares, Escuela Superior de Guerra.

—. 2002. *Adiós a la política, bienvenida la guerra. Secretos de un malogrado proceso de paz*, Bogotá, Intermedio.

Vélez, María Alejandra. 2000. FARC-ELN. *Evolución y expansión territorial*, tesis de Pregrado en Economía, Bogotá, Universidad de los Andes.

Vieira, Gilberto. 1988. *Combinación de todas las formas de lucha: entrevista con Martha Hernecker*, Bogotá, Sudamérica.

—. 1964. "La combinación de todas las formas de lucha", en *Documentos Políticos*, Bogotá, No. 41.

Walters, Barbara. 1997. "The Critical Barrier to Civil War Settlement", en *International Organization*, vol. 51, No. 3.

Waldmann, Peter. 1997. "Cotidianización de la violencia: el ejemplo de Colombia", en *Análisis Político*, Bogotá, No. 32.

Zackrison, James y Bradley, Helen. 1997. "Colombian Sovereignty under Siege", en *Strategic Forum*, Washington, National Defense University, No. 12.

Zartman, William. 2000. "Ripeness. The Hurting Stalemate and Beyond", en Stern, Paul y Druckman, Daniel (eds.) *International Conflict Resolution after the Cold War*,

Anexo 1
Conflictos

Localización	Incompatibilidad	Oposición organizada	Año de emergencia
Asia			
Afganistán	Gobierno	Al-Qaeda y Talibán	2001
Filipinas	Territorio (Mindanao)	MILF, Abu Sayaf FMLN	1971
India-Pakistán	Conflicto interestatal (Cachemira)	…	1948
India	Territorio (Assam)	ULFA-NDFB	1979
Indonesia	Territorio (Aceh)	Movimiento Aceh Libre	1976
Indonesia	Conflicto interétnico (islas Molucas)	Enfrentamiento entre cristianos y musulmanes	1977
Indonesia	Territorio (Irian Jaya)	Separatistas	1969
Iraq	Gobierno	…	2003
Israel-Palestina	Conflicto regional	…	1948
Nepal	Gobierno	Partido Comunista de Nepal	1995
África			
Argelia	Gobierno	Grupo Islámico Armado (GIA)	1991
Burundi	Conflicto interétnico	Tutsi contra hutu	1988
República Democrática del Congo, Ruanda, Uganda	Conflicto regional	La República Democrática del Congo y sus aliados versus Ruanda, Uganda y rebeldes	1997
Somalia	Gobierno	Clanes rivales	1991
Sudán	Conflicto interétnico	Sudanese People's Liberation Army	1983
Sudán	Dafur	Alianza Democrática Nacional	2003
Uganda	Gobierno	Lord's Resistance Army (LRA)	1986
Europa			
Rusia	Territorio (Chechenia)	República de Chechenia (Ichkeria)	1994
América			
Colombia	Gobierno	FARC-ELN-AUC	1946 o 1964

Fuente: Center for Defense Information (http://www.cdi.org) y Project Ploughshares (http://www.ploughshares.ca).

Anexo 2
Conflictos armados resueltos recientemente en el mundo (2000-2003)

Localización	Oposición organizada	Fecha de iniciación y fecha del cese al fuego
Islas Salomón	Malaitan Eagle Force e Isatabu Freedom Movement	1998-2003
Liberia	Liberians United for Reconciliation and Democracy (LURD)	2000-2003
Costa de Marfil	Conflictos interécnicos	2002-2003
Angola	UNITA	1975-2002
Sri Lanka	Tamil Eelan	1978-2002
Sierra Leona	Frente Revolucionario Unido (RUF)	1991-2002
Chad	MDJT	1998-2002
Indonesia	Timor Oriental	1975-2000
Tayikistán	Oposición Unida de Tayik (UTO)	1992-2000
Etiopía-Eritrea	...	1998-2000
Fiji	Conflictos iterétnicos	2000

Fuentes: Center for Defense Information (http://www.cdi.org) y Project Ploughshares (http://www.ploughshares.ca).

V

ELN: entre las armas y la política

*Mario Aguilera Peña**

* Historiador-abogado, investigador del Instituto de Estudios Políticos y Relaciones Internacionales (IEPRI), profesor de la Universidad Nacional de Colombia.

Resumen

Este artículo examina la evolución de la estrategia político-militar del Ejército de Liberación Nacional, identificando, por una parte, los factores de estancamiento militar, en contraste con el proceso seguido por las FARC, y, por la otra, las razones de su sobrevivencia pese a los reiterados anuncios del Estado y del paramilitarismo sobre su inminente derrota político-militar. La supervivencia de esta organización guerrillera se explica por dos factores: su cohesión interna, constituida por un discurso y un imaginario marxista-cristiano, y su capital político, representado en casi veinte años de construcción del denominado *poder popular de doble cara.*

Palabras claves: conflicto armado, insurgencia, estrategia político-militar, ELN, poder popular.

El Ejército de Liberación Nacional (ELN) no sólo es una guerrilla eclipsada por el poderío militar que demostraron las Fuerzas Armadas Revolucionarias de Colombia-Ejército del Pueblo (FARC-EP) desde mediados de los años noventa, sino que es un grupo insurgente al que desde hace casi una década se le viene pronosticando su inminente desaparición. Muchas veces se dijo que con la acción del paramilitarismo y sin la intervención del Ejército bastaría para aniquilarlos, mientras en otras ocasiones se ha afirmado que es un grupo profundamente debilitado que necesita con urgencia de una negociación con el gobierno nacional. Unos y otros pronosticaron, además, que los frentes del ELN o sus reductos pueden ser absorbidos más temprano que tarde por las FARC.

Ninguno de esos pronósticos se ha cumplido: el paramilitarismo negocia con el gobierno sin haber derrotado a esa guerrilla y el ELN, aunque debilitado militarmente, sobrevive renunciando quizás a su regla ética de no recurrir a los recursos derivados del narcotráfico. Su presunta necesidad de negociación no se refleja en términos de avances concretos en los acercamientos y mediaciones que se han registrado en los últimos meses, y ningún fraccionamiento se ha producido que haya llevado a que sus frentes caigan bajo la órbita de las FARC.

El futuro de esta organización parece depender, por supuesto, de la continuidad de la presión de los paramilitares y del Ejército;

pero también de su acumulado histórico, representado en dos elementos distintivos de esa guerrilla: su cohesión interna, forjada en buena parte a partir de unas nociones marxistas-cristianas, y el capital político que pudo haber acumulado en casi dos décadas de ejercicio de su denominada estrategia de *poder popular* o *poder de doble cara*.

Esos dos rasgos, definitivos para entender la persistencia del ELN en el actual conflicto armado, lo diferencian del resto de la insurgencia colombiana. En cuanto al primero, es un elemento de la identidad de esa organización su marxismo-cristiano, que se manifiesta en la integración de esos discursos en función de un "ideal revolucionario", en la fuerte presencia de los liderazgos de ex sacerdotes, en el sobresaliente verticalismo de sus actitudes y de su discurso, en sus expresiones moralistas (identificadas, por ejemplo, en la condena al narcotráfico) y en la tendencia de sus militantes a asumir la lucha guerrillera con mayor sentido sacrificial que los demás combatientes de la insurgencia. Los mecanismos de esa organización para formar identidad y sentido de pertenencia entre sus combatientes han contribuido a elevar su moral de combate y hacerlos más resistentes al embate de los paramilitares y el Ejército.

Respecto del segundo rasgo, su presunto capital político, es necesario realizar un contraste: mientras las FARC han privilegiado el copamiento y control territorial, sin que exista en muchas regiones una relación con los campesinos distinta a la fuerza o al ofrecimiento de seguridad, en el ELN su menor y pausado crecimiento es atribuible en buena medida a la pretensión de expandirse sobre la base de apoyos fundados en procesos de organización social. La diferencia es notoria, no obstante que las FARC fueron los primeros operadores de la idea de ganar masas a través de generar formas de organización campesina o de penetrar en las lideradas o articuladas al Estado, como las juntas de acción comunal. Esta tarea política fue desarrollada con muy poca teorización y sin un horizonte distinto al de ampliar el poder electoral del Partido Comunista y, posteriormente, el de la Unión Patriótica (UP). La diferencia aludida no implica que la primera guerrilla haya desistido de continuar desarrollando métodos de configuración de apoyos sociales como un presupuesto tanto para lograr su expansión militar como para contar a largo plazo con la posibilidad de desarrollar una fase insurreccional.

En contraste con las FARC, el ELN, desde mediados de los años ochenta y en un momento de claro ascenso de los movimientos cívicos de cobertura regional, fue propiciando un debate interno sobre el sentido que se le debía dar a la articulación de la guerrilla con los espacios y los movimientos locales y regionales. A partir de la experiencia de la guerrilla salvadoreña –basada en los conceptos de los fundadores del marxismo y en la acción del clero adscrito a la teología de la liberación– formularían la tesis de construir poderes populares paralelos a los estatales, capaces de ganar paulatinamente autonomía y de sustituir en un proceso revolucionario a las formas gubernamentales vigentes. La idea, agitada al tiempo que los cambios generados por la Carta de 1991 estimulaba las formas de democracia local, se articuló también tanto a la estrategia de intentar contribuir con una perspectiva popular a la construcción de identidades regionales como a la forma "federal" que sin proponérselo había adquirido esa guerrilla en su estructura organizativa.

El presente artículo se centra en el estudio de los dos rasgos que pueden garantizar la supervivencia del ELN. Para ello se presenta una periodización del grupo que tiene en cuenta aspectos de su proyecto político-militar, su contexto nacional e internacional, la evolución del aparato militar y algunos de sus argumentos políticos. A partir de allí, se analiza su reciente estrategia política-militar, intentando mostrar que esa guerrilla, luego de experimentar un proceso de crecimiento entre 1986 y 1993, se estanca militarmente por diversos factores internos y externos, pero básicamente por los rasgos de su estructura organizativa y por su inclinación a tratar de expandirse sobre la base de ganar influencias locales o regionales o de configurar apoyos sociales no muy definidos, apresados unas veces en la institucionalidad o limitados en otras por la clandestinidad y por la subordinación a los aparatos militares.

Sostenemos que si bien esa tendencia estratégica pudo contribuir a su estancamiento militar, a la postre puede convertirse en un eventual acumulado para un proceso de inserción a la vida civil. Finalmente, abordaremos uno de los componentes de su identidad, el marxismo-cristiano, para mostrar las expresiones de ese influjo en su discurso, sus métodos y sus propuestas de acción política.

La guerrilla foquista (1964-1978)

El ELN surge en 1964, en el Magdalena Medio santandereano, en una región que en los años cincuenta había sido escenario de la actividad de la guerrilla liberal dirigida por Rafael Rangel Gómez y en la que en la primera parte de los años sesenta había tenido alguna notoriedad el Movimiento Revolucionario Liberal (MRL). En la zona también existía una importante tradición de luchas obreras, debido al centro petrolero de Barrancabermeja y había irrumpido recientemente un fuerte movimiento estudiantil liderado por la Asociación de Estudiantes Universitarios de Santander (Audesa).

El grupo inicial del ELN estuvo constituido por estudiantes universitarios identificados con la posibilidad de repetir el proceso seguido por la revolución cubana, algunos campesinos portadores de la memoria del conflicto partidista de la década anterior y unos pocos obreros que contaban con cierta trayectoria en el movimiento sindical. En el contexto de la época, la opción de imitar el modelo revolucionario cubano los convirtió en pro castristras y de alguna manera en pro soviéticos, y ello significó la autoseparación, la rivalidad a veces enconada con otras organizaciones armadas y la extrema dificultad de todos los alzados en armas de esa época de lograr acuerdos para enfrentar las fuerzas enemigas.

El ELN logra un gran efecto inicial al hacer uso de un lenguaje antioligárquico y de denuncia de las desigualdades sociales, en buena medida inscrito en el ideario liberal radical que había acompañado a varios de los movimientos sociales colombianos desde mediados del siglo XIX. Un lenguaje que además mostraba visos nacionalistas y antiimperialistas, un tanto lejano del marxismo ortodoxo que mostraban otras organizaciones de izquierda. El efecto inicial del ELN fue también resultado de la vinculación a sus filas del sacerdote Camilo Torres, quien había atraído la atención nacional al impulsar el Frente Unido, un movimiento de oposición al Frente Nacional y que planteaba la necesidad de diversas transformaciones revolucionarias para el país.

El apogeo del ELN no duró mucho tiempo. El hondo influjo de la concepción foquista de la lucha armada no le permitió crecer y lo llevó a aislarse del débil movimiento social de la época. El foquismo insurreccional se basaba en la negación del partido de vanguardia como requisito de la lucha revolucionaria y en la subordinación de lo político a lo militar. Se consideraba también que las condiciones objetivas para hacer la revolución ya estaban dadas y que se trataba de acelerar el proceso mediante el desarrollo y consolidación de la actividad guerrillera.

El ELN creía que la vanguardia del proceso revolucionario estaba representada en el movimiento armado y que su eje lo constituía el campesinado. La organización revolucionaria se generaría espontáneamente del campo a la ciudad para alcanzar el poder en una "guerra prolongada" y por la "vía insurreccional" (Vásquez Castaño citado en Torre, 1976: 322-323). Ese proceso implicaba la subordinación de la militancia urbana a los mandatos de la guerrilla rural y su reducción a un apéndice logístico. En esa división del trabajo, el papel asignado a la red urbana era simplemente el de "formar cuadros" para asegurar el crecimiento de la guerrilla rural, el acopio de información y la consecución de recursos.

Por otro lado, el foquismo del ELN rechazaba toda lucha de carácter reivindicativo, por considerar que ésta distraía a las "masas del objetivo estratégico" y las conducía al conformismo (ELN, *Insurrección*, 1970). En este sentido, es explicable que este grupo insurgente no explotara las relativas ventajas históricas y políticas que le ofrecía su primer escenario de actividades y los que trataron de configurar a continuación en el nordeste antioqueño y en el sur de Bolívar.

En el ELN se configuró una estructura piramidal en torno a la figura de su comandante, Fabio Vásquez Castaño, quien no sólo se consideraba el gestor de la organización, sino su orientador y conductor militar. Tal concentración de poder condujo al autoritarismo, al tratamiento disciplinario de los conflictos ideológicos, a los intentos de fraccionamiento, a las deserciones y al estancamiento de la organización.

En su etapa original, la guerrilla no necesitó apreciables recursos para desarrollar sus acciones políticas y militares. Tampoco requirió grandes recursos, en cuanto en sus inicios fueron grupos relativamente pequeños, con un crecimiento vegetativo que fue cortado o por el intento de abrir frentes en nuevos territorios o por sus crisis internas y la presión militar. Indicativo de ese proceso es la evolución del ELN, que comenzó a operar en 1964 con 18 hombres; casi una década después, en 1973, apenas llegaba a unos 270 guerrilleros, y, posteriormente, en 1978 sólo le quedaban 36 (entrevista a Nicolás en López Vigil, 1989: 139).[1]

Esa guerrilla original del ELN fue también una guerrilla mal armada que para tratar de acrecentar su material bélico tuvo que establecer como parámetro de eficacia en los asaltos o emboscadas el número de armas "recuperadas" al enemigo (entrevista a Nicolás, en López Vigil, 1989: 141). Además, su ubicación en zonas más bien pobres, marginales y de reciente colonización no le permitía obtener mayores recursos. En esas zonas recibieron aportes voluntarios e impusieron contribuciones poco significativas. La falta de recursos llevó a la guerrilla a quebrantar normas morales y de seguridad como las que prohibían tomar sin pagar los bienes de los campesinos. El ELN, por ejemplo, tuvo que apelar a comprar productos con los denominados *bonos de esperanza revolucionaria*, para ser cobrados cuando triunfara la revolución (entrevista a Nicolás, en López Vigil, 1989: 237). Pese a su movilidad, y al igual que los demás grupos insurgentes, el ELN debió redondear su sostenimiento con el trabajo en granjas. Siguiendo el ejemplo de la guerrilla vietnamita y salvadoreña, durante dos meses del año tumbaban monte y sembraban, con lo cual compartían con los campesinos, al tiempo que hacían "trabajo ideológico" (entrevista a Rafael en Harnecker, 1988: 128).

En forma muy secundaria, los guerrilleros del ELN apelaron al secuestro con fines económicos y al asalto bancario. El segundo tipo de recurso no fue muy reiterado, debido a la debilidad de las redes guerrilleras urbanas. Al primero se apeló muy esporádicamente, en razón a que los guerrilleros de la época consideraban que ése era un procedimiento propio del lumpen o de la delincuencia común. Sin embargo, el ELN sería el primero en abandonar esa prevención, escudado en que dicha práctica estaba siendo usada por otras organizaciones revolucionarias en Venezuela, Guatemala y Argentina (entrevista a Nicolás en López Vigil, 1989: 137, y Medina Gallego, 1996: 103).

El ELN no creció como esperaba y bien pronto los factores adversos lo obligaron a adoptar una actitud más de supervivencia

---

1 Intervención del ministro de Defensa, general Luis Carlos Camacho Leyva ante la Cámara de Representantes, octubre de 1979, citado por Fajardo y Roldán (1980: 190).

que a desarrollar una lucha ofensiva. Luego de la absurda muerte en combate de Camilo Torres, el ELN se hunde en una crisis interna, que se expresa en los fusilamientos de Víctor Medina Morón, Julio César Cortés y Heliodoro Ochoa; en la escisión provocada por Juan de Dios Aguilera (1968), y en la deserción de Jaime Arenas (1969). A ello se agregan dos importantes golpes militares: el primero, un error de Fabio Vásquez Castaño permite la incautación de documentos y la detención de un grupo importante de militantes (1972), y, el segundo, la muerte de Manuel y Antonio Vásquez Castaño en la operación Anorí (1973), cuando intentaban expandir la organización a nuevos escenarios en Antioquia y Bolívar.

Al continuar la decadencia de la organización, Fabio Vásquez no tiene otra salida que abandonar el país, en 1974. En contraste, por esos años se aprecia el repunte reorganizativo de su red urbana que hasta entonces había girado en torno del apoyo logístico a la estructura rural. La crisis interna y el contacto de las redes urbanas con el movimiento de masas y con otras organizaciones como los sectores marxistas leninistas (M-L) estimularon la discusión sobre la reorganización y la orientación de su trabajo en la ciudad. Consecuencia de ello se presenta, por un lado, la realización de algunas acciones armadas de retaliación dirigidas particularmente contra miembros de los aparatos armados del Estado. Por el otro, se produjo cierto impulso al trabajo con obreros y sindicatos, lo cual se refleja en la contribución de algunos militantes a la creación en 1976 del Sindicalismo Independiente y Clasista (SIC) y en la posterior conformación de los Colectivos de Trabajo Sindical y los comandos obreros del ELN en Cali, Barrancabermeja, Valledupar, Bogotá y Medellín (ELN, *Simacota*, 1981, y Medina, 1997: 289).

La reconstitución federal (1978-1989)

Lo llamativo de la segunda fase del ELN es su proceso de reconstitución bajo parámetros bastante diferentes a los que habían guiado hasta entonces su organización interna y su accionar político-militar. Sin lugar a dudas, es otro ELN el que resucita entre las cenizas.

Para 1978, la organización rural apenas contaba con 36 hombres distribuidos en los frentes José Antonio Galán y Camilo Torres. El ELN no desapareció de la vida política, debido a que grupos de simpatizantes y militantes, cada uno de manera autónoma, continuaron trabajando por la organización. En ello se destaca el grupo conocido como Replanteamiento,[2] conformado por alrededor de veinte militantes de procedencia urbana que habían cuestionado la ausencia de un "trabajo de masas", la democracia interna y hasta el papel de la lucha armada. Aportaron también al milagro de resucitar al ELN los sacerdotes y las religiosas que se vincularon a esa organización siguiendo los pasos de Camilo Torres, convertido en una figura emblemática de la llamada teología de la liberación.

Los religiosos introdujeron una nueva metodología de acción política al trabajar directamente con las comunidades, realizando tareas de evangelización o de educación política y de organización para la obtención de beneficios colectivos. Al resurgimiento también contribuyeron antiguos y nuevos guerrilleros, quienes sin mucho contacto entre ellos penetraron de nuevo en sus anteriores escenarios de lucha o abrieron nuevas zonas de acción política, tratando esta vez, a diferencia de su anterior experiencia, de buscar apoyo social o de influir en las organizaciones campesinas.[3] Así, antes de terminar la década de los setenta, logran un ligero repunte los dos frentes citados y se registra el nacimiento del Frente Domingo Laín, el Manuel Vásquez Castaño (en Huila) y el primer embrión del Luis Carlos Cárdenas (Hernández, 1998: 296).

Este nuevo comienzo del ELN, atravesado por una profunda fragmentación, va a tener un enorme peso en la reconfiguración y en la vida posterior de ese movimiento guerrillero, pues renacerá como una federación de guerrillas, que compartía un pasado común, un ideario más o menos homogéneo y la figura cohesionadora de Camilo Torres. Con esos puntos de encuentro, y con el influjo de la revolución nicaragüense (1979), las guerrillas que configuraban el ELN iniciaron un proceso de diálogo y de reconocimiento que apuntaba a conformar nuevos organismos de dirección y a definir orientaciones políticas que llevaran a la organización a superar su profunda crisis.

---

[2] Replanteamiento no fue tampoco un grupo homogéneo, pues uno de sus sectores renunció a la lucha armada.

[3] Por ejemplo, el surgimiento del Frente Domingo Laín se apoya en el movimiento campesino de Arauca y el surgimiento del Frente Capitán Parmenio se articula con el movimiento campesino del Magdalena Medio.

Luego de afrontar nuevas pérdidas, esta vez en las estructuras urbanas, y la dispersión de los que abogaban por la renuncia de la vía armada y el desarrollo de la lucha política legal, un organismo colegiado y centralizado, incluso en el manejo de los recursos financieros (entrevista a Felipe en Harnecker, 1988: 76), la denominada Dirección Nacional Provisional (1978-1981), comienza a tener éxito en el proceso de unificar criterios y reorientar la lucha política de esa organización. Los pasos hacia la homogeneización se concretan con la realización en 1983 de la I Reunión Nacional del ELN, en la que se ratifica la necesidad de continuar la experiencia de la dirección colegiada, de trabajar por la unidad del grupo guerrillero y de ubicar los elementos que podían identificar el proyecto político del ELN. Esa reunión se encargó también de preparar el I Congreso o Asamblea Nacional, adoptando una metodología participativa que servirá de modelo para los eventos posteriores (entrevista a Felipe en Harnecker, 1988: 85).

El I Congreso, denominado *Comandante Camilo Torres*, celebrado entre enero y marzo de 1986, declara superada la crisis de la organización y se concentra en su unificación y en clarificar el horizonte político. En este Congreso, el ELN dejará de lado su ideología nacional popular para plegarse definitivamente al discurso marxista-leninista. Bajo este esquema definirá la "formación social" colombiana, usando el clásico esquema que hasta entonces habían empleado las organizaciones marxistas colombianas para argumentar y desarrollar sus acciones. Se partirá del examen de la llamadas *condiciones objetivas* (estructura económica-social), y su contraparte analítica, de las *condiciones subjetivas* para adelantar el proceso revolucionario con temas como "el carácter de la revolución", "la política de alianzas", "problemas tácticos" "formas organizativas", etc. Dentro de las temáticas se destacaba la relación entre marxismo y cristianismo, lo cual mostraba el importante papel del clero en la configuración ideológica y en los nuevos rumbos del ELN.

Una decisión significativa del I Congreso fue el respaldo a la política de acercamientos con otras organizaciones revolucionarias, lo cual mostraba que el grupo comenzaba a abandonar el sectarismo de su época pasada. En efecto, en febrero de 1985, el ELN mantuvo acercamientos políticos con otras pequeñas organizaciones como el Partido Revolucionario de los Trabajadores (PRT) y el MIR-Patria Libre, acuerdo que tomó el nombre de la Trilateral; posteriormente, en mayo de ese mismo año, el ELN participa en la fundación de la Coordinadora Nacional Guerrillera, integrada por las FARC y el Ejército Popular de Liberación (EPL).

En este I Congreso se aprueba, además, una nueva estrategia militar con la creación de cinco frentes de guerra (ELN, 1991a: 11) y la adopción del modelo de la guerra popular prolongada (GPP). Esta concepción, que se ha mantenido desde entonces con ligeras variaciones (véase Tabla 1), parte de la idea de una guerra popular larga y escalonada, que va generando las condiciones propias para su desarrollo. A la idea original, el ELN le introdujo algunos cambios para configurar una nueva versión de la guerra revolucionaria. Uno de ellos es la de considerar que el ejército revolucionario del campo no podrá provocar, por si solo, la insurrección en las ciudades, sino que para ello debe darse la articulación de las fuerzas militares de ambos escenarios.

También es partidario de impulsar una GPP que no gire exclusivamente alrededor del enfrentamiento militar, sino que articule en varias de sus fases la forma insurreccional. Sin embargo, la diferencia más destacada es la de plantear que la ofensiva, más que centralizarse en el plano militar, también lo hace en el político, pero no propiamente en la construcción de un órgano partidista, sino en la construcción de instituciones e instrumentos de poder popular (ELN, *El Militante Opina*, 1991a: 20). Con ese diseño consideró que estaban dadas las condiciones para crear las primeras unidades de ejército.

Al tiempo que el ELN definía su estrategia para la guerra, fortalecía su influencia sobre el movimiento A Luchar, fundado en mayo de 1984, para oponerse a los acuerdos de tregua y diálogo nacional entre las demás organizaciones guerrilleras y el gobierno de Belisario Betancur. Se consideraba que se trataba de una estrategia gubernamental que pretendía desmovilizar a la izquierda y facilitar la adecuación de la economía colombiana a las recomendaciones del Fondo Monetario Internacional (FMI), frente a la cual se proponía la búsqueda de la unidad y la apelación a la lucha directa mediante la ejecución de un "paro nacional, obrero y popular".

El proceso de cohesión interna y de definición de un horizonte político-militar del ELN quedaría completo en el II Congreso, realizado en noviembre de 1989, cuando se entronizó en ese grupo guerrillero la idea de construir el *poder popular*, una noción que ya

Tabla 1. La guerra popular prolongada según el ELN

Fases	Características	Modalidad de la guerra	Objetivos militares	Formas organizativas de masas
I. Acumulación de fuerzas	• Defensiva estratégica • Ofensiva táctica favorable al enemigo	• Guerra de guerrillas	• Acumular fuerzas y dispersar al enemigo • Formar embriones de poder popular • Disputar territorios • Consolidar la guerrilla	• Organizaciones amplias • Organizaciones político-militares • Autodefensas
II. Equilibrio dinámico de fuerzas	• Lucha estratégica • Ofensiva táctica • Equilibrio dinámico	• Guerra de movimientos • Guerra de guerrillas	• Enfrentar las fuerzas acumuladas con las del enemigo • Integrar frentes de guerra • Ampliar las zonas de retaguardia • Crear cuerpos de Ejército • Usar recursos bélicos a gran escala	• Construir milicias • Autodefensas • Organizaciones políticas de masas estables • Organizaciones amplias desarrolladas
III. Ofensiva general y toma de poder	• Ofensiva estratégica • Ofensiva táctica favorable a la revolución	• Guerra de posiciones • Guerra de movimientos • Guerra de guerrillas	• Desintegrar y derrotar Fuerzas armadas • Combinar la insurrección con la guerra • Destruir el estado burgués	• Órganos de poder popular • Organizaciones amplias de masas • Organizaciones políticas de masas • Autodefensas • Milicias
IV. Defensa de la revolución	• Consolidación estratégica • Ofensiva táctica favorable a la revolución	• Guerra regular • Guerra de posiciones • Guerra de movimientos • Guerra de guerrillas • Milicias	• Centralizar el poder popular en los ámbitos regional y nacional • Aniquilar resistencia contrarrevolucionaria • Defender la soberanía nacional	• Consolidar todas las formas de poder popular

Fuente: ELN, Estrategia (1986).

había tenido algunos desarrollos prácticos previos a raíz de la coyuntura de elección popular de alcaldes de 1988 y que de aquí en adelante se convierte en el principal planteamiento político-militar de este grupo guerrillero. En el II Congreso se reprodujo el menú temático del anterior, incluida también la discusión sobre "el cristianismo revolucionario", pero se advierten las primeras inquietudes por la situación de crisis del socialismo en el mundo.

Entre el I y el II Congreso, el ELN definirá una estrategia de guerra fundamentada en el ataque a los pilares de la economía nacional, tomando como objetivo militar la industria petrolera y la infraestructura eléctrica y de transporte. Con esos blancos de lucha y agitando la idea de defender la soberanía nacional de la "rapacidad imperialista", logró cierta influencia dentro de los trabajadores del sector energético y en aquellas comunidades cercanas a refinerías y oleoductos, al presionar a las compañías petroleras para que realizaran obras en beneficio de la comunidad. La amenaza del sabotaje a la compañías petroleras se convirtió también en su más importante fuente de recursos: para 1987 se calculaba que el ELN había tenido ingresos cercanos a los mil millones de pesos (entrevista a Rafael en Harnecker, 1988: 141). La otra influencia social apreciable, por lo menos durante estos años, se muestra en los paros y marchas campesinas de mayo de 1987 y el paro del nororiente de 1988, que involucró a cerca de 20.000 personas, en marchas preparatorias, en tomas de cabeceras municipales y en la frustrada toma a Bucaramanga.

Sin duda, ésta fue una de las etapas de mayor expansión del ELN y no parece ser una exageración que sus dirigentes calcularan su crecimiento en un 350% para 1986 hasta alcanzar un 500% en 1989 (entrevista a Rafael en Harnecker, 1988: 87). En esos años, el ELN renueva su armamento y deja de lado las carabinas y ametralladoras para usar fusiles livianos, especialmente el AR-15. Igualmente, había comenzado a funcionar la nueva estructura organizativa de cinco frentes de guerra (nororiental, noroccidental, norte, suroccidental y central), y de cinco frentes guerrilleros que operaban a finales de la década anterior habían pasado a 22 distribuidos en los citados frentes de guerra (Hernández, 1998: 296 y 400). Por razones estratégicas y financieras, los frentes guerrilleros intentan ubicarse en proximidades de ciudades importantes (como Barrancabermeja, Bucaramanga, Cúcuta, Arauca, Valledupar, Medellín, Cali, Santa Marta, entre otras), en las que buscaban obtener algún control territorial en sus barrios periféricos.

Pese a los avances del ELN en la consolidación de un ideario (una estructura organizativa) y del crecimiento en el plano militar, subsistía una importante disparidad de criterios con el Frente Domingo Laín tanto en el terreno ideológico, por la vigencia de la relación entre marxismo y cristianismo y por los desarrollos prácticos de la noción de poder popular, como por la centralización de las finanzas. Además de ello, al esfuerzo realizado por la organización de sobreponerse a la fragmentación, consolidando una organización nacional, se le oponía ahora la tendencia descentralizadora, producto de la estrategia de auspiciar el desarrollo de los frentes de guerra articulados a las coyunturas y realidades regionales. El propio II Congreso tuvo que reconocer que no había una verdadera centralización y disciplina de la organización, lo que dificultaba el desarrollo de aspectos clave como el militar, donde se estaba perdiendo contundencia y capacidad operativa (ELN, 1989: 184).

Poder popular: el proselitismo armado (1989-2005)

La fase se inicia con una importante discusión dentro del ELN, generada por la Corriente de Renovación Socialista en el contexto de la crisis del socialismo entre 1988 y 1989 y del debate en el país por la nueva Constitución de 1991. La corriente planteó el advenimiento de una "nueva época" en la que el socialismo retrocedía y el capitalismo pasaba a una etapa de internacionalización regulada por el libre mercado. Estimaba también que en Colombia se vivía un período de reflujo del movimiento social, dado el repliegue del campesinado y del desgaste del movimiento cívico y sindical. A la par señalaba que mientras la oligarquía había configurado un nuevo régimen político que generaba expectativas y nuevos espacios políticos para la oposición, la Coordinadora Guerrillera Simón Bolívar (CGSB) estaba "herida de muerte" y la guerrilla perdía terreno debido la estrategia contrainsurgente expresada en el paramilitarismo y la militarización de la sociedad.

Para afrontar esta situación, la Corriente proponía que se rectificara la estrategia político-militar, las caracterizaciones de los procesos nacionales e internacionales, el papel de la llamada vanguardia revolucionaria en relación con las masas, así como que se considerara la posibilidad de una negociación política al conflicto. Las contradicciones entre el ELN y la Corriente concluyeron con la separación de los segundos (un frente guerrillero y algunos pequeños grupos urbanos) y su incorporación a la vida civil en abril de 1994.

En el III Congreso, celebrado en junio de 1996, se madura la idea de construir poder popular. Esta estrategia se deriva directamente del concepto *poder de doble cara*, implementado durante el pasado conflicto interno en El Salvador. Allí el FMLN estimuló la organización de las comunidades campesinas con el objeto de mostrar un poder paralelo en zonas con amplio control guerrillero. Sin embargo, ante la crudeza de la guerra y la imposibilidad de defender algunas de esas zonas, optó por darles legitimidad ante el poder estatal, por lo cual las organizaciones pudieron seguir sobreviviendo y el Frente Farabundo Martí para la Liberación Nacional (FMLN) siguió estimándolas como uno de sus acumulados en la guerra (ELN, *El Militante Opina,* 1991a: 85).

En el ELN, esa noción fue adoptada teniendo como base cuatro criterios: en primer lugar, se asume que el poder popular debe desarrollarse en las condiciones de la guerra e inscribirse dentro de la concepción de GPP. El ELN considera que su concepción de GPP no es militarista y que tiene como columna vertebral la construcción del poder popular. Señalan que la GPP debe apoyarse tanto en las condiciones "objetivas de la lucha de clases" como en la tarea de estimular la creación de formas de organización popular ajustadas a las condiciones y fases de la guerra.

En segundo lugar, se plantea que la guerrilla debe ser también constructora y no exclusivamente destructora. Es decir, que la actividad militar se considera el eje de la destrucción; mientras la construcción del poder popular se estima como el eje de la creación. Se consideraba que sólo con la combinación de los dos criterios podían asegurarse el equilibrio, pues si se impulsaban solamente las tareas de la destrucción se correría el peligro del aislamiento de la sociedad y el desgaste frente al enemigo, y si dedicaban todas las energías a las actividades constructivas, se tendría el riesgo de "recibir grandes golpes del enemigo y [de] sumir a las masas en la defensiva y la desmoralización". Aplicando el sentido constructivo se buscaría forjar una nueva sociedad, no como una tarea para iniciar luego de la etapa de la guerra, sino como un proceso que debería comenzarse desde ahora con la perspectiva de un "norte socialista renovado, humano, popular y democrático" (ELN, s.f.c: 16).

El tercer criterio es el de construir formas de organización popular en una doble vía: dentro de la institucionalidad, aprovechando esos espacios para combatir al "Estado desde sus entrañas" y para trabajar en función de los intereses populares. Y desde lo extrainstitucional o alternativo, generando nuevas formas de organización y de participación que fueran cambiando el orden actual y anunciando la emergencia de la sociedad socialista.

Por último, se pretendía que los nuevos "embriones de poder popular" rescataran la identidad regional y local, se rigieran por prácticas de democracia directa y que impulsaran "el valor de lo comunitario en contra del individualismo y el hegemonismo burgués" (ELN, s.f.a: 112). En últimas, se aspiraba a que éstos se constituyeran en modelos de una nueva sociedad que ante la crisis de valores, la "corrupción generalizada y la pérdida del valor de la palabra" construyan "los valores de la honradez, persistencia, cooperación, solidaridad, unidad, humanismo, lealtad, patriotismo..." (ELN, s. f.c: 18).

Basándose en tales criterios, el ELN plantea la posibilidad de intervenir en los órdenes locales apoyando la elección de alcaldes que se comprometieran a cumplir con sus programas, a manejar con pulcritud los recursos públicos, etc. El intento de participar de las administraciones locales significó el replanteamiento de la posición abstencionista que se había convertido en un signo de la identidad de aquel grupo guerrillero. Los cambios políticos del ELN no fueron en manera alguna ajenos a los factores nacionales e internacionales que gravitaban a comienzos de la década pasada. En efecto, dentro del ELN se reconocía que las reformas al Estado, como la elección popular de alcaldes, la revocatoria del Congreso, la Asamblea Nacional Constituyente y la Constitución de 1991, si bien no habían resuelto los problemas del país, habían generado una sensación de cambio en las amplias mayorías de la población. Ante esa realidad, se planteaba que había que repensar las estrategias a fin de recuperar los terrenos perdidos y reconquistar de nuevo la simpatía por las propuestas de la insurgencia. Uno de los miembros de la dirección nacional en ese entonces, Pablo Tejada, señala por ejemplo que el reconocimiento de esas realidades no equivalía a negar la lucha armada, sino a comprender la necesidad de "afinar la proyección política del movimiento armado y [...] la utilización táctica o coyuntural" de los espacios institucionales, pero subordinando dicho proyecto a la estrategia de guerra popular (ELN, 1991b: 95).

La crisis del socialismo no era tampoco una realidad ajena a las nuevas perspectivas del ELN. Inscribiendo el desplome del bloque de países que se oponía al imperialismo dentro de un nuevo período de "contrarrevolución de carácter mundial", esa organización continúa creyendo en su utopía revolucionaria a través de los que considera sobrevivientes a ese proceso: China, Vietnam, Corea del Norte y Cuba. Países en los que estima hubo reajustes importantes en sus diseños económicos y experimentación "con otros modelos de socialismo, en los cuales el mercado recobra incidencia en la regulación económica, la productividad y la eficiencia sin que desaparezca la planificación económica ni la propiedad socialista como eje principal" (ELN, s. f.c: 33).

La crisis del socialismo en el mundo influyó en la discusión sobre la adopción de la política de inserción en los espacios institucionales y de crear poderes alternos, pues de este proceso se extrajo como conclusión que allí habían fracasado "las vanguardias", porque éstas se habían colocado por encima de las masas y se habían convertido en un aparato burocrático. De tal fracaso se desprendía la obligatoriedad de impulsar las prácticas de poder popular.

En desarrollo de tales criterios, el ELN proyectó construir el poder popular a través de varios instrumentos: por un lado, con la inserción en sus zonas de influencia en la política local con el objeto de "arrancar reivindicaciones a la oligarquía" (ELN, 1989: 80), elaborar planes de desarrollo, vigilar el cumplimiento de los programas locales y regionales, fiscalizar el manejo de los recursos públicos, erradicar el clientelismo, identificar las "contradicciones del orden capitalista" y confrontar las políticas de descentralización que buscan descargar al Estado "de la responsabilidad de prestar los servicios sociales (salud, vivienda y educación), imposibilitando a la administración municipal en su decisión política y manejo presupuestal, para dar solución a los crecientes problemas de la población" (ELN, 1991a: 70).

Por otro lado, desde lo que se denominó *lo extrainstitucional*, se llamó a configurar varios tipos de organizaciones: (a) formas autogestionarias que impulsen nuevos tipos de economía con participación comunitaria y que incluyan "el desarrollo social en la utilización de sus beneficios"; (b) formas políticas de control popular, particularmente en el ámbito de justicia (tribunales populares); (c) formas económicas que puedan estimular el manejo soberano de recursos naturales como el petróleo, el carbón y el oro; (d) formas económicas alternativas que permitan asentamientos de comunidades, en "desarrollo del "programa agrario"; (e) formas de defensa, como las milicias, para defender los organismo de poder popular, y (f) un movimiento de masas que canalice las expresiones de poder popular (ELN, s. f.d: 57, y s. f.c: 18).

En el III Congreso se ratifica el esquema de la GPP y el ideal marxista-leninista, al declarar que la meta final de su lucha es "la conquista de la sociedad sin clases". Se afirmará que el objetivo es un "Estado social cimentado en la propiedad colectiva y social de los medios de producción, en el que cada cual aporte según sus capacidades y reciba según sus necesidades". Sin embargo, como para matizar el esquematismo de tales formulaciones aclaraban que se trata de un socialismo creativo que permita expresiones de producción capitalista "sujetas a nuevas relaciones de producción", un socialismo entroncado "con la América Latina multiétnica y pluricultural y la Colombia de regiones y costumbres diversas". Un socialismo, aseguraban, que sea capaz de garantizar mecanismos reales de participación, el "autogobierno de la comunidad", que pueda abrirse al mundo "buscando un intercambio más equitativo" y que resuelva "problemas esenciales de la población". Un rasgo ideológico notorio en el III Congreso, o por lo menos en los documentos conocidos de ese evento, es la desaparición de las referencias al marxismo cristiano, lo cual de alguna manera coincide con la desaparición de la sigla UC (Unión Camilista), que precedía las siglas del grupo guerrillero hacia 1987. Tal detalle pudo haber reflejado cierta pérdida de poder del sacerdote Manuel Pérez y del sector influenciado por la teología de la liberación, en favor de las tendencias más ortodoxas del marxismo dentro de esa organización.

El III Congreso parece ampliar los sujetos de su enemistad política, al señalar como objetivos militares a "la oligarquía; las multinacionales y los financiadores de la guerra sucia". Contra ellas el grupo guerrillero acuerda aplicar el secuestro, la extorsión y la tributación forzosa. Asimismo, acordará continuar con el sabotaje a la infraestructura petrolera y a los bienes de las empresas acusadas de patrocinar el paramilitarismo.

Desde la perspectiva militar, en esta fase el ELN llega al límite de expansión y crecimiento, precisamente en los primeros años de la década de los noventa, para luego iniciar un proceso de estancamiento y de paulatino retroceso hasta el momento actual. El crecimiento se advierte, por un lado, al seguir renovando su armamento incorporando morteros y los fusiles FAL y AK-47 y, por el otro, por la ampliación de sus frentes guerrilleros, pues entre 1989 y 1991 funda catorce frentes guerrilleros y nueve más entre 1991 y 1997.[4] De manera que sin tener en cuenta las estructuras urbanas, el ELN pasaría de contar con 22 frentes en 1989 a 45 en 1997,[5] la mayoría fundados a comienzos de la década, cuando la organización todavía no había sido afectada por la acción del paramilitarismo, el decaimiento de los recursos provenientes de la extorsión petrolera y las limitantes internas, que tendían a favorecer el desarrollo de su actividad política antes que la acción militar.

Esta fase de estancamiento militar y de mayor atención a la actividad política de la organización coincide con la reiteración de la propuesta de paz ligada a mecanismos de participación social. El ELN dejó su resistencia histórica a cualquier diálogo de paz a finales de los años ochenta, cuando participa en las negociaciones de Caracas y Tlaxcala haciendo parte de la CGSB, pero pensando más en la unidad de las guerrillas que en buscar caminos de paz. En 1994, en un evento más militar que político, el XIII Pleno de comandantes, se haría una de las primeras discusiones de paz en el interior del grupo. Ya madura la idea, en febrero de 1996, esa organización plantea la propuesta de la Convención Nacional como una posibilidad de integrar a diversos sectores sociales en un diálogo nacional de paz. Posteriormente, las manifestaciones y los actos hacia la paz se harían más reiterados: Preacuerdo del Palacio de Viana, entre el grupo guerrillero y el gobierno, y Encuentro de Puerta del Cielo y Diálogos en Mangucia (1998); acuerdos humanitarios (2000) y preacuerdos y acuerdo para obtener una "zona de encuentro" (2000-2001), y levantamiento por esa organización de minas "quiebrapatas" en algunos escenarios del conflicto (2004).

---

4 Para observar el crecimiento de esta agrupación hemos seguido la historia del ELN escrita por Milton Hernández (1998: 518 y 629).

5 Las cifras arriba citadas de un militante del ELN coinciden las de un integrante del Ejército Nacional. Véase Cañón Núñez (1998: 167).

¿Por qué, a diferencia de las FARC, el ELN se estanca militarmente desde comienzos de la década de los noventa? ¿Es acaso una razón suficiente para dicho estancamiento la escasa ligazón con el negocio de la droga? ¿Qué tiene que ver el esquema organizativo federal en esa situación? ¿Por qué creemos que se tendió a favorecer el trabajo político antes que el militar? Respondamos a tales interrogantes:

Frentes de guerra y organización federal

El esquema de GPP es complementario con la creación de los frentes de guerra y de las llamadas áreas estratégicas,[6] las cuales son un diseño clave para entender tanto su estrategia político-militar como su configuración interna de rasgos federales. Estas estructuras organizativas, que como se dijo surgen en el I Congreso, no expresan simplemente una visualización geográfica o el presunto influjo territorial del grupo, hacen parte de una definición que considera la diversidad cultural del país estableciendo en principio cinco identidades regionales en las que la organización busca desarrollar proyectos políticos y militares. El ELN no sólo reconocía las identidades y las expectativas regionales (lo cual pasaba por la elaboración de diagnósticos que tenían en cuenta la geografía, la historia, la economía, etc.), sino también la diversidad de experiencias, relaciones y prácticas de sus estructuras políticas y militares insertas en cada región. Se trataba entonces de mejorar su capacidad de penetración integrando lo político y lo militar en una perspectiva regional. Uno de los frentes más desarrollados, el Frente de Guerra Nororiental, por ejemplo, plantearía como objetivos "la realización de grandes jornadas de masas, una ofensiva militar centralizada, la creación de una identidad regional y la democratización en el diseño de la política y los planes de trabajo" (1991a: 12).

Los frentes de guerra y las áreas estratégicas se consideran los espacios para desarrollar la política, con la construcción de poderes populares dentro de la institucionalidad o por fuera de ella. Igualmente, estas estructuras debían integrar el trabajo político-militar

[6] El área estratégica es un espacio de disputa y de confrontación que esa organización considera importante por sus recursos económicos, políticos y sociales. Varios frentes de guerra pueden actuar en un área estratégica. Ambos cuentan con frentes rurales, frentes urbanos, etc. (véanse Organigrama I y http://www.eln-voces.com/_todo_eln.html).

rural con el urbano. Para ello se disponía, en primer lugar, que los cuadros políticos debían ganar ascendencia dentro de los movimientos sociales urbanos, mientras que algunos cuadros militares debían asentarse en barrios periféricos para conformar estructuras militares. En segundo lugar, que los frentes de guerra y las áreas estratégicas colocaran la fuerza militar rural en proximidades de las ciudades. Y, en tercer lugar, que estas estructuras político-militares debían proyectarse hacia zonas claves no sólo por sus recursos –naturales, industriales, infraestructura de vías, electricidad y comunicaciones, áreas fronterizas o costeras–, sino también por su "explosividad social" (ELN, s. f.d: 86). De ahí que, a comienzos de los años noventa, la Dirección Nacional pudiera decir que contaba con un "acumulado en el área industrial de Medellín, metropolitana de Bucaramanga, petrolera de Barrancabermeja y Valledupar, Popayán y Cúcuta..." (ELN, s. f.d: 64).

Desde la perspectiva militar, la idea de frentes de guerra y de áreas estratégicas involucraba la configuración de zonas de retaguardia en cada uno de los cinco frentes, incluso una retaguardia nacional que permitiera la neutralización de las ofensivas del enemigo, el adiestramiento y la actividad formativa de los militantes y simpatizantes. Las áreas de retaguardia son consideradas así por ser zonas que cuentan con gran influjo político de la organización guerrillera y con escasa o "esporádica" presencia del Estado; en ellas la guerrilla ha desarrollado sus cuadrillas, infraestructura logística, zonas de producción agrícola, corredores de repliegue y algunos "órganos de poder popular". El área de retaguardia es la tercera en cada frente de guerra o áreas y es el respaldo de las otras dos: el área de confrontación y consolidación, que se entiende como una zona intermedia, con influjo inestable de la guerrilla, y el área de recuperación y apertura (ELN, s. f.d: 63).

Adicionalmente, a los frentes de guerra y a las áreas estratégicas les competía servir de soporte para generar los embriones del "ejército revolucionario". En 1986, durante el I Congreso, en un proceso más o menos contemporáneo con las FARC, se determinó crear las compañías como aparatos conducidos por la Dirección Nacional. Las primeras fueron la Compañía Anorí y luego la Compañía Simacota. En 1989, en el II Congreso, cuando se decidió que las compañías pasaran a depender de los frentes guerrilleros, se habían creado cuatro más, pero se aspiraba a contar con ocho. En ese momento operaban la Anorí, que continuó dependiendo de la Dirección Nacional; la Simacota, del Frente Domingo Laín; la Comuneros, del Frente Capitán Parmenio; la Cimarrones, del Frente José Antonio Galán; la Simón Bolívar, del Frente Luis José Solano Sepúlveda, y la Elizabeth Serpa, del Frente Astolfo González (ELN, 1995: 23).

Hacia 1997, en un poco menos de una década, las compañías se habían duplicado, pues funcionaban 17, de las cuales dos dependían de la Dirección Nacional, y quince, de frentes guerrilleros. La creación de las compañías debía conducir a la conformación de batallones del "ejército revolucionario". A mediados de la década de los noventa, se estaba planeando la configuración de sus primeros embriones, teniendo como soporte a varios frentes de guerra y en zonas con algunos apoyos sociales. En el sur de Bolívar debía operar el Batallón Jorge Eliécer Gaitán, compuesto por las compañías Anorí y Mariscal Sucre, y las cuadrillas Héroes de Santa Rosa, Édgar Almilkar Granados y Luis José Solano Sepúlveda. Asimismo, en Catatumbo y la región de Perijá debía cerrar filas el Batallón Frontera, a partir de las compañías Capitán Francisco y Héroes del Catatumbo.

El diseño de los frentes guerra y de las áreas estratégicas con las perspectivas señaladas es resultado del auge en la década de los ochenta de los movimientos y paros cívicos regionales y de la paulatina pérdida del influjo de la guerrilla dentro de los movimientos sociales tradicionales. Es también producto del encuentro de estos factores con la organización federal, con que se reconfigura esta guerrilla tras su período de crisis.

El ELN adquirió una organización interna federal luego de superar algunos de los obstáculos que le impedían convertirse en una organización nacional y con un mando centralizado. Nos referimos a que por algún tiempo fue muy fuerte el sentido de pertenencia regional de sus comandantes, a la inmovilidad de las comandancias de los frentes de guerra, a que los guerrilleros rasos mostraban mucha lealtad personal frente a su comandantes inmediatos antes que a la comandancia nacional o a que hubo episodios de desconocimiento de la Dirección Nacional por la dirección de los frentes de guerra o de la dirección de los frentes de guerra por algún frente guerrillero.[7]

---

7 Por ejemplo, a finales de los años ochenta el Frente Domingo Laín se había aislado de la Dirección Nacional y de la Dirección del Frente

En este sentido, también es muy significativo que en la década de los ochenta tuviera más autoridad "Gabino" que el sacerdote Manuel Pérez, cuando éste era miembro de la Dirección Nacional o que en las reuniones de guerrilleros de diversos frentes sólo aceptaran órdenes de sus jefes inmediatos o que el Frente Domingo Laín, recién había pasado la I Asamblea de 1986, se negara a recibir en sus campamentos a un comandante distinto a Gabino, no obstante que era la primera vez que la Dirección Nacional pretendía llegar a los campamentos a examinar la situación de cada frente guerrillero (Ruiz, 2001).

El peso de esa tendencia federal con que resurge el ELN se manifestará en la dirección colegiada de la organización (entre quince y veinte miembros) y en la importante incidencia de las direcciones de los frentes de guerra en la conducción del grupo guerrillero (véase Organigrama 1) ¿Por qué ese rasgo? Porque en los orígenes del mando colegiado del ELN (fase de reconstitución), los responsables de estas estructuras hicieron parte de la Dirección Nacional (entrevista a Rafael en Harnecker, 1988: 74); porque no parece ser tan fuerte la capacidad de imposición de la Dirección Nacional en los frentes de guerra y éstos han gozado de una relativa autonomía para trazar algunas de sus políticas acondicionadas a las pautas de esa organización; porque, además, en la estructura organizativa de cada frente de guerra se reproduce el esquema directivo que posee la organización nacional del ELN (responsables político y militar, comisiones, etc.) y por la periódica realización de los llamados *plenos ampliados*. En estos eventos, al igual que en los grandes congresos y asambleas, se analiza la situación internacional, la situación nacional, se evalúan las actividades y se discuten los planes del trabajo para cada área. Por último, porque para tomar decisiones "de trascendencia", la Dirección Nacional debe convocar a pleno ampliado con la participación de los "responsables políticos" de los frentes de guerra y de las áreas estratégicas" (ELN, s. f.d: 103).[8]

---

de Guerra Nororiental. Igualmente, el frente José Solano Sepúlveda no reconocía a la dirección del frente de guerra norte. Véase *Carta Militante* del ELN (1990, No. 15: 33-36).

[8] El Frente de Guerra Nororiental, por ejemplo, hacia 1990, ya había realizado siete plenos. Véase ELN (1991a).

Organigrama 1. Ejército de Liberación Nacional

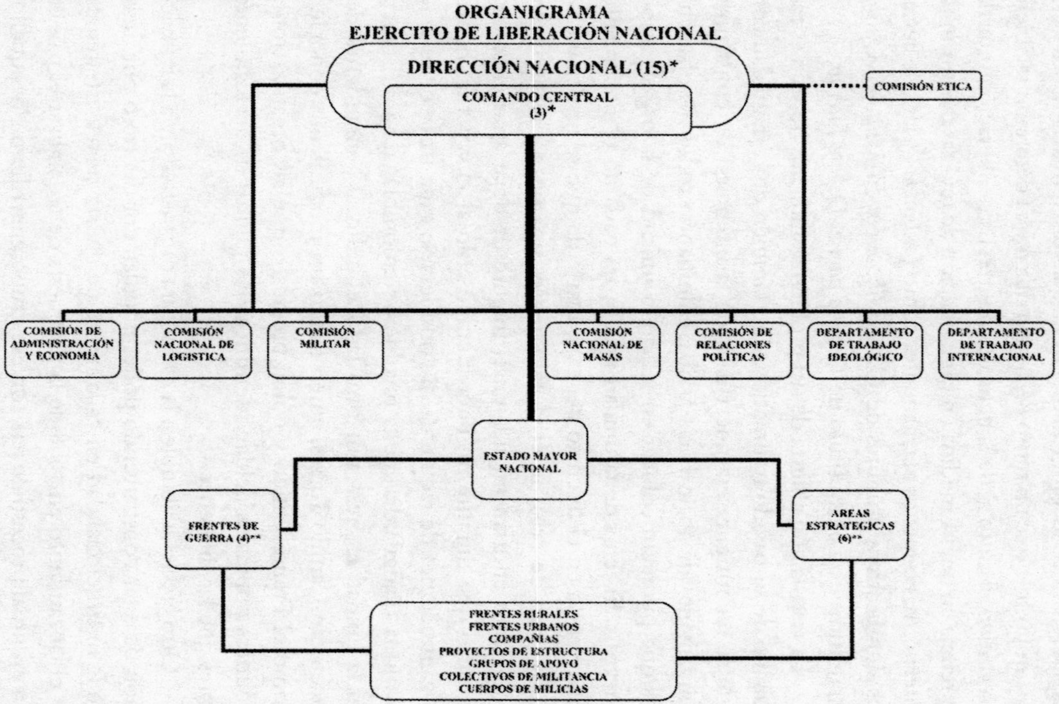

* Número de integrantes.

** Número de frentes y áreas.

Fuente: ELN. Poder Popular y Nuevo Gobierno; Conclusiones II Congreso (1989). Estatutos (1996).

La estructura organizativa federal parece haber contribuido a generar una fuerte tendencia deliberativa entre sus filas, lo cual pudo permitir la conformación de una guerrilla con mayor democracia interna y muy diferente a su primera etapa de vida, bajo la comandancia de Fabio Vásquez Castaño, cuando fue corriente que las discrepancias ideológicas fueran tratadas disciplinariamente y era casi imposible que un retiro de la guerrilla o una deserción recibiera un castigo distinto al de la pena de muerte. La deliberación interna se refleja en buena medida en la circulación de revistas de consumo interno, más o menos permanentes como *La Unidad* y las que llevan los significativos nombres de *Carta Militante* y *El Militante Opina*, esta última con el subtítulo de *Órgano para el Debate Interno*.

La ventilación abierta de sus problemas internos no sólo es resultado de su pasado traumático, sino también de la fragilidad con que se reconfigura esa guerrilla y de la intención de construirla sólidamente de abajo hacia arriba, eliminando todos los obstáculos que pudieran colocar en riesgo la unidad de la organización guerrilla. El tema de la unidad no es para nada un planteamiento inadvertido en el discurso del ELN, aparte de que se invoca en los momentos de crisis interna, también es una obsesión discursiva que refleja en gran medida en el intento de dejar atrás el pasado sectario que durante un buen tiempo aisló al ELN y a las demás organizaciones de izquierda, al considerarse cada una por su lado como la "vanguardia" de la revolución colombiana. La insistencia en la unidad expresa, por otro lado, el culto al pensamiento del sacerdote Camilo Torres, quien fundó un movimiento conocido como el Frente Unido y quien predicaba que las organizaciones políticas populares debían identificar los puntos de acercamiento antes que las diferencias.

Otro efecto atribuible a la estructura organizativa y a la convicción de estar construyendo poder popular, por dentro o por fuera de la institucionalidad en cada frente de guerra o área estratégica, es el lanzamiento en 1998 de la propuesta de federalizar el país en un eventual proceso de paz con ese grupo guerrillero. Por aquellos años, el ELN parecía muy seguro de contar con un acumulado de poder y de control territorial que eventualmente pudiera reflejarse a su favor, bajo un sistema político federal.

El tipo de organización interna del ELN es un hilo conductor para entender su dificultad para crecer militarmente al punto alcanzado por las FARC. Es posible que la tendencia deliberativa y la metodología de alcanzar decisiones por consenso se haya convertido en un obstáculo más para lograr los desarrollos militares obtenidos por las FARC, donde es relevante el verticalismo del "secretariado" y bastante clara la línea de mando. Ese mismo tipo de organización hace prever que una posible negociación con el ELN sea un proceso lento y complejo, pero creíble y definitivo. Del mismo modo, es previsible que de no haber una salida negociada, no sería tan fácil lograr su extinción, debido a las independencias y autonomías relativas de sus frentes de guerra, pues en esa circunstancia los reductos que subsistan podrían prolongar la vida de este grupo insurgente.

Las razones de la debilidad ofensiva y estancamiento militar

No hay duda de que el ELN alcanzó su mayor desarrollo militar entre mediados de los años ochenta y comienzos de la década de los noventa. Sin embargo, dicho crecimiento no fue tan sólido como se piensa y no significó una importante elevación de sus tasas de combate. El grupo tendió a estancarse militarmente y a mantener su esquema guerrillero; mientras las FARC tuvieron un crecimiento más destacado, elevaron su ofensiva e hicieron intentos más serios de convertirse en un ejército. Esa diferencia entre una y otra guerrilla no puede explicarse exclusivamente por el menor grado de recepción de recursos provenientes del narcotráfico; cuenta en el estancamiento del ELN tanto su organización interna como el que no se hallaba preparado ni para asumir el incremento de sus filas, ni para avanzar en los retos planteados por su estrategia político-militar.

En esto fue también definitivo que su estrategia tendiera a privilegiar el trabajo político en las zonas bajo su influencia, en detrimento de una proyección militar mucho más agresiva al estilo de las FARC. A ello se agregarían los demás factores que empezaron a neutralizar el conjunto de la acción guerrillera (incremento del paramilitarismo, crecimiento del presupuesto de guerra y del pie de fuerza y modernización de las fuerzas armadas). ¿En qué medida se cumplieron las metas militares fijadas desde mediados de la década de los ochenta? ¿Qué tan sólido fue el desarrollo militar del ELN? ¿Por qué decimos que hubo un estancamiento militar?

Un importante termómetro para medir los alcances de los cambios operados en el ELN lo constituye el lado militar de la llamada campaña Vuelo del Águila. Ésta es significativa por dos motivos: fue una de las campañas más ofensivas del ELN en la década de los noventa y estuvo precedida de un intenso debate interno, que condujo a la salida de la Corriente de Renovación Socialista de aquel grupo insurgente. La estrategia y el estancamiento militar de la guerrilla fue precisamente uno de los ejes de tal debate. La Corriente planteaba que luego de 26 años de insurgencia y teniendo condiciones como "el auge de las luchas campesinas y cívicas hasta 1988, y la violencia de la guerra contrainsurgente", esa organización no había podido "pasar de la fase de guerra de guerrillas" ni de modalidades operativas como la emboscada y el golpe de mano, a la "modalidad de las batallas" (ELN, *El Militante Opina*, 1991b: 13).

Los miembros de la Corriente creían que los saltos en las fases de la guerra sólo podían lograrse si se construía un amplio movimiento político en las ciudades, y eso significaba que había que pelearles los espacios a las corrientes "oligárquicas y a la social democracia". Consideraban que sólo así podría aspirarse a combinar en el futuro la acumulación de la guerrilla rural con eventuales levantamientos o insurrecciones locales o regionales. Señalaban, además, que se caía en el "vanguardismo" cuando se lanzaban campañas militares ateniéndose al análisis de los factores del orden nacional y olvidando los contextos locales y regionales, y que se perjudicaba a la población y se desprestigiaba la revolución con "el petardismo y los sabotajes indiscriminados y descontextualizados de las dinámicas de los movimientos sociales" (ELN, *El Militante Opina*, 1991b: 13 y 28).

La campaña Vuelo del Águila fue lanzada a finales de 1992, con ocasión de lo que el ELN llamó los *500 años de resistencia indígena, negra y popular*. Se propuso mostrar la nueva actitud de dicha guerrilla, responder al plan de "guerra integral" del presidente Gaviria y activar la lucha popular contra el Estado, combinando el paro cívico y el paro armado. Pero, sin duda, el principal objetivo que se ligaba a las acciones militares, que también desarrolló la CGSB, fue el de "mejorar la correlación de fuerzas" y generar "un salto en el desarrollo de la guerra popular" (ELN, 1991a: 77 y 1993b).

Para el ELN, la campaña no significó un salto en el terreno militar. Aunque hubo un alto porcentaje de acciones armadas de sabotaje económico (oleoductos, buses, torres, empresas mineras de carbón y oro, etc.), obstrucción de anillos viales y hostilidades en cercanías de algunas ciudades, un número muy importante de acciones programadas no se desarrollaron porque las autoridades las detectaron a tiempo, porque la información de inteligencia guerrillera falló o porque los militantes de esa organización argumentaron que no había "las condiciones internas para realizarla" (ELN, 1995: 30).

En sus evaluaciones internas esa organización reconocería que los combates fueron de escasa envergadura y que el 80% de sus muertos y capturados lo había sido como consecuencia de descuidos de la guerrilla (indisciplina, rutina, subestimación del enemigo, etc.) y no a causa de la eficacia de las autoridades. Señalaría también que se había oscilado entre la intrepidez, que generaba fracasos, y la "inoperancia, para evitar los riesgos". Se concluía que, no obstante que la campaña había significado un salto en la capacidad de lucha, al comenzar a usar morteros, rampas, "cañones populares" y sobre todo al generalizar el uso de explosivos, se había estado muy por debajo de los planes iniciales e incluso se había perdido el orgullo de hacerse respetar del enemigo en los territorios controlados por ella (ELN, 1995: 30).

Los resultados de esa escalada militar y de otras de menor importancia en la década de los noventa mostraron las inconsistencias del crecimiento y de la expansión del ELN. Intentando una jerarquización de los factores que determinaban esa situación, a partir de los propios análisis de la insurgencia, señalemos los siguientes:

La poca preparación militar
y el escaso liderazgo de los jefes militares

El crecimiento del ELN en la primera mitad de la década de los noventa y los cambios que se introdujeron dentro de la organización desbordaron la capacidad de esta guerrilla para responder a las exigencias de las modalidades de lucha. La limitación más notoria se ubica en la formación militar y en menor grado en la política. La debilidad se debió a la inexistencia de una escuela militar que manejara elementos teóricos y prácticos, que enseñara "sobre el terreno, sobre las armas y sobre el combate" y que aplicara las capacidades en el "adiestramiento, el enfrentamiento y la instrucción" (ELN, 1995: 32). A la falta de esa escuela se le suma que la nueva estrategia político-militar llevó a que muchos cuadros militares experimentados fueran destinados al trabajo político; en otras palabras, las actividades políticas parecieron cobrar más importancia que las tareas militares.

Debido a tales factores, a los frentes guerrilleros, regionales y compañías, y hasta a la misma conducción nacional, accedieron guerrilleros sin experiencia y a veces sin capacidad para asumir la lucha armada. De ahí también las quejas internas referidas a la ausencia de liderazgo en los cuadros militares, lo cual era explicado unas veces por la falta de capacidad de conducción y, en otras, por el efecto que habían traído las críticas a la anterior fase del ELN; es decir, por la reprobación al militarismo, al vanguardismo y al verticalismo.

La poca preparación no fue tan sólo visible en los cuadros militares; también se dejó sentir, por lo menos hasta mediados de la década de los noventa, en la falta de elementos bélicos para atender todos los requerimientos de la guerra. Otro factor cercano a la escasa formación, pero que también tiene que ver con la estructura centro-federal de esa organización, es la descoordinación en la línea de mando, observable en que la dirección de las compañías y la elección de los mandos fue asumiéndola la dirección de cada frente de guerra, en oposición al criterio inicial de conducción de tales cuerpos por la Dirección Nacional. Los problemas de dirección también se han reflejado en la delegación de las órdenes y en la ausencia de los mandos en el escenario de operaciones.

La debilidad en la formación de los cuadros militares tendió a ser subsanada hacia mediados de los años noventa con las "escuelas de cuadros", un poco antes del primer avance del paramilitarismo a sus zonas históricas.

El aislamiento político y el militarismo de lo urbano

La ausencia de un influjo en los movimientos políticos y sociales de las zonas urbanas, que permitiera articular la ciudad y el campo en la perspectiva insurreccional y de huelga general, llevó a este grupo a intentar resolver esa situación con estrategias militares. Asimilando lo urbano a lo rural, el ELN implanta milicias en barrios populares con la aspiración de ejercer cierto control territorial, igual al que ejercía en ciertos ámbitos rurales. Las milicias no son entonces resultado del movimiento social o de la movilización política de las barriadas, sino que a partir de sus prácticas se busca ganar simpatías y estimular la promoción de reivindicaciones sociales y locales. En ese contexto, lo militar resulta sobremedido, así como ciertas prácticas de fuerza con las que se persigue la aceptación en las comunidades barriales, es decir, la eliminación de las llamadas "ollas" y las bandas de delincuencia común.

En varios momentos el ELN ha reconocido esas limitaciones y otros "desenfoques", como las expresiones autonomistas de los aparatos urbanos, la falta de una presencia permanente de sus mandos y de los "cuadros con mayor formación" en los asentamientos barriales, la poca capacitación militar en las técnicas de combate y el surgimiento de algunas tendencias delincuenciales expresadas en prepotencia y "arbitrariedad frente a la población" (ELN, 1993a: 50; s. f.c: 69, y 1995: 24).

La complejidad del tránsito de la guerra irregular a la regular

El ELN y, en general, las otras organizaciones guerrilleras siguieron los pasos del Movimiento 19 de Abril (M-19) en el intento de desarrollar la modalidad de ejército regular tratando de alcanzar otro nivel de lucha con las fuerzas del Estado. De la experiencia del M-19, caracterizada por sus acciones espectaculares (tomas de Florencia, Yumbo, Siloé y batalla de Yarumales, etc.), aprendieron que se debía contar con un área de retaguardia consolidada; que eran vitales las áreas de confrontación donde existiera un influjo político acorde con las exigencias del conflicto; que era necesaria la capacidad de afectar las fuerzas del enemigo, pero conservando las de la insurgencia, y que era obligatorio buscar las batallas, siempre y cuando se tuviera garantía de continuidad en la lucha.

El ELN tuvo en cuenta la mayoría de esos elementos y desdeñó otros de trascendencia, como la necesidad de un plan sistemático que les colocara un norte y un dinamismo a las compañías y a las fuerzas especiales. Asimismo, debió enfrentar situaciones que no había contemplado: por un lado, el dilema de mantener peleando a las compañías dislocadas de la guerrilla o de "vivir como guerrilla y agruparse como fuerza regular para la pelea" (ELN, 1998: 42). Ese dilema, unido a las dificultades de proyección de las compañías, llevaría a que algunas se volvieran simplemente frentes guerrilleros (por ejemplo, la compañía El Boche se convirtió en el Frente Manuel Hernández) o a que las compañías entraran en acción sólo ocasionalmente cuando tuvieran coordinación con la acción guerrillera.

Por otro lado, el ELN debió afrontar el inmovilismo y la mentalidad guerrillerista que hacía que los miembros de las compañías mostraran resistencia a actuar con la lógica de la guerra de movimientos (actividad operativa regular, cierto grado de control territorial, mayor concentración de fuerzas, combate abierto, etc.) y que además tanto combatientes como mandos tuvieran la tendencia a solicitar traslado a sus antiguas estructuras guerrilleras (ELN, 1998: 41).

A lo largo de la década de los noventa, el ELN no parece haber tenido otro momento de crecimiento de sus efectivos militares parecido al período 1989-1993, en el que según sus propias evaluaciones internas creció en un 720%. Su fuerza se pudo manifestar con algunas escaladas parecidas a las de 1992, y sus compañías se mostraron en algunos combates, como en la operación simultánea en algunos pueblos de Norte de Santander, en 1998 (Cácota, Silos y Chitagá). Sin embargo, como parecen registrarlo las cifras oficiales, desde finales de los años noventa la intensidad de su fuego se ha venido debilitando con la penetración del paramilitarismo a algunos de sus territorios, ubicados en el propio corazón de sus dominios históricos, como el sur de Bolívar, Catatumbo (Norte de Santander) y Barrancabermeja, o de zonas de menor influencia como en el suroccidente (Valle del Cauca y Nariño).

Si bien el grupo guerrillero se halla debilitado, fundamentalmente, por la actividad paramilitar en sus zonas de influencia y por la acción estatal en el desmantelamiento de algunas de sus redes urbanas, los golpes no alcanzan a ser contundentes ni han provocado la desarticulación de sus mandos y estructuras político-militares, al punto que los obligue a negociar a cualquier precio. Se debilitaron territorialmente (pierden corredores estratégicos, reducción de los espacios de retaguardia, etc.), pero es posible que hayan ganado combatientes provenientes de la "intensidad" del conflicto en las zonas de su mayor influjo; no de otra manera podrían explicarse las cifras del Ministerio de Defensa que reconocen que en 1998 el ELN contaba con 3.500 hombres y unas 37 cuadrillas, y en el 2000, con 4.500 hombres distribuidos en 42 cuadrillas (ELN, 1998).

Por lo tanto, se han debilitado pero no han perdido capacidad de respuesta, como se demuestra en algunas escaladas defensivas que apuntan a resguardar territorios o a dispersar y desconcentrar los operativos del enemigo. Además, es importante precisar que el decaimiento militar no se puede mostrar como una tendencia de todos sus métodos de guerra. Primero, porque este grupo insurgente continúa mostrando un sobresaliente aunque irregular activismo militar a través del sabotaje y el "contacto armado".[9] Incluso en el primer método las cifras muestran una agresividad mayor a la que se registra para las FARC para el período 1999-2001, pues mientras éstas realizan 332 sabotajes, el ELN las supera con 371, a pesar de que esta última guerrilla tiene un menor número de frentes y de hombres en armas (Echandía, 1999: 31-32), así como lo señala la Gráfica 1.

En segundo lugar, el mantenimiento del sabotaje como principal método de lucha es un elemento importante a la hora de valorar la capacidad militar del ELN. No perdamos de vista que históricamente esta organización ha sido poco combativa y no se ha distinguido por sostener y diversificar sus métodos de guerra, sino que se ha comportado como una especie de policía rural insurgente, que ha hecho del sabotaje (voladura de oleoductos y torres eléctricas, bloqueo de carreteras) su principal forma de combate; por eso la prensa tempranamente la calificaría de terrorista.

El análisis de las acciones de guerra entre 1991 y 2001 muestra otra llamativa continuidad: el ELN ha demostrado mayor poder ofensivo en sus áreas matrices donde cuenta con los frentes guerrilleros más antiguos. Así, dos frentes de guerra de los cinco –el Nororiental y el Noroccidental– concentraron más del 70% de toda la actividad armada. Con las FARC hay una similitud en cuanto el Bloque de Guerra Oriental, que cuenta con antiguos frentes, es el de mayor actividad armada (29,3%); sin embargo, los porcentajes de esta actividad se reparten sin muchas distancias entre los otros cinco bloques de guerra (Echandía, 1999: 25 y 27). Ese rasgo nos muestra la tendencia del ELN de afianzarse en sus áreas originales, cierto conservadurismo en su crecimiento y los efectos de plantear una estrategia de expansión con la idea de contar con apoyos sociales y de responder al mandato de su estrategia de intentar acercarse a las ciudades, articulando las milicias urbanas con la guerrilla rural. La diferencia señalada con las FARC mostraría tanto un considerable pragmatismo a la hora de multiplicar sus frentes como una mayor capacidad de dispersión geográfica, que no sólo tiene en cuenta la

---

9 No queda claro en las cifras oficiales algo clave: saber quién busca el contacto armado.

Gráfica 1. Actividad armada del ELN, 1990-2002

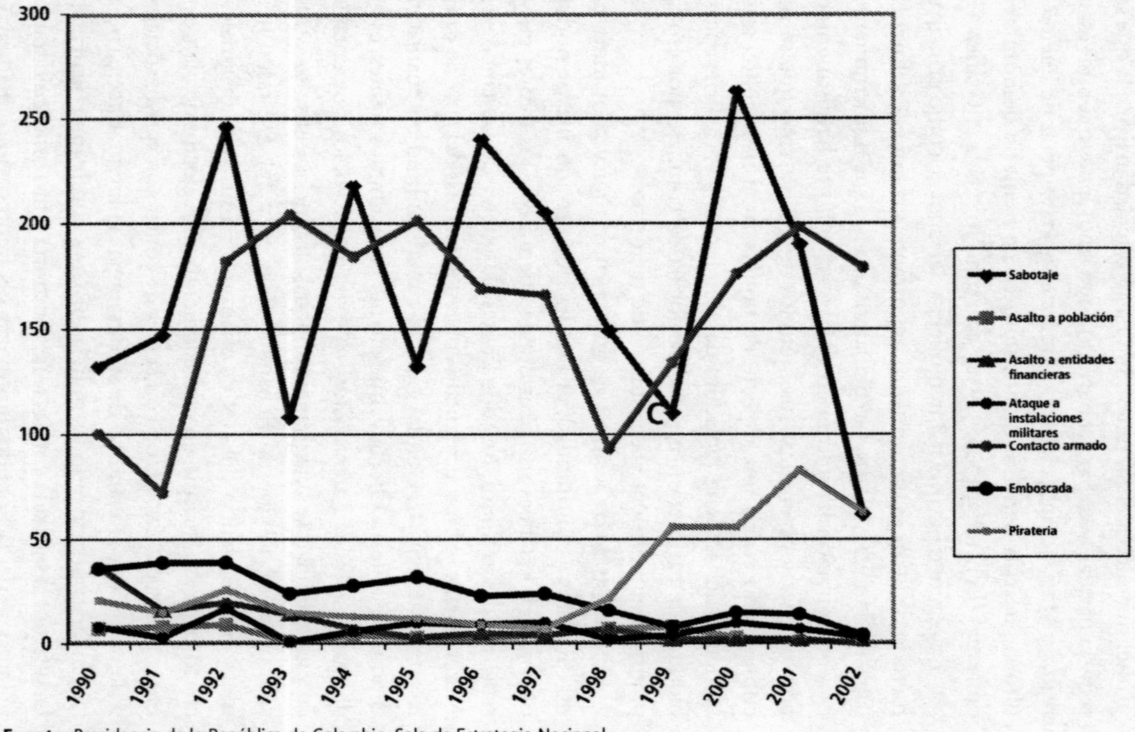

Fuente: Presidencia de la República de Colombia, Sala de Estrategia Nacional.

historia de la organización, sino que desarrolla la idea estratégica de copar el territorio nacional en busca de la dispersión de las fuerzas militares y de colocarse en las áreas de mayor importancia económica.

El estancamiento militar del ELN que hemos identificado entre 1989 y 1993, y que determinó gran parte de la evolución posterior del aparato armado, no sólo ha respondido a su poca capacidad para absorber el incremento de sus combatientes y a la dificultad de procesar sus nuevos objetivos militares como a otros factores internos o externos (negativa a usar recursos de la coca, avance paramilitar, etc.), sino que también tiene estrecha relación con la tendencia de privilegiar el lado político de su estrategia sobre el militar. Lo político se entiende como el desarrollo de la consigna de construcción de un poder popular alternativo, cuyas expresiones concretas parecen advertirse particularmente en las llamadas áreas de retaguardia.

Por los caminos de la política

El despliegue de las prácticas políticas del ELN coincide con el retiro de su apoyo al movimiento A Luchar (1984-1991), en el que había tenido alguna influencia. En el derrumbe de esa relación contaron, entre otros, el desacuerdo de esa organización política frente a los actos de sabotaje y secuestro que en nada contribuían al accionar político, la concepción insurreccional con que el ELN veía la organización social y, sobre todo, el temor a que la vanguardia (la organización guerrillera) no tuviera el control sobre la organización política. ¿Cuáles son las formas y prácticas políticas del ELN? ¿Qué características y expresiones presentan? Las modalidades organizativas parecen correlacionar ámbitos regionales y actividades productivas de pequeños o medianos campesinos y de trabajadores rurales o urbanos. Podemos hablar de tres modalidades: las formas organizativas en las zonas de enclave, las formas organizativas campesinas y las formas organizativas urbanas.

Las formas organizativas de las zonas de enclave

Los intentos de organización social estimulados por ELN en zonas de enclave (petróleo, carbón y oro) se explican obviamente tanto por la historia de esa agrupación guerrillera como porque su principal bandera política apunta a detener el saqueo de los recursos naturales o a cambiar las condiciones en que el Estado negocia su explotación. En estas zonas se pueden advertir varias manifestaciones del llamado *poder popular extrainstitucional* (por ejemplo, formas económicas que permitan el manejo soberano de recursos naturales y formas económicas alternativas y asentamientos de comunidad en desarrollo del programa agrario). En una de ellas, donde se explota un recurso mineral y todavía existen tierras baldías, el ELN le proponía a la comunidad la adopción de un reglamento con procedimientos democráticos y equitativos para explotar el recurso no renovable, así como para la distribución de tierras (ELN, s. f.e.: 28). Con éste el ELN buscaba que las comunidades lo discutieran y lo enriquecieran, además de que recibiera la opinión de las FARC, con las que compartían el control territorial en el área.

Sobre la explotación del mineral, el frente guerrillero del ELN consideraba que se debía "moderar su explotación" y que las comunidades tenían que dirigir ese proceso para hacerlo más lento y racional; sugería, entonces, que debían "apersonarse del cobro de regalías" y de la ejecución de obras de beneficio general. Por lo tanto, proponía que la comunidad autorizara el ingreso de maquinarias como retroescavadoras y que concediera este permiso a "personas conocidas por la comunidad". El propietario de cada "retro" sólo podía ingresar con el personal calificado, y el no calificado debía ser contratado en la región. El propietario autorizado se comprometía a trabajar con la comunidad vendiéndoles horas de explotación, pero si la comunidad se conseguía su propia "retro", sería la única con derecho de extraer el mineral. Se permitiría "en torno de cada retro y frente de mina [...] un comité" de jornaleros orientado por el comité de trabajo de la Junta de Acción Comunal, cuyo número no debería exceder a los sesenta socios, preferiblemente de la región, los cuales trabajarían en dos turnos. Las "retros" deberían comprometerse a "replanar" el terreno explotado, y cada una pagaría a la comunidad como impuesto mensual el valor de quince horas mensuales y otras cuatro horas más de trabajo en un "día cívico y comunitario". Ninguna "retro" podría abandonar la zona o pasar a otra sin el paz y salvo de la comunidad.

En cuanto a los criterios para la distribución de tierras, se disponía la conformación de un comité de tierras, constituido por las personas más "acatadas de la zona", para contribuir a aplicar las siguientes disposiciones:

• Las tierras aptas para la agricultura no se asignarían a individuos, sino a proyectos comunitarios, con apropiación colectiva de lo producido.

• Las tierras no aptas para la agricultura y que tuvieran otro tipo de riqueza sólo podrían explotarse por la comunidad, "destinando sus utilidades a obras y fondos colectivos".

• La cantidad máxima de tierra asignada para fines comunitarios sería de 150 hectáreas.

• Las tierras en las zonas más lejanas serían consideradas de reserva.

• Por excepción se asignaría tierra a título individual, siempre y cuando se reunieran los siguientes requisitos: que se trate de una familia que no la posea, que "haya sufrido calamidades graves" o que sus vidas corran peligro; que la familia sea conocida por la comunidad y sea respaldada por ella; que los beneficiarios se comprometan "a hacer finca, trabajar la agricultura y producir alimentos", y a no traspasarla a cualquier título antes de cumplir los tres años.

• Para la formalización de las asignaciones debía consultarse la opinión del beneficiado. Surtido este procedimiento, se hacia entrega de la parcela y se elaboraría un documento en el que se haría constar los linderos, así como la firma del "nuevo colono, los colindantes y la gente de la región que lo respalda". A estos últimos les correspondería apoyar y "controlar al nuevo colono para que cumpla con los acuerdos hechos".

• El comité de tierras tendría la potestad de resolver conflictos de linderos, cuyas determinaciones se consideraban de obligatorio cumplimiento; además, podría imponer sanciones a quienes incumplieran los criterios establecidos (amonestación personal, amonestación en asamblea y otras "sanciones mayores" a los que fueran reincidentes).

Las formas organizativas campesinas

Las formas organizativas campesinas influenciadas por el ELN (en áreas de reciente colonización o en zonas con pequeños y medianos campesinos y con trabajadores rurales) pueden proyectarse en un solo sentido o pueden desarrollarse en varias direcciones, con una importante complejidad organizativa, como es el ejemplo que a continuación presentamos.

En una región marginal y de reciente colonización existe una compleja integración veredal que involucra a más de veinte veredas, organización comparable a la que medio siglo antes se había consagrado en las llamadas *leyes de Llano*, dictadas por los comandos guerrilleros liberales entre 1952 y 1953. Contando como base las Juntas de Acción Comunal, y con delegados de cada una, se formó un organismo central (la directiva), que solamente interviene para tomar decisiones o como cuerpo consultivo, cuando las juntas lo soliciten. Al lado de ellos operan varios comités (empresarial, finanzas, trabajo, justicia, social, medio ambiente y cultural) que tratan y resuelven los asuntos de interés colectivo y dirimen los conflictos o problemas comunitarios.

La directiva y los comités, que son nombrados por la asamblea general, se reúnen periódicamente para elaborar planes o para evaluar los ya cumplidos. La junta comunal de cada vereda, a la que deben pertenecer los campesinos desde los quince años, se reúne en asamblea cada mes, con un horario fijo de iniciación y terminación, para tratar los problemas de la vereda, informes de los comités y decisiones judiciales. La inasistencia o la llegada tarde genera sanciones progresivas.

Esas veredas aprobaron, a comienzos de la década de los noventa, un cuerpo normativo compuesto por casi setenta artículos que se denominaron la *Constitución campesina*, y que definía la organización veredal en diversos aspectos de la vida cotidiana. En su parte declarativa, aseguraba que la organización no tenía otro propósito que "fortalecer la vida, la convivencia, el conocimiento, el trabajo, la justicia, la igualdad, la libertad y la paz dentro de un marco jurídico, democrático, participativo y popular que garantice un orden político, económico y social justo". El cuerpo normativo de esa *Constitución* fue complementado con 25 resoluciones, de dos a cuatro artículos cada una, en el que aparecen las sanciones para los infractores de la carta campesina. En el área se aprecian dos de las seis formas de organización popular extrainstitucional planteadas por el ELN, es decir, "Formas de autogestión" y "Formas de control popular en el ámbito de la justicia":

Las formas autogestionarias, administradas por el llamado comité empresarial, son las siguientes: (a) producción con beneficio comunitario en piscicultura, avicultura, porcicultura y cereales; (b) tiendas comunales, las cuales no tienen ánimo de lucro y son administradas por un tendero al que se le fija un salario pagado con la afiliación obligatoria de los todos usuarios dueños de tierras y con el producto de la ganancia por compras al por mayor; (c) carnicería comunal, cuyo rendimiento se divide por mitad entre quien vende la carne y el fondo empresarial, y (d) explotación de fincas abandonadas.

Aunque no es posible respaldarlo empíricamente para el área que estudiamos, es factible que a estas formas asociativas el ELN les haya otorgado créditos, a juzgar por lo que comenta Carlos Castaño, al penetrar a territorios controlados por esta organización al sur de Bolívar. Según el jefe paramilitar, en esa zona funcionaba un "banco agrario", que había prestado unos 3.000 millones de pesos, repartidos en cinco millones por cada familia. Los paramilitares, para obtener aceptación, condonaron la deuda y los campesinos, según Castaño, hicieron un jolgorio de varios días y esperan que la guerrilla no regrese.[10]

En la misma área, el poder popular se manifiesta con el desarrollo de formas y prácticas alternativas de justicia. La mayoría de las normas no constituyen una novedad, por cuanto están contemplada en las legislaciones estatales. Lo realmente llamativo es que el procedimiento coloca en manos de una instancia comunitaria la solución de una amplia gama de conflictos, sin que su violación signifique una fuerte sanción o amenaza para el infractor.

La guerrilla, al parecer, tiene en la zona más capacidad de maniobra y por ello se desprende de la "función" judicial, lo cual es diferente al comportamiento usual no sólo del ELN, sino también de las FARC, pues sus prácticas judiciales no son muy variadas y regularmente son asumidas como un mecanismo para lograr la penetración en los medios rurales o como una oferta eventual acorde con los vaivenes del control territorial. Sorprende también dentro de la referida normativa comunitaria que se exprese una moralidad de defensa de la unión monogámica[11] y una gran preocupación por la educación de los hijos, lo que se advierte en

---

10 Castaño señala que los créditos eran para sembrar cultivos ilícitos lo cual no parece ser convincente por lo que anotamos en otro lugar. Aranguren Molina (2001: 255 y 274).

11 Constitución campesina, 1992. Artículo 54: "Propender por la defensa de la familia monogámica será uno de los propósitos comunitarios".

mandatos muy concretos y en la censura a conductas que amenacen dichos fines.

Entre los tipos de asuntos y conflictos asumidos en los tribunales comunitarios tenemos: unión de las parejas, infidelidad, separación de cuerpos y de bienes, abandono de las responsabilidades en el sostenimiento y la educación de los hijos, chismografía, riñas, rateo, cuatrerismo, violencia sexual, prostitución, consumo y producción de narcóticos y alcoholismo. La instancia comunitaria no trata los casos de homicidio.

Las normas tienen también un carácter preventivo, pues buscan evitar conflictos cotidianos entre vecinos, al ordenarles a los dueños de tierra que mantengan a sus animales seguros y los linderos con señales visibles o cercas con tres cuerdas y en buen estado. A los dueños de casa se les prohíbe dejar las puertas abiertas. Se advierte además a los dueños de tierra la obligación de respetar la jornada de ocho horas y el pago de salario mínimo a los jornaleros, y a los administradores el mismo salario más una proporción de acuerdo con su trabajo. Se ha establecido también que quien dé la finca en arriendo a largo plazo deberá entregar a la "directiva" copia del contrato para que de esta manera pueda recibir su respaldo. Lo mismo debe hacer quien reciba ganado al "aumento".

Las sanciones no contemplan ni encierro ni castigos corporales. La principal parece ser la ventilación del caso y la imposición de una amonestación en asamblea. Aparte de esta sanción se aplican, según el caso, progresivamente la multa, la imposición de días de trabajo en obras comunitarias y la expulsión de la región. En los casos de infidelidad y prostitución, descritos en una misma norma, se recomienda tratar el problema "según el sentimiento de la persona" y en el evento de condena es bastante llamativo que la multa impuesta sea la mayor, comparativamente con las que se imponen a otras conductas. En los casos de alcoholismo, al procesado primero se le imponen veinte días de trabajo comunitario y luego la suspensión del "trago" durante seis meses. A los drogadictos se les da un plazo de seis meses para que haya un "regeneramiento", so pena de ser expulsado de la región. Esta medida es extrema y se aplica luego de ensayar otras sanciones a aquellas conductas que son apreciadas como graves: violencia sexual, producción y consumo de narcóticos y chismografía.

La alternatividad judicial opera igualmente en la protección del medio ambiente. En este ámbito las normas van más allá de la normatividad estatal, al fijar limitaciones a la propiedad privada en beneficio del interés colectivo. Algunas de las medidas serían impracticables en zonas de antigua colonización, con mayor valor monetario y mejor colocadas dentro de los circuitos económicos. Las normas disponen lo siguiente: la obligación para los propietarios de dejar "al lado y lado de la cima de la cordillera una franja de montaña de no menos de 500 metros", una franja de cincuenta metros donde se ubiquen nacederos de agua, una franja de quince metros a cada orilla de los ríos y quebradas y cinco metros en los caños y una franja en cada finca "de montaña o rastrojo como reserva forestal".

Por otro lado, prohíben las normas la cacería de animales en peligro de extinción ("guartinajas", venados, aves y otros), la caza en predios ajenos y la indiscriminada sobre todas las especies. Además, se prohíbe la pesca con barbasco, dinamita y "atarrayas reducidas". Por la violación a las normas relacionadas con la protección del bosque se impone la siembra de árboles (uno por cada árbol talado) y el trabajo comunitario; y por las infracciones relacionadas con la caza y la pesca, la amonestación en la asamblea, el trabajo comunitario y el decomiso temporal o permanente de instrumentos de caza o pesca.

El trabajo comunitario no es una práctica exclusiva de las formas económicas solidarias o un castigo colocado a los infractores, es también una obligación de todos los habitantes del área para mantener la infraestructura (arreglo de caminos, escuelas, puentes, etc.). Este deber cobija, además, por dos días semestrales, a los trabajadores oriundos de otros lugares que trabajen permanentemente en el lugar.

Las formas organizativas urbanas

Las formas organizativas urbanas son, al parecer, menos desarrolladas, debido tanto a la paulatina pérdida de influencia de la guerrilla en los movimientos sociales como a las crecientes dificultades de los grupos guerrilleros para trazar estrategias exitosas en las zonas urbanas, distintas a la acción militar de las milicias guerrilleras en las barriadas azotadas por problemas de inseguridad. A ello se suma la mayor vulnerabilidad de sus integrantes, por la progresiva neutralización tanto por parte del paramilitarismo como por parte de las agencias del Estado.

La orientación político-militar del ELN se reproduce en el contexto citadino, pues su estructura organizativa urbana intenta ligar el trabajo político con los habitantes de zonas urbanas y suburbanas –realizado por medio de las Bases Revolucionarias de Masas (BRM) y los Frentes Obreros (FO)– con el que practica con las llamadas *milicias urbanas* en una misma unidad territorial, estas últimas constituidas por comandos (cada uno formada por un mando y tres o cuatro comandos), que a su vez están encargados de dirigir una célula compuesta por siete personas.

Las BRM, aparte de contar con una base política ligada a "un espacio laboral" o productivo, implementaron un programa alternativo de desarrollo con proyectos de fortalecimiento de la economía popular (como cooperativas, centros de acopio o cultivos hidropónicos), proyectos de subsistencia (como talleres, tiendas, droguerías, etc.), proyectos de capacitación técnica y la vinculación a la producción de sectores capitalistas para penetrar o conocer dinámicas de importancia y cualificación técnica.

Si en las zonas rurales las guerrillas tendieron a entregar a las comunidades organizadas el control disciplinario y la alternatividad judicial, en las zonas urbanas, esas prácticas parecen transitar en sentido contrario, dada la vulnerabilidad de los jueces comunitarios y la necesidad de éstos de apelar a la fuerza de las milicias. La justicia alternativa urbana parece estancarse en manos de las milicias, pues ésta se mostrará muy restringida y con un sentido altamente penal, al ocuparse casi exclusivamente de resolver problemas de seguridad en los barrios y de aplicar el destierro o la pena capital; secundariamente, la pena de muerte la harán extensiva a miembros de los aparatos represivos del Estado acusados de crímenes contra el pueblo.

La apertura política del ELN también se hizo manifiesta en el espacio de la institucionalidad, al participar de manera indirecta o directa en los gobiernos municipales. Ese proceso arranca en los comicios electorales de 1988, cuando el ELN contribuyó a la elección de candidatos liberales y de la UP en algunas poblaciones de Arauca. Posteriormente, hacia 1991, el proceso se formalizaría con la aprobación durante la Reunión Nacional de 1991 del Proyecto Experimental de Alcaldes, presentado por el Frente de Guerra Nororiental, que pretendía elegir alcaldes y concejales en aquellos lugares donde "están dadas las condiciones para ejercer el control municipal" (ELN, 1991c: 43).

Desde entonces, entre las directrices fijadas por ese grupo guerrillero, se estableció que no se "enrojecieran" las propuestas políticas, que se evitara la ilegalización de los movimientos, que no se comprometiera el nombre del ELN y que no se creara organización política para obtener el fin electoral. Se buscaba que el apoyo a los candidatos saliera del movimiento social (juntas de acción comunal, comités, asociaciones, etc.) sin que la vanguardia (los activistas políticos de la guerrilla) interviniera directamente en el proceso. Para reafirmar en parte aquella separación los estatutos del ELN, promulgados en 1996, establecieron que "ningún militante del ELN se puede postular o prestarse para candidato a las corporaciones públicas" (ELN, s. f.b: artículo 15). Lo que sí parece más claro es que la guerrilla asumía algunos de los costos financieros de la actividad política.

La participación en la vida municipal llevó a que este grupo insurgente y sus organizaciones sociales profundizaran en el conocimiento de las realidades locales, con el objeto de diseñar programas de gobierno y políticas públicas atractivas para los electores (ELN, s. f.e). Los planes y programas de desarrollo surgidos de tales indagaciones tuvieron la posibilidad de eventuales aplicaciones, debido a los acuerdos y presiones de la guerrilla no sólo sobre los candidatos y los alcaldes electos, sino también sobre parlamentarios o diputados con intereses electorales en las zonas influenciadas por la guerrilla. Las presiones, aparte de que se centraron en la ejecución de ciertos programas, también lo hicieron en la distribución del presupuesto, las plantas de personal, las licitaciones, los contratos de obras públicas y de personal, el nombramiento de funcionarios y el manejo de las relaciones laborales (*El Tiempo*, 1993).

Otro elemento que responde a la misma lógica guerrillera de incidir en el orden municipal es la veeduría armada que impuso sobre los presupuestos municipales. Ésta se origina en el incumplimiento de los alcaldes de sus compromisos, en las denuncias por corrupción o en la intención de hacer proselitismo alrededor de un problema nacional sobre el que parecen ser ineficientes los controles penales de la justicia estatal. A lo largo de la década de los noventa, el juzgamiento de alcaldes y miembros de la administración local se convirtió en un fenómeno de proselitismo armado practicado por el ELN y también por las FARC, sin que estas últimas tengan inscrito este procedimiento dentro de una estrategia con las características que se advierten para el primero.

El juzgamiento de los alcaldes procesados por malversación de fondos públicos termina por lo general con una sentencia condenatoria, en la que se colocan penas principales y accesorias. Entre las primeras se establece la obligación de restituir sumas de dineros, a fin de darles una aplicación en obras o utensilios de beneficio comunitario (Aguilera Peña, 2004). Sobre este particular el Comando Central señalaría, además, que en los casos en que se "expropie dinero proveniente de la corrupción administrativa" se debe reorientar a la satisfacción de necesidades para el que estaba destinado originalmente. Ordenaba también que se "hicieran informes públicos sobre las cuentas de gastos e inversiones realizadas" (ELN, *Carta Militante*, 1996: 47).

La pastoral armada

¿De dónde provienen y qué revelan las anteriores formas de movilización política del ELN? La elección del ELN de construir el poder popular desde el mismo proceso de la guerra, si bien puede tener antecedentes lejanos en los clásicos del marxismo y en las primeras revoluciones socialistas, tiene como fundamento próximo el proceso insurgente de El Salvador, cuando el FMLN, ante la arremetida del Estado y la imposibilidad de defender las organizaciones bajo su influjo, decidió legitimarlas ante el poder estatal, lo que permitió que continuaran con un acumulado para la guerra. A ese proceso los salvadoreños lo denominaron *poder de doble cara* (ELN, *El Militante Opina,* 1991a: 85).

El otro influjo perceptible en las formas organizativas del ELN es el legado de los religiosos y catequistas católicos que se vincularon a ese grupo a finales de los años sesenta y en los setenta, y que adelantaron tareas de concientización y organización popular con los postulados de la teología de la liberación. Sobre la magnitud del influjo religioso, uno de sus más importantes jefes históricos, el sacerdote Manuel Pérez, indicaba que en la primera etapa del ELN se integraron a la organización entre "10 y 12 sacerdotes y religiosas", que habían participado en la formación del grupo sacerdotal conocido como Golconda, fundado en 1968, como resultado de las discusiones sobre la misión liberadora de la Iglesia y las relaciones entre marxismo y cristianismo. Por lo menos hasta comienzos de la década de los noventa, varias decenas de curas, monjas y catequistas seguían colaborando externamente con esa guerrilla (entrevista a Manuel Pérez en López Vigil, 1989: 255). Uno de los rastros de dicha vinculación puede advertirse en la Tabla 2.

El encuentro del ELN con un sector del clero seguidor de las enseñanzas del sacerdote Camilo Torres es un rasgo que lo diferencia del resto de la insurgencia colombiana, con la que tiene en común

Tabla 2. Algunos religiosos militantes del ELN

Nombre	Comunidad	Ingreso	Retiro o muerte (+)	Cargo en la organización
Camilo Torres	Seminario Diocesano, Bogotá	1966	1966 (+)	Comandante por nombramiento póstumo
Domingo Laín	Seminario Misionero Los Padres Blancos, Bélgica	1969	1974 (+)	Asesor de Fabio Vásquez
José Antonio Jiménez	¿? (Español)	1969	1970 (+)	Ninguno
Manuel Pérez	Seminario Hispanoamericano de Madrid	1969	1998 (+)	Comandante del Frente Camilo Torres, miembro del COCE y de la Dirección Nacional
Carmelo Gracia	Sacerdote Seminario de Tarazona, España	1969	¿?	Ninguno
Diego Uribe Escobar	Sacerdote franciscano	1977	1981 (+)	Miembro de la Dirección Nacional
Bernardo López Arroyave	Sacerdote del Seminario de Vocaciones Tardías La Ceja	1978	¿? (+)	¿?
Laurentino Rueda	Sacerdote franciscano	¿?	Activo	¿?
Carlos Buitrago y Alirio Buitrago	Catequistas	1978	1982 (+)	Activistas
Vicente Mejía	Sacerdote	¿?	¿?	¿?
Gabriel Borja	Seminarista	¿?	1991	Dirigente del MIR que se fusionó con el ELN

Fuente: ELN, Sí Futuro (1999). Entrevistas varias. Disponible en: http://www.nodo50.org/patrialibre/identidad/se_carlos-alirio.html.

el haber recibido las tradiciones contestatarias liberales radicales.[12] Lo que distingue al ELN, lo aproxima a las guerrillas centroamericanas (El Salvador, Nicaragua y Guatemala) de los años setenta, que contaron con la labor de religiosos igualmente adscritos a la teología de la liberación, quienes con sus particulares prácticas religiosas facilitaron la penetración de la guerrilla marxista y les imprimieron a los procesos revolucionarios un sentido de liberación social cristiano. Pero la pastoral revolucionaria en Colombia, a diferencia de los procesos revolucionarios como el que describe Yvon Le Bot (1995) para Guatemala, no se dirigió a comunidades indígenas con fuertes lazos comunitarios, sino a comunidades heterogéneas de campesinos, de colonos o a miembros de comunidades barriales de pueblos y ciudades intermedias.

La herencia religiosa ha dejado profundas marcas en la memoria histórica del ELN: reconoce como a un padre refundador al sacerdote Camilo Torres,[13] elevado a comandante guerrillero como homenaje póstumo; admite que el trabajo de los religiosos influidos por la teología de la liberación contribuyó a superar la profunda crisis por la que atravesó esta guerrilla a finales de los años setenta; hace que durante algún tiempo la agrupación guerrillera lleve el nombre de Unión Camilista del ELN, acogiendo la propuesta del ex seminarista Gabriel Borja; logra que otro sacerdote, Manuel Pérez, se convierta en uno de sus conductores más visibles y que en su evocación parezcan flotar con mayor fuerza las cualidades del sacerdote o del santo católico que las del combatiente guerrillero.

Así, a la muerte de Manuel Pérez un comunicado señaló: "Que la dignidad, la honradez, la pureza y la convicción patriótica y revolucionaria, que acompañaron por siempre en vida a nuestro comandante, estuvieron presentes en él hasta el último suspiro". Adicionalmente, en otro comunicado se invocó la imagen de la orfandad en que quedaba el grupo insurgente al señalar que la "fa-

---

[12] En un reciente evento académico se realzaba al liberalismo radical como una de las fuentes de inspiración del ELN y se desconoció que tal influjo es igualmente extensivo a toda la guerrilla colombiana. Véase Corporación Observatorio para La Paz (2001).

[13] Un capítulo de la historia oficial del ELN se titula: "Los hijos de Camilo somos de liberación o muerte", véase Hernández (1998: 582).

milia elena" había perdido al "viejo".[14] Como en otras ocasiones, no fue extraño que ante la desaparición de una figura tan prestante, afloraran las inquietudes que resaltaban el vacío y la incertidumbre por el futuro de la "familia elena",[15] un detalle para nada nuevo en una guerrilla en la cual la figura del padre había ocupado un papel muy central en el ámbito de su imaginario.

El legado del clero revolucionario en el ELN se advierte del mismo modo en algunos elementos que constituyen su identidad, como la figura emblemática de Camilo o los visos sacrificiales de su discurso (la consigna "ni un paso atrás, liberación o muerte", la magnificación del esfuerzo, el rechazo a los privilegios, la ofrenda de la vida por los demás, la hermandad revolucionaria, el igualitarismo de la vida cotidiana, etc.). Asimismo, en los rasgos moralistas que tienen varias de las normas de comportamiento de las organizaciones comunitarias bajo su influjo; en las prácticas judiciales de sus guerrillas que intentaron ganar adeptos en las zonas rurales, que castigaban entre otras conductas la infidelidad masculina o femenina, y en que haya existido el espacio para que el sacerdote Manuel Pérez hubiera podido plantear en 1989 que la monogamia debía de convertirse en uno de los requisitos para llegar a la Dirección Nacional de esa organización (Hernández, 2001).

La moral católica puede que explique igualmente la negativa sistemática del ELN a involucrarse en el negocio de la cocaína. El deslinde con el narcotráfico es una posición que no sólo se advierte en sus tres congresos, sino en eventos internos de menor trascendencia, como las reuniones de la dirección de los frentes de guerra o en las llamadas *escuelas de cuadros*, es decir, no parece ser una determinación dirigida al consumo externo y para mejorar la imagen del grupo guerrillero frente a la sociedad. En una posición extrema, dentro del debate sobre el narcotráfico, define esta industria como un "delito de lesa humanidad" (citado por Medina, 2001: 156) y lo aproxima a aquellos que ha reconocido el derecho internacional y particularmente el Estatuto de Roma.[16]

---

[14] Véanse comunicados en Hernández (1998: 659): Francisco Galán y Felipe Torres, Itagüí, 17 de abril de 1998.

[15] Un comentario en este sentido lo hace Antonio Sanguino (2001: 158) en "Utopía marxista y utopía cristiana".

[16] El Estatuto de Roma señala once tipos de actos cometidos en tiempos

Con esta interpretación, ELN se pone del lado de las posiciones que respaldan el tratamiento judicial y punitivo al problema del narcotráfico y coincide con la posición de varios países afectados por este flagelo, de elevar ese delito a crimen contra la humanidad. Simultáneamente, difiere de otros grupos insurgentes colombianos, como las FARC, que, con un sentido pragmático y menos preocupados en conceptuaciones, encuentran en el narcotráfico un medio para sostener la guerra contra el Estado. En una posición contraria, pero sin referirse a su planteamiento, el EPL creía que la perspectiva de declarar el narcotráfico como un delito de lesa humanidad no perseguía otra cosa que "atacar desde otro ángulo a los revolucionarios y sus organizaciones" (EPL, 2001: s. p.).

El legado de los religiosos católicos se advierte también tanto en la metodología de trabajo político como en el diseño organizativo del ELN. Sostenemos que existen importantes coincidencias entre las formas de trabajo de las comunidades eclesiales de base (CEB) y de los religiosos influenciados por la teología de la liberación con las usadas en la construcción de poder popular extrainstitucional del ELN.

Como se sabe, dichas comunidades fueron expresión de la corriente de los cristianos revolucionarios y de la teología de la liberación, tendencias que habían surgido como resultado de la lectura latinoamericana que se había hecho en la Conferencia Episcopal de Medellín (1968) y de los postulados modernizadores del Concilio Vaticano II (1962). En Colombia, este movimiento no tuvo la magnitud que llegó a tener en El Salvador (Legorreta Díaz, 1998), donde contó con simpatías en altas jerarquías de la Iglesia e incluso fue muy abierto el apoyo del clero y de las comunidades cristianas de base al movimiento armado. En nuestro país pareció predominar la tendencia tradicional, no obstante el efecto que había tenido la muerte del sacerdote Camilo Torres. Sin embargo, para difundir las nuevas interpretaciones del evangelio bastó la actividad

de paz o de guerra: asesinato; exterminio; deportación o traslado forzoso de la población; encarcelamiento ilegal; violación; esclavitud sexual; embarazo; esterilización forzosa; persecución de un grupo o colectividad por motivos políticos, raciales, nacionales, étnicos, culturales, religiosos o de género, etc.; desaparición forzada; crimen de *apartheid*, y otros actos inhumanos de carácter similar. Amnistía Internacional, Corte Penal Internacional (s. f.)

de un pequeño sector del clero liderado por el grupo Golconda. Éste cuestionó la actitud conciliadora de la Iglesia con el orden establecido, tomó elementos de la teoría de la dependencia para proponer cambios estructurales y revolucionarios, planteó el diálogo entre cristianos y marxistas y urgió por la necesidad de comprometerse con las causas y los intereses de los sectores populares

Los marxistas cristianos le atribuyeron una dimensión política a lo religioso, al proponer la liberación social como una obra evangelizadora y como un compromiso de los cristianos. El medio evangelizador fueron las CEB, que se entienden como una apelación al pueblo de Dios, reunido en grupos de quince o veinte familias que buscaban la transformación personal y colectiva. Las claves de esa forma organizativa se aprecian en tres aspectos:

En primer lugar, en la nueva manera de interpretar los preceptos religiosos y en las nuevas modalidades de relación entre los creyentes y entre éstos y los religiosos. Al lado del entendimiento liberador del Evangelio, se trataba de abrir la Iglesia al pueblo, asumiendo que ésta no era exclusivamente la institución ni el templo ni los objetos sagrados, sino que la Iglesia se convertía en parte de la vida cotidiana de los pobres y explotados a través de diversas prácticas y experiencias. Asimismo, se trataba de sustituir la relación jerárquica del sacerdote con sus fieles, por una relación más horizontal y abierta de las iniciativas y de la reflexión religiosa, y se pretendía que la relación entre los fieles de las CEB se rigiera a partir de la hermandad, la fraternidad y el ejercicio de la democracia interna en su organización y en la toma de decisiones.

En segundo lugar, la educación popular ocupó un lugar central en las CEB, con la oferta de capacitación en temas religiosos, pero también en problemas políticos y sociales y asuntos prácticos de la vida cotidiana. En esa actividad tuvo especial incidencia la metodología de Paulo Freire, quien había introducido la idea de sustituir la educación para la "domesticación" por una educación democrática y liberadora.

En tercer y último lugar, el distintivo de las CEB fue la organización y la movilización para solucionar problemas inmediatos de las comunidades; pero también la pretensión de establecer puentes de comunicación con organizaciones populares de amplia cobertura. La solución de problemas de la comunidad (salud, recreación, comunicación, etc.) implicaba promover formas de propiedad comunitaria locales, tierras, tiendas, ganadería, fondos mutuarios, bibliotecas etc., con los objetivos de formar comunidad, seguir la experiencia de los primeros cristianos y señalar los derroteros de una nueva organización social (Freire, 1965).[17]

No pretendemos plantear que todas las CEB fueron cooptadas por el ELN, pero está claro que algunas de ellas originaron frentes guerrilleros como se reconoce, por ejemplo, en el caso del Frente Carlos Alirio Buitrago, que surge en el Magdalena Medio antioqueño tras la actividad realizada en la zona por el sacerdote Bernardo López Arroyave, quien hacia 1978 creó grupos autogestionarios cooperativos para solucionar problemas de salud, educación, recreación y vida familiar y comunitaria. Entre los que se vinculan al grupo pastoral formado por el sacerdote se hallaban los hermanos Carlos y Alirio Buitrago, catequistas y líderes campesinos, quienes mueren en una masacre junto con otras tres personas en el sitio de Santa Rita, en 1982. Esta masacre despierta el repudio general del campesinado de la región y causa el nacimiento del frente guerrillero que abre fuegos el 8 de mayo de 1988 con la toma de la población de Argelia.[18]

En síntesis, el ELN no solamente hereda algunas de las organizaciones creadas por los religiosos católicos, sino que varias de sus metodologías serán usadas en las formas extrainstitucionales del poder popular; nos referimos a la apelación al pueblo (o a la comunidad), a la promoción de una democracia participativa directa y al desarrollo de formas económicas comunitarias que pretenden ser el germen de una nueva sociedad. Sin embargo, la incidencia religiosa no para aquí. Esta metodología de trabajo se corresponde con el diseño organizativo del ELN, pues sus frentes de guerra buscan articular trabajos políticos y organizaciones sociales ligadas a identidades locales y regionales. Pues bien, uno de los artífices del diseño de los frentes de guerra, con las características en otro lugar anotadas, fue precisamente el sacerdote Diego Cristóbal Uribe, quien para compaginar la política y la estructura de la organización con las realidades regionales había propuesto, en 1981, un poco antes de

---

17 Para ampliar el tema se puede revisar la publicación *Solidaridad*, Bogotá, Nos. 20, 37, 50, 58 y 59; así como noviembre de 1980, agosto de 1982, noviembre de 1983, septiembre de 1984 y octubre de 1984.

18 http://www.nodo50.org/patrialibre/identidad/se_carlos-alirio.htlml.

su muerte, la creación de esa formas organizativas, idea que sería retomada en el congreso de 1989 (ELN, 1991a).

Adicionalmente, la metodología de construir poder popular, con las nociones y cargas históricas señaladas, tiene también eco en la propuesta de este grupo guerrillero de realizar una Convención Nacional como posibilidad de negociación a mediano plazo. La convención plantea un diálogo con la nación, al crear como tercer interlocutor a la sociedad civil representada en las "organizaciones sociales, las organizaciones políticas, los gremios, la Iglesia, los intelectuales, la izquierda, los demócratas y los patriotas". Se trataría de un diálogo "sin intermediación de ningún tipo" para examinar las salidas y sugerir los instrumentos con los cuales superar la crisis del país (ELN, Dirección Nacional, 1996). Sin duda, lo que aparece de nuevo es el raciocinio o el ideal político según el cual la democracia sólo surge allí donde se interpela directamente al pueblo o a la sociedad.

El influjo de los cristianos revolucionarios en el ELN no ha estado exento de tensiones y de conflictos. La principal oposición contra las concepciones marxistas-cristianas y su incidencia dentro de la organización provino paradójicamente del Frente Domingo Laín, bautizado así en homenaje al sacerdote español. El punto más álgido del enfrentamiento se encuentra alrededor del II Congreso, realizado en 1989.

Previo al evento, este frente asesinó al obispo de Arauca, Jesús Armando Jaramillo, argumentando que había incurrido en "delitos contra la revolución" (relación personal con el intendente militar, defensa de la presencia de multinacionales petroleras en Arauca, manifestación pública de pesar por la muerte de militares, silencio frente a la muerte de campesinos y aprovechamiento en beneficio personal de dineros aportados por las compañías petroleras) (ELN, *Insurrección,* 1989: 4). Otra versión complementaria indicaba que se trataba de presionar al Congreso guerrillero por la presencia de Manuel Pérez en la Dirección Nacional y por todo lo que representaba como portador del cristianismo revolucionario.

El Congreso respondió con una resolución de censura y una amonestación al Frente Domingo Laín, al considerar que tal hecho era un atentado contra el prestigio de la organización y porque se habían violado normas internas del grupo, que ordenaban que acciones de ese tipo debían ser consultadas al máximo organismo nacional. La situación no paró allí, seguidamente el Frente hizo públicas las razones de su malestar con la Dirección Nacional, lanzando las siguientes acusaciones: (a) la desviación del proyecto revolucionario marxista para caer en el "reformismo, el populismo y la socialdemocracia"; (b) un énfasis en el planteamiento marxista-cristiano, concordante con la "concepción de la Perestroika" y en "favor del pacifismo, el humanismo religioso y la convivencia de clases"; (c) una fuerte tendencia a mostrar que el cristianismo es "parte estructural de la concepción ideopolítica de la organización" y que se manifiesta en la adopción de las palabras *unión camilista* "al nombre de la organización", publicaciones sobre el pensamiento de Camilo, el uso de la consigna "gloria eterna" para homenajear a los guerrilleros muertos, "el uso del símbolo religioso como juramento eleno", etc., y (d) la entronización del "humanismo cristiano", representado en la admisión de la idea de humanizar la guerra, lo cual tenía el efecto de "disminuir la beligerancia de la organización y su posición de clase frente al enemigo". (ELN, *El Militante Opina*, 1989: 7)

Las otras quejas del Frente Domingo Laín registraban los cambios que se estaban operando en el ELN alrededor del II Congreso –sobre ellos hemos hecho referencias en otro lugar–. El tiempo le daría la razón al mencionado Frente, en cuanto a que el grupo se estaba estancando militarmente y se estaba convirtiendo en una "especie de partido legal". La contradicción terminaría a finales de 1990, con la aceptación por dicho aparato armado de las conclusiones del II Congreso y con el reconocimiento de las partes de la existencia de una pluralidad política que no rompía con la unidad de la organización.[19]

¿Contribuyen las armas a la política?

¿Qué retos enfrenta esa guerrilla en su actividad política? ¿Cuáles son los límites de estos ejercicios políticos apoyados en la fuerza guerrillera? El proceso de adopción de la estrategia de poder popular de doble cara por el ELN mostraría varios flancos débiles, algunos de ellos para nada ajenos a la discusión interna de esa organización. En un apretado esquema podemos señalar algunos de ellos:

Primero. Los procesos de construcción de poder popular quedaron aprisionados entre dos vertientes del pensamiento marxista que asumen de manera distinta la relación entre la guerrilla (o vanguar-

[19] Confróntese *El Militante Opina,* Nos. 1, 2 y 18 (abril de 1989, enero de 1991 y octubre 1990); así como *Carta del Militante,* No. 15, diciembre de 1989.

dia) y las bases sociales: la primera, aunque minoritaria, continúa en la lógica de la superioridad de lo militar y se resiste en la práctica política a abandonar su verticalismo con las organizaciones sociales. La segunda, apoyada en las enseñanzas históricas de la misma organización y en el examen de la crisis de los modelos marxistas, concibe a los movimientos sociales y comunidades como actores políticos autónomos. Por la existencia de tales tendencias, lo más probable es que se haya generado una mixtura de organizaciones autónomas e instrumentalizadas, de organizaciones enredadas entre el lenguaje guerrillero y el institucional (el de la democracia local a partir de 1991) y de organizaciones populares con influencia de esa guerrilla y con incidencia dentro de los poderes locales al coparticipar en la elección de alcaldes y concejales, o de frentes guerrilleros sin poder popular, pero con alcaldes y concejales para instrumentalizar partidas y redes clientelares aprovechables para configurar bases sociales.

Segundo. La participación del ELN en las formas políticas institucionales cuenta con el riesgo de caer en los vicios de los partidos tradicionales (clientelismo, corrupción y burocracia). Esa posibilidad fue advertida tanto por el Frente Domingo Laín (ELN, *El Militante Opina,* 1989) como por Andrés Peñate, quien a comienzos de los años noventa sentenciaba que, en Arauca, el ELN estaba constituido por apoyos veredales conseguidos mediante una combinación de violencia y clientelismo (Peñate, 1999).

Tercero. Los poderes políticos (extrainstitucionales e institucionales) del ELN, al igual que los construidos por paramilitares, no significan necesariamente que en las zonas bajo su influjo haya un acuerdo sobre el proyecto político o la idea de sociedad. Tales formas pueden estar reflejando otras actitudes y pensamientos, como el temor a las armas, el sentido de supervivencia, el rechazo a la desigualdad social, la presencia limitada del Estado, etc. De igual forma, hay que reconocer que esas construcciones de poder, así no nazcan de las armas, son bastante frágiles y quedan expuestas a la acción destructiva de los grupos contrainsurgentes. Incluso, individuos o comunidades en medio de la guerra podrían llegar a instrumentalizar a los propios actores armados y llegar a cambiar las adhesiones, según los bienes sociales que ofrezcan.

Cuarto. La estrategia y la estructura del ELN han hecho que sea una mixtura entre guerrilla y movimiento político. Como guerrilla es un aparato poco combativo y no muy preparado para grandes operaciones militares y como movimiento político no puede ejercer ni el gobierno ni la oposición (Sanguino, 2001). Como movimiento político deja expuestas sus bases sociales (organizaciones extrainstitucionales o simpatizantes) a la acción de los grupos contrainsurgentes o a la represión judicial del Estado (detenciones masivas, criminalización por parte de las organizaciones no gubernamentales).

Esa situación puede generar dos efectos: por un lado, el desencanto de aquellos que esperaban que el aparato armado del ELN pudiera defender sus antiguos territorios, cuestión más bien excepcional en los últimos años y, por el otro, el crecimiento de la guerrilla por la represión militar o la violación de los derechos humanos, como parecen indicarlo las propias cifras oficiales, que revelan un ligero incremento de sus cuadrillas y combatientes en la medida en que se intensificó el asedio contrainsurgente.

A manera de conclusión

Luego del anterior examen, que evidenció la relación entre el desarrollo de la estrategia de GPP y la construcción de poder popular, concluimos que la apertura hacia la política condujo a que el ELN dispersara las energías y los recursos de la organización en detrimento de lo militar. Si bien el ELN recoge los frutos de su nueva acción política entre 1986 y 1993, período en el cual se registra el mayor crecimiento histórico de la organización y que se hace sentir en el diseño político-militar de los frentes de guerra, esa guerrilla sufre a continuación un estancamiento por la persistencia de la rivalidad entre lo político y lo militar, por sus dificultades para tramitar el crecimiento de la organización, por el conservadurismo de su expansión (que sigue gravitando sobre sus zonas históricas), por su resistencia a derivar provecho de los cultivos ilícitos, por el desarrollo de condiciones adversas para ampliar su base social (reflujo de los movimientos sociales, crisis del socialismo, declive de la izquierda e impacto de la Constitución de 1991) y por el cambio de las condiciones de la guerra (avance del paramilitarismo y aumento de la capacidad ofensiva de la fuerza pública).

Esa faceta política del ELN se ha convertido en un soporte importante de reconocimiento y de negociación frente al Estado. Basándose en que controla zonas donde el Estado no ha hecho presencia o ha sido desalojado y a que ha construido un *poder de doble cara,* hacia 1998 había surgido como propuesta de negociación del ELN el establecimiento de una confederación que legalizara el control que ejerce en sus zonas, "manteniendo la unidad nacional y territorial dentro de un solo Estado (entrevista con Nicolás Rodríguez en ELN, *Actualidad Elena,* 1998, y *El Nuevo Siglo,* 1998).

Sin duda la situación ha variado en los últimos cinco años; el paramilitarismo ha penetrado en los espacios controlados por el ELN, cortando sus corredores estratégicos; la fuerza pública ha desmantelado algunas de sus redes, y los recursos provenientes del secuestro y de la extorsión han disminuido. A ello se agrega que las medidas de orden público dictadas con ocasión del Decreto de Conmoción Interior (1837 de agosto de 2002), que tenían entre sus argumentos contrarrestar la amenaza "a los legítimos representantes de la democracia regional", se han dirigido a desvertebrar los posibles vínculos de la guerrilla con la población civil en zonas controladas por las organizaciones armadas.

Frente al cerco militar de los paramilitares y la fuerza pública y frente a la asfixia judicial sobre sus zonas de influencia, el ELN se ha replegado militarmente, ha recibido el apoyo de las FARC en algunas regiones y es posible que este echando mano de recursos provenientes del narcotráfico. Su debilidad es relativa, primero porque su poder insurgente no lo ha construido sobre la base del control y defensa territorial, como puede ser el caso de las FARC. Su poder, si bien tiene referentes territoriales, parece reposar en influjos políticos locales o regionales por "fuera o por dentro de la institucionalidad". En segundo lugar, porque hasta el momento no existen indicios que demuestren la descoordinación de sus mandos, altas deserciones o una división profunda similar a la que había mostrado en años anteriores el EPL un poco antes de llegar a acuerdos con el gobierno.

Posiblemente, lo que está por ponerse a prueba es si su potencial político, representado en casi veinte años de construcción de poder popular de doble cara, le puede permitir sortear la actual crisis. En caso de que sea así, tendrá que repensar si continúa apostándole a la visión lejana de la GPP o si con ese acumulado político se decide por la negociación y la inserción a la vida civil.

Bibliografía

Aguilera Peña, Mario. 2004. "Guerra, insurgencia y prácticas judiciales", en Sánchez, Gonzalo y Lair, Eric (ed.) *Violencia y estrategias colectivas en la región andina,* Bogotá, IFEA-IEPRI-Norma, pp. 557 y ss.

Amnistía Internacional, Corte Penal Internacional. s. f. *Folleto 4. Enjuiciamiento por crímenes de lesa humanidad,* s. l.

Aranguren, Mauricio. 2001. *Mi confesión: Carlos Castaño revela sus secretos,* Bogotá, Oveja Negra.

Cañón Núñez, Javier. 1998. *Vericuetos de la guerra política,* Bogotá, Imprenta y Publicaciones de la Fuerzas Armadas.

Corporación Observatorio para La Paz (ed.) 2001. *Las verdaderas intenciones del ELN,* Bogotá, Intermedio.

Echandía, Camilo. 1999. *El conflicto armado y las manifestaciones de violencia en las regiones de Colombia,* Bogotá, Presidencia de la República, Oficina del Alto Comisionado para la Paz.

Ejército de Liberación Nacional (ELN). 1998. "Elementos sobre construcción de compañías de ejército", en *Carta Militante,* No. 10, p. 42.

ELN. 1995. *I Conferencia Nacional Militar. Cuadernos Militares I.* p. 30.

—. 1993a. "Evaluación de los ejes tácticos", en *Carta Militante,* No. 24, p. 50.

—. 1993b. "Valoraciones del 'Vuelo de Águila'", en *Carta Militante,* No. 23, marzo. p. 10

—. 1991a. *Frente de Guerra Nororiental: una práctica de poder popular,* p. 12.

—. 1991b. "Pablo Tejada: salidas posibles", en *El Militante Opina,* No. 5, julio, p. 13 y 95.

—. 1991c. "Proyecto experimental de elección de algunos alcaldes", en *El Militante Opina,* No. 4, junio, p. 88.

—. 1989. *Poder popular y nuevo gobierno: conclusiones II Congreso,* 1989.

—. s. f.a. "Cristianismo revolucionario", en *Borradores de las ponencias para el I Congreso de la UC-ELN,* p. 112.

—. s. f.b. *Estatutos, deberes y derechos,* artículo 15, p. 73.

—. s. f.c. III *Congreso…*

—. s. f.d. "IX Pleno de la Dirección Nacional", en *Simacota.*

ELN. s. f.e. *Políticas y criterios.*

—. *Actualidad Elena.* 1998. Disponible en: http://www.nodo50.org/patrialibre/mid.htm.

—. *Carta Militante.* 1996. No. 27, p. 47.

—. 1989. No. 15, pp. 34 y 43.

—. Dirección Nacional. 1996. 2 de febrero.

—. *El Militante Opina.* 1991a. No. 4, junio, p. 85.

—. 1991b. No. 5, julio, pp. 13 y 28.

—. 1989. "Por una táctica para Arauca", No. 1, abril, p. 7 y 26.

—. *Insurrección.* 1989. No. 71, noviembre, p. 4.

—. 1970. No. 33, julio.

—. *Revista Patria Libre.* s. f. http://www.nodo50.org/patrialibre/mid.htm.

—. *Sí Futuro.* 1999. Revista de Cultura Política del Ejército de Liberación Nacional, Frente de Guerra Noroccidental, julio-agosto, año 1, No. 1.

—. *Simacota.* 1981. Periódico político interno del ELN, No. 12, octubre, p. 111.

Ejército Popular de Liberación (EPL), Comité Ejecutivo Central. 2001. *Posición ante los cultivos ilícitos y las drogas.*

El Nuevo Siglo. 1998. "¿Estados elenos?", 21 de julio, p. 1B.

El Tiempo. 1993. "Así eligen los elenos", 22 de agosto, p. 4B.

Fajardo, José y Roldán, Miguel Ángel. 1980. *Soy el comandante I.* Bogotá, Oveja Negra.

Freire, Paulo. 1965. *Educación como práctica de libertad*, Bogotá, Ediciones de Convergencia.

Harnecker, Marta. 1988. *Unidad que multiplica: entrevista a dirigentes de la Unión Camilista Ejército de Liberación Nacional*, Quito, Quimera Ediciones.

Hernández, Fernando. 2001. "La opción de los cristianos por la revolución", en Corporación Observatorio para La Paz (ed.) *Las verdaderas intenciones del ELN*, Bogotá, Intermedio, p. 65.

Hernández, Milton. 1998. *Rojo y negro: aproximación a la historia del ELN*, Bogotá, Talleres de la Nueva Colombia.

Lebot, Yvon. 1995. *La guerra en tierras mayas: comunidad, violencia y modernidad en Guatemala (1970-1992)*, México, Fondo de Cultura Económica.

Legorreta Díaz, María del Carmen. 1998. *Religión, política y guerrilla en las cañadas de la selva Lacandona*, México, Cal y Arena.

López Vigil, María. 1989. *Camilo camina en Colombia*, Navarra, Txalaparta.

Medina Gallego, Carlos. 1996. *ELN: una historia contada a dos voces*, Bogotá, Rodríguez Quito Editores.

Medina, Carlos. 2001. "Aproximación a las ideas políticas del ELN", en Corporación Observatorio para la Paz (ed.) *Las verdaderas intenciones del ELN*, Bogotá, Intermedio, p. 156.

—. 1997. *Violencia y lucha armada: el caso del ELN. Una historia de vida (1958-1978)*, tesis de Maestría en Historia, Bogotá, Universidad Nacional de Colombia.

Peñate, Andrés. 1999. "El sendero estratégico del ELN: del idealismo guevarista al clientelismo armado", en Deas, Malcolm y Llorente, María Victoria. *Reconocer la guerra para construir la paz*, Bogotá, Uniandes-Cerec-Norma. pp. 53-98.

Ruiz, Édgar. 2001. "El que manda está en el Solano", en Corporación Observatorio para La Paz (ed.) *Las verdaderas intenciones del ELN*, Bogotá, Intermedio, pp. 169-182.

Torre, Cristina de la. 1976. *Colombia camino al socialismo*, Bogotá, s. e.

Sanguino, Antonio. 2001. "Utopía marxista y utopía cristiana", en Corporación Observatorio para La Paz (ed.) *Las verdaderas intenciones del ELN*, Bogotá. Intermedio, p. 158 y ss.

Solidaridad, Bogotá, Nos. 20, 37, 50, 58 y 59, noviembre de 1980, agosto de 1982, noviembre de 1983, septiembre y octubre de 1984.

VI
Estado, control territorial paramilitar y orden político en Colombia
Notas para una economía política del paramilitarismo, 1978-2004

*Francisco Gutiérrez**

*Mauricio Barón***

* Investigador asociado al Instituto de Estudios Políticos y Relaciones Internacionales (IEPRI).

** Antropólogo de la Universidad Nacional de Colombia.

Resumen

El texto da cuenta de la interacción entre los grupos paramilitares y el Estado colombiano. Sostenemos que para comprender dicha interacción es imprescindible, por una parte, tener en cuenta que el Estado colombiano está inmerso en dos guerras: la lucha contrasubversiva y la lucha contra el narcotráfico. Por otra, la extensa y asimétrica guerra entre paramilitares y las FARC. Nuestro objetivo es determinar y analizar las consecuencias que tuvieron esos dos factores en la interacción entre el Estado y los paramilitares.

Palabras claves: paramilitares, narcotráfico, Estado, Magdalena Medio.

Este artículo pretende establecer las razones por las cuales el paramilitarismo colombiano adoptó los rasgos que han caracterizado su trayectoria y la manera en que esto ha transformado al Estado colombiano. Nos interesa comprender cómo y por qué tales estructuras y el orden político coevolucionaron, y la forma en que esa evolución se relaciona con un tipo de provisión de seguridad ofrecida por el Estado y otros actores.

Hay tres cuestiones claves con respecto a esas transformaciones que deben ser tenidas en cuenta. En primer lugar, ¿cómo es transformada la estructura del Estado por agentes privados relacionados con la criminalidad? Esto es importante porque es parte esencial de nuestra compresión de la genealogía del Estado (Tilly, 1985; Olson, 1993; Heyman, 1999; Giddens, 1987, y Moore, 2000), entre otras cosas porque en muchas partes del mundo globalizado los mercados ilegales y la privatización de la provisión de seguridad coexisten y se entremezclan de muchas formas.

En segundo lugar, ¿cómo constituyen la violencia y la represión un orden social (inevitablemente, véanse Tilly, 1985, y Giddens, 1987, pero también Schelling, 1966, y Wood, 2000)? ¿Cómo están interrelacionados el tipo de violencia aplicada por un actor dado y el tipo de orden que éste construye? La fuerza pura –algo que como veremos más adelante los paramilitares colombianos descubrieron rápidamente– es poderosa pero limitada:

> La capacidad de causar dolor puede ser tenida en cuenta como uno de los atributos más impactantes de la fuerza militar [...] Tal capacidad es medida por el sufrimiento que puede causar y por la

> motivación de las potenciales víctimas para evitarlo [...] Al infligir sufrimiento no se gana ni se obtiene algo directamente; sólo se puede hacer que la gente se comporte de determinada manera para evitarlo. (Schelling, 1996: 2[1])

De hecho, el paramilitarismo temprano aparece como una fuerza punitiva, fundamentalmente de los ganaderos y narcotraficantes, pero pronto sus gestores descubrieron que necesitaban gobernar, lo que implicó el establecimiento de nuevos mecanismos para controlar la población.

En tercer y último lugar, ¿cómo están relacionados el orden social y las dinámicas de la violencia (Moore, 2000; Hobsbawm, 1981)? ¿Hay en Colombia alguna relación perceptible? Ciertamente, muchos observadores del caso colombiano considerarían que todos los grupos armados ilegales son básicamente idénticos. Hay buenas razones para esta caracterización. Ni la guerrilla ni los paramilitares han sido capaces de crear la división *nosotros-ellos* que caracteriza a muchas guerras civiles. Típicamente la guerrilla y los paramilitares establecen su control a través del reclutamiento y el amedrentamiento de poblaciones, que tratan de adaptarse y sobrevivir sea cual sea la sigla del ejército ilegal que domina la escena; unos y otros disparan a la gente sin mayores reatos. ¿Están la violencia y el terror en Colombia relacionados de una u otra forma con los conflictos sociales? ¿Cómo se expresa esto en las diversas dimensiones del Estado (especialmente en la administración y organización)?

Este texto pretende ofrecer un esbozo de respuesta a tales preguntas. Utilizaremos el caso de Puerto Boyacá para ofrecer a partir de allí un panorama más general.[2] Nuestro punto de partida es que es imposible explicar el paramilitarismo colombiano sin comprender cómo diversos actores, incluido el Estado, enfrentan el desafío de la guerrilla. Argumentaremos que tanto el desafío como la respuesta originaron una *guerra larga* y *asimétrica*, que le dio la oportunidad al paramilitarismo de sostener un prolongado control territorial sin

---

1 Por otro lado, el análisis de Schelling es limitado, como lo sugeriremos más adelante.

2 El recuento más detallado, con la respectiva sustentación, del caso de Puerto Boyacá se encuentra en nuestro texto "Re-stating the State" (Gutiérrez y Barón, en prensa).

ser derrotado –o afectado críticamente– por las Fuerzas Armadas Revolucionarias de Colombia (FARC). En este proceso, los paramilitares cambiaron y, al tiempo, cambiaron al Estado, en un sentido claramente divergente de lo que se encuentra en las genealogías del Estado citadas anteriormente: en lugar de evolucionar de bandidos errantes a bandidos estacionarios (según la conocida fórmula de Olson), el paramilitarismo fue más bien en la otra dirección.

En la primera parte esbozamos la evolución del paramilitarismo en Colombia. En lugar de hacer una detallada cronología de esa evolución, lo que requeriría un texto aparte, nos concentramos en las principales tensiones que han gobernado la evolución del fenómeno. En la segunda parte narramos la guerra paramilitar y su control territorial en Puerto Boyacá y zonas vecinas. Sobre el tema hay por supuesto ya estupendos trabajos (entre los que se destaca Medina Gallego, 1990, y aquí cubrimos los diez años transcurridos desde esa publicación).[3] Para la narrativa hemos establecido una periodización: comenzamos discutiendo cómo, por qué y por quién fue fundado; después observamos los resultados de su decisión estratégica de incorporar a los narcotraficantes como los principales socios; luego la ruptura con los narcos; finalmente, la recomposición y la forma actual de control territorial que ejercen. En la tercera parte, analizamos la evidencia empírica con respecto a las tres cuestiones claves planteadas y discutimos cómo el paramilitarismo ha transformado al Estado, a la democracia y al gobierno en Colombia.

Son muchas las fuentes que han alimentado este texto. En primer lugar, un trabajo de campo de tres años en el Magdalena Medio Central. Segundo, entrevistas detalladas con paramilitares, con sus víctimas, con funcionarios del Estado y con políticos que se desempeñan en la región, de las que reunimos más de cien horas de grabación. Tercero, los procesos judiciales sobre las actividades y crímenes paramilitares en el Magdalena Medio. Cuarto, bases de datos sobre prensa nacional y regional.[4] Quinto, fuentes guberna-

---

3 En Gutiérrez y Barón (en prensa) aportamos igualmente material empírico nuevo, producto de un largo trabajo de terreno y del análisis sistemático de expedientes judiciales.

4 Los procesos revisados están referenciados al final de este documento. Están citados en el texto de la siguiente manera: [PJ-Número]. Los ar-

mentales. Sexto, materiales publicados por los paramilitares. Séptimo, publicaciones previas, en particular Medina Gallego (1990) y Romero (2002).

El paramilitarismo colombiano, su política y el Estado

Los paramilitares aparecieron en Colombia a comienzos de la década de los ochenta. Hay tres diferencias esenciales entre el caso colombiano y otros fenómenos paraestatales en Latinoamérica. Primero, su relación con el Estado. Ciertamente, el paramilitarismo colombiano no apareció por azar; recibió el apoyo sostenido de agentes intrasistémicos. Las principales fuerzas intrasistémicas que han alimentado al paramilitarismo son las siguientes:

Políticas gubernamentales

En un trabajo pionero, Romero (2002) argumenta que el paramilitarismo colombiano es esencialmente una rebelión de las coaliciones regionales contra las políticas de paz del gobierno central. Esa tesis describe bien un importante aspecto del paramilitarismo. De hecho, en este texto vamos a encontrar ese mecanismo en acción en muchas ocasiones; pero no debe ser sobreestimado. En muchos sentidos, los paramilitares han sido promovidos por decisiones tomadas desde altas esferas del gobierno.

Como los paramilitares mismos afirman, hubo leyes previas que autorizaban la creación de grupos de autodefensa, lo cual podría haber sido un incentivo para que las élites rurales acudieran a la violencia en situaciones extremas.[5] El gobierno de Julio César Turbay Ayala (1978-1982) promulgó un estatuto de seguridad extremadamente represivo, pero al tiempo –a través de su ministro de Defensa– llamó a la población a que se armara.[6] Desde entonces,

---

tículos de prensa están citados de igual manera [P-número], y también están referenciados al final. Alguna otra cita sin referencia proviene de testimonios orales.

[5] Vamos a usar los términos *paramilitares* y *autodefensas* como sinónimos. (aunque en su propia versión sólo el segundo es correcto).

[6] "Quiero, como ministro de Defensa aprovechar esta oportunidad para recordarles a todos mis ciudadanos que la defensa nacional interna como externa en sentido moderno, no es simplemente una obligación del gobierno y específicamente de sus fuerzas militares, sino que ella requiere del concurso de todos los ciudadanos de buena voluntad. Es por ello que

prácticamente todos los gobiernos han mostrado debilidad –en la versión optimista– hacia el paramilitarismo y en general hacia la privatización de la seguridad. En muchas regiones, los oficiales del Ejército han creado, promovido y protegido las unidades paramilitares, siguiendo (según ellos) las directrices del gobierno central.[7] De hecho, algunos de los peores transgresores han gozado de una total impunidad e incluso han sido promovidos.

Para tomar un ejemplo relativamente reciente de confluencia entre fuerzas nacionales y regionales, en 1997 un grupo de comerciantes y ganaderos de Lebrija (Santander), agrupado en la asociación de vecinos, llegó a la conclusión de que había tenido suficiente de inseguridad y guerrilla y decidió crear una *Convivir* (en ese tiempo, una cooperativa legal). Con este propósito contactó a un coronel de la quinta brigada. El coronel recibió entusiastamente la iniciativa, y muy pronto se formó un grupo paramilitar fundado por los miembros de la asociación y entrenado y protegido por las unidades militares que operaban en la región [PJ1].

Ejemplos de esta clase pueden encontrarse a lo largo del período en todo el país. En este caso, encontramos una perfecta armonía establecida entre las coaliciones regionales-locales y las políticas del gobierno central. La complicidad y cooperación en el terreno entre autodefensas y militares tiene varias fuentes. Las primeras han tenido como una de sus directivas centrales no combatir ni al Ejército ni a la Policía; incluso en caso de que las autoridades buscaran combatirlos, los paramilitares tenían claro que no sólo en términos técnicos, sino también psicológicos, era para ellos imposible enfrentarlas: al hacerlo, perderían todo su sentido (Henry de Jesús Pérez citado en Gómez, 1999: 24). Pero, en la otra dirección, las autoridades también

---

yo me permito invitar a toda la gente de bien para realizar una campaña fervorosa y cierta, con el fin de que las palabras honestidad, moralidad, decoro y solidaridad no sean solamente vocablos que pronuncian nuestros labios sino que deben ser ideas arraigadas en el corazón de todos y cada uno de nosotros, quienes debemos estar dispuestos a prestar su contingente para que ella tengan cabal realización" [PI].

7 Por ejemplo, los militares encontrados culpables de participar en homicidios o actividades paramilitares fueron arrestados en las brigadas, y posteriormente fueron reintegrados en sus cargos y actividades, o enviados a estudiar al exterior; otros fueron promovidos [PJ2]. Por otro lado, varios testigos en esos juicios fueron asesinados.

fueron largamente refractarias –y esto es claramente un fenómeno nacional– al enfrentamiento con el paramilitarismo. De hecho, mostraron una pasividad prácticamente total hasta 1995, cuando bajo la presión del gobierno de Estados Unidos comenzaron a combatirlo un tanto más activamente (Tabla 1). La declaración de un comandante paramilitar en las recientes conversaciones de paz con el gobierno (somos los hijos no reconocidos del Estado) por lo tanto no está completamente alejada de la realidad.

Tabla 1. Número de paramilitares capturados 1995-2003

Año	Número de paramilitares capturados
1995	83
1996	105
1997	113
1998	152
1999	252
2000	383

Fuente: Vicepresidencia de la República de Colombia.

El apoyo de importantes fuerzas sociales

Aunque el paramilitarismo es un fenómeno sumamente abigarrado –debido a su carácter regional o localista– exhibe algunas constantes. Una de ellas es el tipo de coalición que soporta a los paramilitares. Es prácticamente imposible, por ejemplo, encontrar un evento de paramilitarismo sin el apoyo firme y organizado de sectores ganaderos. Eso no es difícil de comprender, puesto que ellos estuvieron en la primera línea de enfrentamiento con la guerrilla, y fueron desde el principio una de las principales víctimas del secuestro, un crimen que en Colombia adquirió proporciones industriales. Un importante porcentaje de los líderes paramilitares (véanse tablas 2, 3 y 4), y de los políticos que los respaldan, son ganaderos. Un ejemplo reciente: Rocío Arias y Eleonora Pineda, dos congresistas que abiertamente proclamaron su simpatía con los paramilitares, provienen de una familia de ganaderos y mineros, y de ganaderos y políticos, respectivamente. De acuerdo con Arias, su compromiso es con ciudadanos y ganaderos que la apoyan masivamente [P2].

Comandante / Rasgos	Gonzalo Pérez	Henry Pérez	Óscar Echandía	"Ariel Otero"	Nelson Lesmes	"Don Chepe"
Rango	Fue el primer comandante de las autodefensas de Puerto Boyacá. Padre de Henry Pérez.	Reemplazó a su padre en la dirección de las autodefensas de Puerto Boyacá. Cuando ese grupo armado se consolidó, Pérez se convirtió en el comandante de las autodefensas del Magdalena Medio.	Fue comandante del MAS en el Magdalena Medio, mientras se desempeñaba como alcalde militar de Puerto Boyacá y Puerto Berrío.	Era el segundo comandante, después de Henry Pérez. Luego de la muerte de Pérez pasó a ser el número uno de las autodefensas del Magdalena Medio.	Fue directivo de Acdegam	Fue el fundador y líder de las autodefensas en La Dorada.
Extracción social	Se desempeñaba como enfermero en el hospital del pueblo. También se dedicaba a la ganadería	Ganadero de Puerto Boyacá.	Capitán del Ejército	Teniente del Ejército.	Propietario de una empresa avícola y bienes raíces. También se dedicaba a la ganadería en pequeña escala.	Mediano ganadero y agricultor de La Dorada.
Motivaciones antisubversivas	Era el contacto de las FARC con el hospital, prácticamente era el enfermero de las FARC. Sin embargo, como ganadero, se vio afectado por estas	Se vio afectado por la presión económica de las FARC.	…	…	Asegura que se vio afectado por la presión de las FARC.	Don Chepe lidió con la presión económica de las FARC, además sufrió tres atentados contra su vida ordenados por estas.

Fuente: elaboración propia y Aranguren (2001).

Tabla 3. Perfil de algunos de los comandantes actuales de las autodefensas del Magdalena Medio

Características / Comandantes	Extracción social	Motivaciones antisubversivas	Zonas de dominio	Superiores de los que dependen
Víctor Triana ("Botalón")	Oriundo de Puerto Boyacá fue jornalero y entró a las autodefensas como uno de tantos trabajadores de finca que aportaron los ganaderos para las filas. Participó en los entrenamientos que dio Yair Klein financiados por Rodríguez Gacha.	…	Yacopí, Chucurí, Puerto Boyacá, Cimitarra, Puerto Parra, Carare, Opón, Barbacoas y Puerto Berrío, La Belleza, y zonas rurales de Santander.	…
Ramón Isaza	Finquero. Oriundo de Argelia, Antioquia, llegó al Magdalena Medio en 1954.	…	Puerto Nare, Puerto Triunfo, San Luis, Sonsón, algunas zonas de Medellín, San Miguel, La Dorada, Mariquita, Honda, Victoria, Fresno, Monte Bonito, Armero, Guayabal, Puerto Bogotá, Líbano, Lérida, y parte de Villeta.	…
Carlos Arenas	Su familia era dueña de una pequeña finca. Es nativo de Puerto Boyacá.	Su familia se vio presionada por la guerrilla.	Zona urbana de Puerto Boyacá	"Botalón" y "Luis"
Luis	Su familia tenía una pequeña finca. Es nativo de Puerto Boyacá.	Su familia soportó las presiones de las FARC.	Segundo al mando de las autodefensas de Puerto Boyacá. Coordina el control de todas las zonas que maneja esa organización.	"Botalón"
"El Pájaro"	Su familia es dueña de una finca. Es nativo de Puerto Boyacá.	Su familia se vio afectada por la presión de las FARC. Una prima suya fue secuestrada y, a pesar de pagar el rescate, las FARC nunca la regresaron.	Encargado de la parte de robo de gasolina, su influencia está en las zonas por donde pasa el oleoducto.	"Botalón" y "Luis"
McGyver	Campesino jornalero. Nativo de San Francisco (Antioquia).	Su hermano transportaba a hombres de las FARC en una buseta que tenía. Cuando se negó a seguir haciéndolo fue asesinado.	Sonsón, combate con la guerrilla en San Luis y San Francisco, controla algunas zonas de Medellín.	Ramón Isaza

Fuente: elaboración propia.

Tabla 4. Fundadores de las AUC

Comandante / Rasgos	**Fidel Castaño**	**Carlos Castaño**	**Salvatore Mancuso**	**Iván Roberto Duque ("Ernesto Báez")**
Rango	Fundador de las ACCU.	Fundador comandante de las AUC y las ACCU.	El hombre más importante de las AUC después de Carlos Castaño, encargado de los aspectos militares.	Líder político de las autodefensas de Puerto Boyacá, inspiró la creación de las AUC
Extracción	Hijo de un ganadero de Córdoba. Fue miembro del cartel de Medellín. Fue un reconocido narcotraficante.	Hijo de ganadero. Él y su hermano fueron miembros del cartel de Medellín. Manejó la fortuna de su hermano.	Proveniente de una rica familia de inmigrantes italianos. Su familia colonizó territorios en el departamento de Córdoba. Sembró algodón, arroz y fue un gran ganadero.	Abogado de la Universidad de Caldas.
"Prehistoria"	Tuvo nexos con las autodefensas de Puerto Boyacá y participó en los cursos de entrenamiento ofrecidos en sus escuelas. Se alió con miembros del Ejército, empresarios y narcotraficantes para luchar contra Pablo Escobar. Esa alianza dio origen a los PEPES.	Tuvo nexos con las autodefensas de Puerto Boyacá y participó en los cursos de entrenamiento ofrecidos en sus escuelas. Fue miembro activo de los PEPES.	Organizó un pequeño grupo de autodefensas cuando la ley lo permitía. Su grupo apoyaba las operaciones del Ejército.	Fue abogado de las autodefensas del Magdalena Medio. Trató de dar a las autodefensas del Magdalena Medio, así como a las AUC, un carácter político.
Motivaciones antisubversivas	Las FARC secuestraron y asesinaron a su padre. También lo expropiaron de su hacienda y ganado.	Las FARC secuestraron y asesinaron a su padre. También lo expropiaron de su hacienda y ganado.	Fue afectado por la presión económica de las FARC. Fue secuestrado por el EPL.	Nunca ha sido afectado por las acciones de la guerrilla, pero siempre se ha definido como un opositor ideológico.

Fuente: Aranguren (2001).

Los paramilitares describen de la siguiente manera las principales fuentes de oposición a la opresión de la guerrilla: "campesinos y colonos", "ganaderos y agricultores", "empresarios agroindustriales, comerciantes y mineros" y "desertores de la guerrilla" (*Tercer Actor*: 4).[8] La descripción es bastante precisa. Las asociaciones de ganaderos y sus líderes han mostrado muchas veces una simpatía poco disimulada hacia los paramilitares, en los ámbitos nacional y regional, y el caso que examinamos no es la excepción.

El apoyo de un conjunto heterogéneo de miembros del establecimiento político

Estimar el grado y el rango del apoyo de la clase política al paramilitarismo no es una tarea fácil, pero es indiscutible que ha estado allí. De acuerdo con Romero (2002), el Partido Liberal ha sido particularmente amistoso con los paramilitares, por razones estratégicas –los conservadores han tratado de ampliar su electorado iniciando procesos de paz durante sus gobiernos y naturalmente los liberales se han opuesto a ellos–. Tanto la caracterización como la principal evidencia que ofrece Romero (los liberales son menos proclives a la paz que los conservadores y hay más liberales aliados con los paramilitares que conservadores o miembros de otros grupos) son correctas, pero la inferencia no. Simplemente hay más liberales aliados con las fuerzas ilegales, entre éstas las guerrillas, que miembros de cualquier otro grupo político, porque ellos constituyen la familia política más grande (incluso después de años de declive),[9]

[8] Antes de la muerte de Carlos Castaño, este documento estaba publicado en la página web de las Autodefensas Unidas de Colombia como su principal referente ideológico. Sin embargo, cuando él desapareció, el documento fue removido.

[9] A finales de los años setenta, el Partido Liberal tomó la decisión de promover coaliciones regionales y locales con partidos alternativos, no con los conservadores. La alianza de los liberales con las listas de izquierda no fue un fenómeno despreciable. Por ejemplo, en 1986 la Unión Patriótica obtuvo 8.672 votos en 7 municipalidades de Urabá, que eligieron a 12 concejales, 4 de ellos en coalición con el Partido Liberal. En 1988 alcanzaron 7.149 votos solamente en Apartadó y Mutatá, y 4.109 votos en Turbo en coalición con el Partido Liberal [PJ3]. La paradoja es que al tiempo otros líderes liberales estaban implementando el respaldo político de la represión más feroz contra la Unión Patriótica que se inició en esos años, y que ha continuado hasta hoy.

especialmente en las regiones periféricas donde la cohabitación con la ilegalidad es prácticamente obligada.

Por otro lado, los paramilitares no tienen color político, y cooperan con cualquiera que acepte sus premisas básicas. Por ejemplo, en las primeras elecciones para gobernador (1992), se conformó una coalición en el departamento de Córdoba que incluía a la guerrilla desmovilizada del Movimiento 19 de Abril (M-19) y otros grupos de izquierda, y Rodrigo García, alvarista, director de la Asociación de Ganaderos y una figura abiertamente simpatizante de los hermanos Castaño (para ese entonces los líderes paramilitares de la región). El objetivo que consolidó a esta alianza heterogénea, que a la postre fue derrotada, fue minar la hegemonía del Partido Liberal (Romero, 2002).

Baste recordar que los paramilitares han recibido apoyo, fondos e información de miembros de varios partidos legales. Algunos líderes políticos han sido muy explícitos con respecto a su apoyo a las autodefensas Por ejemplo, véase la declaración de un miembro del Concejo de Montería, según la cual "no se podía negar" que las autodefensas habían parado los ataques de la subversión y que les había permitido a los ganaderos ("que estaban prácticamente bajo arresto domiciliario") y a los políticos desplazarse por la región [P3].

Veamos ahora el otro lado de la moneda. A pesar de los fuertes lazos entre la esfera de las actividades intrasistémicas, tanto políticas como económicas, y la contrainsurgencia, en Colombia los paramilitares nunca se han estructurado como una fuerza del Estado dedicada exclusivamente a tareas estratégicas que estuvieran técnicamente fuera del alcance del Ejército. Tampoco estaban en posición de reclamar para sí, como los paramilitares guatemaltecos,[10] el triunfo en la guerra antisubversiva. Pero esto es sólo el aspecto militar del asunto. Hay factores estructurales y evolutivos que explican bien las múltiples tensiones entre los paramilitares y el Estado.

Dentro de los factores estructurales probablemente el más importante es el involucramiento de los paramilitares con el narcotráfico. Contrariamente a la versión paramilitar de su propia historia

---

10 Véase Aguilera Peralta y Beverly (1980). Con respecto de estudios sobre otros fenómenos paramilitares, que ayuda a establecer un contraste con Colombia, véase Jonas (2000), Kowalewski (1992) y Shafer (1988).

–primero eran limpios, luego fueron corrompidos por el narco y, finalmente, recuperaron su misión original (véase, por ejemplo, Castaño en Aranguren, 2001, pero la versión ha sido adoptada por muchas fuentes)– tal involucramiento comenzó desde el principio y desempeñó un papel clave. Los narcotraficantes tomaron la iniciativa de crear un grupo armado, Muerte a Secuestradores (MAS), a fines de 1981, lo cual actuó como catalizador para la conformación de organizaciones similares en otras regiones. El MAS tuvo expresiones regionales, que actuaron como una franquicia. Es claro que hay algunos casos, y este texto se dedica a uno de ellos, donde la guerra antisubversiva tuvo profundas raíces. Allí la narcoinfluencia directa estuvo acotada, no fue evidente, y era obvio que no resultaba razonable reducir al paramilitarismo a un aparato militar del crimen organizado.

Pero incluso en esas regiones, desde el principio, grandes criminales proporcionaron fondos y participaron activamente. A mediados de los años ochenta, su ingerencia directa era ya abrumadora. En Puerto Boyacá y Urabá, dos bastiones paramilitares tempranos, hubo, de acuerdo con un informe del Departamento Administrativo de Seguridad (DAS): "la confluencia de intereses de los terratenientes ganaderos con líderes del narcotráfico en la región, aliados con elementos del establecimiento militar" [PJ3]. Esto, como vimos anteriormente, ha sido la aleación estándar que conformó al paramilitarismo desde los años ochenta hasta hoy. Los narcotraficantes proveyeron a la coalición no sólo su conocimiento militar y su audacia, sino también una red nacional y global de mercados ilegales, partidarios políticos y aliados, de los cuales carecían los ganaderos con su proverbial localismo y aislamiento.

Para ese entonces, el Estado colombiano estaba supuestamente atendiendo dos frentes de guerra, contra la subversión y contra el narcotráfico. Éstas eran guerras globales y, como actor en ellas, el Estado colombiano era un eslabón más de una extensa cadena. Las autoridades colombianas tuvieron que enfrentar una virulenta respuesta de los narcotraficantes, que ejecutaron una serie de atentados contra el Estado y la sociedad a mediados de la década de los ochenta. Tal situación desestabilizó la relación de los paramilitares con el Estado. En una guerra –contra la subversión– los paramilitares eran aliados del Estado; pero en la otra –la de las drogas– las autodefensas eran sus enemigas. Para las presidencias de Ronald

Reagan y George Bush padre el tráfico de drogas era un problema de seguridad nacional, mientras que, pese a su vigoroso crecimiento, las FARC y las demás guerrillas no tenían ninguna posibilidad real de tomarse el poder. Además, después de declarar la guerra al Estado, algunos narcotraficantes de peso comenzaron a coquetear con la idea de una alianza nacionalista con la guerrilla contra el enemigo común.

La tensión causada por ese contradictorio rol –aliado del Estado, adversario del Estado– autonomizó a los paramilitares. Hasta hoy los paramilitares han buscado tener una estrecha relación con el Ejército, pero cuando son capaces de tomar bajo su control una región juegan su propio juego; no hay ninguna devolución del poder al Estado o a los políticos tradicionales (hay instrumentación, a veces reemplazo). Los paramilitares prácticamente estaban obligados a hacer eso, para responder al apoyo de sus patrocinadores y simpatizantes, y proteger sus botines e intereses relacionados con negocios ilegales.

El factor de tipo técnico-militar al que nos referimos más arriba también ha desempeñado su papel en la creciente ambigüedad paramilitar. Al contrario de Guatemala, las autodefensas no derrotaron militarmente a la guerrilla. En los años ochenta hubo una feroz ofensiva de los paramilitares, que concluyó con la salida de las FARC de dos territorios clave, Urabá y el Magdalena Medio. Sin embargo, en la década de los noventa todo se hizo confuso: las FARC comenzaron a golpear militarmente a las autodefensas. Es verdad que la expansión de los paramilitares continuó inmutable, pero esto no puede ser atribuido a su superioridad militar, sino a un problema estratégico. El Ejército colombiano enfrenta los mismos dilemas de otros ejércitos que tienen a un enemigo irregular: tiene una gran ventaja tecnológica sobre su enemigo, pero mucha menor movilidad que él. No puede estar en todo los lugares al tiempo por sus límites financieros y de personal. Puede despojar a la guerrilla de sus territorios, pero tan pronto los abandona, la guerrilla, que es mucho más móvil, puede regresar. Recurriendo a los paramilitares como retaguardia para consolidar un programa antisubversivo en los territorios tomados por el Ejército, este problema estratégico de movilidad quedaba solucionado. En ese esquema, los paramilitares se han expandido como una fuerza "policiva", dedicada a mantener el orden social. Es decir, el Ejército mantenía una dependencia estratégica de los paramilitares en una guerra prolongada sin ganador claro, que se adelantaba en paralelo con la guerra (global) contra el narcotráfico, en la que los paras eran enemigos.

Resumiendo, los paramilitares colombianos no han cumplido el rol de otros grupos armados de derecha latinoamericanos, quienes asumieron la tarea de destruir la insurgencia o aplastar los desafíos armados o incluso la oposición legal con una enorme brutalidad para garantizar el predominio del Estado en una guerra antisubversiva. Los paramilitares colombianos estaban relacionados tanto con fuerzas intrasistémicas como con un tipo de criminalidad organizada que estaba en una (declarada) guerra contra el Estado. Adicionalmente, incluso su relación con esas fuerzas intrasistémicas que regionalmente y en ciertos períodos los apoyaron era bastante ambigua.

Por lo tanto, las fuerzas sociales que apoyaron a los paramilitares han tenido demandas de seguridad heterogéneas, algunas veces abiertamente contradictorias. Además, las autodefensas han estado enfrentadas a una guerrilla muy poderosa y con mucha movilidad (las FARC), cuya supervivencia ciertamente no depende de establecer fuertes lazos con las masas en una región en particular del país, sino que se sustenta en la capacidad de su aparato militar. Así, la estrategia estándar de los paramilitares en todo el mundo –"quitarle el agua al pez"[11]– afecta el control territorial de las FARC, pero no el núcleo de su maquinaría organizacional. En ese sentido, las autodefensas tienden a especializarse en el frente interno, previniendo regionalmente el regreso de la guerrilla y tratando de construir formas de gobierno que hagan impenetrables las regiones a los intentos de retorno de la guerrilla.

Esto nos lleva a los factores evolutivos que han dado a los paramilitares colombianos su estatus sui géneris. Desde un comienzo, ya había tensiones entre los miembros (actuales y futuros) de la coalición paramilitar y el Estado. Pero a mediados de los años noventa hubo un salto cualitativo. Luego de quince años de total inactividad, bajo la fuerte presión internacional, el débil gobierno

---

[11] La declaración de un comandante de las autodefensas de Puerto Boyacá denota claramente la idea de atacar las bases de apoyo de la guerrilla "a la guerrilla le duele más que le maten un colaborador que a un mismo guerrillero de ellos".

de Ernesto Samper comenzó por fin a combatir a las autodefensas (véase Tabla 1). La cifra de miembros capturados e incluso dados de baja, de repente, se elevó. Los paramilitares sufrieron un difícil momento tratando de adaptarse a la nueva situación; ellos habían tratado de evitar por todos los medios enfrentar al Ejército, una experiencia desmoralizante y aterradora para ellos, pero fueron incapaces de hacerlo. No hablemos ya de otros eslabones del Estado diferentes del aparato de seguridad. La lista de jueces y fiscales asesinados por los paramilitares es muy larga (por ejemplo, [P4]). Lo mismo puede decirse de los alcaldes, concejales y otros políticos. En 2002, cuando finalmente los paramilitares decidieron desensamblar la federación nacional que habían creado en 1997, hubo facciones que se inclinaron a favor de atacar a funcionarios del Estado, mientras que otros propusieron frenar completamente tales acciones [P5, P6].[12]

Su relación con los políticos tradicionales también se tornó fría. Al comienzo los paramilitares protegían de la irrupción de la izquierda los reservorios electorales de los políticos tradicionales. Algunas de las peores masacres de la década de los ochenta están muy relacionadas con esta variable [PJ3]. Después de la victoria paramilitar en Urabá y el Magdalena Medio, las posiciones más importantes en los ámbitos municipal y regional cayeron en manos de políticos tradicionales. Pero las tensiones no tardaron en aparecer. Los paramilitares desconfían de los políticos tradicionales, porque entre ellos hay figuras blandas frente a la subversión. Esa desconfianza se tradujo en hechos concretos. Por ejemplo, en 1983 el presidente del Directorio Liberal de Puerto Berrío fue asesinado por el MAS en inmediaciones del Batallón Bomboná. Había sido miembro del Comité de Derechos Humanos y había testificado contra el MAS. No se trata de un caso aislado. Con el tiempo, los paramilitares llegaron a la conclusión que los políticos eran "electoreros", corruptos, volcados totalmente sobre su interés individual y, por lo tanto, incapaces de tomar en serio el reto subversivo. Para

[12] Con relación a las masacres, práctica muy común a todas las facciones paramilitares, optaron por un nuevo lenguaje y las llamaron *acciones con múltiples objetivos militares,* pero las estadísticas muestran que desde finales de los años noventa hasta 2002 las incrementaron.

1989, los paramilitares hablaban de los políticos tradicionales con poco entusiasmo:

> Políticos, señores: las Autodefensas Campesinas participarán masivamente en el proceso electoral, nosotros votaremos, nosotros elegiremos. Pero señores, nuestros votos no irán para los viejos oportunistas. Hemos tenido experiencias desagradables con la clase política, quienes hambrientos de votos prometen y engañan en periodos pre-electorales para obtener los votos que necesitan. Pero después de las elecciones olvidan nuestras regiones y a nuestros líderes y caudillos que los ayudaron a llegar a la cima, desde donde se exhiben, explotando nuestra sangre, nuestro sudor y nuestras lágrimas. [PJ4]

En síntesis, los paramilitares pensaban que los políticos tradicionales eran propensos a establecer alianzas poco confiables y mostraban como evidencia que muchos de los triunfos políticos de la Unión Patriótica, partido que surgió de los acuerdos de paz entre el presidente Belisario Betancur (1982-1986) y las FARC, y que ha sido arrasado prácticamente en su totalidad, se obtuvieron en coalición con los partidos Liberal y Conservador. Las dos fuerzas tradicionales (liberales y conservadores) no mostraban la más mínima intención de abrazar un programa antisubversivo consecuente en un país que tradicionalmente ha rechazado a los candidatos radicales (esto es válido al menos hasta 2002). La lógica de las elecciones y la lógica de la guerra no resultaban totalmente compatibles.

Sin embargo, después de la profunda transformación del paisaje político hacia finales de los años ochenta y hasta principios de los noventa, la relación entre los paramilitares y los políticos tradicionales cambió fundamentalmente. Primero, se inició el proceso de descentralización, y a partir de 1988 los alcaldes se empezaron a elegir por voto popular. Esto permitió un acercamiento en muchas dimensiones entre los grupos armados ilegales y los alcaldes (y eventualmente gobernadores), y coincidió con una profunda fragmentación y desinstitucionalización de los principales partidos políticos. Las autodefensas, aprendiendo de directrices descubiertas inicialmente por la guerrilla, encontraron que los municipios eran los nichos ideales para desarrollar sus actividades, y que allí ellos podían competir en muchos mejores términos que en el ámbito nacional con los partidos establecidos.

Pero esto subraya una segunda tensión que los paramilitares habían estado enfrentando, entre particularismo y nacionalismo. Su acción real es profundamente localista. A su vez, su retórica depende de algunos macropropósitos básicos –derrotar a la subversión y proteger la unidad nacional de Colombia (Aranguren, 2001)–. Muchas de sus principales operaciones políticas –por ejemplo, oposición al proceso de paz con las guerrillas– han sido apoyadas en la noción que los paramilitares tienen de sí mismos de ser la última fuerza detrás de la unidad nacional. Para los propósitos nacionales, una fuerza muy estructurada (un ejército opuesto a las FARC, por decirlo así) es conveniente, quizás indispensable; para la acción local, es indeseable, tal vez inviable.

El Magdalena Medio: de la subversión al paramilitarismo

Primera etapa: Acdegam y los primeros grupos de autodefensa

Desde su creación, a finales de la década de los cincuenta, el electorado de Puerto Boyacá simpatizó con fuerzas a la izquierda del centro. Primero, se orientó hacia el Movimiento Revolucionario Liberal (MRL). En la década de los setenta, apoyó a la Alianza Nacional Popular (Anapo) y al Partido Comunista (véase Tabla 5).

Tabla 5. Resultados electorales 1972-1982
Puerto Boyacá-Concejo Municipal

Partido \ Año	1972	1974	1976	1978	1980	1982
Partido Liberal	512	4.971	2.077	1819	2499	2628
Partido Comunista	609	...	...	...	...	...
Anapo	295	274	32	...	...	...
UNO*	...	1.240	1.429	2.149	1258	...
Partido Conservador	42	170	74	91	76	64
FUP-MOIR**	40	0	162	188	0	108

* Unión Nacional de Oposición.
** Frente de Unidad del Pueblo-Movimiento Obrero Independiente y Revolucionario.
Fuente: Registraduría del Estado Civil.

Paralelamente, el Frente Cuarto de las FARC inició un proceso de penetración en la región. Desde el comienzo, esta agrupación guerrillera recurrió a la vacuna ganadera, que se cobraba a cambio de mantener controlado el abigeato que tanto había afectado a los ganaderos de la región y, en general, por mantener libre la zona de delincuentes comunes. Pero al tiempo, el Frente Cuarto de las FARC realizaba una labor "civilizadora" en el campo invocando un discurso moralizador, de orden y de cambio social entre los campesinos. Esa doble estrategia le permitió a las FARC sostener buenas relaciones tanto con los notables de la región como con el resto de la población. Incluso algunos ganaderos colaboradores de las autodefensas recuerdan con aprecio la época "idílica" de las FARC. En 1986, por ejemplo, Luis Rubio, político y jefe paramilitar, recordaba que las FARC "... tenían una buena colaboración del campesino, incluso de la persona común de aquí de la zona urbana, yo por ejemplo cuando fui a comprar una tierra yo tuve que ir a hablar con Ricardo Franco cerca al cuartel general que él tenía y lo conocí a él".[13]

Sin embargo, en 1979 el delicado equilibrio que había logrado consolidar el Frente Cuarto de las FARC se malogró por dos razones. Primero, la guerrilla se había expandido rápidamente en el Magdalena Medio, de tal manera que el gobierno decidió enfrentar el desafío seriamente. Esto se manifestó en el incremento de operaciones militares contra la guerrilla y las poblaciones que la apoyaban. Segundo, el Secretariado de las FARC no estaba conforme con el desempeño económico del Frente Cuarto. Así que presionó a sus líderes para que el frente comenzara a producir recursos, a fin de garantizar su propio mantenimiento y colaborar con el sostenimiento de la estructura nacional de la organización. Por otro lado, el Secretariado desdobló el Frente Cuarto, lo que originó un nuevo frente, el Once.

Esto supuestamente recompondría las finanzas de la organización en la zona. Los dos frentes intensificaron la práctica del secuestro, que incluía a los notables del pueblo e incluso a ganaderos simpatizantes o colaboradores de la organización que hasta ese momento habían pagado devotamente la "vacuna"; dispararon las extorsiones y los homicidios punitivos, y afectaron cada vez a más personas.[14] El equilibrio que había permitido a las FARC construir

---

13 Fondo Documental Carlos Medina Gallego. *Autodefensas, paramilitares y narcotráfico en Colombia. 1986-1990.* Testimonios orales.

14 Debemos hacer hincapié en que las FARC no promovieron cambios en los patrones de la propiedad agraria, ni entraron en conflicto con la Texas Petroleum Company, cuya presencia en el pueblo era abrumadora y rechazada por movimientos sociales.

una base social policlasista se fue al traste; los objetivos económicos entraron en contradicción con los políticos.[15]

Sobre este telón de fondo, cuatro transformaciones muy complejas conspiraron para provocar el surgimiento del paramilitarismo a comienzos de la década de los ochenta:

• La radicalización antisubversiva de las organizaciones criminales más importantes del país, que se estaban viendo afectadas, de distintas formas, por la guerrilla.

• La decisión de las Fuerzas Militares de promover la creación de grupos de autodefensas, para subsanar sus dificultades operativas en la lucha contraguerrillera. El Ejército era eficaz expulsando a la guerrilla de algunas poblaciones, pero apenas sus tropas abandonaban sus inmediaciones, la puerta quedaba abierta para que la guerrilla retomara el control. Esa situación generaba tensiones entre la población y las Fuerzas Armadas: los campesinos y ganaderos protestaban simultáneamente contra los abusos y la escasa presencia militar; por su lado, los militares se quejaban de la "falta de colaboración" de la población, lo que según ellos permitía a la guerrilla medrar sin mayores dificultades. Por esas razones la idea de crear grupos de autodefensas conformados por habitantes de la región para vigilar principalmente las zonas rurales resultó atractiva tanto a los militares como a ciertos sectores de la población, en especial a los ganaderos.

• La organización de los ganaderos alrededor de la Asociación Campesina de Agricultores y Ganaderos del Magdalena Medio (Acdegam). Esta asociación cumplía tres funciones: (1) velar por los intereses de los ganaderos; (2) implementar un conjunto de actividades cívicas, por ejemplo, poseía droguerías y centros de salud con tarifas económicas para la población, y (3) organizar y coordinar las operaciones paramilitares. De hecho, las primeras masacres que tuvieron lugar en el Magdalena Medio y en Urabá fueron ejecutadas o coordinadas por miembros de Acdegam.

---

15 Después, en su evaluación de los eventos, líderes de las FARC criticaron al Nuevo líder del Frente Cuarto, Argemiro, por su ambiciosa por su insaciable actitud hacia la población. Pero el problema es estructural: las FARC necesitaban extraer recursos regionales para sostener la guerra nacional y, por lo tanto, tendían a exigir demasiado.

• La conformación de una dirección política liderada por una facción del Partido Liberal. A comienzos de la década de los ochenta ganó las elecciones locales la facción pro paramilitar del Partido liderada por Pablo Emilio Guarín Vera, y luego de su asesinato por Luis Rubio. El discurso y la gestión de estos dos líderes apuntaba a legitimar el paramilitarismo en los ámbitos locales y nacionales. Curiosamente, las ideas de estos líderes dialogaban con algunas de las tradiciones tanto del partido como del radicalismo (expresado en el voto inconforme) de Puerto Boyacá.

La creación de Acdegam y el MAS expresa la confluencia de intereses de miembros de alto y mediano rango del Ejército acantonado en la zona y de sectores de la población civil afectados por la guerrilla, esencialmente ganaderos y comerciantes. En la primera reunión para tratar la conformación de un grupo paramilitar participaron: Gonzalo de Jesús Pérez y Henry Pérez (padre e hijo), quienes eran ganaderos que se transformaron en narcotraficantes y que, posteriormente, serían los líderes paramilitares más reconocidos en los años ochenta;[16] Nelson Lesmes, propietario de una compañía avícola y con inversiones en bienes raíces, quien a la postre se convertiría en directivo de Acdegam; Pedro y Jaime Parra, terratenientes de Puerto Boyacá; Rubén Estrada, delegado de algunos terratenientes de Caldas, y Luis Suárez, delegado de Gilberto Molina (un poderoso empresario esmeraldero que también invertía en narcotráfico). Por parte de los militares asistieron el coronel Jaime Sánchez Arteaga y el capitán Óscar Echandía, que se desempeñó como alcalde militar de Puerto Boyacá y Puerto Berrío. Los autores de la iniciativa fueron los militares y a ella se acogieron ganaderos, terratenientes, un agroindustrial y el representante de la mafia.[17]

Acdegam y el MAS se dedicaron a operar en tres frentes: primero, erradicar lo que ellos consideraban el apoyo social de las FARC. Con ese fin se dedicaron a asesinar o desterrar a los militantes del Partido Comunista. Para 1982, este partido había desaparecido del paisaje

---

[16] Gonzalo era enfermero, y en ese oficio había sido colaborador de las FARC.

[17] De acuerdo con Medina (1990), también atendieron la invitación representantes de la Texas Petroleum en la que se decidió la creación de las autodefensas, sin embargo, no hemos encontrado alguna evidencia que confirme esa afirmación.

electoral de Puerto Boyacá (véase Tabla 5). La ofensiva paramilitar no sólo afectó a los políticos del Partido Comunista, sino que también tocó las huestes del Partido Liberal.[18] Segundo, también lanzaron operaciones contra sectores de la población que consideraban simpatizantes de la guerrilla. Tercero, crearon una fuerza con poder de combate con la directa participación del Ejército en el suministro de armamento, la coordinación de patrullajes en la región, implementando un proyecto de organización por medio del reclutamiento de combatientes y entrenamiento ideológico y militar. En ese orden de hechos, los grupos paramilitares, aunque manejaban jerarquías internas, estaban subordinados operacionalmente al Ejército, específicamente al Batallón Bárbula.

Segunda etapa: la entrada de los narcotraficantes

Como mostramos en la primera etapa, la mafia y el narcotráfico habían participado en la fundación de los grupos paramilitares del Magdalena Medio, pero ante todo como financiadores y (se puede suponer) brindando apoyo logístico. Al parecer no participaban concluyentemente en la planeación y ejecución de las operaciones. Por ejemplo, los primeros asesinatos y masacres paramilitares de las que se tuvo noticia en el Magdalena Medio fueron planeadas y dirigidas por miembros de las Fuerzas Armadas y ganaderos. Esto coincide con lo que revelan los testimonios de antiguos paramilitares.[19] Nótese el relativamente modesto poder de fuego del grupo. Los paramilitares patrullaban la región a pie, porque no contaban con vehículos para movilizarse; su armamento provenía básicamente de hacendados o campesinos (según se colige de la relación que se hace en los expedientes judiciales de las armas incautadas). Es claro

---

[18] En 1983, los paramilitares asesinaron al director del Partido Liberal en Puerto Berrío, que estaba comprometido con la defensa de los derechos humanos y estaba ayudando a la Procuraduría a investigar al MAS. *El Tiempo,* "Concejal muerto, pieza clave de investigación", 22 de febrero de 1983, p. 10A.

[19] "...y ya se mantenían 15, 20, 30 hombres y patrullaban ya no sólo Puerto Salgar, sino parte del Yacopí y de aquí iba uno a Caparrapí, volteaba para allí para Norcasia, Victoria en compañía del Ejército; porque como uno le daba buenos resultados, entonces el Ejército iba detrás y las autodefensas adelante". Testimonio de un fundador de las autodefensas en el Magdalena Medio.

que los primeros grupos paramilitares del Magdalena Medio tenían a los narcos, pero como socios menores, más o menos distantes.

Entre 1984 y 1985, dos procesos conspiraron para catalizar una participación más activa de los narcos en la operación de los grupos paramilitares. Por un lado, Acdegam se sumió en una profunda crisis fiscal, porque estaba comprometida en tres complejos procesos: el crecimiento de la organización a través del reclutamiento; la conformación de un grupo armado más disciplinado, eficiente y bien dotado (con mejores armas, uniformes y alimentos), y las inversiones para consolidar una base social (droguerías, clínicas, escuelas y brigadas de salud). Los aportes de los ganaderos y las armas proveídas por el Ejército no bastaban para cubrir este esfuerzo de expansión. Poniéndolo en términos simples, había más necesidades que dinero. Por otro lado, los narcotraficantes Pablo Escobar y Gonzalo Rodríguez Gacha estaban invirtiendo masivamente en bienes raíces en el Magdalena Medio, y con ello se estaban convirtiendo en terratenientes y ganaderos de la región. Ambos factores crearon las condiciones para el proverbial salto cualitativo en la influencia de los narcos dentro del proyecto paramilitar.

El nuevo rol del narcotráfico provocó grandes cambios en los grupos paramilitares del Magdalena Medio:

Primero. Distanciamiento del grupo con respecto a sus inspiradores y promotores, los militares y los ganaderos. Los narcotraficantes hicieron valer el peso de su apoyo monopolizando el control sobre los paramilitares. Incluso Henry Pérez, el líder paramilitar más reconocido de la región, cayó bajo la influencia directa de Gonzalo Rodríguez Gacha.

Segundo. Mejoramiento de las condiciones logísticas y de poderío militar. La revisión de los procesos judiciales de este período muestra una mejora radical del armamento: los paramilitares de la segunda fase tenían fusiles Galil, G-3 y Madsen, así como granadas, y contaban con un avión ligero y con una flota de automóviles. Algo similar, tal vez más espectacular, ocurrió con la instrucción militar. Aparte del entrenamiento militar, que continuaba, ahora los paramilitares disponían de instructores internacionales, como correspondía a un negocio global como el narcotráfico: Acdegam creó una escuela para sus tropas y asesinos a sueldo, cuyo personal fue engalanado por la presencia del coronel Israelí (retirado) Yair Klein y varios mercenarios británicos [P7]. Más que un grupo de resistencia antisubversiva fuertemente apoyado en las estructuras del Ejército, su idea, en ese momento, era conformar una poderosa contraguerrilla, con estructuras organizacionales autónomas.

Tercero. La alianza entre los Pérez y miembros del cartel de Medellín afectó el liderazgo de Henry Pérez con respecto a los grupos de Ramón Isaza, que veían a Pablo Escobar con desconfianza (eventualmente como a un enemigo). Con el tiempo, Isaza decidió convertirse en una disidencia de las autodefensas del Magdalena Medio. La alianza de los paramilitares del Magdalena Medio con los narcotraficantes del cartel de Medellín produjo el primer quiebre en la estructura de mando de los paramilitares del Magdalena Medio, en lo que sería la primera de varias disputas internas entre los paramilitares.

Cuarto. Como ya lo señalamos, el liderazgo de los grupos paramilitares estaba repartido en dos frentes, uno militar y otro político, cuyas cabezas visibles eran Henry Pérez y Pablo Guarín, respectivamente. Los narcotraficantes, en especial Gonzalo Rodríguez Gacha, fueron desplazando a esta díada en el control de la organización paramilitar. Pérez estaba en conexión directa con Rodríguez Gacha, y Pablo Guarín realizaba su trabajo político cada vez más alejado del núcleo militar de las autodefensas. Hasta ese momento, podemos decir, "El Mexicano" manejaba los hilos militares de las autodefensas en el Magdalena Medio; pero, en cambio, el ala política estaba fuera de su control, pues Pablo Guarín seguía teniendo los votos y el reconocimiento. En 1987, el asesinato de Pablo Guarín consolidó el poder de Rodríguez Gacha sobre los paramilitares del Magdalena Medio.

Quinto. La calidad de la vigilancia (para los ganaderos) decayó, y ahora la incertidumbre también los golpeaba, aun cuando de forma marginal. Podrían ser expropiados o incluso asesinados. La paradoja es que esta autonomización paramilitar estaba teniendo lugar paralelamente con un esfuerzo por construir una burocracia operacional. Con las nuevas armas, cuadros y comunicaciones, los líderes paramilitares tenían la esperanza de construir una organización propia. Las tropas fueron dotadas de uniformes y, además, fue establecido un conjunto de reglas independiente del Ejército. Los soldados paramilitares no podían fumar de noche, beber mientras estuvieran entrenando o saquear, y debían, en cambio, obedecer a sus superiores y asistir a ejercicios militares todas las mañanas

[PJ4]. De todas formas, robaron y asesinaron, a veces por su propia iniciativa. En otras palabras, la provisión de incentivos selectivos deterioró seriamente la disciplina paramilitar y consecuentemente la seguridad de ganaderos y hacendados.

Tercera etapa: se rompe la alianza entre los paramilitares y los narcotraficantes

La alianza narcoparamilitar produjo dos efectos indeseables para los paramilitares: por un lado, ellos mismos estaban minando su base social y, por el otro, los narcos se estaban encaminando hacia un enfrentamiento con el Estado: los dos resultados eran intolerables.[20] Todo esto llevó a Henry de Jesús Pérez a declarar la guerra al cartel de Medellín. En ese contexto, era lógico que los narcotraficantes pasaran de ser los patrocinadores más valorados por los paramilitares a convertirse en unos aliados bastante incómodos.

Además, como respuesta al desafío de Escobar, a partir de 1989 en el Magdalena Medio la Brigada XIV no sólo realizaba operativos contraguerrilleros, sino que también participaba en operaciones contra los narcotraficantes que operaban en la región. Estas operaciones arrojaron como resultado la incautación de fincas por valor de 10.000 millones de pesos y la identificación de dos empresas en La Dorada, propiedad de Gonzalo Rodríguez Gacha.

A finales de 1989, las relaciones entre los narcotraficantes y los líderes paramilitares se rompen y comienza una guerra frontal entre ellos. Entre finales de 1989 y comienzos de 1990, la estructura de mando de las autodefensas comienza a dar signos de resquebrajamiento. Por ejemplo, Guillermo Tarazona ("Luis Ramírez") se atribuía el liderazgo de las autodefensas del Magdalena Medio y junto a otros dos miembros de las autodefensas de la zona (Aníbal Ocampo y Juan de Dios Romero) expedían comunicados que desconocían a Pérez como su comandante.

A mediados de 1990, las autodefensas del Magdalena Medio comienzan a contemplar la posibilidad de desmovilizarse. En ese año "Ariel Otero" se reunió con Bernardo Gutiérrez, miembro del Estado Mayor del Ejército Popular de Liberación (EPL), para hablar de paz, y Henry Pérez y Ariel Otero expidieron un comunicado en

20 También es posible que la ruptura también se presentara por problemas de distribución de ganancias entre Pérez y Escobar.

que reiteraban su voluntad de paz; recordaban, además, que el Estado promovió la creación de los grupos de autodefensa y se rehusaban a someterse a la justicia. Pérez y Otero también le recordaban al gobierno que los logros obtenidos hasta ese momento, en contra de las organizaciones de narcotraficantes, se debieron a su apoyo a las autoridades. Sin embargo, el gobierno de César Gaviria descartó la posibilidad de dialogar con ellos. Mientras tanto Iván Roberto Duque, para esa época vocero de las autodefensas, afirmaba que esa organización seguiría insistiendo en el diálogo.

La coyuntura de conflicto entre las autodefensas del Magdalena Medio y Pablo Escobar fue aprovechada por el cartel de Cali para acercarse a los paramilitares y ofrecerles financiación para afrontar la guerra con Escobar –Pérez reinvindicó su alianza con el cartel de Cali, que estaba protagonizando una feroz lucha con su par de Medellín–[21].

A mediados de 1991, Henry Pérez anunció que si la Coordinadora Guerrillera llegaba a un acuerdo de paz con el gobierno y Pablo Escobar se sometía a la justicia, su organización se desmovilizaría. Infortunadamente para él, sus optimistas perspectivas se vieron frustradas cuando fue asesinado a mediados de 1991, por orden de Escobar.

Este período puede caracterizarse por la búsqueda de la autonomía por parte de las autodefensas. La ruptura de Pérez con los narcotraficantes del cartel de Medellín permitió el restablecimiento de los lazos con los grupos paramilitares de Antioquia que comandaba Ramón Isaza. El enfrentamiento de Pérez con Escobar tuvo como consecuencia principal la muerte del líder paramilitar. Ese acontecimiento inició una etapa caracterizada por fuertes disputas internas en las huestes paramilitares del Magdalena Medio.

---

[21] El cartel Medellín fue finalmente desmantelado en 1994 con la participación de las autoridades colombianas y de Estados Unidos, y de acuerdo con Pérez [P8], al menos con la tácita alianza criminales de Cali. De acuerdo con algunos informes, las autodefensas también participaron en esta alianza. "El desmantelamiento y la captura de quienes han creado y dirigido el fenómeno del narcoterrorismo ha sido posible en la medida en la cual ha existido estrecha colaboración entre quienes conformamos el movimiento campesino y el Estado" [P9].

Cuarta etapa: autonomización
¿los paramilitares se mandan solos?

Luego del asesinato de Henry Pérez, la dirección de las autodefensas cayó en manos de Ariel Otero. Este último prosiguió la guerra contra el cartel de Medellín, tanto en el ámbito militar como en el político.[22] Al tiempo, se embarcó en un proceso de desmovilización que involucró a más de 300 personas. Básicamente fue un fracaso, en parte porque el propio Otero fue asesinado en enero de 1992 (al parecer por orden de Carlos Castaño, quien por ese entonces era una prominente figura paramilitar en Urabá). Otero fue sucedido por tres comandantes: Guillermo Tarazona, Héctor García y "El Policía". Los tres terminaron sus días asesinados a manos de sus colegas. Así, salvo algunas excepciones (Nelson Lesmes e Iván Roberto Duque, por ejemplo), los líderes paramilitares más prominentes de la primera generación fueron asesinados (Henry y Gonzalo Pérez en 1991, "Ariel Otero" en 1992 y Pablo Guarín en 1987) o encarcelados (Luis Rubio, así como muchos oficiales de bajo rango pertenecientes a las brigadas tercera, quinta y décimo cuarta).

Aun así, los paramilitares no desaparecieron, y en 1992 la prensa estaba denunciando su reactivación. Más o menos en 1996, luego de algunos años en disputa, se llegó a una distribución territorial factible. Se restableció la cadena de mando, a través de una "junta militar", como la llamaron sus protagonistas, compuesta por tres jefes ("Víctor", "Andrés" y "Julio"), pero muy pronto los tres miembros de la junta delegaron el mando a Víctor Triana ("Botalón"). Ramón Isaza, en Antioquia, y Botalón, al norte de Puerto Boyacá, con otras figuras menores, se convirtieron en los nuevos jefes.

Botalón e Isaza estaban interesados en volver a la fuente original de las autodefensas, el localismo. Esta nueva estrategia se adaptó idealmente a las reformas institucionales que tuvieron lugar en de la política colombiana a finales de los años ochenta y comienzos de los noventa, y para la cual la descentralización era uno de los aspectos más esenciales. Los paramilitares se concentraron en

---

[22] Otero circuló un video en que mostraba cómo un miembro del cartel entregaba un soborno a un miembro de la Asamblea Constitucional, que por ese entonces discutía el asunto de la extradición.

ganar para su causa la elección de funcionarios públicos locales y regionales que podrían ofrecerles impunidad, rentas (el estándar 10% de los impuestos municipales que los señores de la guerra recolectan en Colombia) y apoyo político. Como otros actores en los años noventa, los paramilitares descubrieron que "lo pequeño es hermoso". El localismo implicó un rechazo explícito de estructuras nacionales y un conocimiento agudo de nuevas alternativas políticas y discursos.

Sin embargo, el localismo reñía con el esfuerzo paramilitar de unificación que estaba teniendo lugar en ese momento, encabezado por los paramilitares de Urabá, con quienes las autodefensas de Puerto Boyacá habían tenido una relación íntima y que por 1997 crearon las Autodefensas Unidas de Colombia (AUC). La trayectoria de las AUC es bastante similar a la que describimos aquí para Puerto Boyacá: una unión inicial de ganaderos [P10], empresarios agroindustriales y narcotraficantes que pusieron en movimiento una coalición antisubversiva, y descubrieron en el camino la necesidad de formalizar sus estructuras y de conformar un ejército. Con las AUC, los paramilitares tenían una doble expectativa: copiar las estructuras centralizadas de las FARC y derrotarlas recurriendo a una estrategia de expediciones punitivas contra la población ([P11], [P12]), quitándoles de esa manera el agua del pez. Pero, como se sabe, este esfuerzo por conformar un gran ejército antisubversivo fracasó; las tendencias centrífugas dentro del paramilitarismo eran demasiado fuertes. Botalón e Isaza se mantuvieron aislados de las luchas intestinas de las AUC.

Análisis

Ahora estamos listos para esbozar una respuesta a las cuatro cuestiones formuladas al comienzo del texto.

1. *¿Tiene la guerra colombiana algún contenido social?* O ¿es sólo un conflicto entre dos o más ejércitos más o menos idénticos? A este respecto, la trayectoria de los paramilitares de Puerto Boyacá revela aspectos importantes que pueden pasar fácilmente inadvertidos. El principal es el carácter asimétrico de la guerra en Colombia. Es claro que el apoyo político a las FARC dentro de la población es muy tenue. Por un lado, las FARC han actuado como una fuerza policiva que disciplina a la población y dispara contra ella. Por otro lado, las FARC son una organización que desafía al

Estado y permanentemente fluctúa entre las macrodemandas propias de la estructura de la organización y las microdemandas que garantizan su estabilidad en las regiones donde establece su control. Dicho de otra manera, ponen su estrategia guerrera por encima de las demandas de progreso regional. Los paramilitares, en cambio, fueron el producto de la rebelión de distintos sectores (una rebelión encabezada por, pero no limitada a, los ganaderos, agentes del Estado y narcotraficantes) contra el control de las FARC.[23] Cuando esta rebelión encontró una expresión organizacional, pudo contar con un amplio apoyo.

Hasta donde sabemos, éste es un fenómeno que está detrás de todas las experiencias paramilitares en Colombia que cuentan con un mínimo de raíces sociales en las regiones. Por ejemplo, un informe gubernamental señala que en Urabá la fortaleza de los sindicatos y la profunda penetración de la guerrilla –con una gran lista de imposiciones y restricciones– "aparentemente excedió el umbral de tolerancia de los empresarios, llevándolos a conformar sus propios grupos de protección" [PJ4].[24] En el ámbito regional, los ganaderos han sido especialmente sinceros con respecto a su entusiasta apoyo al paramilitarismo. La asimetría básica de la guerra colombiana consiste en que, mientras el principal desafío del Estado, las FARC, tiene un fuerte aparato militar pero un casi inexistente movimiento de masas que lo respalde, los paramilitares tienen un débil aparato militar (débil en el sentido en que está copado por fuerzas centrífugas), pero un fuerte apoyo social.

Este simple contraste parece tener consecuencias determinantes, fácilmente reconocibles tan pronto como se acepta la idea de que, para usar la expresión de Clausewitz, "la guerra tiene su propia gramática" (en este caso, un efecto imprevisto con profundas consecuencias sociales). Los paramilitares se iniciaron como un proyecto de los ricos rurales. Como se puede ver en las tablas 2 y 4, fueron ellos quienes prestaron al paramilitarismo lo fundamental

---

23 No se limita a estos estratos, ya que: (a) la coerción de las FARC golpeó a todos los estratos y (b) el declive de la inversión afectó el empleo y en general las condiciones de vida.

24 Parte de la incomodidad empresarial estaba relacionada con el sesgo contra los capitalistas entre los oficiales estatales. "Los líderes de UNIBAN encontraron que el ministro de Trabajo estaba parcializado a favor de los trabajadores".

de su liderazgo. También pusieron los recursos, los contactos y el conocimiento de cada región. Eso, y su alianza estratégica con el Ejército, les permitió expandirse incesantemente, desterrando a las guerrillas de varios territorios. Sin embargo, eso no fue suficiente, porque las FARC no dependen críticamente de su contacto con las masas; no estamos frente a un pez (por lo menos no frente a uno convencional) y puede vivir sin agua (o con muy poca).

El carácter asimétrico de la guerra –la movilización de los ricos rurales contra un aparato manejado por campesinos, pero con un débil apoyo dentro de los trabajadores manuales– ofreció a los paramilitares la oportunidad de implementar una estrategia que fue exitosa en términos de expansión territorial, pero ineficiente en términos del balance militar.

De hecho, en la década de los noventa y lo corrido del siglo XXI, al tiempo que las FARC estaban territorialmente estancadas y eventualmente replegándose, también estaban asestando golpes a los paramilitares (en términos del desenlace del enfrentamiento directo entre ellos). Mientras en los años ochenta los paramilitares sacaron a las FARC de al menos dos territorios, en los noventa las segundas derrotaron sistemáticamente a las primeras en el campo de batalla.

En el curso de la guerra, el liderazgo de los paramilitares ha tenido fuertes pérdidas. El enfrentamiento con las FARC pero, sobre todo, las luchas intestinas por conflictos entre facciones y distributivos (y también la acción de la justicia) diezmó a los líderes originales. Más aún, el mantenimiento de una fuerza de centenares o miles de patrulleros es demasiado costo para una economía ineficiente y anacrónica como la ganadera en Colombia. Nuevas figuras, en cambio, llegaron a la cima gracias a la "dinámica natural" de la guerra. Ex guerrilleros, oficiales de bajo rango retirados del Ejército, en general gente con capacidad para realizar bien actividades específicas relacionadas con la guerra –luchar, matar, marchar, organizar– comenzaron a obtener posiciones de mando dentro de las autodefensas.

Curiosamente, esto implicó la transformación del paramilitarismo de una expresión "social" –de ganaderos, agroindustriales y criminales– en una netamente "técnica", comandada por gente proveniente de estratos sociales más bajos, pero "sin arraigo". Todo esto se expresó en una transición organizacional desde una tripleta (gremio-partido-milicia) a una unidad (milicia). En el comienzo, el paramilitarismo fue la expresión armada de una coalición social. Al final, encontramos un aparato armado que parece más una guardia pretoriana que cualquier otra cosa.[25]

¿Cómo trabaja esta guardia pretoriana? Su liderazgo sigue incluyendo a algunos ganaderos, pero ya no depende de ellos. Sigue defendiendo a los ricos, pero también los extorsiona: la cuota debe ser pagada para garantizar la provisión de seguridad, y los evasores son castigados. El sesgo a favor de los ricos depende básicamente del hecho de que son los agentes que pueden pagar mejor. Las autodefensas actúan como una policía –en la retaguardia del combate contra la subversión– y en ese carácter no necesitan un gran poder de fuego para enfrentar al enemigo: lo que necesitan es la doble capacidad para ejercer la coerción sobre una población desarmada e interactuar con las instituciones del Estado a través del soborno, las amenazas o (idealmente) una combinación de ambas. Los ricos rurales se han debilitado en el curso de la guerra y ahora los expertos en violencia letal y extorsión lideran el panorama. Esto es un proceso que se parece a la "democratización de la violencia", que Franchetti (1995) encontró en su trabajo clásico cuando estudió las raíces sociales de la mafia en Sicilia.[26]

2. *¿Cómo están relacionados la criminalidad y la provisión privada de seguridad?* En su explicación de la creación Estado moderno, Olson (1993) y Tilly (1985) coinciden en un punto. De acuerdo con el modelo de Olson, los "bandidos errantes" eventualmente se convirtieron en "bandidos estacionarios". Mientras que los errantes son nómadas y se concentran en el acto de extorsión inmediato, los estacionarios tienen un profundo interés de promover el enriquecimiento de la población que controlan: entre más rica la víctima más rentable es ordeñarla. Un cálculo elemental del valor a tiempo presente muestra que el bandido estacionario debe limi-

[25] Lo cual afectó incluso a los fundadores del paramilitarismo. Por ejemplo, Carlos Loaiza y otros individuos que asistieron a la histórica primera reunión tuvieron que huir: "su organización se había vuelto una banda peligrosa de asesinos a sueldo, que [...] extorsionaba a los ganaderos de la región" [PJ2].

[26] Este comentario, por lo tanto, no hace hincapié en los vínculos con el narco, sino en las redes de extorsión y en el tipo de dominación territorial que establecen los paramilitares.

tar la extracción de las rentas para darles a los agentes económicos la oportunidad para acumular. Gradualmente, las extorsiones y el pillaje se transforman en impuestos, la necesidad de inspirar miedo es reemplazada por la necesidad de control y un gran aparato institucional aparece.

En este contexto, uno puede agregar, la represión de la pequeña criminalidad representa la convergencia perfecta entre objetivos económicos y políticos: permite a los bandidos estacionarios establecer el monopolio del pillaje y la extorsión y, al tiempo, les ofrece la oportunidad de legitimación a través de la provisión de seguridad. Las consideraciones Tilly y otros (véase Giddens, 1987) básicamente muestran cómo tal transformación está relacionada con la expansión territorial. Expansión territorial y consolidación están unidas a la homogeneización institucional; el tránsito del saqueo, a los impuestos, y el desarrollo de la estructura institucional, a través de la diferenciación funcional entre la necesidad de mantener las fronteras (ejército) y la vigilancia (policía).

Algo diferente parece estar pasando con respecto de los paramilitares. Ellos, ciertamente, han tendido a monopolizar la extracción criminal de rentas y, como vimos anteriormente, han construido su legitimidad sobre la represión de los pequeños criminales. El trabajo de campo sugiere que esta actividad despierta un gran apoyo. A propósito, en este punto el análisis de Schelling parece errar: la violencia no es percibida por la población como algo puramente mecánico, "externo". La violencia se percibe como algo destructivo y creativo a la vez, y un agente capaz de organizar e implementar la coerción sistemática puede contar con el apoyo, la admiración y la lealtad de cientos de personas, que encuentran que la capacidad de ejercer sistemáticamente la coerción es evidencia de fiabilidad. Hay grandes ganancias asociadas con la capacidad de inflingir dolor. Por ejemplo, reprimir a la pequeña criminalidad no constituye sólo una forma clave de provisión de seguridad y de establecimiento del monopolio de la extracción de rentas, sino un despliegue de gobernabilidad.[27]

Pero todo esto no parece estar correlacionado con la evolución del *bandidismo* errante al estacionario. ¡De hecho, las cosas parecen

[27] Por otro lado, el análisis de Schelling es correcto si lo limitamos a la simple afirmación de que ningún orden social estable puede construirse únicamente sobre la violencia o el terror.

dirigirse en la otra dirección! Los vengadores estacionarios han sido reemplazados por milicias fragmentadas y errantes, todo lo cual está acompañado por tres procesos:

- La tripleta gremio-política-milicia colapsó en pequeñas milicias, que están descoordinadas y operan a través de un sistema de delegación territorial.
- La creciente centralidad de la extorsión. En un comienzo, Acdegam-MAS recogió cuotas voluntarias de los ganaderos, criminales y terratenientes. Era una tarea concebida y apoyada por los ricos rurales. Ahora la cuota es universal: conductores de taxi, obreros, tenderos, etc. son ordeñados. Aquí podríamos encontrar algún síntoma de *estatalización* del dominio territorial paramilitar. Pero la universalidad de la cuota sólo opera sobre la base de la amenaza directa, esto es, no es un sistema de impuestos, sino un sistema de extorsión.
- Un incremento de la fragmentación territorial. El territorio "libre de subversión" –como los paramilitares conciben a Puerto Boyacá– está dividido en varios feudos, cada uno de ellos dotado de sus propias reglas idiosincráticas. Además, el paramilitarismo de Puerto Boyacá está basado en un sistema de delegación territorial, así que cada comandante entrega una zona a un subcomandante, quien tiene la potestad para imponer sus propias reglas, una forma de gobierno barroco, totalmente contrario al proceso de homogeneización que describe Tilly.

¿Por qué ocurrió esto? Al menos tres factores han desempeñado un papel importante:

Primero. Colombia está envuelta en dos guerras (contra la subversión y contra el narcotráfico), las cuales son globales y parcialmente contradictorias. Esto tiende a romper y a fragmentar la coalición central detrás del paramilitarismo, pues las demandas de seguridad de un sector pueden no ser compatibles con las de otros sectores. Por ejemplo, los ganaderos pueden entusiasmarse con la presencia de las fuerzas antinarcóticos o, al menos, tolerarlas en sus regiones, mientras que los grandes criminales no.[28] Asimismo, hay muchos conflictos cruciales que no dependen de la toma de decisiones nacional (la extradición puede ser el ejemplo para-

[28] Al tiempo, el lector debe recordar el paramilitarismo "tradicional", "puro", puede ser tan asesino o más que la versión "corrompida".

digmático, pero no el único). Esto le imprime al paramilitarismo colombiano un carácter extremadamente volátil y centrífugo, en estado "volcánico" permanente y expuesto a ciclos permanentes de ruptura-reestructuración.

Segundo. El rol estratégico que las autodefensas han ejercido –consolidar la expansión antisubversiva, como una retaguardia– ha fragmentado al Estado mismo. Lo ha hecho al menos en dos sentidos. Por un lado, funcionalmente: en la práctica, la expansión del paramilitarismo ha significado una fractura entre la vigilancia y el control social y el resto de las funciones del Estado. Esto significa que el fortalecimiento del control social no ha redundado en el objetivo de fortalecer al Estado (incluso lo ha socavado organizacionalmente). En otras palabras, la proliferación del paramilitarismo ha traído consigo una brusca fractura entre la expansión territorial de la coalición antisubversiva y la función de vigilancia y control. Éste es un punto crucial, dado que el estándar moderno de estatalidad es un resultado de la confluencia de ambos. La situación colombiana es claramente divergente. Por otro lado, desde el momento en que las autodefensas tienen un alto grado de autonomía, no hay "devolución" –luego de que una región está paramilitarizada y la guerrilla ha sido desterrada, el Estado permanece como un oligopolio, que comparte el poder con otro actor–.

El compartir el poder no siempre es cómodo o incluso factible, debido a muchos factores: institucionales (las reglas del juego del Estado son diferentes a las de los paramilitares), burocráticas y territoriales (las organizaciones centralizadas tratan de eliminar las resistencias periféricas), internacionales, etc. Todo esto revela el carácter extremadamente equívoco del fenómeno paramilitar en Colombia, que está ligado al Estado de todas las maneras posibles: como aliado en la lucha antisubversiva, como competidor en el mercado oligopolístico por la provisión de seguridad, como un parásito en el ejercicio de la extorsión y como adversario militar (al menos teóricamente) en la guerra contra el narcotráfico.

Tercero. El cambio en la naturaleza misma de paramilitarismo Como ya se dijo, debido a la duración de la guerra, el paramilitarismo ha evolucionado de una tripleta (gremio, partido y milicia) de ricos rurales a una milicia más autónoma, orientada por especialistas en las técnicas de la violencia letal. En algunas regiones, los ganaderos han enfriado su actitud hacia los paramilitares, debido a las pesadas cuotas que tienen que pagar y obviamente a las fallas de los paramilitares en la provisión de seguridad (arbitrariedad y violencia exhibicionista ejercida por personas sobre las que no hay ningún control y que tienen acceso directo a los medios de coerción, etc.).[29] Es cierto que el apoyo continúa siendo muy alto y aún no hay incentivos reales para buscar alternativas al control paramilitar. Pero mientras el esfuerzo inicial estaba dirigido por la esperanza de ganar a término fijo la guerra antisubversiva, actualmente las patrullas paramilitares intentan mantener un control de largo plazo, en territorios donde ninguna clase social tiene el poder económico para mantenerlos.

En este momento, una abierta cooperación operacional con el Ejército puede tener altos costos, y los paramilitares son cazados y perseguidos por la justicia estatal, a un ritmo lento pero no insignificante. El principal problema de optimización es evitar la visibilidad para el centro y al tiempo mantener un poder de fuego suficiente como para reprimir a la pequeña criminalidad y a la eventual resistencia política, hacer presión sobre las autoridades municipales, cumplir con las demandas de seguridad de los terratenientes y ganaderos y sacar rentas de todo esto. Esto entraña límites para el crecimiento organizacional.

Con respecto a la extracción de rentas, tal desarrollo implica cierta universalización –actualmente casi todos pagan– pero, dada la debilidad burocrática, la única forma para garantizar una recaudación universal de cuotas es a través de las amenazas directas o a través de la creación de una amenaza artificial (si no pagas tu cuota, alguien –¡no nosotros!– podrá atentar contra ti). Es decir, la extracción de rentas se ha "congelado" en el saqueo y aunque ha habido autonomización, es probable que las fuerzas que inicialmente apoyaban el fenómeno todavía estén allí.

En una palabra, la provisión privada de seguridad está relacionada tanto con la criminalidad como con la estatalidad, en complejas formas. Como en el relato de tipo bíblico de Olson, "en el origen estaba el crimen", los grupos armados en Colombia han legitimado parte de su control territorial a través del asesinato

---

29 En terreno nos encontramos con múltiples protestas sobre abusos por parte de aquellos a quienes el paramilitarismo decía defender; esto coincide con Castro Caycedo (1996).

de ladrones y abigeos: los problemas de provisión de seguridad les abrieron ventanas de oportunidad. Además, la coalición social que originó a las autodefensas incluyó fuerzas criminales, interesadas en monopolizar el ejercicio de la coerción organizada. Pero todo eso fue fragmentario y volátil: el carácter prolongado de las guerras en Colombia, las tensiones entre ellas y la naturaleza de la fuerza paramilitar (y de la coalición detrás de ella) impidieron la convergencia entre expansión territorial del Estado y la crucial función de vigilancia lo que, a su vez, no sólo cambió al Estado, sino a los paramilitares mismos.

3. *¿Cómo se relacionan los métodos usados para manejar e implementar violencia organizada con el orden social?* El paramilitarismo nació como un gremio armado de ricos rurales; pero también es el fruto de un esfuerzo consciente por aprender de la guerrilla, mejorando y ampliando sus técnicas de gobierno. Incluso los primeros paramilitares –al menos algunos de ellos– comprendieron que para convertirse en una alternativa viable eventualmente tendrían que reemplazar la pura fuerza con algo más, y en ese sentido las FARC proveyeron una valiosa plantilla (la inmediatamente disponible en el Magdalena Medio), además de dominio territorial.

Los paramilitares imitaron las prácticas de las FARC como el uso de una red de informantes, la recolección de cuotas basadas en la estimación de la cantidad de tierra y ganado del propietario dado y la represión de transgresores que podían ser blanco fácil de la ira popular (como violadores o drogadictos), pero introdujeron mejoras en al menos tres áreas:

Primero. Propusieron la unión en torno a un tema: progreso regional, lo que en la práctica significa inversión y presencia del Estado. Bajo el control territorial de la guerrilla, cuya relación con el Estado es puramente de lucha, las instituciones del Estado que pueden promover el desarrollo y el bienestar no son bien recibidas. Más aún, la inversión –una variable central para el desarrollo– fue desalentada, pues las personas con capital eran hostigadas y secuestradas. Dice uno de los fundadores del paramilitarismo en Puerto Boyacá:

> … y la misma guerrilla, la misma subversión no tenía de dónde financiarse, ¿por qué?, porque los ricos que podían dar la plata ya los habían sacado corriendo, ellos ya se habían ido entonces quedó una gente o quedamos una gente que sin ser ricos teníamos una

> finca con unos ganaditos, con unos auxiliares, o con un fondo, o con un particular, entonces esa carga que iba era repartida entre los que se habían ido y los que fuimos quedando en turno, entonces ya se fue la carga a esta gente, cierto, a los tipos que viven en sus fincas, que trabajan, que empuñan la rula, que empuñan el hacha y que son tipos que se han hecho a su tierrita, pues vea sudándola, entonces ya empiezan a pedirle a esa gente, bueno ya no era la colaboracioncita voluntaria sino era pues tanta plata, o una lista de mercado. (Nelson Lesmes)

Cuando el Estado finalmente decide penetrar en los territorios guerrilleros, grandes olas de destrucción económica tienen lugar. Los paramilitares, en cambio, son simultáneamente adversarios, aliados y parásitos del Estado; tratan de atraer tanto a las instituciones del Estado como la inversión y garantizar un ambiente económico estable.

Segundo. La protección de los derechos de propiedad. Los paramilitares hacen hincapié en que en sus territorios la propiedad estará libre de las presiones provenientes de la guerrilla o de los movimientos sociales. La estabilidad de los derechos de propiedad no está garantizada –los pequeños arrendatarios han sido despojados de sus pertenencias, ocasionalmente los terratenientes han sido también víctimas de la arbitrariedad de los comandantes–; pero en cambio es un hecho que los ricos rurales han sido aislados de las presiones sociales. Y el apoyo político y financiero a las autodefensas, sumados a los costos de los "errores" multiplicados por la probabilidad de que ocurran, pueden ser vistos como el precio que se debe pagar por ello.

Tercero. Libertad. Por supuesto, la libertad que ofrecen los paramilitares no es la de disentir. Permiten en cambio que cada quien se preocupe por lo suyo, y venden esa superioridad –un *quantum* de "liberalismo"– de sus territorios sobre los de las FARC como una ventaja estratégica (para los pobladores). Una característica del orden social de las FARC es su alto interés en la moral de los pobladores: ¿cómo se comportan? ¿Beben demasiado? ¿Consumen droga? ¿Son trabajadores o son perezosos? Los paramilitares de Puerto Boyacá también se interesan en ese tema, pero de una manera más relajada.[30]

---

30 Los paramilitares preservaron los valores conservadores, porque las prácticas de las FARC les parecían atractivas y en muchos casos han tratado

Dos o tres crímenes paradigmáticos de "inmoralidad extrema" (por ejemplo, violación) son castigados con la muerte, pero en general se fijan mucho menos en el comportamiento privado que las FARC.

Los tres temas son usados también para mantener la cohesión interna de las autodefensas, y para destacar las ventajas de ser autodefensa y no guerrillero. Los paramilitares permiten a sus miembros enriquecerse o, al menos, les ofrecen un salario, mientras que la guerrilla no (como lo reconocía explícitamente Carlos Castaño, en Castro, 1996); respetan la propiedad de sus miembros, y, al menos en el Magdalena Medio, no separan a sus combatientes de sus familias. Dice un comandante paramilitar sobre un desertor de las FARC que acaba de incorporarse a su organización: "Cómo no va a estar agradecido, está con su mujer, le dijimos que si quiere traer la mamá que la traiga, en cambio cuando usted está allá tiene que olvidarse que tiene mamá, hermanos, tiene que olvidarse que tiene a... nadie, tiene que estar allá".

Este *quantum* de liberalismo obviamente tiene como contrapartida el derecho que se abrogan los paramilitares de asesinar a quienes se "portan mal", ya sea oponiéndose, transgrediendo o defendiendo sus propiedades. Pero explica por qué los paramilitares pueden coexistir con las elecciones, por qué sienten que en la descentralización encuentran un ambiente ideal para crecer, por qué pueden apelar al discurso liberal (que combinan permanentemente con asesinatos, extorsiones, etc.). Defienden, contra la subversión, el derecho a dedicarse a la vida privada.

En conclusión, es imposible comprender al paramilitarismo colombiano sin tener en cuenta que: (a) apareció en un momento cuando el Estado colombiano estaba inmerso en dos guerras (contra la subversión y contra las drogas) y (b) su principal enemigo era una guerrilla con un débil soporte social, pero un poderoso aparato militar, así que la estrategia paramilitar estándar de quitarle el agua al pez permitió la expansión paramilitar, pero no debilitó críticamente a las FARC (posiblemente sí al ELN, que se asemeja más a un pez convencional).

---

de incluir aspectos morales en la agenda de su control territorial ([P13] y [P14]). Pero al tiempo encontraron que unas prácticas más liberales eran políticamente más rentables.

Los dos factores tuvieron las siguientes consecuencias: (a) la interacción entre Estado (y en general las fuerzas intrasistemáticas) y los paramilitares fue ambigua: pasa simultáneamente por la cooperación, el parasitismo y el conflicto entre ellos; (b) la guerra fue larga y tuvo que hacerse política y financieramente sostenible; (c) esto transformó a los paramilitares, en la dirección de una "democratización de la violencia"; (d) lo cual les permitió coexistir con las instituciones democráticas, por encima de todas las tensiones obvias, además de que dicha "democratización" a la Franchetti se expresó parcialmente en un cambio social de la milicia (de ricos rurales a expertos en violencia letal); (e) la nueva guardia no es ni menos ni más asesina que la antigua y jerárquica versión de paramilitarismo; (f) la transformación de bandidismo errante en estacionario no tuvo lugar, pues la trayectoria de los paramilitares muestra más bien una entropía burocrática, sumada a la fragmentación territorial y la divergencia funcional, y (g) a pesar de todo, el paramilitarismo no puede ser reducido a una pura búsqueda de rentas. Las autodefensas están envueltas en algo más que la pura búsqueda de rentas (como vimos, su "santísima Trinidad" es el progreso regional, la protección a la propiedad y el individualismo). Pero el proceso de negociación con el gobierno mostró que no tienen un discurso para el país, sino básicamente para sí mismos. Su voz es "la expresión de alguien que pugna no por hacerse entender, sino por hacerse oír", para usar las palabras de Augusto Monterroso.

Pero más allá de esto, las formas complejas en las cuales los paramilitares transforman al Estado (entre otras formas a través de la búsqueda de rentas y su relación con la criminalidad) muestran elocuentemente los límites de un análisis de la guerra basado en la ficción de que hay una muralla china entre política y economía.

Bibliografía

Aguilera Peralta, Gabriel y Beverly John. 1980. "Terror and Violence as Weapons of Counterinsurgency in Guatemala", en *Latin American Perspectives,* vol. 7, Nos. 2-3, pp. 91-113.

Aranguren, Mauricio. 2001. *Mi confesión: Carlos Castaño revela sus secretos,* Bogotá, Oveja Negra.

Castro Caicedo, Germán. 1996. *En secreto,* Bogotá, Planeta.

Franchetti, Leopoldo. 1995. *Politica e mafia in Sicilia,* s. l., Bibliopolis.

Giddens, Anthony. 1987. *The Nation-State and Violence*, Berkeley, University of California Press.

Gómez Mejía, Ana Lucía. 1999. *Conflicto territorial y transformaciones del paramilitarismo,* tesis de maestría, Bogotá, Deparamento de Ciencia Política, Universidad de los Andes.

Heyman, Josiah (ed.) 1999. *States and Illegal Practices*, New York, Berg.

Hobsbawm, Eric. 1981. *Bandits.* New York, Pantheon.

Jonas, Susanne. 2000. "Democratization through Peace: The Difficult Case of Guatemala", en *Journal of Interamerican Studies and World Affairs,* vol. 42, No. 4, pp. 9-38.

Kowalewski, David. 1992. "Counterinsurgent Paramilitarism: A Philippine Case Study", en *Journal of Peace Research,* vol. 29, No. 2, pp.71-84.

Leal, Francisco y Dávila, Andrés. 1991. *El sistema político y su expresión regional*, Bogotá, Tercer Mundo-IEPRI.

Medina Gallego, Carlos. 1990. *Autodefensas, paramilitares y narcotráfico: origen, desarrollo y consolidación. El caso de Puerto Boyacá*, Bogotá, Documentos Periodísticos.

Moore, Barrington. 2000. *Los orígenes sociales de la dictadura y la democracia: el señor y el campesino en la formación del mundo moderno,* Barcelona, Península.

Olson, Mancur. 1993. "Dictatorship, Democracy, and Development", en *The American Political Science Review,* vol. 87, No. 3, pp. 567-576.

Pérez Martínez, Manuel. s. f. *El surgimiento del movimiento de autodefensa, su estructura y sus relaciones con las Fuerzas Armadas y el narcotráfico*, tesis de grado de Sociología, Bogotá, Universidad Nacional de Colombia.

Quiñones Nova, Hernán. 1990. *Magdalena Medio en marcha por la paz: capitalismo democrático y alternativa nacional*, Puerto Boyacá, Funpazcor.

Romero, Mauricio. 2002. *Paramilitares y autodefensas: 1982-2003*, Bogotá, IEPRI-Planeta.

Schelling, Thomas. 1966. *Arms and Influence*, New Haven, Yale University Press.

Shultz, Richard. 1979. "Coercive Force and Military Strategy: Deterrence Logic and the Cost-Benefit Model of Counterinsurgency Warfare", en *The Western Political Quarterly,* vol. 32, No. 4, pp. 444-466.

Shafer, Michael. 1988. "The Unlearned Lessons of Counter-Insurgency", en *Political Science Quarterly,* vol. 103, No. 1, pp. 57-80.

Tilly, Charles. 1985. "War Making and State Making as Organized Crime", en Evans, Peter; Rueschemeyer, Dietrich, y Sckocpol, Theda (eds.) *Bringing the State Back in*, Cambridge, Cambridge University Press.

Wolf, Eric. 1972. *Las luchas campesinas en el siglo 20*, México, Siglo 21.

Wood, Elizabeth. 2000. *Insurgent Collective Action in El Salvador*, Cambridge, Cambridge University Press.

Procesos judiciales

[PJ1] Expediente 1770. Juzgado del Circuito 002 Penal Especializado, de Bucaramanga, Corte Suprema de Justicia, Sala de Casación Penal, 2 de julio de 2002.

[PJ2] Proceso 19, apelación de sentencia condenatoria. Tribunal Superior de Orden Público, Sala de Decisión, Roberto Lobelo V., agente especial ministerio público, 30 de enero de 1992.

[PJ3] Proceso contra Ricardo Rayo y otros, por concierto para delinquir y homicidio/Carta al Tribunal Superior de Orden Público, Fiscalía del Tribunal Superior de Orden Público, 26 de septiembre de 1991.

[PJ4] Proceso 1589, delito: concierto para delinquir. Cuaderno copia 6, folios 86-172. Secreto Departamento Administrativo de Seguridad, Bogota D. E., 16 de marzo de 1989.

Prensa

[P1] *El Espectador.* "Camacho Leyva pide solidaridad ciudadana", 3 de septiembre de 1978, p. 1-5.

[P2] Orozco, Cecilia. "El destape de Rocío y Eleonora. Sólo muertas nos pueden alejar del proceso", en *Revista Credencial,* No. 214, septiembre de 2004, pp. 34-38.

[P3] *El Meridiano.* "Concejo aprobó proposición. Respaldan propuesta de las AUC", Córdoba, 3 de noviembre de 1999, p. 3-A.

[P4] *El Tiempo.* "'Paras' en crisis por masacre", 6 de octubre de 1997, p. 3-A.

[P5] *El Tiempo.* "¿Qué pasa con los 'paras'?", 1 de junio de 2001, pp. 1-2 y 1-3.

[P6] *El Tiempo.* Soto, Martha y Restrepo, Orlando. "La secreta cumbre de la reunificación 'para'", 8 de septiembre de 2002, pp. p.1-1 y 1-3.

[P7] *El Espectador.* "Ex militar inglés habla de su participación en los entrenamientos de los grupos paramilitares de Gacha", 10 de septiembre de 1994, pp. 1-C.

[P8] *Semana.* "El enemigo de Escobar", No. 467, 6 de abril de 1991, pp. 14-22.

[P9] *El Tiempo.* "Gaviria desconoció diálogos con administración Barco. Autodefensas: no, a entrega voluntaria", 10 de septiembre de 1990, p. 8-A.

[P10] *El Espectador.* "Los diálogos de Castaño y los ganaderos", 27 de mayo de 2001, p. 4-A.

[P11] Mercado, Bibiana y Restrepo, Orlando. "Castaño: 'Va a haber muchos más mapiripanes'", 28 de septiembre de 1997, p. 8-A.

[P12] *Cambio16.* "La pesadilla paramilitar", 7 de octubre de 1996, pp. 12-16.

[P13] *El Tiempo.* "'Paras' dan látigo en el sur de Bolívar", 30 de abril de 1997, p. 9-A.

[P14] *El Tiempo.* "Cartilla 'para' en Barranca", 25 de marzo de 2002, p. 1-16.

Publicaciones paramilitares

El Tercer Actor, antiguamente ubicado en http://www.colombialibre.org/.

TERCERA PARTE

ESTADO, RÉGIMEN POLÍTICO Y GUERRA

VII
Los arduos dilemas de la democracia en Colombia

*Luis Alberto Restrepo**

* Profesor del Instituto de Estudios Políticos y Relaciones Internacionales (IEPRI), Universidad Nacional de Colombia.

Resumen

Todo régimen democrático, y en particular el colombiano, condicionado por su sistema político, enfrenta graves dificultades para hacerle frente a un conflicto interno tan serio como el que padece Colombia. Los cambios, la dispersión y las contradicciones en el poder estatal se ven enfrentados a la concentración del poder y la coherencia estratégica de un ejército irregular como las FARC. En Colombia, la legitimidad del Estado no se confronta principalmente con una aspiración guerrillera a su propia legitimidad sino con su poder financiero y militar, obtenido de fuentes ilegales y criminales. El artículo plantea interrogantes, pero no pretende aportar soluciones, que no son fáciles.

Palabras claves: asimetría estratégica, negociación, guerra, coherencia, duración.

Me propongo analizar aquí la responsabilidad que le cabe al Estado colombiano en la prolongación del conflicto armado que vive el país, con especial atención a las políticas de los dos últimos gobiernos, el de Andrés Pastrana (1998-2002) y el de Álvaro Uribe (2002-2006). Dejo de lado, en cambio, el aporte primero y fundamental de las guerrillas, los paramilitares u otros distintos factores que –como la geografía colombiana, el desarrollo de economías de guerra, la droga, etc.– ya han sido analizados por diferentes investigadores.

Más que entrar en una discusión casuística acerca de la conveniencia de cada una de las políticas adoptadas por uno u otro gobierno, me propongo sustentar una tesis general. Quiero mostrar que mientras no exista una duradera política de Estado, es muy difícil, si no imposible, que un gobierno o una sucesión de gobiernos puedan darle solución al conflicto armado.

Esta tesis, así enunciada, no dice nada nuevo. Está implicada en los reclamos que distintos sectores de la sociedad colombiana vienen expresando desde hace algunos años en demanda de una política de Estado ante el conflicto. Le añado aquí, sin embargo, un elemento esencial. A mi juicio, teniendo en cuenta la amplitud e intensidad que ha alcanzado el conflicto armado en Colombia, al Estado le resulta hoy imposible poner en práctica una verdadera política, no necesariamente por falta de voluntad o capacidad de los gobiernos, sino, sobre todo, debido a los condicionamientos que impone el régimen democrático frente a este tipo de situaciones y, en particular, debido a las características y limitaciones del sistema político colombiano.

La estrategia del Estado frente al conflicto consiste, como se sabe, en meras políticas de gobierno: planes de corto plazo, improvisados y con frecuencia cambiantes en el lapso de una misma administración; políticas que no comprometen seriamente a todo el Estado o, más aún, que dan lugar a divisiones y conspiraciones internas entre distintos sectores del poder con el estímulo de una voluble opinión pública y de diversas franjas de la sociedad. Y estas características son intrínsecas a la democracia colombiana en su posición ante el conflicto. La precariedad de las políticas gubernamentales no sería tan crítica si no se viera enfrentada a la relativa coherencia y duración de la estrategia insurgente, en particular de las Fuerzas Armadas Revolucionarias de Colombia (FARC), así como con la unidad de esta guerrilla en su ejecución (Ferro Medina y Uribe Ramón, 2002).[1] Para decirlo en términos más académicos, entre el Estado colombiano y los insurgentes existe –en lo relacionado con los procesos de elaboración y ejecución de sus políticas y no en el campo estrictamente militar– una *asimetría estratégica* favorable a los insurgentes.

En estas condiciones, ninguna iniciativa gubernamental –ni de diálogo, ni de 'tierra arrasada', ni de presión militar con miras a una negociación– tiene probabilidades de éxito. Y aunque el Estado colombiano ha mantenido hasta ahora las reglas básicas de la democracia y una singular estabilidad en medio de un conflicto tan grave y prolongado, la asimetría estratégica de las políticas lo ha ido desgastando a través de sucesivos intentos, contradictorios y fallidos, de negociación o guerra.

Debo advertir que las condiciones que han limitado el alcance de las políticas gubernamentales pueden estar cambiando.

---

[1] Se trata de un buen estudio sobre la elaboración de estrategias, desarrollos organizacionales y construcción de las ideas políticas de esa organización. Sin embargo, dado que sus autores se basan en buena medida en las declaraciones de los jefes de esa organización, obtenidas durante los diálogos de paz del gobierno de Pastrana, la versión sobre la coherencia interna de las FARC resulta idealizada.

Los gobiernos de Pastrana y Uribe se han visto obligados a jugar cartas definitivas, y, como lo sostienen algunos analistas, Colombia podría haber entrado en la fase resolutiva del conflicto.[2] El nuevo contexto internacional, ahora mucho más intransigente frente a la violencia privada, también empuja hacia su resolución definitiva. A esta segunda tesis me referiré más adelante.

Si las perspectivas aquí enunciadas son válidas, plantean interrogantes muy serios sobre la democracia colombiana. Por mi parte, invito a examinar, de manera desapasionada y realista, la validez de las premisas que propongo, dejando por ahora de lado las conclusiones, que podrían ser diversas.

Precisiones conceptuales

Antes de entrar en materia, quiero precisar cuatro concepciones cuya previa aclaración puede ahorrar malentendidos.

En primer lugar, tomo aquí la noción de paz en su sentido más restringido, como cesación del conflicto armado, abandono de las armas por parte de las organizaciones al margen de la ley e instauración del monopolio de la fuerza estatal. Desde luego, para consolidar este tipo de paz en Colombia es indispensable que los gobiernos lleven a cabo serias reformas económicas, sociales y políticas, en particular una amplia transformación del sector rural. La ausencia de reformas similares es, a mi juicio, la más seria crítica que se les puede formular a las políticas de todos los gobiernos colombianos. Sería necesario, asimismo, adelantar una transformación de las costumbres políticas; pero esta tarea no compete solamente a los gobiernos, corresponde sobre todo a los partidos y al Congreso, que hasta ahora han entorpecido el cambio, no tanto de las normas –que ya fueron parcialmente modificadas– como sí de las costumbres reinantes en la actividad política.

Mientras no se lleven a cabo serias reformas de este tipo, es muy probable que no se pueda consolidar la paz en Colombia. Pero

---

[2] Tesis sostenida desde hace algún tiempo por el profesor Armando Borrero, ex consejero de seguridad, y, posteriormente, por el columnista y asesor de seguridad Alfredo Rangel. La misma tesis fue expresada, a su modo, por el comandante de las FARC Jorge Briceño, 'Mono Jojoy', cuando, tras la ruptura de las negociaciones, señaló que, dentro de algunos años, o bien las FARC solicitarían varios departamentos o bien se reunirían en un pueblito de Alemania para salvar lo que quedara de la organización.

su obtención no se identifica con estos cambios; por el contrario, una concepción maximalista de la paz, que la identifique con la instauración de una sociedad justa y democrática, nos conduce a un callejón sin salida. Y esto por dos razones. La primera, porque la equidad y la democracia son siempre perfectibles. Ninguna sociedad alcanza jamás una perfecta equidad y democracia, y es imposible demarcar una frontera a partir de la cual se pueda decir que una sociedad determinada las ha realizado ya. Si debiéramos condicionar la conclusión del conflicto armado a la obtención de una mayor equidad y democracia, sería preciso entonces que las organizaciones rebeldes definieran, con precisión y claridad, a partir de qué momento considerarían que la sociedad colombiana ha conseguido el grado de equidad y democracia equivalente, según ellos, a una paz suficiente para abandonar las armas y poner fin al conflicto. De lo contrario, tendrían siempre argumentos para continuar indefinidamente la lucha violenta.

En segundo lugar, y sobre todo, porque el mismo enfrentamiento armado se ha convertido en uno de los factores que más acrecienta la desigualdad en Colombia. Por una parte, la guerra está afectando de una manera muy grave a la economía y ello incrementa el desempleo y, por la otra, absorbe cada vez más recursos del Estado, con lo cual recorta su capacidad de adelantar reformas y realizar inversión social. De este modo, la guerra contribuye a incrementar la pobreza. Entre tanto, facilita el enriquecimiento de unos pocos que se benefician directamente de ella o que adelantan a su sombra, y con la participación de las organizaciones armadas, grandes negocios ilegales como el narcotráfico. Por esta razón, si para concluir el conflicto debiéramos esperar a que se hubiera consumado un profundo cambio económico y social en Colombia, nos veríamos más bien arrastrados a un círculo vicioso: no se renuncia a las armas porque existe desigualdad y la inequidad es cada día mayor, porque no cesa la guerra. Por estas dos razones, considero indispensable sostener que la paz debe ser entendida como el fin del conflicto armado y el abandono de las armas por parte de las organizaciones ilegales.

La segunda consideración es una simple verdad de perogrullo. Un Estado dispone de una de dos vías para buscar el fin de un conflicto armado: la solución negociada o la victoria militar. Desde luego, la primera es la más deseable, pero no siempre es posible.

Requiere que los antagonistas, o al menos alguno de ellos, haya llegado a la conclusión de que son mayores los beneficios que puede derivar de un acuerdo o menores los males que se le siguen de éste, que aquellos bienes o males que podría esperar de una prolongación de la guerra. Pero si, por el contrario, las dos partes en conflicto abrigan aún la ilusión de obtener un triunfo militar o de mejorar notablemente sus condiciones en la negociación mediante la presión armada, no es viable la solución negociada. En este aspecto, los protagonistas de un conflicto armado suelen ser bastante 'racionales'.[3]

La tercera consideración es que la verdadera disyuntiva política que enfrentan los gobiernos colombianos no es entre paz o guerra, como algunos lo afirman. Las opciones realmente disponibles son o buscar la paz por vía exclusivamente militar o procurarla mediante una combinación de presión militar y negociación. Ninguna solución negociada es posible mientras la presión militar de una de las partes o de ambas no persuada a los contrincantes de la necesidad de transigir. Por ello no es extraño que, desde agosto de 1982 hasta 2002, tanto los gobiernos colombianos como las guerrillas hubieran buscado la finalización del conflicto mediante una combinación de estrategias militares y políticas. Según las circunstancias, unos gobiernos han hecho hincapié en la presión militar, en tanto otros han privilegiado la negociación, aunque hay que señalar también que los gobiernos que han optado de manera preferencial por una de estas dos estrategias han terminado cambiando sus enfoques en mitad de camino.[4]

No sobra advertir que en las reflexiones que siguen no me refiero a una eventual incapacidad militar del Estado colombiano, sino exclusivamente a sus limitaciones en la elaboración y ejecución de políticas consistentes que permitan esperar alguna solución del conflicto. Por ello mismo, tampoco tomo en consideración los apoyos militares externos que recibe el Estado colombiano. Estas

---

[3] Racionales al menos en el sentido utilitarista del término.

[4] Así lo hizo Belisario Betancur (1982-1986), tras la toma del Palacio de Justicia; Virgilio Barco (1986-1990), tras el secuestro de Álvaro Gómez; César Gaviria (1990-1994), tras la ofensiva militar a Casa Verde, y Andrés Pastrana (1998-2002), tras el asesinato de Consuelo Araújo Noguera, 'La Cacica', y el secuestro de un avión comercial con el senador Getchen Turbay a bordo.

ayudas, aunque pueden incrementar su capacidad militar, e incluso podrían asegurarle una aparente victoria bélica,[5] son incapaces de mejorar la escasa coherencia y consistencia de sus políticas.

Con estas cuatro observaciones previas doy paso, en primer lugar, a la sustentación de la tesis general, ya enunciada, sobre las limitaciones del Estado colombiano, de su régimen y de su sistema político, para darle solución al conflicto armado interno. A continuación miraré cómo, en oposición a lo señalado, la evolución misma del conflicto y el cambio del contexto internacional nos han situado ante la necesidad de su resolución. Y, para concluir, presentaré algunas reflexiones más generales sobre las difíciles relaciones entre democracia, opinión pública y conflicto armado en Colombia.

Debo anotar, además, que mis reflexiones tienen en cuenta sobre todo a las FARC, no porque desconozca al Ejército de Liberación Nacional (ELN) o a las Autodefensas Unidas de Colombia (AUC), sino porque hasta hoy esa organización constituye, dentro de estos grupos, el reto más serio al Estado colombiano. La notable consistencia de sus políticas y su sólida organización burocrática ofrecen un agudo contraste con la dispersión e incoherencia del poder estatal.

Limitaciones del Estado colombiano para ponerle fin al conflicto armado

La corta duración, la continua variación, las drásticas rupturas y la improvisación en las políticas gubernamentales, así como la falta de unidad en el Estado mismo en su ejecución –en suma, la falta de una estrategia bien definida–, han chocado con una relativa coherencia estratégica y una mayor unidad ejecutiva de las FARC. Examinemos más de cerca estos planteamientos.

Las políticas gubernamentales son de corto plazo

La política de cada gobierno ante el conflicto sólo puede extenderse, como es obvio, a su propio cuatrienio. Ahora bien, políticas de tan corta duración están casi inevitablemente abocadas al fracaso. No parece posible que un conflicto tan complejo como

5 En este sentido es aleccionadora la experiencia de los acontecimientos recientes en Afganistán e Iraq. Tras un triunfo militar aplastante de Estados Unidos, la superpotencia se ha visto en incapacidad de restablecer el orden y la paz.

el colombiano, que dura ya cuatro décadas, pueda ser resuelto en el término de cuatro años. El breve tiempo del que disponen los gobiernos, sometidos además a las presiones de una opinión pública voluble, habituada a evaluar las estrategias por sus resultados inmediatos, los impulsa con frecuencia a decidir con precipitación. No es de extrañar que casi todos los presidentes colombianos de los últimos 25 años –sobre todo aquellos que se han jugado su capital político en estrategias más definidas, como Turbay, Betancur y Pastrana– hayan terminado su período desacreditados ante la opinión, y que sus esfuerzos en este campo hayan concluido en el fracaso. La política de Uribe y su resultado final parecen contradecir hasta ahora esta secuencia, aunque es necesario esperar aún su resultado final. De todos modos, como lo señalaré más adelante, el notable cambio de las condiciones nacionales e internacionales podría explicar esta mayor consistencia de la opinión y del mismo gobierno.

La falta de continuidad de las políticas estatales ante el conflicto no se limita al hecho de que éstas concluyan tras los cuatro años de un gobierno. Mucho más grave resulta que la política de cada nuevo gobierno se trace con frecuencia en explícita ruptura y contradicción con la de su predecesor. Buena parte de su popularidad inicial se monta sobre el corte con las políticas de su antecesor frente a la guerra.

Uribe rompió radicalmente con la estrategia de paz de Pastrana; pero no es el único caso. Belisario Betancur montó los diálogos de paz a lomo de una opinión hostil al Estatuto de Seguridad de Turbay. Barco anunció "pulso firme" una vez que las ilusiones de paz de Betancur se consumieron en las llamas del Palacio de Justicia. Gaviria lanzó la "guerra integral" contra las FARC y el ELN tras las negociaciones iniciadas desde el gobierno de Barco; sin embargo, ante el 'fracaso' de la guerra, Samper propuso de nuevo negociaciones, que no prosperaron debido a la crisis de su gobierno. En vez de lograr la paz, el conflicto adquirió dimensiones de verdadera guerra. Pastrana lanzó entonces conversaciones de paz con las FARC, pero tras el 11 de septiembre su intento terminó en la declaración de guerra sin cuartel contra la misma organización, señalada ahora como terrorista. Y el fracaso de los intentos de paz de Pastrana le abrió las puertas al proyecto de autoridad de Uribe. No hay en el Estado mayor continuidad en las estrategias ante el conflicto. Prevalece casi siempre la política de "borrón y cuenta nueva".

Lo anterior no significa que no hayan existido también hilos de continuidad en el tratamiento del conflicto. La mayor parte de ellos ha sido, probablemente, el esfuerzo emprendido por todos los gobiernos, a partir de Belisario Betancur, por fortalecer las fuerzas de seguridad del Estado. Otro tanto puede decirse de la reiterada combinación de negociación y guerra entre 1982 y 2002, aunque cada una de estas dos estrategias se ha abandonado sin tener en cuenta la ilimitada tenacidad que se requiere para poner fin a un conflicto tan arraigado.

Los cambios radicales de política por parte de cada gobierno se inspiran con frecuencia en el afán de los candidatos presidenciales por captar votos; pero no se derivan de un mero oportunismo electoral. Más bien, ante los nulos resultados del gobierno que termina, los candidatos que aspiran a sucederlo se ven inducidos por la opinión a cabalgar sobre su fracaso. De hecho, Betancur, Pastrana y Uribe fueron recibidos por los colombianos como salvadores del país, lo que no impidió que, al final, los dos primeros concluyeran su mandato en un profundo desprestigio. Pero estos sucesivos y radicales cambios de política dificultan cualquier solución del conflicto, sea negociada o militar.

Las políticas gubernamentales son improvisadas

Las estrategias gubernamentales ante el conflicto armado son, además, improvisadas. Y es difícil que políticas no bien meditadas tengan éxito en la solución de un problema tan complejo. Quiero mostrar aquí por qué la improvisación no es necesariamente el resultado de la incapacidad o ligereza de algunos gobiernos, sino ante todo una consecuencia inevitable de las limitaciones de las reglas de funcionamiento de la democracia, en general, y de la colombiana, en particular.

Desde fines de los años setenta, las políticas para tratar de solucionar el conflicto se han convertido en un tema cada vez más importante en los debates electorales. Un candidato que no sintonice con la opinión en este punto o que no logre persuadirla de sus propias opciones no parece tener, al menos desde 1998, posibilidad de llegar al poder. Que la opinión de los ciudadanos acerca de un problema central de la nación tenga un peso decisivo en las urnas es natural en una democracia; pero más que un tema electoral, la estrategia ante el conflicto se ha convertido en un tema electorero, que atrae votos, y que por ello da pie al oportunismo y la improvisación de los candidatos.

Pastrana, por ejemplo, no le prestó casi ninguna atención al conflicto antes de la primera jornada electoral. Sin embargo, tras haber sido derrotado por escaso margen, anunció sorpresivamente, al comienzo de la segunda vuelta, su disposición para negociar la paz con las FARC e incluso para "ir al monte", si fuera necesario. Luego, envió al coordinador de su campaña en Cundinamarca, Víctor G. Ricardo, a dialogar con Marulanda. La foto de Ricardo con el jefe guerrillero y el 'Mono Jojoy', difundida por los medios, tuvo un efecto decisivo en la opinión. Más adelante, Pastrana anunció que, si era elegido, retiraría la fuerza militar de cinco municipios del sur. Tales promesas y gestos, que comprometían seriamente la estrategia del gobierno y la suerte del país, fueron casi totalmente improvisados. Al parecer eran producto de los consejos de última hora del dirigente conservador Álvaro Leyva, quien había mantenido de tiempo atrás conversaciones con las FARC (Téllez y otros, 2002, y Valencia, 2002). Con todo, tales actitudes parecen haber influido decisivamente en los electores. El 21 de junio de 1998, Pastrana superó a Serpa por cerca de medio millón de votos.

Ante la precaria situación del Estado tras el gobierno de Samper, el presidente Pastrana adoptó un modelo de negociación abierta, basado en la generación de confianza con las FARC (Valencia, 2002). Con ese principio en mente, les concedió el despeje militar de 42.000 kilómetros cuadrados, sin haber convenido antes unas normas mínimas sobre su uso ni sobre el papel del Estado o de la comunidad internacional en la zona. Estas indefiniciones, derivadas de la estrategia elegida pero también de la improvisación, dieron pie a reiteradas tensiones del gobierno tanto con las Fuerzas Militares y la opinión pública como con la misma organización insurgente. Por su propia imprevisión, el gobierno quedó situado entre ambos fuegos. Sometido a las presiones de los dos lados, terminó dilapidando todo su capital político. Algunos tropiezos del proceso y su fracaso final se generaron, en buena medida, alrededor de los rumores, roces y conflictos que se suscitaron en torno a las condiciones que deberían regir en la zona de despeje.[6]

No es posible saber si la política de seguridad de Uribe fue también una mera estrategia electoral, la expresión de una íntima convicción o una combinación de ambas cosas. De todos modos, tuvo consecuencias electorales. En su caso no se trató de una posición improvisada. Como gobernador de Antioquia, Uribe había tomado drásticas medidas de seguridad, y desde mucho antes de que se rompieran los diálogos con las FARC venía pregonando la necesidad de que el Estado ejerciera mayor autoridad frente a las guerrillas. Sus puntos de vista contribuyeron a orientar la opinión pública. Pero, sobre todo, Uribe tuvo la suerte de que, en el momento de las elecciones, sus propuestas coincidieran con las corrientes de opinión predominantes en el país y en el mundo tras el fracaso de las conversaciones de paz en Colombia y las repercusiones del 11 de septiembre en el planeta. Sin esta constelación de factores es probable que Uribe no hubiera llegado a ser presidente.

A diferencia de los gobiernos anteriores, Uribe y su equipo elaboraron, antes de la posesión presidencial, un documento sobre su estrategia de seguridad; no obstante, incluso en este caso, la estrategia, elaborada en las premuras del inicio de un gobierno, no dejó de tener una alta dosis de improvisación.[7]

---

[6] Entre otros episodios se puede recordar cómo la exigencia de las FARC de que se retirara la fuerza militar del Batallón Cazadores dio lugar a las primeras tensiones fuertes entre los altos mandos militares y el gobierno. Las FARC congelaron las conversaciones en rechazo a la decisión de Pastrana de crear una comisión de verificación que atendiera las denuncias sobre violaciones en la zona de despeje. En otra oportunidad, fue el gobierno quien las congeló ante el secuestro de un avión por parte del guerrillero Arnubio Ramos y su desvío hacia la zona de distensión. Más adelante, ya casi al final del proceso, las conversaciones fueron suspendidas por las FARC, en protesta por los controles externos que el gobierno puso a la zona. Las sucesivas prórrogas de la zona de despeje fueron también objeto de fuertes tensiones del gobierno con los militares.

[7] Según declaraciones de la entonces ministra de Defensa al grupo de académicos al que convocó para discutir el borrador de la estrategia de seguridad democrática. Tras el triunfo de Uribe, el equipo del nuevo presidente electo habría preparado un primer documento de seguridad que, luego, antes de su publicación, fue puesto a discusión de distintos grupos sociales.

Más discutible aún ha sido la selección de los comisionados de paz, asesores y negociadores, quienes tienen a su cargo la ejecución de la política gubernamental. Y en este punto sí les cabe una gran responsabilidad a los gobiernos, aunque se encuentran también condicionados por la fragmentación del sistema de partidos. El criterio predominante para el nombramiento de los comisionados no ha sido siempre su habilidad de negociadores, ni su conocimiento teórico o su experiencia directa del conflicto, ni su representatividad nacional, sino más bien otros atributos que los hacen funcionales a la estrategia presidencial.

Los dos comisionados de Pastrana respondían sobre todo a criterios de amistad y lealtad con el jefe del Estado. Fuera de algunas gestiones realizadas durante el gobierno de Betancur en relación con la paz, Víctor G. Ricardo carecía de especiales conocimientos o experiencia en este campo. La dificultad de la tarea y los errores de Ricardo obligaron finalmente a Pastrana a removerlo del cargo. El presidente nombró entonces, en mayo de 2000, a su secretario privado, Camilo Gómez. El nuevo comisionado tampoco poseía preparación para el desempeño de su cargo. Además, desde el primer momento fue mirado por las FARC como el antagonista de Ricardo. De tal manera que la ruptura con la generosidad inicial destruyó la precaria confianza construida hasta entonces con las FARC sobre bases equívocas y con altos costos, y le dio fundamento a la suspicacia de esa organización frente a Gómez. Pastrana nombró, además, cuatro grupos sucesivos de negociadores, todos ellos escogidos por el presidente entre sus amigos o cercanos, y sólo convocó a personalidades de la Iglesia y del Partido Liberal cuando el aislamiento del proceso exigía una mayor amplitud (Valencia, 2002).[8]

Se puede pensar, en cambio, que Uribe nombró al actual comisionado por sus credenciales académicas, pacifistas y humanitarias ante la opinión pública. Esta elección sugiere que la primera intención de Uribe era la de ayudar a legitimar ante la opinión

---

[8] Según el testimonio de María Emma Mejía, miembro del primer grupo, "las FARC tomaron la iniciativa en la mesa de conversaciones desde el 8 de enero de 1999. En cambio, entre los voceros del gobierno tuvimos que hacer una reunión y realizar una verdadera lluvia de ideas de la que salieron 112 numerales entre puntos y subpuntos para proponer a la discusión de las FARC..." (Valencia, 2002: 121).

nacional e internacional sus medidas de seguridad, y sólo en segunda instancia abrirle caminos a una negociación, pero desde las condiciones del gobierno.

Es comprensible que cada presidente quiera contar con un comisionado que se ajuste a su estrategia ante el conflicto y que éste deba ser una persona de su confianza personal y política; pero tales criterios no deberían llevar a prescindir de otras calidades esenciales que debería poseer quien ha de conducir un proceso tan complejo. En cualquier caso, sorprende que ninguno de los presidentes colombianos haya aprovechado la experiencia acumulada durante los últimos veinte años por aquellos que han participado en procesos anteriores o son reconocidos expertos en el tema. Pero los recelos entre partidos y grupos políticos colombianos, cuando no las antipatías personales, parecen impedir esta colaboración.

Las políticas de gobierno no comprometen a todo el Estado

Un último aspecto, crítico para las políticas gubernamentales, es que no todos los organismos y funcionarios del Estado se sienten comprometidos con ellas. Cualquiera sea la política del gobierno, ésta debe contar de antemano con divergencias, oposición y divisiones internas en el seno del Estado mismo, que en ocasiones pueden llegar hasta la conspiración. En estas condiciones no es fácil que una estrategia pueda tener éxito.

En efecto, la política ante el conflicto no depende sólo de la voluntad del presidente o del gobierno central. Éste requiere del apoyo del resto de los poderes Ejecutivo, Legislativo y Jurisdiccional, y sobre todo del respaldo incondicional de la Fuerza Pública, en especial de los militares. De tal manera que todo presidente, antes que negociar con las guerrillas, debe negociar su política con el resto del Estado, y estos arreglos deben prolongarse, día a día, a lo largo de todo su período de gobierno.

La relación del gobierno central de Colombia con el resto del poder Ejecutivo en torno a la guerra interna se ha vuelto especialmente difícil. La descentralización política consagrada en la Constitución de 1991 rompió la unidad del Ejecutivo en diversos campos y, en particular, frente al conflicto. Gobernadores y alcaldes hoy deben responder por sus actos ante la población de sus municipios y regiones, más que ante el gobierno central, sobre todo en relación con la violencia que los asedia; además, unos y otros se han convertido en blanco de las amenazas y atentados de los grupos al margen de la ley, sin que el gobierno nacional esté en condiciones de brindarles plenas garantías por su seguridad.

Esos dos factores los impulsan a tomar iniciativas propias frente al conflicto. De ahí la insistencia de numerosos gobernantes de provincia en la solicitud al gobierno central, al menos hasta el gobierno de Pastrana, de facultades para adelantar negociaciones locales con las guerrillas, a lo cual los gobiernos nacionales se han negado. A pesar de ello, muchos gobernantes locales mantienen convenios secretos con las organizaciones armadas insurgentes o contrainsurgentes. De hecho, guerrillas y paramilitares disponen hasta ahora de parte importante de los cargos y recursos nacionales a través de acuerdos con alcaldes y gobernadores. Estas iniciativas, que parten de un enfoque local o regional del conflicto, dificultan cada vez más el desarrollo de una política nacional coherente. Más aún, estas políticas locales, enfrentadas a las estrategias nacionales de un grupo centralizado como las FARC, se encuentran en una notable desventaja estratégica y van en detrimento de cualquier política del gobierno central.

Pongamos algunos ejemplos. Durante el gobierno de Pastrana, los seis gobernadores del sur del país, opuestos a las fumigaciones aéreas incluidas en el Plan Colombia, desarrollaron una diplomacia internacional orientada a buscar recursos para crear un fondo propio que propiciara un desarrollo alternativo de la región. En Arauca y en otros departamentos, como Putumayo y Caquetá, algunas autoridades habían llegado a convivir con las guerrillas y a compartir con ellas, en algunos casos desde hace alrededor de veinte años,[9] puestos, regalías y presupuesto. Durante el actual gobierno esos nexos se han debilitado, pero es muy probable que no hayan desaparecido por completo. En Magdalena sucede otro tanto con las Autodefensas desde los años ochenta, mientras en Córdoba y Urabá un fenómeno similar data de hace algo más de un lustro. Ambos fenómenos parecen estar aún vigentes. Al comienzo de su mandato, Uribe mantuvo una relación difícil con las autoridades de Antioquia, quienes –con el asesinado gobernador Guillermo Gaviria a la cabeza– asumieron la política de No Violencia y conversaciones departamentales con

---

9 Es el caso del ELN en Arauca, donde esa organización lleva ya más de 25 años.

las guerrillas.[10] Esta desarticulación de las políticas del Ejecutivo frente al conflicto es difícilmente reversible, a no ser que el gobierno central logre llevar y mantener suficiente fuerza pública y brindar seguridad efectiva a todas las regiones y a sus gobernantes. Entre tanto, debilita al Estado y sus estrategias de defensa.

Desde luego, la descentralización constituye un importante avance democrático. Aspira a darle al ciudadano mayor participación y control sobre el poder local y sus representantes, y en este sentido debería contribuir a fortalecer la legitimidad del Estado.[11] Pero en el campo no ya de la legitimidad, sino del enfrentamiento de fuerzas, la eficacia de las políticas estatales tiende a verse entorpecida por la descentralización.

Las políticas del gobierno deben enfrentar también un difícil trámite a través de los demás poderes del Estado. Como es normal en una democracia, el Ejecutivo debe someter su política frente al conflicto a la aprobación del Congreso. Allí sus proyectos encuentran críticas y oposición. En una democracia bien constituida y balanceada por partidos fuertes, el debate no sería fácil; pero en Colombia se torna aún más difícil en razón del deterioro y fragmentación de los partidos políticos. Ante los proyectos no suele haber posiciones de partido. Las críticas de los congresistas se fundan, con frecuencia, en intereses personales o de grupo, con los que el gobierno se ve en la necesidad de negociar. Después de su paso por el Congreso, las leyes y los decretos son a su vez sometidos al control de la Corte Constitucional, no exenta de parcialidad política. Asimismo, como corresponde en una democracia, las medidas son objeto del análisis y la crítica de instituciones como la Procuraduría y la Defensoría del Pueblo.

El proceso de aprobación de las políticas de gobierno frente al conflicto es dispendioso y las metas gubernamentales suelen quedar desfiguradas en su trámite no siempre por una visión estratégica

10 El confuso episodio de los tratos autorizados por la Gobernación del Departamento de Antioquia con el grupo de las FARC que mantenía secuestrados al ex gobernador Gaviria y el ex ministro Echeverri, y del presunto traslado de once guerrilleros enfermos en un helicóptero de la Gobernación sin contar con autorización presidencial, es apenas una pequeña muestra de ello.

11 Infortunadamente, éste no ha sido el caso en muchos municipios colombianos. Éste es un tema que merece una cuidadosa evaluación.

más ponderada, sino por intereses particulares. Incluso, cuando las medidas ya están en ejecución, pueden ser desmontadas por alguna autoridad jurisdiccional, como aconteció, por ejemplo, a fines de abril de 2003, con la suspensión de las Zonas de Rehabilitación, y como puede suceder con la ley que aspira a brindarle un marco jurídico a la negociación con los paramilitares.

Consideración específica merece la relación de cada gobierno con las Fuerzas Militares en torno al conflicto. Los militares colombianos han cometido numerosos y graves abusos de poder. Muchos de sus miembros han sido responsables de torturas, desapariciones, masacres, asesinatos selectivos, nexos con organizaciones paramilitares y engaños a la opinión. Además, como buena parte de la sociedad colombiana y de sus élites políticas, también ellos se han visto afectados por el narcotráfico y por un alto nivel de corrupción e ineficiencia.

Por otra parte, los militares constituyen el único cuerpo permanente del Estado colombiano. Mientras un presidente dura cuatro años, un general lleva treinta o más años al servicio del Estado. Los altos mandos actuales han experimentado en carne propia el conflicto armado, conocen palmo a palmo el territorio y la población nacional y tienen un conocimiento directo de sus antagonistas. En estos aspectos, los militares conforman el único cuerpo estatal que compite con las FARC en algún tipo de visión estratégica de largo plazo, aunque ésta sea meramente militar. De allí que ninguna solución al conflicto sea posible si no se los tiene muy en cuenta.

A diferencia de lo que acontece en las FARC, el alto mando militar no posee atribuciones políticas. La lógica de la guerra no es igual a la lógica política con la que se orienta una sociedad diversa y compleja. La ocupación de las armas dificulta la comprensión política de una sociedad. Por ello es necesario que el gobierno civil ejerza, de manera inequívoca, la dirección política de la Fuerza Armada.

Esto no significa que un gobierno pueda imponer sus políticas a las fuerzas militares sin prestar atención a sus puntos de vista. Antes de convocar a diálogos o declarar la guerra a las guerrillas, el gobierno civil debe acordar su política con sus propias fuerzas. Y antes de cada paso importante, debe establecer un diálogo franco con los altos mandos, para el cual, en el corto y agitado período de un gobierno, apenas queda lugar. Lo contrario da pie a resentimientos que pueden concluir en oposición y conspiraciones larvadas.

Durante la primera fase del gobierno de Pastrana, los militares –debilitados por sus propios errores durante el gobierno de Samper– respaldaron los diálogos; sin embargo, la falta de tacto del gobierno provocó choques innecesarios con los altos mandos, que condujeron, entre otros episodios, a la grave crisis del 26 de mayo de 2000, cuando el ministro Rodrigo Lloreda presentó su renuncia en rechazo a la prolongación indefinida de la zona de despeje, lo que originó la masiva renuncia de numerosos oficiales (Téllez, 2002). A partir de allí, los militares comenzaron a poner sus propias condiciones al proceso.

Aunque Uribe ha formulado críticas y hasta ha destituido de manera apresurada a oficiales, al mismo tiempo les ha brindado a las Fuerzas Militares un respaldo total. En cualquier caso, a no ser que las guerrillas derroten al Estado, en Colombia no habrá solución del conflicto sin una estrecha colaboración entre gobierno civil y fuerza militar, lo que no significa que, en un futuro acuerdo de paz, las Fuerzas Militares no deban aceptar también una alta cuota de sacrificio.

En una interesante comparación entre las políticas del Estado peruano y las del Estado colombiano frente al conflicto armado interno, Philip Mauceri (2004) atribuye la incapacidad del Estado colombiano para ponerle fin al conflicto a la fragmentación de las élites y su peculiar relación con el Estado. El autor muestra cómo mientras en Perú las élites, concentradas en Lima, han alcanzado una cierta unidad, se han disputado el Estado como instrumento de poder para realizar un proyecto de alcance nacional, mantienen una estrecha alianza con los militares y dieron su respaldo incondicional a Alberto Fujimori en su lucha sin cuartel y sin control contra Sendero Luminoso; en Colombia, en cambio, las diferencias entre las élites regionales ha favorecido su fragmentación, ha impedido que alguna de ellas ejerza cierta hegemonía nacional, ha hecho que miren al Estado como instrumento al servicio de sus fines meramente locales y que confíen más en la seguridad privada (paramilitar) que en la fuerza militar del Estado central. Estos factores habrían dificultado el desarrollo de una verdadera política de Estado en Colombia. Una estructura profunda como ésta podría subyacer a la falta de coherencia estatal que hemos analizado hasta ahora.[12] Aquí nos limitamos a considerar los factores inmediatos que inciden en la desarticulación de las políticas.

No sobra advertir que Mauceri rechaza ambas estrategias. Fuera de que la fórmula peruana no podría ser asumida por unas élites fragmentadas como las de Colombia, ambas habrían conducido a gravísimas violaciones a los derechos humanos y a las reglas básicas de la democracia.

El contraste con las FARC

Frente a la corta duración, a los cambios, a la improvisación y a la falta de coherencia que caracterizan las políticas de los gobiernos ante el conflicto armado, resalta, en primer lugar, la relativa coherencia y duración de la estrategia de las FARC. Aunque su práctica real esté lejos de corresponder a lo que dicen sus jefes, éstos revelan sin duda elementos que le permiten a esa organización una mayor coherencia en el conflicto que la del Estado (Ferro Medina y Uribe Ramón, 2002).

La organización insurgente mantiene y cultiva una fuerte identidad basada en la memoria histórica del movimiento, en particular en la resistencia que ofrecieron 48 hombres al ataque del Ejército en Marquetalia. Los primeros combatientes, entre los que se contaban Manuel Marulanda y Jacobo Arenas, le dieron al movimiento una ideología inicial con el Programa Agrario Nacional, proclamado el 20 de julio de 1964, en la asamblea general de guerrilleros y actualizado en la octava conferencia de 1993.

Las FARC poseen una institucionalidad centralizada. En orden jerárquico descendente están compuestas por la conferencia de guerrilleros, el estado mayor central, el secretariado, los bloques, los frentes, las columnas, las compañías, las guerrillas y escuadras, cada una con su comandante y reemplazante (Ferro Medina y Uribe Ramón, 2002).

En las conferencias de guerrilleros, máxima instancia de las FARC-EP, la organización actualiza sus planes políticos y militares. Estas deberían celebrarse, normalmente, cada cuatro años; pero, por razones de seguridad, sólo se llevan a cabo cuando las condiciones

---

12 La fragmentación de las élites colombianas ante las políticas de seguridad se ha evidenciado en el último año en la suerte corrida por los proyectos de ley que buscan establecer un marco jurídico para la negociación con los paramilitares.

lo permiten. Desde su creación hace cuarenta años, las FARC han celebrado ocho conferencias. A partir de la sexta, las tesis que deben ser discutidas en cada asamblea son elaboradas previamente por el secretariado, sometidas luego a discusión de las bases y, posteriormente, puestas a consideración de los delegados de los frentes que participan en la conferencia.

Los proyectos estratégicos que emanan de cada conferencia recogen la experiencia acumulada, introducen los cambios necesarios y plantean nuevos retos de acuerdo con las circunstancias. El Programa Agrario Nacional, por ejemplo, promulgado en 1964, fue actualizado, como ya lo señalamos, en 1993 y conserva gran vigencia en la mentalidad de las FARC. La continuidad y la memoria histórica están garantizadas, además, por la participación de unos mismos jefes en varias conferencias. Marulanda ha tomado parte en todas ellas y siempre ha ejercido un papel central.

Las estrategias de las FARC son el fruto de una larga experiencia histórica acumulada. Este procedimiento contrasta con la ausencia de memoria del Estado, en el cual cambian continuamente las personas que definen las estrategias y las políticas mismas frente al conflicto. Por sí solo, este contraste establece una ventaja estratégica para las primeras.

El estado mayor de las FARC consta de 25 miembros y es el organismo superior de dirección y mando. Sus miembros son escogidos en cada conferencia, y éstos, a su vez, nombran a los miembros del secretariado. En principio, el estado mayor ajusta los planes de la conferencia, toma decisiones financieras y designa a los comandantes del estado mayor de frentes y de bloques. Se reúne en pleno cuando el secretariado lo considera necesario. Manuel Marulanda ha participado en el estado mayor desde la creación de las FARC, en 1964. Lleva cuarenta años en su lugar de mando y ha sobrevivido a diez presidentes de Colombia.

El secretariado es la máxima autoridad entre pleno y pleno del estado mayor. En la práctica, es el que ejecuta y reajusta sobre el terreno las decisiones de cada conferencia. Desde la séptima, sus miembros son siete.[13] Todos ellos son antiguos guerrilleros y la

---

13 Actualmente, lo conforman Manuel Marulanda (comandante en jefe), Alfonso Cano, Raúl Reyes, Iván Márquez, Jorge Briceño, Timoleón Jiménez e Iván Ríos.

mayor parte lleva varios períodos en el secretariado. Por otra parte, el contraste entre la dispersión, competencia y división entre los poderes del Estado y sus funcionarios y la centralización autoritaria del poder en las FARC no puede ser más agudo. No está permitida en el seno de las FARC la división de poderes ni una real descentralización. No cabe en su organización una libre opinión pública interna, ni la competencia entre grupos o la oposición política. Una vez aprobadas en una conferencia, las orientaciones estratégicas se ponen en marcha sin discusión. Otro tanto acontece con las órdenes que imparte el estado mayor, el secretariado, un jefe de bloque o de frente. Esto no excluye, desde luego, luchas de poder, engaños, incoherencias, actos de indisciplina e insubordinación, deserciones y robos, que, además, se hacen cada día más frecuentes. De cualquier modo, quien no cumpla las órdenes se expone a drásticas sanciones, que pueden llegar hasta la pena de muerte.

A las FARC no les preocupa la opinión nacional, a la que consideran manipulada por los medios. Menos aún les interesa la opinión internacional, ya que, a diferencia del gobierno, no dependen de la ayuda externa; sólo les preocupaba en la medida en que impidiera su reconocimiento como fuerza beligerante, afán estéril en el nuevo contexto internacional posterior al 11 de septiembre.

Desde luego, todas éstas son formas de organización y disciplina propias de un ejército y ajenas a la democracia, que no pueden ser impuestas en ningún caso a una sociedad pluralista y pacífica; pero no hay duda de que, en el terreno de una lucha armada, esta fuerte unidad interna, junto con una extraordinaria acumulación de experiencia histórica, representa una importante ventaja estratégica sobre la dispersión del poder estatal y sus disputas, tanto con miras a la guerra como en la perspectiva de una negociación.

¿Es posible una política de Estado ante el conflicto?

Si las políticas meramente gubernamentales ante el conflicto armado no parecen estar en condiciones de darle una solución cualquiera, sea negociada o militar, ¿cómo establecer una política de Estado bien elaborada, de largo alcance, que aproveche la experiencia acumulada, que implique a todo el Estado y que comprometa a varios gobiernos hasta que se le ponga fin al enfrentamiento?

Si se quisiera sustraer la política estatal frente al conflicto de la iniciativa de cada candidato, de los azares del gobierno, de la encarnizada competencia cotidiana entre los innumerables grupos que manejan la política, habría que llegar a algún tipo de acuerdo nacional entre todos los colombianos o, al menos, entre las principales fuerzas políticas y sociales del país acerca de una estrategia bien definida y de larga duración frente al problema. El acuerdo debería ser tan sólido, que fuera capaz de superar las coyunturas más adversas; pero esto no parece posible en Colombia por varias razones.

La agudización del conflicto ha venido acentuando la polarización y fragmentación de la opinión nacional ante el problema. A simple vista, aparece hoy entre los colombianos una grieta insuperable entre aquellos que piden 'mano dura' frente a la guerrilla y quienes reclaman en todo momento negociación. Esta polarización constituye, por sí sola, un obstáculo decisivo a la consolidación de un acuerdo nacional, además de que esconde una más aguda fragmentación nacional. Entre los partidarios de la mano dura hay quienes piensan que la presión militar sobre la guerrilla debe conducir a una negociación aceptable, mientras otros se ilusionan con su completa aniquilación militar. Algunos reclaman amplias facultades para el Ejército nacional, otros apoyan a los paramilitares, mientras otros más claman por una intervención militar externa. El acuerdo entre quienes piden negociación tampoco es mayor. Algunos aceptan el fortalecimiento militar del Estado como condición necesaria para una negociación; en tanto otros, que parecen considerar al Estado el responsable de la guerra, reclaman su renuncia a la fuerza y su disposición incondicional a la negociación. En estas condiciones, un consenso nacional no parece posible.

Ante la imposibilidad de alcanzar el consenso, se puede recurrir a la ley de las mayorías. Sería posible pensar, por ejemplo, en un referendo que sometiera a votación popular tres alternativas estratégicas claramente definidas: negociación, presión militar combinada con ofertas de negociación o aniquilación militar. No obstante, en primer lugar, su anuncio desataría la ofensiva de los grupos insurgentes, que saben que el resultado de la consulta dependería de la situación del conflicto en el momento de la votación y no de una seria consideración estratégica de largo aliento. En segundo término, a medida que fueran apareciendo las inevitables dificultades de la política elegida por la mayoría, las minorías derrotadas comenzarían a ejercer oposición hasta lograr su neutralización o, al menos, su debilitamiento. De hecho, así aconteció con la política de paz de

Betancur y de Pastrana y con la de guerra integral de Gaviria. Otro tanto comienza suceder con la estrategia de seguridad democrática de Uribe. De hecho, organizaciones políticas de izquierda y sectores liberales parecen abogar de nuevo por la negociación.

Si no es posible obtener un acuerdo nacional sobre la política ante el conflicto, y si un referendo tampoco garantiza la continuidad y coherencia de una política de Estado, habría que recurrir, al menos, a políticas de partidos. Programas que los comprometan con una estrategia definida, ampliamente discutida y bien estructurada, podrían dar coherencia a las políticas gubernamentales. Los electores tendrían la posibilidad de optar por claras alternativas estratégicas; pero los partidos colombianos carecen hoy por completo de planteamientos definidos sobre éste y sobre cualquier otro tema. Más aún, en cada uno de ellos coexisten tendencias contradictorias ante el conflicto. En el Conservador, los diálogos adelantados por Betancur y Pastrana iban contra las corrientes más beligerantes de la casa Gómez y sus seguidores; mientras Pastrana y sus colaboradores mantienen la distancia frente a las políticas de Uribe. En el Partido Liberal, la política de Uribe cuenta por ahora con el apoyo de Turbay y de muchos senadores, pero recibe ya duras críticas de López y de Gaviria. El Partido Comunista no le perdona al dirigente del Polo Democrático y hoy alcalde mayor de Bogotá, Luis Eduardo Garzón, que haya firmado el acuerdo antiterrorista propuesto por el gobierno. Por ello, la definición de la política ante el conflicto es, desde los años setenta, asunto exclusivo de cada candidato a la Presidencia.

Ante estas dificultades, algunos piensan que se debería confiar la política frente al conflicto a una comisión permanente con capacidad para definir políticas, bien sea conformada por expertos, por representantes de los partidos, por representantes de distintos sectores sociales o por una combinación de estas tres cosas. Este 'arreglo' institucional podría sustraerse mejor a las cambiantes corrientes de opinión. Pero la solución es impracticable. El conflicto no es en Colombia un tema marginal de la política, ni uno más entre otros. Es el asunto central. Entregar su manejo a una comisión despojaría a los gobiernos de la conducción del Estado en el campo de lo que hoy constituye el problema más urgente de la nación. Quedaría pendiente, además, la ardua cuestión de saber quién nombra a los miembros de tal comisión y cuál es, por lo tanto, su legitimidad para definir la suerte del país. ¿Un gobierno determinado? ¿Unas elecciones generales? Y ¿quién propone a los candidatos?

El Consejo Nacional de Paz, nombrado por los obispos católicos, ha desempeñado en ocasiones un papel positivo; sin embargo, lo ha podido hacer porque su función ha sido meramente consultiva. En el momento en que pudiera tomar decisiones, se convertiría en el blanco de todas las críticas, lo que no obsta para que se reclame la constitución de una comisión consultiva conformada por expertos, bien sea de antiguos comisionados de paz, académicos conocedores del tema o representantes políticos y corporativos que tengan claros vínculos con éste. Una comisión similar sería un adelanto, aunque el problema de la toma de decisiones seguiría intacto.

Si ante el conflicto no es posible adelantar ni una estrategia de Estado ni una política de partido, y si los gobiernos no pueden ser suplantados en este tema por una comisión, ninguna política meramente gubernamental –ni de negociación inmediata ni de presión militar– tiene probabilidades éxito.

¿Hacia el fin del conflicto?

Paradójicamente, la evolución del conflicto colombiano y del contexto internacional puede estar sugiriendo otra cosa. Es posible que el agotamiento de la sociedad y del Estado obliguen a buena parte de la opinión pública y a las mayorías electorales a jugarse sus últimas y definitivas cartas de manera más consistente que en el pasado. La actual intolerancia internacional frente a la violencia ejerce una fuerte presión adicional en ese sentido.

Pastrana se jugó a la negociación y ésta se agotó. Uribe ha lanzado una fuerte presión militar sobre las guerrillas, y después de ésta ya no quedan más cartas qué jugar. La próxima vez que los contendientes se sienten a una mesa negociaciones será porque uno de los dos –guerrilla o Estado– reconoce su virtual derrota y acepta negociar en los términos del adversario o porque ambos han llegado al convencimiento de que la guerra es inútil.

En efecto, la incoherencia de las políticas gubernamentales ante el conflicto, confrontada con la relativa consistencia de las estrategias de las FARC, le ha venido causando un profundo desgaste económico, político, militar y moral a toda la nación frente a las guerrillas.

Los fracasos de las políticas ante el conflicto armado han debilitado, en primer lugar, al Estado mismo. Aquellos que han recibido el primer efecto han sido los gobiernos. Los presidentes que han asumido una política definida ante el conflicto han concluido su mandato en un gran desprestigio. Pero la consecuencia más fuerte la han sufrido los militares. Ante los sucesivos cambios de política, éstos se han sentido desconcertados y desalentados; además, han ido incubando resentimientos frente al poder civil. El respaldo del actual gobierno les ha devuelto la moral, pero resulta fácil adivinar su reacción si un gobierno posterior volviera a convocar a diálogos sin mayores condiciones. Finalmente, es el mismo Estado el que ha perdido credibilidad y confianza ante la población. No son pocos los colombianos que desconfían de su capacidad para darle una solución cualquiera al conflicto. Amplios sectores han cambiado su percepción en este punto gracias al gobierno de Uribe, pero falta saber lo que puedan pensar si las FARC emprenden una ofensiva duradera.

Al tiempo, los frustrados esfuerzos de los distintos gobiernos han ido dejando cansancio y desesperanza en toda la sociedad. El quiebre de la moral de las clases altas y medias urbanas, y de los militares, no lo produjo, en primera instancia, el conflicto mismo. Lo generó la crisis política del gobierno de Samper. La frustración y la impotencia ante una clase política corrupta, la falta de dirección política ante el conflicto, el señalamiento del país y el aislamiento del Estado por parte de Estados Unidos, Europa y América Latina, crearon una honda desmoralización en amplios sectores.

Al amparo de la crisis política se agudizó el conflicto mismo. Se fortalecieron las FARC, y, entre 1996 y 1998, le propinaron 16 derrotas consecutivas al Ejército (Valencia, 2002). Al tiempo, aumentaron las simpatías internacionales hacia esa organización, sobre todo en América Latina y Europa. Tanto los escándalos que sacudieron al gobierno como las derrotas en los campos de batalla afectaron la moral de las Fuerzas Militares.[14] Y ante el agudo debilitamiento militar del Estado, en 1997 los paramilitares se dieron una coordinación nacional y crecieron también aceleradamente. Por primera vez en setenta años, la economía colombiana entró en recesión a

---

[14] Su comandante, general Bedoya, expresó entonces públicamente fuertes críticas al gobierno, mientras otros altos mandos, como el general Cifuentes, dimitieron de su cargo con el argumento de que no podían servir a un gobierno ilegítimo.

partir de 1997. En suma, al final del gobierno de Samper el país se hallaba en bancarrota. Un índice del desaliento nacional es el éxodo masivo de nacionales desde mediados de los años noventa. Asimismo, ante la incertidumbre, las clases altas y medias sacaron al exterior buena parte de sus capitales.

Pastrana recibió un Estado en quiebra política, diplomática, económica y militar. Por ello, una vez comprometido en las conversaciones con las FARC, por motivos electorales se vio obligado a jugarse todo su capital político a esa carta. La extrema debilidad de la sociedad y del Estado en todos sus aspectos, contrastada con la creciente fortaleza de las FARC, generó un consenso entre las élites en torno a la necesidad de dialogar. A Pastrana lo acompañaron los grandes grupos económicos y la mayor parte de los gremios, mucho más dispuestos a negociar que en la época de Betancur, aunque no igualmente unidos en relación con los términos de la negociación. Los militares, humillados en los campos de batalla y acusados de corrupción e ineficiencia, se vieron obligados a plegarse a los propósitos del gobierno, al menos inicialmente. Amplios sectores de opinión pública, sobre todo urbana, le extendieron un amplio cheque de confianza a Pastrana.

Sobre esas bases, el presidente empleó a fondo su estrategia de generación de confianza y de amplias concesiones a las FARC, y mantuvo en vida el proceso durante largo tiempo contra críticas crecientes. Pero, así como el gobierno y las élites necesitaban con urgencia la paz para recuperar la estabilidad de las instituciones y la economía, las FARC carecían de razones para negociar en serio tras sus victorias militares.[15] De hecho, mantuvieron una actitud evasiva e inflexible en la mesa y aprovecharon el despeje para su fortalecimiento militar. A su vez, Pastrana, emprendió exitosos esfuerzos por recuperar la credibilidad nacional e internacional del gobierno y fortalecer la capacidad militar del Estado. Para lograr este propósito, buscó y obtuvo el apoyo estadounidense a través del

[15] Según Téllez, cuando uno de los dirigentes de las FARC, Joaquín Gómez, se enteró de que se pensaba adelantar conversaciones de paz con el gobierno, llamó a su colega Jorge Briceño 'Mono Jojoy' y le preguntó por qué iban a negociar si estaban ganando la guerra y tenían casi vencido al Estado (Téllez, 2002: 34).

Plan Colombia. Finalmente, el 21 de febrero de 2002, se rompieron las conversaciones y terminó la zona de despeje.

Con el fracaso del proceso, la carta de la negociación parece agotada. Así lo sugieren las condiciones que tanto el Estado como las FARC han fijado para volver a sentarse a la mesa de negociaciones. El gobierno dice estar dispuesto a negociar si las FARC declaran un cese el fuego y a las hostilidades, si las negociaciones se realizan en el exterior y si se acepta la mediación de las Naciones Unidas. Entre tanto, las FARC exigen el despeje de dos departamentos para realizar las conversaciones en el país, una clara política de enfrentamiento a los paramilitares y una disposición del gobierno para no tratarlos como terroristas. En palabras de León Valencia, cada una de las partes ha escogido las condiciones más inaceptables para su enemigo, adversario (2003: 29).

Resulta difícil pensar que un candidato quiera apostarle de nuevo a la paz y más difícil aún que una mayoría de electores colombianos esté dispuesto a seguirlo, a no ser que unos y otros hayan llegado a la convicción de que no existe ya otra alternativa para el Estado que la de aceptar una negociación en los términos de las FARC. Frustrada la esperanza de paz, una mayoría de electores optó por la carta militar. Esa voluntad se refleja en el amplio triunfo de Uribe en la primera vuelta.

Uribe se ha empeñado en movilizar todo el aparato del Estado con el propósito de ejercer presión sobre las guerrillas y conducirlas a una negociación en los términos del gobierno. Mientras esto último no se logre, el presidente pretende fortalecer la presión militar, apelando incluso a una muy improbable participación externa directa. Parte central de la política gubernamental ante el conflicto se desarrolla en el campo diplomático. El gobierno ha enmarcado su diplomacia en el contexto de la guerra global contra el terrorismo y pretende una alineación de la comunidad internacional con su administración en esa lucha.

Es aún demasiado pronto para evaluar la política del actual gobierno ante el conflicto. Es muy poco probable que logre persuadir a las organizaciones insurgentes de la necesidad de negociar la paz. Si, al cabo de cuatro años, el gobierno lograra recuperar y consolidar el control y la presencia del Estado en una porción significativa del territorio nacional, muy probablemente el siguiente gobierno –sea cual fuere– le daría continuidad a su política. Pero en la medida en que tarden los resultados esperados o se multipliquen los tropiezos de la política gubernamental, se acentuarán las críticas tanto en el país como por fuera de éste. A las FARC les bastaría entonces con esperar el desgaste del gobierno. Y el siguiente gobernante podría verse obligado a volver a la mesa de diálogos; pero, esta vez, para negociar la paz en los términos y condiciones de las FARC.

Conflicto, democracia y opinión pública

Estoy consciente de la gravedad de los argumentos que he aducido aquí. Cuestionan la capacidad de la democracia, y en particular de la democracia colombiana, para darle solución a un conflicto interno de las proporciones que ha adquirido el enfrentamiento colombiano. Por ello mismo, es necesario añadir algunas reflexiones adicionales.

Cualquier forma de autoritarismo –como el que practican las FARC– es un tipo de gobierno inaceptable para cualquier sociedad que aspire a una cierta modernidad. No se ajusta a las necesidades de una sociedad compleja. No garantiza la libertad e integridad de sus miembros. Atropella los derechos de los ciudadanos. Es, en fin, un régimen repudiable; sin embargo, nadie duda tampoco de que toda guerra exige fuertes estructuras de autoridad entre los combatientes. Sin ellas, los ejércitos pierden toda eficacia y quedan abocados a la derrota. Por ello, cuando se trata de la conducción de una guerra contra otra nación, desaparece buena parte de los controles democráticos. Su comando queda centralizado en manos del Ejecutivo y los mandos militares. El Congreso se limita, de ordinario, a aprobar o reprobar el inicio de la conflagración. Sólo con posterioridad puede acontecer que se levanten voces críticas en el Congreso y la opinión pública. Es lo que le aconteció a Estados Unidos, por ejemplo, en Vietnam, y lo que en parte le ha sucedido tras la guerra contra Iraq. Hay que decir que, incluso en esos casos, más que en protesta por la carencia de legitimidad de la guerra misma, las críticas se han levantado cuando la nación empieza a sufrir graves pérdidas humanas y parece marchar hacia el fracaso.

La dificultad para definir los esquemas de autoridad estatal más adecuados para enfrentar una conflagración surge cuando se trata de enfrentar un conflicto armado interno de las dimensiones del que se libra en Colombia. Los controles democráticos del poder han sido diseñados para proteger los derechos y libertades de ciudadanos leales al Estado (no al gobierno), pacíficos y desarmados, y no para combatir a quienes enfrentan a la sociedad y al Estado con las armas en la mano. Pero en un conflicto interno resulta muy difícil separar con claridad al ciudadano pacífico del insurgente, de tal manera que se puedan aplicar, en el último caso, las reglas que exige el combate, y en el primero, los controles de la democracia.

Algunos arguyen que la profundización de la democracia es el mejor antídoto contra los grupos violentos ya que, en definitiva, una guerra interna sería siempre, en último término, una disputa entre sus protagonistas por obtener su legitimación ante la opinión nacional e internacional. Más aún, argumentan que ninguna democracia ha sucumbido a un conflicto interno.

Con relación a este último argumento hay que anotar, en primer lugar, que las organizaciones violentas que han afectado a ciertas democracias consolidadas como el grupo Baader Meinhof, en Alemania; las Brigadas Rojas, en Italia; el IRA, en Irlanda, o la ETA, en España, no han poseído ni remotamente las dimensiones de una organización armada como las FARC. Se ha tratado de pequeños grupos que, en razón de su impotencia, se han visto obligados a recurrir sistemática y exclusivamente al terror y con ello han agudizado aún más su aislamiento. En Colombia, por el contrario, el Estado enfrenta a verdaderos ejércitos irregulares, capaces de poner en peligro todo el orden social y político. Y esta situación cambia radicalmente las condiciones militares, políticas y jurídicas del enfrentamiento.

En segundo término, justamente por tratarse de una lucha con grupos reducidos que recurren al terror, los gobiernos europeos han contado con un respaldo permanente de la opinión y del resto del Estado. Y aunque en Colombia parece existir hoy un rechazo mayoritario a las organizaciones insurgentes, la opinión, muchas veces movilizada por intereses personales, de región o grupo político, vacila y se divide acerca de la manera más adecuada para enfrentar y ponerle fin al conflicto.

En tercer lugar, se suele olvidar que, a pesar de la enorme diferencia entre los conflictos que han enfrentado los Estados europeos y los retos a los que hace frente el Estado colombiano, esos mismos Estados recurrieron, y en algunos casos, siguen poniendo en práctica medidas de excepción mucho más drásticas que las que rigen en el país y que todos ellos han apelado, infortunadamente, a métodos antidemocráticos, como la tortura, el asesinato, el control de la vida privada del ciudadano común, etc., hechos que –señalémoslo de paso– algunos de esos mismos gobiernos europeos pasan hoy por alto en su relación con Colombia.

Ni qué decir de los métodos utilizados por otras democracias no consolidadas que, como la peruana, han sobrevivido, maltrechas, a conflictos de mayor envergadura. Para derrotar a Sendero Luminoso, Fujimori y su gobierno no vacilaron en violentar las instituciones de la democracia y en recurrir al autogolpe de Estado, a la perpetuación en el poder, al secuestro, a las masacres, a la tortura y al asesinato, con las funestas consecuencias para la democracia peruana que hoy conocemos.

En cuarto y último lugar, conviene recordar aquí cómo todas las democracias del continente latinoamericano (incluida la sólida democracia chilena) que se vieron desafiadas durante el siglo pasado por grupos armados mucho menos fuertes que los que hoy enfrenta Colombia, sucumbieron, no en manos de las organizaciones rebeldes, sino de los propios cuerpos de defensa. Decir que ninguna democracia ha sucumbido a un conflicto interno no deja ser un singular autoengaño.

No pretendo con esto, en modo alguno, avalar este tipo de procedimientos, pero no puedo dejar de señalar con entera claridad las enormes dificultades e interrogantes que los conflictos internos plantean a las democracias.

Finalmente, y de modo más general, digamos que un conflicto armado interno no siempre se reduce a una disputa entre los antagonistas por la conquista de su propia legitimidad ante la población. Esta hipótesis puede ser cierta en democracias maduras, donde la mayor parte de la población le guarda una lealtad clara, activa y permanente al Estado. Aun así, como ya lo hemos señalado, algunas de las democracias más sólidas de Occidente han recurrido a bastante más que a su propia legitimidad para hacerles frente a pequeños grupos aislados de auténticos terroristas; más todavía, han renunciado a una parte de su legitimidad en aras de la eficacia. Pero en democracias en gestación como la colombiana, el problema es todavía más arduo.

Para una parte significativa de la población colombiana, rural y suburbana, no existen actores políticos legítimos. La lealtad a determinados actores o instituciones le ha sido siempre ajena. Muchos acatan simplemente al más poderoso. Esta ha sido su actitud desde la Colonia hasta nuestros días. Es quizá una condición ancestral de supervivencia. Por eso no es de extrañar que muchas poblaciones y numerosos combatientes pasen sin mayores dificultades del apoyo a las guerrillas al respaldo a los paramilitares, o viceversa. Otros muchos, aunque se encuentran ya saturados por los grupos violentos, son indiferentes ante la suerte del Estado. Prueba de ello son las numerosas comunidades que se declaran neutrales ante el conflicto. En estas circunstancias, propias de la singular democracia colombiana, el enfrentamiento no se reduce a una disputa entre legitimidades.

Además, la relación entre la legitimidad de una organización o institución y su poder real no es mecánica. Depende de las condiciones. En Colombia, la legitimidad del Estado, históricamente precaria, se encuentra confrontada hoy con unas organizaciones cuyo poder no depende en lo esencial del apoyo popular, sino de la abundancia de sus recursos financieros, logísticos y militares, provenientes de actividades ilegales como el narcotráfico, o incluso criminales, como la extorsión, el secuestro y el asesinato. Se trata aquí de un enfrentamiento entre una legitimidad estructuralmente frágil y un grado considerable de fuerza y poder de daño. Más aún, teniendo en cuenta que buena parte de la población colombiana se somete al más fuerte, se podría pensar que para muchos hay un cierto tipo de legitimidad que se deriva directamente de la fuerza, y no del respeto a la ley, las libertades y los derechos democráticos. Tal vez no por mera casualidad, a las FARC no les preocupa ganarse la simpatía de la población; confían en irla conquistando a través de su demostración de poder.

A esto hay que añadir que mientras el poder del Estado colombiano está limitado por la difícil situación de unas finanzas públicas agotadas por la guerra, y depende en buena medida de un circunstancial apoyo externo, los ingresos de los grupos al margen de la ley parecen no tener límite, ya que dependen de negocios ilegales sumamente rentables, que además prosperan con el incremento de la guerra. De tal manera que, al menos por este concepto, en la medida en que el conflicto se prolonga, el tiempo favorece a los insurgentes.

Añadamos una breve reflexión sobre la opinión pública, que desempeña un papel central en cualquier democracia. Como ya lo dijimos, la democracia es, en cierto modo, un continuo plebiscito de opinión. Las elecciones consultan a los electores sobre las personas y programas más aptos para dirigir a la nación. Y las políticas de cada gobierno avanzan, se desgastan o cambian de acuerdo con el escrutinio cotidiano que realiza la opinión pública. Las opiniones nacional e internacional cumplen un papel decisivo, en particular, en la definición del conflicto colombiano.

Ahora bien, la opinión del ciudadano promedio, en Colombia, está lejos de guiarse por consideraciones estratégicas de largo alcance. Con un pobre nivel de formación e información, muchos colombianos reaccionan de manera emocional, por lo cual son fácilmente influenciables. Se mecen al vaivén del conflicto y de los medios de comunicación. A las oscilaciones de la opinión contribuyen muchos dirigentes y columnistas, que buscan ganar puntos para sí, para su grupo o región con críticas más o menos fáciles al gobierno de turno, al margen de los intereses de la nación. Esas tradiciones culturales pesan negativamente sobre la democracia colombiana y, en particular, inducen frecuentes cambios y profundas rupturas en las políticas gubernamentales ante el conflicto armado.

La relación con la opinión pública internacional es aún más compleja. Mientras el Estado colombiano es muy vulnerable ante ella, las FARC son bastante independientes, al menos en un mediano plazo. En la medida en que hoy las potencias pretenden legitimar e incrementar su participación en los conflictos internos de otros Estados y en que el colombiano se ha visto en la necesidad de buscar ayuda externa, los gobiernos colombianos se han tornado muy sensibles a las presiones del exterior, y tanto el conflicto como su solución se han hecho más dependientes del contexto internacional. Washington, en particular, ejerce una presión decisiva sobre Bogotá, pero también influyen distintos países europeos, el Parlamento de la Unión, las Naciones Unidas, la prensa internacional, numerosas ONG y algunos académicos internacionales.

De hecho, Pastrana rompió las conversaciones de paz en virtud de los desafíos de las FARC, pero sobre todo presionado por la crítica nacional, la decepción de Estados Unidos frente a su estrategia y el clima interno y el internacional generado por los atentados del 11 de septiembre. La política de seguridad democrática que adelanta Uribe ha recibido desde el comienzo una avalancha de críticas y advertencias de las Naciones Unidas, de Amnistía Internacional, de

The Washington Office on Latin America (WOLA), de otras numerosas ONG y de no pocos académicos. Y esa opinión posee un notable poder para alterar las estrategias gubernamentales.

Esto no acontece con las FARC, no necesariamente porque exista una especial simpatía hacia esa organización, aunque tampoco haya que excluirla siempre. En su mayor parte, es probable que haya que atribuirlo a otras razones: la mayoría de la opinión internacional desconoce las metas y métodos de las FARC; otros piensan que no vale la pena criticarlos, puesto que no dependen del exterior, no les interesa la opinión externa ni se sienten comprometidos con las reglas internacionales de juego, y algunos más no consideran a las FARC un interlocutor legítimo, mientras miran al Estado como el único responsable del respeto a unas normas nacionales e internacionales con las que se encuentra explícitamente comprometido. Por válidas que estas razones puedan ser, la unilateralidad de la crítica tiene crecientes efectos negativos para las políticas estatales: la opinión internacional castiga casi exclusivamente al Estado y en muchos casos logra entorpecer y cambiar sus políticas, en tanto no lo hace con las FARC. Es el caso, por ejemplo, de las actuales negociaciones con las autodefensas, cruzadas por todo tipo de presiones internacionales.

¿Cómo evitar que en el esfuerzo por neutralizar a los insurgentes el Estado cometa abusos contra el resto de la sociedad? Esta preocupación, que inquieta a una parte de la opinión nacional y a los organismos internacionales, es completamente justificada. La vigilancia nacional e internacional sobre el poder del Estado y sus eventuales abusos son una dimensión fundamental para la democracia colombiana. Pero quizá sea necesario formularse también, con la misma fuerza, la pregunta contraria: ¿cómo evitar que, en virtud de críticas bien intencionadas, pero idealistas, se le abran las puertas a una violencia aún mayor de quienes hoy atacan a la sociedad y el Estado? Tal vez la mejor forma de evitar que Colombia caiga en el autoritarismo o la dictadura sea la de respaldar la firmeza legítima del Estado frente a los actores armados ilegales, bien sea para adelantar la negociación o para conducir la guerra. Y, al menos por ahora, nos encontramos en la hora del combate. Para concluir, no sobra recordar que la dificultad para extraer conclusiones no puede hacernos pasar por alto las premisas del problema que hemos tratado de exponer aquí.

Bibliografía

Ferro Medina, Juan Guillermo y Uribe Ramón, Graciela. 2002. *El orden de la guerra. Las* FARC-EP: *entre la organización y la política*, Bogotá, Centro Editorial Javeriano (Ceja).

Mauceri, Philip. 2004. *Politics in the Andes. Identity, Conflict, Reform*, Pittsburgh, University of Pittsburgh Press.

Téllez, Edgar y otros. 2002. *Diario íntimo de un fracaso. Historia no contada del proceso de paz con las* FARC, Bogotá, Planeta.

Valencia, León. 2003. "Los nuevos caminos de la guerra", en *Coyuntura Política*, Bogotá, No. 23, abril.

—. 2002. *Adiós a la política, bienvenida la guerra. Secretos de un malogrado proceso de paz*, Bogotá, Intermedio.

VIII
Conflicto, Estado y descentralización: del progreso social a la disputa armada por el control local, 1974-2002*

*Fabio Sánchez***
*Mario Chacón****

* Los autores agradecen la colaboración del Instituto de Estudios Políticos y Relaciones Internacionales (IEPRI) de la Universidad Nacional de Colombia en el suministro de la base de datos para el período 1974-1982. Agradecen también los comentarios de Francisco Gutiérrez, Jorge Restrepo, Jaime Zuluaga, Jaime Andrés Niño, Jean Paul Faguet y demás asistentes al seminario War, Democracy and Globalization, organizado por el IEPRI y el Crisis State Program del London School of Economics. Algunos de los ejercicios cuantitativos fueron sugeridos por Alejandro Gaviria. Se reconoce la labor de asistentes de investigación de Ana María Díaz, María del Mar Palau y Paloma López de Mesa.
** Director CEDE, Universidad de los Andes. Correo electrónico: fasanche@uniandes.edu.co.

*** Investigador CEDE, Facultad de Economía, Universidad de los Andes. Correo electrónico: m-chacon@uniandes.edu.co.

Resumen

El objetivo de este trabajo es determinar las variables que explican la actividad armada de los grupos irregulares desde mediados de los años setenta y establecer las posibles causas de expansión hasta el año 2002, teniendo en cuenta particularmente el papel de la descentralización, entendida como la mayor autonomía política, presupuestal y administrativa de los gobiernos locales. El presente trabajo sostiene que la descentralización trasladó el conflicto a una disputa por el poder local, lo que se manifiesta en el uso de la violencia ya sea para apropiarse de los bienes y recursos públicos, para influenciar los resultados políticos y electorales de conveniencia para los grupos irregulares o para consolidar su dominio territorial desde lo local.

El análisis de la actividad temprana (1974-1982) de los grupos guerrilleros muestra que está explicada en mayor medida por variables socioeconómicas (pobreza, desigualdad, etc.). Sin embargo, su evolución desde mediados de los años ochenta está ligada al proceso de descentralización, el cual creó incentivos a los grupos irregulares para el dominio de lo local a través del uso de la violencia. Dada la debilidad del Estado en lo relativo al monopolio de la fuerza y a la administración de justicia, se facilitó la expansión e intensificación de la actividad armada de los grupos guerrilleros y de las autodefensas ilegales. Los distintos resultados estadísticos y econométricos revelan un nexo fuerte entre la intensificación de la acción armada y la mayor independencia política y fortaleza fiscal de los gobiernos locales.

Palabras claves: conflicto armado, violencia, econometría espacial, descentralización.

... mantienen rabia [las FARC], porque aquí no han podido hacer lo que les de la gana con los gobernantes.
Declaraciones de uno de los concejales sobrevivientes de la masacre perpetrada por las *FARC* en el Concejo Municipal de Puerto Rico (Caquetá), el 24 de mayo de 2005.

El conflicto armado colombiano es uno de los más antiguos del mundo (solamente superado en años por los conflictos entre Israel-Palestina e India-Pakistán), y en la actualidad es el único existente en el continente americano. Con el fin de la Guerra Fría a comienzos de los años noventa, las guerrillas colombianas no sólo no disminuyeron su capacidad militar, sino que la aumentaron escalando sus actividades (ataques, combates, intimidación, etc.) a una mayor proporción del territorio nacional. Para lograrlo recurrieron a diferentes modalidades de financiación –secuestro, extorsión, cultivos ilícitos, drenaje de rentas municipales– y se convirtieron en uno de los grupos insurgentes con mayor capacidad de financiación en el mundo (Rangel, 2001). Paralelo a los grupos guerrilleros, y con el objetivo de enfrentarlos, surgieron los llamados *grupos paramilitares* o *autodefensas ilegales*, que también escalaron sus actividades durante los años noventa: para financiar sus actividades recurrieron a fuentes similares a las de los grupos guerrilleros.

El objetivo de este trabajo es explicar las variables asociadas con la presencia de actividad armada de los grupos irregulares desde mediados de los años setenta y determinar las posibles causas de expansión hasta el año 2002. Durante el período en cuestión –de cerca de treinta años– el país experimentó profundos cambios económicos, sociales e institucionales. No sólo se consolidó el proceso de urbanización a la vez que disminuyó la participación del sector agropecuario en la producción nacional, sino que se profundizó fuertemente el proceso de descentralización. Así, desde mediados de los años ochenta las regiones y los gobiernos locales tuvieron acceso a más recursos tanto de transferencias como propios, al tiempo que se dinamizó la vida política local con la elección popular de alcaldes.

En este sentido, la descentralización política y de gasto público modificó el papel del Estado en lo relativo tanto al ejercicio del poder político como a la iniciativa de gasto que se expresó en mayor poder político por parte de los dirigentes locales y regionales elegidos acompañado de mayor autonomía presupuestal y de asignación del gasto por parte de las entidades locales y regionales. Los mayores recursos a los municipios y regiones fueron destinados en su mayor parte a los sectores sociales (en particular educación, salud y agua). Estos cambios institucionales tuvieron un efecto sustancial en la dinámica del conflicto armado interno, pues si el poder político y los recursos presupuestales se trasladaron a lo local, los grupos irregulares tenían incentivos para tener mayor injerencia y control sobre el ámbito local, en particular dada la debilidad del Estado tanto en lo relativo al monopolio de la fuerza como a la administración de justicia. Así, en la medida en que aumentaran su control sobre lo local –por la vía de la intimidación, de la depredación o de alianzas estratégicas con los dirigentes locales y regionales–, accedían a una mayor porción de poder. Entender y cuantificar cómo los cambios mencionados influyeron la dinámica del conflicto armado es el objetivo central este trabajo.

El presente trabajo consta de cinco secciones. La primera es esta introducción, la segunda describe la evolución temporal y geográfica del conflicto colombiano desde 1974 hasta 2002, la tercera presenta las posibles relaciones y canales de interacción entre el conflicto y la descentralización, la cuarta señala los hallazgos econométricos y los ejercicios cuantitativos sobre las variables asociadas a la actividad armada y a su expansión y la quinta y última está dedicada a las conclusiones.

Como se mencionó, este trabajo intenta entender la evolución del conflicto colombiano de largo plazo. Para ello cuenta con nuevos datos históricos sobre el conflicto e información económica, fiscal, social y política del ámbito municipal. Para este trabajo se utiliza la información recientemente recopilada de los municipios por el Instituto de Estudios Políticos y Relaciones Internacionales (IEPRI)[1] sobre la actividad y acciones de armadas de los distintos grupos guerrilleros –Fuerzas Armadas Revolucionarias de Colombia-Ejército del Pueblo (FARC-EP), Ejército de Liberación Nacional (ELN) y Movimiento 19 de Abril (M-19)– para el período 1974-1982 y las bases de datos municipales de la Fundación Social, el Departamento Nacional de Planeación (DNP) y Presidencia de la República sobre acciones y ataques de grupos guerrilleros, de autodefensas y de delincuentes para el período 1985 a 2002.

Para los ejercicios de orden cuantitativo esta información se combina con datos de los censos de 1973, 1985 y 1993; con las cuentas fiscales municipales de la Contraloría de la República y el DNP; con la información electoral de la Registraduría Nacional; con la información sobre tierras del Instituto Geográfico Agustín Codazzi (IGAC); con las estadísticas educativas del Ministerio de Educación

[1] La información se recogió en *El Tiempo* de Bogotá, *El Colombiano* de Medellín, *El País* de Cali, *La Patria* de Manizales y el diario *Vanguardia Liberal* de Bucaramanga.

Nacional y del Departamento Administrativo Nacional de Estadística (DANE), y con las estadísticas de criminalidad de la Policía Nacional.

Geografía y evolución del conflicto

La actividad armada de los grupos ilegales experimentó una escalada significativa a partir de la segunda mitad de la década de los ochenta (véase Gráfica 1), que se expresó tanto en incremento de la actividad armada (más ataques) como en una gran expansión geográfica. Así, el Mapa 1 muestra los municipios en los cuales se registró actividad armada por parte de algún grupo armado ilegal durante el período 1974-1978.[2] Sólo 91 municipios registraron alguna actividad que representaban un poco más del 8% de los municipios existentes en esa época, cifra que contrasta fuertemente con el porcentaje actual de municipios afectados por acciones armadas de grupos ilegales.[3]

Gráfica 1. Número de acciones armadas FARC-EP, ELN y AUC, 1974-2002

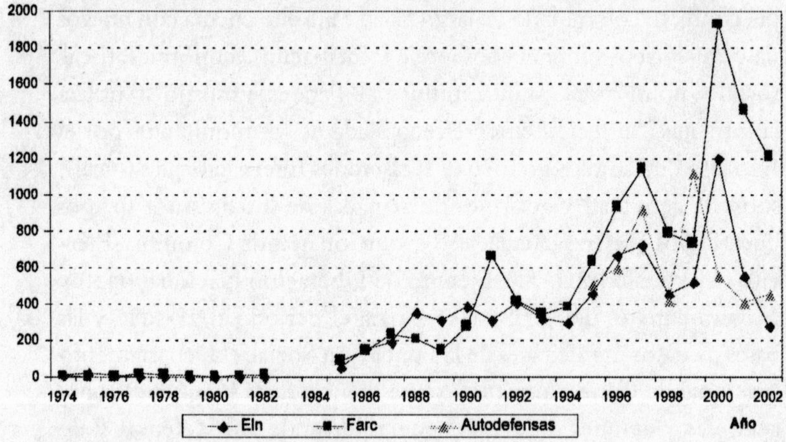

Fuente: base IEPRI, Fundación Social, DNP.

[2] En el mapa se incluyen acciones de las FARC, ELN, EPL, M-19 y el Frente de Libración Nacional (FLN). También se incluyeron actividades de movimientos como las Fuerzas Unidas Revolucionarias de Colombia (FURC), la Guardia Roja, el MAS, el ORP y el MAO. Dentro de las acciones se encuentran asaltos a poblaciones, amenazas, extorsiones, secuestros, ataques a instalaciones militares, oleoductos, emboscadas y atentados terroristas.

[3] Según datos del DNP, en el 2002 33,6% de los municipios colombianos experimentaron acciones armadas de las FARC, 11% del ELN, l 7% de las AUC y 41% acciones de alguno de estos tres grupos.

Por otro lado, las características de estos municipios han cambiado a través del tiempo. Al principio, estos grupos ilegales incursionaban en regiones de colonización, alejadas de los centros económicos del país, en las cuales se podía establecer una relación entre pobreza, ausencia estatal y presencia guerrillera (Pizarro, 2004). Sin embargo, a partir de los años ochenta, la ubicación de los focos guerrilleros cambió a regiones estratégicas, con abundantes recursos naturales y de gran potencial económico:[4] "La expansión de los grupos guerrilleros en la última década está relacionada directamente con el control de los polos de producción de diversas riquezas: áreas de producción y procesamiento de drogas ilícitas, zonas ricas en oro, carbón, petróleo, banano, ganadería y café" (Pizarro, 2004: 185).

Este trabajo analiza los factores o variables asociadas con la actividad armada ilegal a partir de la hipótesis de que el escalonamiento y la expansión del conflicto armado obedece a los objetivos estratégicos específicos de cada grupo ilegal y que el logro de estos objetivos depende de las posibilidades de financiamiento, del aprovechamiento a favor de los grupos del marco institucional existente y de las acciones del Estado para detenerlos. En este sentido, la descentralización política y de gasto fue un cambio institucional que posibilitó a los grupos irregulares acceder a nuevas formas de dominio o influencia territorial, a través tanto de la intimidación o alianzas con los grupos políticos y de poder locales como del control de los crecientes recursos municipales de transferencias y recursos propios.[5]

Para tener una idea clara de la dinámica del conflicto se debe diferenciar por grupo, pues cada uno ha tenido objetivos estratégicos distintos que se expresan en distintas dinámicas de expansión temporal y geográfica. Por lo anterior, la siguiente sección presenta un breve recuento del surgimiento y la evolución de los grupos

---

4 Según Buhaug y Gates (2002), si el conflicto interno es por la toma del poder, entonces la actividad armada debe trasladarse a los centros de poder económico (la capital). La duración de ese proceso dependerá del tamaño del país y de los factores geográficos (clima, topografía, etc.).

5 Para una aproximación a este punto de vista véase Rubio (2002) y Restrepo (2001). Este último autor afirma que "...el proceso de descentralización –al transferir recursos y funciones y legitimar el poder electoral de las fuerzas locales–, convierte la conquista del poder locales un asunto importante y estratégico para el movimiento guerrillero". (p. 372).

Mapa 1. Actividad armada grupos armados ilegales, 1974-1978

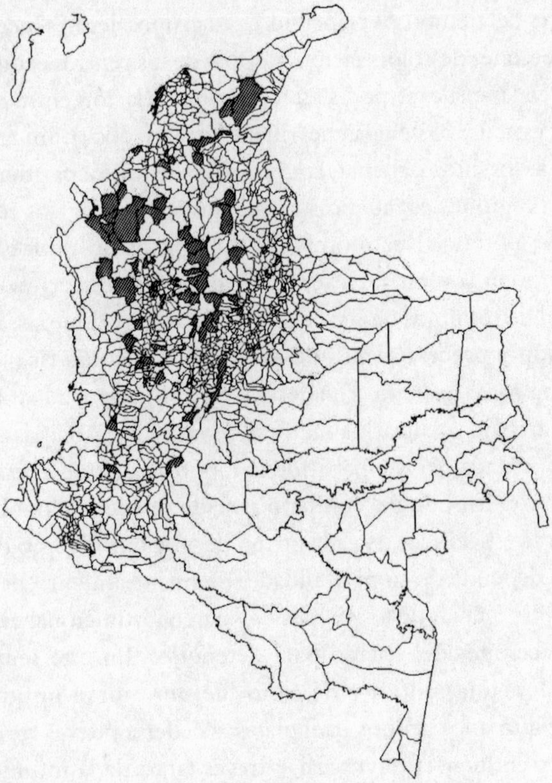

Fuente: base IEPRI.

armados ilegales más importantes hoy en día –las FARC-EP, el ELN y las Autodefensas Unidas de Colombia (AUC)–, en que se muestra su dinámica temporal y expansión geográfica.

Evolución y expansión de las FARC-EP

El origen de las FARC-EP se remonta a mediados de los años cincuenta, época en la cual se conformaron varios grupos de autodefensas campesinas bajo la influencia del Partido Comunista, en diferentes zonas del país como el sur del Tolima, el Sumapaz y los Llanos Orientales (Mejía, 2002). Estos grupos se organizaron como respuesta a la violencia política ejercida por el gobierno conservador durante el enfrentamiento partidista conocido como la *Violencia*. Después de los bombardeos de Marquetalia[6] por parte del

[6] En 1964, durante la presidencia de Guillermo León Valencia, se inició

Ejército en 1963 y 1964, se da el proceso de transformación de las autodefensas campesinas en movimiento guerrillero (Vélez, 2000) y surge así el llamado Bloque Sur después de la Primera Conferencia Guerrillera celebrada en 1964.

En esta primera conferencia se realiza un balance de las acciones realizadas y se fija como objetivo central garantizar la perdurabilidad del movimiento. Para ello se determinan planes de acción, tanto en el campo militar como en el organizacional, al tiempo que se convierten en guerrilla móvil. En 1966 se lleva a cabo la Segunda Conferencia, en la cual el Bloque Sur se constituye en las FARC y deciden expandir las acciones armadas del grupo a través de una guerra de guerrillas móviles en otras áreas del país. Se constituyen seis nuevos núcleos guerrilleros que cambian su estrategia de reactiva defensiva a una de ofensiva directa, con el propósito de lanzar un conflicto de larga duración cuyo objetivo final sería la toma del poder.

En marzo de 1969, se realiza la Tercera Conferencia en el Guayabero, donde se discutió la formación de cuadros y se establecieron zonas de lucha, al tiempo que se conservaron las ya constituidas. Cinco años más tarde se realiza en Meta la Quinta Conferencia, en la que se constituyen en un ejército revolucionario. Durante los años sesenta la actividad de las FARC fue limitada, pues su actividad se circunscribía a esferas locales, especialmente en aquellos municipios donde se consolidaron como líderes y fuente de orden por la baja o nula presencia del Estado, que a su vez eran zonas de colonización y donde persistían conflictos agrarios. En 1978 se realiza la Sexta

---

la *Operación Marquetalia,* en la cual el Ejército entró a los territorios de Marquetalia, El Pato, Guayabero y otras regiones con el objetivo de exterminar los grupos guerrilleros asentados allí. "La resistencia guerrillera en Marquetalia se prolongó hasta finales de 1965. En la Operación de Marquetalia, dirigida por el general Hernando Correa y coordinada por el coronel José Joaquín Matallana, 16 mil soldados entraron a ese territorio con la idea equivocada de exterminar a miles de guerrilleros que estarían allí. Surgen las FARC, como resultado de la avanzada militar de este año en las repúblicas independientes, el 27 de mayo. El 20 de julio se reunieron en una Asamblea para tratar las primeras líneas tácticas y estratégicas de las guerrillas móviles, impulsando planes concretos de avance. Eran 48 hombres. Aprobaron el Programa Agrario del Movimiento Revolucionario y de las guerrillas revolucionarias" (Mejía, 2002: 3).

Conferencia, que establece como prioridades como la capacitación de los militantes, el fortalecimiento del Estado Mayor y el desdoblamiento de frentes hasta conseguir uno en cada departamento (Vélez, 2000).

Cuatro años más tarde, las FARC –que contaban con aproximadamente mil hombres distribuidos en diez frentes– plantean como objetivos de largo plazo el reclutamiento acelerado de militantes, el desdoblamiento de sus frentes, la urbanización del conflicto y una estrategia militar de ataque. Estos objetivos fueron ratificados en la Séptima Conferencia, llevada a cabo en 1982, la cual, según muchos autores marca un giro histórico para las FARC, ya que a partir de ésta se inicia un acelerado crecimiento de sus frentes y una expansión en su actividad armada sin precedentes (véanse mapas 2, 3 y 4, en los cuales se muestran los municipios donde las FARC llevaron a cabo actividades armadas durante los años 1985, 1990 y 2000):[7] Así, las FARC aumentaron sus frentes de diez, hacia finales de los años setenta, a más de veinte, a comienzos de los ochenta (Escobedo, 1992).

Los principales objetivos canalizados en la Séptima Conferencia determinaron un viraje estratégico en la organización y engendraron unos nuevos patrones de actividad armada y ataques. Entre éstos sobresalen la urbanización del conflicto, el desdoblamiento hasta conseguir 48 frentes, la identificación de la cordillera Central como cordón estratégico de repliegue y expansión, la creación de medios de financiación que respaldaran la expansión y la puesta en práctica una política de masas para ganar mayores adeptos.[8]

La expansión geográfica de la actividad de las FARC se puede explicar por varias razones. En primer lugar, la existencia de fuentes de financiamiento estables y cuantiosas (Salazar, 2005). Dentro de las principales fuentes de ingresos de estos grupos se encuentran: la depredación de actividades productivas –como la explotación de recursos

---

7 Para un riguroso análisis sobre la expansión geográfica de la FARC-EP, véase Echandía (1999).

8 De acuerdo con Lair (2004), las FARC y otros grupos experimentaron a comienzos de los ochenta un salto cuantitativo y cualitativo sin precedentes o "ruptura estratégica", que se expresó en el desdoblamiento de sus frentes, en la diseminación geográfica según una "lógica centrífuga" y en hostigamiento de la vida municipal. La segunda "ruptura estratégica" ocurrió después del ataque del Ejército a Casa Verde, en 1990.

Mapas 2, 3 y 4. Evolución actividad de las FARC

1985

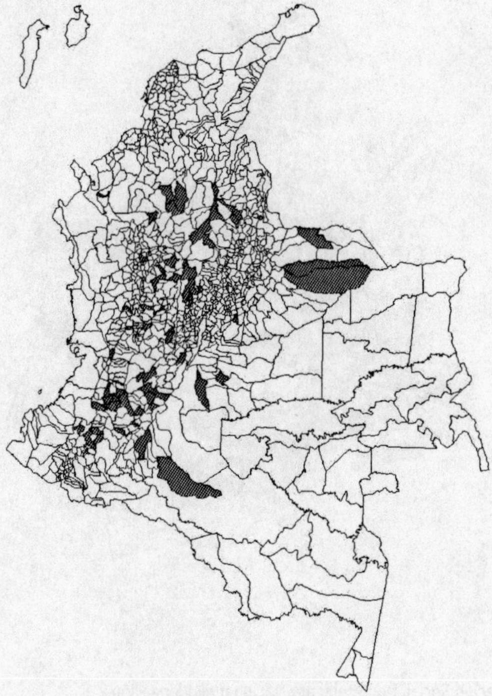

1990

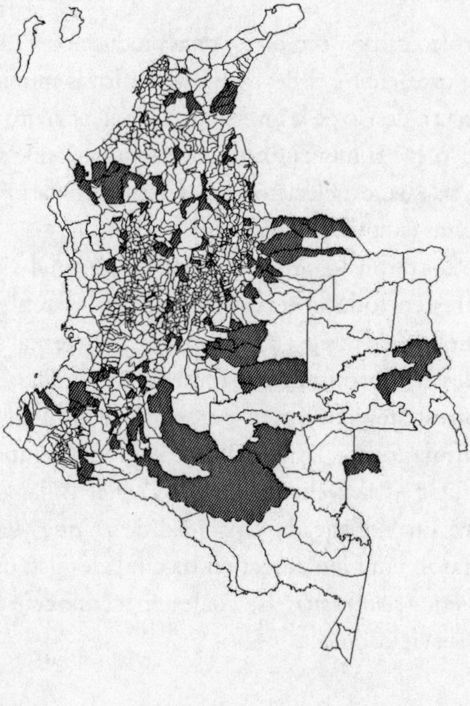

2000

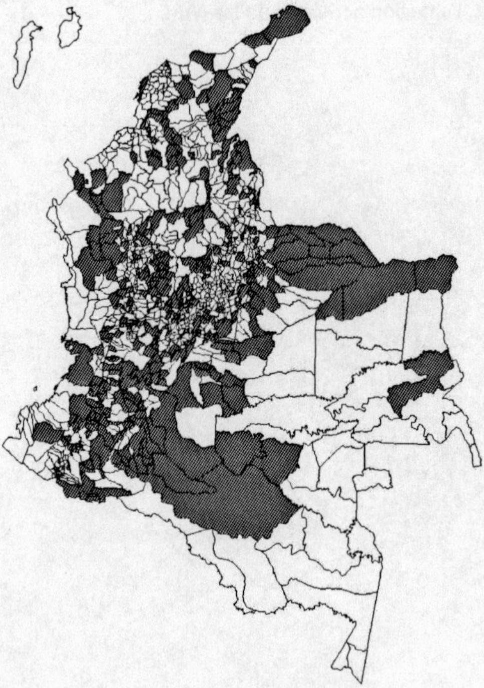

Fuente: Fundación Social, Departamento Nacional de Planeación.

naturales (petróleo, carbón, oro, etc.) y otras producciones (manufactura, energía, transporte, etc.)–, el desangre de la finazas municipales (por extorsión directa o desvío de la inversión local), el secuestro de personas y el narcotráfico. De la misma forma, en regiones donde se producen drogas ilícitas, las FARC establecieron un "sistema tributario" que abarca todos los ámbitos (cultivo, procesamiento y tráfico).

Las FARC lograron lo propuesto en la Séptima Conferencia creando frentes en todo el territorio nacional y teniendo como eje de despliegue estratégico la cordillera Oriental (Echandía, 1999). Esto les ha permitido expandir su influencia hacia zonas de gran valor estratégico y gran potencial de recursos económicos. De la misma forma, las FARC tuvieron logros importantes en el campo militar –Las Delicias (Caquetá) y el Billar (Caquetá)–, donde mostró una sofisticada capacidad de ataque (Pardo, 2004). Las FARC lograron también crecer en las ciudades por medio de las conocidas *milicias bolivarianas*, las cuales se reconocen como redes urbanas a su servicio.

No obstante, la expansión territorial de las FARC-EP también ha estado acompañada por fracasos en el campo militar y político. Por un lado, el cambio estratégico de crear unidades de guerra de gran movilidad, capaces de atacar y aniquilar bases militares y defender territorios estratégicos,[9] aprobado en la Octava Conferencia (1993), sufrió un duro revés con la modernización de las Fuerzas Armadas llevada a cabo durante la administración de Andrés Pastrana (1998-2002).

Esta modernización, que se tradujo en un fortalecimiento de la Infantería de Marina y la Aviación y en una evolución en las comunicaciones, permitió al Ejército Nacional retomar la iniciativa militar y obligó a las FARC a volver a la táctica militar de guerra de guerrillas (Rangel, 2001, y Pardo, 2004). En el campo político, las FARC poseen un bajo poder de convocatoria y sufren de un gran desprestigio en amplios sectores de la sociedad, el cual se ha extendido al ámbito internacional, al ser incluidas en la lista de organizaciones terroristas según Estados Unidos y la Unión Europea.

El balance de los primeros dos años de la administración de Álvaro Uribe revela nuevas tendencias de la guerra en Colombia. Se evidencia un cambio en la táctica de la guerrilla pues, de acuerdo con las estadísticas presentadas por la Fundación Seguridad y Democracia (2004), está apelando cada vez más a las emboscadas y a las minas antipersona –es decir, contra tropas en movimiento– y menos a los ataques a puestos o guarniciones militares o de Policía. De esta manera se refleja un proceso involutivo en la organización, que avanzó hasta la fase de guerra de movimientos en los primeros años de la década de los noventa para retroceder a guerra de guerrillas convencional desde 1998.

Evolución y expansión del ELN

En 1962, un grupo de estudiantes colombianos, inspirados en la teoría foquista de Ernesto 'Che' Guevara, conforman en La Habana la Brigada José Antonio Galán, con el propósito de fundar

---

9 Esta estrategia militar se conoce como guerra de movimientos, la cual consiste en realizar operaciones semirregulares para enfrentarse durante períodos prolongados a formaciones regulares del Ejército o tomar instalaciones militares estratégicas. Este plan es anterior a la guerra de posiciones, en la cual se atacan las ciudades y se toma el poder.

guerrillas móviles en Colombia. Dos años más tarde, esta Brigada se convertiría en el ELN. En 1965, después de la toma de Simacota, el grupo explicó los propósitos del movimiento guerrillero, dentro de los cuales se encuentran la toma del poder por parte de las clases populares y la lucha contra la oligarquía y el imperialismo estadounidense.

El ELN se asentó primero en zonas selváticas y de frontera localizadas en el sur de Santander, en Bolívar y en el noreste de Antioquia. La etapa inicial del movimiento se caracterizó por un lento crecimiento en sus filas, las que operaban en pequeños focos guerrilleros, los cuales realizaban acciones de carácter ofensivo como emboscadas al Ejército en circunstancias favorables o toma de cuarteles de Policía (Peñate, 1997).

Para esos años el movimiento contaba con un soporte financiero débil, que provenía principalmente de los aportes de los campesinos, de los robos a la nómina de entidades públicas y de los asaltos a la Caja Agraria, hecho que lo obligaba a replegarse constantemente hacia otras zonas del país (Medina, 1990). El crecimiento estable del ELN se vio interrumpido en 1973, al sufrir graves derrotas propiciadas por la persecución militar del Estado.[10] Estas derrotas por poco llevan a la extinción del grupo, el cual en solo un año pasó de tener 270 guerrilleros a menos de 70 (Medina, 1990).

Por lo anterior, el período 1973-1983 es de crisis en la organización. Esto forzó un replanteamiento del modelo foquista adoptado y una reestructuración en el mando de la organización. En 1983 se realiza la reunión nacional de héroes y mártires de Anorí (Reunión de Notables), en la cual se diseñan nuevas estrategias para la recuperación del grupo. Dentro de éstas se encuentran algunas adoptadas con éxito por las FARC, como la de desdoblar y la de expandir sus frentes de guerra, en búsqueda de nuevas fuentes de financiación, teniendo en cuenta, además, que el apoyo de la población es fundamental para el éxito de la expansión.

---

[10] Dentro de éstas la más importante fue llevada cabo en el municipio de Anorí, Antioquia, en 1973, en la cual el Ejército dio de baja a noventa guerrilleros, incluidos varios dirigentes del movimiento.

Al igual que las FARC, el ELN desarrolló una estructura organizacional capaz de recaudar e invertir enormes recursos económicos, los cuales permitieron al movimiento recuperarse y expandirse (véase Gráfica 2). El frente Domingo Laín, ubicado en la selva del Sarare en el piedemonte llanero, fue pionero en la práctica de secuestrar a ganaderos y extorsionar a grandes compañías petroleras. Estas primeras extorsiones se realizaron contra las compañías extranjeras encargadas de construir el oleoducto Caño Limón-Coveñas. De esta forma, el ELN empieza a ocupar zonas de gran potencial económico, en especial aquellas con grandes proyectos energéticos y mineros, de las que el movimiento sustrajo recursos. Dentro de estas zonas se encuentran las zonas petrolíferas y carboníferas del país como Arauca, Casanare, Barrancabermeja, La Guajira y Cesar (Peñate, 1997).

Gráfica 2. Número de hombres y frentes del ELN

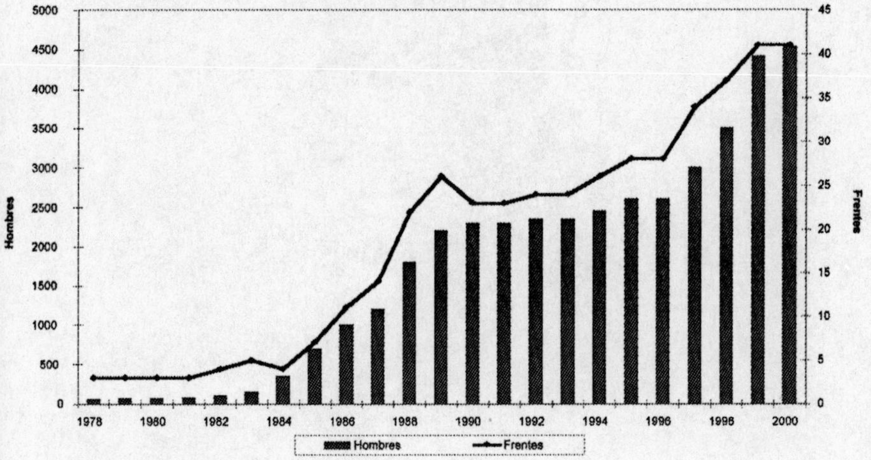

Fuente: República de Colombia, Ministerio de Defensa.

Con esta estrategia, el ELN registra un rápido crecimiento a partir de los años ochenta, y pasa de tener 350 hombres en armas y 4 frentes de guerra, en 1984, a tener 4.500 repartidos en 41 frentes, en el 2000, con lo cual extiende su actividad armada sobre diversas regiones del país (véanse mapas 5, 6 y 7). A pesar de su inferioridad numérica, el ELN es responsable del mismo número de secuestros que las FARC,[11] y sus acciones se han extendido a las ciudades por medio de milicias populares. Sin embargo, en los últimos años el ELN ha visto minada su capacidad militar y sus zonas de influencias se han reducido, debido a presiones por parte de grupos paramilitares o de autodefensa y de las FARC. En ciudades como Barrancabermeja y Cúcuta, el ELN ha perdido incidencia, por causa de la actividad de las AUC. Igualmente, el ELN cedió a las FARC su influencia en el área de frontera con Venezuela y en el corredor estratégico que vincula el nororiente del país con los departamentos de la costa Atlántica.[12]

Mapa 5. Evolución de la actividad del ELN

1985

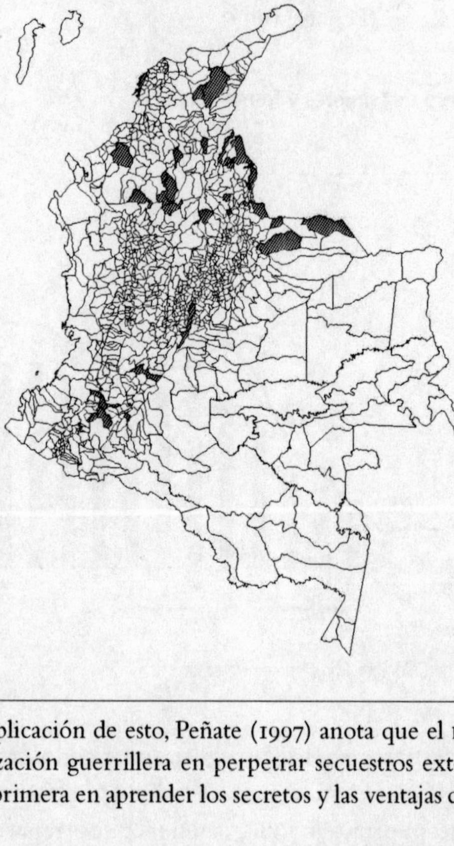

[11] Como explicación de esto, Peñate (1997) anota que el ELN fue la primera organización guerrillera en perpetrar secuestros extorsivos; por lo tanto, fue la primera en aprender los secretos y las ventajas de esta práctica criminal.

[12] Por la anterior, algunos autores afirman que el ELN se encuentra ante una inminente derrota militar, razón por la cual han decidido jugársela en el plano político a través de su propuesta de Convención Nacional para un eventual proceso de paz con el gobierno (Pizarro, 2004).

Mapas 6 y 7. Evolución de la actividad del ELN

1990

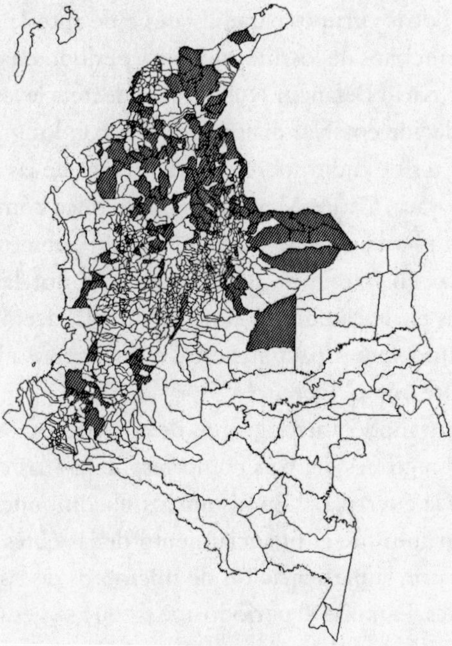

2000

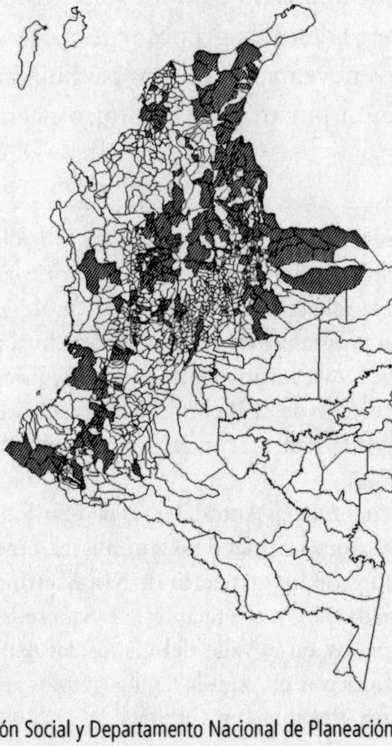

Fuente: Fundación Social y Departamento Nacional de Planeación.

Evolución y expansión de los grupos paramilitares o de autodefensa

El origen de los grupos paramilitares o de autodefensa actuales data desde principios de los años ochenta, período en el cual el gobierno de Belisario Betancur (1982-1986) decreta leyes de amnistía e indulto, y decide entablar diálogos de paz con los grupos alzados en armas.[13] En su estudio sobre el surgimiento de las autodefensas en Puerto Boyacá, Carlos Medina (1990) explica cómo las concesiones que implicaban las políticas de paz del gobierno no fueron bien recibidas en la región, particularmente por latifundistas y ganaderos, los cuales, asediados por la guerrilla, deciden organizar grupos de autodefensas, para que éstos combatieran a la subversión conjuntamente con el Ejército.

Del mismo modo, varios grupos de autodefensa se conforman en diferentes regiones del país como respuesta a las extorsiones y secuestros de la guerrilla.[14] En sus inicios, el componente común a todos estos grupos fue el financiamiento de las élites regionales y, en algunos casos, la participación de miembros de las Fuerzas Armadas oficiales. Durante el período 1994-1997 se gestó un proceso de unificación de todos estos grupos armados ilegales y se crearon así las AUC, movimiento unificado bajo un solo mando, el Estado Mayor, conformado por líderes de grupos regionales.

Al final de los años noventa, los grupos paramilitares y de autodefensa se expandieron por todo el territorio nacional, con lo

---

13 La Ley 35 de 1982 concedió amnistía general para todos los autores de crímenes políticos (rebelión, sedición y asonada) y autorizaba la financiación de programas para la rehabilitación y reinserción de los alzados en armas, los cuales incluían programas de rehabilitación, dotación de tierras y educación, entre otros. De la misma forma, la Ley 49 de 1985 otorgó una autorización al presidente de la República para conceder indulto a condenados por este tipo de delitos, con la posibilidad de extenderlo a delitos conexos.

14 Dentro de éstos se encuentran las Autodefensas de Córdoba y Urabá, de los hermanos Castaño; las Autodefensas de Ramón Isaza, en el Magdalena Medio; los grupos armados de los arroceros de San Martín, en Meta; las Autodefensas de los ganaderos y comerciantes, de Santander; los grupos armados de algunos ingenios, en el Valle del Cauca; las Autodefensas de Cundinamarca, comandadas por el "Águila", y los grupos armados de los narcotraficantes en Arauca, Putumayo y Caquetá.

que obtuvieron una gran movilidad y poder ofensivo.[15] Según el Programa de las Naciones Unidas para el Desarrollo, en el 2002 existían en Colombia 22 grupos paramilitares repartidos en 28 departamentos. El número de hombres en armas de las AUC también ha crecido aceleradamente: pasaron de 3.800 en 1997 a 13.000 en el 2003. Este crecimiento es el resultado de la estrategia adoptada por el Comando Mayor de las AUC, de expandir sus frentes a todos los territorios en los cuales la guerrilla ejerza control (véanse mapas 8 y 9). De esta forma, las AUC emprendieron una lucha por territorios estratégicos y de gran potencial económico para las guerrillas, como las zonas cocaleras en Urabá, Putumayo y en el sur de Bolívar, y ciudades como Barrancabermeja y Cúcuta.

Mapa 8. Evolución de la actividad de grupos paramilitares o de autodefensa

1995

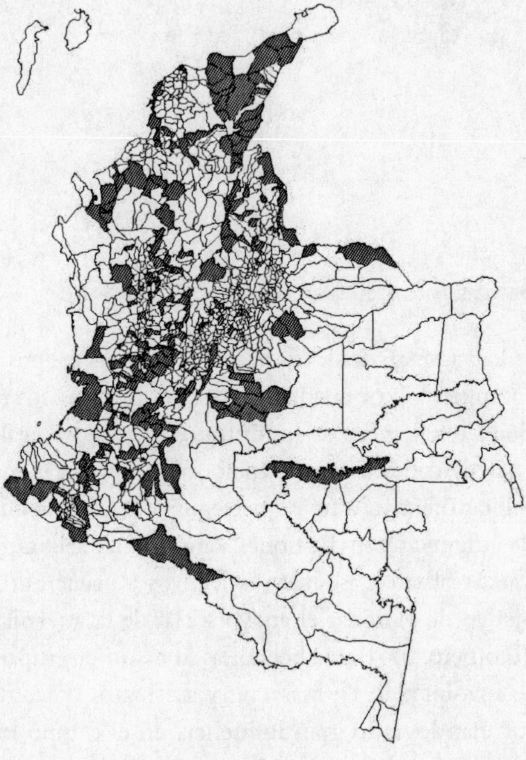

[15] Una corta historia de las autodefensas y paramilitares desde los años sesenta está en Richani (2002).

Mapa 9. Evolución de la actividad de grupos paramilitares o de autodefensa

2000

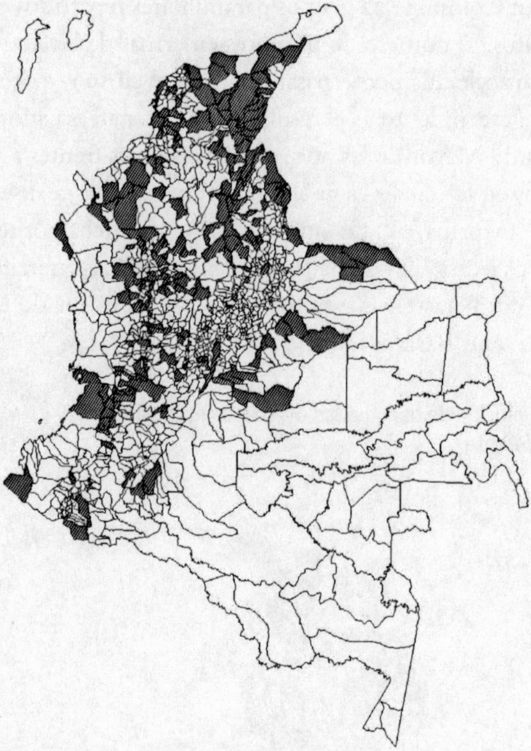

Fuente: Departamento Nacional de Planeación.

Según Lair (2004), desde los años ochenta los grupos paramilitares han competido por el control a las poblaciones, los recursos y los corredores estratégicos de los distintos mercados ilegales. No se limitaron a actividades defensivas, sino que tomaron una estrategia político-militar ofensiva, a fin de perseguir y atacar a la guerrilla en sus áreas de influencia y sus bastiones. Para obtener el control en estas zonas, las AUC realizaron asesinatos selectivos y masacres (Gráfica 3) con el objetivo de eliminar el apoyo social de la guerrilla en estas regiones (Romero, 2003). De hecho, las AUC son el grupo que más se ha visto involucrado en masacres y asesinatos colectivos.

Las AUC han logrado gran influencia en el campo local y regional, pues controlan tanto en el campo político como en el uso de los recursos para la inversión pública. En adición, también han logrado un control importante de los cultivos de hoja de coca y del

Gráfica 3. Masacres cometidas por grupos armados ilegales, 1997-2003*

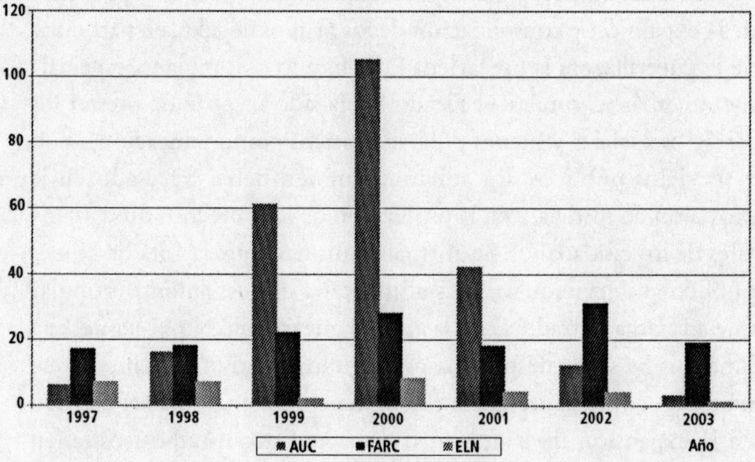

Fuente: Observatorio de DD. HH, Vicepresidencia de la República de Colombia.

narcotráfico en regiones como Putumayo, Nariño y costa Caribe, que les ha multiplicado su capacidad financiera (Díaz y Sánchez, 2004). Además de ser uno de los mayores perpetradores de violencia contra la población civil, durante los diálogos del Caguán se convirtieron en un obstáculo en las negociaciones de paz entre el Estado y las guerrillas.[16]

Hoy por hoy, las AUC se encuentran en proceso de negociación con el Estado, a fin de desmovilizarse y cesar la violencia. Sin embargo, a pesar de que las AUC exigen ser reconocidas como un movimiento político e independiente, sus evidentes vínculos con el narcotráfico, así como sus prácticas criminales, dificultan la negociación política (Pizarro, 2004).

* Estas masacres hacen referencia al homicidio de más de cuatro personas en un mismo lugar.

[16] Cabe mencionar que durante las negociaciones de paz entre las FARC y el gobierno de Pastrana (1998-2002), las FARC suspendieron en varias ocasiones los diálogos de paz aduciendo pocos resultados por parte del gobierno en la lucha contra el paramilitarismo.

Estado, descentralización y conflicto

Hace algún tiempo, la hipótesis dominante para la explicación de la expansión y consolidación de los grupos ilegales, en particular de la guerrilla, era la precariedad del Estado colombiano, especialmente en áreas rurales: el Estado había sido incapaz de prestar los servicios sociales y bienes públicos básicos como educación, salud y servicios públicos. En adición, también había fracasado en la provisión de justicia y en la protección de los derechos fundamentales de los ciudadanos. Se afirmaba entonces que la falta de bienes públicos y servicios sociales alimentaba el descontento popular que a la larga se traducía en la activad guerrillera. No obstante, esta hipótesis ha sido cuestionada por algunos estudios recientes[17] que muestran cómo la presencia estatal tiene un bajo poder explicativo en la expansión de la actividad armada. Estos estudios sostienen que, independientemente de la presencia estatal, la expansión del conflicto ha tenido lugar en los municipios más urbanizados, con importantes recursos naturales y de gran actividad económica (Bottia, 2003, y Salazar, 2005).

Sin embargo, para explicar la expansión del conflicto armado no basta con afirmar que ha obedecido menos a queja y más a avaricia (Collier, 2000), sino que esa explicación debe ser enmarcada dentro de los cambios institucionales que ha tenido el Estado.[18] No es lo mismo la evolución y expansión del conflicto en países de regímenes despóticos y centralizados que en países que han optado por una mayor descentralización y apertura de la vida política local. El segundo caso puede ofrecer, paradójicamente, más oportunidades a los grupos irregulares para expandirse y afianzarse. La razón para ello es doble. Por un lado, los gobiernos locales cuentan con menos capacidad represiva que el gobierno central, lo que hace que los dirigentes locales sean más susceptibles de ser intimidados,

---

17 Véase Bottia (2003), Rubio (2002) y Echandía (1999).

18 Medina (2004) ha criticado fuertemente la versión del conflicto del lado de la "oferta", cuyo vocero más importante es Collier (2000), en parte porque la violencia y el conflicto pueden tener "múltiples equilibrios" lo que implica que los análisis basados en cortes transversales sean no solamente incompletos, sino equivocados. Sin embargo, tanto el análisis histórico de los grupos irregulares y el marco institucional que enmarca su actuación como la estrategia de comparar municipios con características similares permiten superar esa crítica.

y, por otro, en la medida en que se transfieren más recursos a los gobiernos locales, aumenta el "botín" de depredación de los grupos irregulares. Así, la descentralización ofrece oportunidades tanto para profundizar la influencia política de los grupos irregulares como para incrementar sus fuentes de financiación.

La siguiente sección contiene los aspectos más relevantes de la descentralización en Colombia desde mediados de la década de los ochenta. Se mostrará cómo la descentralización, al tiempo que redujo el papel de las llamadas "condiciones objetivas" del conflicto, al permitir un avance sin precedentes de los indicadores sociales, facilitó la labor de los grupos irregulares, al permitirles nuevas oportunidades de control territorial y de recursos de financiación.

El proceso de la descentralización en Colombia: objetivos y avances

A mediados de los años ochenta se inició el proceso de descentralización en Colombia. Sus objetivos eran aumentar la provisión de bienes y servicios públicos locales y fortalecer la democracia en el ámbito municipal. Desde sus inicios se combinó la descentralización política con descentralización administrativa. Hasta principios de la década de los ochenta, el Estado colombiano era fuertemente centralizado. Las decisiones de gasto se tomaban en los organismos del gobierno central, mientras el Congreso servía como mediador entre el gobierno nacional y las regiones. En este sentido, el propósito inicial de la descentralización se ubicó en tres esferas: la política, la administrativa y la fiscal.

El componente político de la descentralización intentaba superar una estructura política cerrada, caracterizada por la exclusión de amplios sectores sociales y fuerzas políticas (Hoyos y Ceballos, 2004). Según Maldonado (2001), la descentralización política buscaba tres objetivos: consolidar la democracia, desarrollar la democracia participativa y directa y aumentar la gobernabilidad. La meta de la descentralización era acercar el gobierno a los ciudadanos, para mejorar la capacidad institucional, combatir la corrupción y aumentar el margen de gobernabilidad. Además, y fundado en el desarrollo de la democracia participativa, se trataba de eliminar la tradición bipartidista, aumentando la participación en las instancias políticas de partidos diferentes a los tradicionales.

Otro de los componentes fue la descentralización administrativa. De acuerdo con el DNP (2002), se buscaba profundizar la distribución de competencias entre los diversos ámbitos de la administración, siguiendo el criterio de asignación y provisión de bienes públicos a cargo de los municipios, de seguimiento y control a los departamentos y de la definición y diseño de políticas y estrategias.

La descentralización administrativa brindó facultades a las autoridades locales para ejecutar presupuestos, planear actividades, ordenar el gasto y ejercer contratación. A pesar de los límites que impone la descentralización, en términos de ordenamiento y ejecución del presupuesto, en muchos municipios con alta presencia y actividad de grupos ilegales, este mecanismo se ha agudizado y aparece como una forma alternativa de depredación en la nueva modalidad de "clientelismo armado" (Pizarro, 2004).

En cuanto a la descentralización fiscal, las reformas apuntaron a garantizar un mínimo de recursos a las entidades territoriales, para que éstas puedan atender sus nuevas competencias y cumplir con sus funciones. Se buscó incrementar las transferencias automáticas y semiautomáticas del ámbito central, reasignando recursos y creando nuevos sectores para el desarrollo local (Maldonado, 2001).[19]

Para propósitos analíticos, se presentará la evolución de la descentralización en dos etapas: la primera, que se desarrolla en la década de los ochenta, comprendió un conjunto de medidas fiscales cuyos fines eran fortalecer y reorganizar las finanzas de las entidades territoriales. La segunda, que surgió con la Constitución de 1991, dio un impulso definitivo al proceso descentralizador y convirtió al Estado colombiano en uno de los más descentralizados de América Latina. La segunda etapa fue complementada década de los noventa, en las cual se realizaron un conjunto de reformas fiscales que desarrollaron la Constitución y replantearon algunos de sus artículos.

---

[19] La reasignación de recursos para el desarrollo local incluyó la creación de nuevos sectores en la actividad pública. Explícitamente se dio mayor importancia a servicios de agua potable y saneamiento básico, cultura, recreación, deporte, vivienda de interés social, entre otros.

Primera etapa: la elección popular de alcaldes

La reforma descentralista de los años ochenta se realizó en un contexto de frágil democracia económica y social, lo que dificultaba el fortalecimiento de la democracia política. En adición, las fuerzas del Estado habían perdido el monopolio en el uso de la fuerza y por acción del narcotráfico la justicia se encontraba en extremo debilitada (Sánchez y Núñez, 2000, y Echeverri y Partow, 1998). Por otro lado, los gobiernos locales mostraban una mínima capacidad de acción, por su débil base fiscal y escaso margen de maniobra político, además de un avance lento en los indicadores sociales, reflejado en la escasa cobertura de servicios públicos y sociales. A lo anterior habría que sumar la presencia de grupos armados ilegales que se constituyeron en un tipo de "Estado embrionario" en aquellas regiones donde existía una mínima o nula presencia del Estado (véase Hoyos y Ceballos, 2004).

La elección popular de alcaldes a partir de 1988 fue uno de los primeros y más importantes avances de la descentralización política. En su primera etapa, el proceso descentralizador siguió una estrategia integral que combinó cambios en materia fiscal, política y administrativa, cuyo objetivo era de generar un efecto significativo en el problema fundamental de la legitimidad.

Segunda etapa: la Constitución Política de 1991 y la profundización de la descentralización

La Constitución de 1991 formaliza y eleva al rango constitucional las transferencias a los gobiernos locales, así como la elección popular de alcaldes y de gobernadores, y da las bases para profundizar el proceso descentralizador, en particular en lo referente a otorgar más recursos a los gobiernos locales. Los aspectos más importantes de este proceso son cuatro (Alesina, Carrasquilla y Echevarría, 2002; Maldonado, 2001): (a) el gobierno nacional debe transferir la mitad del los recursos recaudados a los gobiernos locales; (b) el grueso de los recursos transferidos se van a destinar principalmente a educación y salud; (c) los alcaldes y gobernadores elegidos deben administrar los recursos y aumentar el esfuerzo fiscal propio, y (d) el fortalecimiento de la democracia participativa, por medio de la creación de mecanismos de participación, para fortalecer la continuidad en los planes de gobierno local, y el aumento del período de los alcaldes y gobernadores de dos a tres años.

El período 1999-2001 se puede catalogar como uno de profundización en el proceso descentralizador, en el cual se promulgan estatutos de tipo fiscal como la Ley 549 de 1999 (de Creación del Fondo de Pensiones Territoriales), la Ley 617 de 2000 (de Racionalización del Gasto Público en las Entidades Territoriales) y la Ley 619 de 2000 (la cual modificó la Ley de Regalías Municipales de 1994).[20] En adición, se crea el Sistema Nacional de Participaciones y se pone en una sola bolsa el antiguo *situado fiscal*, dirigido a los departamentos y las participaciones municipales.

Descentralización, presencia estatal y recursos municipales

Al tiempo que el gobierno nacional delegó las responsabilidades administrativas en los municipios, los recursos locales –en particular las transferencias– aumentaron de forma vertiginosa. La Gráfica 4 muestra la evolución de las trasferencias como porcentaje del producto interno bruto (PIB). Según los datos, durante el período 1982-2002, las trasferencias totales pasaron de representar el 1,9% del PIB a ser casi el 6% en el 2002. Sin embargo, este incremento obedece principalmente al aumento en las transferencias municipales, las cuales pasaron de 0,5% a una del 3,1% del PIB, con lo cual superaron la magnitud de las transferencias departamentales (Gráfica 4). Igualmente, el gasto social descentralizado aumentó considerablemente, sobre todo en educación, salud, seguridad social y empleo, lo que disparó el gasto público territorial durante los años noventa. De esta forma, los gobiernos locales pasaron a manejar cuantiosos recursos que los hicieron tremendamente atractivos como fuente de financiación de los grupos irregulares.

Los resultados de la descentralización, en términos de participación política y desarrollo institucional, son mixtos. Por un lado, la descentralización política ha estado acompañada por el surgimiento de alternativas políticas. En las primeras elecciones locales, celebradas en 1988, más del 85% de los alcaldes electos

---

[20] La Ley 549 de 1999 estableció las normas tendientes a financiar el pasivo pensional de las entidades territoriales, y para ello se creó el Fondo Nacional de Pensiones de las Entidades Territoriales. La Ley 617 de 2000, la cual buscaba aprobar medidas de saneamiento fiscal de las entidades territoriales propuso un ajuste en el gasto de los entes territoriales creando una nueva categorización de loa municipios y departamentos.

Gráfica 4. Transferencias (porcentaje del PIB), 1982-2002

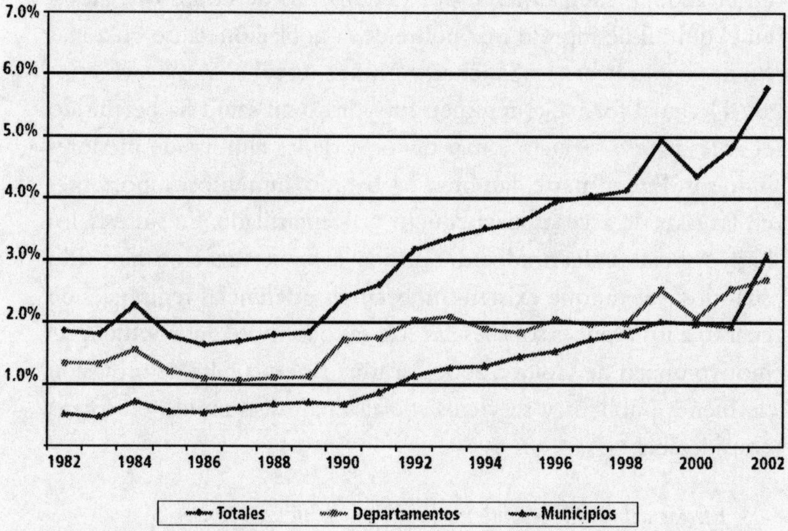

Fuente: DNP, cálculo de los autores.

pertenecía a uno de los dos partidos tradicionales. Sin embargo, estos partidos han perdido su predominio ante nuevas coaliciones, movimientos cívicos y candidatos independientes, los cuales han alcanzado votaciones muy altas en los últimos años.[21] Por el otro, la introducción de la reelección de alcaldes y gobernadores –implementada a partir de la Constitución de 1991– ha permitido a los votantes disponer de mecanismos de sanción o premio electoral. Así, durante el período 1988-1997, en 316 municipios un alcalde ha sido reelegido en dos ocasiones y en 20 ha sido elegido en tres, lo cual sugiere un reconocimiento a la gestión de los gobiernos locales (Maldonado, 2001).

Los resultados de este proceso, en términos de servicios sociales, como educación, salud y servicios públicos, han sido importantes. El sector educativo tuvo grandes avances durante la década de los noventa. La descentralización ha favorecido la disminución de la tasa de analfabetismo, los incrementos en las coberturas de todos los niveles escolares y los mayores índices de escolaridad generales.

[21] En las elecciones del 2003, más del 55% de los alcaldes elegidos pertenecía a coaliciones o movimientos que no se registraron dentro de los dos partidos tradicionales.

Por ejemplo, la cobertura secundaria pasó del 48% en 1990 al 75% en el 2000, principalmente por el aumento de cupos oficiales y en el quintil de ingreso más pobre de la población, tanto en zonas rurales como urbanas (Sánchez y Núñez, 1999).

De igual forma, el régimen subsidiado en salud ha permitido el acceso a ese servicio a más del 60% de las familias de menores ingresos. Por su parte, también ha habido aumentos importantes en las tasas de accesos a acueducto y alcantarillado. En síntesis, los logros sociales alcanzados durante la descentralización han sido cuantiosos y aunque existen importantes diferencias regionales en cuanto a los avances sociales, las "causas objetivas" del conflicto (el motivo quejas de Collier, 2000) originadas en la falta de provisión de bienes públicos y servicios sociales han disminuido en forma considerable.

Efectos del conflicto sobre los gobiernos locales

Como se señaló, el proceso de descentralización coincidió con un gran aumento en la intensidad del conflicto armado. De hecho, en un buen número de municipios el proceso electoral y la gestión de los gobiernos se han visto seriamente restringidos por grupos irregulares y por la violencia política. Así, la mayor profundización de la vida política municipal se convirtió en un medio a través del cual los grupos irregulares afianzaron su influencia sobre la población y fortalecieron el control territorial.

La influencia de los grupos irregulares sobre la vida política municipal se expresa de varias formas, entre ellas la presión directa que ejercen los grupos armados sobre el proceso electoral, ya sea protegiendo a los candidatos "amigos", amenazando y asesinando a los que no lo son o atemorizando a los votantes. Esto ha restringido el proceso electoral, la participación política y la misma competencia electoral (elecciones con sólo un candidato) en gran número de municipios.

La mencionada presión se ha reflejado en la enorme magnitud de la violencia contra candidatos a cargos públicos locales. Según datos de la Presidencia de la República, durante el período 1988-2001, los grupos armados ilegales asesinaron un total de 70 candidatos a alcaldías, 92 a concejos y 14 a otros tipos de cargos públicos, siendo 1997 el año más crítico con 57 candidatos asesinados, 100

Gráfica 5. Asesinato de candidatos, 1986-2001

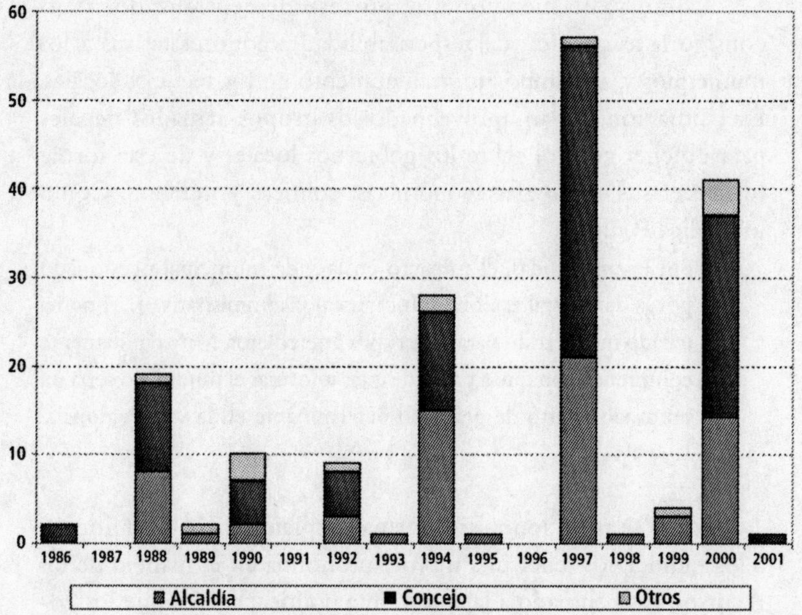

Gráfica 6. Asesinato de dirigentes, 1986-2001

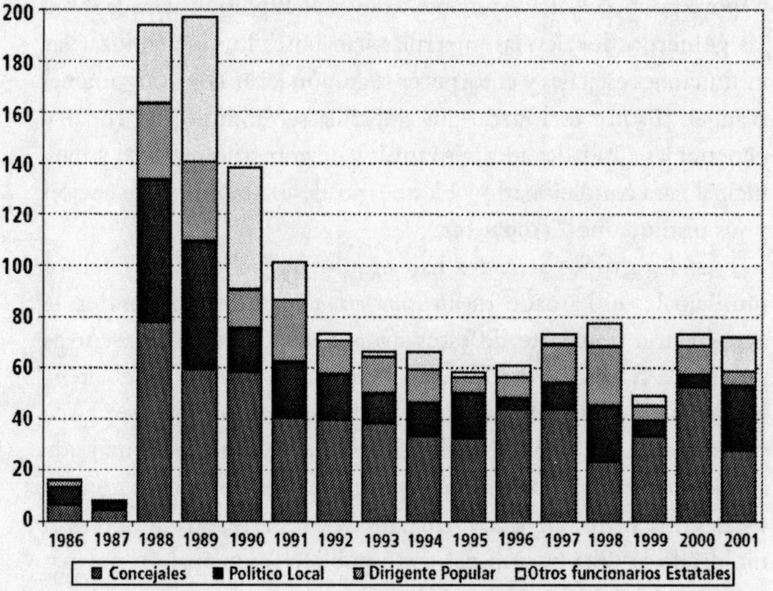

Fuente: Observatorio de DD. HH., Vicepresidencia de la República de Colombia.

secuestrados y 369 retirados de la contienda electoral por presión de los actores armados (véanse gráficas 5 y 6).

Como ya se mencionó, el proceso descentralizador trajo consigo la asignación de responsabilidades administrativas a los municipios y, al tiempo, un gran aumento en los recursos locales. Esta situación la han aprovechado los grupos armados ilegales para obtener control sobre los gobiernos locales y de esta forma fortalecer sus estrategias económicas, políticas y militares. Como lo explica Rangel:

> Sin lugar a dudas, el impacto en la vida municipal ocasionado por la descentralización política, fiscal y administrativa [...] no ha pasado inadvertido para los grupos guerrilleros. Muy rápidamente comprendieron que a partir de estas reformas el municipio sería un renovado centro de gravedad determinante en la vida regional... (1997: 54)

Como se mencionó, las reformas implementadas permitieron a los municipios tener una mayor autonomía en el manejo de los recursos. Esto, sumado a la autonomía política, llevó a que los gobiernos municipales adquirieran una mayor importancia para los grupos armados y a que se convirtieran en fuente de financiamiento y apoyo político. Adicionalmente, a través de la presión armada sobre los gobiernos locales, las guerrillas han buscado desestabilizar las instituciones estatales y entorpecer la gestión local, como argumenta Rangel: "Es por esta razón que guerrilla se propuso [...] copar y penetrar las entidades administrativas y de gobierno regional y municipal para condicionarlo y bloquearlo, desestabilizando su acción y sus instituciones" (1997: 55).

Así, los grupos armados han promovido sobre los gobiernos municipales el llamado *clientelismo armado*, que se expresa en la apropiación por parte de estos grupos de los bienes y recursos públicos a través del uso de la violencia. Al igual que en el clientelismo tradicional, los grupos armados irregulares influyen en la contratación de obras públicas, se apropian de un porcentaje de los recursos municipales a través de exigencias de pagos a contratistas, entre otros. De esta forma, los actores armados ilegales han moldeado la distribución del gasto público municipal en muchas regiones del país (Rangel, 2001).

Al igual que el proceso electoral, la gestión de los gobiernos locales ha estado restringida en un gran número municipios como consecuencia de la presión por parte de actores armados. Esta presión armada es llevada a cabo por medio de amenazas, secuestros y asesinatos a dirigentes o funcionarios públicos. Esta violencia contra autoridades, dirigentes y funcionarios locales se dispara a partir de 1988, año en el cual entró en vigencia la elección popular de alcaldes. Como se observa, esta violencia se intensifica en los años posteriores y nunca vuelve a los índices anteriores, al inicio de la descentralización, cuando este tipo de violencia política era prácticamente inexistente (véase Gráfica 6).

Las estadísticas sobre amenazas, secuestros y asesinatos de dirigentes y funcionarios públicos son alarmantes. Según datos de la Confederación de Municipios, en el pasado reciente se encontraban amenazados 554 alcaldes (aproximadamente 50% del total de alcaldes) en todo el territorio nacional, lo cual llevó a que muchos de ellos gobernaran a distancia. Según el Observatorio de DD. HH. de la Vicepresidencia de la República, durante el período 1988-2001 fueron asesinados 131 alcaldes, 461 concejales, 291 dirigentes políticos locales, 214 líderes populares, 185 dirigentes sindicales y más de 550 funcionarios estatales.[22]

Al explicar el aumento de la violencia contra dirigentes y funcionarios públicos a partir de 1988, Romero (2003) argumenta que la descentralización, que buscaba legitimar los gobiernos locales y de esta forma deslegitimar la lucha armada, tuvo un efecto contrario, debido a las características del conflicto en la que se desarrolló. La creciente competencia política, impulsada por la descentralización, escaló la violencia política, al exacerbar la rivalidad entre los que pedían un cambio en el sistema político y los que defendían el statu quo. De esta forma, Romero (2003) explica cómo la violencia contra autoridades y funcionarios es el resultado de la competencia política de los grupos armados irregulares de diferentes regiones, que se convierten en parte del proceso político de un gran número de municipios. Más recientemente, Duncan (2005) ha mostrado cómo las autodefensas ilegales, con sus estructuras mafiosas, han

---

[22] Dentro de los funcionarios públicos se encuentran inspectores de Policía, profesores oficiales, funcionarios judiciales, funcionarios del Instituto Nacional Penitenciario y Carcelario (Inpec), entre otros.

comenzado a influir en los espacios políticos y en la contratación de los grandes centros urbanos utilizando la intimidación y la violencia.

Conflicto armado y justicia: el debilitamiento del Estado

La justicia tiene un efecto importante de contención y disuasión en la actividad criminal, como la han señalado diversos estudios.[23] Sin embargo, en un contexto de conflicto armado, la justicia se debilita, lo que a su vez permite y facilita el accionar de los grupos armados ilegales. De hecho, los grupos irregulares afectan la provisión de justicia, por un lado, a través de la intimidación o eliminación directa de jueces y fiscales, y, por el otro, vía congestión del sistema judicial, expresado en el escalamiento de la actividad delictiva y criminal frente al cual el sistema de justicia tiene una capacidad de respuesta limitada. Así, la provisión de justicia incide en el conflicto armado y que éste al tiempo influye en la provisión de la justicia.

El sistema judicial no pudo responder ante la fuerte escalada de la actividad armada y delictiva que experimentó Colombia en los años noventa, lo que deterioró la provisión de justicia. Los hallazgos presentados en la Gráfica 7 corroboran las anteriores afirmaciones, pues muestran la relación negativa entre eficiencia de la justicia (medida como el número de capturas por homicidio sobre el número de homicidios) y la actividad armada departamental.[24] Se observa cómo los departamentos con índices de justicia bajos experimentaron mayor actividad armada. Asimismo, los departamentos con altos índices de actividad armada experimentaron mayores deterioros en la eficiencia de la justicia, de los cuales Arauca y Guaviare son los casos más críticos.[25]

---

[23] Rubio (1998); Sánchez, Díaz y Formisano (2003); Díaz y Sánchez (2004). Estos estudios toman la eficiencia de la justicia como determinante del crimen violento (homicidios y secuestros) y la actividad armada ilegal.

[24] Se tomó el promedio durante el período 1990-2000 de la actividad armada de las FARC-EP, el ELN y las AUC y de la eficiencia de la justicia (número de capturas por homicidio/número de homicidios), todo esto en el ámbito departamental.

[25] Arauca experimentó la tasa de ataques departamental más alta y un deterioro en el indicador de eficiencia, al pasar del 10% en 1990 al 3,2% en el 2000. De la misma forma, Guaviare, departamento que experimentó una

Gráfica 7. Actividad armada y eficiencia de la justicia, 1990-2000

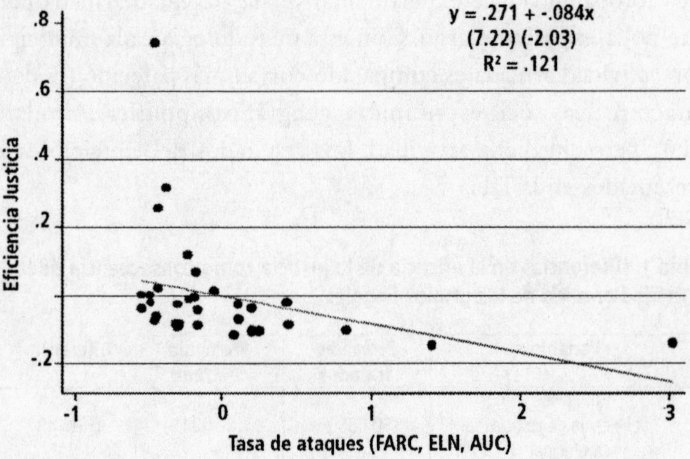

Fuente: DNP, Policía Nacional, cálculos de los autores.

Para determinar el efecto de la actividad de los grupos armados ilegales en el funcionamiento de la justicia municipal en el año 2003 –año para el cual hay estadísticas municipales de personas capturadas– se utilizó la metodología de emparejamiento (*matching estimators*) a partir de un modelo probabilístico en el ámbito municipal.[26] Esta metodología nos permite saber cuál hubiera sido el desempeño de la justicia –en términos de capturas sobre delitos– en municipios con actividad armada *si éstos no hubieran tenido* este tipo de actividad.

Lo primero que se hizo fue estimar la probabilidad de que un municipio haya experimentado actividad armada por parte de cualquier grupo armado (FARC-EP, ELN y AUC) durante el 2002. En este primer cálculo se utilizaron como variables explicativas características geográficas, socioeconómicas, actividad económica y variables de persistencia y difusión de la actividad armada (véase adelante). La probabilidad estimada se utiliza para realizar el emparejamiento,

escalada en la actividad armada, pasó de tener un indicador de eficiencia del 43% en 1989 a uno del 17% en el 2000.

26 Se tomaron datos sobre el total de capturas realizadas por la Policía en el 2003. Igualmente, para calcular el índice de eficiencia de la justicia se tomó el número total de delitos reportados por la Policía Nacional, todos éstos en los municipios.

el cual consiste en comparar la tasa de capturas en municipios con actividad armada con la tasa de capturas de municipios que tienen igual probabilidad de experimentar dicha actividad armada pero que no la experimentaron. Con esta metodología cada municipio con actividad armada es comparado con su más parecido (es decir características socioeconómicas, geográficas, políticas, similares etc.)., pero sin dicha actividad. Los resultados del ejercicio están presentados en la Tabla 1.

Tabla 1. Diferencias en la eficacia de la justicia como consecuencia de la actividad armada de los grupos ilegales

Variable	Promedio tratados	Promedio controles	Diferencia
Índice de eficiencia de justicia municipal No tratados: 556, Tratados: 448 Mathing Method Neighbor	0,0855	0,1004	-0,10148*

* Significancia al 95%.
Fuente: Policía Nacional y CEDE, cálculos de los autores.

La Tabla 1 muestra los resultados de la diferencia en la eficacia de la justicia en 2003 en aquellos municipios con actividad armada ilegal y sin ella, para 1.004 municipios, que son casi la totalidad de los municipios colombianos. Según las estadísticas del DNP y la Presidencia de la República, en el 2002, 448 municipios presentaron actividad de, al menos, uno de los grupos armados. La diferencia entre la eficiencia de la justicia promedio de estos municipios y los del grupo de control (los que tienen probabilidad similar de presentar actividad armada, pero no la tuvieron) es negativa y estadísticamente significativa. En los municipios control (sin actividad armada) se presentaron alrededor de 10 capturas por cada 100 delitos mientras que en los municipios con actividad armada se presentaron 8,5 capturas por cada 100 delitos, es decir, 15% menos.

Esta diferencia, en términos de capturas, representa en promedio 71 capturas menos en municipios con actividad armada en comparación con los controles. Si multiplicáramos esta diferencia por el número de municipios con dicha actividad (448) se obtendría una diferencia de 31.808 capturas, las cuales representan aproximadamente el 12% del total de capturas realizadas por la Policía en el 2003. Estos resultados muestran el efecto negativo que tiene la actividad armada ilegal en el funcionamiento del sistema judicial.

La anterior sección permite concluir que la actividad armada local deteriora el funcionamiento de la justicia a través de diversos mecanismos, como la intimidación y desaliento de jueces y policías, el congestionamiento del aparato judicial y la creación de un ambiente de impunidad para delincuentes comunes. El debilitamiento de la justicia es requisito para el avance y control de los grupos irregulares sobre el gobierno y la sociedad en los ámbitos local y regional.

Hallazgos empíricos sobre descentralización y conflicto

Metodología

Como el propósito de este trabajo es determinar las variables asociadas con la actividad de los grupos armados ilegales tanto a lo largo de tiempo como geográficamente, se debe utilizar una metodología que recoja esos dos aspectos. En primer lugar, dado el carácter geográfico de las variables dependientes utilizadas en este trabajo, puede existir correlación ya sea con la variable dependiente en los municipios vecinos como con las variables explicativas de locales y vecinos del municipio o departamento. Así, la actividad de los grupos irregulares en un municipio puede estar correlacionada con la actividad de los grupos irregulares en el municipio vecino, con las condiciones sociales de los vecinos o con factores generadores de violencia en los vecinos. En este sentido, se deben utilizar técnicas econométricas que capten las mencionadas relaciones. Por lo tanto, la actividad de los grupos irregulares no sólo depende de las características de cada municipio, sino también de la actividad y los valores de otras variables en los municipios vecinos.[27] El modelo que se va a estimar será de la siguiente forma:

---

[27] La autocorrelación espacial de la variable dependiente no es considerada por la econometría estándar (MCO, corte transversal); esto viola el principio de independencia de las observaciones. Esta incorrecta especificación genera residuos correlacionados y conduce a una sobrevaloración de la varianza del vector de estimadores. También sesga la varianza residual, invalidando así los resultados de las inferencias estadísticas basadas en el test de *t-student* y al tiempo aumentando el valor del R2.

$$Y_{i,t} = {}^{*}W1^{*}Y_{s,t} + X_{i,t}{}^{*} + X_{s,t}{}^{*}W1^{*} + u_{i,t}; \text{ (1)}$$

Donde $Y_{i,t}$ representa la actividad armada en el municipio *i* en el año *t*; $Y_{s,t}$ representa la actividad armada en el municipio vecino *s* en el año *t*; el vector $X_{i,t}$ contiene las variables explicativas en el municipio *i* en el año *t*, y el vector $X_{s,t}$ contiene las variables independientes en el municipio vecino *s*. La autocorrelación espacial –medida por el parámetro– es muy similar a la autocorrelación temporal observada en las series de tiempo. No obstante, en las series de tiempo este problema econométrico es únicamente unidireccional, es decir, el pasado explica el presente y puede ser corregido simplemente con el operador de rezago. En contraste, la dependencia espacial es multidireccional, esto es, todas las regiones pueden afectarse entre sí lo que motiva la implementación de la matriz de contigüidad espacial[28] *W1* (o de rezago espacial).

La utilización de este tipo de metodología y la integración de la matriz de contigüidad en los modelos econométricos permiten capturar la difusión espacial y los efectos de contagio de la actividad de los grupos armados ilegales. Por ende, se puede analizar el efecto contagio que ejerce la mencionada actividad de un municipio a otro, al igual que la influencia de variables independientes de unidades espaciales vecinas sobre las variables dependientes locales.

Los modelos que se van a calcular son para el período 1974-1982, de tipo *tobit* espacial 1974-1982, en los cuales se explica la

---

28 Una matriz de contigüidad para N unidades geográficas es simétrica, de dimensión (NxN), con valores de ceros en la diagonal (ya que no se puede hablar de vecindad de cada unidad geográfica consigo misma) y en el resto de los elementos de esta matriz se incluyen los criterios de vecindad entre las otras unidades espaciales N_i y N_j (para i ≠ j). Estos valores son diferentes según el criterio de vecindad que se utilice. Si la matriz utilizada es 1/Distancia, los elementos i y j de la matriz, para i diferente de j, se llenan con el inverso de la distancia entre los dos municipios i y j, de tal forma que las unidades geográficas más lejanas tengan valores menores. Si la matriz utilizada es binaria 1 Km, solamente se llena de unos los elementos de la matriz donde la distancia entre los sectores censales es menor a 1 kilómetro y el resto de la matriz se llena de ceros. La diagonal se rellena de ceros, y luego todas las matrices son estandarizadas horizontalmente, de tal suerte que cada suma horizontal de los elemento de la matriz sea igual a 1 (Moreno y Vaya, 2001).

tasa por habitantes o el número de acciones de los grupos armados ilegales, y para el período 1985-2002, modelos de tipo *probit* espacial, en los cuales se explica la presencia o no de actividad de cada uno de los grupos armados en un municipio en particular (FARC, ELN y autodefensas ilegales).

Datos

Los diferentes ejercicios econométricos tienen como variable dependiente ya sea la tasa de actividad de los grupos armados ilegales para el período 1974-1982 o la presencia o no de actividad (como una variable 1 o 0) para el período 1985-2002. Como se mencionó, se utiliza la metodología *tobit* espacial en el primer período y *probit* para el segundo. Esta variable se construyó a partir de la información de actividad de grupos armados que recolectó el IEPRI para el período anterior a 1982.

Las variables explicativas para la actividad en el período 1974-1982 son las variables de orden socioeconómico en el ámbito municipal, como NBI, coberturas de alcantarillado, energía, varianza de la educación calculadas a partir del censo de población de 1973. En adición, se utilizan los ingresos municipales y la presencia de recursos mineros (oro) como variables de riqueza o desarrollo municipal. Como variable de presencia de Estado se utiliza la eficiencia de la justicia, medida como la relación entre capturas por homicidio y el número de homicidios de acuerdo con las estadísticas de la Policía Nacional. Para controlar por la historia de actividad armada ilegal del pasado el municipio se tiene la intensidad de la violencia durante la *Violencia Tardía* (1958-1962), calculada a partir de Chacón y Sánchez (2004).

Las variables explicativas de la presencia o no de actividad de los tres grupos armados ilegales más importantes para el período 1985-2002 se han dividido en variables socioeconómicas (necesidades básicas insatisfechas [NBI], *Gini* de propiedad de la tierra, cobertura en educación primaria y secundaria), variables de riqueza y actividad económica (petróleo, ganadería, cultivos de hoja de coca y transferencias municipales), variables de presencia estatal (participación electoral, representación política y eficiencia de la justicia), variables de geografía y, finalmente, variables de rezagos temporales y espaciales. Los datos de las variables tanto explicativas como dependientes fueron extraídos de diferentes fuentes (Presidencia de la República, DNP, IGAC, DANE y Registraduría General de la Nación).

Resultados

Actividad de grupos armados durante el conflicto temprano, 1974-1978

Los resultados de los ejercicios econométricos que explican la actividad de los grupos irregulares durante los períodos 1974-1978 y 1979-1982 están presentados en la Tabla 2. De acuerdo con la tabla, la tasa de actividad de los grupos al margen de la ley para el período 1974-1978 estaba asociada positivamente con la pobreza, medida a través del índice de NBI, y con la desigualdad, medida con la varianza de la educación municipal. Por su parte, la cobertura en primaria tiene un efecto negativo. La variable de presencia estatal expresada en la eficiencia de la justicia tiene el signo negativo esperado. Las variables de riqueza, medidas por los impuestos municipales per cápita y la presencia de oro, tienen el signo positivo esperado aunque sólo es estadísticamente significativa la presencia de oro.

Tabla 2. Tasa de actividad de grupos ilegales (tobit 1974-1978)

Condiciones sociales	
NBI	1,10***
Cobertura primaria	-2,59***
Varianza de la educación	0,70***
Cobertura alcantarillado	1,72***
Presencia estatal	
Eficiencia de la justicia	-0,88***
Impuesto per cápita 1973	0.01
Condiciones de actividad económica	
Presencia de oro	0,38*
Variables espaciales	
Rezago especial	0,22***
Violencia	
Violencia tardía (1958-1965)	0,32*
Constante	-1,74***
Número de observaciones	942
Metodología	Tobit espacial
Dummies años	***

*significativo 90%.
** significativo 95%.
*** significativo 99%.

Fuente: IEPRI y CEDE, cálculos de los autores.

Los resultados muestran que existe una fuerte correlación espacial o efecto contagio. De hecho, 0,22 de la tasa de actividad armada de los municipios vecinos se transmite hacia el municipio local. Los resultados sugieren que si el municipio experimentó violencia durante la *Violencia Tardía* (1958-1965), era más susceptible de tener actividad de grupos irregulares en el período 1974-1978.

Los resultados de la Tabla 2 corroboran la hipótesis de que, en sus comienzos, el conflicto o actividad armada estuvo en parte explicado por las condiciones de exclusión y pobreza, como lo muestran la significancia estadística de las variables pobreza y desigualdad (medida por la varianza de la educación municipal). De igual forma, el conflicto se localizó en los sitios donde se organizaron los grupos de autodefensa campesina a finales de los años cincuenta y principios de los sesenta, que más tarde originaron el movimiento guerrillero.

Actividad de grupos armados, 1985-2002

Los determinantes de la probabilidad de presencia de actividad de grupos irregulares (FARC-EP, ELN y autodefensas ilegales) para el período 1985-2002 se presentan en la Tabla 3. En el caso de la actividad de las FARC-EP, se observa que de las variables socioeconómicas solamente la cobertura en secundaria tiene el signo esperado negativo. La cobertura en primaria tiene efecto positivo. El efecto de la pobreza medida por NBI, aunque positivo, no es estadísticamente significativo. La concentración de la tierra medida por el *Gini* del valor de la propiedad tiene efecto negativo, contrario al esperado a partir de la hipótesis de las "causas objetivas". Esto podría ser el resultado de la forma como se ha expandido la actividad de las FARC-EP del sur del país, donde son comunes las grandes propiedades hacia las cordilleras y del occidente del país donde el tamaño de las propiedades es menor.[29]

Respecto a las variables de actividad económica, todas tienen signo positivo y son estadísticamente significativas. Así, tanto

[29] De acuerdo con Reyes (1999), las tierras minifundistas de la región Andina, de baja concentración de la propiedad, no han experimentado conflictos agrarios desde mediados de los años ochenta. Sin embargo, estas regiones han sido objeto de actividad guerrillera o paramilitar o se han dado enfrentamiento entre estos grupos y el Ejército regular.

Tabla 3. Actividad de los grupos armados ilegales (actividad = 1, no actividad = 0)

FARC y ELN: período 1985-2002; Autodefensas: 1995-2002			
Grupo armado ilegal	**FARC**	**ELN**	**Autodefensas**
Condiciones socioeconómicas			
NBI	0.0003	0,0003	0,0008 **
Gini avalúo propiedad	-0,1196 ***	-0,0430 **	0,0112
Cobertura primaria	0,0252 ***	-0,0048	-0,005
Cobertura secundaria	-0,0391 **	0,0019	0,0144
Actividad económica			
Presencia de petróleo	0,0322 ***	-0,0009	0,0294 *
Presencia de ganadería	0,0454 ***	0,0199 ***	0,0382 ***
Cultivos de coca	0,0025 *	-0,0015	0,0041 **
Transferencias	0,0501 ***	0,0421 ***	0,0509 ***
Presencia estatal			
Eficiencia de la justicia	-0,0872 ***	-0,0687 ***	-0,2242 ***
Participación electoral	-0,1907 ***	-0,0577 ***	-0,1404 ***
Representación política	-0,0894 ***	0,0261	0,0338
Variables geográficas			
Altura	0,0064 **	0,0056 ***	-0,0039
Distancia a la capital	0,000	0,000	-0,0001
Dinámica espacio-temporal			
Rezago temporal 1	0,1850 ***	0,1331 ***	0,1679 ***
Rezago temporal 2	0,0692 ***	0,0713 ***	0,0590 ***
Rezago temporal 3	0,0759 ***	0,0722 ***	0,0349 **
Rezago espacial farc	0,3893 ***	0,3102 ***	0,0135 ***
R^2	0,2504	0,3493	0,1561
Número de observaciones	13.029	14.070	5.203
Metodología	Probit espacial	Probit espacial	Probit espacial
Dummies años	Sí ***	Sí ***	Sí ***

*** significativo 99%, ** significativo 95%, * significativo 90%

Fuente: CEDE, cálculos de los autores.

la presencia de actividad petrolera como de actividad de ganadería influyen en la probabilidad de actividad armada de las FARC-EP. De igual forma sucede con la presencia departamental de cultivos de coca, que aumentan la probabilidad de que en el municipio en cuestión haya actividad de las FARC-EP. Por su parte, el monto total de transferencias al municipio que hace la Nación –que expresa la profundización de la descentralización– influye de forma positiva y significativa la actividad de las FARC. Así, el efecto de las variables de riqueza y actividad económica sobre la actividad de esta agrupación guerrillera va en la línea con lo encontrado por Collier (2000) para el caso de las guerras civiles en distintos países y con el de Bottia (2003) para el caso colombiano.

De igual forma se corrobora la hipótesis de que la descentralización fiscal y administrativa, en la medida en que incrementó los recursos y el poder político a los municipios, fue el marco institucional que trasladó el conflicto al ámbito de disputa por el poder local y facilitó el escalamiento de la actividad de los grupos irregulares. Las variables de presencia estatal y de actividad política las elecciones tienen los signos esperados. La eficiencia de la justicia (medida con la relación capturas por homicidio sobre el número de homicidios) tiene signo negativo y altamente significativo. De igual forma, la participación electoral y el grado de respaldo político del alcalde (medido con la relación votos por el alcalde ganador sobre votos totales) tienen efecto negativo en la actividad armada de las FARC. De hecho, alta participación electoral y respaldo político son expresiones de legitimidad de los gobernantes locales que dificultan, en algún grado, la actividad de los grupos armados ilegales.

Con relación a la dinámica temporal, se encuentra según los resultados de la Tabla 3 que existe alto grado de persistencia temporal en la actividad municipal de las FARC. Así, un municipio que tuvo acciones armadas de las FARC en los años anteriores tiene mayor probabilidad de experimentar actividad en el presente. De igual forma, el efecto contagio es significativo. De hecho, si existe actividad de las FARC en los municipios vecinos, aumenta en cerca de 40% la probabilidad de que el municipio local registre acciones armadas de este grupo.

En cuanto al ELN, la Tabla 3 muestra que las variables socioeconómicas no tienen un efecto estadísticamente significativo en la actividad armada de ese grupo, con excepción del *Gini* del valor o avalúo de la propiedad, que tiene el signo contrario al esperado de acuerdo con la hipótesis de las "causas objetivas", resultado que tiene una explicación similar que en el caso de las FARC. Respecto a las variables de riqueza e ingreso, la actividad del ELN está asociada positiva y significativamente con la existencia de ganadería y con las transferencias municipales. De nuevo es claro el efecto positivo y significativo de las transferencias municipales como indicador de descentralización. En relación con las variables de presencia estatal y desarrollo político, tanto la eficiencia de la justicia como la participación electoral tienen el efecto negativo esperado sobre la actividad del ELN, en igual forma como se encontró en el caso de las FARC. La actividad del ELN también conlleva un efecto de persistencia (dinámica temporal) como de contagio (dinámica espacial) muy significativos aunque de menor magnitud que la que se encontró para el caso de las FARC.

Finalmente, los resultados de los modelos para la actividad de las autodefensas ilegales se estimaron para el período 1995-2002, porque sólo para este período hay información municipal de carácter sistemático de las actividades de ese grupo armado. La Tabla 3 muestra que las variables socioeconómicas no tienen un efecto estadísticamente significativo sobre la actividad de este grupo. De hecho, solamente la pobreza medida por NBI tiene efecto negativo. En cuanto a las variables de riqueza y recursos, todas tienen el signo positivo esperado. De hecho, la existencia de petróleo, de ganadería y de cultivos de coca incentivan la actividad de los grupos de autodefensas ilegales. De nuevo, el tamaño de las transferencias municipales también tiene un efecto significativo sobre la actividad de esos grupos. En cuanto a las variables de presencia estatal (eficiencia de la justicia) y fortaleza política local (participación electoral), ambas afectan en forma negativa la probabilidad de actividad de las autodefensas. De hecho, los coeficientes fueron de mayor magnitud (negativa) que los encontrados para el caso de las FARC y del ELN. Otra vez, resalta el efecto positivo y significativo de las transferencias en la explicación de la probabilidad de tener actividad armada de las autodefensas ilegales.

La dinámica espacio-temporal de las autodefensas ilegales tiene un comportamiento distinto que el de los otros dos grupos. Aunque existe fuerte persistencia temporal (similar a la del ELN e inferior a la de las FARC), el efecto contagio es bastante pequeño (solamente 0,013 comparado con 0,38 y 0,31 de las FARC y el ELN, respectivamente).

Expansión del conflicto, 1985-1992/1993-2002

Con el objetivo de determinar las variables que explican la expansión e intensificación del conflicto, se llevó a cabo un ejercicio econométrico adicional para las FARC-EP y el ELN (el ejercicio no es posible hacerlo para las autodefensas por la inexistencia de datos). La variable dependiente es el cambio en la actividad promedio por anual entre los períodos 1985-1992 y 1993-2000. Por ejemplo, si durante 1985-1992 un municipio tuvo actividad de uno de los grupos durante cuatro de los ocho años, su indicador para ese período será 0,5. En adición, si durante 1993-2000 tuvo actividad en siete de los ocho años, su indicador será 0,875, lo que significa que en ese municipio la actividad del grupo se intensificó en 0,375. De esta manera, cualquier municipio que pase de 0 a número positivo (entre 0 y 1) experimentó expansión del conflicto; mientras si pasa de un número positivo a otro mayor, sufrió una intensificación del conflicto.

Los resultados están presentados en la Tabla 4, donde se muestran los efectos que en la expansión e intensificación del conflicto tienen las distintas variables. Las variables explicativas son los valores promedios de éstas para el período 1985-1992. Respecto a las variables socioeconómicas, se encuentra que la pobreza medida a través del NBI no tiene un efecto estadísticamente significativo sobre la expansión de las FARC o el ELN. Por su parte, el coeficiente de *Gini* de avalúos de tierra afecta negativamente la expansión y la intensificación, lo que implica que los dos grupos mencionados se movieron hacia zonas de menor concentración de la propiedad. Ello, como se explicó en la sección anterior, se debe a que la expansión ocurrió hacia el occidente del país, mucho más montañoso, donde las propiedades son más pequeñas. Esto es consistente con lo observado atrás sobre el conflicto temprano (1974-1982), que surgió en zonas donde las desigualdades eran mayores. Un mayor acceso a la educación secundaria en el período 1985-1992 tuvo un efecto negativo en la expansión e intensificación de la actividad de las FARC aunque no del ELN.

Respecto a las variables económicas de petróleo y ganadería, se encuentra que no están asociadas con la expansión e intensificación de la actividad, ya sea de las FARC o del ELN en el período 1993-2000. Ello implica que aunque estos grupos iniciaron su actividad en las regiones con esa riqueza (lo cual es consistente con lo encontrado en la sección anterior, que muestra tanto la ganadería como el petróleo están asociados con una mayor probabilidad de actividad de esos grupos), al no existir *nuevas regiones* con esas actividades económicas, no ha habido expansión de esos grupos asociada con tales actividades.

Por su parte, la existencia de coca en el período 1958-1992 está asociada en forma negativa con la expansión e intensificación de la actividad de las FARC. Ello se explica porque las regiones con coca tienen *previamente* actividad ese grupo. Es decir, ese grupo no se

Tabla 4. Expansión de los grupos guerrilleros

Grupo guerrillero	FARC		ELN	
Condiciones socioeconómicas				
NBI (promedio 1985-1992)	0.0004		0,0004	
Gini avalúo propiedad (promedio 1985-1992)	-0,0972	**	-0,0878	**
Cobertura primaria (promedio 1985-1992)	-0,0039		0,0053	
Cobertura secundaria (promedio 1985-1992)	-0,0825	**	0,000	
Actividad económica				
Presencia de petróleo	0,0017		-0,0354	**
Presencia de ganadería	0,0162		0,011	
Cultivos de coca (promedio 1985-1992)	-0,0169	*	0,0065	
Cultivos de coca (diferencia)	0,0254		0,0280	
Transferencias (promedio 1985-1992)	0,078	***	0,0595	***
Transferencias (diferencia)	0,0510	***	0,0571	***
Presencia estatal				
Eficiencia de la justicia (promedio 1985-1992)	-0,0671		-0,0040	
Participación electoral (promedio 1985-1992)	0,002		-0,0406	
Representación política (promedio 1985-1992)	0,0074		0,0095	
Variables gráficas				
Altura	0,0111	**	0,0033	
Distancia a la capital	0,0000		0,0000	
Dinámica espacio-temporall				
Actividad FARC (promedio 1985-1992)	-0,5180	***	0,0540	*
Actividad ELN (promedio 1985-1992)	0,1450	***	-0,5182	***
Rezago espacial FARC (promedio 1985-1992)	0,5345	***	-0,0744	
Rezago espacial FARC (expansión)	0,8182	***	0,0293	
Rezago espacial ELN (promedio 1985-1992)	-0,2506	***	0,5310	***
Rezago espacial ELN (expansión)	-0,017		0,9070	***
R^2	0,3684		0,444	
Número de observaciones	997		997	
Metodología	ols espacial		ols espacial	
Expansión = promedio 1993-2000 - Promedio 1985-1992				

*** significativo 99%, ** significativo 95%, * significativo 90%

Fuente: CEDE, cálculos de los autores.

va a expandir donde ya ha tenido actividad y goza de cierto grado de control territorial. Este resultado ha sido corroborado en otros trabajos que –utilizando otra metodología– encuentran que la expansión de la coca esta *precedida* por la expansión de la actividad de los grupos irregulares (Díaz y Sánchez, 2004).

Tanto el monto inicial de las transferencias en el período 1985-2002 como su crecimiento están asociados positiva y significativamente a la expansión e intensificación de la actividad de las

FARC y del ELN. Este resultado está en la dirección de la hipótesis del presente trabajo, según la cual los cambios institucionales y la mayor autonomía política y presupuestal de los gobiernos locales facilitaron la expansión e intensificación de la actividad de los grupos irregulares.

Ninguna de las variables de presencia estatal del período 1985-1992 –justicia, participación electoral y representación política– tiene efecto estadísticamente significativo en la expansión, ya sea de las FARC o del ELN. Por su parte, de las variables de geografía, sólo la altura está asociada positiva y significativamente con la expansión de las FARC, lo cual puede ser explicado por el patrón de expansión de este grupo hacia el occidente del país (Tabla 4).

Las variables de actividad previa durante 1985-1992 de las FARC y el ELN tanto en el propio municipio como en los vecinos y la expansión de esos grupos en los municipios vecinos durante 1993-2000 afectan esa expansión y la intensificación de la actividad (Tabla 4). En el caso de las FARC, si la actividad promedio en el período 1985-2002 fue positiva, en el período 1993-2002 se reduciría en 0,5 (es decir, a la mitad), lo que implica que, *ceteris paribus*, una vez se obtiene cierto "control territorial" por la actividad previa, disminuye en el futuro la actividad de ese grupo. El mismo patrón se observa para el ELN (Tabla 4). En adición, en los municipios donde hubo actividad del ELN en el período 1985-1992, se expandió en el período 1993-2000 la actividad de las FARC. Lo mismo ocurre *mutatis mutandis* con el ELN, aunque la respuesta del ELN entre 1993-2002 a la actividad de las FARC en el período 1985-1992 es bastante menor (0,05) que la respuesta de las FARC a la actividad del ELN (0,14).

La actividad previa en los municipios vecinos, como la expansión de los grupos en los municipios vecinos, está fuertemente asociada en forma positiva con la expansión tanto de las FARC como del ELN. De hecho, para ambos grupos, la mitad de la actividad en los vecinos en el período 1985-1992 se transmitió o contagió al municipio (local) en el período 1993-2000. Por su parte, existe un alto grado de transmisión o contagio de la expansión en vecinos. En el caso de las FARC, 0,8 de la expansión en los vecinos se contagia o trasmite al municipio local, mientras que para el caso del ELN ese coeficiente es de 0,9. Finalmente, los efectos espaciales cruzados sólo tienen significancia estadística y con signo negativo en el caso de la actividad del ELN en período 1985-1992 sobre la expansión de las FARC (Tabla 4).

Qué explica la expansión geográfica del conflicto

Cambios en la probabilidad de actividad de los grupos irregulares

Una vez desarrollados los ejercicios econométricos sobre los determinantes de la presencia de actividad de grupos armados al margen de la ley, es necesario analizar cuál es la contribución relativa de cada una de las variables a la expansión geográfica del conflicto en los últimos años, es decir, al incremento en la probabilidad de actividad. Para esto se lleva a cabo un ejercicio sencillo de descomposición, que consiste en llevar a cabo la siguiente diferencia:

$$PORC_{t,k}, -PORC_{t-i,k} = \sum \beta_k (X_t - X_{t-i}) \quad (2)$$

Donde PORC es el porcentaje de municipios en el total del país que contaba con actividad de grupos ilegales en el tiempo *t* y en *t-i*. La ecuación significa que el cambio en el porcentaje de municipios con actividad armada del grupo ilegal *k* corresponde a la sumatoria de la diferencia de cada variable explicativa multiplicada por su respectivo coeficiente $\_{k}$. Como tiempo *t* se toma el porcentaje promedio de actividad para los años 1998-2000 y para el tiempo *t-i* el mismo porcentaje para los años 1988-1990.

Las FARC, por ejemplo, tuvieron actividad armada en el 10% de los municipios durante el período 1988-1990, que se incrementó al 29% durante el período 1998-2000. La Gráfica 8 contiene el efecto de cada una de las variables explicativas en el incremento de la probabilidad de actividad armada de las FARC. La gráfica muestra que la variable que tuvo el mayor efecto en la expansión de la actividad armada de las FARC fueron las transferencias municipales, que es a su vez un indicador de descentralización y recursos disponibles de los municipios. Le sigue en importancia el efecto contagio, que muestra cómo la actividad de las FARC tendió a propagarse desde los municipios vecinos a los municipios locales. De igual forma, la persistencia temporal de la actividad de las FARC también explica parte de su expansión, pues los municipios con actividad pasada de ese grupo armado son más susceptibles de tener actividad presente. Las otras variables que explican en algún grado importante el aumento de la probabilidad de la actividad armada de las FARC son la presencia de cultivos ilícitos en el departamento y el debilitamiento de la participación electoral municipal.[30] Así, los municipios que bajaron su participación política entre una elección y la siguiente experimentaron un mayor aumento de la probabilidad de expansión de la actividad de las FARC. Por su parte, las variables socioeconómicas tuvieron muy poco que ver en el aumento de la probabilidad de su actividad. De hecho, su aporte a la explicación del aumento de la probabilidad de actividad de ese grupo es pequeño y negativo.

Gráfica 8. Cambios en la probabilidad de actividad de las FARC 1988-1990 y 1998-2000

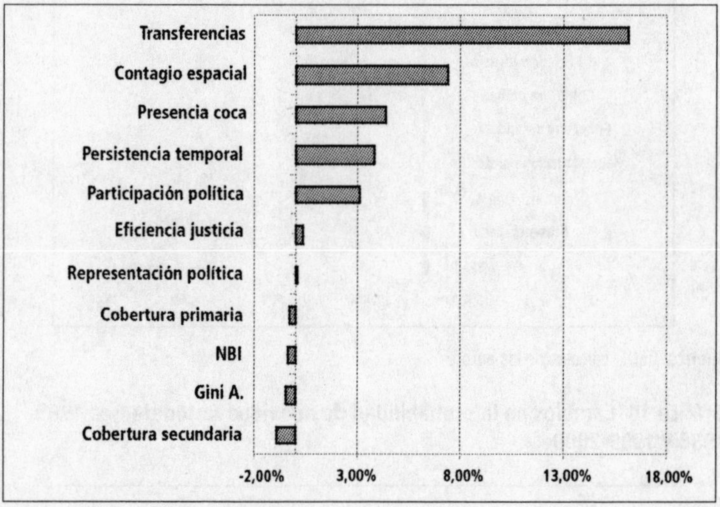

Fuente: CEDE, cálculos de los autores.

Respecto al cambio en la probabilidad de actividad del ELN para el período 1988-1990 y 1998-2000, está explicada en lo fundamental por las transferencias municipales, como se observa en la Gráfica 9. Le siguen las variables de coca y de contagio. Las variables de orden socioeconómico no tuvieron efectos importantes en el aumento de

[30] El debilitamiento futuro es un resultado de la actividad de los grupos armados (Sánchez y Díaz, 2004). Aquí se examina cómo el debilitamiento de la participación política en las elecciones previas facilita el accionar de los grupos irregulares.

la probabilidad de la actividad del ELN en el período en cuestión. Finalmente, las variables asociadas al aumento en la probabilidad de actividad de las autodefensas ilegales para el período 1995-1996 y 1999-2000 fueron, en su orden, los recursos municipales o transferencias, la presencia de coca y la persistencia temporal (Gráfica 10). El resto de las variables tuvieron un efecto menor en la expansión de la actividad de las autodefensas.

Gráfica 9. Cambios en la probabilidad de actividad del ELN 1988-1990 y 1998-2000

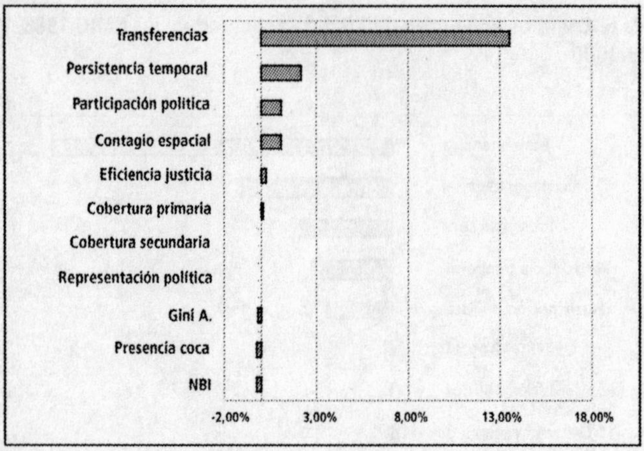

Fuente: CEDE, cálculos de los autores.

Gráfica 10. Cambios en la probabilidad de actividad Autodefensas 1995-1996 y 1999-2000

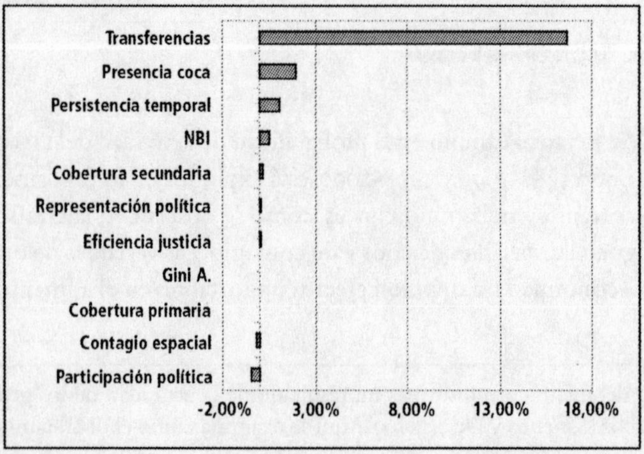

Fuente: CEDE, cálculos de los autores.

La expansión de las FARC y el ELN

Para complementar el ejercicio anterior se llevó a cabo un ejercicio de la contribución relativa de cada una de las variables que aparecen en la Tabla 4 a la expansión, ya sea de las FARC o del ELN. La contribución relativa de cada variable puede calcularse a partir de la siguiente ecuación:

$$\textit{Contribución \% de } X_k = (\__{k}{}^{*}\ PROM(X_k))/PROM(Y) \quad (3)$$

En ésta, la contribución relativa se define como el coeficiente de la variable X_k en la regresión, multiplicado por su promedio, dividido por el promedio de la variable dependiente Y, que en este caso es la expansión ya sea de las FARC o del ELN. Los promedios de cada una de las variables para los períodos 1985-1992 y 1993-2000 están presentados en el Anexo. Las estadísticas descriptivas muestran que la actividad de las FARC pasó de 0,125 en el período 1985-1992 a 0,265 durante 1993-2000;[31] mientras que la del ELN pasó de 0,10 a 0,15. Un patrón similar siguió la actividad de los vecinos.

Los resultados del ejercicio de descomposición se presentan en las gráficas 10 y 11 para las FARC y el ELN respectivamente. Se observa que la variable *transferencias iniciales* (del período 1985-1992) es la que más contribuye a la expansión de esos grupos (más de 800% en el caso de las FARC y más de 900% en el del ELN). Le sigue, en su orden, el incremento o cambio de las transferencias (más de 100% para las FARC y más de 200% para el ELN).

Los efectos de contagio también contribuyen a explicar las expansiones de las FARC y el ELN. En el caso de las FARC, la actividad en los vecinos en el período 1985-1992 explica el 61% de la expansión y para el ELN el 81%. Por su parte, la expansión en los vecinos contribuye con el 100% de la expansión en el municipio local para las FARC y el 68% para el ELN. Las actividades iniciales tanto de las FARC como del ELN contribuyen en forma negativa (-57% y -75%, respectivamente) a la expansión de esos grupos. Otras variables con impactos de alguna magnitud son la presencia de coca en el período 1985-1992, que contribuye con -173% a la expansión de las FARC

[31] Esto significa que en el período 1985-1992 los municipios del país experimentaron en promedio actividad de ese grupo una vez cada ocho años y que se incrementaron a más de dos durante el período 1993-2000.

Gráfica 11. Expansión de las FARC 1985-1992 y 1993-2002

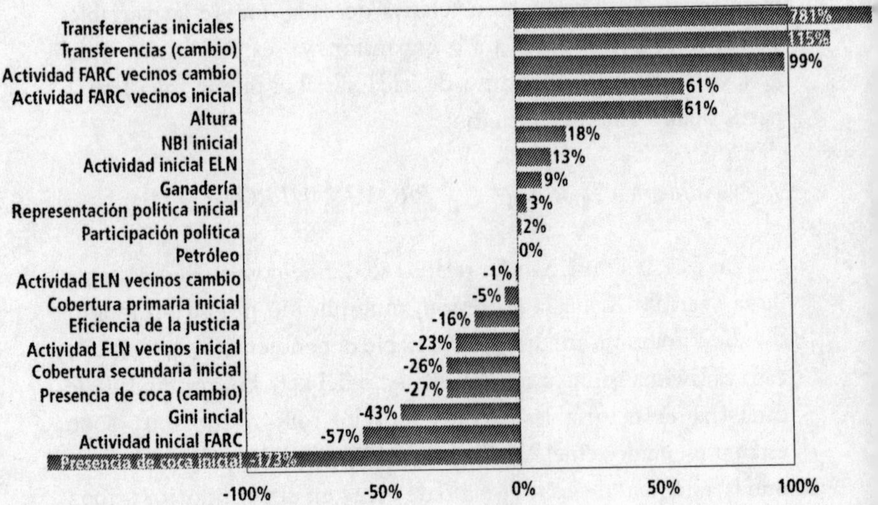

Fuente: CEDE., cálculos de los autores.

Gráfica 12. Expansión de ELN 1985-1992 y 1993-2002

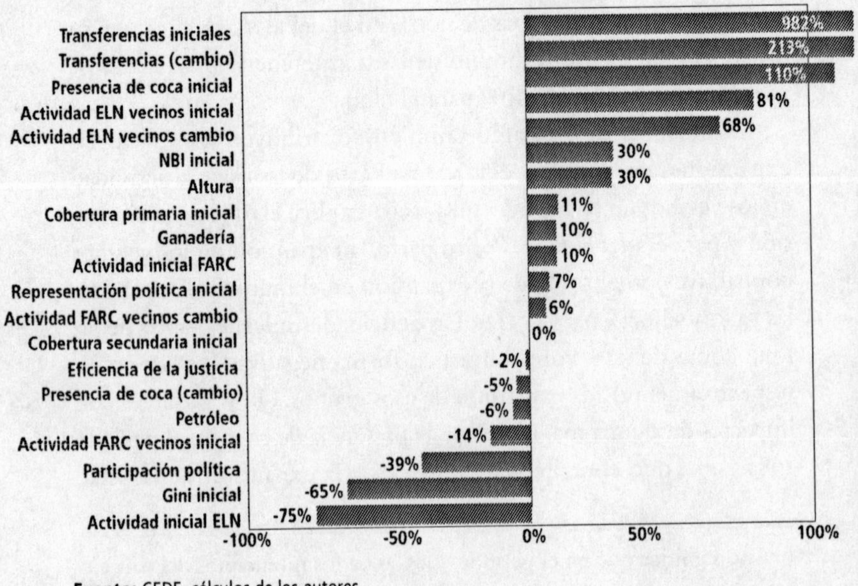

Fuente: CEDE, cálculos de los autores.

y con 110% a la del ELN (gráficas 11 y 12). Finalmente las variables socioeconómicas (Gini, NBI, petróleo y ganadería) tuvieron efectos pequeños en la expansión de los dos grupos mencionados. De las variables de geografía, sólo la altura tiene un efecto positivo (61%) en la expansión de las FARC.

Los resultados de las descomposiciones tanto de los incrementos en las probabilidades como de la expansión muestran cómo los mayores recursos con los cuales contaban los municipios –que son la expresión del proceso descentralización política, presupuestal y administrativa– se convirtieron en el determinante más importante del aumento de la probabilidad de la actividad de los grupos irregulares. Así, la descentralización tanto fiscal como política, en la medida en que ofrece recursos de depredación para los grupos irregulares y oportunidades de intimidación local por el escaso poder represivo de los municipios, facilitó el accionar de los grupos irregulares y les otorgó una oportunidad para consolidar su poder territorial. En adición, la baja capacidad de respuesta del Estado en lo relativo a la provisión de justicia, prevención o control de actividades violentas y poder de disuasión facilitó en gran medida el accionar de esos grupos.

Conclusiones

Desde mediados de los años ochenta, Colombia experimentó un fuerte escalonamiento del conflicto armado, que se expresó tanto en un aumento de los ataques y actividad armada de los grupos irregulares como en una mayor cobertura geográfica de esa misma actividad. Parte de la explicación hay que buscarla en el fortalecimiento de las fuentes de financiación de estos grupos (secuestro, extorsión, cultivos ilegales y narcotráfico). Sin embargo, para una mejor comprensión de la dinámica del conflicto –sobre todo en uno de tan larga duración– es necesario tener en cuenta los cambios institucionales que ha tenido el Estado, pues éstos redefinen los objetivos estratégicos de los grupos irregulares. El cambio institucional más importante del período –que se gestó a mediados de la década de los ochenta– fue el proceso de descentralización fiscal, administrativa y política, el cual trasladó el conflicto a una disputa de los grupos irregulares por el poder local.

El trabajo parte de estadísticas del conflicto colombiano desde comienzos de los años setenta. Los hallazgos muestran que hasta

1985 el número de ataques y la cobertura municipal del conflicto fueron escasos. De hecho, sólo el 12% de los municipios experimentó alguna actividad durante el período 1974-1982. Por su parte, los hallazgos econométricos muestran que el conflicto –expresado en la actividad de los grupos guerrilleros existentes– estaba explicado en gran parte por las condiciones socioeconómicas de pobreza y desigualdad, aunque también desempeñaron un papel importante el contagio y la herencia de violencia gestada en la Violencia de los años cincuenta y sesenta.

Desde 1985, el conflicto aumenta su intensidad y su cobertura geográfica. Esto se explica porque, en particular las FARC, lograron construir una organización capaz de recaudar e invertir grandes recursos económicos y con ello pudieron contar con cuantiosas y estables fuentes de financiación –depredación de actividades productivas, secuestro y narcotráfico–. El ELN, por su parte, emprendió una estrategia político-militar que buscaba ocupar zonas de gran potencial económico, especialmente las energéticas y mineras, con ausencia estatal para explotar los recursos y extraer apoyo popular. Finalmente, las AUC lograron consolidar sus objetivos de lucha por los territorios estratégicos y de gran potencial económico para las guerrillas; compiten por sus recursos económicos y aterrorizaron a través de masacres y asesinatos colectivos a la población civil, a la cual acusaban de ser simpatizante de las guerrillas.

Los resultados de los ejercicios econométricos muestran que la mayor actividad y expansión geográfica del conflicto colombiano –desde mediados de los años ochenta, pero principalmente en los noventa– obedecieron al fortalecimiento de sus fuentes de financiación (*greed* en el sentido de Collier, 2000) y muy poco a las "condiciones objetivas" (*grievance*). Para todos los grupos, tanto guerrilleros como paramilitares, el acceso a financiación explica buena parte de la expansión geográfica de sus actividades. En adición, el debilitamiento de la justicia también resulta clave para que actúen, pues la probabilidad de castigo por sus acciones contra el Estado y la población civil era (y sigue siendo) mínima.

No obstante, la explicación anterior sobre la dinámica del conflicto resulta incompleta, pues no tiene en cuenta la redefinición de los objetivos estratégicos de los grupos irregulares o la modificación de los medios para lograrlos, que introduce la descentralización. De hecho, la racionalidad de las acciones de los grupos armados que luchan por la toma del poder (o de aquellos que los combaten) cambia cuando se modifica el marco institucional del Estado que quieren destruir. Si el poder se descentraliza y se traslada paulatinamente al ámbito local, entonces los grupos irregulares tratarán de controlar el poder local que es más vulnerable y más susceptible de ser influenciado que el poder del Estado en el ámbito central.

Las estadísticas muestran que en un gran número de municipios el proceso electoral y la gestión de los gobiernos se vieron seriamente restringidos por la violencia política ejercida contra candidatos, funcionarios o dirigentes. De hecho, la violencia contra autoridades, dirigentes y funcionarios locales se dispara a partir de 1988, año en el cual entró en vigencia la elección popular de alcaldes. Además del proceso electoral, la gestión de los gobiernos locales también se ha visto restringida, consecuencia de la presión que ejercen los actores armados. Así, han surgido formas de *clientelismo armado*, que consiste en el uso de la violencia como medio para garantizar la apropiación privada de los recursos del Estado. De esta forma, los actores armados ilegales lograron (y aún logran) fijar pautas de distribución del gasto público y de las inversiones municipales.

Los resultados cuantitativos confirman que variables que denotan la profundidad de la vida política municipal como la participación y el respaldo político del alcalde determinan la presencia o no de actividad de los grupos armados ilegales, lo cual muestra que existe una relación entre el conflicto armado y la descentralización política. En adición, los resultados empíricos y los ejercicios de descomposición revelan un nexo fuerte entre la intensificación de la acción armada y la mayor independencia y fortaleza fiscal de los gobiernos locales, lo que corrobora la hipótesis de que la descentralización trasladó el conflicto a una disputa por el poder local, que pasa por el uso de la violencia, ya sea para apropiarse de los bienes y recursos públicos, para influenciar los resultados políticos y electorales de conveniencia para los grupos irregulares o para consolidar su dominio territorial desde lo local.

Bibliografía

Alesina, Alberto; Carrasquilla, Alberto, y Echevarría, Juan. 2002. "Descentralización en Colombia", en *Reformas institucionales en Colombia*, Bogotá, Fedesarrollo-Alfaomega.

Aranguren, Mauricio. 2002. *Mi confesión, Carlos Castaño revela sus secretos*, Bogotá, La Oveja Negra.

Bottia, Martha. 2003. *La presencia y expansión municipal de las FARC: es avaricia y contagio, más que ausencia estatal*, documento CEDE No. 2003-03.

Buhaug, Halvard y Gates, Scott. 2002. "The Geography of Civil War", en *Journal of Peace Research*, No. 39, pp. 417-433.

Chacón, Mario y Sánchez, Fabio. 2004. *Violencia y polarización política durante la Violencia, 1948-1965, mimeo*, Bogotá, Universidad de los Andes.

Collier, Paul. 2000. *Greed and Grievance in Civil Wars*, Washington, World Bank.

República de Colombia, Departamento Nacional de Planeación (DNP). 2002. *Evaluación de la descentralización*, Bogotá.

—. 2002. *Hacia un Estado comunitario: plan nacional de desarrollo (2002-2006)*, Bogotá.

Díaz, Ana María y Sánchez, Fabio. 2004. *Geografía de los cultivos ilícitos y conflicto armado en Colombia*, documento CEDE No. 2004-18.

Duncan, Gustavo. 2005. *Del campo a la ciudad en Colombia: la infiltración urbano de los señores de la guerra*, documento CEDE. 2005-02, Bogotá, Facultad de Economía, Universidad de los Andes.

Echandía, Camilo. 1999. *Geografía del conflicto armado y las manifestaciones de la violencia en Colombia*, Bogotá, Vicepresidencia de la República.

Echandía, Camilo. 2000. "El conflicto armado colombiano en los años noventa: cambios en las estrategias y efectos económicos", en *Colombia Internacional*, Bogotá, Nos. 49-50, pp. 117-134.

Echeverry, Juan Carlos y Zeinab, Partow. 1998. "Por qué la justicia no responde al crimen: el caso de la cocaína en Colombia", en Cárdenas, Mauricio y Steiner, Roberto (eds.) *Corrupción, crimen y justicia: una perspectiva económica*, Bogotá, Tercer Mundo-LACEA.

Escobedo, Rodolfo. 1992. *Los frentes de las FARC*, Bogotá, Presidencia de la República, Consejería para la Paz, Observatorio de Violencia.

Fundación Seguridad y Democracia. 2004. *Coyuntura de seguridad. Informe especial. Colombia: balance de seguridad 2001-2004*, Bogotá.

Hoyos, Diana y Ceballos, Marcela. 2004. *Tendencias electorales bajo la descentralización, 1998-2002*, Bogotá, LSE-Crisis State Programa-Departamento de Ciencia Política, Universidad de los Andes.

Jaramillo, Iván. 2001. "Evaluación de la descentralización en salud en Colombia", en *Archivos de .Economía,* DNP, No. 170.

Lair, Eric. 2004. "Transformaciones y fluidez de la guerra en Colombia: un enfoque militar", en Sánchez, Gonzalo y Lair, Eric (eds.) *Violencias y estrategias colectivas en la región Andina*, Bogotá, IFEA-Norma.

Maldonado, Alberto. 2001. "Avances y resultados de la descentralización política en Colombia", en *Archivos de Economía,* DNP, No. 163.

Medina, Luis. 2004. *A Critique of the 'Resource Based' Theory of the Colombia's Civil War*, paper presented at the Meeting of the Latin American Studies Association, Las Vegas, October, *mimeo.*

Mejía, Juliana. 2002. *El origen de las FARC, mimeo.*

Medina, Carlos. 1990. *Autodefensas, paramilitares y narcotráfico en Colombia*, Bogotá, Editorial Documentos Periódicos.

—. 1997. *Violencia y lucha armada: el caso del ELN. Una historia de vida (1963-1978)*, tesis, Bogotá, Departamento de Historia, Universidad Nacional de Colombia.

Moreno, Rosina y Vaya, Esther. 2001. *Técnicas econométricas para el tratamiento de datos espaciales: la econometría espacial*, Barcelona, Universitat de Barcelona.

Pardo, Rafael. 2004. *La historia de la guerras*, Bogotá, Ediciones B.

Peñate, Andrés. 1997. *El sendero estratégico del ELN: del idealismo guevarista al clientelismo armado*, documento de trabajo No. 15, Programa de Estudios sobre Seguridad, Justicia y Violencia, Bogotá, Universidad de los Andes.

Pizarro, Eduardo. 2004. *Una democracia asediada: balance y perspectivas del conflicto armado en Colombia*, Bogotá, Norma.

Rangel, Alfredo. 1997. "El poder local: objetivo actual de la guerrilla", en *Descentralización y orden público*, Bogotá, Fescol-Milenio.

—. 2001. *Guerra insurgente: conflictos en Malasia, Perú, Filipinas, El Salvador y Colombia*, Bogotá, Intermedio.

Restrepo, Darío. 2001. "Descentralización y violencia en Colombia", en *Economía, crimen y conflicto*, Bogotá, Universidad Nacional de Colombia.

Reyes, Alejandro. 1999. "La cuestión agraria en la guerra y la paz", en Camacho, Álvaro y Leal, Francisco (comp.) *Armar la paz es desarmar la guerra*, Bogotá, IEPRI-FESCOL-CEREC-Giro.

Richani, Nazih. 2002. *Systems of Violence: The Political Economy of War and Peace in Colombia*, New York, State University of New York Press.

Romero, Mauricio. 2003. *Paramilitares y autodefensas 1982-2003*, Bogotá, Planeta.

Rubio, Mauricio. 1998. *Crimen e impunidad*, Bogotá, Tercer Mundo-Universidad de los Andes.

—. 1999. "Violencia y conflicto en los noventa", en *Coyuntura Social*, Fedesarrollo, No. 22.

Rubio, Mauricio. 2002. *Conflicto y finanzas públicas municipales*, documento CEDE No. 2002-17.

Salazar, J. 2005. *La financiación de las FARC: un resultado de su estrategia guerrillera*, tesis de maestría, Bogotá, PEG-Facultad de Economía, Universidad de los Andes.

Sánchez, Fabio y Núñez, Jairo. 1999. *Descentralización, pobreza y acceso a los servicios sociales: ¿quién se benefició del gasto público en los noventa?*, documento CEDE 99-04.

—. 2000. "Determinantes del crimen violento en un país altamente violento: el caso de Colombia", en *Economía, crimen y conflicto*, Bogotá, Universidad Nacional de Colombia.

Sánchez, Fabio; Díaz, Ana María, y Formisano, Michel. 2003. *Conflicto, violencia y actividad criminal en Colombia: un análisis espacial*, documento CEDE No. 2003-05.

Vélez, M. A. 2000. *FARC-ELN: evolución y expansión territorial*, documento CEDE.

Vergara, Carmen y Simpson, Mary. 2001. "Estudio general sobre los antecedentes, diseño, avances y resultados generales del proceso de descentralización territorial en el sector educativo", en *Archivos de Economía*, DNP, No. 168.

Apéndice 1

	Estadísticas descriptivas	Observ.	Mean	Std.Dev.	Min.	Max.
Período 1985-1922	NBI	1062	52.4205	15.5362	9.99	87.55
	Gini	1062	0.5095	0.1425	0.02	0.87
	Actividad ELN	1071	0.1007	0.2048	0.00	1.00
	Actividad FARC	1071	0.1259	0.1967	0.00	0.88
	Actividad ELN vecinos	1062	0.1051	0.1506	0.00	0.91
	Actividad FARC vecinos	1062	0.1313	0.1400	0.00	0.72
	Cobertura primaria	1030	1.3776	0.6974	0.18	17.40
	Cobertura secundaria	1000	0.3673	0.2212	0.01	2.43
	Presencia de coca	1070	11.7016	0.9678	5.90	12.59
	Transferencias	1069	11.4361	1.0157	6.30	16.34
	Eficiencia de justicia	1062	0.2800	0.1811	0.00	0.72
	Participación política	1062	0.6623	0.0918	0.33	1.35
	Representación política	1062	0.5336	0.0870	0.34	0.98
Período 1993-2000	NBI	1062	43.8353	18.2768	7.23	87.59
	Gini	1062	0.5349	0.1308	0.06	0.87
	Actividad ELN	1071	0.1531	0.2569	0.00	1.00
	Actividad FARC	1071	0.2633	0.2829	0.00	1.00
	Actividad Autodefensas (2000)	1060	0.1104	0.3135	0.00	1.00
	Actividad ELN vecinos	1062	0.1572	0.1975	0.00	0.91
	Actividad FARC vecinos	1062	0.2693	0.1903	0.00	0.89
	Cobertura primaria	1053	1.2480	0.3053	0.22	2.96
	Cobertura secundaria	1048	0.5145	0.2525	0.04	2.05
	Presencia de coca	1070	11.5808	0.9001	6.73	12.41
	Transferencias	1070	14.0226	0.7267	9.95	19.78
	Eficiencia de justicia	1062	0.2250	0.1657	0.06	1.17
	Participación política	1062	0.5518	0.1251	0.15	1.11
	Representación política	1062	0.5225	0.0807	0.25	0.84

IX
Narcotráfico, ilegalidad y conflicto en Colombia

*Andrés López Restrepo**

* Profesor del Instituto de Estudios Políticos y Relaciones Internacionales (IEPRI), de la Universidad Nacional de Colombia.

Resumen

El narcotráfico ha revelado y profundizado las falencias de la nación colombiana. Surgió en un contexto de ilegalidad y contrabando, medró gracias al uso indiscriminado de la violencia, generó profundos cambios en la estructura social, política y económica del país y se volvió inseparable del largo conflicto que padece el país. Los vínculos entre narcotráfico y conflicto se han hecho nuevamente presentes en la actual negociación del gobierno con los paramilitares y en los esfuerzos por distinguir a narcoparamilitares, con los cuales se puede negociar, y narcotraficantes, con los que no se puede negociar. De esa manera, los esfuerzos han resultado en buena medida infructuosos.

Palabras claves: Colombia, narcotráfico, contrabando, criminalidad, violencia, conflicto, corrupción, cocaína, paramilitares, guerrilla, Plan Colombia, extradición, fumigación de cultivos ilícitos.

El narcotráfico y sus efectos han sido centrales en la vida colombiana de las últimas tres décadas. Dado el carácter ilegal de esa actividad, son inevitables los vacíos de nuestro conocimiento sobre su naturaleza y sus alcances. Mucho de lo que sabemos tiene que ver no con el propio narcotráfico, sino con sus consecuencias en la vida política, social y económica, es decir, más que conocerlo en sí mismo, sabemos de éste a través de sus manifestaciones. Una de tales manifestaciones, la que más preocupa en el momento presente, es la financiación de las actividades de los grupos armados no estatales. Pero dado que tales grupos son también ilegales, su relación con el narcotráfico también es muy opaca.

De ahí que este texto no sea un análisis del narcotráfico en sí mismo, sino de sus vínculos con la sociedad y la política colombiana, de sus efectos sobre el país y de los efectos que ha tenido el país sobre el narcotráfico mismo. El texto todo está atravesado por la convicción de que Colombia tiene condiciones que han favorecido la expansión de actividades ilegales, incluidos el narcotráfico y la violencia política.[1] Ambos fenómenos, a su vez, le permiten al otro

[1] La violencia política tiene carácter delictivo –se le considere delito común o tenga el estatus privilegiado de delito político–; por lo tanto, es una forma más de ilegalidad. El narcotráfico y la violencia política

mantenerse y crecer: el narcotráfico genera recursos que financian a los actores armados ilegales y los actores armados ilegales debilitan al Estado y así facilitan el narcotráfico.

La primera parte describe las condiciones o el conjunto de posibilidades que en las décadas siguientes al final de la Segunda Guerra Mundial favorecieron la aparición y consolidación del narcotráfico en Colombia. Esas condiciones incluyen factores sociales y el puro azar. La segunda parte examina el crecimiento explosivo del narcotráfico entre 1970 y 1984. Durante esos años el país exportó grandes cantidades de marihuana y de cocaína, aunque no se prestó tanta atención al auge de esta última droga, por razones que serán analizadas en su lugar. En ese período muchos sectores sociales vieron con simpatía el avance del narcotráfico y los recursos que aportó a la economía. El gobierno nacional, por su parte, no mostró gran preocupación por el fortalecimiento de los criminales dedicados a la exportación de drogas.

Los narcotraficantes comprometieron sus avances cuando buscaron acceder a los órganos políticos representativos. Esta situación culminó con el asesinato del ministro de Justicia, Rodrigo Lara Bonilla, en la primera de las acciones violentas que marcaron el período de la historia nacional durante el cual se dio el enfrentamiento entre el Estado y los llamados *narcoterroristas*. Los actos violentos estuvieron acompañados todo el tiempo por intentos de negociación que eran inspirados por las conversaciones que simultáneamente efectuaban el Estado y los grupos guerrilleros. Estos hechos, que tuvieron lugar entre 1984 y 1993, son estudiados en la tercera parte.

El fin del narcoterrorismo no supuso el fin del narcotráfico, pero sí abrió un período de grandes cambios dentro del negocio. Los grandes "carteles" fueron reemplazados por carteles más pequeños, el país se convirtió en un centro de cultivos de coca y amapola y, lo más importante de todo, los grupos armados ilegales lograron capturar una parte importante de la renta producida por el narcotráfico, obteniendo así recursos muy importantes para financiar sus maquinarias de guerra. En este período el narcotráfico y el conflicto armado se vinculan de manera mucho más estrecha que en el pasado. Y aunque aún es pronto para comprender todos sus alcances,

---

están emparentados por su carácter ilegal, y ambos medran en las condiciones generales que propician la ilegalidad en Colombia.

parece que las negociaciones con los paramilitares pueden estar abriendo la puerta a la incorporación de algunos narcotraficantes a la legalidad, lo que les va a permitir incluso su participación en la política electoral. Los *narcoparamilitares* podrían así triunfar donde no pudieron hacerlo los narcoterroristas. Esto será analizado en la cuarta parte. El texto culmina con algunas observaciones.

El conjunto de posibilidades[2]

La expansión del narcotráfico en la década de los setenta fue favorecida, sobre todo, por dos factores: la economía ilegal y la violencia. Durante esa década el narcotráfico se manifestó como un problema de gran magnitud; antes de esa fecha existía tráfico de drogas pero era poco significativo. La posición de Colombia en la esquina noroeste de América del Sur y su vecindad con Panamá convirtieron al país en obligado camino para muchos de los intercambios, tanto legales como ilegales, que tenían lugar entre el norte y el sur del continente. Por ello, desde fines de los años cuarenta, Colombia sirvió como lugar de paso de los primeros envíos ilegales de cocaína que partían de Perú y Bolivia hacia Cuba y Estados Unidos, pero la participación de agentes colombianos en el tráfico fue mínima en las primeras dos décadas y media.[3] Durante estos años se consolidaron dos formas de economía ilegal que después tendrían una importancia decisiva para el narcotráfico, el contrabando y la explotación de esmeraldas.

El contrabando en Colombia se ha concentrado tradicionalmente en dos lugares, ambos sobre el océano Atlántico: el golfo de Urabá y la península de La Guajira. El contrabando creció y se organizó en el período posterior a la Segunda Guerra Mundial, cuando el crecimiento económico y la expansión de las clases medias aumentaron la demanda por ciertos bienes que era imposible adquirir de forma legal, debido a la política proteccionista. Las rutas y contactos establecidos por los contrabandistas fueron posteriormente aprovechadas por los narcotraficantes.

---

[2] Algunas de las ideas y los hechos presentados en esta primera parte están más desarrollados en López Restrepo (2000).

[3] Sobre los orígenes del narcotráfico en los países andinos y la escasa participación de Colombia en el negocio, véase Gootenberg (2005).

El núcleo de producción de esmeraldas se encuentra en todo el centro del país. A pesar de que las minas de esta piedra preciosa son en gran medida propiedad del Estado, éste renunció a ejercer control sobre la explotación, que quedó en manos de particulares. Hasta el día de hoy los esmeralderos controlan el occidente del departamento de Boyacá, la región donde están las explotaciones de la piedra, y mantienen lazos estrechos con los jerarcas de la Iglesia, los líderes políticos y las fuerzas de seguridad estatales presentes en la región. Los diversos grupos dedicados a la explotación de esmeraldas requirieron desde hace décadas ejércitos particulares para defender sus intereses. En esos ejércitos se formaron sicarios y guardaespaldas que posteriormente participaron en el narcotráfico; el más famoso de ellos fue Gonzalo Rodríguez Gacha.

El otro fenómeno que contribuyó a crear un contexto favorable al narcotráfico fue la época de la Violencia. Los grandes capos de la primera generación de narcotraficantes, aquellos que el país conoció durante la década de los ochenta, nacieron durante esos años. Las familias de algunos de ellos, como Pablo Escobar, la padecieron. Estos narcotraficantes ejercieron, a su vez, una violencia que no tenía precedentes en la historia del país. La relación entre ambos fenómenos, la violencia política y la violencia del narcotráfico, no requiere una explicación cultural, en el sentido de que quienes crecieron con la violencia están condenados a repetirla. A este respecto puede ser más útil un argumento racional: la violencia sigue constituyendo en Colombia un camino que permite acceder fácilmente al poder y al reconocimiento. La inexistencia de mecanismos sociales e institucionales para reprimirla de forma efectiva ha dado lugar a la creación de una meritocracia de la violencia.

En suma, la ilegalidad y la violencia pagan (y muy bien) en Colombia; ambos fenómenos constituyen unos caminos particularmente rentables con respecto a los procedimientos legales, si se considera la relación costo-beneficio.[4] No es el momento de demostrar esta afirmación, pero creo que un rápido repaso de la historia del país desde al menos el Frente Nacional deja pocas dudas de su validez. Así, los tres fenómenos mencionados –contrabando,

[4] La participación del narcotráfico en la economía total y la larga tradición de la violencia política sugieren que estas actividades son más rentables en Colombia que en casi todos los demás países del mundo.

explotación de esmeraldas y violencia– crearon unas condiciones de posibilidad para el narcotráfico.

El contrabando estableció unas rutas por las cuales salían y entraban productos que, como los electrodomésticos, el licor o el tabaco, eran legales pero cuya introducción se hacía de forma ilegal. Buena parte de los narcotraficantes de la décadas de los setenta se formaron en el contrabando de productos legales y conocieron rutas y contactos que luego les serían muy útiles. Los esmeralderos establecieron ejércitos particulares que sirvieron de modelo a los que establecieron después los narcotraficantes. Unos y otros, contrabandistas y esmeralderos, eran reconocidos y respetados en sus regiones de influencia y tenían estrechos contactos con los poderes legales locales.

Las diferencias principales del narcotráfico con respecto a esas dos actividades han sido dos, una cualitativa y la otra cuantitativa. La diferencia cualitativa es que en tanto que el contrabando y la explotación de esmeraldas suponen el comercio de productos legales, el narcotráfico es ilegal en todos los eslabones del negocio, desde la adquisición de insumos hasta la venta al consumidor final. La otra diferencia, de magnitud, es colosal: los recursos generados por el narcotráfico fueron tan grandes que su mera presencia desestabilizó las estructuras sociales colombianas, basadas como estaban en actividades mucho menos rentables. Debido a su riqueza, los narcotraficantes pudieron comprar acceso a espacios antes restringidos a los miembros de los grupos de poder tradicionales.

En un principio hubo una diferencia muy grande en la percepción de los costos y beneficios generados por el narcotráfico. Los beneficios han sido principalmente económicos y, por lo general, muy visibles: por ejemplo, en la mayor disponibilidad de divisas y en inversiones en bienes raíces y compra de artículos suntuarios. En cambio, los costos han sido, más que todo, políticos y sociales, y dado su carácter insidioso no fueron percibidos inicialmente en su real dimensión, por dos factores. En primer lugar, la sociedad, acostumbrada a unos índices altos de violencia e ilegalidad, estaba parcialmente anestesiada frente a la presencia de una fuente adicional de delincuencia. En segundo lugar, los efectos negativos operaban de manera acumulativa: en un principio eran pequeños y sólo a medida que pasó el tiempo se hicieron más notorios.

Es probable que la sociedad hubiera reaccionado más ágilmente si hubiera visto con claridad la violencia producida por el narcotráfico. Los mercados ilegales generan violencia porque no pueden recurrir a la justicia ordinaria y la violencia se convierte en la instancia última para dirimir diferencias. Sin embargo, la tasa de homicidios no aumentó de forma drástica durante la década de los setenta, pese a que el negocio ya era muy dinámico. Las cifras nacionales agregadas sobre homicidios, disponibles únicamente a partir de 1964, muestran que la tasa por cada 100 mil habitantes alcanzó el punto más bajo en 1969 (19 por cada 100.000 habs.). La tasa aumentó a lo largo de los años setenta, pero en 1978 aún era inferior a la de 1964 (27 frente a 31 x 100.000 habs.) (Unidad de Análisis Macroeconómico del DNP, 1988: 267).

Aunque no existen pruebas, es muy posible que el aumento en los homicidios durante la década de los setenta se debiera en gran parte al narcotráfico. El negocio era muy rentable y los narcotraficantes empezaron a matarse entre ellos para resolver conflictos. Pero aún el mercado estaba muy abierto y el Estado no ejercía una represión significativa. Así, la tasa de homicidios no superó a la producida por la reciente Violencia, por lo que fue más fácil que la mayor criminalidad consiguiente a la expansión del negocio pasara inadvertida. En la década siguiente la violencia se disparó. Después de 1988, las tasas de homicidios se mantuvieron por encima de los 60 x cada 100.000 habs., lo cual puede atribuirse en buena medida a la competencia de los narcotraficantes por el control de un negocio que estaba menos abierto, a la reacción del Estado y a otros efectos del narcotráfico que operaban indirectamente sobre el aumento de la violencia, como el debilitamiento de las instituciones estatales y el fortalecimiento de los grupos armados ilegales gracias a la financiación recibida del narcotráfico.

Un factor que muy probablemente aumentó la tolerancia de la sociedad frente a la violencia, la corrupción y el debilitamiento de las instituciones generados por el tráfico de drogas fue la crítica general hacia las instituciones, que durante la década de los setenta se extendió por todo el mundo occidental, y por América Latina en particular, incluida Colombia. Si la legalidad era asociada a un orden capitalista despreciable, entonces las acciones ilegales podían ser consideradas un instrumento de lucha política contra ese orden. Más aún si los principales consumidores de drogas eran ciudadanos de Estados Unidos, la principal potencia imperialista. Así, el narcotráfico llegó a ser visto como un arma más en la lucha contra el capitalismo y el imperialismo.[5]

Un último factor que pudo anestesiar a la sociedad colombiana frente a los avances del narcotráfico fue el debilitamiento de las jerarquías políticas y sociales. La década de los setenta fue un período de cambios sociales agudos y muy rápidos, inducidos, entre otros factores, por el narcotráfico mismo. Estos cambios determinaron el fin del predominio de las viejas jerarquías. Así, cuando miembros de las viejas élites señalaron con preocupación el ascenso de los que entonces se llamaron *grupos emergentes* –piénsese en el ex presidente Carlos Lleras Restrepo–, se encontraron con que su predicamento era cada vez menor. No es fácil precisar los alcances de este factor, pero no debió ser deleznable.

El contrabando, el comercio de esmeraldas y la violencia conformaron el contexto social de donde surgió el narcotráfico. Pero lo que más llama la atención del caso colombiano no es la existencia del narcotráfico, que al fin y al cabo es un fenómeno que en mayor o menor grado ha afectado a todos los países del mundo, lo destacable es la importancia que ha tenido Colombia en el negocio: entre 1974 y 1982, el país fue el principal productor y exportador de marihuana en el mundo, a lo largo de tres décadas ha sido el primer exportador mundial de cocaína, en la última década se convirtió en el principal cultivador de hoja de coca y desde hace unos años exporta la mitad de la heroína consumida en Estados Unidos.

La cuestión no es por qué surgió el narcotráfico en Colombia, sino por qué esta nación se convirtió en el centro del narcotráfico en todo el mundo. Los elementos examinados hasta el momento constituyen el conjunto de posibilidades que permitieron su implantación con éxito en Colombia, pero no contribuyen a dilucidar por cuál razón el país se convirtió en un centro tan importante.

---

[5] Véase, por ejemplo, el libro de Jorge Child y Mario Arango (1987) y las declaraciones de Jaime Bateman Cayón, líder del grupo guerrillero Movimiento 19 de Abril (M-19), en *Oiga hermano* (1984). Refiriéndose a Estados Unidos, decía Bateman: "¡Los que tienen que controlar son ellos el consumo...! Por otro lado nosotros no tenemos por qué ser gendarmes de los gringos para esa mierda" (p. 111).

Para esto puede pensarse en otros dos factores, complementarios entre sí:

El factor accidental, al cual ya se hizo referencia, es de orden geográfico: son pocos los países que, como Colombia, tienen una posición tan propicia para el contrabando entre el sur y el norte del continente. Pero la geografía casi nunca es destino, y hay por lo menos ocho o diez países centroamericanos y caribeños que comparten con Colombia esa posición estratégica intermedia. Además, no existe razón alguna que justifique que actores del país de paso controlen las organizaciones dedicadas al tráfico de drogas: los grandes carteles hubieran podido tener igualmente su origen en los países cultivadores o los consumidores. Se ha sugerido que el mayor talento empresarial de los agentes colombianos les confirió una ventaja competitiva. Este argumento merece ser explorado con detalle, pero habría que explicar por qué esa supuesta ventaja competitiva no se ha extendido de manera tan clara a las actividades económicas legales. Si la supuesta ventaja competitiva se limita a las actividades ilegales, para explicarla habría que volver a los factores mencionados: la preeminencia de los colombianos se derivaría de su experiencia en el contrabando, el comercio de esmeraldas y la violencia.

El otro factor que habría contribuido a hacer de Colombia el centro del narcotráfico mundial es que determinados individuos, podemos llamarlos empresarios, decidieron realizar las inversiones necesarias que tuvieron como resultado esa situación. Los dos auges de la droga que ha vivido Colombia fueron posibles por acciones tomadas por ciertos inversionistas. La bonanza de la marihuana, durante la cual Colombia fue el principal país exportador del mundo, comenzó en 1974 en respuesta a iniciativas empresariales de agentes estadounidenses que buscaban nuevos centros de cultivo, luego de los exitosos esfuerzos de erradicación que recientemente habían tenido lugar en México y Jamaica. El de la marihuana fue un típico auge de ciclo corto, que llegó a su fin en 1982 por diversas razones, la principal de ellas que Estados Unidos completó la sustitución de las importaciones de la hierba. El fuerte olor, el gran volumen y el bajo precio de la marihuana son características que desalientan su comercio internacional y favorecen la producción interna.[6]

---

[6] Al menos tres de los cinco factores que conforman el conjunto que hizo

La cocaína, a diferencia de la marihuana, continúa siendo luego de tres décadas un rubro muy importante de las exportaciones colombianas. Esta droga no fue significativa en la década de los sesenta, porque entonces se preferían la marihuana y las drogas psicodélicas. La cocaína tenía una fracción del mercado de drogas ilegales, y aunque los colombianos participaban en su tráfico, tenían un papel subordinado en organizaciones controladas por traficantes cubanos, chilenos y estadounidenses. En la segunda mitad de los años setenta, los colombianos, inconformes con su parte en el negocio, emplearon la violencia para eliminar a la mafia cubana de la que entonces dependían y accedieron de manera directa al mercado estadounidense. De forma simultánea, y sin que hubieran podido preverlo, las preferencias de los consumidores estadounidenses cambiaron de forma súbita y la demanda de cocaína se disparó. Así, los traficantes colombianos se encontraron, por puro azar, en control del tráfico de cocaína justo en el momento en que el negocio de esta droga adquiría dimensiones colosales.

El auge del narcotráfico: 1975 a 1984

A mediados de la década de los setenta se evidenció que el país empezaba a inundarse con los recursos provenientes del narcotráfico. El Estado no lo impidió y permitió que se fortalecieran unas organizaciones criminales cuyo poder casi no tiene paralelo en el resto del mundo. La presencia del narcotráfico fue particularmente notoria en algunas regiones, la primera de ellas el nordeste de la costa Atlántica, en el triángulo que conforman los departamentos de Cesar, Magdalena y La Guajira, donde se concentraba el cultivo de marihuana. En esos años, cuando los colombianos pensaban en narcotráfico, pensaban en marihuana, aun cuando ya era mucho más significativa la exportación de cocaína. De acuerdo con Salomón Kalmanovitz (1994), el negocio de la marihuana tuvo su mejor momento en 1978, cuando ingresaron al país 600 millones de dólares por concepto de exportación de esa droga. Ese mismo

---

posible el narcotráfico también son relevantes para la violencia política: la violencia, la geografía y las condiciones organizativas de determinados individuos.

año la cocaína produjo 1.960 millones de dólares, una cifra más de tres veces superior a la generada por la marihuana.[7]

Esta diferencia entre las percepciones sobre la magnitud de los negocios de la marihuana y la cocaína se debió a la particular localización geográfica de las distintas etapas productivas de cada una de las drogas. A diferencia de la marihuana, cuya transformación es mínima –se cultiva, se recoge y se seca–, la cocaína requiere un proceso más complejo que supone el cultivo de la hoja de coca, la producción de base de coca y luego de la propia cocaína. Por tanto, a diferencia de la marihuana, que es exportada directamente desde el sitio en que se produce, en el caso de la cocaína puede haber una separación entre el lugar en que se cultiva la coca y aquellos en que se realizan las diversas etapas de transformación. Así, mientras que la marihuana era producida y exportada en la costa Atlántica, la cocaína exportada tenía su origen en base de coca producida en Perú y Bolivia, donde estaban los cultivos. En la década de los setenta sólo se realizaba en Colombia la transformación de la base de coca en cocaína.

Las actividades agrícolas requieren superficies extensas y por ello suelen ser más notorias que las industriales. La marihuana ocupaba una amplia superficie y empleaba muchos trabajadores, debido a que es muy intensiva en mano de obra; la producción de cocaína, en cambio, dado que no era cultivada en el país, sólo ocupó en un principio a muy poca gente: los jefes, el personal de los laboratorios y los encargados de la protección y el transporte de la droga entre los países cultivadores y los consumidores. De esta manera, la marihuana, pese a producir menos ingresos que la cocaína, era mucho más visible y así lo reflejaron los medios de comunicación, que en la segunda mitad de los años setenta divulgaron múltiples historias sobre los efectos sociales, económicos y políticos generados por su explotación, mientras que poco o nada decían de la cocaína.

Las fortunas generadas por la cocaína pasaron inadvertidas en un momento en que coincidieron otras dos bonanzas, la de la mari-

---

7 Kalmanovitz es el único de los economistas que ha calculado el tamaño del negocio del narcotráfico en Colombia y que presenta cifras para la década de los setenta. Estas cifras son dudosas, como todas las estimaciones de actividades económicas ilegales, pero se las cita para dar idea de las magnitudes relativas del narcotráfico.

huana, ya mencionada, y la del café. El precio de este grano se disparó en 1976, y en 1977 llegó al punto más alto de su historia. Entre 1977 y 1979 el total producido por las exportaciones de café fue muy similar al de la cocaína: en el primer año las exportaciones de café generaron 1.577 millones de dólares y las de cocaína 1.680 millones; en 1978 las cifras fueron, respectivamente, 1.936 y 1.960 millones de dólares, y en 1979 el café exportado produjo 2.086 millones de dólares y la cocaína 2.080 millones.[8] El país se inundó de dólares y esto hacía muy difícil distinguir cuáles tenían un origen legal y cuáles habían sido obtenidos de actividades delictivas. Como ya se mencionó, la bonanza de la marihuana llegó a su fin en 1982. El negocio de la cocaína, en cambio, siguió creciendo; según Kalmanovitz, en 1982 produjo ganancias por un total de 4.320 millones de dólares.

Pero los exportadores de cocaína aún eran un grupo misterioso. En abril de 1983, la revista *Semana*, el semanario más prestigioso de Colombia, presentó a Pablo Escobar, un congresista suplente, en un artículo de portada titulado "Un Robin Hood paisa". Aun entonces, *Semana* podía eludir el tema de la procedencia de los ingresos de Escobar, limitándose a decir que este tema era objeto de muchas especulaciones, sin mencionar siquiera la palabra *cocaína*. La revista incluso permitió que Escobar explicara, sin contradecirlo, que había obtenido su fortuna en negocios de automóviles y bienes raíces, y concentró su reportaje en las obras benéficas que él realizaba.

A principios de la década de los ochenta las inmensas riquezas generadas por el narcotráfico estaban produciendo una profunda transformación de la sociedad colombiana, la cual aún continúa. Las jerarquías sociales, el destino de las inversiones, el régimen político, todo esto fue afectado completamente por el narcotráfico; sin embargo, fue en el terreno político donde la influencia del narcotráfico resultó más decisiva o, al menos, más evidente. A principios de los años ochenta esa influencia política tuvo dos manifestaciones principales:[9]

---

[8] Las cifras de ingresos de la cocaína provienen del cuadro citado de Kalmanovitz y las del café de la Unidad de Análisis Macroeconómico del DNP (1998: tomo I, cuadro 4-1, p. 131).

[9] Los hechos recogidos a continuación han sido expuestos con más detalle en Orjuela y otros (1990: 199-276).

La primera fue la creación, en diciembre de 1981, del grupo paramilitar Muerte a Secuestradores (MAS), en respuesta al secuestro de una hermana de los miembros del clan Ochoa, que hacían parte del cartel de Medellín, por parte del grupo guerrillero Movimiento 19 de Abril (M-19). Con miras a obtener su libertad y para prevenir futuros secuestros, más de 200 narcotraficantes aportaron dineros que sirvieron para establecer el MAS. Mediante el asesinato y la entrega a las autoridades de miembros de la guerrilla, el MAS consiguió la devolución de la señora Ochoa y la virtual desaparición del M-19 en Antioquia. Este último grupo no se atrevió nunca más a oponerse a los narcotraficantes. El MAS, habiendo cumplido su misión, desapareció poco después. Sin embargo, el éxito de sus acciones llevó a la aparición de grupos paramilitares en otras partes del país. Por lo tanto, aunque dejó de existir, su influencia aún está presente en al actual movimiento paramilitar.

La segunda manifestación de la influencia del narcotráfico fue la participación en la política electoral de algunos de los principales capos, entre ellos y el más importante de todos, Pablo Escobar, el jefe del cartel de Medellín, quien fundó el movimiento Civismo en Marcha, con el cual realizó obras públicas como viviendas y escenarios deportivos en barrios marginales de su ciudad, que financiaba de su propio bolsillo. Su imagen como benefactor le facilitó la entrada a la política en compañía del parlamentario antioqueño Jairo Ortega. Con miras a las elecciones de 1982, el representante Ortega se vinculó al movimiento Nuevo Liberalismo, que dirigía el disidente liberal Luis Carlos Galán. Ortega buscaba ser reelecto en una lista en la cual Escobar era su suplente. Al enterarse de historias que vinculaban a Escobar con el narcotráfico, el Nuevo Liberalismo exigió a Ortega que lo retirara de su lista. Ortega se negó y fue expulsado por el movimiento. Aún así, Ortega y Escobar consiguieron ser elegidos. Pero Escobar se encontró con una fuerte oposición de algunos sectores. Luego de fuertes debates, en octubre de 1983 la Cámara de Representantes levantó la inmunidad parlamentaria de Escobar, lo que permitió su juzgamiento por la justicia ordinaria.

Otro narcotraficante que intervino en política fue Carlos Lehder. A mediados de 1983, lanzó su partido Movimiento Latino Nacional (MLN). En declaraciones que dio en junio de ese año reconoció abiertamente el origen ilícito de su fortuna, aunque aclaró que parte de ella había sido legalizada en la amnistía tributaria concedida por el presidente Belisario Betancur unos meses antes. Lehder manifestó que aspiraba a llegar al Senado de la República y empezó a hacer giras por todo el país. Al siguiente mes, en julio, cambió de opinión y dijo que se proponía ser elegido al Concejo de Bogotá. Su carrera política llegó a su fin en septiembre, cuando fue solicitado en extradición por el gobierno de Estados Unidos y optó por pasar a la clandestinidad. Unas semanas después anunciaba la disolución del MLN.

En realidad, el temor de Lehder a ser extraditado no parecía tener mucho fundamento en ese momento. El tratado de extradición que Colombia firmara con Estados Unidos en 1979 había entrado en vigencia en marzo de 1982, pero el gobierno colombiano no manifestó el menor interés en aplicarlo. Estados Unidos hizo las primeras solicitudes de extradición en abril de 1983. La decisión última de extraditar correspondía al Ejecutivo, pero el proceso requería un concepto previo no vinculante de la Procuraduría y el visto bueno de la Corte Suprema de Justicia. El procurador general Carlos Jiménez expresó que el tratado era inconstitucional, pero la Corte dio el visto bueno a las extradiciones. Sin embargo, el presidente Belisario Betancur se negó a autorizar extradición alguna, con argumentos jurídicos teñidos de una retórica sumamente nacionalista. Pese a las presiones del gobierno de Estados Unidos, Betancur se ratificó en su negativa.

La posición que tuvo Colombia frente al narcotráfico hasta ese momento podía calificarse de ambigua. Por una parte, diversos sectores de la economía legal obtuvieron grandes ganancias de sus negocios con los narcotraficantes. Hubo varias propuestas para legalizar los capitales ilícitos, y una de las personas que más insistió en la legalización fue Ernesto Samper, futuro presidente del país y en ese momento presidente de la Asociación Nacional de Instituciones Financieras (ANIF). Podía notarse incluso en algunas personas cierto orgullo nacionalista de que los colombianos dominaran el negocio mundial de las drogas ilegales. Pero también existían diversos individuos y organizaciones que vieron con preocupación el ascenso social de las organizaciones criminales y advirtieron de sus consecuencias.

Durante algunos años ambas posiciones coexistieron sin conseguir imponerse. Fueron muchas las expresiones de la ambivalencia frente al narcotráfico. En el terreno financiero, por ejemplo, la propuesta de legalización de los capitales generados por el narcotráfico no tuvo al final éxito por la oposición de algunos sectores nacionales y del gobierno de Estados Unidos, pero varios gobiernos aprobaron amnistías tributarias que permitieron la legalización parcial de esos capitales. Y aunque muchos políticos estaban dispuestos a recibir el dinero de los narcotraficantes, no tenían interés en que los narcotraficantes mismos participaran en política. Esta ambigüedad se vivió en el interior mismo de los gobiernos, en particular el del presidente Betancur. El ministro de Justicia, Rodrigo Lara, que provenía del Nuevo Liberalismo, estaba adelantando una dura campaña contra los narcotraficantes, pero sus actuaciones no parecían tener la solidaridad del presidente. Lara defendió la extradición, pero la política oficial del gobierno era la opuesta. El presidente rechazó la aplicación de la extradición por razones nacionalistas, pero carecía de una política alternativa para contener a los narcotraficantes, cuyo poder siguió creciendo.

La era del narcoterrorismo: 1984 a 1993

El 30 de abril de 1984, Lara fue asesinado por un sicario que iba en motocicleta. Al matar al ministro de Justicia, los narcotraficantes demostraron el alcance de su poder y su decisión de desafiar al Estado y a la ley. El asesinato de Lara marcó un momento decisivo en la historia colombiana, porque obligó a reconsiderar las contradicciones en que hasta entonces había vivido el país. Inmediatamente fue declarado el estado de sitio y el gobierno lanzó la ofensiva más intensa hasta el momento contra los narcotraficantes. Durante el funeral de su ministro, el presidente Betancur señaló que, a pesar de dudar de sus bondades, empezaría a aplicar la extradición. Poco después, sin embargo, el gobierno anunció la creación de una comisión encargada de revisar el tratado. Finalmente, en enero de 1985 los primeros cuatro colombianos fueron entregados al gobierno de Estados Unidos.

Las vacilaciones del Estado habían propiciado esta situación. Sin embargo, la muerte de Lara no supuso tanto el fin de la ambigüedad como el principio del fin. Ante la persecución desatada por las autoridades, los principales narcotraficantes colombianos huyeron a Panamá, donde contaban con la protección –pagada, claro está– del general Manuel Noriega. El ex presidente Alfonso López y el procurador Jiménez viajaron a Panamá y sostuvieron conversaciones con esos narcotraficantes. Los narcotraficantes negaron haber participado en el asesinato de Lara, lo cual era de esperar, pero prometieron abandonar el negocio y retirarse de la política si se les juzgaba en Colombia. Cuando la noticia se supo en el país hubo un escándalo. López y Jiménez dijeron que los encuentros tuvieron lugar con el beneplácito del presidente Betancur; este lo negó, pero quedó el sabor de que el gobierno, pese al asesinato de Lara, aún mantenía abiertas las puertas a los narcotraficantes.

El que estas conversaciones se llevaran a cabo en este momento lo atribuyo a tres razones diferentes. La primera es que muchos veían en el narcotráfico un fenómeno positivo, o al menos cuyos aspectos positivos superaban a los negativos. Esto ocurría con quienes opinaban que la bonanza del narcotráfico era una bendición, más aún en momentos en que el resto de América Latina padecía una fuerte crisis económica, o con aquellos que consideraban beneficioso el desplazamiento de las élites tradicionales, a las cuales achacaban todos los problemas de país, por parte de los narcotraficantes.

Pero el asesinato de Lara hizo más evidentes los costos, al mostrar que el fortalecimiento de una élite criminal era más peligroso de lo que se había creído. Por ello, la persistencia de la búsqueda de los acuerdos requiere otros dos factores adicionales, que fueron entonces más importantes. El primero de esos factores, que fue a su vez la segunda razón que explica las conversaciones con los narcotraficantes, fue la corrupción: la política, en particular, se vio afectada por el contacto con los narcotraficantes. Esto tuvo graves consecuencias, como se verá.

La última razón estaba relacionada con el momento político que se vivía entonces. Es necesario recordar que el gobierno había firmado treguas con las principales guerrillas del país: con las Fuerzas Armadas Revolucionarias de Colombia (FARC), en marzo de 1984, y con el M-19 y el Ejército Popular de Liberación (EPL), en abril del mismo año. El llamado proceso de paz se mantuvo con muchas dificultades hasta noviembre de 1985, cuando el M-19 ocupó el Palacio de Justicia, en una acción que dejó más de cien muertos. Aunque esto nunca se probó y los miembros sobrevivientes del M-19 siempre lo han negado, hubo insistentes rumores que señalaban que la toma del Palacio había sido financiada por los narcotraficantes con el fin de atemorizar a la Corte Suprema, para que dejara de apoyar la extradición, y destruir además los procesos abiertos en su contra. Pero hasta la tragedia del Palacio el gobierno hizo una apuesta decidida por una paz negociada.

Los narcotraficantes, por su parte, manifestaron que si el Estado podía negociar y dar un trato privilegiado a las guerrillas izquierdistas, también podía hacerlo con ellos. El proceso de paz estaba fundado en una ambigüedad que los narcotraficantes aprovecharon. El gobierno negociaba con las guerrillas porque, primero, reconocía motivaciones políticas en su lucha y, segundo, porque no podía derrotarlas. Este segundo factor es más importante porque es condición necesaria del primero: si el gobierno hubiera derrotado a las guerrillas no tendría que reconocerles motivaciones políticas. Los narcotraficantes vieron la posibilidad de aprovechar esta condición: si el gobierno nacional no podía derrotarlos, entonces debería reconocerles un carácter político y negociar su incorporación a la legalidad. De esta manera, la apuesta que el gobierno hizo por la negociación tuvo efectos contrarios a los esperados: no tuvo éxito con las guerrillas y en su lugar incentivó la violencia de los narcotraficantes.

Los años siguientes estuvieron marcados por la lucha en torno a la extradición. El objetivo de los narcotraficantes era acabar con ella y con ese fin emplearon todos los recursos a su alcance, legales e ilegales –la corrupción, la intimidación y la violencia–. Además de emplear la violencia para resolver los conflictos propios de quienes están involucrados en actividades delictivas, los narcotraficantes empezaron a usarla para someter al Estado. A principios de la década de los ochenta habían tratado de hacerse al control del Estado de manera pacífica, participando en elecciones; cuando esto fracasó, quisieron hacerlo por medio de la violencia. En ese lapso, el alcance de sus objetivos se redujo. Cuando participaron en política usando medios pacíficos, buscaban extender al campo político el poder que ya habían conseguido en el campo económico y, de forma creciente, en el campo social. En cambio, la violencia de finales de la década tenía un objetivo menos ambicioso, el cual era garantizar su impunidad, evitando lo que más temían, su juzgamiento en Estados Unidos. En ese período hizo su aparición la organización llamada Los Extraditables, cuyo lema era: "Preferimos una tumba en Colombia a una cárcel en los Estados Unidos". La frase no era cierta: no deseaban ni tumba ni cárcel, su propósito real era vivir en Colombia libremente, disfrutando de sus ganancias, habiendo sometido al Estado a sus dictados.

En diciembre de 1986, la Corte Suprema declaró inexequible la Ley 27 de 1980, por la cual se había ratificado el tratado de extradición firmado con Estados Unidos. El argumento de la Corte fue que la ley no había sido ratificada por el presidente, sino por el ministro de Gobierno, Germán Zea, que estaba encargado de las funciones presidenciales. No obstante, muchos interpretaron que la razón real de la decisión fue el temor de la Corte, debilitada por la muerte de muchos de sus integrantes en la toma realizada por el M-19 y asediada por las continuas amenazas de los narcotraficantes. Para mantener la vigencia de la extradición, inmediatamente el presidente Virgilio Barco sancionó la Ley 68 de diciembre de 1986, cuyo texto era idéntico al de la ley declarada inexequible. Las opiniones de los juristas que no hacían parte del gobierno fueron unánimes en señalar que esta acción era abiertamente inconstitucional. Sin embargo, el gobierno ganó tiempo y prosiguió las extradiciones hasta junio de 1987, cuando la Corte Suprema declaró inexequible la Ley 68. La extradición llegó a su fin después de estar vigente menos de dos años y medio.

Los narcotraficantes obtuvieron así su principal objetivo, el fin de la extradición, pero ello no supuso el fin de su lucha. Estaban dedicados a matar a todos los que se les opusieran. Los asesinatos de un gobernador, del líder del partido de izquierda Unión Patriótica, de jueces, de policías, de periodistas se sucedieron unos a otros. Su objetivo era generar terror en la población y someter al Estado. Algunos sectores aprovecharon la confusión generalizada y la debilidad del Estado para impulsar sus agendas: el M-19 y el EPL volvieron a negociar en 1989 y obtuvieron generosas concesiones del gobierno nacional; hay indicios de que algunos sectores de ultraderecha trataron de impulsar una salida autoritaria. Los paramilitares, estrechamente asociados a los narcotraficantes, empezaron a extender su poder territorial eliminando a los miembros de la Unión Patriótica y masacrando campesinos.

No obstante, en medio de esta situación aún proseguían los diálogos entre el gobierno y los narcotraficantes, y en esferas más elevadas que en el pasado. El secretario general de la Presidencia, Germán Montoya, recibió a delegados de los narcotraficantes que pedían un indulto similar al que se estaba ofreciendo al M-19. En agosto de 1989 fue asesinado Luis Carlos Galán, líder del Nuevo Liberalismo y seguro ganador de las elecciones presidenciales del siguiente año. Esto ocasionó dos reacciones inmediatas del gobierno. En primer lugar, fue restablecida la extradición haciendo uso del estado de sitio. Mes y medio después, la Corte Suprema, plegándose a la nueva situación política, declaró constitucional ese mecanismo. En segundo lugar, los contactos entre el gobierno y los narcotraficantes quedaron interrumpidos.

Por ese entonces el Congreso tramitaba una importante reforma política que debía ser aprobada mediante referendo en enero de 1990. Pese a la oposición del gobierno nacional, la Cámara de Representantes incluyó el tema de la extradición en el temario del referendo. En su titular, el diario *El Espectador* decía que la Cámara había actuado "en abierto desafío al país , lo cual es paradójico: la acción de la Cámara entregaba a la ciudadanía la decisión sobre si mantener o no la extradición, por lo cual parece una exageración afirmar que estaba desafiando al país. Pero era claro que el terrorismo había inclinado a la opinión ciudadana a oponerse a la extradición, y dado que las acciones terroristas proseguían no se podía considerar que la ciudadanía estuviera en condiciones de decidir libremente. Se dijo que la votación de la Cámara era resultado del soborno y las presiones. El gobierno nacional se empleó a fondo y consiguió el hundimiento de la reforma.

El enfrentamiento era brutal, y los costos, altísimos para ambas partes. Varios narcotraficantes murieron o fueron extraditados. En enero de 1990, sus voceros manifestaron que aceptaban el triunfo del Estado y depondrían sus armas. Fue un momento muy significativo: los narcotraficantes manifestaban, luego de casi seis años de enfrentamiento directo, que no podrían someter al Estado. Pero esto no supuso el fin de la lucha. Otros dos candidatos presidenciales fueron asesinados: Bernardo Jaramillo, de la Unión Patriótica, en marzo de 1990, y Carlos Pizarro, del M-19, en abril del mismo año. Múltiples actos terroristas en las principales ciudades del país dejaron centenares de muertos. La Corte Suprema y el Congreso habían sido intimidados, restaba el Ejecutivo. Los narcotraficantes secuestraron a parientes del presidente Virgilio Barco y a su secretario privado. Con estas acciones finalmente consiguieron que el gobierno nacional aceptara reanudar los contactos con intermediarios de los narcotraficantes.

El fiasco de la reforma política, junto con la profunda crisis derivada del conflicto con los narcotraficantes y la necesidad de consolidar los acuerdos firmados con el M-19, abrieron la puerta a una reforma de la Constitución. Recién los narcotraficantes habían reconocido el triunfo del Estado pero, paradójicamente, en buena medida la violencia generada por ellos permitió el proceso que desembocó en la convocatoria de una asamblea constituyente, la cual cambió profundamente la estructura del Estado.

La Asamblea Nacional Constituyente se reunió durante el primer semestre de 1991 y acordó una nueva carta que fue sancionada el 4 de julio de 1991. Indudablemente, la nueva Constitución era más pluralista y democrática que la Constitución de 1886. Sin embargo, la Constituyente no estuvo exenta de acciones controvertidas. La prohibición de la extradición fue quizás la más polémica de todas. Hacía poco más de un año que el gobierno y la prensa habían puesto en la picota a la Cámara de Representantes por haber introducido la extradición en el referendo. La Constituyente fue un pasó más allá, al prohibir directamente la extradición; sin embargo, la transformación del ambiente político hizo que las críticas fueran esta vez mucho más moderadas.

El nuevo gobierno del presidente César Gaviria había apostado por una solución negociada al conflicto con los narcotraficantes, a través de la denominada "política de sometimiento a la justicia", en la cual los narcotraficantes se entregaban a cambio de rebajas de pena y beneficios procesales –y la promesa implícita de no aplicar la extradición–. El gobierno nunca reconoció que estaba negociando la legislación penal con los narcotraficantes –no podía hacerlo porque eran criminales comunes que habían cometido los peores actos terroristas vistos en la historia del país–; no obstante, su política tuvo un respaldo significativo por parte de la opinión pública cansada de la violencia terrorista.

Pero al parecer los narcotraficantes no querían dejar nada al azar y buscaron garantizar la prohibición de la extradición con sobornos a los constituyentes. Al menos así lo indicaría la denuncia de uno de ellos, cercano a los paramilitares, que presentó un video en el cual se le entregaba dinero para que votara a favor de la prohibición de la extradición. Se decía en ese video que 36 de los 70 constituyentes habían recibido dinero para votar en contra de la extradición. Era claro que el denunciante buscaba deslegitimar la decisión tomada por la Asamblea Constituyente. Se desató entonces una gran polémica sobre los motivos reales del denunciante, y en general de los constituyentes que apoyaban el fin de la extradición, pero la decisión de la Asamblea permaneció inalterada. El 19 de junio de 1991, la Asamblea votó por amplia mayoría el artículo 35, que prohibió la extradición de los colombianos por nacimiento. Con la seguridad de no ser extraditado, esa misma tarde se entregó a las autoridades Pablo Escobar, el líder del cartel de Medellín, que fue recluido en una cárcel diseñada según sus especificaciones.

La violencia de los narcotraficantes disminuyó, pero pronto empezaron a circular rumores de que el Estado no tenía control alguno sobre las acciones de Escobar. Éste entraba y salía libremente de la prisión, e incluso mandó a traer varias personas a quienes personalmente torturó y asesinó. El gobierno se vio obligado a intervenir, pero cuando intentó cambiarlo de lugar de detención, en julio de 1992, Escobar se fugó fácilmente. El gobierno había sido puesto en ridículo y reaccionó empleando todos los recursos disponibles para cazar a Escobar. Esto incluyó la cooperación de los gobiernos de Estados Unidos y el Reino Unido, y de narcotraficantes enemigos de Escobar. Tras un respiro de un año, de nuevo se habían recrudecido la violencia y el terrorismo. Escobar contactó a algunos funcionarios para explorar las condiciones de su entrega, aunque también manifestó su intención de convertirse en rebelde político, con el fin de recibir el mismo trato de los guerrilleros que abandonaron las armas. Finalmente, Escobar fue acorralado y muerto en diciembre de 1993. Con su desaparición terminó el llamado narcoterrorismo, que había azotado al país desde 1984.

El conflicto actual: 1994 al día de hoy

Distraído por su enfrentamiento con el Estado, el cartel de Medellín perdió parte del control sobre el negocio de exportación de cocaína, circunstancia que fue aprovechada por el cartel de Cali. Esta organización evitó siempre enfrentarse directamente con el Estado; por el contrario, prefirió el dinero y la corrupción para impulsar sus intereses. En 1994, el cartel de Cali entregó seis millones de dólares a la campaña del liberal Ernesto Samper, quien fue electo presidente. Esta situación provocó una profunda crisis política, en la cual el gobierno de Samper debió afrontar el rechazo internacional, investigaciones internas, llamados a su renuncia y un movimiento golpista. La Fiscalía adelantó investigaciones que llevaron a la cárcel a congresistas, a políticos regionales y a empresarios, pero el juzgamiento del presidente es una función del Congreso. En junio de 1996, el Comité de Acusaciones de la Cámara de Representantes absolvió definitivamente al presidente de los cargos relacionados con la financiación de su campaña. El resultado era más que esperado, dados los favores que el gobierno otorgó a los miembros del Comité de Acusaciones, por lo que la decisión no resolvió la crisis, que se prolongó hasta el día en que Samper entregó el poder a su sucesor.[10]

La crisis política debilitó de forma drástica al gobierno y al Estado mismo. Entre las múltiples consecuencias de esta situación, tres son particularmente relevantes para nuestro tema. En primer lugar, Estados Unidos incrementó la presión para restablecer la extradición; el gobierno primero se opuso, pero luego accedió a impulsar la necesaria reforma de la Constitución. Desaparecido el temor al cartel de Medellín, el Congreso realizó las votaciones necesarias, y así desde noviembre de 1997 la extradición adquirió por vez primera rango constitucional. El Congreso no acogió la propuesta del gobierno y estableció que la extradición no podía aplicarse a hechos anteriores a su aprobación.[11] A partir de entonces se han realizado extradiciones de manera ininterrumpida. El tema ya no concita los conflictos de antes gracias a la desaparición del narcoterrorismo y la internacionalización de la política criminal.

---

[10] Para dos posiciones contrarias sobre el proceso de juzgamiento del presidente en el Congreso, véase la justificación del presidente en el libro *Aquí estoy y aquí me quedo,* de Samper Pizano (2000), y una crítica en el Informe de la Comisión Ciudadana de Seguimiento (2000).

[11] El texto de la Constitución, en su artículo 35, quedó así: "La extradición se podrá solicitar, conceder u ofrecer de acuerdo con los tratados públicos y, en su defecto, con la ley. Además, la extradición de los colombianos por nacimiento se concederá por delitos cometidos en el exterior, considerados como tales en la legislación penal colombiana. La Ley reglamentará la materia. La extradición no procederá por delitos políticos. No procederá la extradición cuando se trate de hechos cometidos con anterioridad a la promulgación de la presente norma". Se dijo que el gobierno apoyaba públicamente la retroactividad de la extradición, pero que privadamente hizo saber que estaba de acuerdo con el proyecto del Congreso. Sobre este tema véase Cañón M. (1998).

En la actual negociación con los paramilitares se discute si les será aplicada la extradición, no la existencia de este mecanismo.

Un segundo aspecto en el que se reflejó la crisis política fue en el avance de los cultivos ilegales, particularmente de hoja de coca. En 1994, a comienzos del gobierno de Samper, Colombia tenía menos cultivos de coca que Perú y Bolivia; pero a partir de 1997 Colombia ha sido el principal país cultivador.[12] Así, de centro del tráfico de cocaína, Colombia pasó también a ser en estos años el centro de los cultivos. Esta significativa transformación del negocio debió responder a varios factores. Cabe suponer que la desaparición de los grandes carteles supuso un aumento de los costos y los riesgos que para los microcarteles que los reemplazaron tenían los viajes a Perú y Bolivia para adquirir la base de coca, por lo cual esos microcarteles debieron fomentar la expansión de los cultivos en el territorio colombiano (Thoumi, 2005). Pero es posible también que la crisis política debilitara la capacidad del Estado de controlar el territorio nacional, lo cual facilitó esa expansión.

La tercera manifestación de la crisis política fue el avance de los grupos armados ilegales, sobre todo de las FARC y de los paramilitares. Las primeras obtuvieron los mayores triunfos militares de su historia entre 1996 y 1998, mientras que a fines de 1997 se organizaron las Autodefensas Unidas de Colombia (AUC), la primera fuerza paramilitar de alcance nacional, lo que aumentó el número y alcance de las operaciones de los ejércitos ilegales antiguerrilleros. Así, el número de acciones bélicas en las cuales participaron los paramilitares dieron un gran salto entre 1996 y 1997, al pasar de 6 a 37, y se mantuvieron en ese nivel en los siguientes años (González, Bolívar y Vázquez, 2002: 104).[13] El progreso de estos grupos está estrechamente vinculado con la expansión de los cultivos, habida cuenta de que los gravámenes impuestos a los cultivadores de coca generaron buena parte de los recursos que permitieron a los grupos

---

[12] En 1994, las hectáreas cultivadas con coca fueron: Perú, 108.600; Bolivia, 48.100, y Colombia, 44.700. En 1997, fueron: Colombia, 79.400; Perú, 68.800, y Bolivia, 45.800 (United Nations Office on Drugs and Crime, 2003).

[13] Precisamente, Jorge Alberto Restrepo y Michael Spagat, en un artículo publicado en otro lugar de este libro ("La dinámica del conflicto colombiano, 1998-2003"), usan el término *recrudecimiento* para caracterizar el conflicto a partir de 1996.

ilegales dar ese salto ofensivo. Carlos Castaño, jefe de las AUC hasta su desaparición en abril de 2004, reconoció esa situación:

> Actualmente ejercemos control y cobramos impuesto en 15.000 hectáreas de coca en el Putumayo, antes de las FARC y obtenidas en combate. También dominamos en el sur de Bolívar, donde antes lo hacía el ELN. Ahora controlamos cerca de 20.000 hectáreas sembradas por la subversión. En la zona del Catatumbo existen más de 30.000 hectáreas de cultivos ilícitos, la mitad controladas por las FARC y la otra por la autodefensa. [Pero agregaba...] Yo soy medio puritano y confieso que no fue fácil tomar la decisión (de aceptar la financiación del narcotráfico. (Aranguren, 2001: s. p.)

Los dos últimos fenómenos mencionados –la expansión de los cultivos ilegales y el avance de los grupos armados– no fueron causados únicamente por la crisis política del gobierno de Samper. En el caso de la extensión de los cultivos ilegales, los gobiernos de Perú y Bolivia adoptaron políticas que disminuyeron la extensión de los cultivos de coca, lo cual pudo contribuir a que se desplazaran a Colombia. Y los avances de las guerrillas y los paramilitares no hubieran sido posibles si esos grupos no hubieran tomado anteriormente una serie de decisiones estratégicas, que en el caso de las FARC incluyeron el estudio detenido de las debilidades del Ejército Nacional.

Frente a esta situación, el gobierno de Andrés Pastrana adoptó dos políticas diferentes. Por una parte, adelantó conversaciones sin condiciones con las FARC en la llamada *zona de distensión*, un territorio de más de 42 mil kilómetros cuadrados que el gobierno cedió al control de la guerrilla. El gobierno y las FARC se reunieron durante más de dos años sin obtener ningún resultado concreto, hasta que en febrero de 2002, pocos meses antes de culminar su gobierno, Pastrana declaró el fin del proceso de paz, y por consiguiente de la zona de despeje. Por otra parte, el gobierno inició un proceso de fortalecimiento y modernización de las Fuerzas Armadas, sin precedentes en el país. Esta inversión permitió consolidar su predominio aéreo y les dio una mayor movilidad, lo cual ha impedido a las FARC concentrar grandes ejércitos.

La mayor capacidad de combate del Ejército fue posible en buena medida por la ayuda dada por Estados Unidos a través del Plan Colombia. Debido a las denuncias de financiación de la campaña del presidente Samper con dinero del narcotráfico, Estados Unidos redujo al mínimo la cooperación con Colombia y mantuvo unas relaciones abiertamente hostiles con el gobierno nacional, hasta llegar incluso a retirar públicamente la visa de entrada a ese país del presidente colombiano. La presión estadounidense contribuyó a profundizar la crisis política de entonces, por lo que puede decirse que de manera indirecta el gobierno estadounidense coadyuvó a la extensión de los cultivos de coca y amapola y al fortalecimiento de los grupos armados ilegales. Cuando Pastrana llegó al poder, Estados Unidos, preocupado por la gravedad de la situación, se propuso ayudar a la recuperación de la gobernabilidad en Colombia. El Plan Colombia fue resultado de la conjunción de intereses del gobierno de Pastrana, que quería mejorar la eficiencia de las Fuerzas Armadas, y del gobierno estadounidense, que trató de revertir el deterioro de la situación política en Colombia.

Pero la posibilidad de la ayuda de Estados Unidos estaba limitada por la oposición de importantes sectores políticos de ese país a colaborar con la lucha antiinsurgente en Colombia. Muchos congresistas demócratas y diversas organizaciones no gubernamentales (ONG) de derechos humanos se oponían a colaborar con el Ejército colombiano, dado su historial de violaciones a los derechos humanos. Por ello, desde su primera versión, en septiembre de 1999, el Plan Colombia fue presentado siempre como un proyecto de ayuda exclusiva a la lucha contra el narcotráfico (García, 2001), aunque es claro que en su origen estaba la preocupación por las derrotas sufridas por el Ejército a manos de la guerrilla. Como en aquel momento el gobierno estadounidense no podía ayudar de manera directa al Ejército, entonces decidió hacerlo de manera indirecta, colaborando con la erradicación de los cultivos ilegales, lo cual debía permitir aumentar el control sobre el territorio nacional y disminuir los recursos de que podían disponer los actores armados ilegales.

El Plan Colombia ha supuesto el aporte de más de tres mil millones de dólares en los últimos cuatro años y medio.[14] Los resultados sugieren que el Plan tuvo éxito en la erradicación de los cultivos ilegales hasta 2003. De acuerdo con todas las fuentes disponibles

---

[14] Véanse las cifras detalladas del Center for Internacional Policy en http://ciponline.org/colombia/aidtable.htm.

–gobierno colombiano, Naciones Unidas, gobierno estadounidense–, la extensión de los cultivos de coca en Colombia aumentó continuamente entre 1992 y 2000. Los aportes del Plan Colombia empezaron a llegar a fines de 2000, y sus efectos se sintieron con toda intensidad a partir de 2001. Los cultivos descendieron en un comienzo. Así, de 169 mil hectáreas, en 2001, pasaron a 114 mil, en 2003. Sin embargo, en 2004 los cultivos se mantuvieron constantes, pese a que las fumigaciones llegaron al punto más alto de su historia, con más de 130 mil hectáreas afectadas.[15]

Con anterioridad a los atentados del 11 de septiembre de 2001, el gobierno de Estados Unidos había declarado como terroristas a las dos principales organizaciones guerrilleras colombianas, las FARC y el Ejército de Liberación Nacional (ELN), y al mayor grupo paramilitar del país, las AUC –en el caso de las AUC, un día antes, el 10 de septiembre–. A raíz de los atentados, Estados Unidos declaró la guerra contra el terrorismo. Desde entonces fueron desapareciendo las limitaciones que existían para apoyar al Ejército colombiano. El Congreso de Estados Unidos, mediante Ley del 2 de agosto de 2002, autorizó el uso de los recursos del componente militar del Plan Colombia en estrategias conjuntas, es decir, en la guerra contra el narcotráfico y contra los grupos armados ilegales. Así, el Plan Colombia, y en general toda la ayuda militar estadounidense, prácticamente ya no establecen diferencias entre la lucha antiinsurgente y el combate al narcotráfico.

El presidente Álvaro Uribe, que encarnaba el rechazo a la zona de despeje concedida a las FARC, ganó fácilmente la primera ronda de las elecciones presidenciales del año 2002. Su "política de seguridad democrática" ofreció negociaciones a los ejércitos ilegales que aceptaran una tregua, pero prometió aumentar la presión militar sobre los que se negaran. El diagnóstico que el gobierno actual hace del conflicto da un lugar importante al narcotráfico. El

---

[15] Las cifras sobre cultivos son del Proyecto Sistema Integrado de Monitoreo de Cultivos Ilícitos (SIMCI) se encuentran en http://www.cultivosilicitoscolombia.gov.co/botoneras/estadisticas/cultivos_estadisticas.htm#. Las de fumigación provienen del Sistema de Información de la Defensa Nacional, disponibles en http://www.mindefensa.gov.co/fuerza/res_op200307.html, y la Oficina Nacional de Política de Control de Drogas de la Casa Blanca, disponibles en http://www.whitehousedrugpolicy.gov/news/press05/032505.html.

gobierno nacional considera que éste constituye la principal fuente de financiación de los grupos armados ilegales. Por lo tanto, el combate al narcotráfico es un elemento esencial de la lucha contra esos grupos.[16]

Los dos instrumentos principales que el gobierno nacional ha usado para combatir al narcotráfico han sido la extradición y la fumigación. La extradición, la entrega de criminales para su juzgamiento en el exterior, ha alcanzado sus máximas cotas en el actual gobierno. Desde agosto de 2002 han sido extraditados a Estados Unidos más de 250 acusados, casi todos por narcotráfico. La fumigación, como se mostró anteriormente, también ha llegado al máximo durante el gobierno de Uribe.

Los resultados de la política gubernamental son difíciles de precisar. La situación de seguridad ha mejorado: las cifras de homicidios, secuestros, tomas a poblaciones están disminuyendo. No es claro, sin embargo, en qué medida la disminución se debe a las acciones del gobierno. En relación con las drogas, la situación es aún más confusa. Ya se mencionó que los cálculos disponibles señalan una disminución de los cultivos de coca entre los años 2001 y 2003, lo cual se atribuyó al aumento de las fumigaciones, mientras que en el 2004, justo cuando las fumigaciones llegaron a su máximo, se mantuvieron estables.

De acuerdo con el gobierno estadounidense, en 2003 disminuyó la cantidad de cocaína exportada hacia Estados Unidos, pero no hubo cambios en la disponibilidad de la droga en ese mercado (National Drug Intelligence Center, 2005). Obviamente, estos dos fenómenos son contradictorios. Incluso si se admite que los traficantes tienen existencias que les permiten cubrir la demanda cuando disminuyen las importaciones, no es posible que la disminución dure mucho sin que haya un efecto en los precios. Dado que los precios al por mayor en el mercado estadounidense no han cambiado y que la pureza de la cocaína ha seguido creciendo, debe suponerse que la disponibilidad de la droga sigue igual o incluso ha aumentado ligeramente, y que por tanto no han disminuido las exportaciones de cocaína hacia Estados Unidos. Y como la participación de los países productores de coca y cocaína se ha mantenido más o menos

---

16 Para la estrategia del gobierno nacional, véase República de Colombia, Presidencia de la República, Ministerio de Defensa (2003).

constante (United Nations, Office on Drugs and Crime, 2004), habría que concluir que Colombia sigue exportando cantidades similares de cocaína.

Es claro que el gobierno ha fracasado en términos de los objetivos que se impuso: los cultivos de coca y la exportación de cocaína se mantienen, pese a las acciones gubernamentales. Pero hay que preguntarse cuál sería la situación si el gobierno dejara de actuar contra el narcotráfico. Si se considera que el narcotráfico ha prosperado en Colombia, porque existen diversos factores que estimulan el florecimiento de las actividades ilegales en su territorio, es indudable que la ilegalidad sería aún más beneficiosa si llegaran a disminuir las acciones del gobierno, lo cual no significa que la estrategia utilizada actualmente para hacer más costosa la ilegalidad sea la más adecuada. No es éste, sin embargo, el lugar para discutir cuál debería ser la mejor política contra el narcotráfico.

Si el negocio se mantiene, es porque existen muchas personas que participan y se lucran de él. Además de su papel tradicional como exportadora de drogas, Colombia se ha convertido en el principal centro de cultivo de hoja de coca de los países andinos. Esto significa que existen miles de personas dedicadas a atender los cultivos y su recolección, y la transformación de la hoja en cocaína. Los campesinos cultivadores, al igual que los encargados de transportar las drogas, son personas de bajos recursos y están en actividades que no requieren mayores conocimientos, razón por la cual aquellos capturados son fácilmente reemplazados por otros pobres dispuestos a correr riesgos.

Las organizaciones dedicadas al tráfico de drogas ya no tienen los alcances y dimensiones de los grandes carteles del pasado. Los viejos carteles de Medellín y Cali obtenían ganancias inmensas gracias al control del negocio en todas sus etapas, desde el cultivo hasta la venta en los mercados estadounidenses y el lavado de las ganancias. Su tamaño y recursos los convirtieron en una amenaza para la estabilidad del Estado colombiano, y por esa misma razón el Estado, con la colaboración de muchos agentes nacionales e internacionales, públicos y privados, concentró todos los recursos posibles con el objetivo de destruirlos. Los nuevos microcarteles concentran su labor en determinadas etapas del negocio –la refinación, el transporte o el lavado– y se alían con otros carteles para completar todo el ciclo productivo y comercial. Ya no constituyen una amenaza para el Estado, no obligan a una movilización general en su contra y, en aquellos casos en que son destruidos, resulta fácil su reemplazo por otros microcarteles.

Pero aunque ya las organizaciones de narcotraficantes no son una amenaza directa al Estado, el narcotráfico sí lo sigue siendo. Nadie desconoce la importancia que tienen los recursos procedentes del narcotráfico para la financiación de los ejércitos ilegales, en particular las FARC y los paramilitares. Pero como es natural con toda actividad económica ilegal, las estimaciones sobre el tamaño de los recursos que reciben los actores armados son muy diferentes. Así, por ejemplo, en el caso de las FARC, el informe oficial más reciente y detallado afirma que los ingresos de ese grupo en las diferentes etapas del negocio del narcotráfico ascendieron a entre 1,1 y 1,8 billones de pesos, lo cual habría supuesto un 45,8% de sus ingresos totales. De acuerdo con la tasa de cambio promedio del año 2003, esas cifras corresponden a entre 378 y 612 millones de dólares (Junta de Inteligencia Conjunta de la República de Colombia, 2005).

Sin embargo, Francisco Thoumi, al examinar los últimos datos sobre la magnitud de los cultivos ilícitos en Colombia de la Oficina de las Naciones Unidas contra la Droga y el Delito, consideró que el narcotráfico no generó en 2004 más de 350 millones de dólares a todos los agentes colombianos involucrados en el narcotráfico –incluidos campesinos, narcotraficantes y grupos armados–. Y que el total recibido por guerrillas y paramilitares no debió superar los 150 o 200 millones de dólares. Estos valores no incluyen las ganancias obtenidas por la exportación de drogas a los mercados extranjeros, pero las FARC, al menos, no tienen una participación significativa en ese negocio (Thoumi, 2005).

Esta comparación ratifica una vez más la imposibilidad de obtener certeza alguna en relación con la dimensión económica de las actividades ilegales. Las cifras presentadas por la Junta de Inteligencia corresponden al 2003 y las de las Naciones Unidas al 2004, pero esto no es problema porque la extensión de los cultivos no cambió entre esos dos años. Pudiera pensarse que la Junta tiene una disposición a sobrecalcular la amenaza de las FARC, pero en todo caso Thoumi estima que los grupos armados reciben mucho menos recursos de lo que se suele creer. El interrogante que queda es si Thoumi tiene razón o si más bien las Naciones Unidas están subestimando la extensión de los cultivos ilegales.

Las relaciones que establecen ambas organizaciones con el narcotráfico son muy diferentes. Las FARC reciben ingresos del narcotráfico, pero no son una organización exclusivamente narcotraficante: su propósito no es el enriquecimiento, sino financiar sus actividades militares. La situación de los paramilitares es más complicada. Mientras que las FARC son una organización centralizada, en la cual cada uno de sus miembros actúa de acuerdo con lo que determinan sus líderes, los paramilitares son una federación de grupos que tienen historias muy diferentes. Varios de éstos, aunque financiados por el narcotráfico, tienen una historia real de participación en las luchas antisubversivas, en colaboración muchas veces con el Ejército regular.

El gobierno del presidente Uribe adelanta en la actualidad negociaciones con los paramilitares. Un factor que habría pesado mucho en la disposición de los paramilitares a negociar fue la actitud de Estados Unidos, que declaró terroristas a las AUC y en septiembre de 2002 pidió en extradición a sus líderes de entonces. El objetivo mínimo que pretendían los paramilitares en las negociaciones era no ser extraditados. Castaño incluso pidió que Estados Unidos suspendiera los pedidos de extradición para facilitar el proceso de paz y a cambio ofreció la erradicación de los cultivos, pero Estados Unidos ha insistido en que no renuncia a la extradición de los paramilitares comprometidos en el narcotráfico.

Es posible que algunas entidades del gobierno estadounidense, como el Departamento de Estado, consideren que el objetivo de conseguir la paz en Colombia justifique no extraditar a los paramilitares, pero otras entidades –por ejemplo, los departamentos de Justicia o de Seguridad Interna– presumiblemente están más interesadas en la aplicación de la justicia. Por lo tanto, la decisión de abandonar la búsqueda de la extradición de los paramilitares comprometidos en el proceso de paz tendría que venir de una instancia superior, la Casa Blanca, pero ésta no ha dado señas de que tenga esa intención. El tema de la extradición aún sigue rondando las negociaciones.

El proceso se ha visto complicado por el oportunismo de algunos narcotraficantes que, aprovechando sus vínculos con los paramilitares, consiguieron colarse en las negociaciones. Hace dos años un informe confidencial realizado para el gobierno concluyó que hasta un 80% de la financiación de las AUC provenía del narcotráfico y que se había hecho imposible diferenciar entre paramilitares y narcotraficantes. Agregaba el informe que las AUC estaban vendiendo su "franquicia" a grupos de narcotraficantes y que a través de los narcotraficantes convertidos en comandantes paramilitares las AUC controlarían alrededor del 40% del total del narcotráfico en el país.

Según el informe, la principal preocupación y razón de ser del paramilitarismo no era el combate a la guerrilla, sino la ampliación de sus lazos con el narcotráfico. Y concluía que el objetivo de los paramilitares en las negociaciones era legalizar su pasado y sus ganancias y salvarse de la extradición.[17] Las afirmaciones de ese documento se vieron confirmadas, al menos en parte, en julio de 2004, cuando una investigación del diario *El Tiempo* ratificó que al menos dos de los comandantes militares presentes en las negociaciones habían comprado su posición.[18] El gobierno nacional optó por aceptar la situación, pero exigió que no se diera cabida a nuevos comandantes.

El narcotráfico sigue siendo el factor más perturbador en las negociaciones con los paramilitares. La doctrina jurídico-política aún dominante en Colombia –aunque en franco retroceso– establece una diferencia clara entre delito político y delito común. El delito político, que es objeto de un trato preferente, incluye todas aquellas actividades violentas y criminales dirigidas a la búsqueda del poder, exceptuando los crímenes de guerra y contra la humanidad. El delito político puede y, de acuerdo con la opinión de diversos sectores, debe ser negociado y, en últimas, perdonado por el Estado, dado su supuesto carácter altruista. El delito común no relacionado con la búsqueda del poder, en cambio, no puede ser negociado y menos perdonado. La consecuencia de esto es que resulta más fácil perdonar los asesinatos y masacres cometidos por los paramilitares que su participación en el narcotráfico. Esta peculiar ética no pue-

---

[17] El informe es confidencial, pero el periódico *The Washington Post* obtuvo una copia a través de un jefe paramilitar –"Rodrigo" o "Doble cero"– que se oponía a las negociaciones y que posteriormente fue asesinado. Véase *Washingtonpost.com*, 26 de junio de 2003, disponible en http://www.washingtonpost.com/wp-dyn/articles/A33676-2003Jun25.html. El comisionado de paz del gobierno, Luis Carlos Restrepo, calificó al documento de "no oficial", pero confirmó sus conclusiones, no obstante lo cual las negociaciones prosiguieron.

[18] *El Tiempo*, 3 de julio de 2004.

de durar indefinidamente, pero por el momento ha dificultado la negociación con los paramilitares.

Para terminar

El narcotráfico surgió y se expandió en Colombia porque existían en el país condiciones que propiciaban las actividades ilegales. Así, hasta 1984, cuando tuvo lugar el asesinato del ministro Lara, los narcotraficantes y sus dineros progresaron rápidamente, sin mucha oposición, distorsionando la economía y corrompiendo las instituciones y la política. En las dos últimas décadas han tenido lugar esfuerzos más consistentes por contener el avance del narcotráfico, pero ésta es una actividad muy rentable y es muy difícil construir instituciones que permitan imponer el imperio de la ley cuando hay tanto dinero sucio penetrando y tratando de corromper a los distintos sectores de la sociedad colombiana. Las acciones del gobierno nacional han sido exitosas en algunos campos, como la destrucción de los grandes carteles de Medellín y Cali que controlaron el negocio hasta principios de la década de los noventa, pero no se ha conseguido la erradicación de los cultivos ni la disminución de las exportaciones de cocaína. No obstante, las tareas del país y del Estado son claras: establecer el imperio de la ley y afirmar la legalidad.

Llegados a este punto, es posible poner bajo una nueva luz el dilema de la relación entre el narcotráfico y el conflicto armado. Mucho se ha discutido en el país sobre el sentido de los vínculos entre ambos fenómenos, es decir, si el narcotráfico alimenta al conflicto armado o, al revés, si existe un solapamiento inextricable entre ambos. En realidad, uno y otro han sido posibles y han adquirido tal dimensión porque el país ofrece grandes ventajas a quienes optan por el camino de la ilegalidad, bien sea en el campo político, el social o el económico. Para construir una sociedad democrática y respetuosa de la ley es necesario que se disminuyan las ventajas que han tenido quienes optan en Colombia por las actividades ilegales o, dicho de otra manera, que no se premie y, por el contrario, se castigue el recurso al crimen y la ilegalidad. Esto no es fácil, como lo evidencian las negociaciones que actualmente se adelantan con el paramilitarismo. Pero si se acepta el objetivo último, es posible empezar a imaginar cómo hacerlo.

Bibliografía

Aranguren Molina, Mauricio. 2001. *Mi confesión: Carlos Castaño revela sus secretos*, Bogotá, Oveja Negra.

Bateman Cayón, Jaime. 1984. *Oiga hermano.* Bogotá, Macondo.

Cañón M., Luis. 1998. *La crisis: cuatro años a bordo del gobierno Samper*, Bogotá, Planeta.

Chile, Jorge y Arango, Mario. 1987. *Narcotráfico: imperio de la cocaína*, México, Diana.

Comisión Ciudadana de Seguimiento. 2000. *Poder, justicia e indignidad: el juicio al presidente de la República Ernesto Samper Pizano*, Bogotá.

García, Andelfo. 2001. "Plan Colombia y ayuda estadounidense: una fusión traumática", en Instituto de Estudios Políticos y Relaciones Internacionales (IEPRI). *El Plan Colombia y la internacionalización del conflicto*, Bogotá, Planeta, pp. 193-306.

González, Fernán E.; Bolívar, Íngrid J., y Vázquez, Teófilo. 2002. *Violencia política en Colombia: de la nación fragmentada a la construcción del Estado*, Bogotá, Cinep.

Gootenberg, Paul. 2005. *Birth of the Narcs: The First Illicit Cocaine Flows in the Americas, 1945-1965*, documento presentado en el Boston Area Latin American History Workshop, Harvard, 16 de marzo.

Junta de Inteligencia Conjunta de la República de Colombia. 2005. *Estimación de los ingresos y egresos de las FARC durante 2003 basados en información de inteligencia recolectada por las agencias del estado*, Bogotá, 24 de febrero. Disponible en: http://alpha.mindefensa.gov.co/descargas/Documentos_Home/Finzanzas%20de%20las%20Farc.pdf.

Kalmanovitz, Salomón (asistencia de Rafael H. Bernal). 1994. "Análisis macroeconómico del narcotráfico en la economía colombiana", en Vargas, Ricardo (comp.) *Drogas, poder y región en Colombia*, tomo 1, Bogotá, Cinep, p. 15.

López Restrepo, Andrés. 2000. "De la prohibición a la guerra: el narcotráfico colombiano en el siglo XX", en Instituto de Estudios Políticos y Relaciones Internacionales (IEPRI). *Colombia: cambio de siglo. Balances y perspectivas*, Bogotá, Planeta, pp. 69-112.

National Drug Intelligence Center. 2005. *National Drug Threat Assessment 2005*, febrero. Disponible en: http://www.usdoj.gov/ndic/pubs11/12620/cocaine.htm#Availability.

Orjuela, Luis Javier y otros. 1990. "Narcotráfico y política en la década de los ochenta: entre la represión y el diálogo", en Arrieta, Carlos Gustavo y otros. *Narcotráfico en Colombia: dimensiones políticas, económicas, jurídicas e internacionales*, Bogotá, Uniandes-Tercer Mundo, pp. 199-276.

República de Colombia, Presidencia de la República, Ministerio de Defensa. 2003. *Democratic Security and Defence Policy*. Disponible en: http://alpha.mindefensa.gov.co/descargas/Documentos_Home/Seguridad%20Democratica.pdf.

Samper Pizano, Ernesto. 2000. *Aquí estoy y aquí me quedo: testimonio de un gobierno*, Bogotá, El Áncora.

Thoumi, Francisco E. 2005. *The Causes of Illegal Drug Industry Growth in the Andes, Anti-Drug Policies and Their Effectiveness*, Bogotá, Centro de Estudios y Observatorio de Drogas y Delito (CEODD) de la Facultad de Economía de la Universidad del Rosario.

—. s. f. "Más realista", en *Semana.com*. Disponible en: http://semana2.terra.com.co/opencms/opencms/Semana/articulo.html?id=87932.

Unidad de Análisis Macroeconómico del Departamento Nacional de Planeación (DNP). 1988. *Estadísticas históricas de Colombia*, Bogotá, Tercer Mundo Editores-DNP.

United Nations Office on Drugs and Crime. 2003. *Global Illicit Drug Trends 2003*. Disponible en: http://www.unodc.org/pdf/report_2003-06-26_1.pdf.

—. s. f. *World Drug Report 2004*, vol. 2: *Statistics*, p. 229. Disponible en: http://www.unodc.org/pdf/WDR_2004/volume_2.pdf.

X
Abundancia de recursos minerales y conflicto político violento: una evaluación crítica del modelo del Estado rentista*

*Jonathan Di John***

* Este documento es una versión ampliada del Crisis States Program Working Paper No. 20.

** LSE/DESTIN y Crisis States Program.

Resumen

Este documento explora una versión del argumento del *Estado rentista*: la idea de que la abundancia de recursos minerales aumenta la probabilidad de violencia política. La premisa del modelo es que mientras más financien los dirigentes las actividades estatales mediante *ingresos no ganados* (por ejemplo, rentas minerales, ayuda), menos probabilidades habrá de que desarrollen obligaciones recíprocas con los ciudadanos mediante el nexo de la tributación interna, y mayores probabilidades habrá de que se presente un comportamiento depredador, con violencia incluida. Se examinan las fallas teóricas del modelo y se encuentran poco convincentes los hallazgos empíricos sobre que la violencia política es mayor en economías pobres con abundancia de recursos minerales. Concluyo con algunas implicaciones en materia de políticas.

Palabras claves: Estado rentista, economía política, maldición de los recursos, conflicto violento, guerra, emergencia humanitaria.

Desde la terminación de la Guerra Fría, el interés en el análisis de conflictos en países de ingresos bajos y medianos ha crecido exponencialmente (para revisión, véanse Cramer, 2002a y 2000b; De Soysa, 2000 y 2002). La finalización de la Guerra Fría inspiró una nueva búsqueda de las causas de conflicto en economías pobres, pues ya no se podía aducir que las guerras en los países de desarrollo tardío eran el resultado de un conflicto "externo" entre las superpotencias. Han proliferado las investigaciones y rotulaciones del conflicto, que incluyen el estudio de guerras civiles, nuevas guerras, conflictos intraestatales, emergencias complejas, etc. (Cramer, 2002a).

Una de las proposiciones más influyentes de los últimos tiempos es el denominado argumento de la *maldición de los recursos*: la idea de que la abundancia de recursos naturales causa un bajo crecimiento y aumenta la incidencia, la intensidad y la duración del conflicto. Si bien la abundancia de recursos naturales se ha considerado desde hace mucho tiempo beneficiosa para el desarrollo económico y político, el pobre desempeño económico reciente de los países exportadores de petróleo y la creciente incidencia de guerras civiles en economías ricas en minerales han revivido la idea de que su abundancia de recursos puede ser más una maldición que una bendición.

El principal modelo utilizado para explicar los mecanismos mediante los cuales la abundancia de recursos genera resultados negativos es el del Estado rentista. La lógica básica de este modelo es que los altos índices de rentas derivadas de los recursos naturales, en relación con los ingresos, generan desproporcionadas búsquedas de rentas. Esto, supuestamente, aumenta los conflictos en torno a la distribución, lo que incrementa tanto la incidencia de guerra civil como la corrupción. Por consiguiente, el modelo del Estado rentista tiene dos variantes: en primer lugar, los países de desarrollo tardío con abundancia de recursos minerales son más proclives a la violencia; en segundo lugar, las economías con predominio de minerales generan mayor corrupción y tasas más bajas de crecimiento a largo plazo.

Este documento examina la primera variante del modelo del Estado rentista en sus fundamentos tanto metodológico como empírico. El argumento central de la primera variante, que se ha denominado *enfermedad política holandesa*, es que los dirigentes de los estados rentistas, al depender de ingresos no ganados (a manera de rentas minerales o ayuda), no desarrollan una serie de obligaciones recíprocas con los ciudadanos mediante el nexo de la tributación interna.[1] El modelo del Estado rentista ha sido útil en cuanto ha introducido nuevamente el tema de la fuente de tributación y movilización de recursos en la discusión sobre la capacidad y rendición de cuentas del Estado.

El modelo también postula que cuanto más puedan los dirigentes financiar las actividades estatales mediante *ingresos no ganados*, más probabilidades habrá de que se presente un comportamiento depredador, con violencia incluida. Las implicaciones en materia de políticas que se desprenden de este razonamiento son que, en los países pobres, la ayuda puede intensificar la violencia y la extracción

---

[1] El concepto económico de la *enfermedad holandesa* se refiere a los efectos negativos potenciales que podrían tener en el resto de la economía las ganancias imprevistas derivadas de recursos naturales y las subsiguientes apreciaciones de la tasa de cambio. Por ejemplo, uno de los peligros potenciales de las bonanzas petroleras es que la apreciación de la tasa de cambio le resta competitividad al sector manufacturero, lo cual puede generar desindustrialización.

de recursos naturales (sobre todo minerales) la puede promover. La siguiente sección presenta las premisas centrales de la primera variante del modelo del Estado rentista. El apartado "El modelo del Estado rentista y la violencia política: ¿existen pruebas convincentes?" examina empíricamente la validez de la idea de que las economías pobres con predominio de recursos minerales generan índices significativamente más altos de violencia política que las economías pobres en las que no existe un predominio de recursos minerales. En la conclusión se dan sugerencias para investigaciones futuras y algunas implicaciones en materia de políticas.

El Estado rentista y la violencia política

Para los teóricos del Estado rentista, la clasificación de una economía rentista, o un Estado rentista como una unidad de análisis, se basa en la clasificación que hace el Banco Mundial de una economía mineral (véase Nankani, 1979). Desde esta perspectiva, una economía mineral es aquélla en la que la producción de minerales constituye por lo menos el 10% de la producción interna bruta y en la que las exportaciones de minerales comprenden por lo menos el 40% del total de exportaciones. Según esta clasificación, Venezuela, por ejemplo, se puede considerar un Estado rentista, o lo que Karl (1997) denomina un *petroestado*, en el período 1930-1995.

Los teóricos del Estado rentista consideran que las economías ricas en recursos minerales tienen características distintivas, por lo cual se justifica que se les trate como una categoría de análisis separada, porque estas economías generan rentas de recursos naturales que emanan de recursos puntuales en vez de recursos difusos, como la tierra con minifundios. Las rentas puntuales se asocian con productos básicos relativamente intensivos en capital, que por consiguiente concentran la propiedad. Los recursos puntuales pueden incluir plantaciones en las que los cultivos requieran un procesamiento inmediato, como sucede con la caña de azúcar.

Por el contrario, cuando el producto básico o el recurso plantea barreras de inversión más modestas, como ocurre con el arroz y el maíz y con algunos cultivos de arbustos como el café y el cacao, es más probable que las rentas se dispersen más ampliamente entre la población. Los recursos puntuales también se parecen en cuanto son industrias de tipo enclave, en el sentido de que generan menos vínculos de producción, consumo y socioeconómicos en las economías pobres que los recursos más difusos (Hirschman, 1981; Auty y Gelb, 2001: 141). En la clasificación de las economías de recursos puntuales, las economías petroleras se consideran el ejemplo prototípico (véanse Karl, 1997, y Auty y Gelb, 2001).

La premisa central del modelo de gobernabilidad del Estado rentista es que cuando los Estados obtienen una gran parte de sus ingresos de fuentes externas, como las rentas derivadas de recursos, la menor necesidad que tienen quienes toman las decisiones estatales de recaudar impuestos internos hace que los dirigentes rindan menos cuentas a los individuos y a los grupos de la sociedad civil. La teoría del Estado rentista tiene dos ramas principales. El primer argumento identifica un presunto desequilibrio entre jurisdicción y autoridad, y desarrolla la proposición de que dicho desequilibrio genera Estados depredadores, mayores conflictos por distribución y la militarización de la política, todo lo cual eleva el riesgo de guerra civil y emergencias humanitarias. El segundo argumento es que el índice relativamente más alto de rentas genera mayores búsquedas de rentas y corrupción que en economías no sustentadas en recursos minerales.[2] En este documento examinaré el primer argumento.

Una versión importante de la idea de que los Estados rentistas generan mayor violencia es la desarrollada por Mick Moore (1998 y 2001). La lógica del modelo de Moore es la siguiente: los estados rentistas contemporáneos, al depender de ingresos no ganados, no desarrollan una serie de obligaciones recíprocas con los ciudadanos mediante el nexo de la tributación interna. Basándose en el trabajo de Tilly (1975 y 1990), Moore compara el proceso de formación del Estado en los Estados rentistas con el proceso de formación del Estado en Europa. En este último caso, la formación del Estado se produjo mediante dos procesos principales: la amenaza de guerra

---

[2] Los modelos del Estado rentista también forman parte de la tendencia creciente a revivir la "tesis de los productos primarios", es decir, la noción de que los patrimonios o tecnologías naturales configuran las relaciones de producción o evolución institucional de una sociedad (véanse Engerman y Sokoloff, 1996; Karl, 1997; Banco Interamericano de Desarrollo, 1998; Banco Interamericano de Desarrollo, 2000). Como proponen Auty y Gelb: "Los patrimonios de recursos naturales definen y configuran los grupos sociales, y también determinan sectores de ventaja comparativa; así mismo, pueden implicar una participación 'natural' mayor o menor de los ingresos en manos de una autoridad central" (2000: 126).

por la competencia militar interestatal y un proceso intraestatal de movilización de recursos que implicó negociaciones políticas explícitas y relaciones entre los gobernantes estatales y grupos de interés. Este último proceso indujo la creación de vínculos entre el Estado y la sociedad, mercados y capacidad burocrática, incluida la capacidad de recaudar impuestos.

En el proceso de los *Estados guerreristas*, su naturaleza cambió. Se redujo el poder despótico del líder estatal, pero su poder infraestructural (capacidad para penetrar la sociedad, extraer recursos de ella y cooperar con las clases sociales para alcanzar metas colectivas) se incrementó. La interpretación que Moore y otros, como Karl (1997) y Reno (2000), hacen de este período histórico es que el surgimiento del gobierno representativo y, más generalmente, de la interdependencia y la obligación mutua y rendición de cuentas entre Estados y ciudadanos es más probable cuando existen incentivos y mecanismos para que los Estados aumenten sus ingresos mediante la tributación interna, lo cual, a su vez, exige la negociación política con los ciudadanos.

Moore argumenta que los mecanismos mediante los cuales se desarrolla la formación del Estado en los países de desarrollo tardío más pobres, sobre todo en el África subsahariana, son muy distintos de la experiencia europea que analiza Tilly. Por un lado, los Estados del África subsahariana no fueron establecidos por guerras interestatales, lo que descarta la posibilidad de que la amenaza externa y la competencia darwiniana configuren la formación del Estado.[3] Después de 1945, los sucesores legítimos del régimen colonial fueron base suficiente para el reconocimiento de fronteras por parte de la comunidad internacional.

Sin embargo, la principal diferencia en los países de desarrollo tardío contemporáneo es la mayor disponibilidad de ingresos no ganados, a manera de flujos de ayuda y rentas minerales, lo que según Moore genera unos resultados que entorpecen la gobernabilidad y elevan el riesgo de violencia política. El primer resultado del incremento en los ingresos no ganados es la mayor independencia de los Estados con respecto a los ciudadanos. Esta mayor autonomía puede acentuar la capacidad de los dirigentes estatales de actuar de maneras depredadoras o, por lo menos, reduce la necesidad de que dichos

[3] A excepción de las guerras de independencia del continente.

líderes desarrollen negociaciones políticas de largo plazo con grupos de interés. Esto, a su vez, hace más imprevisibles la tributación y los ingresos, lo cual puede aumentar la confiscación arbitraria cuando las rentas de minerales volátiles colapsan de repente.

El segundo efecto negativo que tienen los ingresos no ganados en la capacidad estatal es la disminución de la capacidad burocrática. Con poca presencia burocrática en el recaudo de impuestos e información limitada sobre lo que sucede en las comunidades, los Estados podrían volverse vulnerables a los depredadores organizados, incluidos los grupos guerrilleros y los ejércitos privados.

La tercera manera en que las rentas minerales pueden agravar la naturaleza depredadora de los Estados es mediante la relativa facilidad con que se puede comprar la coerción. En comparación con la Europa del siglo XVII, la riqueza mineral provee posibilidades financieras para la compra de armas, que se ha convertido en un mercado más asequible en el período de la posguerra fría. Esta menor necesidad de operaciones militares más intensivas en mano de obra, supuestamente, incrementa la independencia de los dirigentes estatales en lo que respecta a entrar en negociaciones con una sección más amplia de la ciudadanía. Por consiguiente, en los Estados rentistas aumenta el riesgo de depredación debido al poder creciente de los Estados con relación a la sociedad, lo cual puede llevar a una mayor militarización de la política.

Los defensores del modelo del Estado rentista plantean que la reducción del ingreso no ganado de un Estado, ya sea derivado de rentas minerales o de ayuda internacional, mejorará las perspectivas de paz. Entre las recomendaciones de políticas están reducir la ayuda internacional, vigilar la ayuda más efectivamente mediante condicionalidad (Moore, 1998 y 2001), evitar las industrias extractivas y concentrar los esfuerzos en diversificar las economías con predominio de minerales de modo que abarquen también la agricultura y la manufactura (Ross, 2001b).

Varias presunciones en el modelo del Estado rentista influyen en los resultados. En primer lugar, se presume implícitamente que los líderes "poseen" los recursos naturales, es decir, se les asignan los derechos de propiedad sobre los recursos. No se analiza adecuadamente la manera en que los gobernantes se apropian del poder y lo retienen. Al asignar "derechos" a los líderes (ya sea en el Estado o en la sociedad civil), la problemática de cómo se manejan los recursos comunes se descuida, cuando el verdadero problema de los recursos comunes consiste, de hecho, en analizar los procesos mediante los cuales se asignan, se hacen respetar, se mantienen y se cambian los derechos (Olson, 1965; Libecap, 1989, y Ostrom, 1990). En otras palabras, se presume que no existen actores colectivos en el seno de la sociedad que puedan imponer alguna condicionalidad *interna* a la forma como dominan aquellos que ejercen el poder en el Estado.

En segundo lugar, se presume que los líderes tienen objetivos depredadores, en vez de objetivos de desarrollo. El no tener debidamente en cuenta los procesos políticos mediante los cuales un líder se apropia del poder limita nuestro entendimiento de las motivaciones de los líderes estatales. El Estado no es un objeto, como "un depredador", sino una serie de relaciones sociales. La existencia de abundantes recursos naturales no excluye la posibilidad de que los líderes estatales compartan los ingresos derivados de rentas de recursos con grupos que conforman su base de apoyo político. Incluso si se presume que el líder tiene poder absoluto y es, por consiguiente, el "propietario" o quien tiene el derecho a la "renta residual"[4] en una economía, eso no necesariamente significa que los líderes actuarán de maneras rapaces.

A partir de Olson (1993), un líder con un horizonte de tiempo largo, lo que denomina un *bandido estacionario*, tiene el incentivo de elevar al máximo la tasa de crecimiento económico, pues esto maximizará los recursos que le lleguen al Estado en el largo plazo. Un dictador que no tiene que gravar a los ciudadanos para retener el poder puede, de todos modos, tener motivaciones de desarrollo y no depredadoras. El comportamiento depredador por parte de los líderes –es decir, hacer dinero como resultado de la perpetuación de la guerra civil– no se puede presumir o simplemente describir, sino se tiene que explicar. La depredación ocurrirá como consecuencia de la no adopción de objetivos de desarrollo más lucrativos que

[4] El la teoría neoclásica de la empresa, quien tiene el derecho a la renta residual se refiere al dueño de la compañía (Alchain y Demsetz, 1972). Según esta teoría, al dueño de la empresa se le asigna el derecho de apropiarse del residuo, es decir, de las utilidades, de la producción de equipo de la firma. De acuerdo con esta teoría, la propiedad privada de las empresas incentiva a los dueños a hacerle seguimiento eficientemente a la producción del equipo.

confieran una legitimidad más amplia. La decisión de los líderes de realizar adrede actos rapaces para acumular capital supone que han concluido a priori que el desarrollo económico a largo plazo es o bien indeseable, o política o económicamente inviable. Sin embargo, en el modelo del Estado rentista no se abordan las condiciones en las que el comportamiento depredador se impone sobre el comportamiento de desarrollo en una economía con predominio de recursos minerales.

Además de la perspectiva histórica de economía política de Moore sobre los efectos inductores de violencia en los Estados rentistas depredadores, últimamente los análisis económicos dominantes también han planteado que la presencia de una riqueza basada en recursos minerales aumenta la incidencia, la duración y la intensidad de las guerras civiles.[5]

Se han propuesto dos mecanismos para explicar cómo podría ocurrir esto. El primero es un mecanismo de "saqueo" propuesto por Collier y Hoeffler (1998). Si las organizaciones rebeldes tienen la oportunidad de extraer y vender recursos (o extorsionar por dinero a quienes lo hacen), entonces es más probable que se embarquen en una guerra civil.[6] Collier y Hoeffler señalan que los recursos naturales les ofrecen a los grupos rebeldes oportunidades de financiación, porque producen rentas que se encuentran en lugares específicos y se pueden saquear de manera sostenida. La posibilidad de saquear o extorsionar a firmas manufactureras es menor, porque estas empresas son más móviles. El mecanismo de saqueo haría pensar que las organizaciones rebeldes probablemente recolectan dinero antes del inicio de la guerra civil, un supuesto que, como dato interesante, no ha sido confirmado (Ross, 2001a).

---

[5] Siguiendo el trabajo de Hirshleifer (1994 y 1987), Collier y Hoeffler (1998 y 2001) y Collier (2000) desarrollan modelos para demostrar que la guerra es más probable cuando las ganancias que reporta la probabilidad de victoria superan los costos de coordinar una rebelión.

[6] Collier y Hoeffler (2001) plantean que la correlación entre dependencia de recursos y guerra civil es curvilineal. Esto implica que el riesgo de guerra civil se reduce cuando la dependencia de los recursos es casi total. Su interpretación de este resultado es que muchos recursos naturales generan mayores ingresos tributarios, lo que a la vez aumenta la capacidad del gobierno de defenderse lo suficiente como para contrarrestar las mayores finanzas de los rebeldes.

Lo más importante en lo que respecta al argumento del Estado rentista es que el mecanismo de saqueo no es tan relevante, puesto que las rentas minerales son recursos puntuales y no difusos, por lo cual es menos probable que sean saqueables.[7]

El segundo mecanismo entraña disputas o protestas por la distribución de las rentas derivadas de los recursos minerales. Varios académicos plantean que los conflictos por distribución generalmente elevan el riesgo de guerra civil (Auvinen, 1997; Nafzinger y Auvinen, 2002). Si la extracción de recursos conduce a expropiaciones de tierras, daños ambientales y migración y desplazamiento a gran escala, entonces es posible que las disputas relacionadas con la extracción eleven el riesgo de guerra civil.

La idea de que la sola existencia de rentas minerales necesariamente genera un mayor conflicto coincide con las teorías dominantes de búsqueda de rentas.[8] Sin embargo, ¿es cierto que los incrementos en las rentas derivadas de recursos naturales, del tipo que fueren, inducen un aumento en la búsqueda de rentas? La respuesta depende de las condiciones políticas que inducen la lucha, en primer lugar, y del poder relativo de los grupos en competencia para entablar luchas por búsqueda de rentas, incluidas las violentas, en segundo lugar.

Uno de los posibles factores que puede inducir una lucha por búsqueda de rentas es una disputa en torno a la distribución de

---

7 Le Billion (2001) argumenta que el tipo de recursos y su ubicación tienen que ver con la duración (pero no con la incidencia) de una guerra civil. Las dos distinciones principales con respecto a los recursos son: los que se encuentran cerca de la capital (y por ende el gobierno los puede captar más fácilmente) y los que se encuentran en lugares remotos (y por ende los rebeldes se pueden apropiar de ellos más fácilmente); y los recursos en fuentes puntuales que se concentran en una pequeña área (y por lo tanto son fácilmente controlados por un solo grupo) y los recursos difusos que se encuentran dispersos en una zona amplia (y por consiguiente es más difícil que un solo grupo se apropie de ellos). Estas dos categorías que sugiere producen cuatro tipologías de conflicto: los recursos puntuales cerca de una capital crean incentivos violentos para controlar el Estado y, por ende, producen golpes de Estado; los recursos puntuales que se encuentran lejos de la capital producen movimientos de secesión; los recursos difusos cerca de la capital producen rebeliones y disturbios, y los recursos difusos lejos de la capital llevan a "caudillismo".

8 Para una revisión crítica de las teorías de búsqueda de rentas, véase Khan (2000).

derechos y activos sancionada por el Estado. Si existe, por lo menos, una aceptación pasiva de la distribución de derechos y rentas que emanan del ingreso mineral, entonces las luchas por búsqueda de rentas podrían ser menores. Esto significa que el tema de la *legitimidad política* debe ser parte central de cualquier análisis sobre el efecto que tienen la abundancia mineral o la búsqueda de rentas en los resultados políticos, incluidos los patrones de conflicto y violencia. Es cuando grupos significativos en el seno de la sociedad perciben como ilegítima la distribución de derechos que aumentan las probabilidades de conflicto y violencia.[9] No es claro a priori el porqué las economías en las que predominan los recursos minerales generan una distribución más injusta o ilegítima de derechos e ingresos que las economías sin predominio de minerales. Incluso si fuera cierto que las economías minerales propician una mayor desigualdad de ingresos, los hallazgos sugieren que la injusticia y la desigualdad no generan inevitablemente conflicto (para ampliar el tema véase Cramer, 2002b).

La posibilidad de que se generen actividades de búsqueda de rentas violentas también depende de las expectativas de los combatientes. La participación en un conflicto exige una acción colectiva que, a su vez, requiere que emprendedores políticos puedan persuadir a grupos de que apoyen la resistencia y la rebelión contra el statu quo. Sin embargo, para que esto suceda es necesario que emprendedores políticos movilicen a los grupos marginados de modo que conformen una fuerza política relevante. Como la acción colectiva está sujeta a problemas de oportunismo (Olson, 1965), no hay razón para que la posibilidad de participar en luchas de búsqueda de rentas genere necesariamente una respuesta colectiva.[10]

---

9 Para una discusión sobre la legitimidad política como aceptación pasiva de arreglos institucionales vigentes, véase Putzel (1997).

10 El problema de la acción colectiva se puede aminorar si existe la posibilidad de que los líderes políticos enmarquen las desigualdades y las injusticias en parámetros étnicos, regionales o religiosos. Cuando la política enmarca los conflictos en tales parámetros los conflictos en torno a la distribución de recursos tienden a volverse más indivisibles, o de la variedad "nosotros contra ellos". Siguiendo a Hirschman (1995), un conflicto en torno a recursos es indivisible cuando los activos o los ingresos se perciben como "o uno u otro". Los conflictos divisibles, por el contrario, son conflictos en torno a recibir "más o menos" (como en la lucha capital-trabajo, por

Si la capacidad organizacional y colectiva de un grupo rebelde potencial es baja, entonces las actividades de búsqueda de rentas serán a su vez bajas, puesto que la probabilidad de victoria es pequeña. No existe razón para suponer que las rentas minerales generarán un equilibrio de poder político que induzca una mayor búsqueda de rentas, incluidas sus manifestaciones violentas.

El modelo del Estado rentista y la violencia política: ¿existen pruebas convincentes?

Varios estudios han encontrado que los recursos naturales y la guerra civil guardan una relación estrecha. Esto parecería respaldar la idea de que los Estados rentistas tienen más probabilidades de generar violencia. Según Collier y Hoeffler (1998 y 2000), la incidencia de guerra civil aumenta con la dependencia de un Estado de las exportaciones de recursos naturales.[11] En el trabajo anterior de Collier y Hoeffler (1998), los recursos naturales incluyen exportaciones tanto agrícolas como minerales. Según De Soysa (2000), la incidencia de guerra civil no está correlacionada con la disponibilidad per cápita de recursos naturales, definidos como las existencias de recursos renovables y no renovables. Sin embargo, De Soysa sí considera que cuando la variable independiente de recursos naturales incluye únicamente recursos minerales, la correlación con la incidencia de guerra civil se vuelve muy significativa.

En el trabajo posterior de Collier y Hoeffler (2000), basado en datos que abarcan el período 1960-1999, los autores encuentran que un Estado que depende fuertemente de la exportación de petróleo y minerales afronta un riesgo de guerra civil del 23% en cualquier

---

ejemplo) y en ellos no sucede que "el ganador se queda con todo". Aunque se podría argumentar que los conflictos indivisibles pueden generar más violencia debido a la contundencia de la apropiación de rentas en términos del bienestar grupal, tampoco existe razón para presumir que la política en las economías con predominio de recursos minerales está necesariamente enmarcada en términos de conflictos indivisibles por recursos.

[11] En la mayor parte de los estudios citados, excepto en De Soysa (2000), las guerras civiles se definen como conflictos que (a) ocurren dentro de las fronteras reconocidas de un solo Estado; (b) implican combate entre el Estado y por lo menos una fuerza rebelde reconocida, y (c) resultan en por lo menos mil muertes relacionadas con combates a lo largo de un período determinado, por lo general un año.

período de cinco años; un país idéntico sin exportaciones de recursos naturales tiene un riesgo de guerra civil de apenas el 0,5%. Es decir, en economías por lo demás similares (teniendo en cuenta ingreso per cápita, fragmentación étnica, desigualdad de ingresos, etc.), ¡la dependencia del petróleo o de los minerales aumenta 46 veces el riesgo de guerra civil!

Un estudio reciente sobre los hallazgos mencionados genera un panorama más indeterminado. Según Ross (2002), la incidencia de guerras civiles en los países exportadores de petróleo y gas no es mucho mayor que en los países que exportan otros recursos naturales. En el período 1990-2000, en 32 de 161 países estudiados había guerras civiles, lo que significa que para cualquier país tomado arbitrariamente existía una posibilidad de 0,199 (es decir, aproximadamente una entre cinco) de que padeciera una guerra civil en algún momento de los años noventa.

Sin tener en cuenta el ingreso per cápita, las guerras civiles ocurrían a tasas ligeramente menores entre Estados muy dependientes de exportaciones de recursos en cuatro categorías diferentes: petróleo y gas, otras exportaciones minerales (sin incluir gemas), exportaciones de cultivos alimentarios y exportaciones de cultivos no alimentarios. Cuando se tenía en cuenta el ingreso per cápita (es decir, cuando se dividían las relaciones exportación de recursos-PIB por el ingreso per cápita de cada país, se produce una cifra que refleja simultáneamente tanto la dependencia de recursos como la riqueza per cápita), entonces los países dependientes de recursos parecen tener un riesgo notoriamente mayor de guerra civil. Sin embargo, no existe una diferencia obvia entre tipos de recursos; es decir, todos los tipos de dependencia de recursos parecen aumentar la probabilidad de conflictos, cuando se tiene en cuenta el ingreso per cápita. Estos datos no apoyan la hipótesis del Estado rentista. Las economías pobres con predominio de minerales parecen *no más proclives* a la violencia política que las economías pobres exportadoras de recursos naturales sin predominio de minerales.

No obstante, varios problemas metodológicos con los hallazgos econométricos dificultan sacar conclusiones en materia de políticas. En primer lugar, se presentan numerosos inconvenientes con el uso y el cálculo de muertes relacionadas con combates como un indicador de guerra. Es posible que se dificulte establecer con precisión los datos sobre muertes relacionadas con combates. Esto se debe a que los sistemas de registro civil a menudo cesan de operar en las zonas de conflicto. El resultado: las estimaciones de víctimas dependen de informes de prensa basados en relatos de testigos y de anuncios oficiales de combatientes, que son difíciles de validar (Murray *et al.*, 2002).

La naturaleza altamente politizada de numerosos conflictos también significa que muchas veces los anuncios oficiales sobre muertes en combate se falsean adrede (Murray *et al.*, 2002). En Bosnia-Herzegovina, las estimaciones de muertes entre 1992 y 1995 variaban entre 400.000, según fuentes de las Naciones Unidas, y 200.000, según el Ministerio de Información de Bosnia (Allen, 2000). En primer lugar, estas discrepancias pueden afectar mucho el que un conflicto se clasifique como *guerra* en casos en que las muertes por combates se aproximen al umbral mínimo (por ejemplo, 1.000 muertes relacionadas con combates). En segundo lugar, el uso de muertes por combates puede ser un indicador engañoso de la gravedad de la violencia política. Esto se debe a que, en muchos conflictos recientes, más del 90% de las víctimas son civiles (Allen, 2000). En tercer lugar, la concentración en las muertes por combates descuida otras manifestaciones importantes de violencia política, incluidas las enfermedades no fatales (como la propagación de enfermedades infecciosas), la pobreza, la hambruna, la desnutrición y la destrucción de infraestructura física (Väyrynen, 1996; Murray *et al.*, 2002). Finalmente, existe un rango muy amplio y (bastante) arbitrario en las definiciones de lo que constituye guerra y violencia en los estudios econométricos. En el documento de Collier y Hoeffler (1998) se define el conflicto como 1.000 o más muertes por combates en un año. Este amplio umbral de muertes hace que el evento de guerra sea muy inusual, y en realidad busca medir guerras a gran escala o muy intensas. En el estudio de De Soysa (2000) se mide el conflicto con un umbral mucho más reducido de 25 muertes relacionadas con combates, con la justificación de que un umbral así reflejará mejor la naturaleza de la *ecoviolencia* o la violencia criminalizada.

Por consiguiente, queda abierta la pregunta sobre cuál debe ser el umbral apropiado de muertes para definir lo que constituye guerra o violencia política. ¿Por qué, por ejemplo, los homicidios que resulten de *guerras de pandillas* y tráfico de drogas no deben contar como muertes relacionadas con combates y, por consiguiente, como guerras? Los asesinatos de pandillas, a semejanza de la evasión de impuestos, sin duda son una instancia de no aceptación de las reglas políticas del juego (es decir, asesinarás) y, por ende, constituyen, en parte, una rebelión contra la estructura institucional del Estado. Además, no es claro que la violencia política sólo implique muertes relacionadas con rebelión *contra el Estado.*

Como el Estado está constituido por las instituciones encargadas de defender la ley, la incapacidad de éste de defender a los ciudadanos de la agresión violenta de otros miembros de la sociedad civil es una forma de violencia política. En muchas ciudades latinoamericanas o surafricanas (por ejemplo en São Paulo, Medellín, Caracas, Johannesburgo), las tasas de homicidio anuales superan el umbral mínimo incluso de 1.000 muertes por combates que utilizan Collier y Hoeffler (1998). La ausencia de una fuerza coactiva efectiva y la falta de presencia del Estado (especialmente en los barrios marginales) o el derecho de poseer un arma, ambos temas políticos, contribuyen al conteo de muertes en esas ciudades. En este sentido, el homicidio es un tipo de violencia política o guerra. Hace mucho tiempo, Hobbes señaló que la fuente de conflicto es en gran parte un asunto de *conflictos en el seno de la sociedad civil* y no sólo entre el Estado y la sociedad civil. La debilidad del Estado puede ser tan fácilmente fuente de violencia como la depredación estatal. La metodología de definir categorías siempre está abierta a interpretación (filosófica) y, por lo tanto, conviene ser en extremo cauteloso cuando se utiliza cualquier estudio econométrico como punto focal de la formulación de políticas referidas a la violencia política.

La segunda preocupación es que la correlación no demuestra causalidad. Por ejemplo, es por lo menos igual de probable que las guerras civiles generen o sostengan la dependencia de recursos. Esto podría ocurrir si el conflicto elevara los costos de transacción y de riesgo y, por consiguiente, redujera el monto de inversión en manufactura, que tiende a tener un período de gestación más largo. Al tiempo, la inversión en minerales podría continuar a lo largo del conflicto, pues los rendimientos son mayores debido a la mayor renta del suelo y a que la inversión en el sector no puede huir porque los recursos minerales se encuentran en una ubicación específica. Aunque Collier y Hoeffler utilizan variables independientes rezagadas en sus regresiones, esto no descarta la causalidad inversa; como no se reconoce que las guerras civiles hayan "empezado" sino cuando han producido por lo menos 1.000 muertes relacionadas con combates, podrían estar precedidas por índices de violencia y conflicto lo bastante significativos como para desincentivar la inversión en manufactura a largo plazo, lo que genera una mayor dependencia de recursos antes de que la guerra civil empiece técnicamente.

El caso de Angola en la década de los sesenta es ilustrativo.[12] Según Cramer (2002a), el petróleo y los diamantes tuvieron muy poco que ver con el inicio de la guerra en los años sesenta. Los minerales constituían una parte muy pequeña del total de exportaciones y del PIB cuando comenzó el conflicto político. Se pueden percibir la guerra y la formulación de políticas en los años sesenta como los causantes de crear una dependencia de las exportaciones minerales. La economía angoleña estaba experimentando un cambio estructural muy fuerte. Cuando se produjo la independencia en 1961, la manufactura representaba el 25% del PIB, y hacia fines de los años sesenta y comienzos de los setenta Angola logró una de las tasas de crecimiento en manufactura más elevadas de los países del África subsahariana. El inicio de la guerra y las políticas industriales ineficientes produjeron una caída en la producción agrícola e industrial poco antes de obtenerse las ganancias imprevistas por concepto de petróleo a comienzos de los años setenta. La dirección de causalidad parece darse a la inversa de lo que postula el modelo del Estado rentista.[13]

La tercera preocupación radica en que también es posible que la correlación sea espuria, puesto que tanto la guerra civil como la dependencia de recursos minerales podrían ser causadas de manera independiente por una tercera variable faltante, como un Estado de derecho débil, un manejo macroeconómico deficiente o corrupción. Cuando el Estado de derecho es débil, también se generarán altos costos de transacción, que son capaces de reducir la inversión en manufactura o productos agrícolas con largos períodos de gestación, como el café. El resultado: la economía podría volverse más dependiente de las exportaciones minerales. Por ejemplo, existen muchos indicios de que la guerra civil en Angola

---

[12] Este párrafo se basa sobre todo en Cramer (2002a).

[13] Esto no niega que los ingresos por concepto de petróleo permitieron al Movimiento Popular para la Liberación de Angola (MPLA) librar una de las guerras civiles más costosas de África y mantener fuerzas armadas de gran tamaño e importación de armas.

hizo que la economía se volviera más dependiente de las exportaciones de recursos (Minter, 1994; Cramer, 2002a). Otro ejemplo: el débil Estado de derecho en la provincia de Aceh en Indonesia, rica en minerales, ha dado a los combatientes independentistas la oportunidad de organizar y realizar rebeliones, al tiempo que ha frenado la diversificación de la economía. La violencia en Aceh, después del derrocamiento del régimen de Suharto en 1998, se dio después de casi 35 años de formas de contención y manejo del conflicto relativamente más pacíficas (aunque sin duda represivas y en ocasiones brutales) durante el régimen de Suharto.

El no especificar bien un modelo limita la posibilidad de explicar los *ciclos* de instancias violentas y no violentas de solución de conflicto en un país o región donde abundan los recursos minerales. También es posible que una economía afronte un mayor riesgo de guerra civil mediante un proceso diferente. El resultado podría ser una correlación estadísticamente significativa entre dependencia de recursos y guerra civil, pese a que ni uno ni otro factor causaría el otro.

En cuarto lugar, igualmente es posible que la guerra *impida* que una economía refuerce de hecho la abundancia de recursos. Si, por ejemplo, los líderes estatales buscan la apropiación de ingresos por petróleo, deben garantizar y hacer cumplir los derechos de propiedad en el territorio petrolífero. Las rentas del petróleo, así como cualquier otra renta, exigen la especificación de derechos, que no ocurren naturalmente. Además, los líderes estatales necesitan poder cobrar impuestos a las multinacionales o, más difícil aún, extraer el mineral mediante la producción por parte de empresas públicas. Las guerras también pueden impedir fácilmente que un Estado se convierta en un mayor productor de minerales. Un ejemplo de esto es Sudán, en los años noventa, cuando la guerra impidió que se siguiera desarrollando la industria petrolera. En este caso, la causalidad entre la abundancia de recursos y la guerra sería la opuesta al argumento del Estado rentista.

En quinto lugar, se desestima el efecto de guerras anteriores como una causa del conflicto. En la región más pobre, el África subsahariana (donde se presentó la mayor parte de las guerras civiles en el período 1960-1999), un rasgo central de muchos conflictos actuales es que ocurren en países o subregiones en que ya ha habido un conflicto anterior. Considérese la Tabla 1:

Tabla 1. Persistencia y contagio: guerras en África, 1989-1999

País	Guerra anterior	Guerra en país vecino
Angola	Sí	Zaire/Congo
Burundi	Años setenta	Ruanda
Congo-Brazzaville	No	Zaire/Congo
Djibouti	No	Todos los vecinos
Guinea-Bissau	Años setenta	Casamance, Senegal
Liberia	No	No
Malí	Años sesenta	Argelia, Mauritania
Ruanda	Años sesenta	Uganda
Senegal	Guerras fronterizas	Guerras fronterizas
Sierra Leona	No	Liberia
Somalia	Sí	Etiopía
Sudán	Sí	Etiopía, Uganda, Chad
Uganda, insurrecciones	Sí	Sudán, R. D. del Congo
Zaire (República Democrática del Congo)	Años sesenta y setenta	Ruanda, Angola
Guerras fronterizas		
Mauritania-Senegal	Sí (Mauritania)	Sahara Occidental
Etiopía-Eritrea	Sí (ambos)	Sudán, Somalia

Fuente: De Waal (2000: Cuadro, p. 5).

En el período 1989-1999, De Waal (2000) demuestra que existen dos elementos de guerra importantes en África: la persistencia de la guerra y el hecho de que las guerras son fácilmente transmisibles de un país a otro. De los 16 casos de guerra que De Waal pone de relieve, siete países tuvieron guerras recientes antes y otros cinco sufrieron guerras en el curso de los veinte años siguientes a su conflicto más reciente. Quince de las guerras ocurrieron en países donde se presentó una guerra reciente en un país vecino (el denominado *síndrome de la guerra al lado*).[14] La única excepción es

[14] Sobre la relevancia de la dinámica y las dimensiones *regionales* de la guerra, véanse también Väyrynen (1996) y Wallensteen y Sollenberg (1998). Según Wallensteen y Sollenberg (1998), el 69% de las 29 guerras (definidas como aquéllas en las que hay por lo menos 1.000 muertes relacionadas con combates en un año determinado en el período 1989-1998) ocurrió en lo que identifican como *complejos de conflicto regional*. Un complejo de conflicto regional se refiere a "situaciones en las que países vecinos experimentan conflicto interno o interestatal, y con nexos significativos entre los conflictos". Los autores identifican dos tipos de nexos regionales: (a) "incompatibilidad transfronteriza", cuando un grupo étnico se ubica de lado y lado de una frontera internacional, y (b) alianzas militares y políticas directas o apoyo militar y económico directo e indirecto significativo. El

Liberia. De estos 16 casos, siete (Burundi, Djibouti, Malí, Ruanda, Somalia, Sudán, Uganda y Etiopía-Eritrea) eran economías en las que *no* predominaban los minerales. El predominio del síndrome *guerras antes, guerra en país vecino* en los países tanto con abundancia o escasez de recursos minerales sugiere que la dinámica de la persistencia y el contagio es el resultado de temas contingentes de economía política.

En sexto lugar, todos los estudios estadísticos mencionados sufren de un sesgo en la selección de países. Por definición, la mayor parte de los que no tienen una base agrícola y manufacturera diversificada se vuelven dependientes de los recursos minerales. Históricamente, casi todos los países empezaron como economías con predominio de minerales. Por ejemplo, Estados Unidos, Canadá, Noruega, Suecia, los Países Bajos, Australia y Malasia fueron, en sus etapas iniciales de desarrollo, economías más dominadas por los minerales y menos diversificadas. La pregunta clave en materia de políticas es por qué en algunos países los ingresos derivados de recursos naturales se utilizan de maneras que apuntalan el crecimiento económico y la diversificación, mientras que en otros no. La ausencia de diversificación económica y el débil crecimiento económico son las razones por las que las economías dependen de los recursos minerales. Si eso es así, entonces tiene sentido preguntar por qué los conflictos políticos impidieron el crecimiento en algunas economías dependientes de los minerales, mas no en otras.

Ésta también es una problemática importante porque la mayor parte de los países que sufre guerras civiles y crisis humanitarias ha experimentado varios años, o incluso decenios, de estancamiento prolongado o disminución del crecimiento económico (Nafzinger y Auvinen, 2002). En el período 1980-1991, 40 de 58 (69%) países africanos y asiáticos tuvieron un crecimiento negativo. Por el contrario, sólo 9 de 53 habían experimentado un crecimiento negativo en el período 1960-1980 (Nafzinger y Auvinen, 2002).[15] Aunque es

desplazamiento transfronterizo de refugiados también puede tener impactos importantes en los conflictos regionales (Väyrynen, 1996: 40-44).

[15] Varios factores pueden haber contribuido a esto: (a) un pobre y declinante crecimiento de las exportaciones agrícolas; (b) cargas de deuda en aumento, y (c) el impacto deflacionario de políticas de ajuste estructural

complejo explicar el porqué existe semejante diferencia en este total entre los períodos, un factor económico ha sido el efecto deflacionario que han tenido los programas de ajuste estructural en toda la región. Un importante factor político ha sido la terminación de la regulación del comercio de armas después de la Guerra Fría.

Aún más devastador en lo que respecta al argumento de la maldición de los recursos es el hecho de que, incluso teniendo en cuenta el sesgo en la selección de países, no existe una relación determinante entre la incidencia de guerra civil y crisis humanitarias y la dependencia de recursos minerales. Considérese la Tabla 2:

Tabla 2. Víctimas de guerra en emergencias humanitarias (1992-1994) en economías con predominio de minerales y economías sin predominio de minerales

Economías	Exportaciones de minerales /combustibles, 1980*	Número de muertes
Con predominio de minerales		
Angola	90+ %	100.000
Liberia	45	20.000-50.000
Afganistán	40	6.000
Perú	64	3.100
Argelia	98	2.000-3.000
Iraq	98	2.000
Azerbaiyán	90+	2.000-7.000
Sin predominio de minerales		
Ruanda	4%	200.000-500.000
Burundi	0	100.000
Mozambique	7	100.000
Bosnia-Herzegovina	N. D.	
Croacia	<10	10.000
Sudán	2	6.000
Somalia	0	6.000
Tayikistán	<10	4.000-30.000
Sri Lanka	15	4.000
Turquía	8	4.000
Colombia	3	3.500
Sudáfrica	11	3.000-4.000
Georgia	N. D.	2.000
Guatemala	6	2.000
Myanmar	11	2.000

* Porcentaje total de exportaciones.
N. D.: sin datos.
Fuente: Väyrynen (1996: Cuadro 1, p. 21), citado en Nafzinger (1996: Cuadro 1, p. 2); Banco Mundial (2000).

en curso. Con respecto al último factor, véanse Mosely, Subasat y Weeks (1995), UNCTAD (1998) y Sender (2002).

La Tabla 2 divide los países que estaban sufriendo emergencias humanitarias en el período 1992-1994 en economías con predominio de minerales y economías sin predominio de minerales. La emergencia humanitaria se define como "una crisis profunda en la que grandes cantidades de personas mueren y sufren por causa de guerra, enfermedad, hambre y desplazamiento debido a desastres causados por el hombre o naturales, mientras que otros se pueden beneficiar de ellos (Väyrynen, 1996: 19). Basándose en Väyrynen (1996), la tabla incluye los 22 países donde hubo un mayor número de muertes relacionadas con combates en el año pico del período 1992-94; también establece el umbral mínimo de muertes en 2.000.

De acuerdo con la categorización estándar de los Estados rentistas, una economía se define como "con predominio de minerales" si las exportaciones de minerales, combustibles y metales representan por lo menos el 40% del total de exportaciones (Nankani, 1979). De los 22 países que tuvieron emergencias humanitarias en ese período, sólo siete eran economías con exportaciones predominantemente minerales. En lo que respecta al número de muertes en términos absolutos, en las economías sin predominio de minerales hubo muchas más muertes que en las economías con predominio de minerales, lo cual no apoya la hipótesis de que la intensidad del conflicto civil tiende a ser mayor en las economías con predominio de minerales.[16] La ausencia de una relación determinante entre la incidencia de guerra civil y la dependencia de recursos minerales se mantiene incluso cuando el umbral de muertes por combates que se utiliza para categorizar una guerra se baja y el período se extiende para abarcar los años 1989-1997. Considérese la Tabla 3:

[16] Dado el período limitado de la Tabla 2, la condición letal de algunos conflictos durante la década de los noventa se ha subestimado grandemente. El número de víctimas de la guerra en Argelia, una economía con predominio de minerales, fue mucho mayor en el período 1992-1999 (las estimaciones fluctúan entre 30.000 y 100.000). Sin embargo, la cantidad de muertes por guerra en Somalia, una economía sin predominio de minerales, también fue mucho mayor en el período 1991-1999 (las estimaciones fluctúan entre 48.000 y 300.000). El rango de estimaciones de muertes por guerra se toma de Murray *et al.* (2002: Cuadro 1, p. 347).

Tabla 3. Conflictos armados a escala intermedia y grande, 1989-1997

Economías con predominio de minerales	
Angola (90+)	Perú (64)
Argelia (98)	Congo, Rep. Dem. del (55)
Iraq (98)	Rusia (53)*
Azerbaiyán (90+)	Marruecos
Congo, Rep. del (90)	Liberia (45)
Indonesia (76)	Afganistán (40)
Economías sin predominio de minerales	
Senegal (39)	Croacia (<10)
Sierra Leona (34)	Tayikistán (<10)
Camboya (27)	Ruanda (4)
Filipinas (22)	Colombia (3)
Reino Unido (18)	Sudán (2)
Sri Lanka (15)	Uganda (2)
Myanmar (11)	Israel (2)
Sudáfrica (11)	Burundi (0)
Líbano (9)	Somalia (0)
Turquía (8)	Yemen (0)
Mozambique (7)	Bangladesh (0)
Etiopía (7)	Georgia (N. D.)
Guatemala (6)	Bosnia-Herzegovina (N. D.)
El Salvador (6)	…

La cifra entre paréntesis corresponde a la participación de las exportaciones de minerales/combustibles en el total de exportaciones en 1980 (%).
* Se refiere al porcentaje de exportaciones en 1996.
N. D.: sin datos.
Fuente: Wallensteen y Sollenberg (1998: Apéndice 1, pp. 627-34); Banco Mundial (2000).

La Tabla 3 divide los países que experimentaron ya fuere una guerra de escala intermedia o un conflicto a gran escala en el período 1989-1997 en economías con predominio de minerales y economías sin predominio de minerales. La definición de una economía con predominio de minerales es la misma que la que rige para la Tabla 2. A partir de Wallensteen y Sollenberg (1998), un conflicto armado de escala intermedia es el que causa más de 1.000 muertes relacionadas con combates durante el curso del conflicto, pero menos de 1.000 en un solo año cualquiera. Los conflictos a gran escala causan más de 1.000 muertes por combates durante un año cualquiera, categoría que los autores definen como guerra. El número de países con economías sin predominio de minerales (27) que experimentaron un conflicto armado de escala intermedia o grande en el período 1989-1997 fue *más del doble* del número de economías con predominio de minerales (12) que experimentaron un conflicto armado a escala intermedia o grande en el mismo período.

Cuando se examina el número de refugiados y de desplazados internos en 1995, año para el cual existen datos comparativos, también se pone de relieve lo indeterminante de la abundancia de recursos en la incidencia y la intensidad de los conflictos civiles.[17] Considérese la Tabla 4.

De los 25 países que generaron el mayor número de refugiados y desplazados internos sólo siete tenían economías con predominio de minerales.[18] De los casos en los que el número total de refugiados y desplazados internos superó el 10% de la población, ambos grupos de economías tenían cinco casos cada una. Esta pequeña muestra corrobora los hallazgos de que, cuando se presenta un conflicto, es probable que sea más intenso en una economía con predominio de minerales (Ross, 2001a). Sin embargo, no existen pruebas de que la probabilidad de un conflicto sea mayor en las economías con predominio de minerales, incluso teniendo en cuenta el sesgo en la selección de países.

Conclusiones

En síntesis, parece haber pocas pruebas contundentes que demuestren que la abundancia de minerales per se cause conflicto, aunque sí hay algunos datos sobre que, una vez presentado el conflicto, algunos tipos de recursos naturales podrían facilitar la prolongación de la guerra. Estos datos sugieren, por lo tanto, que la dotación de recursos (*factor endowments*) no determina la política. El carácter no determinante de la riqueza en recursos minerales y la violencia apunta a que la naturaleza de los conflictos en economías con predominio de minerales no existe con anterioridad a la política. Como la negociación política en torno a rentas minerales

---

[17] Véanse Väyrynen (1996) y Allen (2000) sobre las inexactitudes y discrepancias entre los organismos que calculan el número de refugiados y de población desplazada.

[18] El número de desplazados en economías sin predominio de minerales habría sido mucho mayor si se hubieran incluido en el cuadro los refugiados palestinos de Líbano e Israel, *ambas economías sin predominio de minerales.* Según Väyrynen (1996), los refugiados palestinos en la Margen Occidental y otros lugares constituyeron el más grande problema de refugiados del mundo (3,3 millones de refugiados en 1995).

Tabla 4. Refugiados y población internamente desplazada (1995) en economías con predominio y sin predominio de minerales

Economías	Exportaciones de minerales/combustible, 1980*	Refugiados	Población internamente desplazada	Total	Porcentaje de población total
Con predominio de minerales					
Afganistán	40%	2. 328.000	500.000	2.828.000	14,1
Angola	90+	313.000	1.500.000	1.813.000	16,4
Liberia	45	725.000	1.000.000	1.725.000	56,7
Iraq	98	623.000	1.000.000	1.623.000	8,0
Sierra Leona	34	363.000	1.000.000	1.363.000	30,2
Azerbaiyán	90+	390.000	670.000	1.060.000	14,0
Perú	64	N. A.	480.000	480.000	2,0
Sin predominio de minerales					
Bosnia-Herzegovina	N. D.	906.000	1.300.000	2.206.000	63,0
Sudán	2%	448.000	1.700.000	2.148.000	7,6
Ruanda	4	1.545.000	500.000	2.045.000	25,7
Turquía	8	15.000	2.000.000	2.015.000	3,3
Sri Lanka	15	96.000	1.000.000	1.096.000	6,0
Myanmar	11	160.000	750.000	910.000	2,0
Somalia	0	480.000	300.000	780.000	8,4
Etiopía	8	500.000	111.000	611.000	1,1
Colombia	3	N. D.	600.000	600.000	1,7
Mozambique	7	97.000	500.000	597.000	3,7
Eritrea	<10	325.000	200.000	525.000	14,9
Sudáfrica	11	10.000	500.000	510.000	1,2
Burundi	0	290.000	216.000	506.000	7,9
Tayikistán	<10	174.000	300.000	474.000	7,8
Croacia	<10	200.000	225.000	425.000	9,6
Líbano	<10	N. D.	400.000	400.000	13,2
Armenia	<20	200.000	185.000	385.000	10,7
Georgia	<10	105.000	280.000	385.000	7,1

* Porcentaje de exportaciones totales.

Fuente: Väyrynen (1996: Cuadro 4, p. 31), citado en Nafzinger (1996: Cuadro 2, p. 3); Banco Mundial (2000).

comunes es históricamente específica, el enfoque de estudios de caso y economía política comparada será útil para mejorar nuestro entendimiento de la violencia política en economías pobres.

Una investigación histórica sobre los orígenes y la naturaleza de las organizaciones políticas y su base de apoyo nos permitiría desarrollar un marco para entender hasta qué punto el conflicto se vuelve más o menos divisible (sobre divisibilidad véase Hirschman, 1995). Asimismo, sería bastante útil un análisis sistemático sobre estrategias de partidos políticos en competencia y sus efectos en la generación de parámetros más o menos divisibles de lucha. La ventaja del enfoque comparativo y de estudio de casos en contraste con los enfoques centrados en variables es significativa. La preponderancia y la intensidad de las divisiones étnicas, regionales o religiosas están supeditadas a la organización de los partidos políticos, la cooptación y otras estrategias. Los enfoques de Collier y Moore no dan cabida a estas importantes contingencias, secuencias de acción e interacciones de acción política. Los modelos más influyentes de conflicto no examinan las importantes relaciones entre los partidos políticos y el Estado ni las características estructurales de la competencia ínter e intrapartidista y, por ende, no pueden iluminar procesos históricamente específicos de conflicto/divisiones en una sociedad dada. Los conflictos étnicos y el saqueo de los recursos naturales no existen, como la clase, *antes* de la política.

La influencia no determinante de la abundancia de recursos naturales en el conflicto también sugiere que el examen de procesos históricamente específicos de conflicto político y manejo de conflictos en las economías y el efecto que tienen estos procesos en el crecimiento económico y la diversificación definen una importante agenda de investigación para entender la genealogía de la guerra en economías pobres. Dada la importancia que tienen el ingreso per cápita bajo y el deterioro económico como factores que elevan el riesgo de guerra, sería útil que otras investigaciones examinaran el grado en el cual la abundancia de recursos minerales genera conflicto al perpetuar gobiernos que restringen el crecimiento y al propiciar la enfermedad holandesa y el subdesarrollo. Aunque quizás no haya nada más práctico que una buena teoría, es claro que las teorías *simplistas y deterministas* sobre la abundancia de recursos, como postula el modelo del Estado rentista, no capturan adecuadamente el rango y la interacción de factores que constituyen una emergencia *compleja*.

El enfoque en el papel que desempeña la abundancia de recursos naturales como una causa del conflicto sólo explora la superficie de los conflictos en economías pobres. Como resultado, el modelo del Estado rentista, aunque útil para volver a introducir los temas de la fuente de tributación y la movilización de recursos en la discusión sobre la capacidad y la rendición de cuentas del Estado, constituye un marco y una guía inadecuados para intervenciones más profundas, penetrantes y duraderas hacia la construcción de paz, la construcción de capacidad estatal y la reconstrucción económica en sociedades con conflictos.

Finalmente, si es razonable concluir que la política y la formulación de políticas han sido decisivas en la trayectoria de las economías con predominio de recursos minerales, entonces se pueden sugerir cuatro implicaciones en materia de políticas: primera, para lograr una intervención más efectiva en emergencias humanitarias se requerirá un examen de las causas del conflicto que vaya más allá del determinismo económico y la dotación de recursos.

Segunda, la atención se debe enfocar en entender cómo las políticas gubernamentales pasadas afectan los procesos de crecimiento y diversificación de las economías con predominio de minerales. Un desempeño económico muy negativo seguramente contribuye a menoscabar la legitimidad del régimen y el gobierno; por consiguiente, podría aumentar el apoyo generalizado a cambios abruptos e incluso violentos.

Tercera, se debe prestar más atención a entender la dinámica de la economía política de *zonas de guerra regionales* que trascienden el Estado-nación. Los hallazgos econométricos se concentran en el Estado-nación como la unidad de análisis. Esto desestima el importante factor de cuán fácilmente la guerra se puede desbordar a los países vecinos y perpetuar lo que Wallensteen y Sollenberg (1998) denominan *complejos de conflicto regional*.

Cuarta y última, se podría prestar más atención a los patrones del comercio de armas y al grado en el cual los patrones cambiantes de producción y distribución de armas en el período de la posguerra fría exacerban los conflictos violentos en curso en economías dependientes de los recursos minerales y en economías más diversificadas.

Bibliografía

Alchain, A. y Demsetz, H. 1972. "Production, Information Costs, and Economic Organization", en *American Economic Review*, No. 62.

Allen, T. 2000. "A World at War", en Allen, T. y Thomas, A. (edits.). *Poverty and Development in the 21st Century,* Oxford, Oxford University Press.

Auty, R. M. y Gelb, A. H. 2001. "Political Economy of Resource-Abundant States", en Auty, R. M. (edit.) *Resource Abundance and Economic Development*, Oxford, Oxford University Press.

Auvinen, J. 1997. "Political Conflict in Less Developed Countries 1981-1989", en *Journal of Peace Research*, vol. 34, No. 2.

Banco Interamericano de Desarrollo (BID). 2000. *Development Beyond Economics, Economic and Social Progress in Latin America 2000 Report*, Washington.

—. 1998. *Facing Up to Inequality in Latin America, Economic and Social Progress in Latin America 1998-1999 Report*, Washington.

Banco Mundial, 2000. *World Development Indicators*, Washington.

Collier, P. 2000. "Doing Well Out of War: An Economic Perspective", en Berdal, M. y Malone, D. (edits.). *Greed and Grievance: Economic Agendas in Civil War*, Boulder, Lynne Rienner.

— y Hoeffler, A. 2001. *Greed and Grievance in Civil War,* Washington, Banco Mundial.

—. 2000. *Greed and Grievance in Civil War,* Washington, Banco Mundial, Policy Research Working Paper 2355, Development Research Group, Banco Mundial.

—. 1998. "On the Economic Consequences of War", en *Oxford Economic Papers*, vol. 50.

Conferencia de las Naciones Unidas sobre Comercio y Desarrollo (UNCTAD). 1998. *Trade and Development Report*, Ginebra, Naciones Unidas.

Cramer, C. 2002a. *Angola and the Theory of War*, mimeo, London, Department of Development Studies, School of Oriental and African Studies, University of London.

—. 2002b. "*Homo Economicus* goes to War: Methodological Individualism, Rational Choice and the Political Economy of War", en *World Development*, vol. 30, No. 11.

De Soysa, 2002. "Paradise is a Bazaar? Greed, Creed, and Governance in Civil War, 1989-1999", en *Journal of Peace Research*, vol. 39, No. 4.

—. "The Resource Curse: Are Civil Wars Driven by Rapacity or Paucity?", en Berdal, M. y Malone, D. (edits.) *Greed and Grievance: Economic Agendas in Civil War,* Boulder, Lynne Rienner.

De Waal, A. 2000. *Who Fights? Who Cares? War and Humanitarian Action in Africa,* Trenton, Africa World Press.

Engerman, S. y Sokoloff, K. L. 1997. "Factor Endowments, Institutions and Differential Paths to Growth Among New World Economies: A View from Economic Historians in the United States", en Haber, S. (edit.). *How Latin America Fell Behind*, Stanford, Stanford University Press.

Hirshleifer, J. 1994. "The Dark Side of the Force", en *Economic Inquiry*, enero.

—. 1987. "Conflict and Settlement", en Eatwell, J; Milgate, M., y Newman, P. (edits.). *New Palgrave Dictionary of Economics*, Londres, Macmillan.

Hirschman, A. 1995. "Social Conflicts as Pillars of Democratic Market Societies", en Hirschman, A. *A Propensity to Self-Subversion*, Cambridge, Harvard University Press.

—. "A Generalized Linkage Approach to Development, with Special Reference to Staples", en Hirschman, A. *Essays in Trespassing: Economics to politics and beyond,* Cambridge, Cambridge University Press.

Karl, T. L. 1997. *The Paradox of Plenty: Oil Booms and Petro States*, Berkeley, University of California Press.

Khan, M. H. 2000. "Rent-Seeking as a Process: Inputs, Rent-Outcomes and Net Effects", en Khan, M. K. y Jomo, K. S. (edits.) *Rents, Rent-Seeking and Economic Development,* Cambridge, Cambridge University Press.

Le Billion, P. 2001. "The Political Ecology of War: natural resources and armed conflicts", en *Political Geography*, 20.

Libecap, G. 1989. *Contracting for Property Rights*, Cambridge, Cambridge University Press.

Minter, W. 1994. *Apartheid's Contras: an Inquiry into the Roots of War in Angola and Mozambique,* Londres, Zed Books.

Moore, M. 2001. "Political Underdevelopment: What causes 'Bad Governance'?", en *Public Management Review*, vol. 3, No. 3.

Moore, M. 1998. "Death without Taxes: Democracy, State Capacity and Aide Dependence in the Fourth World", en Robinson, M. y White, G. (edits.). *The Democratic Developmental State: Politics and Institutional Design. Oxford Studies in Democratisation,* Oxford, Oxford University Press.

Mosely, P.; Subasat, T., y Weeks, J. 1995. "Assessing Adjustment in Africa", en *World Development*, vol. 23, No. 9.

Murray, C. *et al.* 2002. "Armed Conflict as a Public Health Problem", en *British Medical Journal*, No. 324.

Nafzinger, W. 1996. *The Economics of Complex Humanitarian Emergencies: Preliminary Approaches and Findings*, Wider Working Papers No. 119, Helsinki, Wider.

— y Auvinen, J. 2002. "Economic Development, Inequality, War and State Violence", en *World Development*, vol. 30, No. 11.

Nankani, 1979. *Development Problems of Mineral Exporting Countries*, World Bank Staff Working Paper 354, Washington, Banco Mundial.

North, D. 1981. *Structure and Change in Economic History,* New York, Norton.

Olson, M. 1993. "Dictatorship, Democracy and Development", en *American Political Science Review,* No. 87.

—. 1965. *The Theory of Collective Action: Public Goods and the Theory of Groups*, Cambridge, Harvard University Press.

Ostrom, E. 1990. *Governing the Commons: The Evolution of Institutions for Collective Action*, Cambridge, Cambridge University Press.

Putzel, J. 1997. "Survival of an Imperfect Democracy in the Philippines", en *Democratization*, vol. 6, No. 1, pp. 198-223.

Reno, W. 2000. "Shadow States and the Political Economy of Civil Wars", en Berdal, M. y Malone, D. (edits.) *Greed and Grievance: Economic Agendas in Civil War,* Boulder, Lynne Rienner.

Ross, M. 2002. *Oil, Drugs, and Diamonds: How do Natural Resources Vary their Impact on Civil War?,* escrito para el *International Academy Project on Economic Agendas in Civil Wars* (mlross@polisci.ucla.edu).

—. 2001a. *How does Natural Resource Wealth Influence Civil War?*, mimeo, Department of Political Science, UCLA.

—. 2001b. "Extractive Sectors and the Poor", en *An Oxfam America Report*, Washington, Oxfam America Report.

Sender, J. 2002. "Reassessing the Role of the World Bank in Sub-Saharan Africa", en Pincus, J. y Winters, J. (edits.) *Reinventing the World Bank*, Ithaca, Cornell University Press.

Tilly, C. 1990. *Coercion, Capital, and European States, A.D. 990-1990*, Cambridge, Blackwell.

—. "Reflections on the History of European State-Making", en Tilly, C. (edit.). *The Formation of National States in Western Europe*, Princeton, Princeton University Press.

Väyrynen, R. 1996. *The Age of the Humanitarian Emergency*, Wider Research for Action 25, Helsinki, WIDER.

Wallensteen, P. y Sollenberg, M. 1998. "Armed Conflict and Regional Conflict Complexes, 1989-97", en *Journal of Peace Research*, vol. 35, No. 5.

CUARTA PARTE

CICLOS DE LA GUERRA COLOMBIANA

XI
Tendencias del homicidio político en Colombia 1975-2004: una discusión preliminar

*Francisco Gutiérrez Sanín**

* Profesor del Instituto de Estudios Políticos y Relaciones Internacionales (IEPRI) de la Universidad Nacional de Colombia.

Resumen

En este artículo se presenta la Base de Datos de Violencia Política Letal del IEPRI y una visión panorámica de algunos aspectos del conflicto que se puede construir desde ella. A la vez, se precisan los alcances y límites del instrumento.

Palabras claves: violencia política, muertes en combate y fuera de combate, elecciones, regiones.

Colombia ya cuenta con varios estudios estadísticos valiosos sobre violencia homicida. Es un conteo que, aunque lóbrego, resulta absolutamente necesario. ¿Cuál es la dinámica de la violencia política propiamente dicha? ¿Cuáles son sus especificidades con respecto de la violencia en general? Éstas son preguntas cuya respuesta es vital, tanto para la comprensión de nuestro conflicto como para el diseño de políticas públicas. Con todo, hasta el momento no existen –al menos que yo conozca– estudios cuantitativos específicamente sobre las tendencias del homicidio político en Colombia; los analistas se guían por las cifras de homicidio agregado, lo cual, como se verá más adelante, es discutible. Es el momento de ir dando los primeros pasos para llenar aquel vacío.

Aquí presento una primera lectura de una base de datos sobre homicidio político construida en desarrollo de la investigación que originó este libro.[1] Aunque hay ya algunas bases similares, todas ellas valiosas, ésta tiene características especiales que justifican el nuevo esfuerzo. En primer lugar, es "larga": comienza en 1975 y termina en 2004, así que permite hacer –quizás por primera vez– un seguimiento cuidadoso del proceso de "calentamiento" que precedió al salto cualitativo en términos de violencia homicida, que se produjo durante los gobiernos de Julio César Turbay y Belisario Betancur. En segundo lugar, aparte del tiempo y espacio de la ocurrencia del homicidio, informa sobre la manera como se produjo y, con una

---

[1] En el contexto del proyecto *Guerra, democracia y globalización*, cofinanciado por el Crisis States Programme del London School of Economics y Colciencias. La base de datos se hará pública en el curso del 2005 y no se hubiera construido sin la participación decisiva del historiador William Acevedo; también debe destacarse el aporte de Francy Carranza, Camilo Plata, Viviana Barón y Nataly Rodríguez.

mayor desagregación que la habitual, sobre las características de la víctima. Por último, en la base se incluyen nuevas categorías que permiten calcular con más precisión contra quiénes y por qué se atenta en desarrollo de la guerra colombiana.

Antes de comenzar la discusión del material, son necesarias dos observaciones sobre sus límites y posibles sesgos: primera, la distinción entre homicidio político y no político puede ser enloquecedoramente borrosa. Segunda, se optó por incluir sólo aquellas muertes que fueran obviamente políticas, es decir, resultado directo (e identificado de manera explícita por la fuente de información) de la actividad de algún ejército ilegal y/o de alguna agrupación autodefinida como política, en el curso de sus actividades (esto comprende a las guerrillas, a las autodefensas y a las agencias del Estado). Aun así se mantiene un área de intersección no despreciable con otros fenómenos: muchos asesinatos que podrían ser catalogados como políticos son llevados a cabo por carteles de la droga o bandas criminales, aunque esto no necesariamente representa un problema para el presente análisis.[2]

Adicionalmente, es obvio que no todos los homicidios están cubiertos en el conteo que se presenta aquí. Aunque se trata de una información de bastante mejor calidad de la que se utiliza de manera estándar en el ámbito internacional para el análisis cuantitativo comparado de la violencia,[3] es indudable que se incurre en algún grado de subestimación (algo a lo que me referiré enseguida),

---

[2] En casos como éstos, el esfuerzo por construir categorías mutuamente excluyentes seguramente no lleve a ninguna parte. La complejidad es demasiado grande como para que un ordenamiento tan nítido sea posible. Esto quiere decir que algunos de los homicidios que clasificamos como políticos tuvieron participación más o menos importante de grupos criminales (piénsese en Luis Carlos Galán). De manera más compleja aún, algunos grupos delincuenciales o "fronterizos" actúan directamente en la guerra política (como varias bandas en la ofensiva paramilitar en Medellín). Pero esto es un problema general de muchas guerras civiles contemporáneas.

[3] Por ejemplo, el World Handbook of Political and Social Indicators usa solamente el principal periódico del país, lo que introduce brutales sesgos (Brockett, 1992), incluso ahí donde la violencia no ha coartado la libertad de información básica.

y que ésta podría ser mayor, en especial, en las regiones donde hay poca población y bastante violencia.[4]

Una crítica más delicada reside en las limitaciones de las fuentes. Nuestra base utiliza solamente prensa.[5] Esto es una ventaja: es mejor tener distintas bases de datos con información relativamente homogénea y corroborable, para después contrastarlas, que usar distintas fuentes desiguales (algunas de ellas imposibles de comprobar) y agregarlas en una sola fuente.[6] Pero apoyarse sólo en periódicos tiene también evidentes problemas. La prensa podría pasar por alto con regularidad asesinatos cometidos por ciertos agentes –del Estado, por ejemplo– o atribuirlos a otros. Hay algunas evidencias indirectas que apoyan esta conjetura.

La peor situación se presenta con los caídos en combate. Por un lado, la información que da la prensa resulta incompleta en relación, por ejemplo, con la que recoge la Policía, el Ejército o incluso la insurgencia. Por otro, los partes de combate de las fuerzas en pugna son particularmente sospechosos de ser manipulados pues, como suele decirse, "la primera víctima de la guerra es la verdad". Es claro que para solucionar este problema en algún momento se tendrán que comparar rigurosamente las bases de datos disponibles (un primer y valioso ejercicio en ese sentido se encuentra en Losada (1987). Hay que advertir, sin embargo, que una primera consulta con diversas agencias del Estado arrojó como resultado que ellas no contaban con información propia sobre sus víctimas (o no querían compartirla).

Todas estas dificultades –y otras posibles que omito aquí por razones de espacio– son bastante serias, y aconsejan un tratamiento prudente de la información. Nuestra base de datos seguramente no cubre todas las muertes políticas (en adelante, utilizo la elipsis *muertes políticas*, en vez de la expresión *muertes causadas directamente por protagonistas del conflicto o por razones explícitamente políticas*), pues nos orientamos de manera consciente por un criterio conservador.[7]

---

4 Pues no existen periódicos regionales que registren los actos violentos.

5 Cuáles periódicos, por qué se seleccionaron, junto con otros detalles sobre la construcción de la base de datos, se relaciona en el Anexo 2.

6 La experiencia de la Comisión de la Verdad de Perú tiende a corroborar este aserto.

7 Incluir sólo las muertes evidentemente políticas. Como también debe de haber una subestimación de las bajas en combate –la prensa no pasa todos

Queríamos que fueran todos los que estaban, no que estuvieran todos los que eran; eso tiene la ventaja no sólo de ser un criterio de optimización claro, sino de facilitar ajustes ulteriores.

Todos los sesgos que están incorporados en esta base tienden a subestimar los muertos en regiones poco pobladas, las víctimas de los paramilitares y los caídos en combate. Los datos referentes a estos últimos seguramente sean de peor calidad que los de homicidios fuera de combate, aunque los que provienen de fuentes diferentes a la prensa tal vez no sean mucho mejores. La base de datos que se presenta aquí, en fin, no permite contar "toda la historia" del homicidio político en Colombia; tal vez nunca la tengamos.[8]

En realidad, la base debe verse como una muestra extremadamente grande de las muertes políticas en Colombia. Si se dividen los casos presentados en ésta en dos grandes categorías –en combate y fuera de éste– y se centra la atención en la segunda categoría que, como se dijo, está apoyada en información algo más confiable, se puede llegar a cálculos razonables del total de casos. La base contiene cerca de 53.000 homicidios, de los cuales más de 25.000 se produjeron fuera de combate.

¿Qué tan buena es la muestra para hacer inferencias de lo que sucede en el total de la población (de homicidios)? Parece bastante satisfactoria. Tomemos el caso de las muertes fuera de combate. En el Anexo 1 se presentan las conclusiones con respecto de si las proporciones de la muestra permiten estimar las de la población (considerada, en este caso, como el total de homicidios políticos en el período). La herramienta más utilizada en este texto serán las proporciones, esto es, cuántos homicidios del total ocurren en una región determinada, contra una categoría específica, etc.[9] La

---

los partes de combate, sino los más importantes, etc.–, la base de datos contiene el *mínimo* de homicidios políticos que tuvo lugar en el período. Vale la pena decir que una vez terminada la construcción de la base, se hizo una muy cuidadosa revisión (básicamente por parte de Viviana Barón) para eliminar casos repetidos, dudosos, etc. Cfr. *infra*.

[8] En otros países, la cuestión se ha podido confrontar creando Comisiones de la Verdad con amplios poderes. Ésta es, por mucho, la mejor solución, aunque incluso entonces queda cierto lugar para la controversia, como lo muestra la experiencia peruana.

[9] Pero lo que se dice sobre las proporciones también se aplica a medias y varianzas.

conclusión es que el 99% de las muestras de ese tamaño –es decir, de 25.600 sobre una población hasta del total de muertes violentas en Colombia– contendrán un error menor de 5/1.000 en el establecimiento de las proporciones reales de la población.[10]

En síntesis, como muestra ofrece una valiosa puerta de entrada para describir y analizar el homicidio político en Colombia entre 1975 y 2004.[11] Obviamente, a medida que va cayendo el tamaño de la muestra la calidad de la inferencia se va deteriorando –más que en forma proporcional con respecto al de la población–. Es muy seguro que ésta es una buena herramienta para sacar conclusiones sobre la violencia política letal en Colombia o en Antioquia, aunque probablemente no para un municipio mediano o pequeño.

Ahora bien: la comparación sistemática de varias bases de datos puede rendir sus frutos, como se muestra en el Anexo 2. Allí se ve –utilizando nuestra base de datos y la más reciente del gobierno sobre asesinatos contra miembros de la Unión Patriótica (UP), y utilizando la técnica de captura-recaptura– que un buen estimativo de víctimas de esa agrupación es 3.200. Esta clase de ejercicios puede llegar a tener relevancia, tanto para el entorno de las víctimas como para la sociedad.[12]

El presente texto tiene un propósito descriptivo. Mostraré cómo los datos apuntan hacia problemas a los que hasta el momento se ha prestado poca atención. En la primera parte describo algunas tendencias básicas, para concentrarme en un rasgo que diferencia de manera crucial al conflicto colombiano de otras guerras civiles contemporáneas: la proporción entre víctimas civiles y combatientes caídos. En la segunda discuto algunos indicios sobre la relación entre la violencia homicida y las elecciones. Ha habido dos politicidios (contra la Unión Patriótica y contra Esperanza, Paz y Libertad), pero también las fuerzas políticas tradicionales han sufrido una brutal sangría –los historiadores futuros tendrán que tener en cuenta esto si quieren entender con una perspectiva adecuada el debilitamiento de nuestra democracia–. En la tercera sección discuto las dinámicas

---

10 Naturalmente, si la población es menor, la muestra es todavía mejor.

11 La calidad de la información mejorará sustancialmente cuando se puedan cotejar de forma sistemática las bases existentes.

12 Obviamente, el antecedente inmediato es, una vez más, la Comisión de la Verdad en el Perú.

de las bajas en combate. Aquí aparecen algunos temas centrales, que ponen en cuestión muchos de los lugares comunes y de las expectativas más simplistas sobre el conflicto colombiano. En la cuarta y última parte hago algunos breves comentarios sobre las dimensiones regionales de nuestra guerra.

En algunos casos sugeriré –de modo desembozadamente conjetural– cómo los datos pueden casar con otras piezas del rompecabezas colombiano. No presentaré ningún modelo analítico, y allí donde avanzo un poco más allá de la pura descripción –haciendo algunas regresiones "sucias y rápidas", etc.– me limito a presentar hallazgos que parecen apoyar algunas intuiciones interesantes. Por otra parte, allí donde parezca pertinente pondré sobre el tapete propuestas de mecanismos sociales que podrían estar detrás del fenómeno considerado. El objetivo del texto es la discusión preliminar de un problema que apenas conocemos y que es, casi literalmente, de vida o muerte. En las conclusiones, recalco la idea de que es imposible entender nuestra guerra sin descifrar sus aspectos políticos y planteo un conjunto de preguntas que reputo centrales.

Las grandes tendencias

La base de datos registra un total de 53.659 muertes políticas en treinta años. Su dinámica paulatinamente diverge de la del homicidio común,[13] como registra la Gráfica 1, donde los homicidios políticos se han multiplicado por diez para facilitar la legibilidad.[14]

En un primer subperíodo (1978 a 1984 o 1985), el comportamiento es, en esencia, idéntico: en ambos casos las cifras suben consistentemente; pero después se presenta una diferencia. Mientras que el común básicamente se estanca en índices muy altos (que fluctúan entre 65 y 75 homicidios por cada 100 mil habitantes), el político, después de una corta caída, se mantuvo en un nivel alto hasta el 2004, como se ve en la Gráfica 2. Así, pasó de representar aproximadamente un 1% del total de muertes a un muy significativo 12%.

---

13 La expresión *homicidio común* es en realidad inexacto; acudo a ésta porque es de uso corriente. En realidad se trata del homicidio agregado (todas las muertes violentas, menos las de tránsito), tal como lo captan las instituciones del Estado.

14 La comparación se hace en este caso entre 1978 y 1997. Las cifras de homicidio común están tomadas de "Tasas de homicidio 1978-1998" (Policía Judicial).

Gráfica 1. Evolución de diversas modalidades de violencia letal

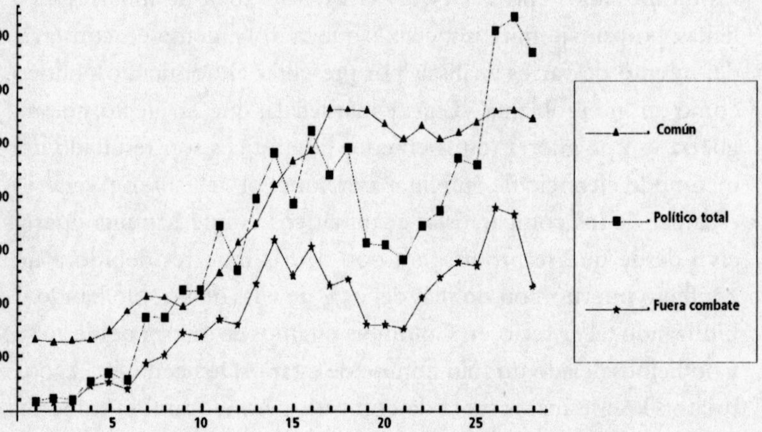

Fuente: elaboración propia, basándose en los datos de la Base de violencia política Letal del IEPRI

Gráfica 2. Violencia política letal desde 1957 hasta hoy

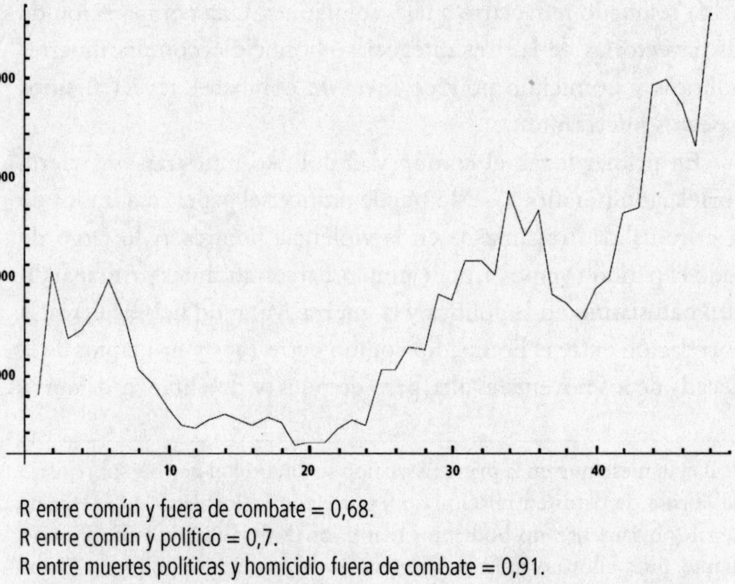

R entre común y fuera de combate = 0,68.
R entre común y político = 0,7.
R entre muertes políticas y homicidio fuera de combate = 0,91.

Fuente: elaboración propia basándose en la Base de violencia política letal del IEPRI. Los homicidios (total) de la *Revista Criminalidad*, de la Policía Nacional.

Si tomamos en cuenta el tamaño no de la muestra, sino del total (como debe ser[15]), el homicidio político estaría representando en los últimos años entre el 15% y el 25% del total de muertes violentas: porcentaje muy respetable, que va totalmente en contravía del intento de varios analistas por presentar el homicidio político como un "no problema". Está de más señalar que, en efecto, nuestra guerra es una guerra (estos enredos lingüísticos son resultado del incómodo ejercicio de enfrentar aserciones orwellianas): el criterio estándar de los comparatistas cuantitativos es que hay una guerra civil desde que se producen 1.000 o más muertes debido a un conflicto interno, con no más del 95% de ellas de un solo bando.[16] Utilizando tal criterio, en Colombia estamos en guerra desde 1983, y no hemos dejado un solo minuto de estarlo. De hecho, en el 2004 bajaron los asesinatos fuera de combate, pero en cambio subieron las bajas en combate, lo cual sobrepasa con un amplio margen la cota de 4.000 (véase Tabla 1).

Las razones detrás del comportamiento diferencial entre homicidio agregado y violencia política letal parecen más o menos claras. Mientras que el homicidio común ha sido tratable a través de políticas públicas de convivencia y seguridad urbanas, el político había resultado refractario a tales soluciones. Una comparación de las trayectorias de las tres categorías –homicidio común, muertes políticas y homicidio político fuera de combate– revela algunos aspectos interesantes:

En primer lugar, el común y el político muestran una cierta correlación (Gráfica 1). Esto puede ratificar el papel catalizador de la criminalidad organizada en la violencia política. A lo largo de todo el período vemos a, por ejemplo, narcotraficantes participando con entusiasmo en la política y la guerra. Mirando más de cerca, la correlación entre el homicidio común entre 1975 y principios de la década de los noventa es alta; pero después se debilita y cada curva

---

15 Recuérdese que en la primera sección se discutió el posible subregistro de la base de datos en relación con, por ejemplo, los datos de Medicina Legal (obviamente, no podíamos usar a los legistas ni a la Policía como fuente, pues ellos no utilizan la categoría de homicidio político). El subregistro total es un asunto distinto, y afecta a todas las categorías (tanto común como político), aunque quizás más a la segunda. En todo caso, la idea básica era ceñirnos a un conteo conservador.

16 Para diferenciar entre una guerra y un genocidio.

Tabla 1. La violencia política letal en el período

Año	Tipo acción		Total
	Fuera de combate	Combate	
1975	64	15	79
1976	63	44	107
1977	79	26	105
1978	198	36	234
1979	269	92	361
1980	202	80	282
1981	437	450	887
1982	512	347	859
1983	705	389	1.094
1984	684	451	1.135
1985	845	828	1.673
1986	918	707	1.625
1987	1.254	791	2.045
1988	1.588	840	2.428
1989	1.023	674	1.697
1990	1.375	1.108	2.483
1991	1.147	1.125	2.272
1992	1.175	1.285	2.460
1993	783	806	1.589
1994	795	764	1.559
1995	766	645	1.411
1996	1.066	681	1.747
1997	1.250	610	1.860
1998	1.503	1.023	2.526
1999	1.523	1.060	2.583
2000	2.075	1.811	3.886
2001	2.094	1.967	4.061
2002	1.343	2.365	3.708
2003	1.204	2.299	3.503
2004	996	2.176	3.172
Total	27.936	25.495	53.431

Fuente: elaboración propia.

toma una trayectoria propia. Por lo tanto, guiarse por los homicidios agregados para sacar inferencias sobre los políticos podría llevar a conclusiones equivocadas.

En segundo lugar, la violencia letal política en combate y fuera de éste tienen una gran correlación –el resultado de representar una contra la otra parece un ejercicio de manual, después de sacar los logaritmos de las dos variables (véase Gráfica 3)–. En la Tabla 2 se ve que la correlación es significativa al 99%, y que una forma de

Gráfica 3. La correlación entre muertes en combate y fuera de él

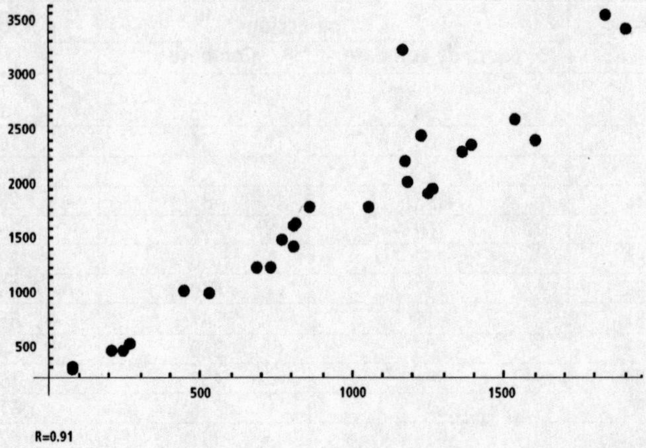

Fuente: elaboración propia sobre la Base de Violencia Política Letal del IEPRI.

Tabla 2. Correlaciones con un modelo lineal*

Variables asociadas	Valor p**	Valor R***
Muertes fuera de combate y en combate.	0,0000128 (significativo al 99%)	0,57
Logaritmo de muertes fuera de combate y en combate.	0,0000096 (significativo al 99%)	0,89
Logaritmo de muertes en combate y fuera de combate entre 1975 y 1995.	0,00032 (significativo al 99%)	0,92
Logaritmo de muertes en combate y fuera de éste entre 1995 y 2005.****	0,68 (no significativo	0,18
Logaritmo del homicidio agregado y político.	0,00005 (significativo al 99%)	0,89
Logaritmo del homicidio agregado y político entre 1987 y 1997.*****	0,56 (no significativo)	0,043

* Con un parámetro para el intercepto y otro para la variable independiente. Cálculos hechos en Mathematica.

** significancia de la correlación.

*** porcentaje de la varianza de la variable dependiente explicada por la independiente.

**** Las dos últimas filas sugieren que la correlación era fuerte en los primeros años, y después las dos variables se han ido "desvinculando".

***** Las dos últimas filas sugieren que la correlación entre homicidio agregado y político era fuerte en los primeros años, pero durante la década de los noventa las dos variables se desvincularon. Probablemente esta tendencia se haya profundizado dende entonces hasta hoy.

Fuente: elaboración propia.

violencia letal explica el 89% de las variaciones en la otra.[17] Krain (1998) dice que el mejor predictor de violencia contra la población y de politicidios es la existencia de una guerra civil en curso, y Colombia parece encajar plenamente en dicha regularidad.

Con todo, en este terreno hay diferencias cruciales entre el conflicto colombiano y otras guerras civiles contemporáneas. La principal es la siguiente: la proporción entre muertos en combate y fuera de éste es 27:29; es decir, más o menos un caído no combatiente por cada baja en combate. Así, en la guerra colombiana muere alrededor de un civil por cada combatiente (uno por cuatro en el 2004), una cifra aterradora pero mucho menor que la proporción 8:1 o 9:1 (ocho o nueve civiles por cada miembro de un grupo armado) que establece Kaldor (1999) en el período posterior a la Primera Guerra Mundial.[18]

¿A qué puede deberse esto? Nuestro conflicto exhibe, sin duda, algunos de los rasgos característicos que Kaldor atribuye a las *nuevas guerras*, entre ellos una continua interacción entre las economías criminales y los ejércitos ilegales. Por supuesto, sobran los matones. De hecho, hay una lista incontable de crueldades aterradoras contra la población civil. Sin embargo, el resultado agregado en punto a este indicador vital es diferente al de otras guerras.[19] En la gráfica 4 se muestra la evolución de la proporción desde 1957 hasta hoy,[20] y se observa que la evolución de la proporción (Gráfica 4) va en una

---

17 Operando sobre los logaritmos de las cifras.

18 Lo cual hace tanto más absurdo tratar de involucrar plenamente a la población en el conflicto.

19 Iván Cepeda (comunicación personal) me hizo notar que si esta evaluación pretende ser normativa no se puede apoyar sólo en las cifras de violencia letal; también habría que contar el desplazamiento, que es el epicentro de una enorme tragedia humanitaria. Esto está fuera de toda duda, y el sentido de su observación es irrefutable (esta guerra genera espantosas crueldades, a menudo concebidas estratégicamente contra la población civil). Pero se mantiene en pie el hecho de que en una variable central el desenlace es bastante diferente al de las nuevas guerras.

20 La base estaba originalmente pensada para arrancar desde 1975, pero con un esfuerzo adicional, y con el apoyo del CSP, logramos llevarla después del final del proyecto hasta 1957. Esto permite ver algunas importantes tendencias de larga duración. Sin embargo, debido a limitaciones de tiempo, el presente análisis se concentra en el período 1975-2004 y se remite al anterior sólo cuando parece muy pertinente hacerlo.

Gráfica 4. Proporción homicidios políticos y bajas en combate 1957-2004

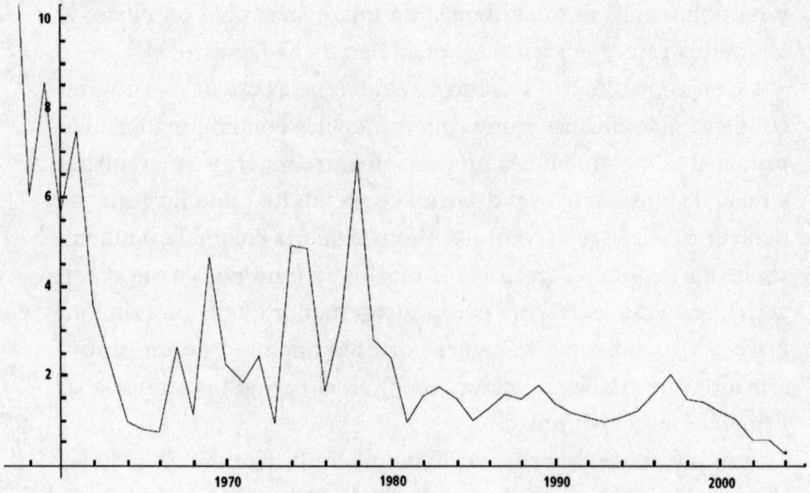

Fuente: elaboración propia sobre en la Base de violencia política letal del IEPRI.

dirección distinta a las evaluaciones comunes que se hacen sobre nuestra guerra. ¿Por qué?

La base de datos ofrece una eventual explicación que se puede complementar con un par de conjeturas razonables. Las trato en su orden. La explicación es sencilla: las guerrillas combaten mucho. Esto es relativamente nuevo (debe de provenir desde la década de los ochenta), y, por supuesto, implica que el número de muertes políticas ha aumentado drásticamente en términos absolutos desde los noventa (como se ve en la Gráfica 2). Por otra parte, este crecimiento de la brutalidad y la destrucción asociada al conflicto no se comporta como lo propondría el planteamiento de Kaldor.[21]

El contraste se observa bien en la Gráfica 4, que determina de manera bastante clara distintos subperíodos de violencia política letal en el país. En los estertores de la Violencia, tanto los "Pájaros" como los "Bandoleros" con filiación política explícita disparaban

[21] El asunto no se refiere a alguna exquisitez 'teórica', sino a entender las dinámicas subyacentes a la guerra para poder controlarlas y, eventualmente, superarlas.

preferente y abrumadoramente contra la población civil. La guerrilla en la década de los años sesenta –en su supuesto inicio idílico, ideológico, "no degradado"– asesinaba a los campesinos que consideraba soplones, etc.; mientras que su actividad de combate era muy marginal. Hasta finales de la década de los setenta había muchos muertos civiles por cada combatiente, con una tendencia a subir. El número total de bajas era pequeño, pero proporcionalmente los civiles eran muchos. A medida que el conflicto fue aumentando en intensidad, la actividad de combate de la guerrilla se multiplicó. Los paramilitares desarrollaron una actividad bastante concentrada en las masacres hasta hace dos o tres años, pero aun así el aumento en la cantidad e intensidad de los enfrentamientos entre guerrilleros y fuerzas del Estado compensó este efecto. Cuando, por razones complejas, los paramilitares dejaron de lado su actividad "masacradora", aparentemente las cifras de muertes en combate y fuera de éste se desvincularon.

Las dos conjeturas más razonables –complementarias, no competitivas, con la explicación anterior y entre ellas– parecen ser las siguientes. Es obvio que los actores armados colombianos no carecen de tendencias genocidas, como lo subrayan las espantosas masacres cometidas por todos ellos durante el período. Al tiempo, una vez han sacado a su adversario de un territorio dado, su aspiración es gobernar, lo cual no pueden hacer sólo con terror.

El establecimiento de reglas de juego relativamente claras para la población, la búsqueda de apoyos sociales, el esfuerzo por construir lealtades duraderas y seguras –es decir, por transformar el dominio puramente territorial en mecanismos de gobierno– impone ciertas restricciones a la actividad homicida contra la población civil. Es menester subrayar que este grado de "normalidad" relativa casi nunca retorna a los índices de violencia que antecedieron a la entrada del actor armado respectivo.

En un trabajo previo –esta vez regional, y con cifras de homicidio común–, encontré que tal dinámica de "calentamientos" y "enfriamientos" caracterizaba el comportamiento de varias regiones conflictivas (Gutiérrez, 2003). Uno entre varios ejemplos posibles: en Puerto Boyacá, los paramilitares expulsaron a sangre y fuego a las Fuerzas Armadas Revolucionarias de Colombia (FARC), ejerciendo mucha violencia contra la población; seguidamente, a finales de la década de los ochenta, se enfrentaron entre sí". Después la presión bajó y con ella tanto las masacres como la tasa de homicidios. Los paramilitares mismos hacen hincapié en que han aprendido a hacer bien las cosas, a tratar a la gente, "a no ser acelerados", en fin.[22] En síntesis, los "enfriamientos" se pueden producir por una de tres razones:

- Se agota la capacidad de carga del territorio dado.
- Algún ejército ilegal logra construir un dominio relativamente estable e intenta transformarlo en gobierno.
- El Estado toma posesión del territorio y establece su propia forma de regulación.

Nótese que en el ámbito nacional no se había producido ningún "enfriamiento" hasta 2002 y que hasta ese entonces la curva de homicidios políticos había crecido casi monótonamente. Pero este resultado agregado se debe a que mientras unos territorios se "enfrían" otros se "calientan", por una parte, y al comportamiento de Antioquia (cuyo peso en el total es grande), por la otra. Este factor será examinado más adelante.

Así, lo que podríamos estar presenciando es (a) un alto índice de combate de la guerrilla y (b) una serie de "calentamientos" y "enfriamientos" al vaivén de la evolución de la actividad armada y de las perspectivas de dominio territorial del ejército ilegal dado. Pero éste no sólo mira hacia adentro, también busca interactuar –al menos su cúpula– con contrapartes nacionales e internacionales. La presión política exógena puede haber obligado a los combatientes a acotar su comportamiento homicida.[23] En especial, cuando los actores están haciendo cálculos de cara a la reinserción (y esto puede comenzar antes de que efectivamente se produzca), querrían mitigar (o esconder) los comportamientos capaces de producir un

---

[22] Esto, a propósito, sugiere que no es buena idea identificar descenso en la tasa de homicidios e instauración del Estado de derecho. Ambos, por supuesto, son deseables, pero pueden o no llegar juntas. La baja en la tasa de homicidios es invariablemente una buena noticia; sin embargo, no por necesidad implica democratización, de lo cual nuestros dirigentes no son siempre conscientes.

[23] Obviamente, si los actores armados no tuvieran ningún interés político no sentirían tal presión (serían en cambio sensibles a otras, militares, económicas, etc.).

rechazo masivo de la comunidad internacional y ciertos actores nacionales clave.[24]

La otra, obvia, cara de la moneda es que la intensidad del conflicto no es tan reducida como algunos tienden a suponer. La idea ingenua de que los actores armados están más o menos en connivencia y que prefieren no tocarse y, más bien, defender su interés común de mantener vivo el conflicto –idea extraordinariamente popular en la prensa, que ha sabido encontrar su traducción académica– no parece sostenerse. Nuestra guerra está hecha de combates reales, cada vez más frecuentes y, como lo subraya un notable estudio del Departamento Nacional de Planeación (Pinto, Vergara y La Huerta, 2002) pertenecer a una guerrilla eleva abruptamente las probabilidades de morir. Esto, por supuesto, debería producir un ajuste en la descripción de las motivaciones para enrolarse en tales organizaciones.

En síntesis: nuestra guerra ha implicado, y sigue haciéndolo, una enorme catástrofe humanitaria. Por otro lado, sus dinámicas parecen mostrar que, en lugar de dirigirnos hacia una nueva guerra, la abandonamos: teníamos ciertamente algo parecido a una nueva guerra a fines de los años cincuenta, pero ahora nos encontramos con un panorama más complejo, caracterizado por la gran actividad de combate y el intento de establecer dominios territoriales estables. Los esfuerzos por pintar un conflicto totalmente despolitizado, donde sólo aparecen comerciantes de coca, no parecen resistir el menor escrutinio.

La guerra y las elecciones

Colombia es uno de los pocos países del mundo donde ha habido una coexistencia estable entre conflicto armado y democracia. Los ejércitos ilegales no son actores "externos" al sistema político; están conectados a éste en muchos sentidos. La interacción entre unos y otro, por ejemplo en el ámbito municipal, está ampliamente documentada por observadores de todas las orientaciones (véase el excelente resumen de Ballesteros y Maldonado, 2003). ¿Cómo se relaciona esto con la violencia homicida?

---

24 Piénsese en la desautorización verbal del secuestro por parte de las FARC durante el proceso de paz con Betancur.

Una primera manera de ver el problema es a través de la estacionalidad. Si en todo el período fueran asesinadas más personas en la antesala de los períodos electorales, entonces tendríamos razones para pensar que los actores armados escalan la violencia para impedir que fuerzas opuestas a ellos accedan al poder. Es verdad que varias masacres han tenido una motivación directamente electoral; pero esto no sucede: faltan evidencias a favor de la estacionalidad del homicidio político. Obviamente, aquí entran en juego otras formas de agresión, como el secuestro, el "juicio popular", el atentado intimidatorio, las amenazas y el destierro (Ballesteros y Maldonado, 2003).

La agresión contra el sistema político ha sido constante y brutal; subió en la década de los noventa, en buena parte como producto de decisiones conscientes de las FARC y otros actores armados. En el período tuvieron lugar dos politicidios, uno *contra* la UP y otro *contra* los reinsertados del Ejército Popular de Liberación (EPL). Hubo también una oleada de asesinatos *entre* los reinsertados de las milicias de Medellín. En conjunto, pésimo precedente para la paz. A la vez, debe tenerse en cuenta que otros procesos pudieron evitar que sus protagonistas fueran diezmados; valdría la pena hacer una comparación sistemática entre los que tuvieron éxito desde este vital punto de vista y los que no. Hasta donde sé, dicha comparación no se ha emprendido.

Los partidos tradicionales han puesto también su cuota en la espantosa sangría a la que ha sido sometida la democracia colombiana. Es un punto que, desgraciadamente, casi siempre pasa inadvertido. Hay más de trescientos liberales en la muestra; por lo que podrían ser, muy gruesamente, cerca del doble en la población.[25] El Partido Liberal ha hecho su propio conteo (Landínez, Salcedo y Bautista, 1998), que arroja un resultado de 686 líderes del partido asesinados entre 1985 y 1996.[26] Menos conocida aún es la pérdida de vidas conservadoras. La base cuenta más de 200. En síntesis, todas las

---

25 Es frecuente que las noticias de asesinatos de alcaldes y concejales carezcan de la descripción de la filiación política de la víctima. Así que hay más muertos liberales y conservadores *en la muestra* de lo que realmente sabemos.

26 Esto proporciona datos adicionales a favor de lo que se ha venido diciendo sobre el tamaño de la población.

fuerzas han puesto su cuota de sangre, aunque si controlamos por tamaño las peor libradas por mucho son la UP y el EPL (junto con los milicianos de Medellín: y todos ellos resultan de acuerdos de paz). El análisis de los efectos de la pérdida de entre 1.000 y 2.000 cuadros altamente calificados –congresistas, concejales, diputados, en general personas con destreza y capacidad de liderazgo que toma años formar– está por hacerse; en todo caso, es indudable que deforma gravemente el sistema político.

Con todo, el 7% de las víctimas de la población civil tienen filiación política identificada. Más del 50% de las víctimas fuera de combate son civiles asesinados por ejércitos ilegales (a veces con connivencia de agentes del Estado) en el curso de su expansión territorial.

En combate

Ahora bien, volviendo la atención a los que caen en combate: ¿cuál es la proporción de bajas de uno y otro bando? Si tomamos globalmente a la guerrilla, por un lado, y al Ejército, por el otro, es de 27 soldados muertos por cada 100 guerrilleros a lo largo de todo el período. Esta razón podrá parecer bastante favorable a las fuerzas del Estado, pero si se tiene en cuenta su notable superioridad tecnológica, ya no lo es tanto.[27] Una comparación con otros casos muestra que esta proporción de algo más de 3 a 1 está bastante lejos de denotar una ventaja abrumadora de las fuerzas del Estado. Buena parte de la subsistencia de las FARC en el período se debe simplemente a que han sabido conservar sus fuerzas, subiendo al mismo tiempo su combatividad (medida por ejemplo en términos de enfrentamientos con la Fuerza Pública).

Detengámonos un instante en la evolución de este indicador crucial. La Gráfica 5 capta la relación de bajas causadas mutuamente entre Policía y guerrillas desde 1975 hasta hoy, de acuerdo con la prensa.[28] Para facilitar la lectura de la gráfica, el eje horizontal representa la relación 1:1, es decir, cuando en combates la Policía

27 Sobre todo teniendo en cuenta que el desempeño de las FARC es mejor que el de las otras guerrillas.

28 Muchos de mis colegas insisten en que la prensa muestra graves sesgos en este particular. Como se verá en seguida, eso hace tanto más notable el panorama que refleja.

y la fuerza ilegal dada se causan la misma cantidad de muertes. Así, cuando la curva cae por debajo del eje de las *x*, eso significa que se está golpeando a la Policía, y cuando sube es la guerrilla la que está en problemas.

Gráfica 5. Relación de bajas causados mutuamente entre Policía y guerrillas

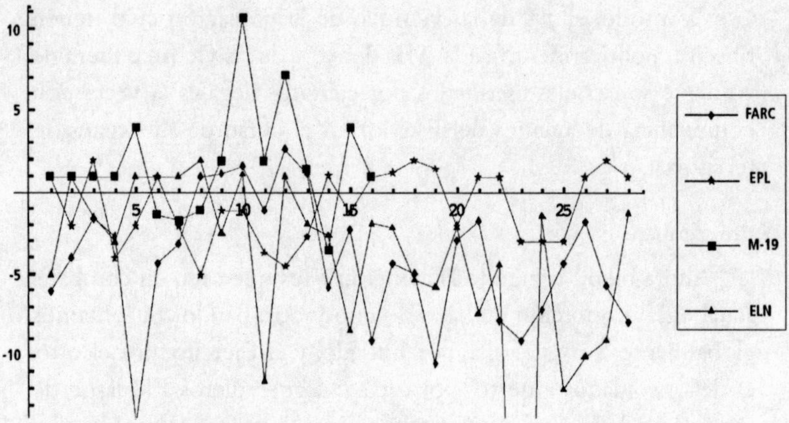

Fuente: elaboración propia.

La Gráfica 5 muestra que la Policía, en general, ha tenido serios problemas como agencia antisubversiva. A la vez, clasifica a las guerrillas en tres categorías. Primero, al Movimiento 19 de Abril (M-19), cuya fuerza parece haber estado más en la propaganda armada que en el combate; en los años ochenta el M-19 estaba recibiendo duros golpes de la Policía. Segundo, el EPL, que durante todo el período la enfrentó de igual a igual. Tercero y último, las dos grandes guerrillas de la década de los noventa, las FARC y el Ejército de Liberación Nacional (ELN), que mostraron ser estratégicamente superiores a ella.

La Gráfica 6 muestra, de la misma manera, la evolución de los choques de las guerrillas con el Ejército. Inmediatamente se nota que el Ejército es una fuerza que tiene mejores resultados que la Policía en el enfrentamiento con la guerrilla. Sin embargo, su desempeño con respecto de las diferentes guerrillas es diferencial. Por un lado, están aquellas que cayeron por debajo de la proporción

16:1, que desaparecieron finalmente (de una manera u otra) como grupos armados: el EPL y el M-19.[29] Después está el ELN, que tuvo un largo período de recuperación y semihibernación después de la catástrofe de Anorí –durante varios años rehuyó los enfrentamientos y se limitó a emboscadas, una forma de acción que le produjo fuertes réditos a la guerrilla en las décadas de los setenta y los ochenta–.[30] Después el ELN se fortaleció, y llegó cerca de una proporción 1:1, excelente para ellos, dada la enorme ventaja tecnológica del Ejército. Pero en la década de los noventa comenzaron a perder pie, y los resultados les fueron sistemáticamente negativos. Finalmente vienen las FARC.

Gráfica 6. Evolución de la relación de bajas causadas mutuamente entre ejército y guerrillas

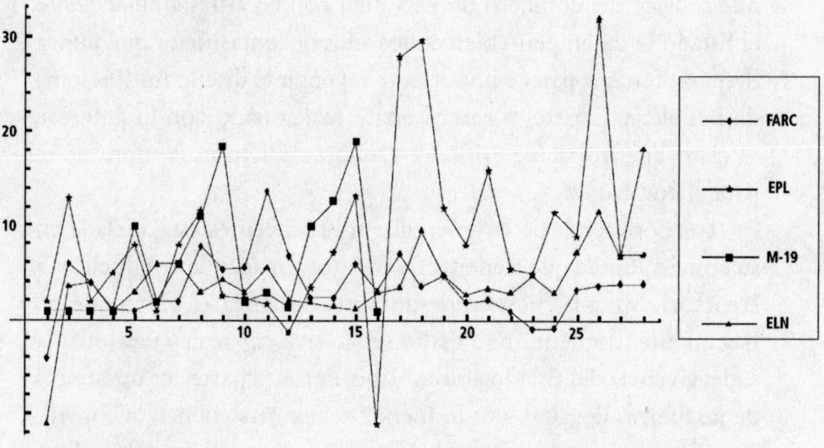

Fuente: elaboración propia.

Las FARC tuvieron una seria crisis de resultados a mediados de la década de los ochenta, cuando parecían estarse acercando al umbral crítico que traspasaron el EPL y el M-19.[31] Pero después tuvieron una

[29] Nótese que ambos estaban siendo golpeados en varios frentes: el M-19 por el Ejército y la Policía, y durante un corto período por el MAS; el EPL, por el ejército y los paramilitares.

[30] Nótese que las curvas muestran proporciones, no cifras absolutas; allí las del ELN al principio del período son modestas.

[31] Esto, entre otras cosas, muestra que los años ochenta no fueron un período de simple apaciguamiento bobalicón, como algunos piensan. De

evolución que diverge claramente con respecto a la del ELN. En los años noventa estuvieron permanentemente cerca del eje de las *x* (la relación 1:1), y pese al enorme esfuerzo fiscal del Estado en los últimos años, de hecho, la situación no ha cambiado. Aquellos que durante algún tiempo se entusiasmaron líricamente con el tema del fin de la guerra no sabían muy bien de qué estaban hablando, como se demostró a la postre.

¿Qué dice todo esto? Varias cosas. Primero, aunque parece muy compatible con el romanticismo del realismo mágico y del olor de la guayaba, no es cierto que en Colombia se pueda formar una guerrilla o una autodefensa en un garaje. Es todo lo contrario: desafiar al Estado en el país es difícil, y en el período posterior al Frente Nacional esto fue posible sólo gracias a la confluencia de condiciones bastante extraordinarias (comenzando por un enorme mercado ilegal de las drogas). Segundo, la periodización habitual que se hace del conflicto no casa bien con las cifras: militarmente el Estado se desempeñó bien en los años ochenta, mejor que nunca después. Tercero, parece importante repensar el diseño institucional de la Policía. Cuarto, y parcialmente relacionado con lo anterior, es claro que un factor crítico en todo conflicto es la motivación para el combate.

La motivación de las guerrillas sobrevivientes está anclada en su convicción de que tienen jefes diestros capaces de conducirlos a la victoria. Vista la cuestión desde cierta distancia, es obvio que no hay en este momento un desafío subversivo capaz de cuestionar la supervivencia del Estado colombiano. Por otra parte, los miembros de las fuerzas ilegales –por lo menos de algunas– tienen la convicción de que sus mandos son hábiles y los mantendrán a flote. Esto es lo que mantiene viva la moral de combate de cualquier ejército, sea regular o irregular. En este sentido destaca la especificidad de las FARC. Todos los procesos de paz han sido valiosos, y han hecho aportes importantes al país, pero seguramente seguiremos en conflicto mientras esa sigla siga activa. Nótese que pese al enorme esfuerzo fiscal en el que se han involucrado los últimos gobiernos, fortaleciendo el presupuesto militar ininterrumpidamente, no ha habido cambios en este terreno.

---

hecho, parece haber sido el mejor período para el Estado en términos de resultados militares.

Algunas tendencias regionales

Las guerras se hacen sobre una geografía específica, y en tiempo real. Ha habido ya valiosos análisis acerca de este aspecto que utilizan diversos criterios. ¿Qué nos pueden decir en este sentido las cifras de violencia política letal? Aquí presento sólo algo extremadamente preliminar. Si se usa el criterio administrativo-territorial más simple, conteo por departamentos, sorprende el gran peso de Antioquia, cuya participación en las tres modalidades consideradas aquí –común, político y político-fuera de combate– llega casi a una tercera parte de las muertes en todo el período, sobre todo fuera de combate, aunque sólo tiene el 13% de la población.

Ahora bien, el caso de Antioquia llama la atención por su peso en términos absolutos; pero, en términos relativos, ¿no hay acaso departamentos más "calientes"? La respuesta es positiva. Una manera sencilla de verlo es la siguiente: el peso de la población del departamento, dado en relación con el total nacional, contra su participación en el total de muertes políticas en todo el período. Tomando como referente el año 1987 (obviamente esto cambia muy poco), Antioquia tenía el 12,9% de la población del país y participó con el 22% del total de muertes políticas. Hay nueve departamentos cuya contribución al total de homicidios es relativamente mayor: duplicó su población relativa. Se dividen en dos categorías, cada una con un peso demográfico diferente: por una parte, Santander y, por otra, antiguas intendencias o comisarías (Casanare, Putumayo, Meta, Arauca, Guaviare, Vichada, Vaupés, Guainía)[32]. Nótese que en Santander no es fácil construir una historia verosímil sobre el crimen como origen de mecanismos que dispararon la violencia política. De hecho, el "ciclo santandereano" parece distinto tanto del nacional

[32] Para muchas personas que están al tanto de la violencia que se vive en la actualidad en algunos departamentos no contenidos en esta lista, ella parecerá más bien antiintuitiva, en el mejor de los casos. Pero se debe recordar que se están contemplando las dinámicas a lo largo de todo el período. Por lo demás, el hecho de que departamentos "periféricos" y sin prensa aparezcan con tanta fuerza muestra que en todo caso los grandes números hacen que la subestimación de lo que ocurre en ellos no sea tan severa. Y que el problema es perfectamente tratable con las prácticas estándar en estos casos (por ejemplo, truncando las cifras de tasas después de una cota superior para que los departamentos donde hay mejores medios de comunicación no queden sobrerrepresentados.

como del de Antioquia. Tomando los homicidios fuera de combate, las curvas de Colombia y Antioquia "se parecen" (r = 0,81 en una regresión simple), mientras que la de Santander es distinta (r = 0,25): sube aceleradamente hasta 1985, para después ir cayendo.

Por otra parte, mientras que en el ámbito nacional –como se dijo en la primera sección– hay una cierta correlación entre homicidio común y violencia política letal, en el departamental eso no necesariamente es el caso. Varios departamentos bastante "calientes", en términos de violencia común, han sido débilmente afectados por la política: Risaralda o Caldas, por ejemplo. Y en algunas unidades territoriales la correlación es relativamente fuerte, pero porque no tienen mucho de ninguna de las dos: Atlántico, por ejemplo.[33]

Recapitulación

La información presentada aquí está muy por encima de los estándares internacionales de conteo,[34] y parece representar una buena muestra del total de muertes políticas ocurridas en el período. El cotejo con diversas fuentes parece corroborar que contiene más o menos la mitad, corta, de los homicidios fuera de combate ocurridos en el país.

¿Qué nos dice esta revisión preliminar de los datos? 100.000 muertes atribuibles a causas directamente políticas está ciertamente por debajo de la cifra utilizada por una cierta narrativa, pero nadie puede decir que es insignificante o lo suficientemente baja como para dejarla "para después"; además, sabemos que esto es un mínimo, pero que el número real de víctimas y bajas debe de ser mayor. Desde un punto de vista puramente técnico, no sólo hay guerra en Colombia, sino que la ha habido desde 1983, y ahora estamos

---

[33] Se podrá decir que el departamento no es una unidad de análisis adecuada, porque la guerra no respeta sus fronteras. Pero precisamente por eso toda categoría subnacional adolecerá del mismo defecto; por otra parte, las realidades administrativas son tan "reales" como todas las demás, y de hecho en Colombia tienen un gran peso. En todo caso, la base de datos está municipalizada (con excepción de una pequeña cantidad de casos que no pasa del 1%), así que permite cualquier tratamiento que se le quiera dar a la cuestión territorial. El estudio de las tendencias municipales del homicidio político es una tarea por hacer.

[34] Piénsese en El Salvador, Camboya o Guatemala.

muy por encima del umbral a partir del cual un desafío subversivo se denomina guerra.

Por otro lado, incómodamente para los discursos sobre criminalización, no sólo la correlación entre homicidio común y violencia letal política ha ido cediendo –altísima al principio, menor después–, sino que en general el conflicto colombiano parece haber ido perdiendo sus características kaldorianas. Las dinámicas, desde la ventana de la base de datos presentada aquí, podrían estar asociadas a una alta combatividad y, quizás, al "enfriamiento" territorial que resulta del doble movimiento de establecer dominios territoriales estables y legitimarse internacionalmente.

Algunos avances importantes que vale la pena subrayar: por medio de un ejercicio de captura-recaptura, es posible ofrecer una cifra razonable de víctimas de la UP, hacer un primer conteo independiente de víctimas de los partidos tradicionales y llevar a cabo una primera entrada al tema regional (en este terreno, la base permite ir mucho más allá de lo que se hace aquí).

El panorama de la violencia letal en combate muestra, por otra parte, los límites del esfuerzo estatal en un contexto más largo que la pura coyuntura, y sugiere que el desempeño en combate, es decir, la variable puramente "técnica" que, tal vez por ser tan obvia, ha sido sistemáticamente desestimada, es una variable vital para entender la supervivencia y evolución de cada grupo involucrado en el conflicto.

Bibliografía

Ballesteros Borman, Richard y Maldonado, Alberto. 2003. *Violencia y gestión municipal*, policopiado, Bogotá, Federación Colombiana de Municipios-GTZ.

Brockett, Charles. 1992. "Measuring Political Violence and Land Inequality in Central America", en *American Political Science Review,* vol. 86, No. 1, pp. 169-176.

Castillo, Enrique. 1993. *Introducción a la estadística aplicada con Mathematica*, Cantabria, Enrique Castillo.

Gutiérrez, Francisco. 2003. *Heating up and Cooling Down*, Workshop Papers-Santa Fe Institute. Disponible en: http://discuss.santafe.edu/obstaclestopeace/stories/storyReader$9.

— y Jaramillo, Ana María. 2003. "Pactos paradoxais", en Santos, Boaventura de Sousa (edit.) *Reconhecer para libertar*, Río de Janeiro, Civilizo Brasileíra, pp. 249-288.

Kaldor, Mary. 2001. *Las nuevas guerras. Violencia organizada en la era global*, Barcelona, Tusquets.

—. 1999. *New and Old Wars. Organized Violence in a Global Era*, s. l., Stanford University Press.

Krain, Matthew. 1998. "Contemporary Democracies Revisited. Democracy, Political Violence and Event Count Models", en *Comparative Political Studies,* vol. 31, No. 2, pp. 139-164.

—. 1997. "State Sponsored Mass Murder. The Onset of Genocides and Politicides", en *Journal of Conflict Resolution,* vol. 41, No. 3, pp. 331-360.

Landínez Suárez, Heráclito; Salcedo R., Jorge, y Bautista Quintero, José Fernando. 1998. *El precio de ser liberal*, Bogotá, Partido Liberal Colombiano-Dirección Nacional Liberal.

Lleras Restrepo, Carlos. 1997. *De la república a la dictadura. Testimonio sobre la política colombiana*, Bogotá, Planeta.

Losada, Rodrigo 1987. *Muertes violentas en Colombia 1979-1986,* informe final. Bogotá, Colciencias.

Montenegro, Armando y Posada, Carlos. 1995. "Criminalidad en Colombia", en *Coyuntura Económica,* vol. 25, No. 1, pp. 82-99.

Pinto Borrego, María Eugenia; Vergara Ballén, Andrés, y La Huerta, Percipiano Yilberto. 2002. *Diagnóstico del programa de reinserción en Colombia: mecanismos para incentivar la reinserción voluntaria individual*, Bogotá, Archivos de Macroeconomía Departamento Nacional de Planeación.

República de Colombia, Defensoría del Pueblo. 1992. *Informe del defensor del pueblo para el gobierno, el Congreso y el procurador general de la nación. Estudio de casos de homicidio de miembros de la Unión Patriótica y Esperanza, Paz y Libertad*, equipo de trabajo: Jaime Córdoba Triviño, Beatriz Londoño, Adriana Rosas, Soraya Pérez, Ricardo López, Mariluz Bustos, Fabio Otálora, Mónica Isaza, Bogotá, 1992.

Resa, Carlos. 2002. *El Estado como maximizador de rentas del crimen organizado. El caso del tráfico de drogas en México*, disponible en: http://www.iigov.org-Documento 008.

Sánchez, Gonzalo. 1998. *Guerre et politique en Colombie*, París, L'Harmattan.

Vélez, María Alejandra. 1999. *FARC-ELN. Evolución y expansión territorial*, tesis de grado de la Facultad de Economía, Bogotá, Universidad de los Andes.

Anexo 1

1. Características. La base tiene 13.459 entradas y 7 columnas, a saber: fuente, lugar, fecha, tipo de acción, víctimas, autores y notas de aclaración. La información se recogió tal como estaba en la fuente respectiva, y después se codificó numéricamente.

2. Fuentes: *El Tiempo, El Colombiano, El País, Vanguardia Liberal, La Patria, El Heraldo, El Meridiano.*

3. Criterios de inclusión

La definición más sencilla y común de *homicidio político* que se utiliza para construir series estadísticas es: "aquel cuya motivación principal es la participación real o supuesta de la víctima en una determinada línea de pensamiento y/o de organización política diferente o contraria a la del agresor". Adicionalmente, dentro de esta definición para nuestro interés se debe tener en cuenta que sean homicidios producidos dentro de un conflicto interno (Muller). Esta definición encierra dos criterios básicos de selección: (1) el móvil político que, para empezar, se puede ligar a una reivindicación no personalista como justificación del crimen, lo cual excluiría por ejemplo venganzas personales, así las víctimas sean los personajes públicos identificados como políticos (miembros de corporaciones públicas, del gobierno, de las diferentes ramas del poder público). (2) Un elemento identitario en el agresor, aunque no necesariamente en la víctima. El agresor actúa no a título personal, sino como parte de, en nombre de o por encargo de, algún tipo de organización o movimiento establemente político.

En particular se incluye: asesinato de dirigentes y líderes políticos (excluye venganzas personales), asesinato de líderes comunales y sindicales, masacres, muertes en combate y muertes en acciones de grupos armados.

4. Las cuentas

- Cálculo del tamaño de la población (de homicidios políticos). Conociendo el número de homicidios de una subcategoría en la muestra y en la población, y el tamaño de la muestra, se deriva la expresión binomial con los valores correspondientes, se iguala a cero y se encuentra el máximo (obviamente, es un máximo al sacar la segunda derivada). Se despeja para p, y se divide 777 entre el valor de p, con el resultado que se presenta en el texto.

- Para el cálculo del intervalo de confianza, se utiliza la fórmula típica (por ejemplo Castillo, 1993), donde n es el tamaño de la población, z tiene el valor 2,05 y *er* es el error tolerado.

Anexo 2. Dos ejercicios y un comentario

Primer ejercicio

Dentro del panorama de la violencia política letal, un caso particularmente importante –desde el punto de vista de su magnitud y de su significado– es el de la destrucción de la Unión Patriótica. Hay muy diversas cuantificaciones de la magnitud de este politicidio. ¿Qué tan grande ha sido?

Ha habido varias comisiones gubernamentales serias (con participación de representantes de las víctimas) que han intentado evaluar el fenómeno (por desgracia, ha habido bastante menos seriedad en su prevención). La última estableció una cifra de 1.123 caídos entre 1985 y 2001 (Base de Datos del Observatorio de Derechos Humanos de la Vicepresidencia de la República). Lo interesante de este conteo es que construyó una base de datos con los nombres y apellidos de las víctimas. Este cuidadoso ejercicio nos permite, basándose en nuestra propia base de datos y una sencilla técnica que ya ha sido aplicada a este tipo de problemas (captura-recaptura) hacer un cálculo serio del total de víctimas en el período.

En efecto, consideremos la base del gobierno (n = 1.121) la fuente de "casos marcados". En nuestra base, hay 360 casos registrados (la mayoría de ellos con nombre y apellido); de ellos, 140 se hallaban en la base original, del gobierno. Como se sabe, en esta técnica la variable aleatoria sigue una distribución hipergeométrica, por lo que el estimador de máxima verosimilitud del tamaño de la población (número total de muertos) es, en este caso, (1.121*360)/140 = 2.882.

Así, sería razonable estimar en un número cercano a 2.900 la cantidad de miembros de la UP asesinados en el período. El ejercicio subraya el poder –para problemas con fuertes dimensiones normativas– de la comparación sistemática entre varias fuentes que capturan las consecuencias del conflicto.

Segundo ejercicio

Supóngase por un instante que nuestra base de datos es una muestra aleatoria del total de homicidios políticos en el país (ya se explicó con detalle por qué no captura *todos* los homicidios: "localmente" se quería tener información totalmente verificable, y "globalmente", reconstruir una cifra mínima de eventos que sólo se pudiera discutir en el margen).

El supuesto de aleatoriedad puede parecer muy fuerte, pero no lo es tanto. Por ejemplo, podría haber sesgos sistemáticos (por ejemplo, en la distribución regional), pero éstos se pueden limpiar truncando la cantidad (o la proporción) de muerte políticas por una cota superior. Lo mismo se puede decir de los casos en los que hay "saturación" (poblaciones particularmente victimizadas: a medida que va aumentando el número de caídos, va disminuyendo la calidad de la información). Otros sesgos parecen obvios, pero su impacto, una vez pasan por el tamiz de los grandes números, quizás no sea tan drástico. En este sentido, fue bastante interesante haber incluido a ***Voz*** (proletaria), pues (proporcionalmente) el número de casos reportado por esta fuente y no por otras es muy, muy pequeño.

En fin, si se acepta el supuesto, entonces se podría ver qué tan buena es la muestra para establecer estimativos de las características, ya no de la muestra presentada en la base, sino del total de muertos por razones políticas. Piénsese en las proporciones (aquel porcentaje tuvo tal característica, éste tuvo tal otra). Tomemos las peores condiciones posibles para el ejercicio: todos los homicidios del período fueron políticos: $p^{*}(1-p) = 1/4$. Para ese tamaño de población, se necesitaría una muestra de cerca de 30.000 eventos para poder estimar con un grado de confianza superior al 99% las proporciones reales de la población.[35] La muestra tiene más del doble. Dicho de otra manera, 99 de 100 muestras de este tamaño aproximarían bien las proporciones reales en el total de eventos letales que ocurrieron en el período. Por supuesto, esto se aplica al total de la base, ya si se quiere estimar qué sucedió en un municipio pequeño, la cosa es a otro precio.

Un comentario

¿Qué hacer con las muertes en combate? Éste es un punto delicado, porque aquí las principales fuentes (los combatientes mismos) son consideradas poco confiables: es un procedimiento rutinario en el mundo tratar de confiar en fuentes independientes.

Naturalmente, la información de prensa debe contener distorsiones, pero quizás sea menos sesgada que otra, y tiene controles públicos. El hecho de que haya libertad de prensa en el país (obvio: con limitaciones y riesgos, no se olvide que los propios periodistas aparecen en la base con alguna frecuencia) permite reconstruir mucho mejor que en la abrumadora mayoría de los casos de guerra civil el panorama del combate. Como se muestra en el texto, dicho panorama no refleja en lo más mínimo ninguna "verdad oficial" precocida.

---

[35] Los cálculos son elementales. Utilizo la fórmula para una distribución normal, aunque generalmente las proporciones discutidas aquí obedecen a una distribución binomial. Dado el tamaño de la muestra, no hay diferencia práctica.

XII
El conflicto en Colombia: ¿quién hizo qué a quién? Un enfoque cuantitativo (1988-2003)[*]

Jorge Alberto Restrepo[**]
Michael Spagat[***]
Juan Fernando Vargas[****]

---

[*] Algunas secciones del presente documento fueron publicadas en inglés en la revista *Homo Oeconomicus*. Este documento se enriqueció con los comentarios recibidos durante seminarios en el Banco de la República, CINEP, Departamento Nacional de Planeación, Universidad de los Andes y Vicepresidencia de la República en Colombia, así como en St. Antony's College Oxford y Royal Holloway College. También agradecemos los comentarios detallados a versiones previas por parte de Jürgen M. Brauer, Sunil Dasgupta, Mario Ferrero, Fernán González, Astrid Martínez, Andrés Peñate, Eduardo Posada Carbó, Diana Restrepo, Nicolás Suárez y Jorge Enrique Vargas. Este trabajo fue posible gracias a la excelente asistencia de investigación de Ana Cristina Restrepo. Los errores y omisiones son nuestra responsabilidad. El Research Support Fund y el Departamento de Economía de Royal Holloway contribuyeron a cubrir los gastos de creación de esta base de datos. Restrepo agradece el apoyo financiero del Banco de la República.

[**] Departamento de Economía, Universidad Javeriana, Departamento de Economía, Royal Holloway College, Universidad de Londres. Correo electrónico: jarestrepo@javeriana.edu.co.

[***] Departamento de Economía, Royal Holloway College, Universidad de Londres, CEPR y WDI. Correo electrónico: M.Spagat@rhul.ac.uk.

[****] Departamento de Economía, Royal Holloway College, Universidad de Londres. Correo electrónico: J.F. Vargas@rhul.ac.uk.

Resumen

Este documento presenta una base de datos construida para analizar el conflicto civil colombiano durante el período 1988-2003. Después de explicar la metodología empleada, presenta la evolución en el tiempo de las acciones del conflicto y las medidas de intensidad asociadas con estas acciones para todos los grupos que hacen parte de la lucha. También describe el patrón de victimización por grupos y la victimización de civiles.

Palabras claves: Colombia, conflicto colombiano, medición de conflictos, seguridad humana, conflicto interno.

La existencia de conflictos dentro de una sociedad es un fenómeno común, pues siempre existirán grupos sociales con intereses divergentes. La resolución pacífica de esos conflictos, sin embargo, depende de la capacidad que tengan las instituciones para proveer arreglos compatibles con los incentivos de los diferentes grupos sociales y con las preferencias de los individuos que los conforman.

Los conflictos violentos no se dan en el vacío. Se presentan en medio de un complejo sustrato de relaciones entre grupos sociales, de instituciones, de actividades productivas, de rentas legales e ilegales; sustrato que hace más o menos viable la violencia organizada.

El análisis cuantitativo de los conflictos violentos internos ha de considerar, por lo tanto, la naturaleza de los diferentes grupos que intervienen en la lucha violenta, las víctimas que ésta causa y los métodos mediante los cuales se ejerce la violencia. También ha de considerar los intereses que mueven a los grupos enfrentados, las condiciones en las que surge el conflicto y las fallas institucionales que permiten que la violencia continúe siendo un mecanismo de resolución de disputas y de apropiación de recursos.

Sin embargo, no existe información pública suficiente para sustentar un análisis cuantitativo del conflicto colombiano y dar respuesta a estos interrogantes (véanse las secciones "Problemas metodológicos en la medición del conflicto" y "Las bases de datos de conflicto en Colombia" de este trabajo), por lo cual la construcción de criterios metodológicos para medir un conflicto y su aplicación al caso colombiano son dos tareas urgentes para las ciencias sociales.

No quiere decir esto que no se haya avanzado un gran trecho en el estudio tanto del conflicto en Colombia como de los conflictos civiles en general, incluso utilizando herramientas cuantitativas.

Existe, por ejemplo, un conjunto de trabajos de tipo econométrico que sirvieron de base al Banco Mundial (2003) para su estudio sobre las causas y posibles soluciones para los conflictos internos que aquejan a varios de países. El eje de este enfoque lo constituye el gran relieve puesto en la viabilidad financiera de los conflictos internos, que otorga menor importancia a las características de los grupos en conflicto o a los fundamentos ideológicos, como ha sido tradicional en otros análisis. La principal herramienta metodológica de estos estudios son las regresiones de corte transversal donde la unidad de análisis estadístico son los países en los que ocurren los conflictos. La poca estabilidad de estos resultados econométricos apunta a la urgente necesidad de realizar estudios cuantitativos micro de conflictos. En esta segunda línea de investigación, Deininger (2003), por ejemplo, utiliza datos de hogares para analizar los patrones de victimización y participación en el conflicto de Uganda. Para el caso de Colombia, la literatura cuantitativa es extensa y éste no es el espacio para hacer una revisión detallada de ella.[1]

Por otra parte está la vasta y cada vez más extensa literatura económica que analiza los conflictos internos desde una perspectiva puramente teórica, esto es, mediante el uso de modelos basados en la racionalidad económica. Los libros de Garfinkel y Skaperdas (1996), Sandler (2000), Hirshleifer (2001) y Breton *et al.* (2002) son especialmente útiles para una primera aproximación a estos estudios, por cierto bastante desconocidos en Colombia. Estos trabajos tienden a ver los conflictos internos como una lucha entre grupos sociales por recursos con valor económico (o por el valor económico del poder político). Esta lucha puede expresarse de forma violenta cuando existe una grave falla institucional que impide su resolución pacífica. Tal visión es consistente con el enfoque recién mencionado que privilegia la viabilidad: sin financiación no existe la posibilidad de organizar un grupo rebelde aun cuando la motivación última no necesariamente sean las rentas que producen las actividades depredadoras.

---

[1] Véase, por ejemplo, la reseña de Riascos y Vargas (2004).

El desarrollo de estos modelos ha producido interesantes resultados teóricos, pero ha estado limitado por la ausencia de trabajos empíricos que permitan contrastar estas teorías con la realidad. Una importante excepción son los estudios sobre terrorismo, en los cuales la literatura económica ha podido desarrollar un buen trabajo teórico soportado en ejercicios econométricos (véase, por ejemplo Enders y Sandler, 2000). Estos últimos trabajos están, sin embargo, sólo indirectamente relacionados con los conflictos civiles.

También en otras ciencias sociales, diferentes a la economía, hay excelentes trabajos sobre conflictos internos, y en el caso colombiano existe un buen número de estudios de gran calidad académica, que no nos corresponde reseñar. No obstante, sea cual fuere el enfoque argumentativo, existe la posibilidad de mejorar el análisis de conflictos mediante estudios cimentados en bases de datos sólidas.

En este documento presentamos los resultados de un esfuerzo por construir una base de datos sobre el conflicto colombiano.[2] Nos limitamos a presentar la metodología usada y sus principales resultados. En cuanto a la metodología, ésta se concentra en la medición de las acciones de todos los grupos que participan en la lucha y los efectos que estas acciones tienen en términos de víctimas, lo que hemos llamado la *intensidad del conflicto*[3] No introduciremos las particularidades de esta situación colombiana o la literatura que se ha ocupado de estudiarlo en años recientes, pues otros documentos en este mismo volumen se ocupan del tema. Basta con decir que nuestra base de datos nos permite estudiar el conflicto desde 1988, pocos años después de la ruptura de las negociaciones entre el gobierno de entonces y diferentes grupos guerrilleros. El período de estudio, entre 1988 y 2003, constituye el intervalo de mayor

---

[2] En este trabajo nos referiremos en algunas ocasiones al *conflicto* o al *conflicto interno* para facilitar su lectura y evitar ser repetitivos. Sin embargo, en todos estos casos hacemos referencia al conflicto violento entre organizaciones armadas en Colombia.

[3] Cuando nos referimos aquí a la intensidad del conflicto, hablamos de una medida objetiva del efecto que cada evento del conflicto tiene. Esta distinción fue hecha por primera vez por Singer y Small (1982) en su trabajo pionero sobre conflictos internos y guerras. Usualmente la intensidad es medida como el número de víctimas, es decir, el número de individuos muertos, o por el tamaño del área geográfica afectada por las hostilidades.

intensidad y complejidad en el conflicto interno colombiano. En éste intervienen, al máximo de agregación posible según grupos, la fuerza pública por parte del Estado colombiano, los grupos guerrilleros y los grupos paramilitares no estatales.

Problemas metodológicos en la medición del conflicto

Existen muy pocas bases de datos de conflictos internos, y casi ninguna es de acceso público. La recolección de datos en medio de un conflicto violento no es sólo complicada, sino riesgosa. La información se utiliza como arma, tanto para ganar apoyo como para afectar o desacreditar al oponente. Por otro lado, la información condiciona las expectativas y la posición de la opinión pública frente al conflicto. Los grupos armados actúan mediante amenazas y la generación de temor, lo cual obstaculiza el flujo y la calidad de la información. Muchas de las acciones militares y de grupos insurrectos son secretas, clandestinas o ilegales, lo que dificulta su conocimiento. Los conflictos internos ocurren con mayor frecuencia en países de bajos ingresos y en regiones pobres y aisladas, de manera que las deficiencias institucionales ligadas a la pobreza y el subdesarrollo dificultan aún más la recolección de datos. Cuando se está atacando a un régimen político, la recopilación de información no es una prioridad.

Pero aun en aquellos pocos casos en los que existen datos sistemáticos, éstos presentan serios problemas. En general tienen muy baja frecuencia (usualmente anual), están demasiado agregados en el ámbito geográfico, cubren un período breve y son muy pobres los criterios de recolección y clasificación. El principal problema, de hecho, lo constituye el diseño de la base de datos y los métodos para su categorización. La mayor parte de las bases de datos no está diseñada para medir el conflicto o aspectos particulares de éste. Por ejemplo, en muchas ocasiones la información proviene de fuentes criminológicas o de salud pública, que en realidad han sido diseñadas para objetivos diferentes. En efecto, no incluyen una medición de las acciones específicas que se pueden considerar como propias del conflicto ni el efecto o intensidad que estas acciones causan. Puede también existir un sesgo de inclusión, pues las organizaciones que recogen la información pueden estar directamente involucradas en el conflicto y, como se mencionó antes, la información es un arma más de éste. Por ejemplo, cualquier ejército tiene fuertes incentivos para incluir dentro de la categoría de combatientes el mayor número de víctimas, en vez de incluirlos como civiles. Con todos estos problemas, no es extraño que haya tan pocos estudios empíricos sobre un conflicto interno particular.

Las bases de datos de conflicto en Colombia

En el caso de Colombia, las bases de datos de acceso público sufren de algunos de estos problemas, así como de deficiencias de cobertura. Por ejemplo, la base de criminalidad de la Policía Nacional, tal vez la más usada para aproximar la dinámica del conflicto en Colombia, incluye información sobre ataques de la guerrilla pero no información de las acciones de otros grupos o instituciones. Esta información tiene datos diarios, pero sólo desde 1993 y la lista de eventos no tiene asociada una medición de intensidad, por ejemplo, el número de víctimas mortales.

La fuente que origina los datos es la constituida por los reportes de las autoridades locales de Policía o los eventos que la Policía misma conoce; por lo tanto, excluye eventos que no se reportan a las autoridades, particularmente aquellos que ocurren en áreas fuera del alcance institucional de la Policía Nacional. Los combates del Ejército con diferentes grupos guerrilleros o paramilitares (o los combates entre estos dos últimos) no son registrados en esta base de datos, pues no necesariamente la Policía interviene o conoce de estos casos. Algunos ataques de la guerrilla o los paramilitares tampoco aparecen registrados en esta base.

También hay bases de datos de criminalidad, disponibles desde 1960, pero su uso es problemático por la tipología que manejan, y el trabajo de construcción de una serie consistente es casi imposible. En particular, es muy difícil aislar los eventos que hacen parte del conflicto armado de las varias formas de crimen organizado, crimen común y otros tipos de actos violentos.

Hay, por supuesto, otras bases de datos, en el Departamento Administrativo de Seguridad (DAS), el Ministerio de Defensa y la Presidencia de la República, pero el acceso es restringido o sólo se logra obtener datos ya procesados con alta agregación temporal o geográfica, no los eventos que constituyen la información como tal, lo cual limita el análisis cuantitativo. Algunas ONG, como País Libre, la Consultoría para los Derechos Humanos y el Desplazamiento (Codhes) y el Centro de Investigación y Educación Popular (Cinep) han hecho un trabajo formidable para recopilar datos y construir información confiable sobre aspectos específicos del conflicto, pero no proveen una imagen completa de éste. En particular, País Libre ha construido una excelente base sobre secuestros; Codhes, sobre desplazamiento forzado interno, y el Cinep, sobre "violencia política".[4]

Criterios metodológicos utilizados

La base de datos que aquí presentamos procura llenar, en la medida de lo posible, ese vacío de información. Para ello se utilizan criterios metodológicos especialmente diseñados y un listado de eventos lo más amplio posible. Esta base fue creada utilizando como fuente principal la lista de eventos en los anexos de las revistas periódicas *Justicia y Paz* y *Noche y Niebla*, publicadas por el Cinep y la Comisión Intercongregacional de Justicia y Paz. Este listado es, a nuestro juicio, la colección más completa de *eventos* a la que el público pueda tener acceso en Colombia. Otras fuentes, como reportes de casos por parte de organizaciones gubernamentales y no gubernamentales y fuentes de prensa, fueron utilizadas tanto para verificar como para complementar esta fuente principal.

No recurrimos a otra base de datos o a datos ya procesados para construir nuestra base. Como ya se mencionó, las dos publicaciones presentan una descripción detallada y cronológicamente ordenada de eventos violentos en su labor de defensa de las víctimas cuyos derechos humanos han sido vulnerados. La descripción incluye el lugar de ocurrencia, la fecha, un relato de lo sucedido, las víctimas y su condición, los grupos o instituciones a los que pertenecen las víctimas (cuando se tiene esta información) y los grupos que efectuaron la acción o intervinieron en el evento. Algunos de los registros describen amenazas, secuestros individuales, detenciones, robos y asesinatos; mientras otros registran acciones bélicas propiamente dichas. El Cinep y Justicia y Paz reportan dos tipos de fuentes para la recopilación de estos eventos. En primer lugar, artículos de prensa de más de veinte publicaciones periódicas y, en segundo lugar, reportes acopiados directamente por una red de colaboradores de las dos instituciones. Como referiremos más adelante, en nuestro control de calidad de la información no en-

[4] Véase, por ejemplo, el trabajo de González, Bolívar y Vázquez (2003).

contramos problemas de cobertura notorios, aun cuando, como es obvio, es imposible registrar cada uno de los eventos que ocurren en cada área del país.

Nuestro primer criterio de selección para incluir eventos en la base hace referencia a la motivación detrás del acto violento; esto es, no se trata de actos de violencia fortuita sino de acciones con una finalidad política. Un segundo criterio clave es que las interacciones violentas sean causadas por, o estén dirigidas a, un grupo identificable en cuanto a sus intereses en el conflicto. Ambos criterios son consistentes con la visión de consenso de los conflictos violentos que se ha venido construyendo tanto en las organizaciones multilaterales como en la teoría económica.[5] Esta visión distingue el conflicto violento del crimen organizado violento, pues el primero ocurre entre grupos sociales organizados que se enfrentan por una diferencia en sus preferencias, mientras el segundo supone sólo un proceso de depredación de rentas.[6] Recurrir a este tipo de definición nos permite excluir aquellos eventos que son puramente criminales. Precisamente, esta característica le da valor especial a nuestra base de datos en el marco del análisis de los conflictos internos.

Desde luego, el límite entre la violencia política y la violencia criminal es en muchas ocasiones difuso y ambos tipos de actividades tienen una interacción dinámica.[7] Es tal vez ésta, en nuestro concepto, una de las preguntas más interesantes en materia de investigación sobre conflictos armados. En principio, durante las guerras civiles y los conflictos violentos se observa que los grupos armados con frecuencia recurren al crimen organizado como una

---

[5] La Organización Mundial de la Salud (2002), por ejemplo, se refiere a *violencia colectiva* como el uso instrumental de la violencia por parte de individuos que se consideran como parte de un grupo, bien sea de manera transitoria o permanente, contra otro grupo o conjunto de individuos, con el propósito de conseguir objetivos políticos, económicos o sociales.

[6] Una buena presentación de esta concepción se encuentra en el trabajo de Esteban y Ray (1999).

[7] Reportes recientes de guerras civiles, como los de Marshall y Gurr (2003) y el Banco Mundial (2003), hacen hincapié en la importancia de las actividades criminales organizadas en la financiación de los conflictos violentos en Afganistán, Argelia, los Balcanes, Colombia, Perú, Turquía, entre otros países.

forma de financiamiento. Sin embargo, asimilar el conflicto interno a un crimen organizado a gran escala constituye, a nuestro juicio, un error en materia de apreciación del fenómeno.[8]

Así, en la construcción de nuestra base de datos, incluimos sólo aquellas acciones que, dada la descripción detallada del evento, consideramos acciones de conflicto, a fin de seguir los criterios de motivación política y acción de grupo. De esta manera, nos concentramos en el lado "clásico" de una guerra y dejamos de lado los casos de crimen común o crimen organizado que pueden o no estar asociados a ella.[9] La aplicación de estos criterios permite no sólo evitar problemas de doble conteo o sobrecálculo, sino minimizar cualquier sesgo de inclusión en favor de algún grupo en particular, pues se incluyen acciones de todos los grupos y los criterios aplican por igual a todos ellos. Por esto en algunos casos se denominarán como ataques a acciones unilaterales de cualquiera de las partes en conflicto. Más que atribuir una categoría moral o legitimidad a estas acciones queremos diferenciarlas en términos de la existencia o no de un enfrentamiento. En síntesis, incluimos aquellos eventos de claro contenido militar que afectan la seguridad humana, esto es, la seguridad de las personas en su integridad física.

La base de datos está organizada a partir de eventos. Para cada evento se incluye información sobre su localización geográfica y temporal, así como un conjunto de características que incluyen el tipo, los grupos que toman parte en éste y una medición de la intensidad asociada con éste en la forma de conteo de los individuos

---

[8] La diferencia está en que las organizaciones insurrectas, por ejemplo, acuden al crimen organizado para financiar sus operaciones y gracias al acceso que tienen al ejercicio de la violencia. Esto no quiere decir que éstas necesariamente persigan los mismos objetivos que organizaciones del crimen, en tanto los réditos de sus actividades criminales tienden a ser reinvertidos en la empresa insurreccional, esto es, en el mantenimiento y la expansión del aparato militar destinado al ejercicio de la violencia. Para una discusión extensa sobre este tema vea Restrepo (2001).

[9] Nuestros criterios no necesariamente corresponden a las *acciones de guerra*, definidas como tal por la Convención de Ginebra, en el sentido de legalidad y proporcionalidad de esas acciones. En nuestro caso podemos incluir un amplio rango de acciones de guerra que no necesariamente son 'legales', según el derecho internacional.

muertos, heridos, detenidos o retenidos, al igual que su pertenencia o no a alguno de los grupos armados.

Cuando en un evento tienen lugar varios actos bélicos, se incluyen todos estos actos como constitutivos del evento. Si, por ejemplo, durante una incursión guerrillera a una población se presenta un intercambio de disparos con miembros de la Policía, se codifican ambas acciones (esto es: un ataque y un combate), incluida una medida de intensidad de éstas. En efecto, una pieza fundamental de nuestra metodología es la distinción entre ataques y combates. Definimos un ataque como un evento que no tiene oposición activa por parte de otro grupo armado. Un combate, por el contrario, sí supone oposición activa que resulta en un intercambio de fuego entre dos o más grupos. De esta manera, un encuentro entre dos grupos que resulta en un intercambio violento armado es un combate. En muchos casos, sin embargo, los combates son precedidos por un ataque.

Esta distinción es muy útil, pues permite diferenciar las formas de actuar de los diferentes grupos que toman parte en las hostilidades en un conflicto interno, así como el grado de iniciativa o respuesta de éstos. Además, creemos que es de suma importancia mantener esta distinción, pues la asimetría en las "tecnologías de guerra" es una característica fundamental de los conflictos internos. Así, se podrán distinguir las acciones de los diferentes grupos de acuerdo con diferencias en su forma de actuar y la manera en la que éstas inciden en una mayor o menor intensidad en el conflicto. Un combate entre un grupo guerrillero y un grupo paramilitar ilegal, sin un ataque previo, aparecerá como un combate; la destrucción de un puente, como un ataque, y si ésta lleva a una reacción que termina en un enfrentamiento, aparecerá también un combate ligado a este ataque.

Aplicamos un estricto control de calidad tanto en la inclusión de eventos como en el uso de nuestros criterios y la introducción de los datos en nuestra base. En primer lugar, se realizó un muestreo aleatorio a una cantidad importante de eventos de la base final, muestra que se comparó con la fuente original para asegurar la correcta aplicación de los criterios y el registro de datos. En segundo lugar, se realizó una nueva revisión aleatoria que se comparó con fuentes alternativas, principalmente archivos de prensa, para asegurar la calidad de la información registrada en la fuente original. En tercer lugar, se estudiaron los eventos de gran intensidad y se comparó la información con fuentes alternativas. Por último, se usaron listados de eventos de fuentes alternativas para complementar la inclusión y revisar la calidad de la información.

La base resultante tiene las siguientes características. Contamos con datos agregados a diferentes frecuencias, incluso diarias. El sesgo por inclusión es mínimo sin sacrificar cobertura. Se incluyen las acciones de todos los grupos. Finalmente, la recolección de datos se hizo para evaluar el efecto del conflicto, sin que se tratara de una base de datos derivada de datos criminológicos o de salud pública. Desde luego, no se trata de un inventario completo y exhaustivo de todas las acciones de conflicto por parte de todos y cada uno de los grupos que toman parte. Un conflicto interno es complejo per se. Se usan múltiples métodos, violentos y no violentos, y existen actividades muy difíciles de medir, como amenazas, patrullajes y acciones de propaganda. Incluso hay acciones violentas clandestinas y nunca se conocen públicamente. Muchas otras, por su naturaleza, tienden a no ser reportadas como la extorsión, las amenazas o los secuestros. En general, muchos otros métodos, además de la fuerza o la amenaza del uso de la fuerza, tienen un rol importante en la dinámica de un conflicto. A pesar de todo esto, estamos convencidos de que este conjunto de datos nos permite realizar un análisis profundo de las principales características del conflicto desde finales de los años ochenta, pues se concentra en las variables más importantes y públicas del accionar de los grupos que en él intervienen. Creemos que este tipo de análisis es un avance importante no sólo sobre los datos recopilados hasta ahora sobre el conflicto colombiano, sino sobre los conflictos internos en general.

Una mirada a los datos

Tendencias generales de la dinámica del conflicto

Comenzamos nuestro análisis del conflicto en los índices más agregados de actividad e intensidad. La Gráfica 1 muestra la evolución del número de eventos en forma de tasa por 100.000 habitantes, así como una medida de intensidad (muertos más heridos). Los eventos de conflicto, que incluyen combates y ataques, crecieron de manera sostenida desde 1998, después de una caída moderada que se inició en 1992.[10] Al final del período hay una caída pronunciada, pero no lo suficiente como para contrarrestar el crecimiento acumulado desde 1998. La medida de intensidad, por su parte, presenta un cambio en su tendencia a la baja en 1996, al crecer más rápido que la serie de eventos, para nuevamente reducirse al final del período en forma drástica, aunque siga situada en cifras históricamente altas. En efecto, el conflicto se tornó más activo y letal desde finales de los años noventa, y tal intensificación se ha reducido de manera moderada en los últimos años. Por otro lado, vale la pena resaltar cómo la intensificación del conflicto es un proceso que data de mucho antes del período 1999-2002, cuando en presencia de la llamada *zona de distensión* se presentó un deterioro de la situación de seguridad.

Gráfica 1. Tasa de eventos del conflicto, tasa de intensidad y tasa de homicidios, por 100.000 habitantes

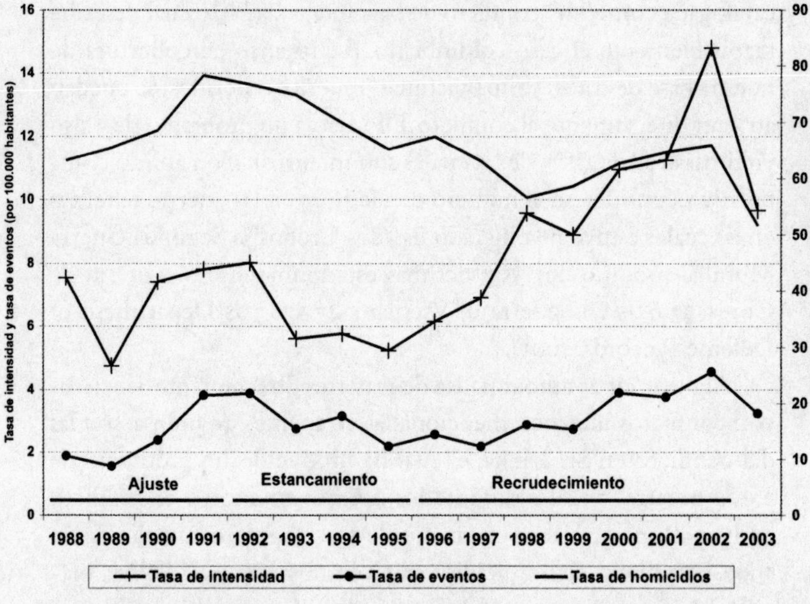

Fuente: elaboración propia.

[10] Como se mencionó, entendemos por *combate* un enfrentamiento directo entre dos grupos armados que implica oposición activa entre ellos. Los *ataques*, por el contrario, son acciones unilaterales que no necesariamente implican una respuesta del otro grupo.

Con el objeto de comparar la dinámica de la violencia asociada al conflicto con la violencia homicida, la Gráfica 1 muestra la tasa de homicidios por 100.000 habitantes.[11] Es claro que en el ámbito nacional la dinámica del conflicto, tanto en términos de número de eventos como en términos de su intensidad, no sigue en general la misma tendencia de la tasa de homicidios, aunque todas las variables presentan una disminución contemporánea al final del período de estudio. Por el contrario, la relación entre el número de muertos y heridos directamente atribuibles al conflicto armado interno muestra una compleja relación con la violencia homicida. En los últimos años, por ejemplo, la participación de las víctimas del conflicto armado interno en el total de víctimas del homicidio ha aumentado de manera constante. Este hecho llama a la cautela en relación con los hallazgos en aquellos estudios que buscan estudiar el conflicto interno mediante el uso de la violencia homicida como medida de intensidad.

En la literatura internacional, la guerra de guerrillas suele ser catalogada como un "conflicto de baja intensidad", lo cual describe razonablemente el caso colombiano. En 16 años de cobertura de nuestra base de datos, 52.104 víctimas (muertos o heridos) se pueden atribuir directamente al conflicto. Ello arroja un promedio de 3.256 víctimas al año (2.183 de las cuales son muertos). Con ánimo comparativo, considérese el número de víctimas en las guerras externas en las cuales estuvo involucrado Estados Unidos: la Segunda Guerra Mundial produjo 291.557 víctimas estadounidenses; la guerra de Corea, 33.651, y la guerra de Vietnam, 47.378 (US Department of Defense Records, 2001).

Algunas cifras aproximadas de muertes directamente asociadas con conflictos internos, mencionadas en fuentes de prensa, son las del conflicto en Sri Lanka, el cual ha producido un promedio de 2.000 muertes anuales durante los últimos 19 años, y el conflicto en Nepal, que arroja un promedio de 1.000 muertes anuales desde 1997. El número de homicidios en Colombia, según la Policía Nacional (cifra que presumiblemente incluye la mayoría, si no todas, de muertes registradas por nosotros), alcanzó en 2002 la cifra de

11 Nótese que se usan escalas diferentes para la tasa de homicidio y las otras variables de la gráfica. Esto se hace para facilitar la comparación visual de la dinámica de las diferentes variables.

28.837, después de caer a 23.095 en 1998, desde de su pico previo de 28.280 en 1991.[12]

La razón de muertos a heridos nos permite tener una medida simple de la letalidad del conflicto. A lo largo del período de estudio el número de muertes por cada herido alcanzó 2,12; esto es, en promedio durante las acciones de conflicto en los últimos 16 años el número de muertes ha sido el doble al número de heridos. Esta medida descendió de manera casi continua hasta 2000, cuando salta hasta 2,79. Desde entonces la razón cayó, de nuevo de forma continua, hasta 2003, cuando se presenta un incremento en el coeficiente que lo ubica en 1,95 muertes por cada herido. Otra medida de letalidad la da el número promedio de víctimas por evento que es de 3,16 durante todo el período de análisis.

En promedio, cada mes suceden cerca de 87 eventos asociados con el conflicto, la mayoría de los cuales (56) son ataques sin oposición de otro grupo armado o las fuerzas del Estado. Durante el período de cobertura el número total de eventos registrados es de 20.288.

En la Gráfica 1 se ilustran los períodos que hemos definido para referirnos a la evolución reciente del conflicto. Hemos llamado *período de ajuste* a los años comprendidos entre 1988 y 1991. Durante este lapso tanto el gobierno como los grupos guerrilleros debieron enfrentar el ajuste financiero y estratégico que implicó el final de la Guerra Fría y el fracaso (y éxito) de los procesos de paz. Durante este período hubo un crecimiento paulatino tanto en el número de acciones como en la intensidad del conflicto, con un pico significativo en 1991, que responde a las acciones que se presentaron antes de la adopción de la nueva Constitución Política en ese año y después de ésta.

En efecto, las Fuerzas Armadas Revolucionarias de Colombia (FARC) no participaron en las negociaciones o en las elecciones a la Asamblea Constituyente y durante el período previo y posterior a la

---

[12] Insistimos en que la relación entre la tasa de homicidio intencional y otras medidas de crimen violento e inseguridad humana tienen una relación compleja, y poco estudiada, con la intensidad del conflicto. Al mencionar las cifras agregadas de muertes y heridos directamente asociados a las acciones de conflicto no pretendemos argumentar, de ninguna manera, que son éstos los únicos efectos adversos del conflicto en términos de seguridad humana.

reforma constitucional incrementaron sustancialmente sus acciones violentas. En 1991 las fuerzas del gobierno desarrollaron una ofensiva de importancia contra posiciones estratégicas de las FARC. Durante este período también se originan las primeras manifestaciones a gran escala de la actividad paramilitar ilegal (Gráfica 8), aunque presumiblemente asociadas con las mafias de narcotraficantes más a que a acciones antiinsurgentes.

En el período inmediatamente posterior (1992-1995), que hemos llamado de *estancamiento*, tanto la intensidad del conflicto como la frecuencia de eventos disminuyó de manera casi continua (gráficas 2 y 3). Finalmente, a partir de 1996 se inició el período de *recrudecimiento*, en el que se nota un incremento importante tanto en la intensidad del conflicto como en la frecuencia de combates y ataques (gráficas 2 y 3). Este período de recrudecimiento terminó en 2002 cuando, de hecho, se alcanzó la mayor intensidad en el conflicto armado. A partir del 2003 se presenta un cambio estructural en todas las series del conflicto.[13]

Gráfica 2. Número de ataques y combates

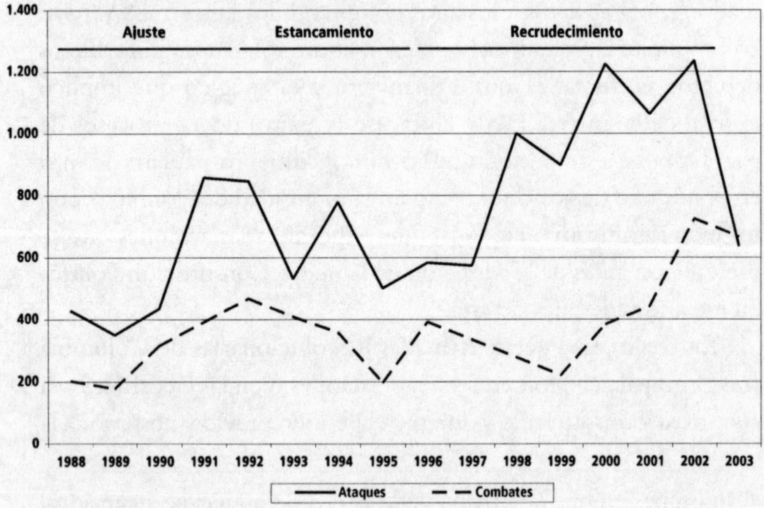

Fuente: elaboración propia.

[13] La dinámica de los últimos meses en el conflicto es estudiada en detalle por Restrepo y Spagat (2005).

Gráfica 3. Intensidad: número de muertos y heridos

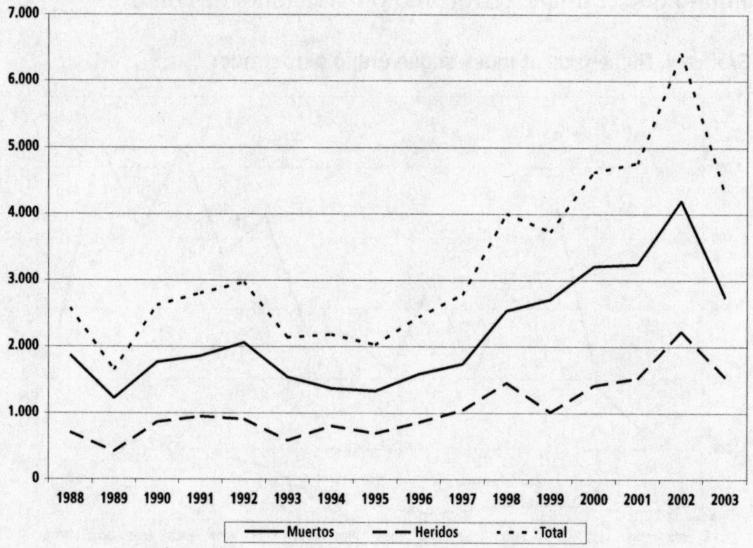

Fuente: elaboración propia.

La guerra de guerrillas, en general, no es una guerra de enfrentamientos a gran escala. En el caso colombiano, el conflicto se asimila perfectamente a este patrón. El aumento en la letalidad del conflicto colombiano se explica en gran medida por el cambio en la composición del tipo de acciones bélicas. En efecto, desde 1996 los ataques crecen más rápidamente que los combates, a pesar de que ambos crecen de manera acelerada (Gráfica 2). Esta tendencia sólo se revierte en el último año de la muestra, cuando, por primera vez, el número de combates es mayor al número de ataques (en este año ambos indicadores caen, pero la reducción en el número de ataques es mayor a la del número de combates).

Otra de las características de los conflictos internos, mencionada frecuentemente en la literatura, es la asimetría en las tecnologías de guerra o conflicto entre los diferentes grupos que toman parte de la contienda armada. Nuestra base de datos permite ver con claridad esta característica. Mientras los grupos guerrilleros concentran su acción en ataques al tiempo que buscan evitar combates, las fuerzas oficiales se concentran en combatir (gráficas 4 y 5). Estos combates son, en su mayoría, contra grupos guerrilleros, lo que permite a los grupos paramilitares economizar recursos en el desarrollo de tecnologías de lucha contra el enemigo. Desde una perspectiva política, los grupos guerrilleros poseen un portafolio de acciones mucho más amplio que el simple terrorismo o las acciones de combate.[14]

Gráfica 4. Número de ataques, según grupo perpetrador

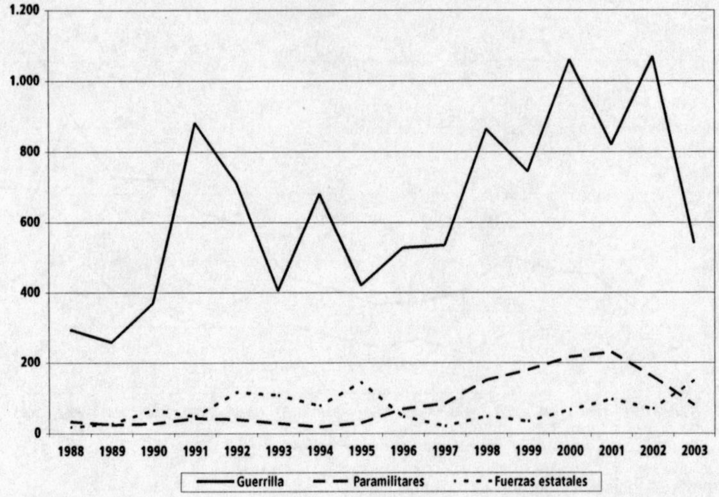

Fuente: elaboración propia.

Gráfica 5. Número de combates, según grupo que participa en el combate

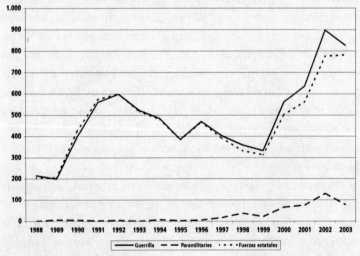

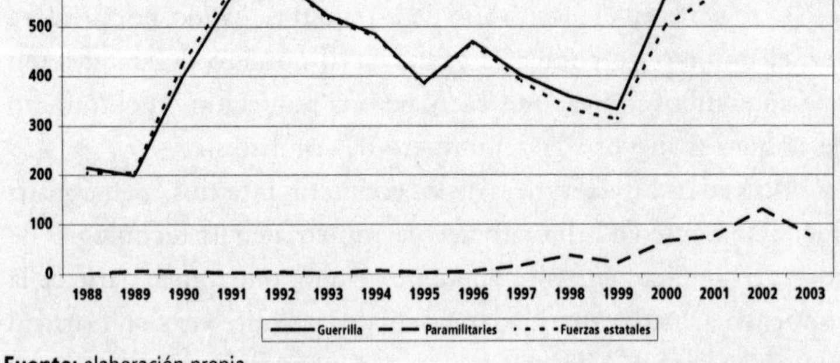

Fuente: elaboración propia.

[14] Nos referimos a acciones terroristas como aquellos actos unilaterales e indiscriminados usualmente dirigidos a la población civil y con el objeto de modificar la toma de decisiones políticas mediante la generación de miedo y terror en la población.

Los grupos paramilitares, que surgen como fuerza notoria en el conflicto interno sólo a finales de 1997, cuando se forman las Autodefensas Unidas de Colombia (AUC), son una fuerza hasta cierto punto dual: se enfrentan en combates con la guerrilla, pero su principal actividad son los ataques, dentro de los cuales los homicidios selectivos masivos o masacres son preponderantes. En la Gráfica 5 es notable la brecha que aparece desde 1997 en el número de enfrentamientos armados entre grupos guerrilleros y las fuerzas oficiales. Esta brecha refleja la entrada en la escena de los paramilitares como grupo de choque contra la guerrilla una vez se organizan en las AUC. En efecto, la "paramilitarización" del conflicto, a la cual dedicaremos una sección, es otra de las características comunes a los conflictos violentos internos.[15] La importancia creciente de las fuerzas paramilitares también ha sido costosa para la guerrilla, que ha debido combatir a dos fuegos; de hecho, los diferentes grupos guerrilleros desde 1995 han tomado parte en cerca de 400 combates más que las fuerzas del gobierno.

Dentro de los ataques que los grupos guerrilleros realizan, la mayor frecuencia está en los ataques a poblaciones y a posiciones militares o de Policía, así como los hostigamientos a éstas. Desde finales de los años noventa los grupos guerrilleros incrementan el número de homicidios masivos selectivos. Esto ha incidido, como se muestra más adelante, en el aumento sustancial del número de víctimas civiles en operaciones de la guerrilla.

Victimización

En esta sección presentamos los patrones de victimización resultantes de las acciones bélicas. Para discriminar la victimización por grupos incluimos el número de víctimas de cada grupo, incluidas las víctimas civiles, ocurridas durante las acciones en las que un grupo en particular se vio involucrado de manera activa. Dado que se trata de un conflicto interno en el cual hay tres grupos definidos que combaten entre sí, parte de la información utilizada en cada una de las gráficas 6, 7 y 8 reaparece en los otros dos. Por ejemplo, una víctima de las FARC en un combate con la Policía Nacional apare-

---

[15] Por ejemplo, en los conflictos de Aceh-Indonesia, Timor Occidental, Kosovo, Bosnia, Guatemala y el conflicto de Chiapas en México han surgido grupos paramilitares con significativa influencia en el conflicto.

cerá como víctima guerrillera de las acciones bélicas en las que la guerrilla tomó parte activa (Gráfica 6) y como víctima guerrillera en acciones en las que las fuerzas del gobierno tomaron parte activa (Gráfica 7). De cualquier forma, cada uno de los tres gráficos es preciso en lo que representa, si se le considera en su unicidad.

Gráfica 6. Número de víctimas en acciones en las que participa la guerrilla

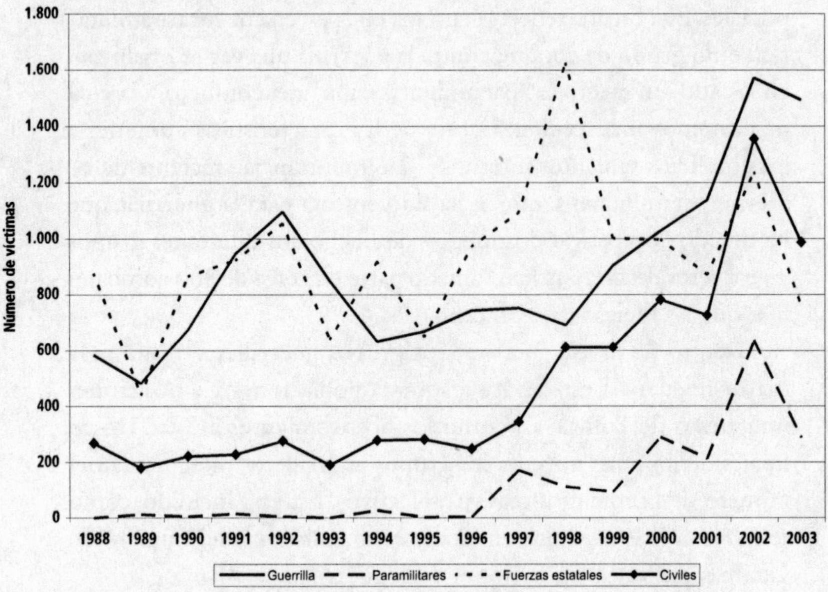

Fuente: elaboración propia.

Comenzamos con las víctimas, muertos y heridos que ocurren en las acciones bélicas en las que la guerrilla se vio activamente involucrada (Gráfica 6). Lo más notable es cómo la guerrilla es el único grupo armado que produce un número importante de víctimas en los otros dos actores armados (al igual que un gran número víctimas civiles). Llama particularmente la atención que mientras en los períodos de *ajuste* y de *estancamiento* la guerrilla se concentró en su lucha contra las fuerzas oficiales y produjo un número relativamente reducido y estable de víctimas civiles, durante el período de *recrudecimiento* ésta comienza a causar simultáneamente un número creciente de muertos o heridos civiles, así como de víctimas pertenecientes a los grupos paramilitares (sobre este punto volveremos más adelante).

Paralelamente, durante el período estudiado las víctimas de las fuerzas oficiales crecen sólo poco, y la serie se torna más volátil. Un fenómeno interesante, reflejado en la Gráfica 6, es cómo el número de víctimas del gobierno y de la guerrilla evoluciona de manera muy similar con excepción del período 1996-1999, a pesar del hecho de que sus tecnologías de combate difieren de manera significativa. Los avances guerrilleros desde 1996 sobre las fuerzas oficiales son contrarrestados desde 1999. Los grandes números de víctimas del gobierno en 1997 y 1998 reflejan varios ataques estratégicos contra puestos militares aislados. Desde 1998, sin embargo, el gobierno mejoró notablemente en el uso de fuego aéreo, lo cual significó un aumento sustancial en su capacidad de defensa.

Las víctimas paramilitares, antes del período de recrudecimiento, son casi inexistentes. De acuerdo con esto, es posible que las fuerzas paramilitares estuvieran concentradas más en actividades de protección y defensa, probablemente ligadas al narcotráfico, que a la lucha antiinsurgente en operaciones de combate. Como se mencionó, a partir de finales de 1997 los paramilitares formaron las AUC y consolidaron así una organización de alcance nacional, lo que les permitió organizar ofensivas antiguerrilleras importantes. Este incremento de víctimas paramilitares durante el *recrudecimiento* sigue la misma tendencia de las víctimas civiles. Al tiempo, las víctimas de la propia guerrilla también aumentan (recuérdese que se están describiendo patrones de victimización resultantes de acciones bélicas en las que la guerrilla participa de forma activa).

Es posible que la tendencia creciente de estas tres series esté conectada: el incremento de víctimas civiles puede estar explicado por la feroz rivalidad entre paramilitares y guerrilleros y el hecho de que estos grupos identifican grupos civiles como parte de la "infraestructura" de apoyo del enemigo (Spencer, 2001). En efecto, cada grupo podría afirmar en su defensa que víctimas clasificadas como civiles en nuestra base de datos hacían en realidad parte del activo militar del bando contrario.

La Gráfica 7 muestra a las víctimas de los diferentes grupos resultantes de acciones bélicas en las que las fuerzas oficiales participaron de manera activa.[16] Lo primero para resaltar es la diferencia

---

[16] El lector podría esperar que las gráficas 6 y 7 fueran idénticas; pero queremos hacer hincapié en que la clave es tener presente que se trata de

Gráfica 7. Número de víctimas en acciones en las que participa el gobierno

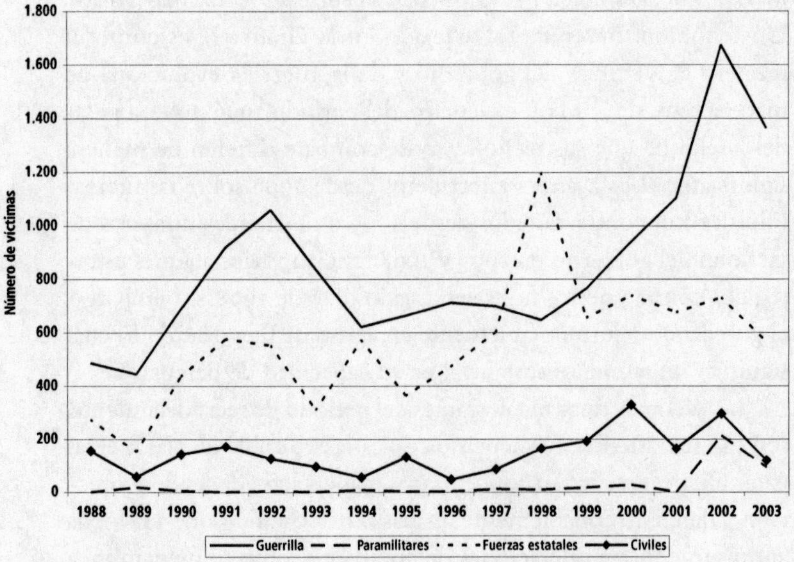

Fuente: elaboración propia.

Gráfica 8. Número de víctimas en acciones en las que participan los paramilitares

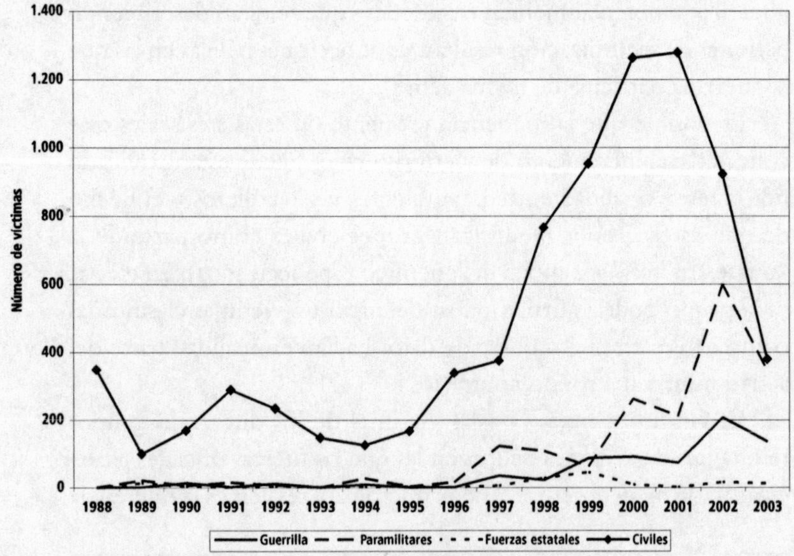

Fuente: elaboración propia.

en el número de víctimas de las fuerzas oficiales en comparación con el gráfico anterior: las víctimas son muchas menos, lo que refleja la importancia relativa para la guerrilla de mantener sus ataques por encima de los combates en los que participa, argumento que ya se discutió. Entre tanto, cuando el gobierno es una fuerza activa, en la mayoría de los casos los eventos en los que participa son combates con los cuáles logra causar más víctimas guerrilleras de las que la guerrilla en las filas oficiales. Esto contrasta con el número relativamente similar de pérdidas tanto guerrilleras como oficiales durante operaciones guerrilleras, como se mencionó en el párrafo anterior. De hecho, la brecha entre las dos series que presenta la Gráfica 7 no existe en la Gráfica 6, porque es llenada por las víctimas de las fuerzas oficiales en ataques (unilaterales) guerrilleros.

Lo anterior sugiere que el gobierno mantiene una postura ofensiva hasta donde le es posible. De hecho, el mejoramiento en esta postura ofensiva ha sido continuo en los últimos cuatro años. Se nota también en esta gráfica la importancia de las operaciones guerrilleras contra asentamientos militares aislados durante 1997-1998. La naturaleza de la mayor parte de estas operaciones parecería indicar que el gobierno no las ha iniciado con la intención expresa de afectar a la población civil. La serie de víctimas civiles reflejaría un "daño colateral", lo cual se ve confirmado por el hecho de que 55% de estas víctimas son sólo heridos, muy por encima de la proporción para las acciones de los grupos armados no estatales. La gráfica muestra un pico en 2000 en el número de víctimas civiles, año a partir del cual el desempeño oficial en este sentido ha mejorado de manera continua. Finalmente, es importante destacar que los paramilitares son raramente objetivo de las acciones de las fuerzas oficiales, al menos hasta el final del período de análisis.[17]

---

un conflicto tripartito. En efecto, en la Gráfica 6 se incluyen eventos entre grupos paramilitares y guerrilleros sin participación activa del gobierno, por lo tanto, estos eventos no se incluyen en la Gráfica 7. De la misma forma, la Gráfica 7 incluye eventos que enfrentan al gobierno con grupos paramilitares y que, por ende, no se reportan en la Gráfica 6.

[17] Al parecer cada vez que hay un encuentro entre paramilitares y fuerzas del gobierno los primeros evitan el contacto armado o se rinden de manera pronta. En efecto, esto ha llevado a la detención de un número importante de paramilitares en las cárceles colombianas. Hay, sin embargo, un pico en la serie de víctimas paramilitares. Se trata de un bombardeo particular

La Gráfica 8 muestra la victimización por grupos en eventos en los que los paramilitares han estado implicados de manera activa. Aunque éstos asesinaron un número importante de civiles antes del período de *recrudecimiento*, la actividad paramilitar ilegal a gran escala es un fenómeno relativamente nuevo en el conflicto colombiano. Después de un breve declive luego de ser declarada ilegal en 1989 durante el gobierno de Virgilio Barco, la actividad paramilitar comenzó a recuperarse en 1994-1995, lo cual coincide con una política oficial de corta vida de apoyo a la creación de grupos de autodefensa local. Ya en 1998, la amenaza paramilitar contra la población civil se tornó sumamente grave, debido a la ya mencionada consolidación de las AUC. A partir de ese momento los paramilitares comenzaron a sufrir un número considerable de bajas sin causar, a su vez, daños considerables a la guerrilla hasta 1999. De hecho, el total de las víctimas causadas a las guerrillas ha sido inferior al número de víctimas propias. Esto sugiere una relativa ineficiencia de los paramilitares en combate. No es desventurado afirmar que precisamente esta baja eficiencia en las operaciones de combate está detrás de la decisión de los grupos paramilitares de replegarse y dedicarse al mantenimiento del control territorial e, incluso, este fenómeno puede explicar en parte el interés de estos grupos en adelantar conversaciones con el gobierno de Álvaro Uribe.

Nótese la sustancial caída en el número de civiles víctimas en acciones paramilitares durante 2002 y 2003. Este cambio estructural se asocia directamente con el cambio de estrategia referido de las fuerzas paramilitares, que se sustraen del enfrentamiento activo del conflicto desde mediados del 2002, en busca de consolidar lo ganado y reducir la vulnerabilidad que su gran expansión trajo consigo. Igualmente, se asocia y explica con la tregua unilateral que los grupos paramilitares agrupados en las AUC declararon a finales de 2002.

Como se mencionó, las AUC conciben la victimización de civiles como parte de su actividad contra la "infraestructura" guerrillera (Aranguren, 2001). En nuestra base de datos este objetivo se nota de manera más bien cruda: la razón de civiles muertos a heridos en operaciones que involucran fuerzas paramilitares es al menos

---

en 2002 contra una posición paramilitar que estaba siendo atacada por la guerrilla. Esto constituyó una pérdida importante para las AUC.

cuatro veces mayor a la razón equivalente en operaciones en las que participa el gobierno, lo que evidencia el asesinato intencional de individuos desarmados. Además, uno de los resultados preliminares del examen de la dimensión espacial de nuestra base es que la mayoría de las víctimas civiles de los paramilitares ocurre en zonas activamente disputadas con la guerrilla, y frecuentemente son el resultado de masacres "selectivas" en las que los paramilitares se valen de listas de presuntos colaboradores de la guerrilla y penetran una población con el objetivo de asesinar a quienes figuran en esta lista.[18] Los paramilitares se han concentrado en esta estrategia y han restado atención a los combates con la guerrilla, que les ocasionaron muchas bajas al final del período (véase, por ejemplo, la nota 17).

Victimización de civiles

El número de civiles muertos y heridos en ataques perpetrados por cada uno de los diferentes actores armados es una buena medida de la inseguridad humana que se presenta debido al conflicto. Concentrarnos en ataques permite atribuir responsabilidad con mayor certeza que en situaciones de combate. Cuando hay un combate entre dos o más grupos, las víctimas se asocian a éstos. Por ejemplo, en los casos en los que la guerrilla toma una población y el gobierno responde de manera que se desarrolla un combate, las víctimas aparecen registradas como víctimas de acciones en las que el gobierno ha estado involucrado de manera activa. Por lo tanto, las víctimas en ataques (no en combates) son la medida más útil de la inseguridad humana debido al conflicto, dada nuestra clasificación.

La Gráfica 9 muestra que el número de muertes civiles ha crecido de manera drástica durante todo el período de *recrudecimiento*, en especial las que ocurren durante ataques guerrilleros y paramilitares. Aun cuando durante los dos períodos anteriores (*ajuste* y *estancamiento*) los paramilitares no estuvieron lejos de la guerrilla, en términos del número de muertes civiles originadas en sus ataques, durante el *recrudecimiento* los paramilitares infligieron la mayoría de víctimas civiles por fuera de combate, excepto para los dos últimos años de análisis.[19] En el caso de los ataques

---

[18] La definición cuantitativa de *masacre* hace referencia al asesinato simultáneo de cuatro o más individuos bajo indefensión.

[19] Al final de 2002, los paramilitares declararon una tregua unilateral e

guerrilleros, una inspección de los datos sugiere que la causa del aumento en las víctimas civiles no es únicamente los ataques contra grupos de civiles sospechosos de colaborar con los paramilitares o el gobierno, sino también ataques contra poblaciones enteras que en algún momento se declararon neutrales como estrategia para eludir las manifestaciones del conflicto. El incremento del número de civiles dados de baja por la guerrilla también tiene que ver con la adopción de tecnologías altamente perjudiciales para los civiles, como minas antipersonas y proyectiles hechos con cilindros de gas, extremadamente imprecisas e inestables.

Gráfica 9. Número de víctimas civiles en ataques, según grupo perpetrador

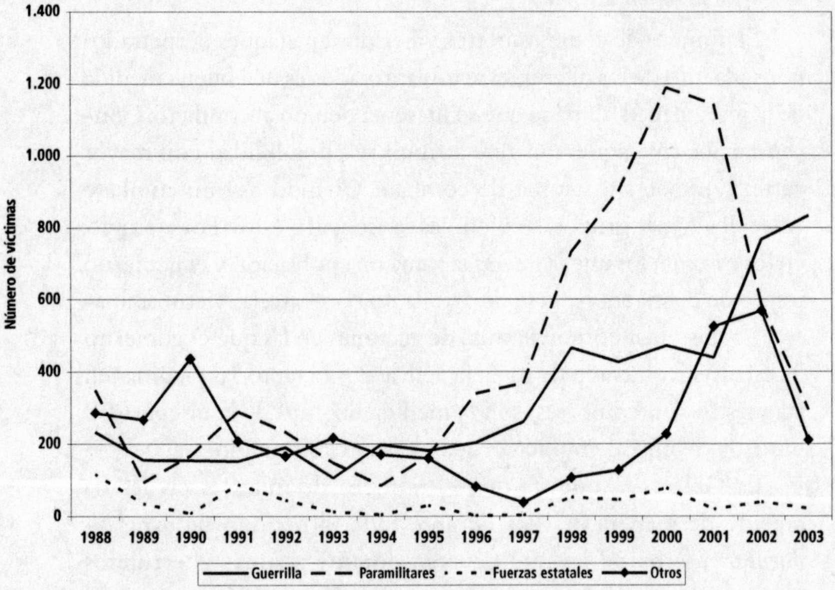

Fuente: elaboración propia.

El patrón de víctimas civiles durante ataques de las fuerzas oficiales es más complejo. El número de éstas permanece bastante bajo, excepto en 1991-1992, hasta 1998, cuando aumenta de manera débil. Esto refleja la tendencia general, como se mencionó, en los

iniciaron negociaciones con el gobierno de Álvaro Uribe, lo que redujo sus operaciones de manera considerable.

otros dos grupos. Pero ese patrón creciente encuentra un punto de quiebre y se revierte en 2000.[20]

La dinámica de los grupos guerrilleros

La Gráfica 10 muestra a las FARC como el mayor generador de acciones armadas guerrilleras. No obstante, antes de 1996 no sólo el Ejército de Liberación Nacional (ELN) era tan activo como las FARC, sino que había un notable grado de coordinación en términos de las acciones conjuntas adelantadas antes de 1993, en la denominada Coordinadora Guerrillera Simón Bolívar (CGSB).[21] Respondiendo a una dinámica que se inició en 1995, la CGSB casi desapareció como resultado de la expansión militar y territorial de las FARC. El ELN, en cambio, creció muy poco durante este período, aunque incrementó su actividad brevemente durante 2000, una vez rotos los diálogos de paz. De cualquier manera, pese a la continua caída en su actividad y el incremento de la represalia oficial, el ELN está lejos de ser una fuerza completamente derrotada. La serie de "otros guerrilleros" de la gráfica corresponde básicamente a acciones guerrilleras que no han sido atribuidas a una fuerza específica o a grupos guerrilleros

[20] La mayoría de los casos corresponde a víctimas civiles de operaciones militares o policiales en las que también ha habido víctimas de grupos armados, o a bombardeos sobre áreas en las que hubo acciones armadas previas. En 2002 el número de víctimas civiles se incrementó debido a varias acciones antisubversivas por parte del gobierno en áreas urbanas. Varias masacres de civiles por parte de los paramilitares, en las que miembros de la Fuerza Pública han sido acusados de complicidad, ocurrieron entre 2000 y 2001. Nuestros datos muestran tales eventos tanto en la serie de paramilitares como en la del gobierno de manera que estamos seguros de no estar subestimando el número de víctimas civiles por parte del gobierno por fuera de combate. Vale la pena aclarar que los eventos que fueron incluidos en la base de datos fueron aquellos en los que la justicia (militar o civil) ha indicado la responsabilidad de oficiales del ejército de no haber prevenido masacres a pesar de haber contado con los medios para hacerlo. No obstante, la mayoría de los casos no ha arrojado todavía ningún fallo judicial.

[21] La CGSB, iniciada en 1992, fue un esfuerzo de operar conjuntamente contra las fuerzas del gobierno. En agosto de 2003, las FARC y el ELN se comprometieron nuevamente a coordinar sus fuerzas contra el gobierno y los grupos paramilitares.

de pequeña escala que generalmente han sido reintegrados a la sociedad luego de procesos de paz.

Gráfica 10. Eventos en los que participa la guerrilla, según el grupo guerrillero

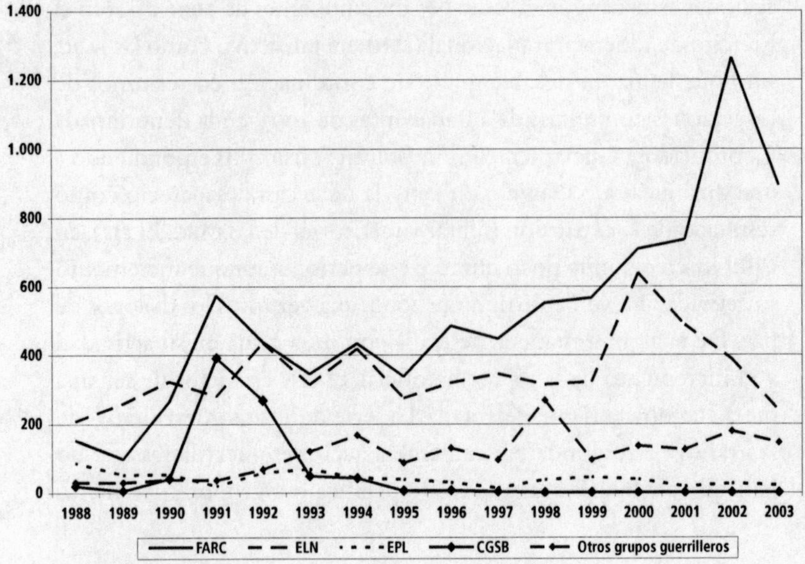

Fuente: elaboración propia.

Paramilitarización del conflicto

Uno de los fenómenos comunes de los conflictos internos es que favorecen la reproducción de actividades paramilitares. En efecto, la necesidad local de operaciones de seguridad tiende a facilitar la organización de cuerpos paramilitares para proveerla. Una vez estos grupos aparecen como administradores de violencia, y en medio de un ambiente institucional frágil que supone en parte su origen, la posibilidad de que se tornen en grupos depredadores y se involucren en el crimen organizado es muy grande. En la mayoría de los conflictos civiles existen paramilitares, y cuando éstos existen, hay diferentes grados de control o alianza entre las fuerzas del gobierno y las fuerzas paramilitares, dependiendo de diferentes factores como el grado de carencia institucional en la sociedad, el tipo de sistema político y la voluntad local y extranjera de tolerar atrocidades.

La paramilitarización del conflicto comenzó en Colombia aproximadamente en 1997 con la formación de las AUC (Chernick, 1998 y 2001, coincide con esta fecha). Como en los casos de otros conflictos internos, se ha planteado en diversas ocasiones la existencia de vínculos entre las fuerzas gubernamentales y los grupos paramilitares. Este tipo de argumentos, por ejemplo, son frecuentemente mencionados en los reportes anuales de organizaciones internacionales de derechos humanos como Human Rights Watch (2001 y 2002) y Amnesty International (2004). Las cortes y otras instituciones han, de hecho, seguido diferentes procesos contra agentes del Estado por paramilitarismo. Sin embargo, la naturaleza y fortaleza de los lazos entre los grupos paramilitares y las fuerzas bajo control estatal directo son un asunto muy complejo, como se discute por Mandler y Spagat (2003) y por Restrepo y Spagat (2004).

El conflicto y las rentas ilegales

La conexión entre la viabilidad financiera de los actores y la existencia de un conflicto ha sido sugerida en la bibliografía por lo menos desde el trabajo seminal de Haavelmo (1954) sobre producción y depredación. Más recientemente, el Banco Mundial (2003) ha recalcado la importancia de la viabilidad financiera de los conflictos internos como determinante fundamental de éstos. En estudios econométricos de corte transversal en los que se incluyen varios países, Collier y Hoeffler (1998 y 2001) se ha encontrado una relación entre la depredación de rentas provenientes de recursos naturales y la presencia de conflictos civiles, aunque la magnitud de los efectos que se encuentra no es muy grande y es inestable ante diferentes especificaciones.

Aquí nos limitamos a plantear, para el caso de Colombia, hipótesis relacionadas con el tema de la viabilidad financiera; para ello nos valemos de la Gráfica 11, en la que comparamos el valor de los ingresos por narcotráfico, calculado por Rocha (2001), con las medidas de actividad e intensidad de nuestra base de datos.[22] La correlación entre el valor de los ingresos por narcotráfico y la dinámica del conflicto parece ser bastante alta. Sin embargo, esta estrecha relación se desvanece a partir de 1997, cuando simultánea-

[22] Las cifras de Rocha no son el valor de los cultivos, sino el valor total potencial de la producción estimada.

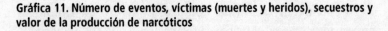

Gráfica 11. Número de eventos, víctimas (muertes y heridos), secuestros y valor de la producción de narcóticos

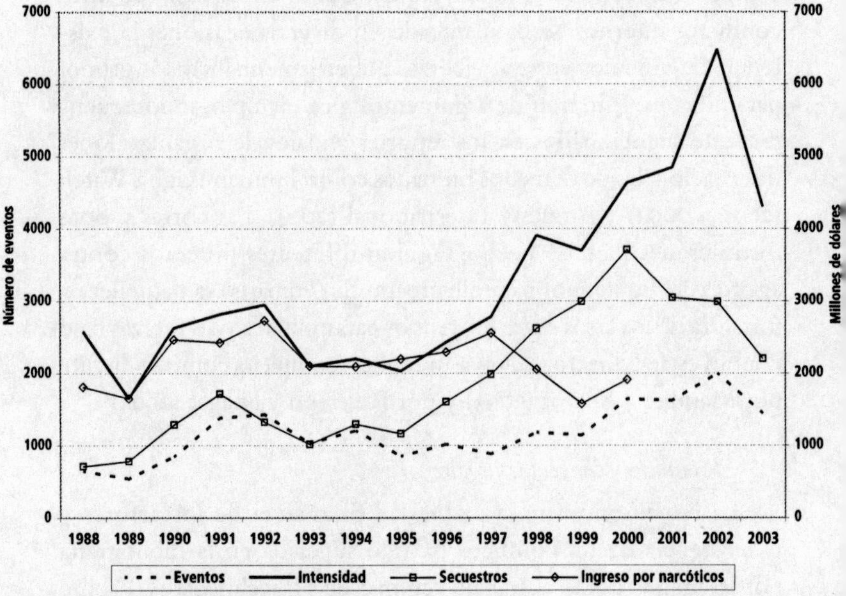

Fuente: elaboración propia.

mente los ingresos por narcotráfico se desaceleran y el conflicto se recrudece. Esto sucede dos años después de que el gobierno colombiano se comprometió en una guerra contra las drogas que lo condujo a desmantelar los dos principales carteles del narcotráfico y que arrebató de las manos de organizaciones colombianas las mayores rentas del negocio, asociadas a las etapas de transporte y distribución. Todo esto debilitó las estructuras de los traficantes y creó oportunidades a los grupos armados para apoderarse de una mayor proporción de las rentas originadas en la producción y procesamiento de narcóticos, un negocio del cual participaban marginalmente hasta entonces.[23]

[23] Es importante mencionar que antes de la desaparición de los grandes carteles de la droga la guerrilla ya se beneficiaba de impuestos sobre las etapas básicas de producción de cocaína y heroína, esto es, del cultivo de coca y amapola y de la producción de pasta de coca y resina de amapola. En efecto estas actividades ocurrían en áreas dominadas por algún actor armado, o disputadas por varios de ellos, y estos grupos participaban

Así, la derrota de los carteles pudo haber alimentado el conflicto.[24] Lo anterior sugiere que los progresos contra el narcotráfico no necesariamente implican un progreso en el enfrentamiento entre el gobierno y la guerrilla, a menos que la contundencia de las acciones gubernamentales fuera tal que redujera sustancialmente las rentas del negocio como tal. Por demás, si bien la guerrilla y los paramilitares se han imbricado con el negocio del narcotráfico –en cuanto se nutren de éste y muchos de sus frentes se ocupan principalmente de él–, se ha visto cómo gran parte de su accionar es diferente al de un grupo puramente criminal. En el caso de la guerrilla, se puede suponer que estos grupos tienen la habilidad y recursos necesarios para reconstruir estructuras enteras de carteles de narcotráfico cuando éstos han desaparecido a causa de la acción estatal.

Como se mencionó, el dinero proveniente de la droga es sólo una fuente de ingreso para la guerrilla y los paramilitares, el secuestro es otra fuente de suma importancia, y Colombia tiene la mayor tasa de secuestros del mundo. La Gráfica 11 muestra un acelerado incremento en los secuestros entre 1996 y 2000, durante la fase de *recrudecimiento* del conflicto. Esto sugiere otra posible y no previsible consecuencia de la guerra contra las drogas: la sustitución del dinero del narcotráfico con los ingresos por el secuestro.

De hecho, en nuestra opinión, el gran auge de la que en Colombia es llamada "industria" del secuestro se debe, en buena parte, a la necesidad de las organizaciones no estatales de financiar sus acciones de conflicto en un contexto de presión económica sobre su otra gran fuente de financiación, el narcotráfico. Este efecto sustitución, además, podría argumentarse para explicar el crecimiento de otras actividades que a su vez son fuentes de ingreso como la extorsión, la depredación de los presupuestos de gobiernos locales, la expropiación de propiedades y las "vacunas" de protección. Sin embargo, para ninguno de éstos hay información confiable dispo-

---

"gravando" dichas actividades. Los paramilitares, hasta entonces, servían más de fuerza de protección. Sin embargo, la fortaleza de los carteles de las drogas de entonces no permitía que los grupos guerrilleros capturaran mayor parte de las rentas originadas en el negocio.

24 Otro posible mecanismo complementario para este fenómeno es que campesinos cuyos cultivos han sido destruidos como consecuencia de los programas de erradicación podrían concebir el unirse a un grupo armado como su mejor alternativa de supervivencia.

nible de manera que se pueda probar, de forma cuantitativa, esta sustitución.

Conclusiones

Este trabajo presenta la metodología de medición de un conflicto armado interno y su aplicación para Colombia. La base de datos resultante de este ejercicio se analiza en sus tendencias más agregadas, lo que permite discutir la dinámica del conflicto colombiano durante el período 1988-2003. La evolución del conflicto se describe en términos de sus actores principales, la interacción de los métodos de lucha de cada uno de ellos y el resultado de esto, en cuanto a víctimas, tanto combatientes como civiles. Este estudio básico y agregado nos ha permitido generar diversas hipótesis y hacer un análisis detallado que, a nuestra manera de ver, es complementario de análisis previos del conflicto armado.

Por ejemplo, la relación sugerida entre la evolución del negocio de las drogas y el conflicto llama particularmente la atención en la medida en que parecería sugerir posibles consecuencias no previstas de la guerra contra el narcotráfico y los cultivos de narcóticos.

Pero tal vez más importante es considerar la gran diversidad que presenta el accionar de cada grupo armado en el contexto del conflicto. La guerrilla, por ejemplo, aparece como una fuerza con una gran iniciativa y un portafolio muy diverso de acciones, que van desde acciones terroristas simples hasta combates estructurados y sostenidos en el tiempo y el espacio. Las fuerzas paramilitares concentradas en las AUC, por su parte, muestran un período de antiguerrilla pura, en el cual aparecen como una fuerza combatiente de gran importancia en el conflicto, al tiempo que se especializan en la administración selectiva de la violencia contra los civiles. Tanto en uno como otro caso los hallazgos apuntan a organizaciones violentas de gran complejidad y tamaño, con estructuras de mando y objetivos políticos muy diferentes de organizaciones criminales, cuyo único objetivo son las rentas ilegales.

Esta caracterización permite, a nuestro juicio, entender con detalle la naturaleza del conflicto, en particular de los grupos no estatales que toman parte en éste. La guerrilla, por ejemplo, si bien ha incrementado en los últimos cinco años el número de acciones unilaterales de carácter terrorista, está lejos de ser de manera exclusiva una amenaza de este tipo, pues es una fuerza combatiente formidable al tiempo que presenta una gran diversidad en su accionar.

El otro eje de la base lo constituye la posibilidad de asociar las víctimas a los grupos que toman parte o son víctimas del conflicto. En este sentido, se puede cuantificar con precisión a qué grupo pertenecen quiénes mueren en el conflicto armado, de qué manera y a manos de quién. Aquí vale la pena destacar que si bien un número importante de víctimas del conflicto son civiles, el número de muertes y heridas civiles que ocurren en el conflicto son mayoritariamente causadas por los grupos paramilitares y la guerrilla, principalmente en masacres y acciones con explosivos.

Esto es lo que se obtiene de observar las series agregadas, pero la base descrita tiene aún más potencial. Por ejemplo, hasta ahora no hemos explotado su dimensión geográfica, lo que permitiría abordar el análisis del conflicto considerando la gran diversidad regional que se observa en éste.

La metodología de recolección de datos sobre conflictos civiles, que en este caso aplicamos a Colombia, puede ser usada en la construcción de bases de datos de otros conflictos civiles. Esto permitiría desarrollar nuevas categorías de análisis y contrastar sus resultados con el caso colombiano.

Bibliografía

Amnesty Internacional. 2004. *Annual Report 2004, Colombia Section*. Disponible en: http://web.amnesty.org/report2004/index-eng.

Aranguren, M. 2001. *Mi confesión: Carlos Castaño revela sus secretos*, Bogotá, Oveja Negra.

Banco Mundial. 2003. *Breaking the Conflict Trap: Civil War and Development Policy*, Washington.

Breton, A. *et al.* 2002. *Political Extremism and Rationality*, Cambridge, Cambridge University Press.

Centro de Investigación y Educación Popular (Cinep). s. f., *Noche y Niebla*, varios números. Disponible en: http://www.nocheyniebla.org.

Chernick, M. W. 2001. "The Dynamics of Colombia's Three-Dimensional War", en *Conflict, Security and Development*, No. 1, pp. 93-100.

—. 1998. "The Paramilitarization of the War in Colombia", en *NACLA Report on the Americas*, pp. 28-33.

Collier, P. y Hoeffler, A. 2001. *Greed and Grievance in Civil War*, inédito.

—. 1998, "On Economic causes of Civil War", en *Oxford Economic Papers*, No. 50, pp. 563-573.

Deininger, K. 2003. "Causes and Consequences of Civil Strife: Micro-Level Evidence from Uganda", en *World Bank Working Paper*, No. 3045.

Enders, W. y Sandler, T. 2000. "Is Transnational Terrorism becoming More Threatening?: A Time-Series Investigation", en *Journal of Conflict Resolution*, vol. 44, No. 3, pp. 307-332.

Esteban, J. y Ray, D. 1999. "Conflict and Distribution", en *Journal of Economic Theory*, vol. 87, No. 2, pp. 379-415.

Garfinkel, M. R. y Skaperdas, S. (eds.) 1996. *The Political Economy of Conflict and Appropriation*, Cambridge, Cambridge University Press.

González, F. E.; Bolívar, I., y Vázquez, T. 2003. *Violencia política en Colombia: de la nación fragmentada a la construcción del Estado*, Bogotá, CINEP.

Haavelmo, T. 1954. *A Study in the Theory of Economic Evolution*, Amsterdam, North Holland.

Hirshleifer, Jack. 2001. *The Dark Side of the Force: Economic Foundations of Conflict Theory*, Cambridge, Cambridge University Press.

Human Rights Watch. 2002. *The Ties That Bind: Colombia and Military-Paramilitary Links*, vol. 12, No. 1 (B). Disponible en: http://www.hrw.org/reports/2000/colombia/.

—. 2001. *The "Sixth Division" Military-paramilitary Ties and U. S. Policy in Colombia,* New York. Disponible en: http://www.hrw.org/reports/2001/colombia/.

Mandler, M. y Spagat, M. 2003. *Foreign Aid Designed to Diminish Terrorist Atrocities can Increase them*, en CEPR Working Paper, No. 4004.

Marks, T. 2002. "Colombian Army Adaptation to FARC Insurgency", en *Strategic Studies Institute Working Paper*, U. S. Army War College.

Marshall, M. G. y Gurr, T. R. 2003. *Peace and Conflict 2003: A Global Survey of Armed Conflicts, Self-Determination Movements, and Democracy*, Baltimore, CIDCM, University of Maryland.

Organización Mundial de la Salud. 2002. *World Report on Violence and Health*, Geneva.

Pizarro, E. 1996. *Insurgencia sin revolución: la guerrilla en Colombia en una perspectiva comparada*, Bogotá, IEPRI-Universidad Nacional.

Policía Nacional de Colombia. s. f. *Revista Criminalidad,* varios números, Bogotá.

Restrepo, Jorge. 2001. *Análisis Económico de Conflictos Internos.* Disponible en: http://personal.rhul.ac.uk/pkte/126/.

Restrepo, Jorge y Spagat, Michael. 2005. "Colombia's Tipping Point?", en *Survival*, vol. 47, No. 2, pp. 131-152.

—. 2004. *Government Armies, Paramilitary Organizations and Guerrilla Warfare*, inédito, Royal Holloway.

Riascos, A. y Vargas, J. F. 2004. *Violence and Growth in Colombia: A Brief Review of the Literature.* Disponible en: http://Webpondo.org.

Rocha, R. 2001. "El narcotráfico y la economía de Colombia: una mirada a las políticas", en *Planeación y Desarrollo*, vol. 32, No. 3, pp. 93-136.

Sandler, T. 2000. "Economic Analysis of Conflict", en *Journal of Conflict Resolution*, vol. 44, No. 6, pp. 723-782.

Singer, D. y Small, M. 1982. *Resort to Arms: International and Civil Wars, 1816-1980,* Beverly Hills, Sage.

Spencer, D. 2001. "Colombia's Paramilitaries: Criminals of Political Force?", en *Strategic Studies Institute*, U.S. Army War College Working Paper.

Sutton, M. 1994. *Bear in Mind these Dead… An Index of Deaths from the Conflict in Ireland 1969-1993,* Belfast, Beyond the Pale.

US Department of Defense Records. 2001. *Principal Wars in which the US Participated: US Military Personnel Serving and Casualties,* Washington, Directorate for Information Operations and Reports, Washington Headquarters Services.

QUINTA PARTE

RESISTENCIA Y AUTONOMÍA

XIII
Resistencia civil y tradiciones de resistencia en el suroccidente colombiano

*Ricardo Peñaranda**

* Miembro del Instituto de Estudios Políticos y Relaciones Internacionales (IEPRI), Universidad Nacional de Colombia.

Resumen

La movilización de las comunidades indígenas frente al conflicto armado colombiano ha sido hasta el momento la manifestación más contundente de la "sociedad civil" frente a la guerra. Este artículo analiza el caso más visible protagonizado por las comunidades del suroccidente de Colombia y plantea un paralelo entre dos etapas: *resistencia en armas* (1984-1991) y *resistencia civil* (1999-2005).

Palabras claves: Conflicto, resistencia, movimientos sociales, indígenas, FARC, CRIC, Colombia-Cauca.

La población civil frente a los actores armados

La adscripción de la población civil, en particular la población rural, frente a las demandas de los actores armados es resultado de la oscilación entre adhesión ideológica y miedo, y como lo ejemplifica la propia experiencia colombiana, casi siempre prima la segunda razón (Sánchez y Meertens, 1993).

Las posibilidades a que puede dar lugar la combinación entre adhesión y miedo se han estudiado desde diversas perspectivas, con el ánimo de elaborar instrumentos que permitan comprender el tipo de relación que puede establecerse entre un actor armado y el núcleo poblacional que ocupa un territorio. Prácticamente todos los autores coinciden en que la posibilidad de una mutua cooperación entre estos dos actores sólo se construye en la medida en que puedan estabilizarse intercambios de beneficio mutuo. Buena parte de este debate, sobre las razones que pueden llevar a los pobladores rurales a brindar su apoyo a organizaciones revolucionarias fue sintetizado por la historiadora Theda Skocpol en su influyente artículo "What Makes Peasants Revolutionary?" (1994),[1] en el cual argumenta que para obtener el apoyo de las comunidades rurales, las organizaciones revolucionarias deben satisfacer las necesidades campesinas y proveer beneficios colectivos que, según esta autora, se dividen en dos grandes grupos: *beneficios de clase*, como la distribución de tierras o de poder político local, enfrentando así a las élites locales, o *beneficios de seguridad*, como la defensa de las comunidades frente a la arremetida de fuerzas estatales o contrarrevolucionarias. En los

[1] Originalmente el ensayo fue publicado en *Comparative Politics,* vol. 14, No. 3, 1982.

dos casos, si logran tener éxito, las organizaciones revolucionarias pueden llegar a contar con el apoyo campesino, en la defensa conjunta de estos beneficios colectivos.

Desde una perspectiva similar, Carlos Miguel Ortiz (2001), para el caso colombiano, propone la siguiente tipología, que recoge en buena medida el desarrollo local de la discusión: (a) la adhesión política por razones programáticas, en mayor o menor grado, ligada a intereses colectivos; (b) la adhesión política por conveniencia o utilidad, más ligada a estrategias individuales; (c) la adhesión política que conjuga las razones programáticas con la conveniencia, en los casos en que se busca obtener el apoyo de un actor armado a acciones colectivas en curso, y (d) la adhesión que se obtiene simplemente por el miedo, y que responde a la necesidad que tiene la población de garantizar su supervivencia, acomodándose al predominio de un actor armado.

Por supuesto, se trata de tipologías analíticas, pues en la práctica los actores armados no siempre se detienen a hacer consideraciones tan cuidadosas. Para ellos, de manera predominante, los pobladores rurales son vistos como piezas de un rompecabezas mayor, sin capacidad para desplegar estrategias políticas y sin posibilidad de oponerse a las acciones armadas. En síntesis, son *masa*, según la terminología comúnmente empleada por ellos, que a lo sumo adopta actitudes reactivas frente a ciertos excesos, pero que carece en últimas de iniciativas políticas. Infortunadamente, al tiempo que el conflicto se prolonga y que los actores armados se multiplican, esta lectura tiende a generalizarse.

En efecto, las múltiples combinaciones que se derivan de la relación actor armado-población-territorio[2] y que determinan desde el número de hombres en armas que puede llegar a establecerse en una región hasta el tipo de contribución forzada o voluntaria a la que se somete a la población, pasando por importantes aspectos logísticos y de comunicación, son frecuentemente dejadas a un lado. Esto lleva a privilegiar una lectura del conflicto centrada en la evolución de los actores armados y se descuida el análisis de los otros

---

[2] La pertinencia de analizar la relación entre estos factores para el caso colombiano fue sugerida por el profesor Eric Hobsbawm (1995) en su artículo "Historiografía del bandolerismo".

dos componentes de la ecuación. En este contexto, la capacidad de respuesta de la población pocas veces es seriamente valorada.

Sin embargo, la realidad no deja de arrojar sorpresas. El 28 de mayo de 1999, en la carretera Panamericana que une a Cali con Popayán, a la altura de la población de Piendamó, una concentración de más de cuatro mil pobladores, en su mayoría miembros de cabildos indígenas del norte del Cauca, mantenía bloqueada la vía en protesta por el incumplimiento de un paquete de acuerdos económicos y sociales suscritos años atrás con el gobierno central, conocidos como los Acuerdos de La María.

En momentos en que la protesta se desarrollaba, un grupo de guerrilleros fuertemente armados, perteneciente al VI frente de las Fuerzas Armadas Revolucionarias de Colombia (FARC), se presentó con el propósito de manifestar su apoyo a la movilización, aprovechando la concentración de manifestantes y la presencia de numerosos medios de comunicación. La columna guerrillera fue, sin embargo, recibida con insultos y una lluvia de piedras. Los manifestantes, animados por la intimidación que las cámaras de televisión imponían sobre el grupo armado, corrieron con ánimo casi festivo a descargar su ira a golpes de bastón contra los guerrilleros, quienes finalmente tuvieron que retirarse soportando en silencio la humillación, que los miles de manifestantes festejaron el resto del día.[3]

El periódico *El Tiempo* tituló al día siguiente: "Lo que no pudieron hacer los paramilitares ni el Estado, lo hicieron los indígenas del Cauca". No era la primera vez que las comunidades rechazaban la interferencia de una organización guerrillera. Sin embargo, esta vez la oportuna presencia de numerosos medios de comunicación no sólo impidió la reacción de la columna armada, sino que amplificó la reacción de la población ante la intromisión de un grupo armado en una acción de protesta civil. La distancia entre la violencia de las armas y la movilización social quedó claramente registrada.

Esta acción, que hoy parece olvidada, dio inicio a la actual etapa de resistencia indígena que, junto a otras formas de resistencia ciudadana, han sido agrupadas bajo la denominación de *resistencia*

---

[3] Una semana después, la misma columna se tomó en represalia la población de Toribío, que quedó parcialmente destruida, por efectos de las bombas empleadas en el ataque.

civil, y que constituyen una de las transformaciones más novedosas del conflicto armado en la última década. En efecto, desde 1999 cuando fue establecido el Premio Nacional de Paz han sido postuladas más de de ochocientas experiencias de resistencia local frente a los actores armados. Éstas han sido clasificadas en tres categorías: (a) comunidades de paz, organizaciones campesinas que se oponen al desplazamiento forzado; (b) municipios de paz, localidades que desarrollan proyectos de autonomía socioeconómica y política en rechazo a las intervención de actores armados en su territorio, y (c) acciones de resistencia indígena, lideradas por las autoridades tradicionales en defensa de la autonomía.

Si bien muchas de ellas pueden ser acciones puntuales, espontáneas e inorgánicas, existe la percepción creciente de que pueden terminar influyendo en el desarrollo futuro del conflicto y, por qué no, en su desenlace.[4]

Violencia y movilización social

La relación entre grupos armados y la población local en los casos en que los actores sociales se encuentran débilmente organizados y en los que un conflicto social no ha llegado a estructurarse son relativamente conocidas. En estos casos –zonas de colonización, por ejemplo– el rol de la insurgencia como un mecanismo para orientar la movilización social y generar un relativo "orden" ha sido hasta cierto punto documentado. Menos familiar, y más problemático, resulta el caso en el que un grupo insurgente pretende establecerse en una región en la que los actores sociales están ya constituidos en torno a un conflicto social claramente definido (Pécaut, 1993).

Este segundo caso corresponde al que han protagonizado las comunidades indígenas del suroccidente colombiano, en su relación con los diferentes grupos armados, particularmente con las FARC, que en las últimas tres décadas han tratado de instrumentalizar el conflicto social que allí se desarrolla en torno a la reconstrucción

---

4 El caso de las comunidades indígenas del Cauca no es el único, aunque probablemente sea el más singular, entre otras cosas por el alcance de sus acciones y dimensión. Entre otros casos se destacan el de la Comunidad de Paz de San José de Apartadó, en el Departamento de Antioquia, y el de la Asociación de Trabajadores y Campesinos del Carare, en el Departamento de Santander.

identitaria de estas comunidades, las cuales son a la vez protagonistas de un vigoroso movimiento social y de una exitosa participación en los espacios políticos, lo que añade mayor complejidad a la situación.

La articulación entre insurgencia y movilización social constituye uno de los temas más debatidos en contextos de guerra interior. América Latina ha sido un escenario privilegiado para analizar esta superposición que, al materializarse, puso en evidencia que no existe una correlación predeterminada entre un factor y otro, lo que contraría una premisa que por años la izquierda revolucionaria creyó solidamente establecida (Gros, 1991)[5]. En efecto, las experiencias insurgentes en América Latina durante las últimas cuatro décadas muestran que esta superposición nunca ha dejado de ser problemática y, en ocasiones, abiertamente explosiva. La cuestión es de tal importancia que puede afirmarse, como lo hace Touraine para el caso guatemalteco, que las complejas relaciones entre las vanguardias revolucionarias y los movimientos sociales o comunitarios sintetizan uno de los mayores problemas contemporáneos: "El de las relaciones de complementariedad o de antagonismo entre las dos fuerzas más grandes desencadenadas por nuestro tiempo: las luchas de clase y las luchas nacionales" (Touraine, 1995: 11).

Esta superposición entre actores armados y movimientos sociales y comunitarios rurales ha estado presente en los numerosos conflictos armados que se han desarrollado en América Latina durante las últimas décadas. La "segunda ola" de los movimientos insurgentes latinoamericanos (Wicham-Crowley, 1992), que se desarrolla a partir de los años setenta, se caracterizó por la profundización de la guerra en las zonas rurales y una política enfocada en la acumulación de fuerzas y la ampliación del control territorial. Esta estrategia involucró necesariamente a campesinos, colonos e indígenas, y por lo tanto dependió en buena medida del soporte de la población rural. En este sentido, la presencia de grupos insurgentes no se dio de manera aleatoria, sino que tendió a crecer en regiones que presentaban cierto tipo de características: un historial reciente de conflictos por la tierra y una trayectoria de resistencia contra la autoridad central.

---

[5] En su versión original este artículo fue publicado en *Cahiers des Amériques Latines*, París, No. 23, 1982.

Comunidades indígenas y organizaciones insurgentes terminaron, por fuerza de las circunstancias, compartiendo un mismo escenario, incluso en un primer momento fue posible imaginar una cooperación sostenida en las tradiciones de la izquierda revolucionaria y en las contradicciones que enfrentaban a las comunidades con los representantes del Estado alrededor de los conflictos por la propiedad de la tierra. Pero el hecho de compartir aparentemente un mismo objetivo temporal no resultó suficiente para garantizar la cooperación. Aunque en algunos casos las organizaciones comunitarias parecieron sucumbir ante la tentación de obtener por una vía expedita el reconocimiento de unos derechos conculcados, esta posibilidad terminó siendo limitada por los costos de involucrarse en un conflicto armado y por las oportunidades crecientes que ofrece el proceso de ampliación de la representación política por las vías institucionales, que se ha desarrollado en todo el continente.[6] En la práctica, durante los últimos veinte años, los grupos insurgentes y las organizaciones indígenas se han movido en trayectorias cada vez más opuestas: mientras que los primeros han buscado profundizar el enfrentamiento armado, los segundos buscaron cada vez mayor espacio político y abandonaron la idea –si es que realmente alguna vez la tuvieron– de hacer parte de las bases de un proyecto revolucionario.

Los casos en los que la lucha armada se superpuso a la movilización de las comunidades indígenas han dejado huellas difíciles de borrar. Así, por ejemplo, en Perú la acción insurgente y la respuesta contrainsurgente acarrearon consecuencias devastadoras en los movimientos comunitarios, entre ellos particularmente las comunidades del altiplano, cuya reacción a través de las *rondas campesinas* terminó siendo un factor decisivo para el término del conflicto (Degregori, 1996).

En Guatemala, el proceso de construcción de un neocomunitarismo indígena terminó destrozado por el conflicto armado y las

[6] El *despertar indígena*, al que se refieren algunos autores, es el resultado de iniciativas políticas propias apoyadas en condiciones estructurales que hicieron posible la consolidación de las organizaciones indígenas en los últimos veinte años, para más información véase Stavenhagen (1995). La fuerza de esta movilización se expresa en los cambios constitucionales favorables a sus intereses que impulsaron en ocho países a lo largo de estos años, véase Bengoa (2000).

propias comunidades terminaron siendo protagonistas involuntarias del curso de la guerra (Le Bot, 1995). Igualmente, en Nicaragua, las comunidades de la costa Atlántica terminaron siendo arrastradas hacia el conflicto por los bandos en pugna y, en la práctica, forzadas a tomar partido, con lo cual las viejas reivindicaciones autonómicas de las comunidades terminaron involucradas en la guerra entre revolucionarios y contrarrevolucionarios (Hale, 1994).

Volviendo al caso colombiano, podemos afirmar que éste no se aparta de las tendencias que acabamos de señalar. En efecto, la relación entre las comunidades indígenas colombianas y las organizaciones insurgentes ha estado determinada por el curso en sentidos opuestos de estos dos actores. Por una parte, los grupos insurgentes, que luego de acumular enormes recursos bélicos y humanos durante estas últimas décadas muestran cada vez más interés en profundizar la guerra. Por otra parte, las comunidades indígenas, que paradójicamente favorecidas por su condición minoritaria (1,5% del total de población) han ganado un enorme espacio político y han pasado de una condición marginal a ser protagonistas de la política local y nacional.[7] Más importante aún son cada vez más autónomas frente a los distintos factores externos –grupos armados, iglesias o partidos– y a través de sus organizaciones han adquirido una expresión propia, que cuenta con una recepción creciente por fuera de sus propias bases.

Se trata de una coexistencia forzosa en medio de tensiones crecientes que, por momentos, se traducen en enfrentamientos más o menos abiertos, tal como ha ocurrido en varios momentos a lo largo de las últimas décadas en el departamento del Cauca. No por casualidad el corazón de la *resistencia indígena*, bajo la modalidad de movilizaciones directas de la población para contener la acción de los grupos armados, está localizado en esta región, donde desde hace décadas la lucha por la autonomía ha sido a la vez una lucha contra las imposiciones de los grupos armados. No se trata de ex-

[7] La confluencia de condiciones internacionales favorables con los desarrollos de las luchas locales de los pueblos indígenas determinaron un contexto favorable al reconocimiento legal de sus demandas, cuyos fundamentos: reconocimiento, territorio, autonomía, fueron incorporados en la Constitución de 1991, aunque hasta el momento su desarrollo ha sido muy lento.

presiones regionales de la movilización de la sociedad civil, como algunos pretendieron interpretarlo, sino de expresiones particulares de resistencia, profundamente ancladas en tradiciones propias, lo que les otorga rasgos singulares.

La resistencia y sus etapas

Entre los escenarios en los que permanentemente se superponen las organizaciones armadas y la población indígena se destaca, por la concentración de población y por el nivel organizativo de las comunidades, el del suroccidente colombiano, cuyo epicentro se localiza en el nororiente del Departamento del Cauca y agrupa diez municipios que concentran el 24% de la población indígena nacional (136.000 de un total cercano 600.000 según cifras del Departamento Nacional de Planeación).[8]

Por razones geográficas, históricas y sociales, éste ha sido uno de los territorios con mayor presencia guerrillera en el país, al punto que prácticamente todas las organizaciones insurgentes que han operado en Colombia han tratado de implantarse en este escenario. Las FARC se ubicaron tempranamente y, de hecho, su primera acción pública en 1964 fue la toma de la población de Inzá, localizada en el corazón del territorio indígena del Cauca, que dejó un gran número de víctimas entre los pobladores y que hizo presagiar los efectos que en el futuro habría de tener la presencia creciente de columnas insurgentes en este territorio. Durante las décadas siguientes, los demás grupos insurgentes –Ejército de Liberación Nacional (ELN), Movimiento 19 de Abril (M-19), Ejército Popular de Liberación (EPL) y el comando Ricardo Franco– intentaron, con mayor o menor éxito, implantarse en esta región, en tanto que las Fuerzas Armadas privilegiaron la protección de la zona agroindustrial del vecino departamento del Valle y permanecieron relativamente "indiferentes" frente al avance de las organizaciones guerrilleras en los territorios indígenas.[9]

---

8 A pesar de su cohesión, este núcleo poblacional presenta numerosos matices socioeconómicos, culturales e históricos, que han sido cuidadosamente abordados por diversos autores como Maria Teresa Fidji, Elías Sevilla, José María Rojas, entre otros. Estas diferencias no han impedido la articulación en torno a proyectos políticos y gremiales comunes, con fuerte presencia regional.

9 Maria Teresa Fidji (1995) sostiene que en los años ochenta, cuando simultáneamente todos los grupos insurgentes estaban presentes en la

Antes de analizar el itinerario de las formas de resistencia, subrayemos que todo este proceso se inscribe en una fase más amplia de movilización que tiene como punto de arranque el año de 1970, con la fundación del Consejo Regional Indígena del Cauca (CRIC). El inicio de esta fase puede interpretarse como resultado de la modernización agraria de los años sesenta, que alteró de un golpe las estructuras de propiedad en la región. Esta circunstancia favoreció el encuentro entre comunidades despojadas y activistas políticos externos, que dio paso a su vez a una interpretación consciente del pasado y permitió la reinvención de una identidad y una tradición de lucha, completamente fragmentada para ese momento. Durante esta fase se combinan tres elementos: (a) una vigorosa movilización en defensa de la tierra; (b) la lucha por la autonomía en rechazo a la ingerencia gubernamental, a la violencia desatada contra dirigentes comunitarios y a la interferencia de grupos insurgentes, y (c) un exitoso proceso de configuración de organizaciones políticas independientes, que han aprovechado las ventanas de oportunidad abiertas por el régimen político a partir de los años noventa.

Esta fase de movilización tuvo como principales objetivos la recuperación de las tierras comunales y un proceso de reconstrucción identitaria, a través del fortalecimiento de las autoridades tradicionales y la recuperación de valiosos instrumentos como la lengua. Para todo ello se apoyaron en la reinvención de la tradición histórica. Estas tareas fueron alcanzadas ampliamente en el curso de treinta años, con lo cual nuevos objetivos se han trazado, como la ampliación de los espacios políticos regionales y la lucha por la autonomía territorial. A lo largo de este período, y en la medida en que se produjeron avances, las comunidades debieron hacer frente a viejas y nuevas amenazas. Al tiempo que enfrentaron la violencia ejercida por los grandes propietarios rurales y por los agentes estatales, debieron resistir también el avance de diversas organizaciones insurgentes, que en forma permanente intentaron cooptar la movilización social en curso.

región, el grado de lucha entre estas organizaciones y su efecto sobre la población de los cabildos indígenas se vio estimulado por la estrategia del Ejército de dejar el campo libre a la insurgencia en las zonas indígenas, manteniéndose en la periferia e intensificando las labores de inteligencia y la represión selectiva.

Una primera etapa: la resistencia en armas

Durante los años ochenta, en uno de los momentos más álgidos de la lucha, surge un movimiento de autodefensa armado que se hizo visible durante un breve lapso, a través de una organización que adoptó el nombre de Movimiento Armado Quintín Lame. Fue éste un corto período de movilización armada (1984-1991), que coincide con el fin del proceso de recuperación de las tierras comunales, con el incremento sustancial de las expresiones de violencia política y con el aumento de las agresiones por parte de diversos grupos insurgentes.

El Quintín Lame fue concebido como un mecanismo para contrarrestar la difusión de la violencia, en un escenario marcado por la confusión que generaba la presencia de múltiples actores armados, y para evitar que otros actores políticos hicieran suyas las banderas de protesta de las comunidades indígenas locales. En últimas, para "monopolizar" el uso de la violencia que pretendía ejercerse a nombre de los indígenas. La acción de esta agrupación se orientó menos hacia los objetivos tradicionales de los grupos guerrilleros: toma del poder o ataques al aparato militar, y más a la defensa de las comunidades y de sus autoridades tradicionales, que aceptaron su presencia sólo en la medida en que este objetivo se cumplió. Este esfuerzo por asumir el rol de "vocero armado" de las comunidades, en un escenario donde hacían presencia numerosas organizaciones insurgentes, generó múltiples choques que fueron superados mediante una combinación de alianzas y enfrentamientos, que llegaron a ser particularmente álgidos, en especial en la compleja relación con las FARC, que no ocultaba sus aspiraciones de imponerse como el poder hegemónico en la región.

Esta experiencia de resistencia armada finalizó en 1991, debido fundamentalmente a los límites que imponía el modelo defensivo que la caracterizó, pero debido también a la presión de las propias autoridades comunitarias, que percibieron los riesgos que implicaba tratar de conservar el equilibrio entre la protección que demandaban las comunidades y las consecuencias que acarreaba el uso de la violencia (Peñaranda, 1999). Por otra parte, la disolución del Quintín Lame era necesaria para dar paso a nuevas formas de expresión a través de los canales institucionales, que las transformaciones en el régimen político posibilitaron a partir de los años noventa. El fin de esta experiencia facilitó la puesta en marcha de nuevas organizaciones políticas regionales y nacionales, y contribuyó a crear el clima que permitió el notable avance político que las organizaciones indígenas presentan en los últimos años.

La desmovilización de este grupo armado bien puede constituir el único caso de "reinserción exitosa" que se haya dado en Colombia, fundado en el hecho de que este grupo armado –a pesar de las contradicciones que por momentos afloraron– logró conservar los lazos que lo unían a las comunidades que constituían su base social, y que éstas lograron mantener su cohesión y su capacidad de acción colectiva, lo que les permitió avanzar en el proceso de recuperar las tierras comunales y aprovechar ampliamente las ventajas que obtuvieron en la Constitución de 1991. En buena medida, los avances alcanzados fueron posibles debido a que las acciones del Quintín Lame no generaron la ruptura del movimiento social, lo que permite establecer una comparación con la experiencia del Ejército Zapatista de Liberación Nacional (EZLN) en México, gracias a la continuidad, no exenta de tensiones, entre la movilización armada y el movimiento social que constituye un rasgo absolutamente singular de estas dos experiencias (Le Bot, 2003).

Nuevos retos, nuevas formas de resistencia

Pese a que los avances alcanzados en el terreno político permitieron inicialmente reducir el conflicto en la región, desde finales de los años noventa se aprecia un incremento de las acciones de los grupos armados y de la violencia contra las organizaciones comunitarias, debido principalmente a tres condiciones: (a) la persistencia de grupos guerrilleros (FARC y ELN), que interfieren de manera creciente el avance de las organizaciones sociales y los procesos de democracia local; (b) la incursión, primero ocasional y luego permanente, de grupos paramilitares, y (c) el fracaso de los programas de sustitución de cultivos ilícitos y la profundización de redes del narcotráfico en la región.

Ante el incremento de la acción de los actores armados desde finales de los años noventa, las organizaciones comunitarias respondieron con la movilización. Con ello se ha configurado un nuevo ciclo de resistencia, esta vez de carácter civil y no armada, que corresponde a una etapa diferente de la relación entre las organizaciones comunitarias regionales y el Estado, marcada por el reconocimiento positivo de la sociedad colombiana frente al movimiento indígena. Esta etapa actual se enlaza con etapas anteriores de movilización y constituye una fase más de una larga tradición de resistencia hoy vigente. Veamos el itinerario de las acciones de resistencia indígena en la etapa actual:

- Se inicia con la acción del 28 de mayo de 1999, en Piendamó, mediante la cual los manifestantes expulsaron a una columna de las FARC que pretendía incorporarse a un acto de protesta contra el gobierno.
- El 17 de mayo de 2001, treinta mil manifestantes, procedentes de las comunidades del norte del Cauca, llegaron a la ciudad de Cali en desarrollo de la llamada *Minga por la vida y contra la violencia*, con el fin de protestar contra las masacres perpetradas por paramilitares –Bloque Farallones fracción de las Autodefensas Unidas de Colombia (AUC)–, que habían dejado decenas de muertos entre campesinos e indígenas en la zona del río Naya, limítrofe entre los departamentos del Cauca y del Valle.
- Un importante núcleo de acciones se ubica en el período de va de noviembre del 2001 a marzo de 2002.[10] En este núcleo se concentra una oleada de movilizaciones directas que cubre cinco meses, durante el cual se cumplieron diez acciones de resistencia contra las FARC en el suroccidente del país, seis de las cuales fueron desarrolladas por las comunidades indígenas del Cauca:
    - Movilización de los habitantes de Caldono, que bloquea el avance de una columna de las FARC e impide la toma de la población, en noviembre de 2001.
    - Protesta de la comunidad contra una columna del ELN que se toma la población de Coconuco en diciembre de 2001.
    - Enfrentamiento entre la población y una columna de las FARC en Puracé, el 31 de diciembre de 2001.
    - Movilización de la población de Coconuco contra una toma de las FARC, el 31 de diciembre de 2001.
    - Rechazo por parte de los pobladores de Silvia a un intento de toma de las FARC, el 27 de febrero de 2002.

---

[10] Un balance de las acciones de resistencia durante este período se encuentra en el artículo del sociólogo Jorge Hernández Lara "La resistencia civil en caliente: una contribución a la pacificación del conflicto en Colombia" (2002).

- Movilización de los habitantes de Inzá para impedir la toma de la población, el 2 de marzo de 2002.
- A mediados del 2003 se logró el rescate del misionero suizo Florian Arnold Benedite y de su asistente, Ramiro Pito, retenidos por guerrilleros de las FARC. La acción se cumplió el 3 de julio de 2003 y en ella participó un grupo de cerca de quinientos habitantes del resguardo de Pioyá, del municipio de Caldono.
- En el 2004 se produjo la movilización de un grupo de cerca de 300 miembros de la Guardia Indígena hacia San Vicente del Caguán, en el vecino departamento del Caquetá, que logró el 11 de septiembre la liberación del alcalde de Toribío, Arquimídes Vinotás, y del ex alcalde, Gilberto Muñoz, quienes habían sido secuestrados por una columna de las FARC tres semanas atrás.
- Finalmente, el 14 de septiembre de 2004, sesenta mil indígenas del norte del departamento del Cauca marcharon hacia la ciudad de Cali, en defensa de la autonomía territorial y en protesta contra las agresiones contra miembros de las comunidades indígenas, por parte de los diversos actores armados y de las propias agencias de seguridad del Estado. Desatendiendo las solicitudes del gobierno, que trató inútilmente de cooptar las acciones de resistencia, la marcha se realizó y despertó una amplia ola de solidaridad en la opinión pública.

Las acciones que enfrentaron directamente a miembros de organizaciones armadas siguieron un patrón regular: participación masiva de la población local, incluidas las autoridades civiles y en algunos casos religiosas; el empleo de recursos simbólicos, como consignas, cantos y banderas; la manifestación expresa del rechazo de la población frente a los daños que pretendían ocasionar los atacantes contra bienes públicos (escuela, Alcaldía, iglesia); la expresión por medio de gritos e insultos de los sentimientos de rechazo de la población: "nos ofendimos", recuerda un dirigente del resguardo de San Lorenzo refiriéndose a la actitud de los pobladores de Caldono, el 11 de noviembre; asimismo, una actitud desprendida y emotiva de los pobladores, sin mediar un cálculo del riesgo, que el mismo testimonio describe de la siguiente manera "nosotros no pensábamos que íbamos a hacer historia, lo único que queríamos era defender la población".[11]

---

[11] Intervención de José Ramos Cai, miembro del Cabildo del Resguardo

Hay que añadir que reiteradamente los protagonistas de la movilización rechazaron cualquier apoyo de los partidos políticos tradicionales y cualquier vinculación con organismos de seguridad del Estado. Además, aun cuado la acción superó el plano defensivo y condujo a los pobladores a perseguir a sus agresores, como en el caso de la liberación del misionero suizo, la comunidad no denunció el hecho ante las autoridades judiciales o de Policía, ni tampoco trató de detener a los agresores. La convivencia forzosa entre comunidad y actores armados se mantuvo, aunque se intentaron trazar límites frente a las conductas inaceptables, tal como lo declaró a propósito del caso del misionero suizo un dirigente del CRIC: "Las comunidades no pueden impedir que los grupos armados al margen de la ley transiten por sus territorios, pero sí van a impedir que se cometan violaciones a los derechos humanos, como parte de la consolidación y fortalecimiento de la resistencia indígena, la autonomía y el territorio".

Las acciones de resistencia y la activación de mecanismos de defensa, como la Guardia Indígena, fueron el resultado de una creciente ola de violencia, que se acentúa a partir de 1999 y se extiende hasta el 2002, y cuya responsabilidad se atribuye a organizaciones guerrilleras, principalmente de las FARC, y a la acción de grupos paramilitares pertenecientes a las AUC. Esta oleada de violencia golpeó principalmente a pobladores indígenas y autoridades tradicionales y locales. Entre los casos que causaron mayor conmoción se destaca, por sus repercusiones, la masacre de treinta pobladores en la zona del río Naya, en los límites entre los departamentos de Cauca y Valle, perpetrada en abril del 2001 por el llamado Bloque Farallones de las AUC, en represalia por la supuesta colaboración de los habitantes de la zona con la columna guerrillera del ELN, que recientemente había cometido varios secuestros colectivos en el departamento del Valle. Igualmente, se destaca el asesinato, en junio de 2001, en el municipio de Corinto, del destacado dirigente indígena Cristóbal Secué, ex presidente del CRIC y de la Asociación de Cabildos del Norte, y un abanderado de la aplicación de los mecanismos de justicia indígena. Este hecho se atribuyó a las FARC.

---

de San Lorenzo (Caldono), Seminario Internacional Resistencia Civil y Acción Política no Violenta, Bogotá, agosto de 2003.

Los picos de violencia alcanzados durante estos años recuerdan el período álgido de violencia que se vivió entre 1984 y 1989, un momento en el cual mecanismos de resistencia fueron, como ya lo mencionamos, igualmente activados. Así, en respuesta a la acción de los grupos armados, pero también en rechazo a las consecuencias que acarreaba la acción estatal contrainsurgente, se produjeron en estos dos casos los dos documentos que de manera más explicita y firme plantean la posición de las comunidades indígenas del Cauca frente a la violencia que quieren imponerle las distintas organizaciones armadas. Se trata de la Resolución de Vitoncó, de febrero de 1985, en la que representantes de 45 cabildos reclaman el derecho a la Autonomía para organizarse al interior de los resguardos y exigen en consecuencia que este derecho sea respetado por todos los actores armados, incluidos los agentes gubernamentales. El segundo documento es la Resolución de Jambaló, de marzo de 1999, que denuncia el traslado de la guerra a los territorios indígenas y la manera abusiva como los actores armados pretenden involucrar a las comunidades en conflictos que no les conciernen.

En los años ochenta, la reacción frente a la violencia fue la aceleración de las invasiones de tierras y la activación de grupos de autodefensa indígena, que dieron lugar a las acciones armadas del Movimiento Quintín Lame. En la última etapa de resistencia, a partir de 1999, las acciones tomaron otro curso, que privilegió la movilización política, las acciones directas de resistencia no armada y la puesta en marcha de mecanismos de defensa como la Guardia Indígena. Este mecanismo fue activado desde mayo del 2001 y representa una extensión de las actividades que tradicionalmente han cumplido los alguaciles de los cabildos, encargados del control de la seguridad en el interior de los resguardos. En este caso, las acciones de vigilancia, control de la circulación, denuncia de irregularidades ante las autoridades comunales y llamados de alarma ante la presencia de grupos armados han sido asumidas por núcleos voluntarios dependientes de los cabildos.[12]

---

[12] Durante la última movilización, los sesenta mil manifestantes que marcharon a la ciudad de Cali en septiembre de 2004 estuvieron protegidos por la presencia de 6.400 hombres y mujeres que en la actualidad componen la Guardia Indígena. Los comuneros que hacen parte de la Guardia son seleccionados por las autoridades del Cabildo, entre aquellos que se presen-

Entre una y otra etapa median cambios importantes que explican las nuevas respuestas. El principal cambio está en la exitosa participación en política de las organizaciones indígenas, hoy presentes en la Asamblea departamental y los concejos municipales, al igual que en las alcaldías de varias localidades. Experiencias que en el año 2000 confluyeron en la elección de Floro Tunubalá como el primer gobernador indígena del departamento. A diferencia de la situación vivida en los años ochenta, voceros indígenas apoyados por organizaciones políticas ampliamente reconocidas representan hoy al Estado que hace veinte años enfrentaban, sin perder un margen relativo de autonomía frente a temas particularmente críticos, como las estrategias antinarcóticos o las políticas de seguridad del Estado, cuya implantación es vista por las autoridades locales como un riesgo que puede implicar la profundización de una guerra que las comunidades señalan como ajena.

Los retos explicativos

La movilización de las comunidades indígenas del Cauca durante las últimas décadas plantea numerosos retos explicativos. Para empezar, el origen mismo del movimiento y la propia acción colectiva, cuya puesta en marcha está llena de obstáculos que casi siempre la conducen al fracaso. Como sabemos, tampoco es común que la dinámica de una movilización logre conservarse y menos ampliarse, ante la tentación de privilegiar las estrategias individuales a las acciones colectivas. Sin embargo, los resultados en este caso muestran una dinámica sostenida a lo largo de más de treinta años, que ha logrado superar numerosas dificultades y alcanzar resultados exitosos, que requieren para su explicación ser considerados parte de un proceso de luchas colectivas, que en su última fase se inicia, como ya se ha señalado, a comienzos de los años setenta.

Un importante eje explicativo lo podemos encontrar en el análisis de la *estructura de oportunidades*. Ésta se entiende, según lo propone Tarrow (1997), como un proceso de transformaciones en el entorno político que se alimenta de la relación entre el Estado

tan voluntariamente en los distintos resguardos. Luego de un examen de su trayectoria y su comportamiento, los candidatos son incorporados por un período de uno a dos años, durante los cuales permanecen a órdenes del respectivo Cabildo.

y sus interlocutores y que produce cambios en los alineamientos gubernamentales. Desde esta interpretación, la movilización de los indígenas del Cauca ha aprovechado y ha alimentado, a la vez, importantes transformaciones en la política del Estado, que han tenido enormes repercusiones regionales.

Para empezar, el nacimiento de la más importante de las organizaciones: el CRIC, en 1970, fue un resultado indirecto de los esfuerzos del Estado para poner en marcha su programa de reforma agraria. Posteriormente, en su enfrentamiento por el control de las tierras comunales, las élites políticas locales, estrechamente ligadas a la gran propiedad rural, fueron derrotadas por la persistencia de la movilización directa de los indígenas y la pérdida del apoyo del gobierno central, que a mediados de los años ochenta decidió reconocer los argumentos de las comunidades y abandonar su política de apoyo irrestricto a los intereses de los grandes hacendados. Finalmente, la nueva realidad política se hizo evidente a partir de las trasformaciones que impuso la nueva Constitución de 1991, en cuya elaboración participaron tres representantes de organizaciones indígenas, provenientes todos de las comunidades del Cauca.

Adicionalmente, la cohesión de las organizaciones indígenas se vio reforzada por la selección incentivos colectivos, que estimularon la participación. El principal fue el acceso a las tierras comunales, garantizado a través de la recuperación y defensa de los resguardos. Este objetivo, que aún hoy se mantiene vigente, garantizó la movilización comunitaria en un esfuerzo gigantesco que permitió la recuperación de cerca de 80.000 hectáreas entre 1970 y 1996.[13] A partir de los años noventa, otras demandas han logrado encarnar un propósito común, como son la defensa de la autonomía territorial y el desarrollo de la jurisdicción especial indígena.

Por si fuera poco, la acción colectiva fue reforzada por la recuperación y puesta en vigor de un valioso conjunto de tradiciones ancestrales, que fortalecieron la autoridad de las instituciones co-

[13] De acuerdo con los registros de la Regional Cauca del Instituto Colombiano de Reforma Agraria (Incora), 74.228 hectáreas fueron recuperadas por las comunidades indígenas del Cauca entre 1970 y 1996. La mayor parte de estas recuperaciones (58,88%) se llevó a cabo entre 1981 y 1990, etapa que corresponde al período de desarrollo militar del Quintín Lame, incluidos los años en que operaba como autodefensa indígena sin identificación explícita como grupo armado. Véase Peñaranda (1999).

munitarias tradicionales, como ocurrió en el caso de los cabildos. Este proceso estuvo acompañado por la recuperación y difusión del lenguaje y por una reinterpretación de su pasado que hizo de la historia una herramienta formidable para reinventar una identidad y una tradición de luchas que estaban fragmentadas y amenazadas a comienzos de los años setenta. Todos estos elementos garantizaron el fortalecimiento de la "comunidad", que ha logrado así cumplir con la función de mantener un sistema de valores y creencias comunes, fortalecer las relaciones directas entre sus miembros y garantizar la práctica de una reciprocidad generalizada y equilibrada entre ellos, características todas que han sido destacadas –por ejemplo, por autores como Taylor (1982)– como recursos que le permiten controlar la conducta individual y mantener el orden social.

Desde otra perspectiva que puede resultar complementaria, los líderes indígenas consideran que su actual lucha en defensa de la autonomía hace parte de una tradición que extiende sus raíces hasta la resistencia contra la invasión española en el siglo XVI. La vigencia de esta tradición, por remota que parezca, es comúnmente aceptada y alimentada por las propias comunidades y posee una eficacia política indudable. Desde una visión histórica, la actual etapa de movilización contra los actores armados puede efectivamente inscribirse en el arco más amplio de una tradición, empleando para ello el concepto de *adaptación-en-resistencia*, utilizado en el trabajo de Steve Stern (1987) sobre las revueltas campesinas en los Andes, que hace referencia a la capacidad de los pobladores rurales para adaptarse a situaciones de dominación, sin renunciar a la conservación de un cuerpo de "derechos" cuya supervivencia implica el carácter contingente de la adaptación.

Esta interpretación permite superar los tradicionales supuestos sobre la acción política de las comunidades rurales tradicionales y particularmente las comunidades indígenas; supuestos que tienden a encasillarlas como meros "reactores" defensivos, estrechos de miras, cuya conducta refleja simplemente su posición "estructural", que lleva a que sus acciones sean consideradas solamente una reacción ante fuerzas externas económicas o políticas. De esta manera es posible recuperar el vigor de las iniciativas políticas puestas en marcha por las propias comunidades y la capacidad de la "memoria" para estructurar una conciencia histórica y cultural.

Si adoptáramos esta interpretación a la actual etapa de resistencia indígena, deberíamos emplear simultáneamente varias escalas temporales: una de larga duración, más de un siglo, para comprender la construcción de imaginarios y de memorias que alimentan la tradición de rebeldía; una escala de mediana duración, para analizar la conformación de filiaciones políticas y los procesos de reconstrucción identitaria ligados a la defensa de las propiedades comunales; finalmente, una escala de corta duración, para estudiar la interacción con los grupos armados, paralelamente a la movilización por la recuperación de la tierra, la incorporación al sistema político y el aprovechamiento de las posibilidades que se abren a partir de 1991.

Ahora bien, al hablar de resistencia hablamos de dominación, y en una visión de larga duración tendríamos que aceptar que los agentes dominantes han ido cambiando y que las estrategias políticas de los dominados también. El punto es importante, dado que en este caso tendríamos que referirnos a la guerrilla como agente de dominación. El problema está en la suposición heredada de que todo movimiento revolucionario es "popular" y que los insurgentes representan las aspiraciones de las comunidades. Esta suposición, que olvida las brechas ideológicas entre las organizaciones insurgentes y las bases populares, intenta obviar el hecho de que en ausencia de una identidad ideológica, la imposición de las guerrillas sobre la población se obtiene no por adhesión, sino por miedo.

En el caso que nos ocupa y refiriéndonos específicamente a las FARC, la guerrilla con más larga presencia en la región del Cauca, la distancia entre la insurgencia y las comunidades es enorme. Para empezar, su instalación en la región fue desde un comienzo traumática, no sólo por la falta de empatía con las comunidades locales, sino porque desde muy temprano fue claro que la población terminaría soportando las consecuencias que acarrearan las acciones insurgentes. Adicionalmente, el reclutamiento de jóvenes a las filas guerrilleras ha sido una fuente permanente de conflictos, en la medida en que altera las estructuras tradicionales de poder y termina fomentando comportamientos antisociales en los jóvenes que recluta. Por otra parte, la guerrilla nunca proveyó de beneficios a las comunidades y, al contrario, muchas veces ha obstaculizado sus avances.

Así, en los años ochenta, en el apogeo de las recuperaciones de tierra, las FARC, que extorsionaban a los hacendados, se opusieron a la acción de las comunidades, a fin de no perder su fuente de recursos, y llegaron al extremo de asesinar dirigentes indígenas acusándolos de ser delincuentes comunes. Durante muchos años también las FARC trataron de interferir en las organizaciones de base y más recientemente en los movimientos políticos e intentaron presionar a las comunidades a favor de candidatos de su preferencia a cargos públicos. En los últimos años, la guerrilla se ha mostrado incapaz de comprender el enorme significado que tiene el acceso de líderes locales a cargos de representación como las alcaldías, y les han dado el mismo tratamiento que otorga a los representantes de los partidos tradicionales, es decir, los han amenazado y les han exigido su renuncia, cuando no obtienen su colaboración. Por último, sus demostraciones de fuerza terminaron siendo un martirio para poblaciones que han tenido que soportar los continuos asaltos de la guerrilla, que en cada caso destruye los principales edificios públicos, muchos de ellos levantados gracias al esfuerzo comunitario.

Aunque una alianza entre las comunidades y los grupos insurgentes nunca ha existido, la confusión estriba en el hecho de que en sus orígenes las organizaciones indígenas fueron permeadas por el discurso de la izquierda revolucionaria, de donde provenían algunos dirigentes no indígenas que se integraron a las comunidades y tuvieron una importante participación en el proceso organizativo. Por otra parte, enfrentadas a las élites locales por el control de las tierras comunales, las comunidades fueron fácilmente estigmatizadas por los poderes locales como aliadas de la insurgencia, con el fin de reclamar una mayor represión por parte de los cuerpos de seguridad. Aunque esta confusión se ha disipado en buena medida, aún afecta la percepción de algunos agentes del Estado que desconfían del discurso de los dirigentes comunitarios que se oponen de todas maneras a la implementación de las políticas del gobierno central en la lucha contra la subversión y también en otros temas como la lucha antinarcóticos.

Aquí puede apreciarse nítidamente una característica particular que diferencia la actitud de las comunidades indígenas del Cauca de la adoptada en otros escenarios por comunidades de pobladores rurales a favor de la política contrainsurgente, como ocurrió en Perú durante la década pasada. En el caso del Cauca, los indígenas han manifestado su abierta oposición frente a todos los actores armados, incluidos los agentes estatales, a quienes exigen no trasladar su enfrentamiento a sus territorios y el respeto a sus autoridades. Sus acciones se orientan a garantizar una neutralidad difícilmente entendida, pero que para sorpresa de muchos están dispuestos a defender incluso a riesgo de su propia vida.

Movilización y violencia

Si apreciamos la movilización de las comunidades indígenas del Cauca como un proceso de mediana duración, en defensa de su autonomía y su territorio, podemos interpretar la activación de mecanismos de resistencia como una respuesta frente a las amenazas que ponen en riesgo las conquistas alcanzadas. En este sentido, se aprecia una estrecha coincidencia entre los dos períodos de resistencia activa que identificamos en las paginas anteriores: el primero de 1984 a 1989 y el segundo de 1999 a 2002, y el comportamiento de la violencia política.

La gráfica que resulta de la muestra recuperada para el departamento del Cauca entre 1975 y 2002 totaliza 2.594 casos de homicidio, de los cuales 1.106 se dieron fuera de combate, y 1.488, en combate. Como puede apreciarse, los dos picos que alcanza la violencia homicida se obtienen, el primero, entre 1984 y 1987 y, el segundo, entre 1999 y 2002, en estrecha correlación con las dos etapas de resistencia activa. Durante los dos picos de violencia, el comportamiento del homicidio fuera de combate y del homicidio en combate es similar, aunque en cada uno de los años en los que se alcanza la cota más alta, el primero supera al segundo.

Hay que anotar que los dos períodos coinciden con los dos momentos en los que se ha desarrollado un proceso de negociación con las FARC: el primero entre 1984 y 1989, durante el gobierno de Belisario Betancur, y el segundo de 1999 a 2002, durante el gobierno de Andrés Pastrana. Los dos implicaron acercamientos entre la organización guerrillera y el gobierno y supusieron acuerdos parciales hacia una disminución de las hostilidades, pero como se sabe en ninguno de los dos casos las FARC renunciaron a avanzar en su proyecto político y aprovecharon las circunstancias para incrementar su fuerza militar. La muestra indica también que esta organización es responsable de cuatro de cada diez casos de homicidio fuera de combate en los que el responsable ha sido identificado y que cin-

Gráfica 1. Homicidios en Cauca

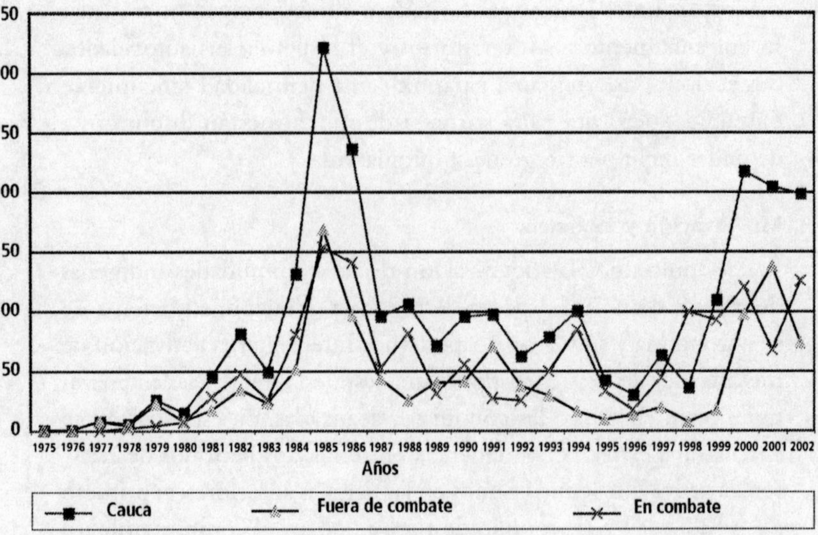

Fuente: Elaborada a partir de la base de datos "Violencia política letal 1975-2004", Francisco Gutiérrez *et. al.*, IEPRI, 2005.

co de cada diez víctimas son indígenas o dirigentes cívicos. Estas observaciones refuerzan la idea de que se trata de una violencia eminentemente política, en cuanto se está disputando el control de la población indígena.

Respecto a la participación de agentes del Estado como responsables de los homicidios fuera de combate, hay que anotar que ésta pasa de tres de cada diez homicidios hasta 1991, cuando empieza a descender hasta llegar a uno de cada diez, comportamiento que es exactamente el inverso al de los grupos paramilitares, que ascienden hasta llegar a ser responsables de tres de cada diez homicidios fuera de combate al final del período.

Podemos afirmar, a manera de hipótesis, que existe una correlación entre los dos picos de violencia y las dos etapas de movilización activa de la población indígena. En efecto, los datos con que se cuenta llevan a pensar que la movilización se incrementó a partir del momento en que la violencia política alcanzó índices que pusieron en riesgo a las de las organizaciones indígenas y a sus dirigentes. La movilización sería una respuesta a la trasgresión a un conjunto de derechos irrenunciables, impuesta por los actores armados.

Conclusiones

El ataque de las FARC a la población de Toribío, el 14 de abril de 2005, y la posterior reacción de los organismos de seguridad confirman algunos de los argumentos precedentes. Esta población, que se había convertido en un símbolo de la resistencia indígena frente a la guerra, fue parcialmente destruida por las FARC, en una acción orientada a atacar el puesto de Policía local pero que no ocultó el carácter punitivo frente a una comunidad que de manera desafiante los había enfrentado reiteradamente. El Estado respondió reforzando la presencia militar en el poblado y desatando una serie de acusaciones contra los dirigentes locales, por su supuesta colaboración con la guerrilla, que derivó en la detención de una veintena de ellos.

Con sus acciones, tanto el Estado como la guerrilla han demostrado el poco interés de respetar la voluntad de las comunidades de mantenerse al margen del conflicto. La neutralidad en este caso resulta sospechosa, para unos y para otros. Estado y guerrilla coinciden paradójicamente en este punto, que refleja además una visión no muy diferente del modelo de construcción del Estado-nación, en el que no tienen cabida las demandas de autonomía de las comunidades indígenas. Éstas, cuya movilización representa una de las trasformaciones más destacables de la sociedad colombiana frente al conflicto en las últimas décadas, deberán continuar su camino en solitario para tratar de garantizar la movilización social en medio del conflicto armado.

Octubre de 2005

Bibliografía

Bengoa, José. 2000. *La emergencia indígena en América Latina*, México, Fondo de Cultura Económica.

Degregori, Carlos Iván. 1996. *Las rondas campesinas y la derrota de Sendero Luminoso*, Lima, IEP.

Fidji, María Teresa. 1995. "Tragedia, cultura y luchas de los paeces", en *Desastres y Sociedad*, Red de Estudios Sociales en Prevención de Desastres en América Latina, enero-junio, No. 4.

Gros, Christian. 1991. "Guerrillas y movimientos indígenas-campesinos en los años 1960", en *Colombia Indígena*, Bogotá, CEREC.

Hale, Charles. 1994. *Resistance and Contradiction*, Stanford, Stanford University Press.

Hernández Lara, Jorge. 2002. "La resistencia civil en caliente: una contribución a la pacificación del conflicto en Colombia", en *Sociedad y Economía*, Universidad del Valle, No 2, abril.

Hobsbawm, Eric. 1995. "Historiografía del bandolerismo", en Sánchez, Gonzalo y Peñaranda, Ricardo (comp.) *Pasado y presente de la violencia en Colombia*, Bogotá, s. e.

Le Bot, Ivon. 2003. "Conflits armés, décompositions et recompositions identitaires en Amérique latine", en Hassner, P. y Marchal, R. *Guerres et sociétés. Etats et violence apres la guerre froide*, Paris, Karthala.

—. 1995. *La guerra en las tierras mayas*, México, Fondo de Cultura Económica.

Ortiz, Carlos Miguel. 2001. "Actores armados, territorios y poblaciones", en *Análisis Político*, No. 42.

Pécaut, Daniel. 1993. "Violencia y política en Colombia", en Degregori, Carlos Iván (edit.) *Democracia, etnicidad y violencia política en los países andinos*, Lima, IFEA-IEP.

Peñaranda, Ricardo. 1999. "De rebeldes a ciudadanos: el caso del Movimiento Armado Quintín Lame", en Peñaranda, Ricardo y Guerrero, Javier (comp.) *De las armas a la política*, Bogotá, IEPRI-Tercer Mundo.

Sánchez, Gonzalo y Meertens, Donny. 1983. *Bandoleros, gamonales y campesinos*, Bogotá, El Áncora.

Skocpol, Theda. 1982. "What Makes Peasants Revolutionary?", en *Social Revolutions in the Modern World*, Cambridge, Cambridge University Press.

Stavenhagen, Rodolfo. 1995. "The Indigenous Peoples: Emerging Actors in Latin América", en *Ethnic Conflict and Governace in Comparative Perspective*, Working Papers, No. 215, Washington, Woodrow Wilson Center.

Stern, Steve (ed.) 1987. *Resistance, Rebellion and Conciousness in the Andean Peasant World, 18th to 20th Centuries*, Madison, The University of Wisconsin Press.

Tarrow, Sydney. 1997. *El poder en movimiento*, Madrid, Alianza.

Taylor, Michel. 1982. *Anarchy, Community and Liberty*, Cambridge, Cambridge University Press.

Touraine, Alain. 1995. Prólogo al libro de Ivon Le Bot, *La guerra en tierras mayas*, México, Fondo de Cultura Económica.

Wicham-Crowley, Timothy. 1992. *Guerrillas & Revolution in Latin America*, Princenton, Princenton University Press.

ÍNDICES

Índice onomástico*

A

Aguilera, Juan de Dios, 217
Aguilera, Mario, 19, 21, 189-190
Alape, Pastor, *v.* 'Pastor Alape'
'Alfonso Cano', 186, 188, 332
Álvarez, Georges Daniel, 140
Araújo Noguera, Consuelo, 319
Arenas, Carlos, 276
Arenas, Jacobo, *v.* 'Jacobo Arenas'
Arenas, Jaime, 217
'Argemiro', 287
Arias, Andrés Felipe, 189
Arias, Rocío, 274
'Ariel Otero', 275, 292-294
Aznar, José María, 83, 90

B

Báez, Ernesto, *v.* 'Ernesto Báez'
Barco Vargas, Virgilio, 16, 75, 78, 126, 186, 319, 321, 423, 528
Bateman Cayón, Jaime, 413
Bedoya, Harold, 337
Beira-Mar, Fernandinho, 140
Belaúnde, Fernando, 186
Benedite, Florian Arnold, 557
'Bertulfo', 188-189
Betancourt, Íngrid, 88, 94, 119
Betancur, Belisario, 29, 126, 182, 186, 220, 284, 319, 321-322, 325, 335, 338, 364, 419-421, 477, 491, 565
Blair, Tony, 83, 90
Bolívar, Íngrid J., 14
Borja, Gabriel, 253-254
Borrero, Armando, 317
'Botalón', 276, 294-295
Bottía, Martha, 185
Bradley, Eilleen, 192
Briceño Suárez, Jorge, *v.* 'Mono Jojoy'
Buitrago, Alirio, 253, 258
Buitrago, Carlos, 253, 258
Burton, Dan, 47
Bush, George, 281
Bush, George W., 21, 53, 59, 90, 156

C

Cabrera Díaz, Hermilo, *v.* 'Bertulfo'
Cadena, Francisco Antonio, 151

* Por las características de algunas de las personas mencionadas a lo largo del libro, se presentan muchos alias o sobrenombres; éstos siempre aparecen en el índice entre comillas sencillas. Ejemplos: 'Doble Cero', 'Felipe', 'McGyver'. Cuando es posible identificar el nombre real y el alias, ambos aparecen en el índice, pero las páginas sólo se mencionan en el alias, y el nombre remite al alias con la abreviatura "*v.*" (*véase*). Ejemplo: Rodríguez Gacha, Gonzalo, *v.* 'El Mexicano'. Cuando el alias simula un nombre real (por ejemplo 'Ariel Otero' o 'Alfonso Cano'), las páginas aparecen bajo este alias, sin invertir el orden de nombre y apellido.

Caldera, Rafael, 137, 147
Camacho Leyva, Luis Carlos, 216
Cano, Alfonso, *v.* 'Alfonso Cano'
Castaño, Carlos, 247, 277-278, 294, 305, 364, 429, 435
Castaño, Fidel, 277, 364
Castro Caycedo, Germán, 302
Castro, Fidel, 173
Chamorro, Violeta, 200
Chávez, Hugo, 60, 138, 148-149
'Che' Guevara, 359
Chirac, Jacques, 77
Clausewitz, Carl von 196, 296
Clinton, Bill, 47-48, 155
Cohen, William, 50
Collier, Paul, 17, 27, 450, 453, 456, 466
Correa, Hernando, 355
Cortés, Julio César, 217
Cubas, Raúl, 142
Cubides, Fernando, 184
Cuéllar, Urías, 194
Currea Cubides, Hernando, 179

D

Da Silva, Luiz Inácio 'Lula', *v.* Silva, Luiz Inácio 'Lula' da,
De Tocqueville, Alexis Clérel, *v.* Tocqueville, Alexis Clérel de
De Wine, Mike, *v.* Wine, Mike de
Díaz, Rogelio, 183
'Doble Cero', *v.* 'Rodrigo'
'Don Chepe', 275
Duque, Iván Roberto, *v.* 'Ernesto Báez'

E

Echandía, Óscar, 275, 288
Echandía, Camilo, 184
Echeverri Mejía, Gilberto, 328
'El Mexicano', 291 276, 290-292, 410
'El Pájaro', 276
'El Policía', 294
'Ernesto Báez' 277, 293, 294
Escobar, Pablo, 23, 277, 290-293, 410, 417-418, 426
Estrada, Fernando, 191
Estrada, Rubén, 288

F

'Felipe', 219
Ferrer, Harvey, 126
Fischer, Joschka, 83
Franco, Ricardo, 286
Freire, Paulo, 257
Fujimori, Alberto, 153, 186, 330, 342

G

'Gabino', 232
Galán, Francisco, 255
Galán, Luis Carlos, 418, 423, 478
García, Alan, 186
García, Héctor, 294
García, Rodrigo, 279
Garzón, Baltasar, 80
Garzón, Luis Eduardo, 335
Gaviria, Guillermo, 327-328
Gaviria Trujillo, César, 16, 76, 78, 126, 186-187, 236, 293, 319, 321, 425
Getchen Turbay, Jorge 319
Gilhodès, Pierre, 180

Gilman, Benjamín, 47
Gómez Buendía, Hernando, 13
Gómez, Camilo, 325
Gómez Castro, Laureano, 335
Gómez Hurtado, Álvaro, 178, 319, 335
Gómez, Joaquín, *v.* 'Joaquín Gómez'
Gómez, Laureano, 177
González, Fernán, 14
González, Hernando, 188
'Gonzalo', 288
Gracia, Carmelo, 253
Granda, Rodrigo, 142, 149
Guarín, Pablo, 291, 294
Guarín Vera, Pablo Emilio, 288
Guevara, Ernesto, *v.* 'Che' Guevara
'Gustavo López', 189
Gutiérrez, Bernardo, 292
Gutiérrez, Francisco, 175, 191
Gutiérrez, Lucio, 149, 150, 157
Guzmán, Efraín, 185

H

Hastert, Dennis, 47
Henrique Cardoso, Fernando, 150
Hernández, Milton, 228
Hobbes, Thomas, 456
Hobsbawm, Eric, 17, 28
Hoeffler, Anke, 27, 450, 453, 456

I

Isaza, Ramón, 276, 291, 293-295, 364
'Iván Márquez', 186, 188, 332

J

'Jacobo Arenas', 182-183, 185, 188, 331
Jaramillo, Bernardo, 423
Jaramillo, Jesús Armando, 259
Jaramillo, Sergio, 175, 200
Jiménez, Carlos, 419, 420, 421
Jiménez, José Antonio, 253
Jiménez, Timoleón, 186, 332
'Joaquín Gómez', 178, 186, 188, 338
'Julio', 294

K

Kaldor, Mary, 17, 25, 487
Kalmanovitz, Salomón, 416-417
Kennedy, John F., 179
Klein, Yair, 276, 290

L

'La Cacica', *v.* Araújo Noguera, Consuelo
Laín, Domingo, 253
Landaburu, Enero, 93
Lara Bonilla, Rodrigo, 408, 420-421, 437
Le, Bot Yvon, 254
Leal Buitrago, Francisco, 180
Lehder, Carlos, 23, 418, 419
Lesmes, Nelson, 275, 288, 294, 304
Leyva, Álvaro, 323
Liddell, Hart Basil, 194
Lleras Camargo, Alberto, 177-178, 181
Lleras Restrepo, Carlos, 413
Lloreda, Rodrigo, 50, 330
Loaiza, Carlos, 298
Loaiza, Gerardo, 177

López Arroyave, Bernardo, 253, 258
López, Carmelo, 183
López, Gustavo, *v.* 'Gustavo López'
López Michelsen, Alfonso, 335, 420-421
Lozada, Rigoberto, 183
'Luis Ramírez', 276, 292, 294

M
Maldonado, Andrés, 189
Mancuso, Salvatore, 277
'Manuel Marulanda Vélez', 109, 178, 180-181, 183, 186, 323, 331-332
Marín Arango, Luciano, *v.* 'Iván Márquez'
Márquez, Iván, *v.* 'Iván Márquez'
Marulanda Vélez, Manuel, *v.* 'Manuel Marulanda Vélez'
Matallana, José Joaquín, 355
Mauceri, Philip, 186, 330-331
McAffrey, Barry, 156
'McGyver', 276
Medina, Carlos, 364
Medina Morón, Víctor, 217
Medina, Oliverio, *v.* Cadena, Francisco Antonio
Mejía, María Emma, 325
Mejía, Vicente, 253
Messiant, 28
Molina, Gilberto, 288
'Mono Jojoy', 186, 188, 317, 323, 332, 338
Monterroso, Augusto, 306
Montesinos, Vladimiro, 154
Montoya, Germán, 423
Moore, Barrington, 466
Moore, Mick, 446, 447, 450
Munar Munar, Miller, *v.* 'Gustavo López'
Münkler, Hefried, 28
Muñoz, Gilberto, 557
Muñoz Lascarro, Félix Antonio, *v.* 'Pastor Alape'

N
'Nicolás', 216
Noriega, Manuel, 420
Núñez, Joseph R., 20-21

O
Ocampo, Aníbal, 292
Ochoa, Heliodoro, 217
'Oliverio Medina', *v.* Cadena, Francisco Antonio
Olson, Mancur, 17, 271, 302
Ortega, Jairo, 418
Ortiz, Ramón, 176
Ospina Pérez, Mariano, 177
Otero, Ariel, *v.* 'Ariel Otero'

P
Paniagua, Valentín, 186
Parra, Jaime, 288
Parra, Pedro, 288
'Pastor Alape', 188
Pastrana, Andrés, 49-50, 53, 55, 79-80, 84-85, 87-88, 108-110, 144-145, 148, 151, 153-154, 156, 161, 178, 186, 193, 315-317, 319, 321-325, 327, 330, 335-336, 338, 344, 359, 367, 429-430, 565
Patterson, Anne, 49-50
Pécaut, Daniel, 20, 176
Peñaranda, Ricardo, 20

Peñate, Andrés, 185, 261
Pérez, Gonzalo de Jesús, 275, 288, 294
Pérez, Henry de Jesús, 273, 275, 288, 290-294
Pérez, Manuel, 227, 232, 252-255, 259
Pineda, Eleonora, 274
Pito, Ramiro, 557
Pizarro, Carlos, 423
Plotter, Carlos Gustavo, 198
Powell, Colin, 54

R

'Rafael', 216, 222, 232
Ramírez, Luis, *v.* 'Luis Ramírez'
Ramos, Arnubio, 324
Ramos Cai, José, 557
Rangel, Alfredo, 175-176, 186, 195-196, 317
Rangel Gómez, Rafael, 214, 376
'Raúl Reyes', 186, 332
Reagan, Ronald, 280-281
Restrepo, Jorge, 199
Restrepo, Luis Alberto, 186
Restrepo, Luis Carlos, 436
Reyes, Raúl, *v.* 'Raúl Reyes'
Ricardo, Víctor G., 323, 325
Richani, Nazih, 26
Ríos, Iván, 185-186, 332
Rivas, José de Jesús, 183
'Rodrigo', 436
Rodríguez Gacha, Gonzalo, *v.* 'El Mexicano'
Rodríguez Zapatero, José Luis, 90
Rodríguez Bautista, Nicolás, *v.* 'Gabino'
Rojas, Diana, 21, 97
Rojas Pinilla, Gustavo, 177, 181
'Roland', 28
Romero, Juan de Dios, 292
Rompe, Dennis, 179
Rouquié, Alain, 16
Rubio, Luis, 286, 288, 294
Rueda, Laurentino, 253
Ruiz Novoa, Alberto, 180
Russell, Crandall, 45

S

Sáenz Vargas, Guillermo León, *v.* 'Alfonso Cano'
Samper, Ernesto, 16, 43, 45, 47-49, 76-78, 107, 130, 144, 155, 161, 186, 190, 193, 283, 321, 323, 330, 337-338, 419, 426-430
Sánchez, Arteaga Jaime, 288
Sanguino, Antonio, 255
Santos, Francisco, 119
Schelling, Thomas, 17, 270, 299
Schröder, Gerhard, 83
Secué, Cristóbal, 558
Serpa, Horacio, 323
Silva, Luiz Inácio 'Lula' da, 151
Skocpol, Theda, 545
Spagat, Michael, 199
Suárez, Luis, 288
Suharto, 458

T

Tarazona, Guillermo, *v.* 'Luis Ramírez'
Tejada, Pablo, 225
Thoumi, Francisco, 434
Tilly, Charles, 17, 300, 447

'Tirofijo', *v.* 'Manuel Marulanda Vélez'
Tocqueville, Alexis Clérel de, 19
Toledo, Alejandro, 154, 186
Toncel Redondo, Miltón de Jesús, *v.* 'Joaquín Gómez'
Torres, Camilo, 214, 217-218, 234, 253-256, 260
Torres, Felipe, 255
Touraine, Alain, 549
Triana, Víctor, *v.* 'Botalón'
Trujillo, Ciro, 183
Tunubalá, Floro, 560
Turbay Ayala, Julio César, 321, 272, 335, 477

U
Uribe, Álvaro, 16, 21, 46, 55, 58, 77, 87, 89-94, 97, 117-119, 144-150, 152-154, 161, 186-187, 195-196, 198, 315, 317, 321-322, 324-325, 327, 330, 335-337, 339, 359, 431-432, 435, 528, 530
Uribe, Diego Cristóbal, 258
Uribe Escobar, Diego, 253

V
Valencia, Guillermo León, 178, 190, 339, 354
Valencia Tovar, Álvaro, 179
Vásquez Castaño, Antonio, 217
Vásquez Castaño, Fabio, 215, 217, 234, 253
Vásquez Castaño, Manuel, 217
Vásquez, Teófilo, 14
'Víctor', 294
Vieira, Gilberto, 178
Vinotás, Arquimídes, 557
Von Clausewitz, Carl, *v.* Clausewitz, Carl von

W
Waldmann, Peter, 19-20
Walesa, Lech, 80
Wine, Mike de, 192

Z
Zackrison, James, 192
Zea, Germán, 423

Índice analítico

11-M, 95, 197
11-S, 41, 47, 53, 60, 87, 100, 156, 158, 191, 193, 197, 321, 324, 333, 344, 431
v. t. terrorismo
26 de Septiembre (grupo guerrillero), 178

A

A Luchar, 220, 243
Abibe, serranía, 116
acción colectiva, 452
Aceh (Indonesia), 523
actividad armada, 352, 378-380, 387, 391-392, 398-399, 555
escalonamiento, 352, 397
metodología de medición, 379, 381-383
municipios, 354
necesidades básicas insatisfechas, 385
acto violento, motivación, 513
acuerdo de Viana, 228
acuerdo humanitario, 90, 119
v. t. FARC, Francia
Afganistán, 100, 198, 207, 320, 461, 463, 465, 513
África, 73, 207, 447, 457-459
Agencia Colombiana de Cooperación Internacional (ACCI), 84
Agencia Sueca de Cooperación Internacional para el Desarrollo (ADSI), 86
agricultores, 278
Al Qaeda, 197
alcaldes, elección popular, 29-30, 225
Alemania, 75, 79, 83, 103, 108
Baader Meinhof, 341
parlamentarios, 77
Parlamento, 118
Alianza Nacional Popular (Anapo), 285
Alianza para el Progreso, 179-180
v. t. Plan Laso
Alto Patía, 115
amapola, 430, 534
Amazonas, 116, 140, 145, 150
América Latina, 16
v. Latinoamérica
América, 207
Amnistía Internacional, 117, 344, 533
amnistía 364
Ley 35 de 1982, 364
tributaria, 418-420
analfabetismo, 373
Angola, 174, 208, 457, 459, 461, 463, 465
Anorí, 360
Antioquia, 114-116, 119, 217, 327-328, 360, 497-498
Apartadó, 278
Arauca (ciudad), 126, 138, 145, 218, 222, 250, 259, 261, 327, 361, 378, 497
ataques, 134
minas antipersonas, 135
Arauquita, 127, 137
Argelia, 207, 461-463, 513

Argentina, 85, 216
Ariari, región del, 178
Armada Nacional, 52
armas, 140, 143, 457, 467
contrabando, 150
convencionales, 134
incautación, 138
tráfico, 130-131, 138, 140, 150-151, 153
Armenia (Europa), 465
Armenia, 222
arroz, 445
Asia, 77, 207
asilo político, 133-134
Asociación Campesina de Agricultores y ganaderos del Magdalena Medio (Acdegam), 287-288, 290
Asociación de Cabildos del Norte, 558
Asociación de Estudiantes Universitarios de Santander (Audesa), 214
Asociación de Ganaderos, 279
Asociación Nacional de Instituciones Financieras (ANIF), 419
Atlántico, 119
Australia, 460
autodefensa campesina, 385
v. t. FARC, origen
Autodefensas Campesinas de Córdoba y Urabá (ACCU), 277, 364
Autodefensas del Magdalena Medio, 275-277
v. t. paramilitares
Autodefensas Unidas de Colombia (AUC), 19, 131, 284, 353, 360, 378-379, 428-429, 431, 523, 525, 528, 533, 536, 556, 558
comunicaciones, 278
desmovilización, 367
masacres, 117
surgimiento, 277, 295, 364
terrorismo, 54
terroristas, 87, 117, 197, 435
autodefensas, 177, 364
campesinas, 178, 180-181
autonomía política, 391
autoritarismo, 345
Azerbaiyán, 461, 463, 465
azúcar, caña de, 445

B

Balcanes, 73, 513
balcanización de Colombia, 192
banano, 77, 184, 352
Banco Interamericano de Desarrollo (BID), 80, 85, 111, 118
Banco Multisectorial de Inversiones (BMI), 111
Banco Mundial, 118, 533
bandidismo, 298-299, 306
bandido estacionario, 449
bandolerismo, 27-28
Barrancabermeja, 214, 217, 222, 230, 240, 361-362, 365
Barrancominas, 194
base de datos, 199
sobre el conflicto, 24, 124-125
v. t. econometría
Bélgica, 84-86, 109, 112, 117
Bogotá, 184, 217
cerco de las FARC, 194
Bolívar, 115, 119, 217, 360

Bolivia, 409, 428-429
coca, 416
cultivo de droga, 68, 77
relación con Estados Unidos, 157
Bosnia, 455, 523
Bosnia-Herzegovina, 455, 461, 465
Brasil, 84, 88, 147
drogas, 140
frontera con, 127-128, 133
actos terroristas, 135
ataques, 134
cultivo de coca, 132
secuestros, 132
incidencia del conflicto colombiano en, 140-141, 150-152, 158-163
mediaciones con las FARC, 152
militares en la Amazonia, 151
Bucaramanga, 222
Burundi, 207, 459-461, 465

C

cacao, 445
Cácota, 240
Cachemira, 174
café, 352, 417, 445, 457
Caja Agraria, asaltos a, 360
Caldas, 498
Caldono, 556-557
Cali, 217, 222, 547, 555
Cámara de Representantes, *v.* Congreso de la República
Camboya, 463, 498
Cambrín, cañón del, 177
campesinos, 304, 545, 563
Canadá, 84, 111, 147, 460
Caño Limón-Coveñas, oleoducto, 54, 361
Caparrapí, 289
capturas, 380-381
Caquetá, 44-45, 50-51, 85, 188, 327, 557
Caracas, 228, 456
carbón, 184, 227, 243, 352, 358
Caribe, 77
Carta Militante, 234
Cartagena, 92, 112
Cartel de Cali, 41, 44, 155, 192, 426, 433, 436
Cartel de la Costa, 44
Cartel de Medellín, 41, 44, 192, 292-294, 418, 426, 433, 436
carteles, 433
Casamance, 459
Casanare, 361, 497
Catatumbo, 101, 240, 429
Cauca, 112, 120, 547, 551-552, 556-557, 559, 561, 563, 564-566
censos, 351
centralización, 368
Centro de Investigación y Educación Popular (Cinep), 511-512
Centroamérica, 141, 147, 153
Cesar, 119, 129, 138, 361, 415
ciudadanía, 340-341
Civismo en Marcha, 418
clientelismo armado, 184, 370, 376
coca, 184, 389, 395, 413, 430, 534
base de, 44
cultivo, 41, 44, 62, 98, 131-132, 157, 366, 383, 386, 388-390, 416, 428, 432-433

cocaína, 413, 415-417, 426, 432-433, 534
Coconuco, 556
Código Penal, 129
Colonia, 342
combate, 515-517, 523, 527, 529
combatiente, 511
Comisión Europea, 78, 82-83, 93, 109, 118-119
Comisión Intercongregacional de Justicia y Paz, 512
Comité de Derechos Humanos, 283
complejo de conflicto regional, 459, 467
Comunidad Económica Europea, 75
comunidades de paz, 548
comunidades neutrales, 343
comunismo, 40, 174, 177-178
  anticomunismo, 158, 180
  caída, 55, 125
Concilio Vaticano II, 256
condiciones socioeconómicas, 390
Confederación de Municipio, 377
Conferencia Episcopal de Medellín, 256
conflicto
  civil, 508
  dinámica del, 516-517
  divisible, 452
  indivisible, 452
  intensidad del, 509, 520
  intensificación del, 517
  interno, 508-510, 515-516, 536
  prolongado, 173-174
  violento, 507, 513
Congo-Brazzaville, 459
Congreso de la República, 81, 178, 225, 317, 328, 340, 369, 418, 424, 427
Consejo de Ministros, 81-82
Consejo Nacional de Paz, 335
Consejo Regional Indígena del Cauca (CRIC), 553
Constitución Política de Colombia, 19, 24, 29, 213, 223, 225, 326, 370-373, 425, 519, 555, 561, 563
  artículo 35 (extradición), 427
  Asamblea Nacional Constituyente, 76, 225, 425-426, 519
  de 1886, 425
  reforma, 427
Consultoría para los Derechos Humanos y el Desplazamiento (Codhes), 511-512
contrabando, 131, 409-410, 413
  de armas, 150
  rutas, 411, 414
contrainsurgencia, 41, 47, 51, 53-54, 176, 202, 236, 279
  v. t. Fuerzas Armadas, Policía y Ejército
Contraloría de la República, 351
Convivir, 273
Coordinadora Guerrillera Simón Bolívar (CGSB), 220, 223, 228, 293, 531
cordillera Central, 356
cordillera Oriental, 184, 193, 358
Córdoba, 119, 279, 327
Corea del Norte, 226
Corea, 518

Corporación Andina de Fomento (CAF), 111, 118
Corriente de Renovación Socialista (CRS), 223-224, 236
corrupción, 42, 48, 83, 130, 251, 283, 369, 412, 426, 444, 457
Corte Constitucional, 328
Corte Suprema de Justicia, 419, 421, 423-424
costa Atlántica, 112
costa Caribe, 366
Costa de Marfil, 208
Costa Rica, 84
crimen
  común, 511-514
  organizado violento, 511, 513-514
criminalidad, 16, 269, 298, 302, 412, 483
Croacia, 461, 463, 465
Cruz Roja, 134, 558, 561
Cuba, 226, 409
  mediación con el ELN, 109, 117
Cúcuta, 222, 230, 362, 365
cultivos ilegales, v. drogas, cultivos
Cumbal, 127
Chad, 208
Chaparral, 177
Chiapas, 523
Chile, 84-85, 118
China, 226
Chitagá, 240
Chocó, 59, 85, 112, 119, 127

D

Darién (Panamá), 152
Declaración del Cusco, 150
Decreto de Conmoción Interior, 263
Defensoría del Pueblo, 328
déficit fiscal colombiano, 144
delincuencia, 160, 286, 302-303
  redes de, 25
delito político, 436
democracia, 315-316, 318, 340-341
  participativa, 371
democratización, 18, 24
Departamento Administrativo de Seguridad (DAS), 280, 511
Departamento Administrativo Nacional de Estadística (DANE), 132, 184, 352
Departamento Nacional de Planeación (DNP), 84, 200, 351, 370, 380, 491, 552
derechos humanos, 76, 78, 82, 85-86, 94, 99-100, 112-113, 119, 436, 512
  violación de, 91, 99, 126, 132, 262, 331
Derecho Internacional Humanitario (DIH), 86, 89, 94
  violación del, 120
desarrollo tardío, país de, 444, 447
descentralización, 15, 18, 24, 326, 328, 350, 352, 368-369, 386, 392, 398-399
  administrativa, 369-370, 372, 387, 397
  fiscal, 369, 387, 397
  gasto, 372
  inicio, 369
  objetivos, 369
  política, 369, 371-372, 397

despeje militar, v. zona de despeje
desplazados, 133-134
  apoyo a, 112
  en Panamá, 153
  en tránsito, 148
  municipios fronterizos, 135
  programas, 113
desplazamiento, 143, 487
Diálogos de Maguncia, 228
diálogos de paz, *v.* paz
diamantes, 457
Dinamarca, 75
dinero, lavado de, v. economía
Dirección Central de Policía Judicial (Dijin), 134-135
Djibouti, 459, 460
droga
  erradicación de cultivos, 430-432
drogas, 76, 102, 130, 536
  Brasil, 140
  campaña electoral de 1994, 130, 155
  carteles, 41, 48, 57, 61, 408, 534, 534
    v. t. cartel de Cali y cartel de Medellín
  consumo en Estados Unidos, 46
  cultivos, 41, 48, 57, 62, 66-68, 77, 130, 132, 350, 392-394, 397, 434
    en fronteras, 136
    en municipios fronterizos, 131
    Sistema Integrado de Monitoreo de Cultivos Ilícitos, 132
    v. t. drogas, erradicación de cultivos
  economía, 61
  Ecuador, 139
  erradicación de cultivos, 46-47, 49-51, 56-58, 139, 155, 327
  Europa, 73
  fumigación v. erradicación de cultivos
  globalización, 75, 98
  incautación, 50, 141
  interdicción, 47, 49
  laboratorios, 50
  lucha contra las, 40-41, 46-47, 50-51, 53, 61-62, 76, 82, 86, 96, 158, 293, 300-301, 564, 430
  precursores químicos, 50, 139-140, 143
  psicodélicas, 415
  tráfico de, 48, 60, 131, 409, 412, 496
  v. t. narcotráfico

E

econometría, 387-388, 398-399
economía
  con predominio de minerales, 462-464
  contrabando, 409
  de guerra, 192, 184
  dependiente, 467
  diversificada, 467
  divisas, 411
  econometría, 381-385
  exportación a Europa, 118
  ganadera, 297
  gasto militar, 189
  gasto público, 350, 370, 376

guerra, 55
ilegal, 16, 61, 408
inestabilidad, 162
lavado de dinero, 90, 118, 130, 139, 150
legalización de capitales, 419-420
local, 352, 372
mineral, 445
narcotráfico, 408, 411
presupuesto militar, 496
programas, 112
recesión, 337-338
rentista, v. Estado rentista
sin predominio de minerales, 462-464
v. t. café
v. t. contrabando
v. t. PIB
ecoviolencia, 455
Ecuador, 143, 147
acuerdo humanitario, 150
cocaína, 139
frontera con, 127-129, 133
actos terroristas, 135
ataques, 134
cultivo de coca, 132
defensa, 149
desplazados, 136
homicidios, 135
masacres, 135
secuestros, 132
Fuerzas Armadas, revolucionarias Ecuatorianas-Defensoras del Pueblo (FARE-DP), 142
incidencia del conflicto colombiano en, 139-140, 149-150, 158-163
relación con Estados Unidos, 156
tráfico de armas, 140
tropas, 139
educación, 368, 372-374, 385, 389
programas, 112
Egipto, 156, 198
Ejército de Liberación Nacional (ELN), 18, 21, 44, 77, 126, 190, 321, 351, 353, 378-379, 431, 494, 531, 552
I Congreso, 219-220, 222, 229-230
I Reunión Nacional, 219
II Congreso, 220, 222, 230, 259-260
III Congreso, 224, 227
XIII Pleno, 228
'500 años de resistencia indígena, negra y popular', 236
A Luchar, 220
actividad armada, 242,
actividad municipal, 388
actividad económica, 386
actividad judicial, 386
acuerdo de Viana, 77, 107, 109
acuerdo trilateral, 330
agricultura, 244-245, 248-249
apoyo social, 212
armas, 216, 222, 228, 237
asaltos, 216
ataques contra Venezuela, 142
atentados, 54, 222, 236-237, 241
autoritarismo, 25
'banco agrario', 247

Bases Revolucionarias de Masas (BRM), 250
burocracia, 261
clientelismo, 261
Colectivos de Trabajo Sindical, 217
Comando Central, 252
comandos obreros, 217
combates, 240
comunidades eclesiales de base (CEB), 256-258
condiciones socioeconómicas, 386
Constitución campesina, 246
contra paramilitares, 211-212, 240
control territorial, 234
corredores
  de repliegue, 230, 240
  estratégicos, 263
corrupción, 261
crecimiento, 241
críticas internas, 259-260
debilitamiento, 187, 195, 198, 211, 235, 237-238, 263
derrotas, 191, 360
diálogos con el, intermediación de Europa, 117
Diálogos de Maguncia, 228
diferencia con las FARC, 212, 235
dinámica espacio-temporal, 386, 390-391, 396
Dirección Nacional Provisional, 219, 230-232, 255, 259
drogas, 212, 255
educación, 247, 257
eficiencia de justicia, 386, 390-391, 396
Encuentro Puerta del Cielo, 228
estancamiento militar, 229, 235-237, 243
estrategia política, 226-227
estrategia militar, 212, 221, 261, 360-361
estructura, 215, 229-230, 232, 238, 261-262
expansión, 361-363, 388-389, 391-392, 395-397
explotación
  mineral, 244
  pecuaria, 249
extorsión, 137
familia, 247-248, 255
financiación, 197, 216, 222, 262, 360, 387, 397-398
foquismo, 214-215, 359
formación
  militar, 237-239
  política, 237-239
formas asociativas, 245-247
formas de autogestión, 246
formas organizativas, 258-259
frentes, 217-218, 220, 222, 228-231, 239-241, 361
frentes obreros, 250
fusilamientos, 217
futuro, 211-212
Golconda, 252, 257
ideología, 212, 214, 218-219, 223, 225-227, 234, 253-256, 259, 359
  v. t. teología de la liberación
influencia religiosa, 252-260
Juntas de Acción Comunal, 245-246
leyes del Llano, 246

masacres, 127
milicias urbanas, 238-239, 249
movimientos sociales, 213
muertos en combate, 495
muertos, 237
negociación con el gobierno, 211, 224, 235, 262
Operación Anorí, 217
organigrama, 233
organización federal, 230-234
paros campesinos, 222
participación electoral, 386, 390-391, 394, 396
pena de muerte, 250
pie de fuerza, 215-217, 240, 361
poder ofensivo, 241-242
poder popular extrainstitucional, 244
poder popular, 212, 220, 222, 224
prácticas judiciales, 247-249
preacuerdo de Viana, 228
probabilidad de actividad, 393-394
proselitismo armado, 251-252
Proyecto Experimental de Alcaldes, 250
red urbana, 217, 220, 228, 250-251
relación con las FARC, 211
Replanteamiento, 217
representación política, 386, 390-391, 394, 396
Reunión de Notables, 360
Reunión Nacional, 250
revistas, 234
sabotaje, *v.* ELN, atentados
sacerdotes, 252-254, 258
salud, 257
secuestros, 117, 216, 361
segunda fase, 217
Sindicalismo Independiente y Clasista (SIC), 217
supervivencia, 213
surgimiento, 174, 181, 185, 214-217, 359
terrorismo, 54
terroristas, 87, 117, 147, 157-158, 197
trabajo comunitario, 249
Unión Camilista (UC), 227, 255
Venezuela, incursiones en, 148
Vuelo de Águila, 236
zona de encuentro, 112, 228

Ejército Nacional, 50, 130, 138, 177, 183, 279, 355, 360, 510-511
debilidades, 429
derrotas, 51, 337
desventajas, 281
enfrentamiento con guerrillas, 494
Estado Mayor, 179
facultades, 334
modernización, 359
muertos en combate, 494-495
relación con paramilitares, 273, 275, 277, 281-282, 288-291, 297, 302
tropas de élite, 188
v. t. Fuerzas Armadas; Marquetalia

Ejército Popular de Liberación (EPL), 220, 256, 277, 421, 423, 495, 552

surgimiento, 174, 181, 185
Ejército Zapatista de Liberación Nacional, 555
El Billar, 188, 358
El Colombiano, 502
El Espectador, 424
El Heraldo, 502
El Meridiano, 502
El Militante Opina, 220, 234
El País, 502
El Pato, 178, 182-183, 355
El Salvador, 49-50, 53, 200, 202, 224, 252, 255-256, 498
El Tiempo, 125, 195, 437, 502, 547
elecciones, 344
alcaldes, 29-30, 250-251, 350, 370, 372
amenazas, 374
gobernadores, 29-30, 279, 371
presidenciales, 322-323
élites, control territorial, 192
embera katíos, 80
emergencia humanitaria, 462
empate mutuamente doloroso, 200
empleo, 372-373
Empresa Colombiana de Petróleos (Ecopetrol), 138
empresa, teoría neoclásica de la, 449
Encuentro Puerta del Cielo, 228
enfermedad política holandesa, 444
Eritrea, 208, 459, 465
esmeraldas, 22, 410-411, 413-414
España, 78-79, 83-86, 88, 90, 107-109, 111-112, 118-119, 341
v. t. ELN, acuerdo de Viana
Esperanza, Paz y Libertad (EPL), 479, 492-493
Estado de derecho, 86, 196
Estado, 368
abusos de poder, 345
ausencia, 371
colapsado 192-193
de derecho débil, 457
depredador, 446
fracasado, 192
guerrerista, 447
legitimidad, 343
-nación, 467
rentista, 443-446, 448, 457, 462, 466-467
Estados Unidos, 74, 83, 102, 111, 118, 337, 359, 426, 460, 518
acuerdos con Europa, 100
certificación, 155
Congreso, 47, 81, 430-431
consumo de drogas, 46, 57-58, 412-413, 415
Departamento de Defensa, 49, 179
Departamento de Estado, 54, 197, 435
drogas, 409, 432
Embajada en Colombia, 49-50, 52
enmienda De Concini, 152
estrategia de seguridad regional, 123-124
guerra contra las drogas, 293
guerra de Vietnam, 340
intervención en Suramérica, 155, 157
política de seguridad, 154-155, 158-159

políticas antidrogas, 139, 155-156
presencia en el canal de Panamá, 141, 152
presencia en la Amazonia, 152
presencia militar en Colombia, 157
relación con Colombia, 16, 39, 41, 43, 45, 47, 60-61, 89, 97-98, 103, 193, 274, 427
ayuda militar, 50, 52, 54, 56, 59, 68-69
ayuda, 84-85, 146, 156, 430
certificación, 48, 78, 155-156
intervención, 55-56, 102, 130, 158
v. t. Plan Laso; Plan Colombia
relación con Ecuador, 156
relación con Perú, 153, 156
relación con Región Andina, 155, 163
relación con Venezuela, 156, 149
seguridad nacional, 39, 43, 197, 281
US Aid Package, 81, 88
v. t. Guerra Fría; terrorismo, guerra contra el
estatuto antiterrorista, 90, 119
Estatuto de Roma, 255
Estatuto de Seguridad, 272, 321
estrategia centrífuga, 174
ETA, 341
Etiopía, 208, 459, 465, 460
Europa, 16, 56, 97, 207, 337, 448
conflictos, 341
Constitución, 102
Corte de Justicia, 77
drogas, 73, 78
embajadores en Colombia, 109
empresas en Colombia, 98
Grupo de los 24, 92
homicidios, 342
imagen de Colombia en, 97
mediación con guerrillas colombianas, 79-80
mediaciones con las FARC, 108
migración, 76, 96
Parlamento, 85
reclamos de Colombia ante, 98
relación con Colombia, 73-75, 78-79, 83-84, 92, 95, 98-99
ayuda humanitaria, 82, 86
ayuda, 76
relación con Latinoamérica, 73
seguridad, 73
tortura, 342
v. t. Comisión Europea; Parlamento Europeo; Unión Europea
Europaid, 96
Europol, 90, 118
éxodo masivo, 338
explosivos, 189
expropiación, 535
extorsión, 102, 137, 184, 197, 298-299, 343, 350, 358, 364, 397, 535, 564
en Venezuela, 138
extradición, 46, 197-198, 419-420, 422, 424-426, 432
artículo 35 de la Constitución, 427
Ley 27 de 1980, 423
Ley 68 de 1986, 423

paramilitares, 428, 435-437
Extraditables, Los, 422-423

F
failing states, v. Estados colapsados
Federación Colombiana de Municipios, 114
Fiji, 208
Filipinas, 207
financiación, 390
Finlandia, 111
fiscales, 378
Fiscalía, 427
flores, 118
Fondelibertad, 131
Fondo de Inversiones para la Paz (FIP), 84
Fondo de Pensiones Territoriales (Ley 549 de 1999), 372
Fondo Monetario Internacional (FMI), 118, 220
Fondo Nacional para la Defensa de la Libertad Personal (Fondelibertad), 129
Francia, 75, 79, 83, 87, 103, 108-109, 117, 119
acuerdo humanitario, 90, 119
mediaciones con las FARC, 88, 94
Frente Farabundo Martí de Liberación Nacional (FMLN), 224
Frente Nacional, 178, 214, 410, 496
Frente Sur, 178
Frente Unido, 214
frutas, 118
Fuerza Aérea Colombiana, 151, 194
Fuerzas Armadas, 24, 51, 59, 90, 126, 177, 188, 193, 199, 235, 326, 429, 510, 524, 527, 530
abuso de poder, 329
armas, 359
batallones antinarcóticos, 51-52
contra paramilitares, 273
corrupción, 144, 338
debilitamiento, 337
derrotas, 130, 187, 337, 358
desapariciones, 329
desmoralización, 130, 144, 186, 337
entrenamiento, 56
estrategia, 186-187, 329
fortalecimiento, 94, 193, 198
helicópteros, 51
incremento de efectivos, 145
muertos, 479, 493
operación Anorí, 217
operación Centauro, 187
operación Gato Negro, 194
Plan Patriota, 187
reestructuración, 201
relación con el gobierno, 323, 329
relación con los paramilitares, 273, 289-290, 364, 435
relación con narcotraficantes, 329
renuncia de oficiales, 330
revolución estratégica, 193
servicios de inteligencia, 55
torturas, 329
viabilidad militar, 176
victorias, 194
Fuerzas Armadas Revolucionarias de Colombia (FARC), 19,

21, 26, 29, 44, 124, 126, 138-139, 174, 220, 277, 284-285, 295-296, 321, 327, 351, 353, 378-379, 431, 494, 519-520, 523, 531, 547, 558
I Conferencia (Riochiquito), 182, 355
II Conferencia (El Pato), 182-183, 355
III Conferencia (Guayabero), 183, 355
IV Conferencia (Río Duda), 183
V Conferencia, 355
VI Conferencia, 355-356
VII Conferencia (Guayabero), 183, 185, 188, 356, 358
VIII Conferencia, 188-189, 359
Abriendo Caminos hacia la Nueva Colombia, 190
actividad municipal, 387
actividad económica, 386
actividad judicial, 386
acuerdo humanitario, 90, 119
apoyo a las, 57
apoyo de la población, 343
apoyo de los colonos, 184
aproximaciones indirectas, 194
áreas de influencia, 184
asesinato de estadounidenses, 50
asimetría estratégica, 316
ataques a indígenas, 555-557, 567
ataques, 52, 130, 189, 359
atentados, 87, 117, 241
autoritarismo, 340
Bloque Sur, 182, 355
bloques, 188-189
Campaña Bolivariana por una Nueva Colombia, 183-184, 199, 201
carácter político, 87
centralismo, 333
cerco a Bogotá, 194
cese el fuego, 150, 183
Comando del Davis, 177
comandos conjuntos, 189
comunicados de guerra, 191
condiciones socioeconómicas, 386
conferencias, 331-332
consolidación, 183
contra paramilitares, 270-271, 281-282, 288, 295, 297, 489
control territorial, 50, 189, 192, 194
conversaciones con el gobierno, 323-324, 338-339
corredores estratégicos, 190, 194
debilitamiento, 176, 187, 193-196, 198-200
derrotas, 58
desmoralización, 199
diálogos con las, 49, 78, 86-87, 109, 144-145, 187
dinámica espacio-temporal, 386, 390-391, 396
drogas, 126
eficiencia de justicia, 386, 390-391, 396
Ejército del Pueblo (EP), 181-183
emisoras, 190
en Europa, 108-109
enfrentamiento con las Fuerzas Armadas, 199

entrenamiento, 188
Estado Mayor, 182, 332
estrategia centrífuga, 187
estrategia centrípeta, 188
estrategia militar, 186-187, 189, 195, 316, 331-332
estructura, 331-333
evolución, 357-358
expansión, 184-185, 187, 192-193, 199. 356, 359, 388-389, 391-393, 395-397
extorsión, 126, 285, 564
financiación, 182, 185, 197, 286-287, 343, 350, 356, 397-398, 434-435
fortalecimiento, 337, 338, 428-429
frentes, 199, 286, 356
Gobierno de Reconciliación y Reconstrucción Nacional, 189
homicidios, 130
imagen internacional, 345
institucionalidad, 331
logística, 189
mediación de Europa, 108
milicias bolivarianas, 189, 358
militarización, 190-191
Movimiento Bolivariano por una Nueva Colombia, 190
muertos en combate, 495-496
muertos, 479, 493
narcotráfico, 358
negociación, 196
negociaciones con el gobierno, 317, 565
no combatientes, 190
Nueva Forma de Operar (NFO), 183, 188, 193
ofensiva militar, 201
organización, 320
participación electoral, 386, 390-391, 393, 396
pie de fuerza, 183, 189-190, 356
Plan Cisne 3, 183
Pleno del Estado Mayor, 190
presencia
  Brasil, 140
  Ecuador, 142
  Panamá, 141
  Perú, 154
  Venezuela, 141-142
prisioneros, 130
probabilidad de actividad, 392-393
proselitismo armado, 252
proyecto insurgente, 176
reclutamiento, 356
relación con indígenas, 548, 550, 554, 556
repliegue estratégico, 58, 175
representación política, 386, 390-391, 393, 396
retaguardia estratégica, 193
Secretariado del Estado Mayor Central, 186-187, 286, 332
secuestro, 126, 286, 358
surgimiento, 174, 176-185, 331, 354
  v. t. Marquetalia
terrorismo, 54
terroristas, 87, 117, 145, 147, 153, 157-158, 197, 321, 339, 359
toma del poder, 201
tráfico de drogas, 57-58, 429
tregua, 126, 421

unidades especializadas, 189
Venezuela, 148
victorias militares, 51, 190, 297, 337
visión de Estados Unidos, 41
zona de despeje, 110, 112
fuerza oficial, v. Amanda Nacional; Ejército; Fuerza Aérea Colombiana, Fuerzas Armadas; Policía
Fuerza Pública v. Amanda Nacional; Ejército; Fuerza Aérea Colombiana, Fuerzas Armadas; Policía
Fuerzas Unidas Revolucionarias de Colombia (FURC), 352
Fundación Heritage, 192
Fundación Seguridad y Democracia, 195, 359
Fundación Social, 351

G

ganadería, 352, 383, 386, 388-389
ganaderos, 90, 270, 278, 285, 291, 296, 298, 300, 304, 364
relación con los paramilitares, 274
gas, 454
cilindros de, 530
gasolina, 131, 143
Georgia, 461, 465
globalización, 13-15, 39, 43, 99, 162, 269
conflicto armado colombiano, 55, 74
drogas, 98
seguridad, 73
gobernabilidad, 369
gobernadores, elección popular, 29-30
gobierno, 519
asimetría estratégica, 316
comisionados de paz, 325-326
estrategia, 321-322
inversión social, 318
negociación con grupos armados ilegales, 318-319
negociación, 336
negociaciones con las FARC, 317, 323, 338-339
negociaciones con paramilitares, 274
negociaciones, 327-328
negociadores de paz, 325
políticas de paz, 272
relación con Fuerzas Armadas, 323, 329
relación con los paramilitares, 279-281
victoria militar, 318-319
gobiernos locales, 370-371, 373, 377
autonomía, 376
golfo Pérsico, 146
golpes militares, 40
Gran Bretaña, 75, 83, 88, 90-91, 117-118, 426
gremios, 300-301, 338
Grupo de los 24 (G-24), 92-93, 101
Grupo de los Ocho (G-8), 118
Grupo de los Siete (G-7), 77
Grupo de Río, 150
grupo rebelde, 508
grupos armados ilegales, 61, 91, 102, 327, 345, 371, 379, 381, 385, 399, 412, 491, 510, 513

ataques, 515-516, 529-530
control territorial, 351
expansión, 388-392
financiación, 407-408
presencia en fronteras, 136
presencia en municipios fronterizos, 127
relación con población civil, 548
tipo de actividad, 384
v. t. actividad armada
v. t. autodefensas, guerrillas
victoria militar, 319
grupos irregulares armados v. grupos armados ilegales
Guainía, 497
v. La Guajira
Guardia Indígena, 557-559
Guardia Roja, 352
Guatemala, 200, 202, 216, 255, 279, 281, 461, 498, 523, 549-551
Guaviare, 44, 141, 378, 497
Guayabero, 178, 182-183, 355
Guerra Fría, 15, 29, 43, 61, 75, 100, 102, 158, 173, 180, 197, 350, 443, 461, 519
posguerra, 100
guerra popular prolongada (GPP), 174, 184, 215, 220-221, 224, 229, 236, 262-263
guerra
a gran escala, 463
acciones de, 514
amenaza de, 446
civil, 444, 450-451, 461, 484, 513
definición, 453
contra las drogas, 534
de Corea, 180, 518
de guerrillas, 186, 188, 194-196, 201, 221, 236
de Marquetalia, 177-179
de movimientos, 188, 194-195, 201, 240
de pandillas, 455
de posiciones, 195, 201
de Vietnam, 518
de Villarrica, 177
escala intermedia, 463
fases, 195
ilegitimidad, 340
integral, 236, 321
irregular, 239
regular, 239
tecnologías de, 515
víctimas de, 461
guerrillas, 15, 19, 40-41, 51-52, 60-61, 87, 95, 98, 159-160, 173, 215, 320, 324, 327, 349, 509-511, 519, 521-522, 524, 526, 528, 534-536
apoyo de la población, 343
ataques, 132, 134
clientelismo armado, 184
comunistas, 178
diálogo con las, 46, 53, 62
mediadores europeos, 79
expansión, 130, 368
extorsión, 98
financiación, 58-59, 369, 376
fortalecimiento, 49
guerra de, 175, 518, 521
móviles 177-178, 181, 360
negociaciones con el gobierno, 422
opositores, 278
presencia en fronteras, 131

presencia en Venezuela, 138
reclutamiento, 26, 270
relación con población civil, 545, 547, 563-564
salvadoreña, 216
v. t. contrainsurgencia
vietnamita, 216
guerrilleros, captura, 54
Guinea-Bissau, 459
Hato Corozal, 194
heroína, 413, 534
historiografía colombiana, 173, 177

H

Hizbollah, 197
homicidios, 134, 283, 286, 342-343, 387, 412, 420-421, 432, 477-481, 518, 565
aumento, 489-490
bases de datos, 477-481
candidatos, 374-377
características de las víctimas, 478
civiles, 487-489
comunes, 482-485, 489
descenso, 489-490
dirigentes, 375, 377
en combate, 485-488, 492, 494-495, 566
fuera de combate, 485-487, 565-566
genocidios, 489
municipios fronterizos, 135
politicidios, 479, 487, 492-493
políticos, 129, 184, 423-424, 482-485, 488, 492
tasas por departamentos, 497
tendencias, 477, 482
v. t. masacres
Honduras, presencia de las FARC, 142
hortalizas, 118
Human Rights Watch, 91, 533

I

Iglesia católica, 325, 410
imperialismo, 413
impuestos, 299
impunidad, 91, 98, 100, 294, 422
India, 174, 207, 349
indígenas, 136, 140, 143, 547, 550-552, 556, 561, 565
apoyo a, 112
autonomía, 553
cabildos, 114, 558-559
Guardia Indígena, 557-559
movimiento armado, 554-555
movimientos, 18
neutralidad, 555-557, 567
participación política, 551
relación con las FARC, 548, 550, 554, 556
resistencia, 547-548, 551, 556-558, 562-563
Resolución de Vitonco, 559
v. t. Cauca; embera katíos
Indonesia, 207-208, 458, 463
indulto, 364, 423
Ley 49 de 1985, 364
Inglaterra, v. Gran Bretaña
ingresos no ganados, 443-444, 448
Iniciativa Regional Andina, 143, 156

Instituto de Estudios Políticos y Relaciones Internacionales (IEPRI), 25, 129, 351
Instituto de Hidrología, Meteorología y Estudios Ambientales (IDEAM), 114
Instituto Geográfico Agustín Codazzi (IGAC), 114, 351
insurgencia, 21
  v. t. guerrillas
Insurrección, 215
intervención militar externa, 334
Inzá, 552
IRA, 341
Iraq, 100, 146, 198, 207, 320, 340, 461, 463, 465
Irlanda, 341
Islas Salomón, 208
Israel, 157, 198, 207, 464
  conflicto con Palestina, 174, 349
Italia, 75, 84, 86, 108-109, 111-112
  Brigadas Rojas, 341
izquierda, 59, 234, 285, 423, 548, 550

J
Jamaica, 414
Japan Bank for International Cooperation (JBIC), 85
Japón, 84-85, 111, 118
Jaqué (Panamá), 141
Johannesburgo, 456
jueces, 378
Juradó, 141
Justicia y Paz, 512
justicia
  debilitamiento, 381
  sistema de, 378-379, 383
Juventud Comunista, 188

K
Kosovo, 523

L
La Carpa, 188
La Dorada, 275, 292
La Guajira, 101, 112, 361, 409, 415
  secuestros, 132
La Haya, 119
  Corte Penal Internacional, 198
La María, acuerdos de, 547
La Patria, 502
La Unidad, 234
La Uribe, 187-188, 192
Las Delicias, 188, 358
Latinoamérica, 40, 83, 282, 337, 342, 370, 421, 549
  gobiernos de izquierda, 59
  migración, 73
  ministros de Defensa, 50
  relación con Europa, 73
lavado de dinero, v. economía
Lebrija, 273
legitimidad política, 452
Ley 387 de 1997, 135
Ley de Justicia y Paz, 92
  v. t. paramilitares, desmovilización,
Ley de Regalías Municipales (Ley 619 de 2000), 372
Líbano, 464-465
Liberia, 208, 459-461, 463, 465
Lima, 330

Llanos del Yarí, 188
Llanos Orientales, 354
Luxemburgo, 75

M
Madrid, 197
Magdalena Medio, 22, 85, 214, 258, 271, 281, 283, 285-287, 289-292, 303, 305
  laboratorio de paz, 118, 120
Magdalena, 77, 115, 119, 415
Maguncia, 228
maíz, 445
Malasia, 460
maldición de los recursos, 443
Malí, 459-460
Mannesmann Anlagenbau A. G., 137
Manta (Ecuador), 156
manufacturas, 358
marihuana, 408, 413-417
Marquetalia, 177-178, 180-181, 183, 188, 331, 354-355
Marruecos, 463
marxismo, 212-213, 252, 255, 260
  -cristiano, 212-213, 223, 252-253, 257, 259-260
  -leninismo, 217, 219
  v. t. Ejército de Liberación Nacional
masacres, 127, 133-134, 283, 287, 342, 366-367, 489-490, 492, 529, 523, 531
  municipios fronterizos, 135
Mauritania, 459
Medellín, 112, 217, 222, 230, 276, 291, 456, 493-494
medio ambiente, 28, 83-84, 86, 112, 115-116
  daños, 98
Medio Oriente, 73
medios de comunicación, 344, 479, 547
  v. t. opinión pública
mesa de negociaciones, v. paz
mesas de donantes, v. paz
mesas de donantes, v. t. guerrillas, diálogos con las
Meta, 59, 497
México, 84, 118, 156, 414, 555
milicias, 300-301, 492
minas antipersonas, 133-134, 228, 359, 530
  municipios fronterizos, 135
minerales, 460
  exportaciones, 461
minería, 410
mineros, 361
  relación con paramilitares, 274
Ministerio de Defensa, 175, 195-196, 240, 511
Ministerio de Educación, 351
Ministerio de Hacienda de Colombia, 58
Ministerio de Justicia, 114
Miraflores, 188
Mitú, 193-194
Montería, 279
Montoneros, 196
movilización social, 548, 567
Movimiento 19 de Abril (M-19), 139, 279, 351, 418, 421, 423, 425, 494-495, 552
Movimiento Armado Quintín Lame, 554-555, 559, 561

Movimiento Bolivariano por una Nueva Colombia, v. FARC
Movimiento Independiente Revolucionario Patria Libre (MIR-Patria Libre), 219
Movimiento Latino Nacional (MLN), 418-419
Movimiento Popular para la Liberación de Angola (MPLA), 457
Movimiento Revolucionario Liberal (MRL), 214, 285
Movimiento Revolucionario Túpac Amaru (MRTA), 186
movimientos sociales, 223, 373, 547, 563
Mozambique, 461, 465
Muerte a Secuestradores (MAS), 23, 275, 280, 288, 352, 418
muerte
 en combate, 462
 por guerra, 462
muertos en combate, 26, 480-482
mujeres, 112
Mutatá, 278
Myanmar, 461, 465

N

Naciones Unidas, v. Organización de las Naciones Unidas
narcos, relación con paras, 434-436
narcodemocracia, 47
narcoparamilitares, 408
narcoterrorismo, 426
narcoterrorismo, v. terrorismo
narcoterroristas, 22, 44-45, 48-49, 126, 270, 296, 408, 422
narcotraficantes
 cubanos, 415
 chilenos, 415
 estadounidenses, 415
 homicidios, 412, 420-421, 423-424, 426
 negociaciones con el gobierno, 420-422, 424-425
 organización, 434
 participación política, 422
 política, 408
 relación con paramilitares, 290-292
 rutas, 409
 v. t. cartel de Cali, cartel de Medellín
narcotráfico, 60, 62, 90, 118, 154, 197-198, 279-280, 290, 371, 397, 407, 417, 525, 533-535
 atentados, 280
 auge, 415
 costo social, 411
 ELN, 255-256
 financiación de grupos armados ilegales, 407-408
 guerra contra el, 15, 78
 incidencia política, 417-418
 incidencia social, 413, 417
 legalización de capitales, 419-420
 surgimiento, 408, 411
Nariño, 59, 85, 120, 127, 240, 366
Natagaima, 178, 182
necesidades básicas insatisfechas (NBI), 383-386, 389, 393-394, 396
 v. t. pobreza, 389
negros, 143
Nepal, 207
Nicaragua, 255, 551

Noche y Niebla, 512
Nogal, El, ataque contra, 118
Norcasia, 289
Norte de Santander, 115, 120, 127, 129, 138, 145, 240
  cultivo de coca, 132
  homicidios, 135
  masacres, 135
  secuestros, 132
Noruega, 75, 79, 83, 108-109, 111, 118, 460
Nueva York, 197
Nuevo Liberalismo, 418, 420, 424

O

Occidental Petroleum, 54
occidente, 342
oleoductos, atentados contra, 137, 189, 236
Operación Soberanía, 179
opinión pública, 320, 324, 333, 343-345
orden público, 186, 190
Organización de las Naciones Unidas (ONU), 13, 75, 78, 85-86, 92, 101, 109, 111, 119, 150, 155, 344, 431, 434, 455
  diálogos con las FARC, 152
  medicación, 339
  mesa de donantes, 118
  Oficina de Derechos Humanos, 91
  oficina en Colombia, 98, 108
  tropas, 145
  v. t. Naciones Unidas
Organización Internacional de Trabajo (OIT), 75
Organización Mundial de la Salud (OMS), 513
organizaciones comunitarias, 95
Organizaciones no Gubernamentales (ONG), 76, 78, 82, 84, 86, 89, 92, 94-95, 99-100, 112, 119, 430
  críticas a las, 100-101
  críticas a, 119
  europeas, 79
  expulsión de Colombia, 91
Órgano parta el Debate Interno, 234
oro, 140, 227, 243, 352, 358

P

Pacífico, cuenca del, 77
pacifismo, 260
País Libre, 511-512
Países Bajos, 75, 86, 112, 460
Países No Alineados, 77
Pakistán, 174, 207, 349
Palacio de Justicia, toma del, 321, 421, 423
Palestina, 207
  conflicto con Israel, 174, 349
Pamplonita, 127
Panamá, 408, 420
  devolución de desplazados, 153
  enmienda De Concini, 152
  FARC, 141
  frontera con, 127-128, 133
    actos terroristas, 135
    ataques, 134
    cultivo de coca, 132
    desplazados, 136
    masacres, 135

secuestros, 132
incidencia del conflicto colombiano en, 141, 152-153, 158-163
militares en la frontera, 152
paramilitares colombianos, 141
Policía, 141
presencia de Estados Unidos en el canal, 152
seguridad nacional, 152
Paraguay, presencia de las FARC, 142
paramilitares, 22, 44, 93, 98, 130, 159, 227, 235, 327, 330, 339, 350, 377-378, 423, 425, 428, 510-511, 521, 523-524, 526-529, 535-536, 555
actividades económicas, 386
actividades judiciales, 386
apoyo de la población, 343
armas, 289-290
ataques, 132, 134
autonomía, 301
captura, 54
capturados, 274
Comando Mayor, 365
condiciones socioeconómicas, 386
contra el ELN, 211, 240
contra las FARC, 270-271, 281-282, 288, 295, 297, 489
contra narcotraficantes, 293-294
control territorial, 192, 302
crecimiento, 337
derechos de propiedad, 304, 306
derrotas, 297
descentralización, 305
desmovilización, 91, 92, 367
v. t. Ley de Justicia y Paz
diálogo con los, 90, 120
dinámica espacio-temporal, 386, 396
disputas internas, 293
eficiencia de justicia, 386, 388, 396
enfrentamiento con las Fuerzas Armadas, 199
entrenamiento, 76, 290-291
estatalización, 300, 302
estrategia, 282, 365
evolución, 365-366
expansión territorial, 130, 305, 364-365
extorsión, 298-299
extradición, 435-437
familia, 305
filiación política, 279
financiación, 295, 302, 364, 397-398, 434-436
fortalecimiento, 428-429
fortaleza política local, 388
fundadores, 288
homicidios, 283
impunidad, 294
individualismo, 306
liberalismo, 304-305
libertad, 304-305
líderes, 274, 291, 294
localismo, 294-295
luchas internas, 295
masacres, 283, 366, 489
nacionalismo, 285
narcotráfico, 279-280, 366-367

necesidades básicas insatisfechas, 388
negociación con los, 345
negociaciones con el gobierno, 274
participación electoral, 386, 394, 396
particularismo, 285
pie de fuerza, 297
política de tierra arrasada, 191
prácticas judiciales, 303, 305
presencia en fronteras, 131
presencia en Panamá, 141
presencia en Venezuela, 141
probabilidad de actividad, 394
progreso regional, 303, 306
reclutamiento, 270
red de informantes, 303
relación con el Ejército, 297, 302, 364
relación con el gobierno, 279-281, 282-283, 301, 304, 306
relación con Fuerzas Armadas, 273, 435
relación con ganaderos, 274
relación con los políticos, 284
relación con mineros, 274
relación con narcotraficantes, 291-292, 429
relación con políticos, 274
representación política, 386, 394, 396
salarios, 305
secuestros, 366
surgimiento, 272, 298, 364
v. t. Autodefensas del Magdalena Medio
victorias, 283
v. t. Autodefensas Unidas de Colombia (AUC)
paramilitarismo, 269, 280, 296-297, 301, 303, 305
apoyo de políticos, 278
expansión, 301
grupos de autodefensa, 272
guatemaltecos, 279-281
legitimidad, 288
políticas gubernamentales, 272
surgimiento, 269, 287
paramilitarización, 523
paras, *v.* paramilitares
Parlamento Europeo, 78, 81-82, 97, 107, 117, 344
paros campesinos, 220, 222
Partido Comunista Clandestino, 190
Partido Comunista Colombiano (PCC), 177-178, 180-182, 188, 190, 212, 285, 288, 335, 354
Partido Conservador, 278, 284-285, 335, 492
Partido Liberal, 278-279, 283-285, 288-289, 325, 335, 492
Partido Revolucionario de Trabajadores (PRT), 219
partidos políticos, 284, 300-301, 317, 335
alternativas, 372-373
Pasto, 115
Patascoy, 188
patrimonio, natural, 446
paz, 82, 91, 103, 130, 292-293, 317-318, 339
acuerdo de, 284
comisionados, 325-326

diálogos de, 78, 89, 101, 144, 161, 174, 186, 228, 323-324, 336, 364, 367, 531
v. t. guerrillas, diálogos con las; paramilitares, diálogos con las
diplomacia por la, 96-97, 145
mesa
de aportantes, 111
de diálogo, 338-340
de donantes, 80, 84, 92, 118
de negociaciones, 174, 202
negociadores de, 325
procesos de, 178, 429
Pepes, 277
Perestroika, 260
período, de ajuste, 519
Perú, 84, 330, 342, 409, 428-429, 461, 463, 465, 513, 550
ayuda de Estados Unidos, 156
coca, 416
cultivo de droga, 68, 77
FARC, 154
frontera con, 127-128, 133
actos terroristas, 135
ataques, 134
cultivo de coca, 132
secuestros, 132
Fuerzas Armadas, 153
incidencia del conflicto colombiano en, 141, 158-163
masacres, 342
relación con Estados Unidos, 156-157
secuestros, 342
petroestado, v. Estado rentista
petróleo, 54, 184, 222, 227, 243, 259, 352, 358, 383, 386, 388-389, 443, 453-454, 457-458
bonanza, 444
Petróleos de Venezuela S.A. (PDVSA), 138
Piendamó, 547, 556
Plan Colombia, 45-46, 50, 52-53, 55, 57-58, 83, 87, 143, 198, 327, 339, 429-431
modificaciones, 144
países vecinos, 156
posición de Brasil, 151
posición de Ecuador, 149
posición de Perú, 154
posición europea, 80-82, 84-85, 88-89
posición venezolana, 148
Unión Europea, 82
versión final, 86
Plan Ecuador, 157
Plan Laso, 179-180
Plan Lazo, v. Plan Laso
Plan Marshall, 50
Plan Nacional de Desarrollo, 81
población civil, 522, 528, 545, 555
adhesión política, 545
ataques contra, 133-134
desplazada, 464
latinoamericana, 550-551
miedo, 545-546
protestas, 547
relación con guerrillas, 545, 547, 563-564
relación con grupos armados ilegales, 548
v. t. indígenas
v. t. resistencia civil
pobreza, 60, 90, 318, 352, 385, 387-388

pobreza, *v. t.* necesidades básicas insatisfechas
poder
  de doble cara, 252
  Ejecutivo, 326, 328, 340, 419
  local, 26
  popular, 252
  Jurisdiccional, 326
  Legislativo, 326
Policía Judicial, 135
Policía Nacional, 47, 49, 52, 132, 156, 352, 360, 511, 515, 518, 523-524-527, 530
  ataques, 359
  carabineros, 54-55
  enfrentamiento con guerrillas, 494
  expulsión, 184
  muertos, 479, 493
  reestructuración, 496
  v. t. Fuerzas Armadas
política(s)
  antinarcóticos, 47-48, 55-56, 58-59
  de Estado, 315, 330, 333-335
  de Seguridad Democrática, 46, 55, 175-176, 187, 198, 201, 335, 344, 431
  de Seguridad Nacional, 145, 324
    rechazo de países vecinos, 146
  de sometimiento a la justicia, 425
  legitimidad, 452
  gubernamentales, 62, 326, 333-336, 339-340
    continuidad, 321-322
    fracaso, 320
    improvisación, 322-324
Polo Democrático, 335
Popayán, 230, 547
Portugal, 84, 111
Premio Nacional de Paz, 548
Presidencia de la República, 351, 374, 380, 511
proceso de paz, 53
Procuraduría General de la Nación, 328
producto interno bruto (PIB), 200, 372-373
productos primarios, tesis de, 446
Programa Agrario Nacional, 331-332
Programa de las Naciones Unidas para el Desarrollo (PNUD), 365
Puerto Berrío, 283, 289
Puerto Boyacá, 270, 275-276, 280, 285, 288-289, 294-295, 300, 364, 489
Puerto Lleras, 194
Puerto Rico (Caquetá), 194
Puerto Salgar, 289
Putumayo, 44-45, 50, 57, 85, 101, 327, 365-366, 429

R

racionalidad económica, 508
Racionalización del Gasto Público en las Entidades Territoriales (Ley 617 de 2000), 372
RAND Corporation, 51, 58, 197
recursos
  abundancia, 466-467
  cerca del capital, 451
  dependencia, 450
  difusos, 451

dotación de, 464
en lugares remotos, 451
fuentes puntuales, 451
minerales, 443, 445, 450-451, 453-454, 456, 460-461, 467
naturales, 444-445, 453
no renovables, 453
renovables, 453
Red de Solidaridad, 135
reelección presidencial, 198
referendo, 334-335
refugiados, 148
regalías, 327
Región Andina, 53, 124, 146, 162, 433
cultivo de droga, 58, 68
relación con Estados Unidos, 155, 163
relación con Europa, 74
Sistema General de Preferencias, 75
Registraduría Nacional, 351
regresión, 508
reinserción, 198
rentas, búsqueda de, 451-452
rentas, minerales, 448, 464
represión, 269
República Democrática del Congo, 207, 463
v. t. Zaire
repúblicas independientes, 178
resistencia civil, 547-548
v. t. indígenas, resistencia
Resistencia, 181
revolución cubana, 174, 181, 214
etapa posterior, 173
Río de Janeiro, 152
Riochiquito, 178, 188
Risaralda, 498
Ruanda, 207, 459-461, 463, 465
Rusia, 207, 463

S

Sahara Occidental, 459
salud, 115, 368, 372-374
programas, 112
San Francisco (Antioquia), 276
San Martín, 364
SanVicente del Caguán, 178, 180-181, 366, 557
sandinistas, 200
Santa Marta, 112, 222
Santa Rita, 258
Santander, 114, 120, 360, 497-498
São Paulo, 456
Saravena, 126, 137
secuestros, 98, 102, 129-130, 137, 184, 198, 216, 286, 342-343, 350, 364, 366, 397, 418, 432, 492, 535
candidatos, 374-377
de alemanes, 109, 117
de británicos, 117
de españoles, 117
de europeos, 96
en Venezuela, 138
período 1992-1995, 132
período 1996-2003, 131-132
Segunda Guerra Mundial, 518
seguridad humana, 514
seguridad social, 372-373
Senado, v. Congreso de la República
Sendero Luminoso, 186, 330, 342
Senegal, 459, 463
servicios públicos, 368, 374
sicarios, 410-411

Sierra Leona, 174, 208, 459, 463, 465
Sierra Nevada de Santa Marta, 116
Silos, 240
Silvia, 556
Simacota, 360
síndrome de la guerra de al lado, 459
sistema general de preferencias (SGP), 119
sistema judicial, 378-381
Sistema Nacional de Participaciones, 372
socialismo, 226-227
sociedad civil, 20, 85, 91, 446, 456
Somalia, 207, 459-462, 465
Sonsón, 276
Sri Lanka, 174, 208, 461, 465, 518
subversión, *v.* guerrillas
Sucre, 119
Sudáfrica, 461, 465
Sudán, 207, 458-461, 465
Suecia, 75, 79, 83, 108-109, 111, 460
Suiza, 79, 84, 108-109, 111, 118
Sumapaz, 178
Sur de Bolívar, 114, 215, 231, 240, 247, 365
Suramérica, 123, 408
  tendencias políticas, 147, 158
Suratá, 194

T

Taitara, río (Brasil), 150
Tayikistán, 208, 461, 463, 465
tecnología, natural, 446
teología de la liberación, 218, 227, 252, 254, 256
terrorismo, 61, 78, 88, 91, 94, 134, 191, 424-426, 489, 509
  amenazas, 55
  Colombia, 89
  definición, 134
  en municipios fronterizos, 134
  guerra contra el, 47, 53, 145, 161, 163, 335, 339
  v. t. 11-M; 11-S; AUC; ELN; Estados Unidos; FARC
terroristas, 157, 342, 522
  v. t. AUC, ELN, FARC
The Washington Office on Latin America (WOLA), 345
Tibú, 137
tierras
  avalúos, 389
  baldías, 244
  concentración, 385
  conflictos de propiedad, 550, 554-555
  recuperación, 561, 564
Timor Occidental, 523
Timor Oriental, 174
Tlaxcala, 228
Toledo, 137
Tolima, 174, 177
Toribío, 557, 567
tortura, 329, 342
transporte, 358
trata de blancas, 90, 118
Tratado de Cooperación Amazónica, 163
Tratado Interamericano de Asistencia recíproca (TIAR), 146

tributación interna, 443-444, 446-447
Tumaco, 114
Tupamaros, 196
Turquía, 461, 465, 513

U
Uganda, 207, 459-460, 508
Unguía, 127
Unión Europea, 16, 76-77, 86-88, 93, 95, 100-101, 111, 197, 359
  acuerdos con Estados Unidos, 100
  apoyo a Colombia, 94-96, 103, 111-116
  ayuda militar a Colombia, 90
  cancilleres, 117
  embajadores en Colombia, 117
  mediación con guerrillas colombianas, 79
  Plan Colombia, 82-83, 85
  política exterior de seguridad común (PESC), 110
  Política Exterior y de Seguridad, 117
  presencia en Colombia, 107-110, 117-120
  v. t. Europa
Unión Patriótica (UP), 19, 126, 183, 190, 212, 250, 278, 284, 423, 479, 492-493, 498
Unión Soviética, 102
  v. t. Guerra Fría
Universidad de Londres, 199
Urabá, 77, 101, 280-281, 283, 287, 295-296, 327, 365, 409
urbanización, 350, 353
US Aid Package, 81, 88

V
Valle del Cauca, 120, 240, 364
Valle, 552
Valledupar, 217, 222, 230
Vanguardia Liberal, 502
Vaupés, 141, 497
Venezuela, 60, 84, 131, 147, 216, 445
  apoyo a las FARC, 149
  ataques del ELN, 142
  frontera con, 127-129, 133, 360
    actos terroristas, 134
    ataques, 134
    desplazados, 136
    homicidios, 135
    masacres, 135
    minas antipersonas, 135
  Fuerzas Armadas, 138
  Guardia Nacional, 137
  guerrillas colombianas, 138
  incidencia del conflicto colombiano en, 137-138, 147-149, 158-163
  neutralidad ante el conflicto colombiano, 148
  paramilitares colombianos, 141
  relación con Estados Unidos, 156
  soberanía, 149
víctimas, 512, 518, 524-525, 536-537
  civiles, 526-531, 537
  en ataque, 529
  en combate, 529
  de las fuerzas oficiales, 526-527
  guerrilleras, 527-528

mortales, 511
paramilitares, 526-528
victimización, 523, 526, 528
de civiles, 529
Vichada, 140, 497
Vietnam, 52, 226, 340, 518
Villarrica, 177
violencia, 269, 299, 301, 336, 354, 376, 408, 410, 412, 422, 477, 488, 559
asociada al conflicto, 518
colectiva, 513
contra dirigentes, 374-377
criminal, 513
criminalizada, *v. t.* ecoviolencia
homicida, 518
índices, 94
La, 20, 173-174
tardía, 383, 385
letal, 483
organizada, 507
política, 173, 399, 410-411, 443, 455-456, 466, 483, 498, 513, 565
social, 413-414
tolerancia, 412
votaciones, 278
v. t. elecciones

X
xenofobia, 161

Y
Yacopí, 289

Z
Zaire (República Democrática del Congo), 459
zona(s)
de despeje, 100, 110, 323-324, 330, 338-339, 431
v. t. FARC
de distensión, 186, 429, 517
de encuentro, 112, 228
v. t. ELN
de colonización, 548
de rehabilitación, 329
Zulia (Norte de Santander), 127